"中国民族语言语法标注文本丛书"为"十二五""十三五"国家重点图书出版规划项目

国家出版基金项目
NATIONAL PUBLICATION FOUNDATION

中国民族语言语法标注文本丛书

独龙语
语法标注文本

江 荻 燕海雄 黄 行／主编

杨将领／著

SSAP

社会科学文献出版社
SOCIAL SCIENCES ACADEMIC PRESS (CHINA)

基金资助项目：

中国社会科学院重大课题（2011~2013）：
中国民族语言语法标注文本丛书（YZDA2011-18）

国家社科基金重大招标项目（2011~2016）：
中国民族语言语法标注文本及软件平台（10&ZD124）

中国社会科学院创新工程（2013~2015）：
中国民族语言语料工程及深度应用研究

国家社科基金重大招标项目（2012~2019）：
基于大型词汇语音数据库的汉藏历史比较语言学研究（12&ZD174）

语言能力省部共建协同创新中心建设经费支持（教育部）

前　言

在中国民族语言研究历程中，资源和语料建设一直是重中之重。语料的形式和内容多种多样，譬如词汇、词典、文本、音档、语图、语音参数、文字图片、多语对照词汇、语言或方言地图，以及人名、地名等其他各类专题语料资源。

通过图书出版而面世的语料主要有各种民族语言描写专著提供的案例，特别是其中附载的词汇和文本，这是所谓单一语言或方言语料的常见汇集形式。零星出版的这类专著很多，此处不能一一列出，而以丛书形式发布的则影响较大，主要有"中国少数民族语言简志"丛书（近 60 卷）、"中国新发现语言研究"丛书（40 余卷）和"中国少数民族语言方言研究"丛书（近 20 卷），以及"中国少数民族语言系列词典"丛书（20 余卷）。此外，近年一批以"参考语法"为题的博士学位论文大多也附带一定数量的分类词汇和篇章文本。至于涉及多种语言或方言语料的各语族论著也蔚为大观，例如孙宏开主编的《藏缅语语音和词汇》、黄布凡主编的《藏缅语族语言词汇》、王辅世和毛宗武合著的《苗瑶语古音构拟》、梁敏和张均如合著的《侗台语族概论》、严其香和周植志合著的《中国孟高棉语族语言与南亚语系》（7 种语言 14 个方言点）、孙竹主编的《蒙古语族语言词典》（6 种语言 16 个方言点）、陈宗振主编的《中国突厥语族语言词汇集》（8 种语言）、朝克编著的《满通古斯语族语言词汇比较》（6 种语言），等等。

随着信息化时代的发展，21 世纪以来，前期调查和出版的相当部分词汇数据进入了电子化资源检索平台，改变了语言学家的工作方式和工作流程，拓宽了他们的研究领域和研究方向，增强了他们驾驭语言资源的能力，甚至推动他们创造出新的语言学说和方法。据我们了解，这些电子化数据资源中影响较大的有"汉藏语同源词检索系统"和"东亚语言词汇语音数据检索系统"。有研究表明，这两个系统为学术研究的深度发展提供了新的契机，解决了不少研究中的疑难问题。

可是，以上所述成果形式无论是附着于描写或专题论著还是独立资源著作，似乎主要集中在各类民族语言的词汇和词典方面，说明学界历年积累的资源还有重大空白，尤其缺乏文本性质的熟语料标注资源。

随着语言研究的深入和研究领域的拓展，特别是伴随着语言类型学（语法类型、语音类型等）、普遍语法、语系学说、语言接触、语言心理、语言生态、语言检索和多语机器翻译等新兴跨学科研究在中国的蓬勃兴起，学术界开始呼唤一种跨语言、跨方言的资源性建设研究，呼唤创造多样性的真实文本资源和跨语言对齐文本资源。值得称道的是，中央民族大学少数民族语言文学学院适时推出了一套"中国少数民族语言话语材料"丛书，迄今已出版黎语、临高语、佤语、仡佬语、布央语、布依语、撒拉语等双语对照文本材料，初步弥补了该领域的不足。

约 20 年前，北京大学老朋友郭锐教授跟我聊起民族语言，询问我民族语言研究领域是否有文本性语篇材料。我当时一愣，老实回答他尚无此类资源。其时，我刚刚主持完成"中国少数民族语言研究文摘数据库系统"（该网页目前尚存），显见，当时的思路还处在仅仅为研究者提供研究信息的阶段。1998 年，孙宏开先生和丁邦新先生合作开展汉藏语同源词研究，我受命研制电子版同源词检索系统。此后进入 21 世纪，我又承担了研制东亚语言词汇语音检索系统的工作。也许是学术使命使然，我并没有忘记郭锐兄之问，开始在民族语言学界推动文本资源开发。最初我将世界少数民族语文研究院

（SIL）的文本处理工具 Toolbox 教学软件资料编译成中文，2006 年起在多所高校讲授。2009 年，我们实验室举办 Toolbox 培训班，跟部分民族语言专家签署开发标注语料协议。2010 年我们得到中国社会科学院重大课题(YZDA2011-18)支持，这就走上了"中国民族语言语法标注文本丛书"的研制道路，其后又进一步得到国家社科基金重大项目(10&ZD124)的支持和中国社会科学院创新工程项目"中国民族语言语料工程及深度应用研究"的支持。这是本丛书研制的基本背景。

这套丛书有多方面的价值和特征。

（1）创新范式。在描写语言学领域内，以往传统观念总是把记录语料作为语法著作的附录，数量少且处于附属地位。这套丛书虽然也安排了语言概况或语法导论，却以服务于作为正文的标注文本为目的，这种以传统著作附录作为正篇的研制思路既是对文本语料缺乏的弥补，也开拓了语言研究的新方向，跟学界倡导的记录语言学不谋而合。更具价值的是，丛书作者所采纳的文本大多来自田野调查，或来自民间记录故事。与以往的例句翻译式调查或诱导式例句调查相比，这样的语料从本源上避免了主观性，甚至杜绝了母语人自身的内省式语法案例。从方法论上看，以真实文本为语料的研究很可能引起中国描写语言研究范式的变革，这未尝不是好事。

（2）基础标注。课题组提出一个关于标注的基本标准，即描写语法的基础标注。这么做是基于我们为语言专题深度研究提供支撑的服务理念，包括服务于作者自己的深度专题研究。我们从三方面加以说明。其一，我们认为新近发展的一些语言分支学科具有资源依赖性质，例如语言类型学一般是跨语言或跨方言的，语言接触研究也需要双语或多语言资源的支持。对于无文字的语言，它们的语法化或词汇化研究更需要亲属语言的相互印证。至于机器翻译也一定是在双语或多语语料相互对照条件下才能开展起来的。其二，丛书中有藏缅语言、侗台语言、苗瑶语言、南亚语言，还有阿尔泰语言，语言自身类型差异很大，譬如一些语言是 SVO 语序，另一些则是 SOV 语序，有些是前置词系统，有些则是后置词（词格）系统，等等。特别是目前各语言研究的广度和深度差异较大，采纳的理论和研究的方法也不完全相同，为此，确定一个简洁的基本结构方法或描写方法对文本进行语法标注是合适的。其三，业有所长，术有专攻。真正利用这套丛书语料的学者未必熟悉各种语言，更不可能很快掌握这些陌生语言的语法体系，要求每个学者都调查多种语言、掌握多种语言并不现实，也没必要。在这个意义上，我们组织合适的专业人员开发可供其他学者开展专题深入研究的文本资源，特别是熟语料语法标注文本就非常有价值。显然，从以上叙述可以看出，基础标注就是：无论某语言是何种类型，无论某语言研究的深度如何，这套丛书都以基本语法结构框架来标注各种语言的词法形态和句法现象，例如"性、数、格、时、体、态"范畴，同时标上通用语对译词语。甚至如果某些语法现象在某种语言中尚未被认识或尚未得到阐释，例如"复指"(anaphora)或"示证"(evidentiality)，则完全可以不标，这样也给使用者留下专题深度挖掘和拓展的空间，这就是描写语法基础标注的意义和价值所在。值得提示的是，这套丛书的作者都是具体语言领域的专家，他们对语言的结构描写和基础标注为读者提供了一个高起点的平台。

（3）后续可为。中国地广人多，有上百种语言和数千种方言（调查点），无论从共时还是历时的图景观察，这些多样性的资源都是极为宝贵的人类知识财富。我们组织的第一批文本标注丛书已出版 10 部，第二批计划出版 12 部，这就意味着这种研究方法刚刚起步，今后的工作还大有可为。不妨让我们联系美国结构主义的调查方法来看，在这种调查中，所有语言的、文化的和社会的探索都起始于现实文本记录调查，其次是文本标注，包括语法标注；词汇是在标注文本基础上抽取出来的；最终才是文本内容社会的、文化的、人类学的解读。所以我们希望，文本调查和文本标注不仅是一种语言研究的方法，还可以是未来语言研究的一种范式，一种探索文化的范式、一种理解社会的范式。我们期待这套丛书的出版能抛砖引玉，带来更多更好的同类成果。可以说，中国民族语言语法标注资源建设不仅是一种量的积累，而且是一种质的变化，持之以恒，后续工作将创造更有价值的丰富文本资源和学术财富。

为提高丛书可读性，我想对这套丛书的研制方法和阅读要点做一点介绍。

（1）隔行对照化和标注方式：术语"隔行对照化"来自英语的 interlinearization，

指民族语（大多是小语种）词语跟标注语（通用语，例如汉语或英语）以及语法标注的分行对齐。这种方法是目前世界各国学者研究少数族群语言的主流方法，通过隔行对照化形成一种所有语言学家或语言学专业研究生都能读懂的文本。例如藏语拉萨话：

文字行：　ཁོང་ལྷ་སར་ཕྱིན་སོང་།

原文行：　khong　　　　lha sar　　　　phyin　　　song

分析行：　khong　　　　lha sa-la　　　vgro -ed　　song

标注行：　3sg　　　　　拉萨-ALA　　　去-PST　　ASP-PEF

翻译行：　他去了拉萨。

大多数情况下，"文字行"并不一定需要，无文字语言则无此选项。"原文行"是记录的真实文本话语，多数情况下采用音标记录形式，本例采用了藏文的拉丁转写。"分析行"主要对"原文行"词语加以形态或句法标注，本例 lha sar 书写上包含了向格（la）的文字变体形式（-r），黏着在前面不带辅音韵尾的音节上；而 phyin 则是动词 vgro（走，去）的过去时形式，很像英语 went 是原形动词 go 的过去时形式，所以"分析行"还原了语法变化前的形式，譬如 phyin = vgro + -ed（过去时等于原形加表示过去时的标记 -ed）。"标注行"是对"分析行"进行通语（汉语普通话）标注和语法标注，-ALA 表示向格，-ed 表示过去时，-PEF（或 ASP-PEF）表示体范畴的已行体。"翻译行"是原文行的通语直译。

（2）"三行一体"还是两行一体？不少中国民族语言缺乏类似印欧语言的词法形态，即所谓词根语或孤立语。这样一来，"分析行"跟"原文行"基本一致，因此有些语言就不需要采用"三行一体"格式。例如壮语：

原文行：　tu³¹　　　kai³⁵pau⁴²　ɕa:i³⁵　ŋa:i³¹　　tu³¹　　　ma²⁴　hap³³　ta:i²⁴

标注行：　CL-只　公鸡　　　又　　　PASS-挨　CL-条　狗　　咬　　死

翻译行：公鸡又被那条狗咬死了。

就我们看到的标注文本，侗台语言、苗瑶语言和部分藏缅语言或许只需原文行和标注行。个别情况下是作者未标出形态变化而无需分析行。

丛书中，林幼菁教授撰写的《嘉戎语卓克基话语法标注文本》增加了韵律单位内容，即在展开语法标注之前，先根据口语韵律边界切分文本，然后才标注文本，这样就产生了韵律分析行。例如：

韵律行：	161 təwamɲeɲe ʃikoj				
原文行：	təwamɲeɲê		ʃikôj		
分析行：	tə-	wam	=ɲeɲê	ʃikô	=j
标注行：	N-	熊	=PL	树上	=LOC

韵律行：	162 ... təwi kəzeɲti ptʂerə					
原文行：	təwi	kəzaɲti				ptʂêrə
分析行：	tə-	wi	kə-	za	-ɲ	=ti	ptʂêrə
标注行：	N-	橡实	NMZL-	吃1	-2/3PL	=TOP:OBL	然后
翻译行：	161-162 老熊在树上吃橡实的时候					

我相信，这样的标注为读者提供了更多信息，而且一定会让关注语篇语音现象的专家欣喜。

（3）标注符号体系。上文拉萨话案例"标注行"中包含了一些语法标注符号，例如 3sg、-ALA、-PST、-PEF 等，这是丛书研制初始建立的语法标注体系。这套标注符号借鉴了国际规范，同时也补充了标注中国语言特定语法现象的符号。为此，课题组建议丛书作者采纳统一的标注符号，但同时也可增加该语言特定需求的符号。所以每一部标注文本著作的前面都列出了标注符号缩写表。

（4）文本语料的规范与标准。为了实现标注文本的实用性，课题组建议调查或选用的文本具有原生性、连续性、记述性、口传性等特征，而传统口传故事、族群起源传说、儿童或寓言故事、日常口语记录大致包含这些特征，表述通俗、朴实，用词简单、口语化。不过，民间故事口语词汇重复，用词量少，语法结构也过于简单，为了弥补这些不足，也建议选用部分母语作家复杂的民间文学作品，或者少量报刊语体文本；同时，鉴于句类特征（陈述、疑问、祈使、感叹等），还建议选用一两篇问答型对话文本。记录民间故事的时候，发音人是否擅长叙述故事也是很重要的条件。同一个发音人往往风格一致、用词有限，所以尽量选择多个材料提供人和不同题材故事也是较好的策略。课题组还建议书稿作者不选或少选韵文类的诗歌、民歌、唱本之类，这也是为了保证语法现象的完整性和通用性，囊括更多的词汇和语法现象。

（5）整体布局与对照词汇。每部著作都包含三部分："1.语法导论""2.标注文本""3.对照词汇"。"语法导论"分量不大，主要包括音系、词汇和词法句法要点。"标注文本"除了句对齐直译，每篇文本之后给出全文翻译。最后的"对照词汇"是从文本中抽取的词汇，即仅列出现于著作文本中的词语，而不是这个语言或方言的任意词语。词汇基本按照汉语词目拼音顺序排序。部分著作还列出了词语出现次数。不过，这里需要说明的是，由于排版技术的限制，对照词汇没有列出每个词出现的页码，这算是一件遗憾之事。

这套丛书经历了多阶段和多项课题支持，其中中国社会科学院重大课题和实验室项目于 2013 年顺利结项，被评定为院级优秀项目，中国社会科学院创新工程项目也于 2015 年圆满完成。2015 年，"中国民族语言语法标注文本丛书"（第一批）获得国家出版基金资助，并于 2016 年 10 月由社会科学文献出版社正式出版发行，共 10 部专著，分别为：

《藏语拉萨话语法标注文本》（江荻）

《土家语语法标注文本》（徐世璇、周纯禄、鲁美艳）

《哈尼语语法标注文本》（白碧波、许鲜明、邵丹）

《白语语法标注文本》（王锋）

《藏语甘孜话语法标注文本》（燕海雄、江荻）

《嘉戎语卓克基话语法标注文本》（林幼菁）

《壮语语法标注文本》（蓝利国）

《纳木兹语语法标注文本》（尹蔚彬）

《水语语法标注文本》（韦学纯）

《维吾尔语语法标注文本》（王海波、阿力木江·托乎提）

2019 年，"中国民族语言语法标注文本丛书"（第二批）再次获得国家出版基金资助，共 12 部专著，分别为：

《哈尼语窝尼话语法标注文本》（杨艳）

《义都语语法标注文本》（李大勤、郭晓、宗晓哲）

《达让语语法标注文本》（刘宾、孟佳仪、李大勤）

《多续语语法标注文本》（齐卡佳）

《藏语噶尔话语法标注文本》（龙从军）

《彝语凉山话语法标注文本》（马辉）

《独龙语语法标注文本》（杨将领）

《纳西语语法标注文本》（钟耀萍）

《黎语白沙话语法标注文本》（吴艳）

《德昂语广卡话语法标注文本》（刘岩、尹巧云）

《佤语语法标注文本》（陈国庆、魏德明）

《朝鲜语语法标注文本》（千玉花）

这些作者既是田野调查的实践者，又是调查描写的高手，他们把第一手的材料用科学方法整合起来，费心尽力地加以标注，使得本套丛书展示出学术研究的深度和绚烂夺目的多样性族群文化色彩。对于年轻一代学者，包括在读博士生来说，尽管项目仅要求基础标注和简短的语言导论，而语法单位的关联性和语法系统的体系性难度远超一般专题研究，给他们带来不小的挑战。他们记住了项目的目标和宗旨，即服务于学界，推动中国民族语言研究走向新的高度，开辟新的生长点和新的路径。我相信，这批著作的标注资源使得其他学科有了发力点，有了依托性，其价值之高怎么评价都不为过。在这个意义上，我也真诚呼吁中国最大的语言研究群体，广大的汉语研究学者，充分利用这个平台，巧用如此丰富的资源，透过你们的宏观视野和软实力，创造出更为恢宏的语言理论，甚或中国学者原创的学术体系。

当我初步编完这批著作，我由衷地相信，课题设计初衷所包含的另一个目的也已基本达成，这就是培养一批年轻学者。这个项目深化了他们的语言调查和专业分析技能，同时也推动他们创造出更多的优秀成果。

21 世纪初,中国学术界呈现出各学科的发展大势,总结 20 世纪的学术成就并预测新世纪的方向,中国民族语言学界也思考了民族语言研究的未来领域。我记得 20 世纪 90 年代我的老师孙宏开教授、我所道布教授和黄行教授曾提出新世纪民族语言的"本色语法"或"精深语法"研究,还有学者认为在全面的语言普查和初步描写之后应开展专题性深度研究,此外,语言材料的电子化典藏和文本资源的加工也是议题之一。现在,"中国濒危语言志·少数民族语言系列丛书"(本色语法)项目已经启动,各语言专题研究已有不少成果,本丛书也初步实现了中国民族语言文本资源的熟语料汇集。不积跬步,无以至千里,不积小流,无以成江海,中国民族语言深度资源建设已上路。

江 荻

北京·都会华庭寓所

2019 年 10 月 1 日

目 录

缩写符号

1DL	1st person dual	双数第一人称代词
1pl	the verb inflection for the first person plural	动词复数第一人称变化形式
1PL	1st person plural	复数第一人称代词
1se	the 1st person singular / emphatic	动词单数第一人称强调式变化形式
1sg	the verb inflection in the first person plural	动词单数第一人称变化形式
1SG	1st person singular	单数第一人称代词
2DL	2nd person dual	双数第二人称代词
2p	the second person prefix for the verbs	第二人称前缀
2pl	the verb inflection for the second person plural	动词复数第二人称变化形式
2PL	2nd person plural	复数第二人称代词
2se	the 2nd person singular / emphatic	动词单数第二人称强调式变化形式
2sg	the verb inflection for the second person plural	动词单数第二人称变化形式
2SG	2nd person singular	单数第二人称代词
3DL	3rd person dual	双数第三人称代词
3pe	the 3rd person / emphatic	动词第三人称（不分数）强调式变化形式
3PL	3rd person plural	复数第三人称代词
3SG	3rd person singular	单数第三人称代词
ABL	ablative	从格
AGT	agentive marker	施事格
ALL	allative	方向格
BEC	because	复句中表示原因的连接成分
CAUS	causative prefix	使动前缀
CL	classifier	量词
COMP	complement marker	补语标记
CONJ	conjunctive marker	连接标记
CONTR	contrast	对比
DIR	directional marking / suffix	趋向后缀

DISC	discovery	表示发现的标记
dl	post-verbal dual agreement marker	第一人、第二人称双数后缀
dl-MOOD	1/ 2 person dual suffix & mood	第一、第二人称后缀/ 语气
EXCL	exclamation	感叹词、叹词
EXP	experiential aspect	经验体
HPT	hypothesis	复句中表示假设的后加成分
HRS	hearsay EVID marker	转述标记
IDPH	ideophone	状貌词
IMP	imperative / prefix	命令式前缀
INFER	inferential	推测
INSTR	instrumental marker	工具格
INTR	interrogative prefix / suffix	疑问式前缀、后缀
JUSS	jussive /prefix	祈使式前缀
LOC	locative marker	位格
MOOD	mood particle	语气助词
NEG	negative marker	否定式前缀
NEG2	negative marker & 2nd person prefix	否定/第二人称前缀
NOM	nominalization	名物化
PFV	perfective aspect	完成体
PFV-NV	perfective aspect & non-visual witness	完成体兼表非亲见
PFV-V	perfective aspect visual witness	完成体兼表亲见
PROS	prospective aspect	将行体
RECP	reciprocal form—prefix	互动态前缀
RED	reduplication	重叠
RFLX	reflexive marker	反身态后缀
SPM	Specified marks	特指标记
TOP	topic marker	话题、停顿
TRST	transition	复句中表示语义转折的连接成分

1 语法导论

独龙语属汉藏语系藏缅语族，语支归属学术界尚存分歧意见。我国的独龙语集中分布在云南省西北部的怒江傈僳族自治州贡山独龙族怒族自治县境内。孙宏开先生的《独龙语简志》将其分为独龙江（河）方言和怒江方言两大方言，其中，独龙江（河）方言为独龙族使用，其人口约 5500 人；怒江方言为自称"阿侬"的贡山怒族支系使用，人口 6500 余人。本书标注的是云南省贡山县独龙江（乡）方言中部的孔当村土语。

1.1 民族分布、人口及语言文字

独龙族是跨境民族，我国的独龙族聚居在贡山县西部的独龙江流域（乡），2010年全国人口普查为 6930 人。境外的独龙族分布在缅北恩梅开江和迈立开江两江流域，人口不详，自称有 10 万余人。恩梅开江是我国发源于西藏自治区的独龙江流入缅甸境内后的名称，与缅北西部另一条大河迈立开江在缅北重要城市密支那以北汇合后称伊洛瓦底江。

中缅两国的独龙族居住区域山水相连，连成一片。我国汉文史籍最早明确记载独龙族先民的是元代的《元一统志》，丽江路风俗条说"丽江路，蛮有八种，曰么些、曰白、曰力洛、曰冬闷、曰峨昌、曰撬、曰土番、曰卢，参错而居"。其中的"撬"为后来独龙族旧称"俅"的同音异写字。缅北的独龙族称恩梅开江及上游独龙江为"柬旺"（dʑɛɹ³¹waŋ⁵³），而称迈立开江为"曼旺"（mət³¹waŋ⁵³）。独龙语中"旺"（waŋ⁵³）的意思是"江河"，"柬旺"（dʑɛɹ³¹waŋ⁵³）的"柬"（dʑɛɹ³¹）词义暂且不可考，大概是古代居住在恩梅开江流域的独龙族先民的自称，被史籍写作"撬"或"俅"。

独龙族历史上没有统一的自称，新中国成立后，国家根据聚居于贡山西部独龙江河谷的自称 tə³¹ɹuŋ⁵³音译定名独龙族。缅北的独龙族过去各地有"侬"（nuŋ⁵³）、"曼旺"（mət³¹waŋ⁵³）、"龙米"（luŋ³¹mi⁵³）、"得如"（də³¹ɹu⁵³）、"托洛"（tə³¹lu⁷⁵⁵）等多个自称名称。20 世纪二三十年代以后，随着民族意识的觉醒，各支系宗教领袖人物（缅甸独龙族全民信奉基督教）协商统一自称"日旺"（ɹə³¹waŋ⁵³）。"日旺"是ɹə³¹məi⁵³waŋ⁵³的缩写，ɹə³¹məi⁵³为"江"，"旺"（waŋ⁵³）的意思是"河"，"日旺"直译意思就是"江河"。

独龙族人历史上一直"逐条条河流"迁徙、居住，繁衍发展，神话传中也叙述洪水过后兄妹婚配生养，九对夫妻分散到九条江畔生活，因此，缅甸独龙族的统称"日旺"（ɹə³¹waŋ⁵³）是一个既符合神话传说，又能为各支系所接受的称呼。

缅北独龙族除分布在两江流域以外，在缅甸仰光、密支那、曼德勒等城市都有散居，并建有自己的教堂，还有部分人移居美洲、澳洲等国家。近年来，缅北的独龙族在葡萄县还修建了一座民族博物馆，并每十年举办一次盛大的聚会，邀请移居世界各地的独龙族同胞和我国贡山独龙族怒族自治县的领导及各界人士到葡萄县参加民族聚会。

独龙族文字始创于 20 世纪 50 年代，缅甸的独龙族人白吉斗·蒂其枯以迈立开江流域的曼旺支系话为基础，以葡萄县一带的语音为标准创制了一种拉丁文拼音文字，因缅甸的独龙族统称"日旺"，所以这种文字被统称为"日旺文"。日旺文主要用于印刷《圣经》以及基督教的宣传书籍。日旺文所代表的语言点与我国的独龙语明显是同一种语言，只是在语音、语法、词汇上存在一些差别，相互直接通话比较困难，但只要与我国邻近的缅甸独龙语（日旺语）方言或土语，都可以相互直接通话。

20 世纪 80 年代，我国的独龙语文工作者在参照缅甸日旺文的基础上，改制了一种适合我国独龙族群众使用的拉丁文独龙语拼音方案，并在 1983 年 12 月云南省民族语言指导工作委员会会议上讨论通过。从 1984 年开始在独龙族群众中实验推广，受到独龙族群众的普遍欢迎。但由于师资等各种原因，迄今为止，独龙语拼音文字方案仍处在试用阶段，没有正式进入学校课堂，主要在民间使用。

1.2 音系

1.2.1 辅音和声母

独龙语有 26 个辅音，除喉塞音不作声母外，其余 25 个辅音均可作声母，其中 p、t、k、m、n、ŋ、l、ɹ 等 8 个单辅音可兼作韵尾，有 6 个腭化声母，11 个复辅音声母。

表 1 独龙语辅音系统

	双唇	唇齿	齿龈	龈腭	硬腭	软腭	声门
塞 音	p b		t d		c ɟ	k g	ʔ
塞擦音			ts dz	tɕ dʑ			
鼻 音	m		n		ɲ	ŋ	
擦 音		f	s	ɕ	ç	x	
半元音	w		ɹ	j			
边近音			l				

表 2 独龙语单辅音声母（25 个）

声母	示例	汉译	声母	示例	汉译
p	pa⁵⁵	肚子	tɕ	tɕa⁵⁵	茶
b	ba⁵³	薄	dʑ	dʑan⁵³	蜘蛛
m	mal⁵⁵	脚印	ɕ	ɕi⁵³	死

续表

声母	示例	汉译	声母	示例	汉译
w	wɑ⁵³	做	j	ə³¹jɑ⁵⁵	那个
f	fɑ⁵⁵ly⁵⁵	法律	c	cɑʔ⁵⁵	抬
ts	tsəɹ⁵³	（日）出	ɲ	ɲi⁵³	行、能
dz	dzɑ⁵³	病	ɟ	ɟɑ⁵⁵	汉人
s	sɑ⁵³	牙齿	ç	çiŋ⁵⁵	有（味）
t	tɑ⁵⁵	听	k	kɑʔ⁵⁵	鸡
d	dɑ⁵⁵	胀	g	gɑ⁵⁵	亮
n	nɯ⁵³	酒	ŋ	ŋɑ⁵³	我
l	lɑ⁵⁵	找	x	xɯŋ⁵⁵	（酒）香
ɹ	ə³¹ɹɑ⁵⁵	和睦			

表 3 独龙语腭化声母（6 个）

声母	示例	汉译	声母	示例	汉译
pj	pjɑ⁵⁵	野鸡	bj	bjɑn⁵⁵	融化
mj	mjɑ⁵⁵	嚼	tj	tjeŋ⁵⁵xuɑ⁵⁵	电话
dj	djeɹ⁵³	放（屁）	lj	ljeŋ⁵⁵çiʔ⁵⁵	练习

表 4 独龙语复辅音声母（11 个）

声母	示例	汉译	声母	示例	汉译
bl	blɑ⁵⁵	塑像	pl	plɑŋ⁵⁵	鬼
ml	mlɑʔ⁵⁵	吞咽	kl	klɯp⁵⁵	撒谎
gl	gləŋ⁵⁵	凉	pɹ	pɹɑ⁵⁵	预兆
bɹ	bɹɑi⁵⁵	抓	mɹ	ə³¹mɹɑ⁵⁵	地
kɹ	ə³¹kɹɑʔ⁵⁵	吓	gɹ	gɹɑŋ⁵⁵	发烧
xɹ	xɹɑ⁵⁵	篮了			

声母说明：

（1）清塞音 p、t、k 和清塞擦音 ts、tɕ 声母在部分词中可自由变读为同部位的清送气音。

（2）浊塞音 b、d、g，浊塞擦音 dz、dʑ 和边音 l 声母在部分词中，当韵母是以塞音 -p、-t、-k、-ʔ 为韵尾的音节时，前面带喉塞音-ʔ，变为 ʔb、ʔd、ʔg、ʔdz、ʔdʑ、ʔl；当韵母是非塞音韵尾的音节时，带同部位的鼻冠音，但带与不带不构成对立。

（3）擦音 f 只出现在汉语借词中，一般在懂汉语的人群中使用，而大多数不懂汉语的人一般把这个声母发为 x。

（4）腭化声母 tj、lj 只出现在汉语借词中。

1.2.2 元音和韵母

独龙语有 13 个单元音，11 个复元音。单元音韵母有 13 个，复元音韵母有 11 个，带辅音韵尾韵母 134 个，一共 158 个韵母。

表 5 独龙语单元音韵母（13 个）

韵母	示例	汉译	韵母	示例	汉译
i	pi⁵⁵	蛆	i:	di:⁵⁵	（我们）走
e	le³¹ɕɯ⁵³	懒人	e:	te:⁵⁵	（我们）比喻
ɑ	lɑ⁵⁵	找	ə	lə³¹kɑ⁵⁵	山
ɔ	lɔ³¹sɯ⁵⁵	老师	ɔ:	lɔ:⁵⁵	（她）找
u	lu⁵³	拿	u:	lu:⁵³	（他）拿
ɯ	kɯ⁵⁵	偷	ɯ:	kɯ:⁵⁵	（他）偷
y	tɕy⁵⁵	区			

表 6 独龙语复元音韵母（11 个）

韵母	示例	汉译	韵母	示例	汉译
ɑi	pɑi⁵⁵	笋	ɑ:i	kɑi⁵⁵	（他）吃
əi	təi⁵³	大			
ɔi	tɔi⁵⁵	刚才	ɔ:i	ə³¹lɔ:i⁵³	（我们）戏弄
ui	gui⁵⁵	芋头	u:i	gu:i⁵⁵	（我们）穿
ɯi	tɯi⁵³	短	ɯ:i	kɯ:i⁵⁵	（我们）偷
uɑi	kuɑi⁵³	捞	uɑ:I	kuɑ:i⁵³	（我们）捞

表 7 独龙语带辅音韵尾韵母（134 个）

韵母	示例	汉译	韵母	示例	汉译
in	min⁵³	熟	i:n	sə³¹mi:n⁵³	使熟
in²	pin²⁵⁵	（我）关（门）			
iŋ	diŋ⁵⁵	（我）走	i:ŋ	i:ŋ⁵⁵	（由）我们（做）
iŋ²	liŋ²⁵⁵	（我）折			
ip	ip⁵⁵	睡觉	i:p	i:p⁵⁵	（我们）睡觉
it	pit⁵⁵	麻木	i:t	pi:t⁵⁵	（他）关
ik	tsik⁵⁵	（蛇）叫			
i²	mi²⁵⁵ɕɯ³¹	闭（眼）	i:²	li:²⁵⁵	（他）折
il	me³¹pil⁵³	眼泪			
en	ten⁵⁵	拿	e:n	te:n⁵⁵	（他）拿

续表

韵母	示例	汉译	韵母	示例	汉译
enˀ	len˥˥ˀ	（我）浇（水）			
eŋ	leŋ˥˧	拔（草）	e:ŋ	le:ŋ˥˧	（他）拔
eŋˀ	leŋ˥˥ˀ	（我）脱（衣服）			
em	tsem˥˥	别（针）	e:m	tse:m˥˥	（他）别
emˀ	ə˧˩tsem˥˥ˀ	（我）劈			
ep	ɹep˥˥	站	e:p	tse:p˥˥	（他）插
et	let˥˥	浇（水）	e:t	le:t˥˥	（他）浇（水）
ek	lek˥˥	（我）脱（衣服）			
eˀ	le˥˥ˀ	脱（衣服）	e:ˀ	ɹe:˥˥ˀ	（他）宰
el	pel˥˥	墙	e:l	tse:l˥˥	（他）迁
eɹ	tseɹ˥˥	翅膀	e:ɹ	sə˧˩bje:ɹ˥˧	（使）飞
aiˀ	lai˥˥ˀwɑ˧˩	很快、一会儿			
ɑn	kɑn˥˥	唤（狗）	ɑ:n	kɑ:n˥˥	（他）唤（狗）
ɑnˀ	sə˧˩ɑn˥˥ˀ	（我）使跑			
ɑŋ	kɑŋ˥˧	老虎	ɑ:ŋ	kɑ:ŋ˥˥	（他）掀
ɑm	kɑm˥˥	竹子	ɑ:m	lɑ:m˥˥	（他）晒
ɑmˀ	ɑm˥˥ˀ	（我）射击			
ɑp	gɑp˥˥	被夹住	ɑ:p	ɑ:p˥˥	（他）射击
ɑt	lɑt˥˥	（给箭）上（药）	ɑ:t	sɑ:t˥˥	（他）打
ɑk	lɑk˧˩tɑ˥˥ˀ	铝锅			
ɑˀ	ɑ˥˥ˀ	鸭子	ɑ:ˀ	lɑ:˥˥ˀ	（他）舔
ɑl	sɑl˥˥	翻开	ɑ:l	sɑ:l˥˥	（他）被呛
ɑɹ	pɑɹ˥˥	像	ɑ:ɹ	dɑ:ɹ˥˥	（他）划开
ɔn	dɔn˥˥	读	ɔ:n	dɔ:n˥˥	（我们）读
ɔnˀ	dɔn˥˥ˀ	（我）支持；顶			
ɔŋ	gɔŋ˥˥	坡	ɔ:ŋ	ɹɔ:ŋ˥˥	（我们）坐
ɔŋˀ	dɔŋ˥˥ˀ	（我）舀			
ɔm	pɔm˥˥	抱	ɔ:m	pɔ:m˥˥	（他）抱
ɔmˀ	kɔm˥˥ˀ	（我）盖			
ɔp	lɔp˥˥	习惯（坏事）	ɔ:p	kɔ:p˥˥	（我们）盖
ɔt	tɔt˥˥	割	ɔ:t	tɔ:t˥˥	（我们）割
ɔk	lɔk˥˥	（我）回			
ɔˀ	kɔ˥˥ˀ	生长	ɔ:ˀ	sɔ:˥˥ˀ	（我们）计算
ɔl	gɔl˥˥	需要	ɔ:l	gɔ:l˥˥	（我们）需要

韵母	示例	汉译	韵母	示例	汉译
ɔɹ	kɔɹ^{55}	磨（面）	ɔːɹ	kɔːɹ^{55}	（我们）磨
əm	kəm^{55}	干			
əm^{ʔ}	kəm^{ʔ55}	（我）打（水）			
ən	kən^{55}	蔬菜			
ən^{ʔ}	kən^{ʔ55}	（我）种			
əŋ	ləŋ^{55}	拿、持			
əŋ^{ʔ}	kəŋ^{ʔ55}	（我）解开（绳）			
əp	kəp^{55}	打（水）			
ət	dət^{55}	（线）断			
ək	kək^{55}	（我）解			
əl	kəl^{55}	驮			
əɹ	məɹ^{55}	脸			
un	lun^{53}	（眼）瞎	uːn	kuːn^{55}	忍受
un^{ʔ}	kun^{ʔ55}	（我）削			
uŋ	luŋ^{55}	石头	uːŋ	luːŋ^{55}	用石头
uŋ^{ʔ}	kuŋ^{ʔ55}	（我）围			
ut	kut^{55}	削	uːt	tsuːt^{55}	（他）吮吸
uk	kuk^{55}	（母鸡）叫			
u^{ʔ}	ku^{ʔ55}	（酒）酿成	uː^{ʔ}	kuː^{ʔ55}	（我们）围
ul	gul^{55}	孵出	uːl	sə^{31}guːl^{55}	（她）使孵
uɹ	duɹ^{55}	舂	uːɹ	duːɹ^{55}	（我们）舂
uɑ^{ʔ}	kuɑ^{ʔ55}	挖	uɑː^{ʔ}	kuɑ^{ʔ55}	（我们）挖
uat	guat^{55}	（迅疾）拿	uaːt^{55}	guaːt^{55}	（我们）拿
uan	kuan^{53}	追	uaːn	kuaːn^{55}	（我们）追
uam	i^{31}xuam^{53}	哈欠	uaːm	xuaːm^{55}	（他）打哈欠
uap	ə^{31}xuap^{55}	扇	uaːp	ə^{31}xuaːp^{55}	（我们）扇
uaŋ	guaŋ^{55}	（我）穿			
uaɹ	guaɹ^{53}	黄	uaːɹ	sə^{31}guaːɹ^{55}	（他）使黄
ual	kual^{31}tɕi^{55}	箍子			
ɯn	pɯn^{55}	皮	ɯːn	dzɯːn^{55}	（火）点着
ɯn^{ʔ}	pɯn^{ʔ55}	（我）解开			
ɯŋ	dzɯŋ^{53}	冷	ɯːŋ	sə^{31}dzɯːŋ^{53}	（他）使冷
ɯŋ^{ʔ}	gɯŋ^{ʔ55}	（我）说			
ɯm	bɯm^{53}	多	ɯːm	lɯːm^{53}	（我们）热

续表

韵母	示例	汉译	韵母	示例	汉译
ɯmˀ	lɯmˀ⁵⁵	（我）埋			
ɯp	lɯp⁵⁵	埋	ɯːp	lɯːp⁵⁵	（我们）埋
ɯt	dɯt⁵⁵	老鼠	ɯːt	pɯːt⁵⁵	（我们）解开
ɯk	gɯk⁵⁵	（我）说			
ɯˀ	gɯˀ	说	ɯːˀ	gɯːˀ⁵⁵	（他）说
ɯl	gɯl⁵⁵	走投无路	gɯːl	sə³¹gɯːl⁵⁵	逼迫
ɯɹ	bɯɹ⁵³	肥胖	ɯːɹ	sə³¹bɯːɹ⁵³	使肥胖

韵母说明:

（1）凡元音开头的音节，即零声母音节前都带喉塞音ˀ，带与不带不构成词义对立，因此一律省略不标。

（2）单元音ə在（构词和构形）前缀中单独作韵母，与擦音 s 结合时音质近似ɿ；在其他音节中必须与韵尾结合才能构成韵母，音值接近ɐ，形态变化中变为长元音时变作ɑː。

（3）单元音韵母 y 只出现在汉语借词中。

（4）以元音 u 开头的音节，声母带有圆唇化的特征。

（5）塞音韵尾-p、-t、-k 只有成阻和持阻阶段，没有除阻，即只闭塞不破裂。

（6）复辅音韵尾 mˀ、nˀ、ŋˀ只出现在形态变化和一些语流音变中。

1.2.3 声调

独龙语有三个声调，即低降调（31）、高降调（53）和高平调（55）。

表 8 独龙语声调

低降调	sə³¹nɑ⁵⁵ 鼻子	ə³¹lɯp⁵⁵ɕɯ³¹ 高兴
高降调	ləɯ⁵³ 跳舞	dəm⁵³ 满
高平调	ləm⁵⁵ 晒	dəm⁵³ 平地、平坝

独龙语的声调有区别词汇意义的作用，但功能不大，仅有十几对词是靠声调区别意义的。低降调只出现在前缀、后缀和变调中。

独龙语声调变化十分复杂，有与韵尾的变化结合着起构形作用，有构词组合中的变化，有语流中的音变。这里只介绍常见的构词中的音变，主要有如下四种.

（1）　55＋55 → 31＋55

luŋ⁵⁵（石） + ban⁵⁵（盆）→ luŋ³¹ban⁵⁵ 石盆

ŋaŋ⁵⁵（水） + ɟit⁵⁵（烫）→ ŋaŋ³¹ɟit⁵⁵ 烫水

（2） 55＋53 → 31＋53

ŋaŋ⁵⁵（水） ＋ luɯm⁵³（热） → ŋaŋ³¹luɯm⁵⁵ 热水

luŋ⁵⁵（石） ＋ sɯ⁵³（？） → luk³¹sɯ⁵³磨刀石

（3） 53＋55 → 31＋55

bɯ⁵³（蛇） ＋ təi⁵⁵（大） → bɯ³¹təi⁵⁵蟒蛇，大蛇

ɕəm⁵³（铁） ＋ ban⁵⁵（盆） → ɕəm³¹ban⁵⁵ 铁盆

（4） 53＋53 → 31＋55

nəm⁵³（天） ＋ luɯm⁵³（热） → nəm³¹luɯm⁵⁵热天

ŋɯ⁵³（哭）＋tɯ⁷⁵⁵（？） → ŋɯ³¹tɯ⁷⁵⁵爱哭的人（指小孩）

1.2.4. 音节结构及语流音变

独龙语音节类型有 12 种，F 代表辅音，J 代表元音，举例如下：

表 9 独龙语音节类型

1	J	i⁵³	麻	u⁵⁵	头
2	J＋J	ɔi⁵³	哦哟（叹词）		
3	J＋F	iŋ⁵⁵	我们	əŋ⁵³	他，她
4	F＋J	bi⁵⁵	给	di⁵³	走
5	F＋J＋J	pai⁵⁵	萝	tsɑi⁵³	捞
6	F＋J＋F	kət⁵⁵	种	kəm⁵⁵	干
7	F＋F＋J	pɹɑ⁵³	簸箕	glɑ⁵³	掉
8	F＋F＋J＋F	bɹan⁵⁵	（酒）醒	plan⁵⁵	（天）亮
9	F＋F＋J＋J	bɹɑi⁵⁵	（爪子）抓	xɹei⁵⁵	脚
10	F＋J＋F＋F	sən⁷⁵⁵	（我）打	kɔm⁷⁵⁵	（我）盖
11	F＋F＋J＋F＋F	kluɯm⁷⁵⁵	（我）欺骗	kɹeŋ⁷⁵⁵	（我）抖
12	F＋J＋J＋F	lai⁷⁵⁵wɑ³¹	很快		

独龙语多音节连读时，辅音、元音及某些音节要发生一些有规律的音变、增音和脱落现象。主要表现在以下几个方面。

（1）辅音同化

双音节词中，第一音节如果是带鼻辅音韵尾-m、-n、-ŋ 的音节，当后一音节的声母为清辅音，连读时鼻辅音韵尾一律变为同部位的清塞音。例如：

ɕəm⁵³（刀） ＋ tsuɯm⁵⁵（柄） → ɕəp³¹tsuɯm⁵⁵刀柄

ɕuɯm⁵³（房） ＋ pɔn⁵⁵（官） → tsuɯp⁵⁵pɔn⁵⁵大房子

ŋəm⁵⁵（鱼） ＋ plɑ⁷⁵⁵（？） → ŋəp³¹plɑ⁷⁵⁵鱼

kən⁵⁵（菜） ＋ ti⁵³（汤） → kət³¹ti⁵³菜汤

ban⁵⁵（盆） ＋ tɕe⁷⁵⁵（旧） → bat³¹tɕe⁷⁵⁵旧盆

wən⁵⁵（雪）＋ sam⁵³（崩）→ wət³¹sam⁵³雪崩（名词）

luŋ⁵⁵（石）＋ pɔn⁵⁵（官）→ luk³¹pɔn⁵⁵巨石

ɕiŋ⁵⁵（树）＋ peʔ⁵⁵（皮）→ ɕik³¹peʔ⁵⁵树皮

kaŋ⁵³（虎）＋ səm⁵³（皮）→ kak³¹səm⁵³虎皮

如果音节是以清塞音-t 为韵尾的音节，当后一音节的声母为浊辅音，连读时清塞音韵尾要变为同部位的鼻韵尾。例如：

duɯt⁵⁵（鼠）＋ ni⁵⁵（屎）→ duɯn⁵⁵ni⁵⁵ 老鼠屎

以上的辅音交替都是双音节中的变化。三音节词中，如果第一音节是独立词素修饰后两个音节，第一音节韵尾不发生变化，如果变化就只发生在第二个音节上，同上述双音节的情况。例如：

ɕiŋ⁵⁵（树）＋ təŋ⁵⁵ kaʔ⁵⁵（桠）→ ɕiŋ⁵⁵tək³¹kaʔ⁵⁵树桠

luŋ⁵⁵（石）＋ ɕəm⁵³pəŋ⁵³（臼）→ luŋ⁵⁵ɕəp³¹pəŋ⁵³石臼

如果前两个音节是名词素修饰后面第三个音节，第二个（中间）音节韵尾也不发生变化，如果变化，就只发生在第一个音节韵尾。例如：

mə³¹lɔŋ⁵³（路）＋ tɕem⁵⁵（边）→ mə³¹lɔŋ⁵³tɕem⁵⁵路边

ɕiŋ⁵⁵（树）＋ peʔ⁵⁵（皮）＋ cɯm⁵³（屋）→ ɕik³¹peʔ⁵⁵cɯm⁵³树皮（盖的）屋

（2）元音脱落

独龙语的构词或构形前缀中的元音ə，语流中有条件地发生脱落现象，条件有：当前缀声母为擦音，而后一音节为其他辅音声母时；前缀声母为塞音、塞擦音，后一音节声母为非同部位的擦音、边音或半元音时。例如：

表 10 独龙语音节合并

分开慢读	连读快读	汉义
sə³¹mɔm⁵⁵	smɔm⁵⁵	泡沫
sə³¹nɯ⁵⁵	snɯ⁵⁵	瞄准
sə³¹ŋɯ⁵⁵	sŋɯ⁵⁵	弄（使）哭
sə³¹laŋ⁵³	slaŋ⁵³	派遣
sə³¹ɹi⁵³	sɹi⁵³	麂子
sə³¹pɯ⁵⁵	spɯ⁵⁵	包扎
ɕə³¹ɲi⁵⁵	ɕɲi⁵⁵	锡
ɕə³¹lɔʔ⁵⁵	ɕlɔʔ⁵⁵	疤
pə³¹saʔ⁵⁵	psaʔ⁵⁵	痒
pə³¹lai⁵³	plai⁵³	舌头
bə³¹liŋ⁵⁵	bliŋ⁵⁵	虫
tsə³¹ɹi⁵⁵	tsɹi⁵⁵	线
tə³¹ɹuŋ⁵³	tɹuŋ⁵³	独龙（族）
tɕə³¹teŋ⁵³	tɕeŋ⁵³	闪（电）

独龙语中有 11 个复辅音声母，这些音节在语流中的合并与复辅音的性质是不同的：语流中合并的音节慢读时是可以分开成两个音节，而复辅音结合很紧，不能分开读，例如发 bla⁵⁵ "塑像、雕像"这个音时，双唇闭合准备发 b 的同时，舌头已经为发边音 l 形成了"成阻"。

（3）辅音脱落

独龙语双音节复合词中第一音节的喉塞音韵尾ʔ一律脱落。例如：

ka⁷⁵⁵ + ma⁵³　　→　ka³¹ma⁵³　母鸡
鸡　　　母　　　　鸡　母

sa⁷⁵⁵ + bal⁵⁵　→　sa³¹bal⁵⁵　渴（名词）
口　　　渴　　　　口　渴

la⁷⁵⁵ + dəŋ⁵³　→　la³¹dəŋ⁵³　雕窝
雕　　　窝　　　　雕　窝

ku⁷⁵⁵ + ɹa⁵⁵　→　ku³¹ɹa⁵⁵　园地（以篱笆圈围）
围　　　地　　　　围　地

三音节词中就不脱落。例如：

Ka⁷⁵⁵ + mə³¹tɕi⁵³ → ka⁷⁵⁵mə³¹tɕi⁵³　鸡冠
鸡　　　冠　　　　　鸡　冠

1.3 语法标注概述

1.3.1 语料

独龙语没有书面语文献材料，因此本书采用独龙族神话、传说、民间故事、寓言以及自述等口语语料。部分寓言故事译自外国的《列那狐的故事》和《伊索寓言》，本书采用独龙语的表达习惯进行翻译。

1.3.2 标注格式和缩写符号

本书的标注格式采用国际通行的，研究没有文献资料的小语种的基本形式——隔行对照化格式，一般有四行。例如：

原文行：nəi⁵³　　　　ɟa⁵⁵ pəi⁵³ luŋ⁵⁵ pə³¹ la:ŋ⁵⁵.
分析行：na⁵³ -agt　ɟa⁵⁵ pəi⁵³ luŋ⁵⁵ pə³¹ ləŋ⁵⁵ -2p
标注行：你　-AGT　这　SPM　CL　IMP　拿　-2se
自由翻译行：你拿这个。

第一行是原文行，采用国际音标书写。

第二行是分析行，对代词以及动词的形态（屈折）变化进行分析。例如：na^{53} -agt 表示原文行的 nəi^{53} 是单数第二人称施格形式，ləŋ^{55} -2p 表示原文行的 lɑːŋ^{55} 是动词的单数第二人称变化形式。

第三行是标注行，对词语作汉语词义标注，同时对分析行的语法形式进行语法标注。

第四行是自由翻译行，将原文用汉语翻译。

1.3.3 语法标注缩写符号及标注方法

语法标注使用缩写符号标注，详情请参见前面的"缩写符号"表。

标注方法说明：

（1）标注一般使用一个符号对应一个语法成分或语法意义的原则。例如：

əŋ^{31} lɑ^{31} di^{55} buɯ^{31}.

əŋ^{31} lɑ^{31} di^{55} buɯ^{31}

3SG   JUSS   走   DIR

让他去吧。

（2）独龙语有的前加语法标记成分（前缀）在语流中音节产生合并，多种语法意义聚合在一个音节上，这样的语法聚合单位就合并标记。例如：

nɑ^{53} mən^{31} di^{55} nuɯ^{31}.

nɑ^{53} mən^{31} di^{55} nuɯ^{31}

2SG   NEG2   走   MOOD

（你）别去。

该句的 NEG2 是否定前缀 NEG 和第二人称前缀 2p 的合并连写，同时标注否定和第二人称两种语法意义。

（3）独龙语动词词根除前缀、后缀之外，还有人称屈折变化，分析行采用原形加 -1p、-2p、-3p 方式表示分别是第一、第二和第三人称，标注行再进行标注。例如：

də^{31}lu^{55}tɕe^{31} ə^{31}dəp^{55} ɕiŋ^{31}.

də^{31}lu^{55}tɕe^{31} ə^{31}dəp^{55} ɕuɯ^{31} -1p

差点   摔   RFLX -1sg

（我）差点摔倒了。

该句的动词的反身态标记 ɕuɯ^{31}（RFLX）有屈折变化，分析行采用原形加 -1p 进行分析，标注行采用 RFLX 加 -1sg 标注是表示动作的反身兼表单数第一人称。

（4）独龙语完成体（perfective aspect）通过使用不同的标记兼表亲见、非亲见等示证（evidentials）语法意义，本书以 PFV-V 标注亲见，以 PFV-NV（non-visual）标记非亲见。例如：

nə³¹ne³¹ mi³¹ ɟɔʔ⁵⁵ mɑ⁵⁵ nə³¹ dʑəl⁵⁵ luŋ³¹ ɕɯ³¹?

nə³¹ne³¹ mi³¹ ɟɔʔ⁵⁵ mɑ⁵⁵ nə³¹ dʑəl⁵⁵ luŋ³¹ ɕɯ³¹

2DL　AGT 衣服 INTR 2p 洗　PFV-NV dl

你俩洗了衣服了吗？

ə³¹ne⁵⁵ mi³¹ ɟɔʔ⁵⁵ dʑəl⁵⁵ di³¹ ɕɯ³¹.

ə³¹ne⁵⁵ mi³¹ ɟɔʔ⁵⁵ dʑəl⁵⁵ di³¹ ɕɯ³¹

1DL　AGT 衣服 洗　 PFV-V　dl

（我俩）洗完衣服了。

第一句完成体标记 luŋ³¹ 兼表非亲见意义，标注使用 PFV-NV。第二句完成体标记 di³¹ 兼表亲见意义，标记作 PFV-V。

其他语法成分的标注方法以此类推。

1.4 词类

独龙语的词类可以根据语义和形态句法特征分为名词、代词、动词、数词、量词、副词、连词、叹词和语气助词等。

1.4.1 名词

独龙语的名词类与其他语言一样，一般可分为普通名词、专有名词、抽象名词、方位名词和时间名词。

独龙语普通名词下可分种类名词和部分名词两类。种类名词表示事物的种类，部分名词表示事物的某种部分或某个部位。两类名词一般有形态的对立，部分名词一般带前缀（词头）əŋ³¹-/-ək³¹，种类名词不带。例如：

表 11 种类名词和部分名词

种类名词	部分名词
ɕiŋ⁵⁵ 树	əŋ³¹ləp⁵⁵ 叶子、əŋ³¹ɹɯ⁵⁵ 根、ək³¹wət⁵⁵ 花、ək³¹kɔʔ⁵⁵ 干
kɑʔ⁵⁵ 鸡	əŋ³¹mɯl⁵⁵毛、ək³¹xɹei⁵⁵ 脚、ək³¹ceɹ⁵⁵ 翅膀
ə³¹gɹɕɔ⁵³ 猴子	əŋ³¹mɯl⁵⁵毛、ək³¹xɹei⁵⁵ 脚、ək³¹u⁵⁵ 头、ək³¹ɹɯ⁵⁵ 手

部分名词受前面种类名词修饰时，前缀要脱落。例如：

种类名词　　　　+　　　部分名词　　　→　　　修饰关系

ɕiŋ⁵⁵ 树　　　　　　əŋ³¹ləp⁵⁵ 叶子　　　　ɕiŋ³¹ləp⁵⁵ 树叶

也有的部分名词不带前缀（词头），例如 sə³¹nɑ⁵⁵（鼻子）、nə³¹pi⁵⁵（臀部、屁股）、pɑ⁵⁵（肚子）等。

名词性形态有指小称、复数、亲属称谓、词格等形式标记。

1.4.1.1　小称标记

小称标记来源于名词ək³¹tɕəl⁵³"孩子"，加在名词之后，词缀ək³¹-脱落，表示较小的或者可爱的事物。这个词尾标记比较能产。例如：

nuŋ³¹ŋuɑ⁵³ tɕəl⁵³ 小牛　　　　　　　　pə³¹tɕi⁷⁵⁵tɕəl⁵³ 小鸟

tɑ³¹bəŋ⁵⁵tɕəl⁵³ 小玉米（传统种植的）　　pəɹ³¹kɔ⁷⁵⁵tɕəl⁵³ 小碗

sɔk³¹tɑ⁷⁵⁵tɕəl⁵³ 小铜锅　　　　　　　ə³¹tɕit⁵⁵tɕəl⁵³ 小羊羔

pə³¹mɑ⁵⁵tɕəl⁵³ 小姑娘　　　　　　　leŋ³¹lɑ⁵³tɕəl⁵³ 小伙子

此外，还有几个小称标记 təŋ⁵⁵、ceŋ⁵⁵、ti⁵⁵等，但使用范围不广。其中，təŋ⁵⁵可以用在几种动物或物件名词后表示小称。例如：

xɹɑ³¹təŋ⁵⁵ 小篮子　　　　　　ɕəp³¹pi⁵³təŋ⁵⁵ 小挎萝

də³¹ɡɯi⁵⁵təŋ⁵⁵ 小狗　　　　　lɑ³¹təŋ⁵⁵ 小（体型）鹰、隼

ceŋ⁵⁵和 ti⁵⁵使用范围也很窄，ceŋ⁵⁵只出现在两个词后面：ɕəp³¹ceŋ⁵⁵"小刀"和 wa³¹ceŋ⁵⁵"小猪"；ti⁵⁵只出现在一个词里：ka³¹ti⁵⁵"小鸡"。

1.4.1.2　复数标记

复数标记加在指人的名词后，有复数和双数之分。复数标记是-mɑ⁷⁵⁵，相当于汉语的"们"。例如：

lam³¹bɹɑ⁷⁵⁵mɑ⁷⁵⁵ 朋友们　　　　　　pə³¹mɑ⁵⁵mɑ⁷⁵⁵ 女人们

leŋ³¹lɑ⁵³mɑ⁷⁵⁵ 男人们　　　　　　tɕəm³¹mɹɑ⁵³mɑ⁷⁵⁵ 孩子们

tsɯm³¹ɟɔ⁷⁵⁵ɹɑ⁵⁵mɑ⁷⁵⁵ 姑娘们　　　leŋ³¹lɑ⁵³tɕəl⁵³mɑ⁷⁵⁵ 小伙子们

lɔ³¹sɯ⁵⁵mɑ⁷⁵⁵ 老师们　　　　　　ɕɔ³¹siŋ⁵⁵mɑ⁷⁵⁵ 学生们

双数标记是-də³¹ɡuan⁵⁵，相当丁汉语的"俩"（这个成分也可以作为连词使用，见后面 1.4.7"连词"部分）。例如：

puŋ⁵⁵ də³¹ɡuan⁵⁵ 普俩　　　　nəŋ⁵⁵ də³¹ɡuan⁵⁵ 阿娜俩

a³¹faŋ⁵⁵ də³¹ɡuan⁵⁵ 阿芳俩　　a³¹jiŋ⁵⁵də³¹ɡuan⁵⁵ 阿英俩

1.4.1.3　亲属称谓标记

亲属称谓标记在亲属称谓名词前加不同的前缀（词头）表示第一、第二和第三人称。例如：

表 12 亲属称谓标记

第一人称	第二人称	第三人称
ə³¹pəi⁵³ 我父亲	nə³¹pəi⁵³ 你父亲	əŋ³¹pəi⁵³ 他/她父亲
ə³¹məi⁵³ 我母亲	nə³¹məi⁵³ 你母亲	əŋ³¹məi⁵³他/她母亲
ə³¹tɕɯm⁵⁵ 我叔伯母	nə³¹tɕɯm⁵⁵ 你叔伯母	əŋ³¹tɕɯm⁵⁵他/她叔伯母
ə³¹wəŋ⁵³ 我叔伯	nə³¹wəŋ⁵³ 你叔伯	əŋ³¹wəŋ⁵³他/她叔伯
ə³¹kɯ⁵³ 我舅舅	nə³¹kɯ⁵³ 你舅舅	əŋ³¹kɯ⁵³他/她舅舅

这些亲属称谓标记在来源上与人称代词有密切关系。例如：

表 13 亲属称谓标记与人称代词对比

前缀	人称代词	词义
ə³¹-	ŋɑ⁵³	我
nə³¹-	nɑ⁵³	你
əŋ⁵³-	əŋ⁵³	他

1.4.1.4 格标记

独龙语的名词和代词有格标记，分施事格、工具格、向格、位格、从（由）格五种。

（1）施事格标记（AGT）

施事格不是动作的发出者，及物动词的施事才有施事格。有两种标记或表达形式：一是在名词或代词后加-mi³¹，二是名词或代词的主要元音采用长元音的形式。例如：

ɟɔ²⁵⁵ nəŋ⁵⁵ mi³¹ lɑ³¹ dʑɑ:l⁵⁵.

ɟɔ²⁵⁵ nəŋ⁵⁵ mi³¹ lɑ³¹ dʑəl⁵⁵ -3p

衣服 阿娜 AGT JUSS 洗 -3pe

衣服让阿娜洗。

ɟɔ²⁵⁵ nɑ:ŋ⁵⁵ lɑ³¹ dʑɑ:l⁵⁵.

ɟɔ²⁵⁵ nəŋ⁵⁵ -agt lɑ³¹ dʑəl⁵⁵ -3p

衣服 阿娜 - AGT JUSS 洗 -3pe

衣服让阿娜洗。

单数第一、第二人称的施事格有特殊形式：ŋəi⁵³ "我-施格" 和 nəi⁵³ "你-施格"。但在这两个施格形式后还可以再使用施格标记，也可以省略。

（2）工具格标记（INSTR）

工具格表示动作所凭借的工具，形式与施事格完全相同。有两种表达形式：一是在名词或代词后加-mi³¹，二是名词或代词的主要元音采用长元音的形式。例如：

ɕəm⁵³ mi³¹ pə³¹ tɔt⁵⁵ ɕɯ³¹.

ɕəm⁵³ mi³¹ pə³¹ tɔt⁵⁵ ɕɯ³¹

刀　INSTR　命令　割　dl

（你俩）用刀割。

ɕɑ:m⁵³　　　pə³¹ tɔt⁵⁵ ɕɯ³¹.

ɕəm⁵³ -ins　pə³¹ tɔt⁵⁵ ɕɯ³¹

刀 -INSTR　IMP　割　dl

（你俩）用刀割。

（3）向格标记（ALL）

向格表示动作的方向或目的，在名词、代词、动词性词组后加-le³¹表示。例如：

puŋ⁵⁵ ɕaŋ⁵⁵ le³¹ di⁵⁵ di³¹.

puŋ⁵⁵ ɕaŋ⁵⁵ le³¹ di⁵⁵ di³¹

普　乡　　ALL　走　PFV-DIR

普到乡（政府）里去了。

ɟɑ⁵⁵　əŋ⁵³　le³¹ pə³¹　dzɔn⁵⁵ ɕɯ³¹.

ɟɑ⁵⁵　əŋ⁵³　le³¹ pə³¹　dzɔn⁵⁵ ɕɯ³¹

这个 3SG　ALL　IMP　交　　dl

这个交给他。

（4）位格标记（LOC）

位格表示动作行为的处所、地点、时间等。在名、代词后加-dɔ³¹表示。例如：

ə³¹pəi⁵³ dəm³¹bɔŋ⁵³ dɔ³¹ ɕiŋ⁵⁵ ə³¹ tsep⁵⁵.

ə³¹pəi⁵³ dəm³¹bɔŋ⁵³ dɔ³¹ ɕiŋ⁵⁵ ə³¹ tsep⁵⁵

我爸　院子　　　LOC 柴　　劈

爸爸在院子劈柴。

əŋ⁵³　　nɔm³¹nɯ⁵⁵ dʑin⁵⁵ niŋ⁵⁵ dɔ³¹　pə³¹ɟu:⁵³.

əŋ⁵³　　nəm³¹nɯ⁵⁵ dʑin⁵⁵ niŋ⁵⁵ dɔ³¹　pə³¹ɟu⁵³ -3p

3SG 地　震　年　　　　LOC 生育 -3pe

他出生在地震那年。

（5）从格标记（ABL）

从格表示动作的起点、从由，在地点、处所名词，人称代词、名词后加 -paŋ³¹ /
-pɑ:ŋ³¹表示。例如：

əŋ⁵³ ɕeŋ⁵⁵ paŋ³¹ ə³¹blɑʔ⁵⁵ ɹɑ³¹.

əŋ⁵³ ɕeŋ⁵⁵ paŋ³¹ ə³¹blɑʔ⁵⁵ ɹɑ³¹

3SG 县城 ABL 到 DIR

他从县里来的。

ɟɑ⁵⁵ əŋ⁵³ paŋ³¹ luŋ⁵³ e³¹.

ɟɑ⁵⁵ əŋ⁵³ paŋ³¹ lu⁵³ -1p e³¹¹

这 3SG ABL 拿 -1se 是

这是我从他那儿拿的。

（6）话题标记（TOP）

独龙语话题标记只有一个-nɯ³¹，不是强制性的（可省略），只是表示语调的停顿，起到突出、强调话题的作用。例如：

əŋ⁵³ nɯ³¹ tə³¹ɹuŋ⁵³ ə³¹tsəŋ⁵³ e⁵⁵.

əŋ⁵³ nɯ³¹ tə³¹ɹɯ⁵³ ə³¹tsəŋ⁵³ e⁵⁵

3SG TOP 独龙 人 是

他是独龙族人。

ə³¹jɑ⁵⁵ nɯ³¹ ŋɑ⁵³ mi³¹ wən⁵⁵ ɟɔʔ⁵⁵ e⁵⁵.

ə³¹jɑ⁵⁵ nɯ³¹ ŋɑ⁵³ mi³¹ wən⁵⁵ ɟɔʔ⁵⁵ e⁵⁵

那 TOP 1SG AGT 买 衣服 是

那是我买的衣服。

1.4.2 代词

独龙语代词是个封闭的词类，有人称代词、指示代词、疑问代词、不定代词等。

（1）人称代词

人称代词有 3 个，每个人称代词都分单数、双数和复数三种形式。

表 14 人称代词

数	第一人称	第二人称	第三人称
单数	ŋɑ⁵³	nɑ⁵³	əŋ⁵³
双数	ə³¹ne⁵⁵	nə³¹ne⁵⁵	əŋ³¹ne⁵⁵
复数	iŋ⁵⁵	nə³¹niŋ⁵⁵	əŋ³¹niŋ⁵⁵

（2）指示代词

指示代词根据距离分近指、中（较近）指和远指，还根据上下方位分中（较近）指和远指。

表 15　指示代词

距离	形式	词义
近指	ɟa⁵⁵	这、这个
中指（较近）	kai⁵⁵	那、那个
远指	kɔ⁵⁵	那、那个
中指（较近）	ɟə³¹wa⁵⁵	下面
远指	ɟu⁵⁵	下面
中指（较近）	ŋua⁵⁵	上面
远指	ŋɔ⁵⁵	上面

（3）疑问代词

表 16　疑问代词

疑问代词	词义	属性
ə³¹mi⁵⁵	谁	指人
təŋ⁵⁵	什么	指物
ə³¹ɹa⁵⁵	哪里	处所
dəŋ⁵⁵bɯm⁵⁵	多少	数量（不定量）
təi⁵⁵wa³¹	怎么	方式
ə³¹daŋ⁵⁵	何时	时间
dəŋ⁵⁵mə³¹nɯ⁵⁵	多久	时间
dəŋ⁵⁵məi⁵⁵	几个	数量

（4）不定代词

独龙语不定代词只有一个 ti³¹tɕu⁷⁵⁵，表示"一些""一点"。

1.4.3 数词

独龙语的数词采用十进制，包括基本数词、复合数词、倍数和分数。倍数用 xu⁵⁵ 表示，例如 ə³¹ni⁵⁵ xu⁵⁵（两倍），这可能是个傈僳语借词；分数表示法借用汉语词。序数词用汉语借词。基本数词包括 9 个个位数词和 4 个位数词。列表如下：

表 17　基本数词

一	二	三	四	五	六	七
ti⁷⁵⁵	ə³¹ni⁵⁵	ə³¹sɯm⁵³	ə³¹bli⁵³	pə³¹ŋa⁵³	kɹu⁷⁵⁵	sə³¹ɲit⁵⁵
八	九	十	百	千	万	
çət	də³¹gɯ⁵³	əŋ³¹tsəl⁵⁵	əŋ³¹ça⁵⁵	ək³¹tu⁵⁵	əŋ³¹mɯ⁵⁵	

位数词十、百、千、万等具有部分名词的特点，都带有前缀（词头）ə^{31}-/ək^{31}-，受个位数词修饰时这些前缀会脱落。复合数词由基本数词组合而成，个位数在位数词之前表示相乘关系，在位数词之后不是相加的关系，其间不用任何连接成分。例如：

ə^{31}sɯm^{53} mɯ^{53} pə^{31}ŋɑ^{53} tu^{55} ə^{31}bli^{53} çɑ^{55} ə^{31}ni^{55} tsəl^{55} kɹu^{755}

三　　万　五　千　四　百　二　十　六

三万五千四百二十六（即三乘万加五乘千加四乘百加二乘十加六）

"十万""百万""千万""亿"等这些大的数字概念日常生活中用的少，一般直接借用汉语词，但也可用以上合成方式表达，例如：

ə^{31}ni^{55}（二）tsəl^{55}（十）mɯ^{55}（万）　　→　　二十万

ti^{31}（一）tu^{55}（千）mɯ^{55}（万）　　→　　一千万

ti^{31}（一）mɯ^{55}（万）mɯ^{55}（万）　　→　　一万万（亿）。

1.4.4 量词

独龙语的量词比较发达，分名量词和动量词两大类。

1.4.4.1 名量词

名量词分个体量词、集合量词和度量词。

（1）个体量词

个体量词是可数的，独龙语的个体量词具有明显的区分事物类别的特点。个体量词有近 20 个，数量虽不多，但可以概括所有的事物。例如：

gɯ^{55} （一）只、条、匹……表示动物的量，不论体型大小。

ɟɔ^{755}（一）个、位……表示人，不论性别、职位、年龄大小。

luŋ^{55}（一）座、颗、粒、块……表示立方体事物的量。

kloŋ^{53}（一）支、杆、条……表示条状物如烟、箭、拐杖等人工制造物的量。

kləŋ^{53}（一）滴（水、油、汗、酒）。表示液态的事物的量。

dzəŋ^{55}（一）棵（树）。表示生长着的木本植物的量。

kɔ^{755}（一）根。表示已经砍伐的树木、竹类的量。

个体量词是与数词构成数量短语修饰名词，位置在名词之后。例如：

kɑ^{755}（鸡）ti^{31}（一）gɯ^{55}（只）　　→　　一只鸡

pɔn^{55}（官员）ti^{31}（一）ɟɔ^{755}（个）　　→　　一个官员

指示代词在前面修饰个体量词时，中间要加定指的成分 pəi^{53}，此时句子中不能再出现名词。例如：

kɔ^{55} pəi^{53} ɟɔ^{755} le^{31} pə^{31} dzɔːn^{55}

kɔ^{55} pəi^{53} ɟɔ^{755} le^{31} pə^{31} dzɔn^{55} -2p

那　SPM　CL　ALL　IMP　交　-2se

（你把某物）交给那个（人）。

（2）集合量词

集合量词数量不多，只有几个：ma⁷⁵⁵群（人）、ɹɑ⁵⁵群（动物）、xua⁵⁵伙、拨（人）、də³¹ɹu⁷⁵⁵圈（围拢的人）、dzɯm⁵⁵双、对、付（鞋、筷子）。

（3）度量词

度量词不多，有pə³¹tɑ⁵⁵"拃"、ləm⁵⁵"庹"、təp⁵⁵"指宽"、lan⁵³"里：约两三公里"、kɔŋ⁵⁵"斗"、ci"斤"、gəp⁵⁵"两"等。

1.4.4.2 动量词

独龙语动量词很少，常用的只有两个：laŋ⁵³"下"和kət⁵⁵"次、趟"。因独龙语动词"动居句尾"，数词和动量词数量短语要在所修饰的动词之前。例如：

ə³¹ni⁵⁵ kət⁵⁵ ə³¹blɑʔ⁵⁵

ə³¹ni⁵⁵ kət⁵⁵ ə³¹blɑʔ⁵⁵

两　　　CL　　到达

到了两趟

ə³¹sɯm⁵³ laŋ⁵³ sət⁵⁵

ə³¹sɯm⁵³ laŋ⁵³ sət⁵⁵

三　　　CL　　打

打三下

1.4.5 动词

动词是一个开放的词类。独龙语动词有人称、使动、互动、反身、体、式、趋向、示证等八个语法范畴，动词前后最多可同时附加各三个前缀和后缀。例如：

əŋ³¹dzɑ⁵⁵ mɑ⁵⁵ nɑ³¹ sə³¹ kəi⁵³ ɕi³¹ luŋ³¹ ɕɯ³¹?

əŋ³¹dzɑ⁵⁵ mɑ⁵⁵ nɑ³¹ sə³¹ kəi⁵³ ɕɯ³¹ luŋ³¹ ɕɯ³¹

饭　　　　INTR 2p CAUS 吃 RFLX PFV-NV dl

（你俩）吃过饭了吗？

这些不同语法范畴的前缀和后缀，一方面按照一定的次序加在动词前后，形成以动词为中心的，不同语法形式、语法意义的组合关系；另一方面，这些前缀和后缀往往在语流中通过音节的合并、屈折变化表现出不同语法意义的聚合性特点。这里只简要介绍独龙语动词的语法特点。

（1）独龙语像绝大多数藏缅语一样，属于"动居句尾"的OV型语言，谓语动词固定在句尾。

（2）动词词根从音节形式上看，都是单音节或是双音节的，不存在三音节的动词。

（3）没有复合动词，都是单纯词，例如没有像"打死、勒紧、敲击、团结"等这样像现代汉语的复合动词或合成动词。

（4）有少数一些动词是专用的，只能与特定的名词搭配。例如：

pə³¹ɹe⁷⁵⁵ lu⁵⁵ 吓唬　　　sə³¹ɹɑ⁷⁵⁵ li⁷⁵⁵ 羞辱　　　tə³¹ɕɑ⁵⁵ ɹɯt⁵⁵ 虐待
害怕　　动词　　　　　羞愧　　动词　　　　　　苦　　动词

这些动词如 lu⁵⁵、li⁷⁵⁵、ɹɯt⁵⁵ 等具体意义不清楚，但从语法形态变化看是与前面的双音节（名词）词性不同的，是可以分离的独立动词。例如 pə³¹ɹe⁷⁵⁵ lu⁵⁵ "吓唬"这个三音节词组：

əŋ⁵³　le³¹　pə³¹ɹe⁷⁵⁵　pə³¹　　lu:⁵⁵.
əŋ⁵³　le³¹　pə³¹ɹe⁷⁵⁵　pə³¹　　lu⁵⁵ -2p
3SG　ALL　害怕　　　IMP　动词 -2se

（你）吓唬他（一下）。

命令前缀 pə³¹-加在最后一个音节 lu⁵⁵ 上，很明显，它与前面的两个音节（害怕）是可以分离的。

（5）没有表示概念的向心和离心趋向动词。例如汉语的"来"和"去"，这一对相对趋向动词，既可独立作动词，亦可作其他动词的趋向补语如"走来、跑进来、走去、走回去"等。独龙语没有这样的趋向动词，趋向概念由趋向后缀表达。这是独龙语不同于汉语以及许多藏缅语的重要特点。

（6）表示颜色、性状的"形容词"，在语法特征上与一般的不及物动词没有明显的差别。例如，都有人称、体、使动等形态变化。因此可以归入动词的一个小类静态动词（stative verb）里。

1.4.5.1 系词 e⁵⁵（是）

系词 e⁵⁵（是）表示判断，有人称变化。例如：

表 18 系词 e⁵⁵的人称变化

	单数	双数	复数
第一人称	iŋ⁵⁵	e⁵⁵ɕɯ³¹	i:⁵⁵
第二人称	nə³¹e⁵⁵	nə³¹e⁵⁵ɕɯ³¹	nə³¹in⁵⁵
第三人称	e⁵⁵	e⁵⁵	e⁵⁵

系词 e⁵⁵（是）也可以带一些体标记。例如：

tɔi⁵⁵ ə³¹blɑ⁷⁵⁵ ə³¹tsəŋ⁵³ əŋ⁵³ e⁵⁵ luŋ³¹.
tɔi⁵⁵ ə³¹blɑ⁷⁵⁵ ə³¹tsəŋ⁵³ əŋ⁵³ e⁵⁵ luŋ³¹
刚才 到达　人　　3SG 是　PFV-NV

刚才到来的人（原来）是他。

əŋ⁵³　ə³¹mɹɑ⁵⁵ le³¹　e⁵⁵ di³¹.
əŋ⁵³　ə³¹mɹɑ⁵⁵ le³¹　e⁵⁵ di³¹

3SG 田地 ALL 是 PFV-DIR

他去地里了。

系词 e⁵⁵（是）声调变高降调用在句尾时，可以表示疑问。例如：

na⁵³ nɯ⁵³ mən³¹ ŋaʔ⁵⁵ e⁵³？

na⁵³ nɯ⁵³ mən³¹ ŋaʔ⁵⁵ e⁵³

2SG 酒 NEG2 喝 MOOD

你不喝酒是吗？

1.4.5.2 能愿动词

能愿动词（modal werb）也叫作情态动词，表示允许、能力、意愿等。独龙语的能愿动词不能单独作谓语，要与前面的原形动词或动词性短语结合在一起构成谓语动词。能愿动词居于句尾，人称、体、式等形态变化只发生在能愿动词上。有 ɲi⁵³、ca⁵³、də³¹gɯŋ⁵³、dʑaʔ⁵⁵、beŋ⁵⁵等 5 个。

（1）ɲi⁵³表示允许，这个动词不能有人称、体的形态变化。例如：

e³¹wa⁵⁵ wa⁵⁵ mə³¹ ɲi⁵³.

e³¹wa⁵⁵ wa⁵⁵ mə³¹ ɲi⁵³

那样 做 NEG 行

不能（允许）那样做。

（2）ca⁵³表示能力。例如：

ŋa⁵³ tən⁵⁵ di⁵⁵ mə³¹ caŋ⁵⁵.

ŋa⁵³ tən⁵⁵ di⁵⁵ mə³¹ ca⁵³ -1p

1SG 现在 走 NEG 能 -1sg

我现在走不动了。

（3）də³¹gɯŋ⁵³表示意愿。例如：

əŋ⁵³ kəi⁵⁵ ma³¹ də³¹gɯŋ⁵³ wu³¹.

əŋ⁵³ kəi⁵⁵ ma³¹ də³¹gɯŋ⁵³ wa³¹

3SG 吃 NEG 想 HRS

他说不想吃了。

（4）dʑaʔ⁵⁵表示敢于。例如：

ə³¹məi⁵³ le³¹ ə³¹ja⁵⁵ pɯt⁵⁵ mə³¹ dʑəŋʔ⁵⁵.

ə³¹məi⁵³ le³¹ ə³¹ja⁵⁵ pɯt⁵⁵ mə³¹ dʑaʔ⁵⁵ -1p

我妈 ALL 那个 告诉 NEG 敢 -1se

我不敢把那件事告诉妈妈。

（5）beŋ⁵⁵也表示能力，含有"完成"的意义。例如：

ɟɑ⁷⁵⁵ ɕiŋ⁵⁵ ŋa⁵³ ti³¹ ɟɔ⁷⁵⁵ mi³¹　də³¹glɔ⁷⁵⁵ mə³¹　beŋ⁵⁵.

ɟɑ⁷⁵⁵ ɕiŋ⁵⁵ ŋa⁵³ ti³¹ ɟɔ⁷⁵⁵ mi³¹　də³¹glɔ⁷⁵⁵ mə³¹　beŋ⁵⁵

这　木头　1SG　一　CL　AGT　推　　　NEG　能

这木头我一个人推不动。

1.4.5.3 抽象动词 wa⁵³（做、弄、搞）

这个动词词义很抽象、虚化，可以加在很多不同的名词后，形成不同的具体意义。例如：

mən⁵⁵ wa⁵³ 治病　　　　blu⁵⁵ wa⁵³ 商量　　　　nəm⁵³ wa⁵³ 下雨
药　　做　　　　　　商议　做　　　　　　雨　　做

ə³¹mɹɑ⁵⁵ wa⁵³ 干活　　nəm³¹sa⁵³ wa⁵³ 做法　　mə³¹lɔɕi⁵³ wa⁵³ 修路
地　　做　　　　　　巫师　　做　　　　　路　　做

汉语动词性词组借入词，也往往再加这个抽象、虚化的动词，把汉语的动词性词组作为名词组处理。例如：

kəi⁵⁵xui⁵⁵ wa⁵³ 开会　　　ɕɔ³¹ɕi⁷⁵⁵ wa⁵³ 学习　　　tuaŋ³¹ljeŋ⁵⁵ wa⁵³ 锻炼
开会　　做　　　　　　学习　做　　　　　　锻炼　　做

1.4.5.4 动词的形态标记

独龙语动词有人称、使动、互动、反身、体、式、趋向、示证、受益等九大形态变化或语法范畴。

1.4.5.4.1 人称标记

独龙语动词的人称和数采用在动词上加前缀、后缀，动词韵尾的形态变化、变调等形式综合表达。及物动词根据动作者施事的强调与否有两套变化。

（1）不及物动词的人称标记

不及物动词的人称标记以动词 di⁵³ "走"和ə³¹ŋɑ⁷⁵⁵ "跌倒"为例，列表如下。

表 19 动词 di⁵³ "走"的人称变化

	单数	双数	复数
第一人称	diŋ⁵⁵	di⁵³ɕɯ³¹	di:⁵³
第二人称	nə³¹di⁵³	nə³¹di⁵³ɕɯ³¹	nə³¹din⁵³
第三人称	di⁵³	di⁵³	di⁵³

表 20 动词 ə³¹ŋɑ⁷⁵⁵ "跌倒"的人称变化

	单数	双数	复数
第一人称	ə³¹ŋək⁵⁵	ə³¹ŋɑ⁷⁵⁵ɕɯ³¹	ə³¹ŋɑ:⁷⁵⁵
第二人称	na³¹ə³¹ŋɑ⁷⁵⁵	na³¹ə³¹ŋɑ⁷⁵⁵ɕɯ³¹	nə³¹ə³¹ŋən⁷⁵⁵
第三人称	ə³¹ŋɑ⁷⁵⁵	ə³¹ŋɑ⁷⁵⁵	ə³¹ŋɑ⁷⁵⁵

从两个表格可看出：第一人称单数动词依据韵母的情况有不同的变化，双数人称加后缀-ɕɯ³¹，复数人称动词韵尾一律变为长元音。第二人称在动词前加前缀 nə³¹-，双数人称加-ɕɯ³¹，复数人称动词词根韵尾有一定变化。第三人称不分数，使用原形动词。

（2）及物动词的人称标记

及物动词根据句子的强调与否有两套变化。这里的强调是指施事后带与不带施格标记。以动词 lɑ⁵⁵ "找" 和 tɔt⁵⁵ "割" 为例，列表如下。

表 21 动词 lɑ⁵⁵ "找" 的强调式与一般式变化

	单数	双数	复数
第一人称一般式	lɑŋ⁵⁵	lɑ⁵⁵ɕɯ³¹	lɑ:i⁵⁵
第一人称强调式	lɑŋ⁵⁵	lɑ⁵⁵ɕɯ³¹	lɑ:i⁵⁵
第二人称一般式	nə³¹lɑ⁵⁵	nə³¹lɑ⁵⁵ɕɯ³¹	nə³¹lɑn⁵⁵
第二人称强调式	nə³¹lɔ:⁵⁵	nə³¹lɑ⁵⁵ɕɯ³¹	nə³¹lɑn⁵⁵
第三人称一般式	lɑ⁵⁵	lɑ⁵⁵	lɑ⁵⁵
第三人称强调式	lɔ:⁵⁵	lɔ:⁵⁵	lɔ:⁵⁵

表 22 动词 tɔt⁵⁵ "割" 的强调式与一般式变化

	单数	双数	复数
第一人称一般式	tɔt⁵⁵	tɔt⁵⁵ɕɯ³¹	tɔ:t⁵⁵
第一人称强调式	tɔnʔ⁵⁵	tɔt⁵⁵ɕɯ³¹	tɔ:t⁵⁵
第二人称一般式	nə³¹tɔt⁵⁵	nə³¹tɔt⁵⁵ɕɯ³¹	nə³¹tɔnʔ⁵⁵
第二人称强调式	nə³¹tɔ:t⁵⁵	nə³¹tɔt⁵⁵ɕɯ³¹	nə³¹tɔnʔ⁵⁵
第三人称一般式	tɔt⁵⁵	tɔt⁵⁵	tɔt⁵⁵
第三人称强调式	tɔ:t⁵⁵	tɔ:t⁵⁵	tɔ:t⁵⁵

1.4.5.4.2 使动标记（CAUS）

独龙语的使动标记有形态和分析形式两种。

（1）形态标记

有三个前缀 sə³¹-、tə³¹-和 də³¹-。这三个前缀是条件分布。sə³¹-加在非擦音声母的动词前，这个使动前缀可以加在 150 多个原形动词上。例如：

表 23 使动前缀 sə³¹-

动词	汉义	使动	汉义
bət⁵⁵	（水）干	sə³¹bət⁵⁵	使干
gliʔ⁵⁵	断折	sə³¹gliʔ⁵⁵	弄断
tɔp⁵⁵	得到	sə³¹tɔp⁵⁵	使得到
ɹi⁵⁵	背	sə³¹ɹi⁵⁵	使背

例句：

əŋ⁵³ mə.ɹ⁵⁵ sə³¹　　na²⁵⁵ ɕɯ³¹.

əŋ⁵³ mə.ɹ⁵⁵ sə³¹　　na²⁵⁵ ɕɯ³¹

3SG 脸　　CAUS 脏　RFLX

他弄脏（自己的）脸。

前缀 tə³¹-加在清擦音声母的动词前，可加在 8 个原形动词上。例如：

表 24　使动前缀 tə³¹-

动词	汉义	使动	汉义
ɕɑ²⁵⁵	湿	tə³¹ɕɑ²⁵⁵	弄湿
ɕi⁵³	死	tə³¹ɕi⁵⁵	弄死
ɕɔm⁵³	下	tə³¹ɕɔm⁵³	使下
ə³¹su⁵³	（水）开	tə³¹su⁵⁵	使（水）开

例句：

ɟɔ²⁵⁵ pɑ³¹ tə³¹　ɕɑːˀ²⁵⁵.

ɟɔ²⁵⁵ pɑ³¹ tə³¹　ɕɑ²⁵⁵ -2p

衣服　IMP CAUS 湿　-2pe

（你）把衣服弄湿。

前缀 də³¹-加在浊辅音声母的动词前，可加在 5 个原形动词上。例如：

表 25　使动前缀 də³¹-

动词	汉义	使动	汉义
bɔ²⁵⁵	爆炸	də³¹bɔ²⁵⁵	炸、使爆炸
bu⁵⁵	灼痛	də³¹bu⁵⁵	烧
b.ɹət⁵⁵	灭绝	də³¹b.ɹət⁵⁵	消灭
gɑŋ⁵⁵	（火）烤	də³¹gɑŋ⁵⁵	烤
gɔŋ⁵⁵	钝	də³¹gɔŋ⁵⁵	弄钝

例句：

əŋ³¹niŋ⁵⁵ luŋ⁵⁵ də³¹ bɔ²⁵⁵.

əŋ³¹niŋ⁵⁵ luŋ⁵⁵ də³¹ bɔ²⁵⁵

3PL　　石头 CAUS 爆炸

他们在炸石头。

上述 100 多对动词中原形动词绝大多数是单音节词，只有少数几个是带构词前缀 ə³¹-的双音节动词，但加使动前缀时前缀 sə³¹-要脱落。例如：tə³¹-＋ə³¹su⁵³ "（水）开" →tə³¹su⁵⁵ "烧（水）"。

（2）分析标记

分析标记（形式）有两种：一是在自主动词后加自主动词-dʑɯɹ⁵⁵ "让\使"。人称、体、式等形态变化只发生在这个使动动词上。例如：

əŋ⁵³　e³¹wɑ⁵⁵　wɑ⁵⁵　mən³¹　dʑɯɹ⁵⁵　nɯ³¹.

əŋ⁵³　e³¹wɑ⁵⁵　wɑ⁵⁵　mən³¹　dʑɯɹ⁵⁵　nɯ³¹

3SG　那样　做　NEG2　CAUS　MOOD

（你）别让他那样做。

二是 "动词+-tɑ⁷³¹-＋wɑ⁵³（做、弄）"，-tɑ⁷³¹-是补语标记，表示前面的动词是后面使动动词的结果。人称、体、式等形态变化也只发生在后面的使动动词上。例如：

puŋ⁵⁵ mi³¹　kɑ⁷⁵⁵ ɕi⁵³ tɑ⁷³¹ ɔ:⁵³　　　lu:ŋ³¹.

puŋ⁵⁵ mi³¹　kɑ⁷⁵⁵ ɕi⁵³ tɑ⁷³¹ wɑ⁵³-3p　　　lu:ŋ³¹

普　AGT　鸡　死　COMP　做-3pe　PFV-NV

普把鸡弄死了。

1.4.5.4.3 互动标记（RECP）

互动态表示动作彼此之间相互进行，标记有两种形式：一是在及物动词加前缀ɑ³¹-，如果动词本身是带前缀ə³¹-的，就变ə³¹-为ɑ³¹-。例如：

表 26　互动前缀ɑ³¹-

动词	汉义	互动	汉义
sət⁵⁵	打	ɑ³¹sət⁵⁵	打架、互相打
əp⁵⁵	射击	ɑ³¹əp⁵⁵	互相射击
lɑ⁵⁵	找	ɑ³¹lɑ⁵⁵	相互找
ə³¹lɔŋ⁵⁵	涂抹	ɑ³¹lɔŋ⁵⁵	相互涂抹

例句：

tɕəm³¹mɹɑ⁵³ mɑ⁷⁵⁵ ə³¹　sət⁵⁵ wɑ³¹.

tɕəm³¹mɹɑ⁵³ mɑ⁷⁵⁵ ə³¹　sət⁵⁵ wɑ³¹

孩子　　　们　RECP 打　HRS

孩子们打架了。

二是动词第一个音节是弱化音节的双音节词，就将弱化音节元音ə变为ɑ。例如：

表 27 双音节动词互动变化

动词	汉义	互动	汉义
sə³¹ləp⁵⁵	教	sɑ³¹ləp⁵⁵	相互教
sə³¹nəŋ⁵⁵	帮助	sɑ³¹nəŋ⁵⁵	互相帮助
tə³¹klɑʔ⁵⁵	踢	tɑ³¹klɑʔ⁵⁵	互相踢
mə³¹ʤɔʔ⁵⁵	骂	mɑ³¹ʤɔʔ⁵⁵	相互骂

例句：

əŋ³¹ne⁵⁵ ə³¹ sət⁵⁵ ɹɑ³¹.

əŋ³¹ne⁵⁵ ə³¹ sət⁵⁵ ɹɑ³¹

3DL RECP 打 DISC

他俩在打架。

1.4.5.4.4 反身标记（RFLX）

动词的反身态表示施事的动作是向着施事者自己发出的，在动词后加后缀-ɕɯ³¹表示。反身态后缀有人称变化，其中，第一、第二人称双数标记-ɕɯ³¹因与反身标记形式相同，要音变为-ɕi³¹。以动词 sət⁵⁵"打"为例列表如下：

表 28 动词 sət⁵⁵"打"的反身态变化

	单数	双数	复数
第一人称	sət⁵⁵ɕiŋ⁵⁵	sət⁵⁵ɕi³¹ɕɯ³¹	sət⁵⁵ɕi:³¹
第二人称	nə³¹sət⁵⁵ɕɯ³¹	nə³¹sət⁵⁵ɕi³¹ɕɯ³¹	nə³¹sət⁵⁵ɕi³¹ɕɯ³¹
第三人称	sət⁵⁵ɕɯ³¹	sət⁵⁵ɕɯ³¹	sət⁵⁵ɕɯ³¹

例句：

əŋ⁵³ sət⁵⁵ ɕɯ³¹.

əŋ⁵³ sət⁵⁵ ɕɯ³¹

3SG 打 RFLX

他打自己。

ŋɑ⁵³ gɯ⁵⁵ dʑəl⁵⁵ ɕiŋ³¹.

ŋɑ⁵³ gɯ⁵⁵ dʑəl⁵⁵ ɕɯ³¹ -1p

1SG 身体 洗 RFLX -1sg

我在洗澡。

1.4.5.4.5 体标记

独龙语的体可以分为进行体、将行体和完成体。进行体动词采用零形式（有人称变化）。将行体加后缀-pəŋ³¹wɑ⁵³。完成体有-di³¹、-luŋ³¹、-dʑin³¹、-ɟəŋ³¹、-bɯ³¹、

-ɹi³¹、-mɯ³¹、-ip³¹等 8 个，主要区分人称、示证（亲见与非亲见）、时间（距离说话时间的相对长短）等。

（1）进行体标记

进行体表示动作在进行中，动词采用零形式。例如：

na⁵³ təŋ⁵⁵ nə³¹ wa⁵³?

na⁵³ təŋ⁵⁵ nə³¹ wa⁵³

2SG 什么 2p 做

你在做什么？

ŋa⁵³ tɔi³¹ɟaʔ⁵⁵ nɯ⁵³ ŋək⁵⁵.

ŋa⁵³ tɔi³¹ɟaʔ⁵⁵ nɯ⁵³ ŋaʔ⁵⁵ -1p

1SG 昨晚 酒 喝 -1sg

我昨晚在喝酒。

（2）将行体标记（PROS）

将行体表示动作即将进行，在动词后加后缀-pəŋ³¹wa⁵³表示。例如：

ŋa⁵³ ɟɔʔ⁵⁵ dʑəl⁵⁵ pəŋ³¹waŋ⁵⁵.

ŋa⁵³ ɟɔʔ⁵⁵ dʑəl⁵⁵ pəŋ³¹wa⁵³ -1p

1SG 衣服 洗 PROS -1pl

我要洗衣服。

təŋ⁵⁵ nə³¹ wa⁵⁵ pəŋ³¹wan⁵³.

təŋ⁵⁵ nə³¹ wa⁵⁵ pəŋ³¹wa⁵³ - 2p

什么 2p 做 PROS -2pl

你们要做什么。

（3）完成体标记（PFV）

完成体标记有8个，主要区分人称、示证（亲见与否）、时间（距离说话时间的长短）等。列表说明如下：

表 29 完成体后缀

形式	说明
-dʑin³¹	用在第一人称作施事的动词后，动作刚刚发生，兼表亲见
-luŋ³¹	动作刚刚发生，兼表非亲见
-di³¹	动作刚刚发生，兼表亲见
-ɟəŋ³¹	动作在较久以前发生，兼表非亲见
-bɯ³¹	动作在很久以前发生
-mɯ³¹	动作在白天发生，兼表非亲见

形式	说明
-ɹi³¹	动作在夜间发生，兼表非亲见
-ip³¹	动作在夜间睡觉以后发生，兼表非亲见

例句：

ɟɔ⁷⁵⁵ dʑəl⁵⁵ dʑin³¹ ɕɯ³¹.
ɟɔ⁷⁵⁵ dʑəl⁵⁵ dʑin³¹ ɕɯ³¹
衣服 洗　　PFV　dl
（我俩）衣服洗好了。

kɑ⁷⁵⁵ ɕi⁵³ di³¹.
kɑ⁷⁵⁵ ɕi⁵³ di³¹
鸡　 死　PFV-V
鸡死了。

təŋ⁵⁵ nə³¹ wɑ⁵³ luŋ³¹　　ɕɯ³¹?
təŋ⁵⁵ nə³¹ wɑ⁵³ luŋ³¹　　ɕɯ³¹
什么 2p　做　PFV-NV　dl
（你俩）做了什么了？

dzəm⁵⁵ mɑ⁷⁵⁵ ɟəŋ³¹　　tɯ⁷³¹e³¹.
dzəm⁵⁵ mɑ⁷⁵⁵ ɟəŋ³¹　　tɯ⁷³¹e³¹
桥　　 坏　 PFV-NV INFER
（这么长时间了）桥应该损坏了。

əŋ⁵³ tɕɑ⁵³ ɕi:⁵³　　bɯ³¹.
əŋ⁵³ tɕɑ⁵³ ɕi⁵³ -3p bɯ³¹
他　早已 死 -3pe PFV
他早就（很久以前）死了。

puŋ⁵⁵ mi³¹ ə³¹ mɹɑ⁵⁵ tə³¹kɔ⁷⁵⁵ tɔ:n⁵⁵　　mɯ³¹.
puŋ⁵⁵ mi³¹ ə³¹ mɹɑ⁵⁵ tə³¹kɔ⁷⁵⁵ tɔn⁵⁵ -3p　　mɯ³¹
普　AGT　地　 挖　完成 -3pe PFV-NV
普把地（挖）完了。

kɑ⁷⁵⁵ ɕi:⁵³　　ɹi³¹.

ka⁷⁵⁵ ɕi⁵³ -3p ɹi³¹

鸡　死　-3pe PFV-NV

（夜里）鸡死了。

əŋ⁵³ lɔ:⁷⁵⁵　　ip³¹.

əŋ⁵³ lɔ⁷⁵⁵ -3p ip³¹

3SG 回 -3pe PFV-NV

（我睡着后）他回去了。

1.4.5.4.6 示证标记（evidencials）

如上所述，亲见和非亲见示证意义，在体范畴里是通过不同的体后缀表现出来的。此外还有两种示证标记。

（1）发现标记（DISC）

表示视觉、触觉、嗅觉等感觉的标记是-ɹɑ³¹，只出现于进行体句子里。例如：

puŋ⁵⁵ kɔ³¹daɹ⁵³ dɔ³¹　ɕiŋ⁵⁵ ə³¹tsep⁵⁵ ɹɑ³¹.

puŋ⁵⁵ kɔ³¹daɹ⁵³ dɔ³¹　ɕiŋ⁵⁵ ə³¹tsep⁵⁵ ɹɑ³¹

普　对岸　LOC　柴　劈　　DISC

普在对岸劈柴。

（2）转述标记（HRS）

转述标记-wɑ³¹表示事件是说话人听说的。例如：

əŋ⁵³ mə³¹ di⁵⁵ wɑ³¹.

əŋ⁵³ mə³¹ di⁵⁵ wɑ³¹

3SG NEG 走 HRS

听说（他）不去了。

感觉标记-ɹɑ³¹和转述标记-wɑ³¹也可以出现在同一个句子里。例如：

puŋ⁵⁵ kɔ³¹daɹ⁵³ dɔ³¹　ɕiŋ⁵⁵ ə³¹tsep⁵⁵ ɹɑ³¹　wɑ³¹.

puŋ⁵⁵ kɔ³¹daɹ⁵³ dɔ³¹　ɕiŋ⁵⁵ ə³¹tsep⁵⁵ ɹɑ³¹　wɑ³¹

普　对岸　LOC　柴　　劈　　DISC HRS

（某人说看见）普在对岸劈柴。

1.4.5.4.7 趋向标记（DIR）

独龙语的趋向范畴分离心和向心两种相对的趋向。独龙语动词与很多亲属语言最大的不同，是没有表示离心和向心概念的趋向动词，如没有像汉语那样的"来"和"去"，可以加在其他动词后表示离心或向心概念：跑来/跑去、走来/走去、捎来/捎去……而要靠趋向后缀表示离心或向心概念。有 6 个趋向后缀。列表如下：

表 30 趋向后缀

形式	说　明
-ɹɑ³¹	表示向心，加在不及物动词后
-ɹət³¹	表示向心，加在及物动词后
-di³¹	表示离心
-bɯ³¹	表示离心，用在命令句式、祈使句式
-luŋ³¹	自下（方）而（往）上的向心
-dzɑ⁷³¹	自上（方）而（往）下的向心

例句：

ɟɑ⁵⁵ le³¹ pə³¹ di⁵⁵ ɹɑ³¹.

ɟɑ⁵⁵ le³¹ pə³¹ di⁵⁵ ɹɑ³¹
这　ALL　IMP　走　DIR
（你）到这儿来。

ɕəm⁵³ pə³¹ lɑːŋ⁵⁵ ɹət³¹.

ɕəm⁵³ pə³¹ ləŋ⁵⁵ -2p ɹət³¹
刀　　IMP 拿　-2pe　DIR
（你）把刀拿过来。

əŋ⁵³ ɕeŋ⁵⁵ le³¹ di⁵⁵ di³¹.

əŋ⁵³ ɕeŋ⁵⁵ le³¹ di⁵⁵ di³¹
3SG　县　　ALL 走　DIR
他去县里了。

nɑ⁵³ pə³¹ di⁵⁵ bɯ³¹.

nɑ⁵³ pə³¹ di⁵⁵ bɯ³¹
你　IMP　走　DIR
你去吧。

ə³¹səŋ⁵⁵ni⁵³ pə³¹ ŋɑŋ⁵⁵ luŋ³¹.

ə³¹səŋ⁵⁵ni⁵³ pə³¹ ŋɑŋ⁵⁵ luŋ³¹
明天　　　　IMP 上　　DIR
你明天上来吧。

kɹɑ⁷⁵⁵ lɑ³¹　ɕɔm⁵³ dzɑ⁷³¹.

kɹɑ⁷⁵⁵ lɑ³¹　ɕɔm⁵³ dzɑ⁷³¹

快　　JUSS　下　　　DIR

快下来。

1.4.5.4.8 式标记

独龙语动词有陈述式、疑问式、命令式、祈使式、否定式等 5 种。其中，陈述式动词为零形式，没有标记。其他 4 种式加前缀或后缀。

（1）疑问式标记（INTR）

疑问式在动词前加前缀 ma^{55}-。例如：

na^{53} ma^{55} nə^{31} di^{53}?

na^{53} ma^{55} nə^{31} di^{53}

你　INTE　2p　走

你去吗？

 əŋ^{31}dza^{55} ma^{55} nə^{31} kəi^{55} luŋ^{31}　　ɕɯ^{31}?

əŋ^{31}dza^{55} ma^{55} nə^{31} kəi^{55} luŋ^{31}　　ɕɯ^{31}

饭　　　　INTR　2p　吃　　PFV-NV　dl

（你）吃过饭了吗？

独龙语表示选择、是非的疑问句除动词后加后缀-ma^{31}表示。例如：

na^{53} ma^{31}　nə^{31}　di^{55} nɯ^{31}?

na^{53} ma^{31}　nə^{31}　di^{55} nɯ^{31}

你　INTR　2p　去　MOOD

你要去吗（还是让别人去）？

ɟa^{55} na^{53} ɟɔʔ^{55} ma^{31} e^{55}?

ɟa^{55} na^{53} ɟɔʔ^{55} ma^{31} e^{55}

这　2SG　衣服　INTR　是

这是不是你的衣服？

（2）命令式标记（IMP）

命令式是对第二人称的，在动词前加 pə^{31}-，在双音节动词前变为 pa^{31}-。例如：

nə^{31}ne^{55} ɟɔʔ^{55} pə^{31}　dʐəl^{55} ɕɯ^{31}.

nə^{31}ne^{55} ɟɔʔ^{55} pə^{31}　dʐəl^{55} ɕɯ^{31}

2DL　　衣服　IMP　洗　　dl

（你俩）洗衣服吧。

ɟa^{55} pa^{31} sə^{31}ɻi:^{55}　　　　　bɯ^{31}.

ɟa^{55} pa^{31} sə^{31}ɻi:^{55} -2p　　　bɯ^{31}

这个 IMP 寄　　-2se　　DIR

你把这个寄过去。

（3）祈使式标记（JUSS）

祈使式在动词前加 la³¹-，表示希望、要求第三者去做某事，在双音节动词前变为 la²³¹-。例如：

nəŋ⁵⁵ mi³¹ ɟa⁷⁵⁵ ɟɔ⁷⁵⁵ la³¹　　dʑɑ:l⁵⁵　　　ɹet³¹.
nəŋ⁵⁵ mi³¹ ɟa⁷⁵⁵ ɟɔ⁷⁵⁵ la³¹　　dʑɑ:l⁵⁵ -3p ɹet³¹
阿娜　AGT 这　衣服　JUSS　洗　　-3pe　DIR
让阿娜来洗这衣服。

əŋ⁵³ e³¹wa⁵⁵ la²³¹　　mə³¹　wa⁵³.
əŋ⁵³ e³¹wa⁵⁵ la²³¹　　mə³¹　wa⁵³
3SG 那样　　JUSS　NEG　做
别让他那样做。

（4）否定式标记（NEG/NEG2）

否定式表示否定、禁止、劝阻等语气。在动词前加前缀 mə³¹-表示，双音节动词前变为 ma³¹-。例如：

ɟa⁵⁵ kəi⁵⁵ mə³¹　gəm⁵⁵.
ɟa⁵⁵ kəi⁵⁵ mə³¹　gəm⁵⁵
这个　吃　NEG　好
这个不好吃。

e³¹wa⁵⁵　mə³¹　　gɯ⁷⁵⁵ nɯ³¹.
e³¹wa⁵⁵　mə³¹　　gɯ⁷⁵⁵ nɯ³¹
那样　　NEG2　说　MOOD
（你）别那样说。

xɹa⁵⁵ blət⁵⁵ sə³¹ləp⁵⁵ɕɯ³¹ sa³¹　　ma³¹　　tə³¹kəi⁵⁵.
xɹa⁵⁵ blət⁵⁵ sə³¹ləp⁵⁵ɕɯ³¹ sa³¹　　ma³¹　　tə³¹kəi⁵⁵
篮子　编　学习　　　　NOM NEG　难
编篮子不难学。

1.4.6 副词和状貌词

独龙语的副词和状貌词有共同的语法特征，都可以用来修饰动词，因此可以归入一个词类。独龙语的副词数量不多，大致可以分为程度、范围、时间、语气副词等几个小类。

1.4.6.1 程度副词

程度副词主要有：

（1）程度副词 tə³¹təi⁵⁵ 表示"很""太""非常""最"等。例如：

ɟa⁵⁵　tə³¹təi⁵⁵　gəm⁵³!

ɟa⁵⁵　tə³¹təi⁵⁵　gəm⁵³

这个　非常　　好

这个非常好！

（2）程度副词 gə³¹məi⁵³ 表示"很""太"等，意义接近于 tə³¹təi⁵⁵，但程度较低。例如：

əŋ⁵³ gə³¹məi⁵³ ka⁵⁵ mə³¹ ta⁵⁵.

əŋ⁵³ gə³¹məi⁵³ ka⁵⁵ mə³¹ ta⁵⁵

他　很　　话　NEG　听

他很不听话。

（3）程度副词 sɔt⁵⁵/sɔt⁵⁵sɔt⁵⁵ 表示"更加""越""越……越……"等用于比较。例如：

ɟa⁵⁵ pəi⁵³ luŋ⁵⁵ gəm⁵³ kɔ⁵⁵ pəi⁵³ luŋ⁵⁵ sɔt⁵⁵sɔt⁵⁵ gəm⁵³.

ɟa⁵⁵ pəi⁵³ luŋ⁵⁵ gəm⁵³ kɔ⁵⁵ pəi⁵³ luŋ⁵⁵ sɔt⁵⁵sɔt⁵⁵ gəm⁵³

这　SPM　CL　好　那　SPM　CL　更　　好

这个好，那个更好。

副词 sɔt⁵⁵sɔt⁵⁵ 还可以拆开使用，组成动词性短语 sɔt⁵⁵…bəi³¹sɔt⁵⁵…"越……越……"作谓语。例如：

əŋ⁵³ sɔt⁵⁵ gɯŋ⁷⁵⁵　 bəi³¹　sɔt⁵⁵ tə³¹xɹəl⁵³.

əŋ⁵³ sɔt⁵⁵ gɯŋ⁷⁵⁵ -1p bəi³¹ 　sɔt⁵⁵ tə³¹xɹəl⁵³

3SG 越　说　-1se CONJ　越　调皮

我越说他越调皮捣蛋。

（4）程度副词 tɕu⁷⁵⁵wa³¹ 表示"稍许""比较"。例如：

ɟa⁵⁵ tɕəm³¹mɹa⁵³ tɕu⁷⁵⁵wa³¹ tə³¹xɹəl⁵³.

ɟa⁵⁵ tɕəm³¹mɹa⁵³ tɕu⁷⁵⁵wa³¹ tə³¹xɹəl⁵³

这　孩子　　比较　　调皮

这孩子比较调皮。

（5）程度副词 bɹɑ³¹bɹɑʔ⁵⁵和 tɕu³¹tɕuʔ⁵⁵都表示"有点""稍微"，两者是近义词。例如：

bɹɑ³¹bɹɑʔ⁵⁵/tɕu³¹tɕuʔ⁵⁵ səi⁵⁵ 有点辣

稍微　　　 有点　　 辣

（6）程度副词 mə³¹dʑɯ⁵⁵和 tɕəm⁵⁵也都表示"更""多""再"。例如：

mə³¹dʑɯ⁵⁵ / tɕəm⁵⁵ pə³¹ gɯ:ʔ⁵⁵.
mə³¹dʑɯ⁵⁵ / tɕəm⁵⁵ pə³¹ gɯʔ⁵⁵ -2p
　更、再　　更、再 IMP 说　　 -2se
你再多说一下。

mə³¹dʑɯ⁵⁵ / tɕəm⁵⁵ pə³¹ lu:⁵³　　 ɹət³¹.
mə³¹dʑɯ⁵⁵ / tɕəm⁵⁵ pə³¹ lu⁵³ -2p ɹət³¹
　更、多　　更、多 IMP 拿 -2se DIR
你再多拿一点来。

1.4.6.2 范围副词

范围副词主要有 4 个。

（1）范围副词 sə³¹nɑʔ⁵⁵表示"都""全部"，可以重叠表示强调。例如：

əŋ³¹niŋ⁵⁵ sə³¹nɑʔ⁵⁵/ sə³¹nɑʔ⁵⁵nɑʔ⁵⁵ lɔʔ⁵⁵ di³¹.
əŋ³¹niŋ⁵⁵ sə³¹nɑʔ⁵⁵/ sə³¹nɑʔ⁵⁵nɑʔ⁵⁵ lɔʔ⁵⁵ di³¹
3PL　　 都　　 都　　　　回 PFV-DIR
他们都回去了。

（2）范围副词 kɯʔ³¹和 ɕɯ³¹表示"也""又"。例如：

əŋ⁵³ kɯʔ³¹ / ɕɯ³¹ di⁵⁵ wɑ³¹.
əŋ⁵³ kɯʔ³¹ / ɕɯ³¹ di⁵⁵ wɑ³¹
3SG 也　　 也　 去 HRS
他说他也去。

（3）范围副词 tɕe³¹表示"只""仅""才"。例如：

əŋ⁵³ ti³¹ ɹɔʔ⁵⁵ tɕe³¹ di⁵⁵ di³¹.
əŋ⁵³ ti³¹ ɹɔʔ⁵⁵ tɕe³¹ di⁵⁵ di³¹
3SG 一 CL 只　 去 PFV-DIR
只他一个人去了。

（4）范围副词ə^{31}ɕiŋ^{53}/ə^{31}ɕiŋ^{53}tɕe^{31}表示"尽""尽是""统统"。例如：

mə^{31}gəp^{55} ə^{31}ɕiŋ^{53}tɕe^{31} nə^{31} lɑ:ŋ^{55}　　　^{11}tеɹ.

mə^{31}gəp^{55} ə^{31}ɕiŋ^{53}tɕe^{31} nə^{31} ləŋ^{55} -2p　　^{11}tеɹ^{31}

不好　　　尽、统统　2p　拿　-2se　DIR

你拿来的尽是不好的。

1.4.6.3 时间副词

时间副词较多，有如下一些。

（1）tən^{55}表示"现在""马上""很快"。例如：

ŋɑ^{53}　tən^{55}　diŋ^{55}　　niŋ^{31}.

ŋɑ^{53}　tən^{55}　di^{31} -1p　niŋ^{31}

1SG　马上　　走　-1sg　MOOD

我现在/马上就走。

（2）tən^{55}ə^{31}lɑŋ^{53}表示"现在""正在"，ə^{31}jɑ^{ʔ55}ə^{31}lɑŋ^{53}表示"那时"。例如：

əŋ^{53}　tən^{55}ə^{31}lɑŋ^{53}/ə^{31}jɑ^{ʔ55}ə^{31}lɑŋ^{53}　ɟɔ^{ʔ55} dʑəl^{55}.

əŋ^{53}　tən^{55}ə^{31}lɑŋ^{53}/ə^{31}jɑ^{ʔ55}ə^{31}lɑŋ^{53}　ɟɔ^{ʔ55} dʑəl^{55}

3SG　　现在　　　　　那时　　　　衣服　洗

她正在/那时在洗衣服。

（3）tɔi^{53}表示"早已""已经"。例如：

əŋ^{53}　tɔi^{53}　lɔ^{ʔ55} di^{31}.

əŋ^{53}　tɔi^{53}　lɔ^{ʔ55} di^{31}

3SG　早已　回　PFV-DIR

他早就回去了。

（4）u^{31}dzu^{53}"先"和tɯm^{55}"后"。例如：

nɑ^{53} u^{31}dzu^{53} pə^{31}　lɔ^{ʔ55} bɯ^{31}, ŋɑ^{53} tɯm^{55} lɔ^{ʔ55}　　　　ɲiŋ^{31}.

nɑ^{53} u^{31}dzu^{53} pə^{31}　lɔ^{ʔ55} bɯ^{31}, ŋɑ^{53} tɯm^{55} lɔk^{55} -1p　niŋ^{31}

2SG　先　　　IMP　回　DIR　1SG　后面　回　-1sg　MOOD

你先回去，我随后回来。

这种"先"与"后"也表示空间上的"前"和"后"顺序。例如：

nɑ^{53} u^{31}dzu^{53} pə^{31}　di^{53}　ŋɑ^{53} tɯm^{55} diŋ^{55}　　niŋ^{31}.

nɑ^{53} u^{31}dzu^{53} pə^{31}　di^{53}　ŋɑ^{53} tɯm^{55} di^{53} -1p　niŋ^{31}

2SG　前　　　IMP　走　1SG　后　走　-1sg　MOOD

你走前面，我走后面。

（5）e³¹kəi⁵³表示"即将""快要""马上"。例如：

cɯm⁵³ e³¹kəi⁵³ bɹɯt⁵⁵ pəŋ³¹wɑ⁵³.

cɯm⁵³ e³¹kəi⁵³ bɹɯt⁵⁵ pəŋ³¹wɑ⁵³

房子　　快要　　倒塌　　PROS

房子快要倒塌了。

（6）kɹɑ²⁵⁵、ə³¹bɹɑ⁵⁵bɹɑ³¹表示"赶快""立即""马上"等催促意义；kɹɑ²⁵⁵可以重叠，表示语气加重。例如：

nɑ⁵³ kɹɑ²⁵⁵ pə³¹ lɔ²⁵⁵.

nɑ⁵³ kɹɑ²⁵⁵ pə³¹ lɔ²⁵⁵

2SG 快　 IMP 回

你快回去。

nɑ⁵³　ə³¹bɹɑ⁵⁵bɹɑ³¹ pə³¹ lɔ²⁵⁵.

nɑ⁵³　ə³¹bɹɑ⁵⁵bɹɑ³¹ pə³¹ lɔ²⁵⁵

2SG　　快　　　IMP 回

你快回去。

nɑ⁵³ kɹɑ²⁵⁵kɹɑ²⁵⁵ pə³¹ lɔ²⁵⁵.

nɑ⁵³ kɹɑ²⁵⁵kɹɑ²⁵⁵ pə³¹ lɔ²⁵⁵

2SG　 赶快　　　IMP 回

你赶快回去。

（7）pɑɹ³¹te⁵⁵、ə³¹daŋ⁵⁵mɑ³¹daŋ⁵⁵表示"经常""常常"。例如：

əŋ⁵³ pɑɹ³¹te⁵⁵ / ə³¹daŋ⁵⁵mɑ³¹daŋ⁵⁵ di⁵⁵ ɹɑ³¹.

əŋ⁵³ pɑɹ³¹te⁵⁵ / ə³¹daŋ⁵⁵mɑ³¹daŋ⁵⁵ di⁵⁵ ɹɑ³¹

3SG 经常　／经常　　　　　　走　 DIR

他经常过来。

（8）mə³¹nɯ⁵⁵mɯ⁵⁵表示"很久""较长时间"。例如：

ŋɑ⁵³ ɕeŋ⁵⁵ dɔ³¹　mə³¹nɯ⁵⁵mɯ⁵⁵ mə³¹ ɹɔŋ⁵³.

ŋɑ⁵³ ɕeŋ⁵⁵ dɔ³¹　mə³¹nɯ⁵⁵mɯ⁵⁵ mə³¹ ɹɔŋ⁵⁵ -1p

1SG　县　 LOC 很久　　　　　　NEG 在 -1sg

我在县城待的时间不长。

（9）tɕəm⁵⁵mə³¹nɯ⁵⁵表示"更久""再一会儿"，只用于肯定句。例如：

tɕɐm⁵⁵mə³¹nɯ⁵⁵ pə³¹ ˌɹcɹ⁵³.

tɕɐm⁵⁵mə³¹nɯ⁵⁵ pə³¹ ˌɹcɹ⁵³

再一会儿　　　　IMP　在

再多待（坐）一会儿。

（10）ti³¹sɑ⁵⁵表示"（一）开始""起初"，经常与ə³¹lɑŋ⁵³"时候"结合着使用，也可与tən⁵⁵"现在"结合着使用。例如：

nəm⁵³ ti³¹sɑ⁵⁵ tsəɹ⁵³.

nəm⁵³ ti³¹sɑ⁵⁵ ɹəɹ⁵³

太阳　开始　出

开始出太阳了。

ti³¹sɑ⁵⁵ ə³¹lɑŋ⁵³ mɑ³¹ ə³¹sɑ⁵⁵ tə³¹tɕɑ⁵⁵ e⁵⁵.

ti³¹sɑ⁵⁵ ə³¹lɑŋ⁵³ mɑ³¹ ə³¹sɑ⁵⁵ tə³¹tɕɑ⁵⁵ e⁵⁵

开始　　时候　NEG　知道　事情　是

（学东西）一开头不会明白的。

1.4.6.4 语气副词

常用的有如下几个。

（1）gəi³¹səŋ⁵⁵表示"一定""果真"，强调时可以重叠。例如：

ŋɑ⁵³ gəi³¹səŋ⁵⁵ diŋ⁵⁵ ˌɹɑŋ³¹ niŋ³¹.

ŋɑ⁵³ gəi³¹səŋ⁵⁵ di⁵³ -1p ɹɑ³¹ -1p niŋ³¹

1SG　一定　　走 -1sg DIR -1sg MOOD

我一定来。

əŋ⁵³ gəi³¹səŋ⁵⁵səŋ⁵⁵ ə³¹blɑʔ⁵⁵ ˌɹɑ³¹.

əŋ⁵³ gəi³¹səŋ⁵⁵ -red ə³¹blɑʔ⁵⁵ ɹɑ³¹

3SG　果真　　-RED　到　　　DIR

他果真来了。

（2）tɑ³¹mɑ⁵⁵表示"真的""一定"。例如：

nɑ⁵³ tɑ³¹mɑ⁵⁵ mɑ³¹ nə³¹ gɯʔ⁵⁵?

nɑ⁵³ tɑ³¹mɑ⁵⁵ mɑ³¹ nə³¹ gɯʔ⁵⁵

2SG　真的　　INTR 2p　说

你说真的吗？

（3）də³¹lu⁵⁵表示"差不多""大概""快"。例如：

əŋ⁵³ tən⁵⁵ də³¹lu⁵⁵ ə³¹blɑ⁷⁵⁵.

əŋ⁵³ tən⁵⁵ də³¹lu⁵⁵ ə³¹blɑ⁷⁵⁵

3SG 现在 大概 到

他现在快到了。

ɟɑ⁵⁵ də³¹lu⁵⁵ pə³¹ ŋɑ⁵³ ci⁵⁵ əl⁵³.

ɟɑ⁵⁵ də³¹lu⁵⁵ pə³¹ ŋɑ⁵³ ci⁵⁵ əl⁵³

这 差不多 五 斤 有

这差不多有五斤。

（4）də³¹lu⁵⁵tɕe³¹ 表示"差点儿"。例如：

əŋ⁵³ də³¹lu⁵⁵tɕe³¹ ɕi⁵³.

əŋ⁵³ də³¹lu⁵⁵tɕe³¹ ɕi⁵³

3SG 差点儿 死

他差点儿死了。

（5）gɹɯŋ³¹gɹɯŋ⁵⁵ "就"表示强调和特指。例如：

ə³¹jɑ⁵⁵ pəi⁵³ ɟɔ⁷⁵⁵ gɹɯŋ³¹gɹɯŋ⁵⁵ mə³¹ gəm⁵³!

ə³¹jɑ⁵⁵ pəi⁵³ ɟɔ⁷⁵⁵ gɹɯŋ³¹gɹɯŋ⁵⁵ mə³¹ gəm⁵³

那个 SPM CL 就 NEG 好

就那个人不好！

1.4.6.5 状貌词（IDPH）

状貌词模拟声音、动作状态等，是独龙语里数量较多的一种词类，有200多个。状貌词有一定的音节规律，可以直接修饰动词，或者先修饰名词构成状貌词组再修饰动词，因此可以大体上归入副词类。状貌词有实义，但很多状貌词翻译成汉语比较拗口，很难准确地翻译出来。在后面的文本里统一以 IDPH 标记。状貌词可分两大类。

（1）直接修饰动词的状貌词

pɯ⁷⁵⁵dət⁵⁵ 表示动物或人"被打得一下子断气地"

pət⁵⁵tɔt⁵⁵ 表示"砍伐时一刀两段地"

pat⁵⁵kə³¹tɯ⁵⁵ 表示"颠倒地、口朝下地"

paŋ³¹gɑ⁵⁵sə³¹lɑ⁵⁵ 表示"仰面、四脚朝天地"

klɑ⁷⁵⁵gli⁷⁵⁵ 表示"一举折断地"

lai⁷⁵⁵wɑ³¹ 表示"很快、很短时间地"

cuŋ⁵⁵wɑ³¹ "表示安安静静地"

tiŋ⁵⁵lə³¹tiŋ⁵⁵ 表示"叮叮当当地"

sɔŋ⁵³lə³¹sɔŋ⁵³ 表示"窸窸窣窣地"

xɹeŋ⁵³lə³¹xɹeŋ⁵³ 表示拟声

tuŋ⁵³lə³¹tuŋ⁵³ 表示拟声"咚咚"

ɕi⁵⁵lə³¹ɕi⁵⁵ 表示"雨淅淅沥沥地"

tə³¹kuŋ⁵³tə³¹kaŋ⁵³ 表示拟声"叮叮咚咚地"

kɔ⁵³le³¹ɟa⁵³le³¹ 表示"过去过来、相互地"

pəŋ⁵³le³¹ta⁷⁵⁵le³¹ 表示"上上下下地"

bən⁵³kɹa⁷⁵⁵ 表示"让人大吃一惊地"

例句:

puɯ⁷⁵⁵dət⁵⁵ pə³¹ sɑ:t⁵⁵.

puɯ⁷⁵⁵dət⁵⁵ pə³¹ sət⁵⁵ -2p

IDPH   IMP 打 -2se

（你）一下打死（它）。

kɑ⁵⁵ mɑ³¹ gɯ⁷⁵⁵ cuŋ⁵⁵wɑ³¹ pə³¹ ɹɕɯ³¹.

kɑ⁵⁵ mɑ³¹ gɯ⁷⁵⁵ cuŋ⁵⁵wɑ³¹ pə³¹ ɹɕɯ⁵³

话 NEG 说   IDPH IMP 坐

（你）不说话安安静静地坐着。

əŋ⁵³ tə³¹kuŋ⁵³tə³¹kaŋ⁵³ təŋ⁵⁵ wɑ⁷⁵⁵ e³¹?

3SG   IDPH   什么 做 是

他叮叮咚咚地在做什么?

（2）先修饰名词，再修饰动词的状貌词

这类状貌词比较丰富，音节的构成也比较有规律。有两种情况:

静态动词（stative verb）大多数重叠后构成这类状貌词。例如:

nɑ⁷⁵⁵nɑ⁷⁵⁵ 黑黑的

mɔŋ⁵⁵mɔŋ⁵⁵ 白白的

pə³¹sai⁵⁵sai⁵³ 红红的

pə³¹ɕiŋ⁵⁵ɕiŋ⁵³ 绿绿的

sit⁵⁵sit⁵⁵ 青青的

guaɹ⁵⁵guaɹ⁵³ 黄黄的

bɔŋ⁵⁵bɔŋ⁵³ 苍白、暗淡的

mɔɹ⁵⁵mɔɹ⁵³ 灰白的

tət⁵⁵tət⁵⁵ 厚厚的

这些重叠的静态动词（stative verb）先修饰前面的名词，再修饰动词，构成副词性结构。例句：

əŋ⁵³ məɹ⁵⁵ nɑʔ⁵⁵nɑʔ⁵⁵ ə³¹blɑ⁵⁵ ɹɑ³¹.

əŋ⁵³ məɹ⁵⁵ nɑʔ⁵⁵nɑʔ⁵⁵ ə³¹blɑ⁵⁵ ɹɑ³¹

3SG 脸 IDPH 到 DIR

他黑着脸来了。

əŋ⁵³ məɹ⁵⁵ bəŋ⁵⁵bəŋ⁵³ ɹɔŋ⁵³.

əŋ⁵³ məɹ⁵⁵ bəŋ⁵⁵bəŋ⁵³ ɹɔŋ⁵³

3SG 脸 IDPH 坐

他苍白着脸坐着。

这些重叠的静态动词（stative verb）构成的短语也可以再修饰后面的名词，构成较长的短语：

məɹ⁵⁵ nɑʔ⁵⁵nɑʔ⁵⁵ ə³¹tsəŋ⁵³

脸 IDPH 人

脸黑黑的人

pɑ⁵⁵ mɔŋ⁵⁵mɔŋ⁵⁵ kɑʔ⁵⁵

肚子 IDPH 鸡

白腹的鸡

不作副词性成分时，这些重叠的静态动词（stative verb）一般是加在名词之前，构成名词性短语：

nɑʔ⁵⁵nɑʔ⁵⁵ pə³¹tɕi⁷⁵⁵ ti³¹ gɯ⁵⁵ əl⁵⁵ ɹɑ³¹

nɑʔ⁵⁵nɑʔ⁵⁵ pə³¹tɕi⁷⁵⁵ ti³¹ gɯ⁵⁵ əl⁵⁵ ɹɑ³¹

黑黑的 鸟 一 CL 有 DISC

有一只黑黑的鸟

（3）单音节及物动词和带前缀ə³¹-的不及物动词构成的状貌词。

单音节及物动词和带ə³¹-构成双音节不及物词词义上密切相关，前缀ə³¹-是及物动词非及物化的构成形式。例如：

表 31 动词和状貌词

及物	汉义	状貌词	汉义
tsɯ⁵⁵	削尖	tsɯ⁵⁵ə³¹tsɯ⁵⁵	尖尖的
tɔt⁵⁵	割	tɔt⁵⁵ə³¹tɔt⁵⁵	短短的、半截状的
lɔ⁷⁵⁵	使凸起	lɔ⁷⁵⁵ə³¹lɔ⁷⁵⁵	凸起的、突起状的

续表

及物	汉义	状貌词	汉义
ɲɯ²⁵⁵	扭曲	ɲɯ²⁵⁵ə³¹ɲɯ²⁵⁵	动物毛发有圆圈杂色状的
pai⁵⁵	斜挎	pai⁵⁵ə³¹pai⁵⁵	歪斜状

例句:

əŋ⁵³ pa⁵⁵ lɔ²⁵⁵ ə³¹lɔ²⁵⁵ ɛ̌ɕɑɹ.⁵⁵ɹɔŋ⁵³.

əŋ⁵³ pa⁵⁵ lɔ²⁵⁵ ə³¹lɔ²⁵⁵ ɛ̌ɕɑɹ.⁵⁵ɹɔŋ⁵³

3SG 肚子　IDPH　坐

他挺着肚子坐着。

əŋ⁵³ nɯi⁵⁵ pai⁵⁵ ə³¹pai⁵⁵ di⁵⁵ ɹɑ.³¹ɹɑ.

əŋ⁵³ nɯi⁵⁵ pai⁵⁵ ə³¹pai⁵⁵ di⁵⁵ ɹɑ³¹

3SG 嘴　　IDPH　　走 DIR

他歪着嘴巴来了。

mit³¹tɕɔ²⁵⁵ tɔt⁵⁵ ə³¹tɔt⁵⁵ at⁵⁵ di³¹.

mit³¹tɕɔ²⁵⁵ tɔt⁵⁵ ə³¹tɔt⁵⁵ at⁵⁵ di³¹

尾巴　　　　IDPH 逃 DIR

（狗）断着尾巴跑了。

1.4.7　连词

独龙语的连词（CONJ）不丰富，常用的可分两类。一类是连接词和词组的，另一类是连接句子的。连接句子的连词将在后面的复句部分作介绍。

（1）连词 də³¹guan⁵⁵ "和"，用在人称名词之间，专用于连接双数的人称名词。例如：

puŋ⁵⁵ də³¹guan⁵⁵ nəŋ⁵⁵ 普和娜　　　tin⁵⁵ də³¹guan⁵⁵ ʦəɹ⁵⁵ 丁和恰

普　CONJ　娜　　　　　　丁　CONJ　恰

这个连词还可加在人称名词之后时作附加成分，表示"某俩个"。例如：

puŋ⁵⁵ də³¹guan⁵⁵ mə³¹nəŋ⁵⁵ pə³¹ di⁵³.

puŋ⁵⁵ də³¹guan⁵⁵ mə³¹nəŋ⁵⁵ pə³¹ di⁵³

普　CONJ　　跟着　　IMP 去

你跟着普俩个去。

这个句子里 mə³¹nəŋ⁵⁵ "跟、随"不是动词，而是附加在前面词组后的附加成分，表示主从关系，也可以加在单数名词或代词后。例如：

na⁵³ ŋa⁵³ mə³¹naŋ⁵⁵ pə³¹ ɹɔŋ⁵³.

na⁵³ ŋa⁵³ mə³¹naŋ⁵⁵ pə³¹ ɹɔŋ⁵³

2SG 1SG 跟 IMP 坐

你跟（着）我坐（在一起）。

（2）连词 niŋ⁵⁵ 表示"和"，用于连接复数的名词。例如：

ik⁵⁵ cɯm⁵³ dɔ³¹ ka⁷⁵⁵ niŋ⁵⁵ wa⁷⁵⁵ su:⁵⁵ ə³¹tɕit⁵⁵ mə³¹ su:⁵⁵.

ik⁵⁵ cɯm⁵³ dɔ³¹ ka⁷⁵⁵ niŋ⁵⁵ wa⁷⁵⁵ s u:⁵⁵ -1p ə³¹tɕit⁵⁵ mə³¹ su⁵⁵ -1p

我们的 家 LOC 鸡 CONJ 猪 养 -1pl 羊 NRG 养 -1pl

我们家里养鸡和猪，没养羊。

这个连词也可作为附加成分加在人称名词后，表示"某某们"。例如：

əŋ⁵³ puŋ⁵⁵ niŋ⁵⁵ mə³¹nəŋ⁵⁵ lɔ⁷⁵⁵ di³¹.

əŋ⁵³ puŋ⁵⁵ niŋ⁵⁵ mə³¹nəŋ⁵⁵ lɔ⁷⁵⁵ di³¹

3SG 普 们 跟 回 PFV-DIR

他跟普（他）们回去了。

1.4.8 叹词

叹词（EXCL）表达思想感情和某种态度。独龙语的叹词比较丰富，一般用在句首，不能做句子成分，也不能与其他词类组合，但可独立成句。

（1）表示意外、遗憾的。

ɔi⁵³, təŋ⁵⁵wa³¹ ca⁵⁵ di³¹!

ɔi⁵³, təŋ⁵⁵wa³¹ ca⁵⁵ di³¹

EXC 那样 成 PFV

哦，事情成那样了！

（2）表示不满的。

ə³¹jɯ⁵⁵, e³¹wa⁵⁵ mən³¹ wa⁵⁵ nɯ³¹!

ə³¹jɯ⁵⁵, e³¹wa⁵⁵ mən³¹ wa⁵⁵ nɯ³¹

EXCL 那样 NEG2 做 MOOD

啊呀，别那样做！

（3）表示痛楚、痛苦的。

ə³¹ga⁵⁵, u⁵⁵ dʑi⁷⁵⁵ mi³¹ mə³¹ dʑan⁵⁵!

ə³¹ga⁵⁵, u⁵⁵ dʑik⁵⁵ -1p mi³¹ mə³¹ dʑan⁵⁵

EXCL 头 疼 -1sg BEC NEG 忍受

啊嘎，头痛得受不了了！

（4）表示被淋湿不舒服感觉的。

tɕɯ⁵⁵, nəm⁵³mi³¹   nə³¹ɕək⁵⁵   ɹɑʔ!

tɕɯ⁵⁵, nəm⁵³mi³¹   nə³¹ɕɑʔ⁵⁵-1p   ɹɑ³¹-1p

EXCL   雨   INSTR   淋湿   -1sg DIR -1sg

啊呀，淋湿我了！

（5）表示提醒、警告的。

ə³¹gɑ⁵³, nɑ³¹ ə³¹dəp⁵⁵ɕɯ³¹ ɹɑ³¹ nɯ³¹.

ə³¹gɑ⁵³, nɑ³¹ ə³¹dəp⁵⁵ɕɯ³¹ ɹɑ³¹ nɯ³¹

EXCL   2p   跌倒   DIR MOOD

哎，你小心跌倒。

（6）表示心灾乐祸的。

tɕɯi⁵³tɕɯʔ⁵⁵, e³¹wɑ⁵⁵ lɑʔ⁵⁵   nə³¹ cɑ⁵³!

tɕɯi⁵³tɕɯʔ⁵⁵, e³¹wɑ⁵⁵ lɑʔ⁵⁵   nə³¹ cɑ⁵³

EXCL   那样   JUSS   2p   成

活该！你就该这样！

（7）表示警告、惊讶的。

je⁵⁵, nə³¹pəi⁵³mi³¹ lɑʔ⁵⁵ nə³¹ sət⁵⁵!

je⁵⁵, nə³¹pəi⁵³mi³¹ lɑʔ⁵⁵ nə³¹ sət⁵⁵

EXCL 你父亲 AGT JUSS   2p   打

吧，（你这样做）让你爸来打你！

（8）表示催促的。

dɔ⁵³, kɹɑʔ⁵⁵ di:⁵³   nɯ³¹.

dɔ⁵³, kɹɑʔ⁵⁵ di⁵³-1p nɯ³¹

EXCL 快   走   -1pl MOOD

走，咱们快走吧。

（9）表示应答。

ɑ⁵³,   təŋ⁵⁵ nə³¹ gɯʔ⁵⁵ ɹɑ³¹?

ɑ⁵³,   təŋ⁵⁵ nə³¹ gɯʔ⁵⁵ ɹɑ³¹

EXCL 什么 2p   说   DIR

哎，你对我说什么了？

（10）表示不满、惊讶。

ŋ⁵⁵, pa⁵⁵ dzaŋ⁵⁵ diŋ³¹!
ŋ⁵⁵, pa⁵⁵ dza³¹ -1p di³¹ -1p
EXCL IMP 肚子 -1sg 疼 -1sg
嗯，我肚子疼起来了！

1.4.9 语气助词

语气助词（MOOD）表示祈使、疑问等，用于句尾。常用法主要有三种。
（1）niŋ³¹用于单数第一人称作施事的句子里，表示祈求或商量的语气。例如：

ŋa⁵³ diŋ⁵⁵ bɯŋ³¹ niŋ³¹.
ŋa⁵³ di⁵³ -1p bɯ³¹ -1p niŋ³¹
1SG 去 -1sg DIR -1sg MOOD
（让）我去吧。

（2）nɯ³¹ 用于除单数第一人称之外其他的人称和数的祈使、命令句中。例如：

dɔ⁵³ di:⁵³ nɯ³¹.
dɔ⁵³ di⁵³ -1p nɯ³¹
EXCL 走 -1pl MOOD
走，咱走吧。

ə³¹ne⁵⁵ di⁵³ ɕin³¹(ɕɯ³¹＋nɯ³¹).
ə³¹ne⁵⁵ di⁵³ ɕin³¹(ɕɯ³¹＋nɯ³¹)
1DL 去 dl-MOOD
（让）我俩去吧。

əŋ⁵³ la³¹ di⁵⁵ bɯ³¹ nɯ³¹.
əŋ⁵³ la³¹ di⁵⁵ bɯ³¹ nɯ³¹
3SG JUSS 走 DIR MOOD
让他去吧。

na⁵³ e³¹wa⁵⁵ mən³¹ gɯʔ⁵⁵ nɯ³¹.
na⁵³ e³¹wa⁵⁵ mən³¹ gɯʔ⁵⁵ nɯ³¹
2SG 那样 NEG2 说 MOOD
你别那样说。

（3）e⁵³表示疑问。来源于系词 e⁵⁵ "是"。例如：

nɑ⁵³   mən³¹   ŋɑʔ⁵⁵ e⁵³?

nɑ⁵³   mən³¹   ŋɑʔ⁵⁵ e⁵³

2SG   NEG2   喝   MOOD

你不喝吗？

əŋ⁵³ kɯʔ³¹ di⁵⁵ wɑ³¹ e⁵³?

əŋ⁵³ kɯʔ³¹ di⁵⁵ wɑ³¹ e⁵³

3SG 也   走   HRS   MOOD

他也去是吗？

1.5 句子

1.5.1 单句

独龙语单句的句式在前面的"动词性形态"部分已经涉及，这里只介绍句子成分及其语序问题。独龙语谓语动词固定于句尾，其他句子成分都在前面。单句可大体分为不及物动词句和及物动词句两大类。

1.5.1.1 不及物动词句

不及物动词句由"名词性短语"+（动词性短语）/（补语短语）+"不及物谓语动词"结构组成。例如：

puŋ⁵⁵ ɕeŋ⁵⁵ le³¹ di⁵⁵ di³¹.

puŋ⁵⁵ ɕeŋ⁵⁵ le³¹ di⁵⁵ di³¹

普   县城 ALL 走 PFV-DIR

普去县城了。

从信息结构的角度看，语序上越接近谓语动词的成分信息越新，如上面句子里"县城"接近谓语动词，就是新信息，这句话的上文语境是有人问："普去哪里了？／普在家吗？"

如果句子里再有时间状语成分，也是如此。例如：

puŋ⁵⁵ tɕə³¹ɟɑ⁵⁵ni⁵³ ɕeŋ⁵⁵ le³¹ di⁵⁵ di³¹.

puŋ⁵⁵ tɕə³¹ɟɑ⁵⁵ni⁵³ ɕeŋ⁵⁵ le³¹ di⁵⁵ di³¹

普   昨天   县城 ALL 走 FFV-DIR

普昨天去县城了。

这句话的上文语境是有人问："普昨天去哪儿了？"再例如：

tɕə³¹ɟa⁵⁵ni⁵³ ɕeŋ⁵⁵ le³¹ puŋ⁵⁵ di:⁵³   di³¹.

tɕə³¹ɟa⁵⁵ni⁵³ ɕeŋ⁵⁵ le³¹ puŋ⁵⁵ di⁵³ -3p di³¹

昨天   县城 ALL 普 走 -3pe PFV-DIR

昨天普去县城了。

这个句子的上文语境是问："谁去县城了？"不及物动词句谓语动词前也可以出现动词性短语。例如：

ŋa⁵³ tən⁵⁵ni⁵³ ɕiŋ⁵⁵ ɹi⁵⁵ le³¹ diŋ⁵⁵.

ŋa⁵³ tən⁵⁵ni⁵³ ɕiŋ⁵⁵ ɹi⁵⁵ le³¹ di⁵³ -1p

1SG 今天   柴   背 ALL 走 -1sg

我今天去背柴了。

不及物动词句前面也可以出现补语，补语标记是-ta⁷³¹。例如：

əŋ⁵³   nəm⁵³ ə³¹səŋ⁵³ ta⁷³¹   ɹɔŋ⁵³.

3SG 天   亮   COMP 坐

他坐到了天亮。

1.5.1.2 及物动词句

及物动词句主要有单及物句和双及物句两类。

（1）单及物句

单及物句只带一个宾语（受事）。例如：

ŋa⁵³ nɯ⁵³ ŋək⁵⁵.

ŋa⁵³ nɯ⁵³ ŋə⁷⁵⁵ -1p

1SG 酒   喝   -1sg

我在喝酒。

语序上也是新信息靠近谓语动词。施事如果是新消息，宾语提到前面，施事就一定要带施格标记。例如：

nɯ⁵³ ŋəi⁵³   ŋəŋ⁷⁵⁵   dʑin³¹.

nɯ⁵³ ŋa⁵³ -agt ŋa⁷⁵⁵ -1p dʑin³¹

酒   我 -AGT 喝 -1se PFV

酒被我喝了。

带时间状语的及物句，自然的语序有以下3种：

tɕə³¹ɟa⁵⁵ni⁵³ əŋ⁵³ ɟɔ⁷⁵⁵ dʑəl⁵⁵.

tɕə³¹ɟa⁵⁵ni⁵³ əŋ⁵³ ɟɔ⁷⁵⁵ dʑəl⁵⁵

昨天   3SG 衣服 洗

昨天她洗衣服。

əŋ⁵³ tɕə³¹ɟɑ⁵⁵ni⁵³ ɟɔ⁷⁵⁵ dʐəl⁵⁵.
əŋ⁵³ tɕə³¹ɟɑ⁵⁵ni⁵³ ɟɔ⁷⁵⁵ dʐəl⁵⁵
3SG 昨天　　　衣服　洗
她昨天洗衣服。

ɟɔ⁷⁵⁵ tɕə³¹ɟɑ⁵⁵ni⁵³ əŋ³¹ mi³¹ dʐɑ:l⁵⁵.
ɟɔ⁷⁵⁵ tɕə³¹ɟɑ⁵⁵ni⁵³ əŋ³¹ mi³¹ dʐəl⁵⁵ -3p
衣服　　　昨天　3SG AGT 洗　-3pe
衣服昨天被她洗了。

施事、状语、受事位置的变动都是为了突出新信息。

（2）双及物句
双及物动词数量很少，常用的有 bi⁵⁵ "给、赠" 和 dzɔn⁵⁵ "交付、递"。例如：
ɟɑ⁵⁵ ŋɑ⁵³ le³¹ pə³¹ biŋ⁵⁵.
ɟɑ⁵⁵ ŋɑ⁵³ le³¹ pə³¹ bi⁵⁵ -1p
这个 1SG ALL IMP 给 -1sg
（你把）这个给我吧。

ŋul⁵⁵ əŋ⁵³ le³¹ ə³¹səŋ⁵³ni⁵³ pə³¹ dzɔn⁵⁵ ɕɯ³¹.
ŋul⁵⁵ əŋ⁵³ le³¹ ə³¹səŋ⁵³ni⁵³ pə³¹ dzɔn⁵⁵ ɕɯ³¹
钱 3SG ALL 　明天　 IMP 交给 dl
（你把）钱明天交给他。

1.5.2 复句

复句由两个以上，结构上互相不包含的单句构成。独龙语口语复句大体可分为联合复句和偏正（主从）复句两大类。

1.5.2.1 联合复句
（1）并列复句
分句之间的关系是并举、对等的。例如：
ŋɑ⁵³ əŋ³¹dzɑ⁵⁵ wɑŋ⁵⁵　　niŋ³¹, nɑ⁵³ kən⁵⁵ pə³¹ dʐəl⁵⁵.
ŋɑ⁵³ əŋ³¹dzɑ⁵⁵ wɑ⁵³ -1p niŋ³¹, nɑ⁵³ kən⁵⁵ pə³¹ dʐəl⁵⁵
1SG 饭　　　做 -1sg MOOD 2SG 菜 IMP 洗
我做饭吧，你洗菜。

puŋ⁵⁵ ŋɑ⁵³ imˀ⁵⁵   ə³¹laŋ⁵³ ə³¹blɑˀ⁵⁵ ɹɑ³¹.

puŋ⁵⁵ ŋɑ⁵³ ip⁵⁵ -1p   ə³¹laŋ⁵³ ə³¹blɑˀ⁵⁵ ɹɑ³¹

普   1SG 睡 -1sg   时候   到   DIR

普，我睡觉的时候到的。

（2）顺承复句

前后分句按时间、逻辑上的顺序表示连续的动作关系。句子中常用动词的重叠形式指明实施该动作后接着进行下一个动作，或者使用一些时间词关联。例如：

əŋ⁵³ əŋ³¹dzɑ⁵⁵ kɑ:i⁵⁵kɑ:i⁵⁵   ip⁵⁵ le³¹ lɔˀ⁵⁵ di³¹.

əŋ⁵³ əŋ³¹dzɑ⁵⁵ kəi⁵³ -red -3p   ip⁵⁵ le³¹ lɔˀ⁵⁵ di³¹

3SG 饭   吃   -RED -3pe   睡   ALL 回   PFV-DIR

他吃了饭就去回去睡觉了。

əŋ³¹dzɑ⁵⁵ puŋ⁵⁵ ə³¹blɑ:ˀ⁵⁵   mə³¹nəŋ⁵⁵ kɑ:i⁵⁵   nɯ³¹.

əŋ³¹dzɑ⁵⁵ puŋ⁵⁵ ə³¹blɑ⁷⁵⁵ -3p   mə³¹nəŋ⁵⁵ kəi⁵⁵ -1p   nɯ³¹

饭   普   到   -3pe   时候   吃 -1pl   MOOD

等普到了再吃饭吧。

（3）选择复句

举出两种或几种可能的情况，从中选择。例如：

tən⁵⁵ni⁵³ mə³¹ diŋ⁵⁵   bəi³¹ ə³¹səŋ⁵⁵ni³¹ diŋ⁵⁵,   me⁵⁵ bəi³¹ mən³¹ni⁵⁵ diŋ⁵⁵.

tən⁵⁵ni⁵³ mə³¹ di⁵³ -1p bəi³¹ ə³¹səŋ⁵⁵ni³¹ di⁵³,   me⁵⁵ bəi³¹ mən³¹ni⁵⁵ di⁵³-1p

今天   NEG 走 -1sg CONJ 明天   走 -1sg 不是 CONJ 后天   走 -1sg

（我）今天不去就明天去，或者后天去。

nɯ⁵³   mən³¹ ŋɑˀ⁵⁵ bəi³¹ tɕɑ⁵⁵ pə³¹ ŋɑ:ˀ⁵⁵.

nɯ⁵³   mən³¹ ŋɑˀ⁵⁵ bəi³¹ tɕɑ⁵⁵ pə³¹ ŋɑ:ˀ⁵⁵

酒   NEG2 喝   CONJ 茶 IMP 喝

（你）不喝酒就喝茶。

（4）递进复句

后一个分句的意思比前一个分句的意思更进一层。例如：

ŋɑ⁵³ pə³¹ɹiŋ⁵⁵ mə³¹dəm⁵³ dzɑ⁵⁵ bɯm⁵⁵.

ŋɑ⁵³ pə³¹ɹiŋ⁵⁵ mə³¹dəm⁵³ dzɑ⁵⁵ bɯm⁵⁵

1SG 老   上面   病   多

我不仅年老，而且多病。

kui³¹mi⁵³ le³¹ mɹɐɯ⁵³, pe³¹tɕiŋ⁵⁵ le³¹ nɑ³¹ce⁵⁵ mɹɐɯ⁵³.

kui³¹mi⁵³ le³¹ mɹɐɯ⁵³, pe³¹tɕiŋ⁵⁵ le³¹ nɑ³¹ce⁵⁵ mɹɐɯ⁵³

昆明　　 ALL 远　　 北京　　 ALL 更　　　 远

昆明（离这里）远，北京更远。

ɟɑ⁵⁵ tɕəm⁵⁵ ə³¹li⁵⁵, kɔ⁵⁵ sɔt⁵⁵sɔt⁵⁵ ə³¹li⁵³.

ɟɑ⁵⁵ tɕəm⁵⁵ ə³¹li⁵⁵, kɔ⁵⁵ sɔt⁵⁵sɔt⁵⁵ ə³¹li⁵³

这　 比较　 重　　 那　 更加　　 重

这个比较重，那个更重。

1.5.2.2 偏正（主从）复句

偏正（主从）复句有条件、假设、因果、转折四种，由连接成分连接或相当的名词组连接两个分句。

（1）条件复句

偏句即前一分句提出条件，后一分句即正句表示在满足条件的情况下所产生的结果。通常用连接成分 CONJ 关联两个分句。例如：

nɑ⁵³　 nə³¹ di⁵⁵ bəi³¹　 ŋɑ⁵³　 diŋ⁵⁵.

nɑ⁵³　 nə³¹ di⁵⁵ bəi³¹　 ŋɑ⁵³　 di⁵³ -1p

2SG 2p 走　 CONJ 1SG 走 -1sg

你走（去）我就走（去）。

əŋ⁵³ ə³¹ɹɑ⁵⁵ bəi³¹　 ŋɑ⁵³ ɕɯ³¹　 ə³¹ɹɑŋ⁵⁵.

əŋ⁵³ ə³¹ɹɑ⁵⁵ bəi³¹　 ŋɑ⁵³ ɕɯ³¹　 ə³¹ɹɑŋ⁵⁵

3SG 同意　 CONJ 1SG 也　 同意 -1sg

他同意，我就同意。

kəp⁵⁵pɔm⁵⁵ nəm³¹lɯm⁵⁵nəm⁵³ du:⁵⁵　　 mə³¹nəŋ⁵⁵ tɕe³¹ gɯ⁷⁵⁵.

kɔp⁵⁵pɔm⁵⁵ nəm³¹lɯm⁵⁵nəm⁵³ du⁵⁵ -3p　 mə³¹nəŋ⁵⁵ tɕe³¹ gɯ⁷⁵⁵

布谷鸟　　 春天　　　　　　 到 -3pe 时候　 才　 叫

布谷鸟到了春天才叫。

（2）假设复句

偏句提出假设，正句表示假设条件实现后所产生的结果。偏句的主题词后跟表示假设的成分 HPT，分句之间可用连接成分 CONJ 连接，也可不用。例如：

əŋ⁵³ məi³¹ sə³¹nəŋ⁵⁵ ɹɑ³¹ bəi³¹　 ə³¹tɔnɕɬ⁵⁵ sɑ³¹　 e³¹.

əŋ⁵³ məi³¹ sə³¹nəŋ⁵⁵ ɹɑ³¹ bəi³¹　 ə³¹tɔnɕɬ⁵⁵ sɑ³¹　 e³¹

1SG HPT 帮忙　　 DIR CONJ 完成　 NOM 是

他如果来帮忙，就能完成。

nɑ⁵³ məi³¹ nə³¹ ŋɯ⁵³ bəi³¹ ɕɯ³¹ mə³¹ biŋ⁵⁵.
nɑ⁵³ məi³¹ nə³¹ ŋɯ⁵³ bəi³¹ ɕɯ³¹ mə³¹ bi⁵⁵ -1p
2SG HPT 2p 哭 CONJ 也 NEG 给 -1sg
你就是哭，我也不给你。

（3）因果复句
偏句表示原因，正句表示结果，使用连接成分 mi³¹（BEC）连接。例如：
tən⁵⁵ni⁵³ dzaŋ⁵⁵ mi³¹ dʑə³¹ɟe⁵⁵ dɔn⁵⁵ le³¹ mə³¹ diŋ⁵⁵.
tən⁵⁵ni⁵³ dza⁵³ -1p mi³¹ dʑə³¹ɟe⁵⁵ dɔn⁵⁵ le³¹ mə³¹ di⁵³ -1p
今天 病 -1sg BEC 书 读 ALL NEG 去 -1sg
今天（我）因为病了，所以没去上学。

əŋ⁵³ tə³¹təi⁵⁵ tə³¹xɹəl⁵³ kɑ⁵⁵ mə³¹ tɑ⁵⁵ mi³¹ sən²⁵⁵.
əŋ⁵³ tə³¹təi⁵⁵ tə³¹xɹəl⁵³ kɑ⁵⁵ mə³¹ tɑ⁵⁵ mi³¹ sət⁵⁵ -1p
3SG 太 调皮 话 NEG 听 BEC 打 -1se
他太调皮不听话，我才打的。

1.5.2.3 转折复句

使用连接成分 pə³¹ɹai⁵⁵/pə³¹ɹɑːi⁵⁵、ɕɔŋ³¹（TRST）连接。例如：
əŋ⁵³ mən³¹ di⁵⁵ nɯ³¹ gɯŋ²⁵⁵ pə³¹ɹai⁵⁵ di⁵⁵ di³¹.
əŋ⁵³ mən³¹ di⁵⁵ nɯ³¹ gɯ²⁵⁵ -1p pə³¹ɹai⁵⁵ di⁵⁵ di³¹
3SG NEG2 去 MOOD 说 -1se TRST 走 PFV-DIR
我跟他说你别去了，（但）他还是去了。

mən³¹ ŋət⁵⁵ nɯ³¹ gɯŋ²⁵⁵ ɕɔŋ³¹ lu⁵⁵ lən³¹ luːŋ⁵³ luːŋ³¹.
mən³¹ ŋət⁵⁵ nɯ³¹ gɯ²⁵⁵ -1p ɕɔŋ³¹ lu⁵⁵ lən³¹ luŋ⁵³ -3p luːŋ³¹
NEG2 动 MOOD 说 -1se TRST 拿 CONTR 拿 -3pe PFV-NV
（我对他）说别动，但他还是拿走了。

转折的复句有时也可以用位格标记 dɔ³¹连接。例如：
əŋ⁵³ biŋ⁵⁵ dɔ³¹ mə³¹ gɯ⁵⁵.
əŋ⁵³ bi⁵⁵ -1p dɔ³¹ mə³¹ gɯ⁵⁵
3SG 给 -1sg LOC/TRST NEG 要
我给了他，（但）他不要。

1.6 参考文献

Randy J. LaPolla & Dory Poa. 2001. RaWang Texts LINCOM EUROPA. Languages of World/Text Collections 18.

孙宏开：《独龙语简志》，民族出版社，1982。

戴庆厦：《景颇语参考语法》，中国社会科学出版社，2012。

戴庆厦、徐悉艰：《景颇语语法》，中央民族大学出版社，1992。

戴庆厦、刘菊黄：《独龙语木力王话的长短元音》，《中央民族学院院报》1986 年第 3 期增刊。

江荻：《藏语拉萨话语法标注文本》，社会科学文献出版社，2016。

黄成龙：《语法描写框架及术语的标记》，《民族语文》2005 年第 3 期。

黄成龙：《蒲溪羌语研究》，民族出版社，2007。

黄伯荣、廖序东主编《现代汉语》，高等教育出版社，1991。

罗仁地、杨将领：《独龙/日旺语动词的反身态和中间态标志》，载《中国民族语言论丛（1）》，中央民族大学出版社，1996。

杨将领：《独龙语使动范畴语法形式的演变发展》，《民族教育研究》1999 年 S1。

杨将领：《独龙语动词趋向范畴研究》，《民族语文》1999 年第 1 期。

杨将领：《独龙语的长元音》，《民族语文》2000 年第 2 期。

杨将领：《独龙语动词的使动范畴》，《民族语文》2001 年第 4 期。

杨将领：《独龙语动词的体》，载戴庆厦主编《中国民族语言文学研究论集（2）》，民族出版社，2002。

杨将领：《独龙语的情态范畴》，《民族语文》2004 年第 4 期。

杨将领：《独龙语个体量词的产生和发展》，《民族语文》2011 年第 6 期。

杨将领：《独龙语的施事和工具格标记》，《民族语文》2015 年第 1 期。

杨将领：《独龙语的向格标记-le³¹》，《民族语文》2016 年第 5 期。

杨将领：《独龙语孔当话的格标记系统》，《民族语文》2017 年第 4 期。

2 标注文本

2.1 辛蓂嘎普

eˀ⁵⁵jɑ⁵⁵ tɯːm⁵⁵ nɯ³¹ ɕiŋ³¹meˀ⁵⁵gɑˀ⁵⁵puŋ⁵⁵ kɯ³¹ ə³¹lɑi⁵³
eˀ⁵⁵jɑ⁵⁵ tɯm⁵⁵ -ins nɯ³¹ ɕiŋ³¹meˀ⁵⁵gɑˀ⁵⁵puŋ⁵⁵ kɯ³¹ ə³¹lɑi⁵³
那些 后面 -INSTR TOP 辛蓂嘎普 也 出现

那以后出现了辛蓂嘎普，

wɑ³¹, ti³¹wɑːl⁵⁵ ɕik³¹tɑn⁵⁵gɑˀ⁵⁵puŋ⁵⁵ lɑːn⁵⁵. ə³¹jɑ⁵⁵ dɔ³¹
wɑ³¹ ti³¹wɑl⁵⁵ -ins ɕik³¹tɑn⁵⁵gɑˀ⁵⁵puŋ⁵⁵ lən⁵⁵ -3p ə³¹jɑ⁵⁵ dɔ³¹
HRS 一部分 -INSTR 辛坦嘎普 认为 -3pe 那儿 LOC

一部分人也叫他辛坦嘎普。

e⁵⁵ wɑ³¹ bəi³¹ nɯ³¹ ɕiŋ³¹meˀ⁵⁵gɑˀ⁵⁵puŋ⁵⁵ nɯ³¹ ɕiŋ⁵⁵ ɹɯm⁵⁵
e⁵⁵ wɑ³¹ bəi³¹ nɯ³¹ ɕiŋ³¹meˀ⁵⁵gɑˀ⁵⁵puŋ⁵⁵ nɯ³¹ ɕiŋ⁵⁵ ɹɯm⁵⁵
是 HRS CONJ TOP 辛蓂嘎普 TOP 树 砍伐

wɑ³¹, ɕəm³¹mɹɑ⁵³ wɑ⁵³. ə³¹nəm⁵⁵ nɯ³¹ təi⁵⁵wɑ³¹ ɕiŋ⁵⁵
wɑ³¹ ɕəm³¹mɹɑ⁵³ wɑ⁵³ ə³¹nəm⁵⁵ nɯ³¹ təi⁵⁵wɑ³¹ ɕiŋ⁵⁵
HRS 刀耕地 做 后来 TOP 怎么样 树

在那儿辛蓂嘎普砍伐树木，开垦刀耕地。

ɹɯːm⁵⁵ wɑ³¹ bəi³¹ ɕɯ³¹ ək³¹kləp⁵⁵kləp⁵⁵ ɕɯ³¹ mɑ³¹ ɕɑi⁵³
ɹɯm⁵⁵ -3p wɑ³¹ bəi³¹ ɕɯ³¹ ək³¹kləp⁵⁵ -red ɕɯ³¹ mɑ³¹ ɕɑi⁵³
砍伐 -3pe HRS CONJ 也 木屑 -RED 也 NEG 有

tɯ³¹ kəp³¹te⁵⁵kəp³¹te⁵⁵ wɑ³¹ ɹəŋ⁵³ ip³¹ wɑ³¹. eˀ⁵⁵jɑˀ⁵⁵
tɯ³¹ kəp³¹te⁵⁵ -red wɑ³¹ ɹəŋ⁵³ ip³¹ wɑ³¹ eˀ⁵⁵jɑˀ⁵⁵
COMP 照旧 -RED 样 生长 PFV-NV HRS 这样

后来，不论砍伐什么样的树木，（第二天一看，地上）连个木屑都没有，（总是）照旧生长着。

mə³¹nəŋ⁵⁵ təŋ⁵⁵wɑ³¹ ɹɯm⁵⁵ bəi³¹ ɕɯ³¹ ə³¹jɑ⁵⁵ tən⁵⁵ ɹɯm⁵⁵
mə³¹nəŋ⁵⁵ təŋ⁵⁵wɑ³¹ ɹɯm⁵⁵ bəi³¹ ɕɯ³¹ ə³¹jɑ⁵⁵ tən⁵⁵ ɹɯm⁵⁵

时候		怎么	砍伐	CONJ	也	那儿	刚	砍伐

ə³¹ja⁵⁵	tən⁵⁵	e³¹wa⁵⁵	ɹɯɕ⁵³	təŋ⁵⁵	ca⁷⁵⁵	e³¹	gɯ⁷⁵⁵	dʑin³¹
ə³¹ja⁵⁵	tən⁵⁵	e³¹wa⁵⁵	ɹɯɕ⁵³	təŋ⁵⁵	ca⁷⁵⁵	e³¹	gɯ⁷⁵⁵	dʑin³¹
那个	刚	那样	生长	什么	成	是	说	着

tə³¹lɯːi⁵⁵		tɕa⁵⁵	wa⁷³¹	tɕi³¹	e³¹	wa³¹,	ɕəm⁵³
tə³¹lɯi⁵⁵	-ins	tɕa⁵⁵	wa⁷³¹	tɕi³¹	e³¹	wa³¹	ɕəm⁵³
弓	-INSTR	守候	HRS	EXP	是	HRS	铁

（这样的事情发生很多次以后）辛蔑嘎普说："我怎么砍伐也（总是这样），刚砍伐掉的又总是这样照旧生长着，到底是怎么回事？"说着用弓守候（在地边）。

tə³¹lɯːi⁵⁵		tɕa⁵⁵	wa³¹.	ɔ³¹	e⁷⁵⁵ja⁷⁵⁵	mə³¹nəŋ⁵⁵	pəi⁵⁵	məi⁵⁵
tə³¹lɯi⁵⁵	-ins	tɕa⁵⁵	wa³¹	ɔ³¹	e⁷⁵⁵ja⁷⁵⁵	mə³¹nəŋ⁵⁵	pəi⁵⁵	məi⁵⁵
弓	-INSTR	守候	HRS	哦	这样	时候	SPM	CL

用铁弓守候。

nɯ³¹	mu⁷⁵⁵puŋ⁵⁵	mi³¹	lən³¹	ək³¹ɯ⁵⁵	ca⁵⁵	sa³¹	waŋ⁵³	e³¹
nɯ³¹	mu⁷⁵⁵puŋ⁵⁵	mi³¹	lən³¹	ək³¹ɯ⁵⁵	ca⁵⁵	sa³¹	wa⁵³ -1p	e³¹
TOP	木普	AGT	CONTR	亲戚	成	NOM	做 -1se	是

gɯ⁷⁵⁵	dʑin³¹	tal⁵⁵	lap⁵⁵	paːŋ³¹	mə³¹	sɔː⁵⁵	paːŋ³¹
gɯ⁷⁵⁵	dʑin³¹	tal⁵⁵	lap⁵⁵	paːŋ³¹	mə³¹	sa⁵⁵ -3p	paːŋ³¹
说	着	背后	方向	ABL	NEG	知道 -3pe	ABL

这时，"我这样做是为了（让我们）成为亲戚"，这样说着，被木普（天神）从背后，

mə³¹gɹɑ⁷⁵⁵		ɹet³¹	wa³¹	ɹɯːp⁵⁵		ɹet³¹	wa⁷³¹	tɕi³¹.	ə³¹ja⁷⁵⁵
mə³¹gɹɑ⁷⁵⁵	-3p	ɹet³¹	wa³¹	ɹɯp⁵⁵	-3p	ɹet³¹	wa⁷³¹	tɕi³¹	ə³¹ja⁷⁵⁵
抓	-3pe	DIR	HRS	抓	-3pe	DIR	HRS	EXP	那

从（辛蔑嘎普）不知道的方位抓住，捉住（抱住）了（辛蔑嘎普）。

mə³¹nəŋ⁵⁵	pəi⁵⁵	məi⁵⁵	nɯ³¹	ə³¹tsəŋ⁵³	le³¹	nɯ³¹	me³¹ceŋ⁵⁵	tɕe³¹
mə³¹nəŋ⁵⁵	pəi⁵⁵	məi⁵⁵	nɯ³¹	ə³¹tsəŋ⁵³	le³¹	nɯ³¹	me³¹ceŋ⁵⁵	tɕe³¹
时候	SPM	CL	TOP	人	ALL	TOP	单眼	只

biː⁵⁵		wa³¹,	ŋəp³¹pla⁷⁵⁵	le³¹	nɯ³¹	nəŋ⁵⁵	me³¹ɹəm⁵⁵	biː⁵⁵
bi⁵⁵	-3p	wa³¹	ŋəp³¹pla⁷⁵⁵	le³¹	nɯ³¹	nəŋ⁵⁵	me³¹ɹəm⁵⁵	bi⁵⁵ -3p

给　　　-3pe　HRS　　鱼　　　　　　　ALL　TOP　阿娜　双眼　　　　给　　　-3pe

后来，（木普）给人（辛蒄嘎普）只嫁给了单眼（姑娘），给鱼嫁了双眼（姑娘）阿娜（大女儿）。

wɑ³¹.	ə³¹tsəŋ⁵³	də³¹gɹɑŋ⁵⁵	mɑ³¹	ə³¹ɹɑ⁵⁵	sɑ³¹	ə³¹jɑ⁵⁵	pɑ:ŋ³¹	e⁵⁵
wɑ³¹	ə³¹tsəŋ⁵³	də³¹gɹɑŋ⁵⁵	mɑ³¹	ə³¹ɹɑ⁵⁵	sɑ³¹	ə³¹jɑ⁵⁵	pɑ:ŋ³¹	e⁵⁵
HRS	人	漂亮	NEG	一致	NOM	那个	ABL	是

（今天）人长相不同（有美有丑）就是这个原因。

tɕi³¹	wɑ³¹.	ŋəp³¹plɑʔ⁵⁵	ti³¹	gɯ⁵⁵	gɯ⁵⁵	wɑ³¹	də³¹gɹɑŋ⁵⁵	sɑ³¹
tɕi³¹	wɑ³¹	ŋəp³¹plɑʔ⁵⁵	ti³¹	gɯ⁵⁵	gɯ⁵⁵	wɑ³¹	də³¹gɹɑŋ⁵⁵	sɑ³¹
EXP	HRS	鱼	一	CL	CL	HRS	漂亮	NOM

me³¹ɹəm⁵⁵	b:i⁵⁵	pɑ:ŋ³¹	cɑ⁵⁵	wɑ³¹	tɕi³¹	wɑ³¹.	i⁵³	i⁵³	wɑʔ³¹
me³¹ɹəm⁵⁵	bi⁵⁵ -3p	pɑ:ŋ³¹	cɑ⁵⁵	wɑ³¹	tɕi³¹	wɑ³¹	i⁵³	i⁵³	wɑʔ³¹
双眼	嫁给 -3pe	ABL	成	HRS	EXP	HRS	麻线	纺	HRS

鱼儿个个长得都一样美，就是双眼（姑娘）嫁来的缘故。

bəi³¹	me³¹ɹəm⁵⁵	mi³¹	ti³¹	cɑʔ⁵⁵	tɕe³¹	i⁵³	dʑɯ:ɹ⁵⁵		wɑ³¹,
bəi³¹	me³¹ɹəm⁵⁵	mi³¹	ti³¹	cɑʔ⁵⁵	tɕe³¹	i⁵³	dʑɯɹ⁵⁵ -3p	wɑ³¹
CONJ	双眼	AGT	一	成	只	纺	CAUS -3pe	HRS

（之前，为了让辛蒄嘎普喜欢单眼）纺线时，让单眼纺两团（单眼纺好两团麻线时，让双眼只纺好一团）。

me³¹ceŋ⁵⁵	mi³¹	ə³¹ni⁵⁵	cɑʔ⁵⁵	i⁵³	dʑɯ:ɹ⁵⁵		wɑ³¹.	eʔ⁵⁵wɑ³¹
me³¹ceŋ⁵⁵	mi³¹	ə³¹ni⁵⁵	cɑʔ⁵⁵	i⁵³	dʑɯɹ⁵⁵ -3p	wɑ³¹	eʔ⁵⁵wɑ³¹
单眼	AGT	两	成	纺	CAUS -3pe	HRS	这样

让双眼只纺一团。

wɑ⁵⁵	wɑʔ³¹	tɕi³¹	wɑ³¹	muʔ⁵⁵puŋ⁵⁵.	muʔ⁵⁵puŋ⁵⁵	nɯ³¹	gə³¹mɯ⁵⁵
wɑ⁵⁵	wɑʔ³¹	tɕi³¹	wɑ³¹	muʔ⁵⁵puŋ⁵⁵	muʔ⁵⁵puŋ⁵⁵	nɯ³¹	gə³¹mɯ⁵⁵
做	HRS	EXP	HRS	木普	木普	TOP	天神

dɑ³¹		mə³¹ tɕu:ŋ⁵⁵	nɯ³¹,	gə³¹mɯ⁵⁵	muʔ⁵⁵puŋ⁵⁵gɹɯŋ⁵³
dɑ³¹		mə³¹ tɕuŋ⁵⁵-3p	nɯ³¹	gə³¹mɯ⁵⁵	muʔ⁵⁵puŋ⁵⁵gɹɯŋ⁵³
NEG-MOOD	NEG	指 -3pe MOOD	天神	木普耿

木普是这样做的。木普指的就是天神，叫作天神木普耿的那个。

la:n⁵⁵ ə³¹ja⁵⁵. ə³¹ja²⁵⁵ mə³¹nəŋ⁵⁵ pəi⁵⁵ məi⁵⁵ nɯ³¹ ək³¹tɕəl⁵³
lən⁵⁵ -3p ə³¹ja⁵⁵ ə³¹ja²⁵⁵ mə³¹nəŋ⁵⁵ pəi⁵⁵ məi⁵⁵ nɯ³¹ ək³¹tɕəl⁵³
叫 -3pe 那个 那 时候 SPM CL TOP 孩子

me³¹ceŋ⁵⁵ nɯ³¹ bi⁵⁵ nɯ³¹ b:i⁵⁵ wa²³¹ tɕi³¹ e⁵⁵ wa³¹
me³¹ceŋ⁵⁵ nɯ³¹ bi⁵⁵ nɯ³¹ bi⁵⁵ -3p wa²³¹ tɕi³¹ e⁵⁵ wa³¹
单眼 TOP 嫁给 TOP 嫁给 -3pe HRS EXP 是 HRS
然后，木普嫁了他女儿单眼（给辛蔑嘎普）。

b:i⁵⁵ wa²³¹ bəi³¹ nɯ³¹ ʝɔ⁵³ məŋ⁵⁵nɯm⁵⁵məŋ⁵⁵gɔŋ⁵³ mə³¹li⁵³
bi⁵⁵ -3p wa²³¹ bəi³¹ nɯ³¹ ʝɔ⁵³ məŋ⁵⁵nɯm⁵⁵məŋ⁵⁵gɔŋ⁵³ mə³¹li⁵³
嫁给 -3pe HRS CONJ TOP 下面 芒嬬芒贡 地方

le³¹ ləŋ³¹ sə³¹ da:m⁵³ wa³¹. əŋ³¹mə³¹pa⁵⁵pəi⁵³ pə³¹ma⁵⁵
le³¹ ləŋ³¹ sə³¹ dam⁵³-3p wa³¹ əŋ³¹mə³¹pa⁵⁵pəi⁵³ pə³¹ma⁵⁵
ALL CONTR CAUS 迷路 -3pe HRS 他女婿 妻子
嫁了（女儿给辛蔑嘎普）以后，又带（辛蔑嘎普）到下面（游）的芒嬬芒贡（地方），
使其迷路（考验他能不能自己返回来）。

b:i⁵⁵ b:i⁵⁵ sə³¹ da:m⁵³ wa²³¹ tɕi³¹. ba³¹li⁵⁵ ə³¹ja²⁵⁵
bi⁵⁵ -3p bi⁵⁵ -3p sə³¹ dam⁵³ -3p wa²³¹ tɕi³¹ ba³¹li⁵⁵ ə³¹ja²⁵⁵
嫁给 -3pe 嫁给 -3pe CAUS迷路 -3pe HRS EXP 又 那
给他女婿（辛蔑嘎普）娶了妻子之后使其迷路（的考验）。

me³¹ceŋ⁵⁵ ɕɯ³¹ gə³¹mɯ⁵⁵ tɕəl⁵³ plaŋ⁵⁵ e⁵⁵ bəi³¹ ləŋ³¹, ə³¹ja²⁵⁵
me³¹ceŋ⁵⁵ ɕɯ³¹ gə³¹mɯ⁵⁵ tɕəl⁵³ plaŋ⁵⁵ e⁵⁵ bəi³¹ ləŋ³¹ ə³¹ja²⁵⁵
单眼 也 天神 孩子 神 是 CONJ CONTR那
那单眼是天神的孩子也是鬼神（才能这样），

mə³¹nəŋ⁵⁵ duŋ³¹gua⁵³ ʝɯ⁵³ sə³¹ ɹi:⁵⁵ wa³¹, əŋ³¹ʝɔ²⁵⁵pəi⁵³
mə³¹nəŋ⁵⁵ duŋ³¹gua⁵³ ʝɯ⁵³ sə³¹ ɹi⁵⁵ -3p wa³¹ əŋ³¹ʝɔ²⁵⁵pəi⁵³
时候 黄瓜 种子 CAUS背 -3pe HRS 她丈夫

le³¹ sə³¹ ɹi:⁵⁵ wa²³¹ tɕi³¹, "nə³¹kɯ⁵³pəi⁵³ mi³¹ ɹə³¹nɔ:⁵³
le³¹ sə³¹ ɹi⁵⁵ -3p wa²³¹ tɕi³¹ nə³¹kɯ⁵³pəi⁵³ mi³¹ ɹə³¹na⁵³ -3p
ALL CAUS背 -3pe HRS EXP 你岳父 AGT 休息 -3pe
她给丈夫（辛蔑嘎普）带上黄瓜种子，

ɹə³¹nɔːⁱ⁵³ tər³¹ dɔ³¹ pə³¹ kaːt⁵⁵'' guɯ⁷⁵⁵ wɑ³¹. ə³¹nəm⁵⁵

ɹə³¹na⁵³ -3p tər³¹ dɔ³¹ pə³¹ kət⁵⁵ -3p guɯ⁷⁵⁵ wɑ³¹ ə³¹nəm⁵⁵

休息 -3pe DIR LOC IMP 种 -3pe 说 HRS 后来

说："在你岳父让你休息的地方种下。"

nɯ³¹ duŋ³¹gua⁵³ ɹəɯ⁵³ ɹəɯ⁵³ wɑ⁷³¹ bəi³¹ tɕe³¹ duː⁵⁵ tər³¹

nɯ³¹ duŋ³¹gua⁵³ ɹəɯ⁵³ ɹəɯ⁵³ wɑ⁷³¹ bəi³¹ tɕe³¹ du⁵⁵ -3p tər³¹

TOP 黄瓜 黄 黄 HRS CONJ 才 到 -3pe DIR

后来，到黄瓜变红（熟透）的时候（辛蓂嘎普）才返回来。

wɑ³¹. ə³¹ja⁷⁵⁵ mə³¹nəŋ⁵⁵ nɯ³¹ ɟɔ⁵³ mə³¹li⁵³ du⁵⁵ wɑ⁷³¹

wɑ³¹ ə³¹ja⁷⁵⁵ mə³¹nəŋ⁵⁵ nɯ³¹ ɟɔ⁵³ mə³¹li⁵³ du⁵⁵ wɑ⁷³¹

HRS 那 时候 TOP 下面 地方 到 HRS

mə³¹nəŋ⁵⁵ nɯ³¹ məŋ⁵⁵nɯŋ⁵⁵məŋ⁵⁵gɔŋ⁵³ mə³¹li⁵³ duː⁵⁵ wɑ⁷³¹

mə³¹nəŋ⁵⁵ nɯ³¹ məŋ⁵⁵nɯŋ⁵⁵məŋ⁵⁵gɔŋ⁵³ mə³¹li⁵³ du⁵⁵ -3p wɑ⁷³¹

时候 TOP 芒嫩芒果 地方 到 -3pe HRS

mə³¹nəŋ⁵⁵ nɯ³¹ mu⁷⁵⁵puŋ⁵⁵gɯɯŋ⁵³ pəi⁵⁵ ɟɔ⁷⁵⁵ nɯ³¹ lɔ⁷⁵⁵ ləŋ³¹

mə³¹nəŋ⁵⁵ nɯ³¹ mu⁷⁵⁵puŋ⁵⁵gɯɯŋ⁵³ pəi⁵⁵ ɟɔ⁷⁵⁵ nɯ³¹ lɔ⁷⁵⁵ ləŋ³¹

时候 TOP 木普耿 SPM CL TOP 回 CONTR

lɔ⁷⁵⁵ bɯ³¹ wɑ³¹. əŋ³¹mə³¹pa⁵⁵pəi⁵³ təŋ⁵³nɔŋ⁵⁵ lɔ⁷⁵⁵ wɑ³¹,

lɔ⁷⁵⁵ bɯ³¹ wɑ³¹ əŋ³¹mə³¹pa⁵⁵pəi⁵³ təŋ⁵³nɔŋ⁵⁵ lɔ⁷⁵⁵ wɑ³¹

回 DIR HRS 他女婿 IDPH 回 HRS

（起初，木普带辛蓂嘎普）到了下面（游）的时候，到了芒嬬芒贡，木普就（自己）
回去了，

nɔːŋ⁵⁵ nɔːŋ⁵⁵ lɔ⁷⁵⁵ wɑ³¹. əŋ⁵³ nɯ³¹ mu⁷⁵⁵ ɔːŋ³¹ kɔ⁵³

nɔŋ⁵⁵ -3p ɯɹɯ⁵⁵ -3p ɟɔ⁷⁵⁵ wɑ³¹ əŋ⁵³ nɯ³¹ mu⁷⁵⁵ ɔːŋ³¹ kɔ⁵³

丢下 -3pe 丢下 -3pe 回 HRS 3SG TOP 天空 ABL 那

扔下他女婿返回了。

plaŋ⁵⁵ nɯ³¹ lɔː⁷⁵⁵ da³¹ me⁵⁵ nɯ³¹. ɔ³¹ e⁷⁵⁵ja⁷⁵⁵

plaŋ⁵⁵ nɯ³¹ lɔ⁷⁵⁵ -3p da³¹ me⁵⁵ nɯ³¹ ɔ³¹ e⁷⁵⁵ja⁷⁵⁵

神 TOP 回 -3pe NEG-MOOD 不是 MOOD 哦 这样

他是神，从天上返回的嘛。

mə³¹nəŋ⁵⁵	nɯ³¹	əŋ³¹mə³¹pa⁵⁵pəi⁵³	pəi⁵⁵	jɔ²⁵⁵	nɯ³¹	təi⁵⁵təi⁵⁵	
mə³¹nəŋ⁵⁵	nɯ³¹	əŋ³¹mə³¹pa⁵⁵pəi⁵³	pəi⁵⁵	jɔ²⁵⁵	nɯ³¹	təi⁵⁵təi⁵⁵	
时候	TOP	他女婿	SPM	CL	TOP	怎么	

ɕɯ³¹	mə³¹	wa⁵⁵	ɕɯ³¹	wa³¹.	ɔ³¹	ə³¹ja²⁵⁵	mə³¹nəŋ⁵⁵	nɯ³¹	jɔ⁵⁵
ɕɯ³¹	mə³¹	wa⁵⁵	ɕɯ³¹	wa³¹	ɔ³¹	ə³¹ja²⁵⁵	mə³¹nəŋ⁵⁵	nɯ³¹	jɔ⁵⁵
也	NEG	做	也	HRS	哦	那	时候	TOP	下面

这样一来，他女婿（辛蓂嘎普）就不知道该怎么办了。

ə³¹tsəŋ⁵³	mi³¹	nɯ³¹	kuɑ:i⁵⁵		lɑ²⁵⁵	nə³¹	sa⁵⁵	gɯ²⁵⁵	wa³¹
ə³¹tsəŋ⁵³	mi³¹	nɯ³¹	kuɑ⁵⁵	-agt	lɑ²⁵⁵	nə³¹	sa⁵⁵	gɯ²⁵⁵	wa³¹
人	AGT	TOP	蜜蜂	-AGT	JUSS	2p	知道	说	HRS

（这时）下面（游）的人说："让蜜蜂送你（回去）吧。"

bɹəŋ⁵⁵ɹi⁵⁵bɹəŋ⁵⁵dɑ²⁵⁵	ɲə³¹	ləŋ⁵⁵	gɯ³¹	sɑŋ⁵⁵		bɯŋ³¹		ma³¹
bɹəŋ⁵⁵ɹi⁵⁵bɹəŋ⁵⁵dɑ²⁵⁵	ɲə³¹	ləŋ⁵⁵	gɯ³¹	sɑ⁵⁵	-1p	bɯ³¹	-1p	ma³¹
烟火	2p	带	的	送	-1se	DIR	-1se	NEG

gɯ²⁵⁵	wa³¹.	ɔ³¹	ɕɯ:i⁵⁵		lɑ²⁵⁵	nə³¹	sa⁵⁵	gɯ²⁵⁵	bəi³¹	ɕɯi⁵⁵
gɯ²⁵⁵	wa³¹	ɔ³¹	ɕɯi⁵⁵-ins	lɑ²⁵⁵	nə³¹	sa⁵⁵	gɯ²⁵⁵	bəi³¹	ɕɯi⁵⁵
说	HRS	哦	熊 -INSTR	JUSS	2p	送	说	CONJ	熊

（蜜蜂）说："拿着烟火的（人）我不送。"（下游人）说："哦，让熊送你吧。"

puŋ⁵⁵	sə³¹na⁵⁵	e⁵⁵	gɯ²⁵⁵	wa³¹.	ti:n⁵⁵		lɑ²⁵⁵	nə³¹	sa⁵⁵	gɯ²⁵⁵
puŋ⁵⁵	sə³¹na⁵⁵	e⁵⁵	gɯ²⁵⁵	wa³¹	tin⁵⁵	-agt	lɑ²⁵⁵	nə³¹	sa⁵⁵	gɯ²⁵⁵
老大	脾气坏	是	说	HRS	丁	-AGT	JUSS	2p	送	说

wɑ²³¹	bəi³¹	tin⁵⁵	mi³¹	gɯ:²⁵⁵	ə³¹ja⁵⁵	tin⁵⁵	gəi³¹səŋ⁵⁵	kaŋ⁵³
wɑ²³¹	bəi³¹	tin⁵⁵	mi³¹	gɯ:²⁵⁵	ə³¹ja⁵⁵	tin⁵⁵	gəi³¹səŋ⁵⁵	kaŋ⁵³
HRS	CONJ	丁	AGT	说	那个	丁	真的	虎

（辛蓂嘎普）说："熊阿普脾气不好（不要他送我）。"（下游人）说："让丁（老二）送你（回去）吧。"

sə³¹ləi⁵⁵ləi⁵⁵	ɕɯ³¹	sɔ:⁵⁵		wɑ²³¹	tɕi³¹.	bəi³¹	na⁵³	jɔ²⁵⁵
sə³¹ləi⁵⁵ -red	ɕɯ³¹	sa⁵⁵	-3p	wɑ²³¹	tɕi³¹	bəi³¹	na⁵³	jɔ²⁵⁵
变化 -RED	RFLX	送	-3pe	HRS	EXP	CONJ	2SG	下面

那个丁（答应了）果然变成老虎送（辛蓂嘎普）了。

lə³¹ɯˀ⁵⁵　ɔːŋ³¹　nə³¹　ip⁵⁵　bəi³¹　əŋ⁵³　tin⁵⁵　lə³¹guŋ⁵⁵　ɔːŋ³¹　ip⁵⁵
lə³¹ɯˀ⁵⁵　ɔːŋ³¹　nə³¹　ip⁵⁵　bəi³¹　əŋ⁵³　tin⁵⁵　lə³¹guŋ⁵⁵　ɔːŋ³¹　ip⁵⁵
坡下　　ABL　2p　睡　CONJ　3SG　丁　坡上　　ABL　睡

bəi³¹　ça⁵⁵　nə³¹　kəi⁵³　bəi³¹　tiːn⁵⁵　　saːt⁵⁵　　ɹteɹ³¹　ça⁵⁵　nə³¹
bəi³¹　ça⁵⁵　nə³¹　kəi⁵³　bəi³¹　tin⁵⁵　-agt　sət⁵⁵　-3p　ɹteɹ³¹　ça⁵⁵　nə³¹
CONJ　肉　2p　吃　CONJ　丁　　-AGT　打　-3pe　DIR　肉　2p

kəi⁵³　bəi³¹　ça⁵⁵ɯ⁵⁵　tɕu²⁵⁵　ɕɯ³¹　ma³¹　tə³¹xɹe²⁵⁵　ta²³¹　　pə³¹
kəi⁵³　bəi³¹　ça⁵⁵ɯ⁵⁵　tɕu²⁵⁵　ɕɯ³¹　ma³¹　tə³¹xɹe²⁵⁵　ta²³¹　　pə³¹
吃　CONJ　骨头　　一点　也　NEG　响　　COMP　IMP

kaːi⁵⁵　　sə³¹laːp⁵⁵　　waʔ³¹　tɕi³¹　wa³¹.　ɔ³¹　ə³¹ja²⁵⁵　mə³¹nəŋ⁵⁵
kəi⁵⁵　-3p　sə³¹ləp⁵⁵　-3p　waʔ³¹　tɕi³¹　wa³¹　ɔ³¹　ə³¹ja²⁵⁵　mə³¹nəŋ⁵⁵
吃　-3pe　教　　-3pe　HRS　EXP　HRS　哦　那　　时候
（老虎送辛蒇嘎普，下游的人告诉辛蒇嘎普）说："（在路上住宿时）你睡在坡下，
丁睡在坡上，你吃肉，吃丁打来的肉时，一点也别发出啃骨头的声响。"

ça⁵⁵　tɕu²⁵⁵　tɕe³¹　tə³¹xɹe²⁵⁵　waʔ³¹　mə³¹nəŋ⁵⁵　ɕiŋ³¹dzɯŋ⁵⁵　ti³¹
ça⁵⁵　tɕu²⁵⁵　tɕe³¹　tə³¹xɹe²⁵⁵　waʔ³¹　mə³¹nəŋ⁵⁵　ɕiŋ³¹dzɯŋ⁵⁵　ti³¹
肉　一点　只　响　　HRS　时候　树　　　一

tan⁵⁵　xɹəm⁵⁵　ɕɯ³¹　luŋ³¹　wa³¹.　eˀ⁵⁵wa³¹.　ə³¹ja²⁵⁵　mə³¹nəŋ⁵⁵
tan⁵⁵　xɹəm⁵⁵　ɕɯ³¹　luŋ³¹　wa³¹　eˀ⁵⁵wa³¹　ə³¹ja²⁵⁵　mə³¹nəŋ⁵⁵
半截　昂首　RFLX　DIR　HRS　这样　那　　时候
（辛蒇嘎普有一次）吃肉时仅发出了一点（啃骨头）声响，（老虎）就昂头高达半截
树（高）。

nɯ³¹　məŋ⁵⁵nɯm⁵⁵məŋ⁵⁵gɔŋ⁵³　lə³¹ka⁵⁵　ta²³¹　sɔː⁵⁵　　sɔː⁵⁵
nɯ³¹　məŋ⁵⁵nɯm⁵⁵məŋ⁵⁵gɔŋ⁵³　lə³¹ka⁵⁵　ta²³¹　sa⁵⁵　-3p　sa⁵⁵　-3p
TOP　芒嬬芒贡　　　　山　COMP送　-3pe　送　-3pe

waʔ³¹　nɯ³¹　mit³¹tɕɔː²⁵⁵　　tɕe³¹　ɕaɹ⁵⁵　lap⁵⁵　le³¹　ə³¹dɯ⁵³
waʔ³¹　nɯ³¹　mit³¹tɕɔ²⁵⁵　-ins　tɕe³¹　ɕaɹ⁵⁵　lap⁵⁵　le³¹　ə³¹dɯ⁵³
HRS　TOP　尾巴　　-INSTR　只　东　方向　ALL　自己

lɔ²⁵⁵　sa³¹　le³¹　sə³¹nɯːt⁵⁵　　wa³¹,　mit³¹tɕɔ²⁵⁵　mi³¹　mit³¹tɕɔ²⁵⁵

lɔ⁷⁵⁵　sa³¹　le³¹　sə³¹nɯt⁵⁵　-3p　wɑ³¹　mit³¹tɕɔ⁷⁵⁵　mi³¹　mit³¹tɕɔ⁷⁵⁵
回　NOM　ALL　指点　-3pe　HRS　尾巴　AGT　尾巴

然后（老虎）送（辛蓂嘎普）到芒嬬芒贡山的时候，（老虎）只用尾巴向东（辛蓂嘎普）自己要回去的方向指了指，

ə³¹dəp⁵⁵　ə³¹dəp⁵⁵　dʑin³¹　ə³¹ja⁵⁵　le³¹　pə³¹　lɔ⁷⁵⁵　gɯ⁷⁵⁵　dʑin³¹
ə³¹dəp⁵⁵　ə³¹dəp⁵⁵　dʑin³¹　ə³¹ja⁵⁵　le³¹　pə³¹　lɔ⁷⁵⁵　gɯ⁷⁵⁵　dʑin³¹
摔　摔　着　那个　ALL　IMP　回　说　着

sə³¹nɯːt⁵⁵　wɑ³¹.　ɔ³¹　ə³¹ja⁷⁵⁵　bəi³¹　gəi³¹səŋ⁵⁵　du⁵⁵　ɹət³¹
sə³¹nɯt⁵⁵　-3p　wɑ³¹　ɔ³¹　ə³¹ja⁷⁵⁵　bəi³¹　gəi³¹səŋ⁵⁵　du⁵⁵　ɹət³¹
指点　-3pe　HRS　哦　那　CONJ　真的　到　DIR

用尾巴说："你就回到那儿。"

wɑ⁷³¹　tɕi³¹.　ə³¹dɯ⁵³　əŋ³¹pə³¹ma⁵⁵məi⁵³　me³¹cen⁵⁵　əl⁵³　le³¹
wɑ⁷³¹　tɕi³¹　ə³¹dɯ⁵³　əŋ³¹pə³¹ma⁵⁵məi⁵³　me³¹cen⁵⁵　əl⁵³　le³¹
HRS　EXP　自己　他妻子　单眼　在　ALL

e³¹wɑ⁵⁵　du⁵⁵　ɹət³¹　wɑ⁷³¹　tɕi³¹.　ə³¹ja⁷⁵⁵　mə³¹nəŋ⁵⁵　pəi⁵⁵　məi⁵⁵
e³¹wɑ⁵⁵　du⁵⁵　ɹət³¹　wɑ⁷³¹　tɕi³¹　ə³¹ja⁷⁵⁵　mə³¹nəŋ⁵⁵　pəi⁵⁵　məi⁵⁵
那样　到　DIR　HRS　EXP　那　时候　SPM　CL

（辛蓂嘎普照着指点的方向走）果真回来了，回到了他妻子单眼那儿。

nɯ³¹　ɔ³¹　ə³¹ja⁵⁵　dɔ³¹　lɔ⁷⁵⁵　wɑ⁷³¹　bəi³¹　nɯ³¹　ti³¹　kət⁵⁵　e³¹wɑ⁵⁵
nɯ³¹　ɔ³¹　ə³¹ja⁵⁵　dɔ³¹　lɔ⁷⁵⁵　wɑ⁷³¹　bəi³¹　nɯ³¹　ti³¹　kət⁵⁵　e³¹wɑ⁵⁵
TOP　哦　那个　LOC　回　HRS　CONJ　TOP　一　种　那样

ɔː⁵³　wɑ³¹.　ə³¹mɹa⁵⁵　ti³¹　xɹeⁱx⁵⁵　wɑ⁵⁵　dʑɯ³ː³¹ɱɹɯ⁵⁵ɹɯ³ː³¹　wɑ⁷³¹
wɑ⁵³　-3p　wɑ³¹　ə³¹mɹa⁵⁵　ti³¹　xɹeⁱx⁵⁵　wɑ⁵⁵　dʑɯ⁵⁵ɹɯ⁵⁵　-red　wɑ⁷³¹
做　-3pe　HRS　地　一　CL　做　CAUS　-RED　HRS

然后，回来后（木普对辛蓂嘎普）再一次做考验。

nɯ³¹　əŋ³¹dza⁵⁵　ɟɯ⁵³　ti³¹　mə³¹nɔ⁵⁵　bjaː⁷⁵⁵　wɑ³¹,　ə³¹mɹa⁵⁵
nɯ³¹　əŋ³¹dza⁵⁵　ɟɯ⁵³　ti³¹　mə³¹nɔ⁵⁵　bjaː⁷⁵⁵　-3p　wɑ³¹　ə³¹mɹa⁵⁵
TOP　粮食　种子　一　袋　倒　-3pe　HRS　地

开垦出一片地后，倒了一袋种子，

dɔ³¹	pɯːp⁵⁵		wa³¹.	ɔ³¹	ə³¹jaʔ⁵⁵	mə³¹nəŋ⁵⁵	nɯ³¹	ti³¹	luŋ⁵⁵
dɔ³¹	pɯp⁵⁵	-3p	wa³¹	ɔ³¹	ə³¹jaʔ⁵⁵	mə³¹nəŋ⁵⁵	nɯ³¹	ti³¹	luŋ⁵⁵
LOC	撒	-3pe	HRS	哦	那	时候	TOP	一	CL

ɕɯ³¹	ma³¹	ə³¹ɕai⁵³	taʔ³¹	pə³¹	tɯː⁵⁵		gɯʔ⁵⁵	dʑin³¹
ɕɯ³¹	ma³¹	ə³¹ɕai⁵³	taʔ³¹	pə³¹	tɯ⁵⁵	-3p	gɯʔ⁵⁵	dʑin³¹
也	NEG	有	COMP	IMP	捡	-3pe	说	着

ək³¹kɯ⁵³pəi⁵³	muʔ⁵⁵puŋ⁵⁵gɹɯŋ⁵³	mi³¹	gɯːʔ⁵⁵	wa³¹
ək³¹kɯ⁵³pəi⁵³	muʔ⁵⁵puŋ⁵⁵gɹɯŋ⁵³	mi³¹	gɯːʔ⁵⁵	wa³¹
他岳父	木普耿	AGT	说	HRS

撒到了地里，然后说要（辛蒎嘎普）捡得一颗不剩。他岳父木普耿

ɕik³¹tan⁵⁵gaʔ⁵⁵puŋ⁵⁵	le³¹	gɯːʔ⁵⁵	wa³¹.	ə³¹jaʔ⁵⁵	bəi³¹	nɯ³¹	təi⁵⁵
ɕik³¹tan⁵⁵gaʔ⁵⁵puŋ⁵⁵	le³¹	gɯːʔ⁵⁵	wa³¹	ə³¹jaʔ⁵⁵	bəi³¹	nɯ³¹	təi⁵⁵
辛坦嘎普	ALL	说	HRS	那	CONJ	TOP	怎么

对辛坦嘎普说。

mə³¹	waŋ⁵³	ɔ³¹	gɯʔ⁵⁵	dʑin³¹	gɯːʔ⁵⁵	wa³¹,	ə³¹jaʔ⁵⁵	bəi³¹
mə³¹	wa⁵³	-1p	ɔ³¹	gɯʔ⁵⁵	dʑin³¹	gɯːʔ⁵⁵	wa³¹	ə³¹jaʔ⁵⁵	bəi³¹
NEG	做	-1se	哦	说	着	说	HRS	那	CONJ

ɕɯ³¹	tɯl⁵⁵	ɕɯ³¹	wa³¹.	ə³¹jaʔ⁵⁵	mə³¹nəŋ⁵⁵	nɯ³¹
ɕɯ³¹	tɯl⁵⁵	ɕɯ³¹	wa³¹	ə³¹jaʔ⁵⁵	mə³¹nəŋ⁵⁵	nɯ³¹
也	为难	RFLX	HRS	那	时候	TOP

（辛蒎嘎普）说："我怎么办呀？"为难了。

əŋ³¹pə³¹ma⁵⁵məi⁵³	me³¹ɕeŋ⁵⁵	pəi⁵⁵	ɟɔʔ⁵⁵	mi³¹	nɯ³¹	plaŋ⁵⁵	e⁵⁵
əŋ³¹pə³¹ma⁵⁵məi⁵³	me³¹ɕeŋ⁵⁵	pəi⁵⁵	ɟɔʔ⁵⁵	mi³¹	nɯ³¹	plaŋ⁵⁵	e⁵⁵
他妻子	单眼	SPM	CL	AGT	TOP	神	是

sɔː⁵⁵	bəi³¹	ləŋ³¹.	ə³¹jaʔ⁵⁵	bəi³¹	mən³¹	pə³¹ɹeʔ⁵⁵	nɯ³¹	gɯːʔ⁵⁵
sa⁵⁵	-3p	bəi³¹	ləŋ³¹	ə³¹jaʔ⁵⁵	bəi³¹	mən³¹	pə³¹ɹeʔ⁵⁵	nɯ³¹	gɯːʔ⁵⁵
知道	-3pe	CONJ	CONTR	那	CONJ	NEG2	害怕	MOOD	说

这时，他妻子单眼，因为是神知道该怎么做，说"不用害怕（担心），

wa³¹,	ɟɔʔ⁵⁵	ə³¹mɹɑ⁵⁵	mjəŋ⁵³	dɔ³¹	nə³¹ɹeʔ⁵⁵	ɟarⁱ⁵⁵ɹeʔ⁵⁵	ɟɯŋ⁵⁵	pə³¹

wɑ³¹　ɕʉ̠⁵⁵　ə³¹mɹɑ⁵⁵　mjəŋ⁵³　dɔ³¹　nə³¹　ɹep⁵⁵　-red　ɟɯɯ⁵⁵　pə³¹
HRS　下面　地　　　边　　　LOC　2p　站　　-RED　袋子　　IMP

tɑːʔ⁵⁵　　　gɯːʔ⁵⁵　wɑ³¹.　ə³¹jɑʔ⁵⁵　mə³¹nəŋ⁵⁵　nɯ³¹　ti³¹　luŋ⁵⁵　ɕɯ³¹
tɑʔ⁵⁵　-3p　gɯːʔ⁵⁵　wɑ³¹　ə³¹jɑʔ⁵⁵　mə³¹nəŋ⁵⁵　nɯ³¹　ti³¹　luŋ⁵⁵　ɕɯ³¹
接　　-3pe　说　　HRS　那　　　时候　　　TOP　一　　CL　　也
你站在下面地边用口袋接着",

mɑ³¹　ə³¹ɕɑi⁵³　tɑʔ³¹　me³¹ceŋ⁵⁵　mi³¹　mɯːt⁵⁵　　　dzɑʔ³¹　wɑ³¹,
mɑ³¹　ə³¹ɕɑi⁵³　tɑʔ³¹　me³¹ceŋ⁵⁵　mi³¹　mɯt⁵⁵　-3p　dzɑʔ³¹　wɑ³¹
NEG　有　　　COMP　单眼　　　　AGT　吹　　-3pe　DIR　　HRS
然后，单眼一口气吹得一颗不剩，

ə³¹jɑʔ⁵⁵　mə³¹nɔ⁵⁵　le³¹　tɕe³¹　sɑ³¹ɹɑ⁵⁵　tɑʔ³¹.　ə³¹jɑʔ⁵⁵　dɔːɹ⁵⁵　ləŋ³¹
ə³¹jɑʔ⁵⁵　mə³¹nɔ⁵⁵　le³¹　tɕe³¹　sɑ³¹ɹɑ⁵⁵　tɑʔ³¹　ə³¹jɑʔ⁵⁵　dɔːɹ⁵⁵　ləŋ³¹
那　　　袋　　　　ALL　才　　进入　　　COMP　那　　　次　　CONTR
都吹进了那个袋子里。

sə³¹ɟiːŋ⁵⁵　　　tɕi³¹　e³¹　wɑ³¹,　ək³¹kɯ⁵³pəi⁵³　mi³¹.　eʔ⁵⁵jɑʔ⁵⁵
sə³¹ɟiŋ⁵⁵　-3p　tɕi³¹　e³¹　wɑ³¹　ək³¹kɯ⁵³pəi⁵³　mi³¹　eʔ⁵⁵jɑʔ⁵⁵
相信　　-3pe　EXP　是　HRS　他岳父　　　　　AGT　这样
这次（辛菉嘎普）才被他岳父信任了。

mə³¹nəŋ⁵⁵　pəi⁵³　məi⁵⁵　nɯ³¹　pə³¹mɑ⁵⁵　nɯ³¹　biː⁵⁵　　　wɑʔ³¹
mə³¹nəŋ⁵⁵　pəi⁵³　məi⁵⁵　nɯ³¹　pə³¹mɑ⁵⁵　nɯ³¹　bi⁵⁵　-3p　wɑʔ³¹
时候　　　SPM　CL　　TOP　妻子　　　TOP　嫁给　-3pe　HRS

bəi³¹　nɯ³¹　ə³¹dɯ⁵³　muʔ⁵⁵puŋ⁵⁵　tə³¹lɯʔ⁵⁵　ləi⁵³　wɑ³¹　ɕik³¹sai⁵³
bəi³¹　nɯ³¹　ə³¹dɯ⁵³　muʔ⁵⁵puŋ⁵⁵　tə³¹lɯʔ⁵⁵　ləi⁵³　wɑ³¹　ɕik³¹sai⁵³
CONJ　TOP　自己　　木普　　　　鬼　　　搞　　HRS　红树
单眼嫁给了（辛菉嘎普），但木普又搞鬼了。

pə³¹ɟuː⁵³　　　wɑ³¹,　luŋ⁵⁵　pə³¹ɟuː⁵³　　　wɑ³¹　kuɑ⁵⁵　pə³¹ɟuː⁵³
pə³¹ɟu⁵³　-3p　wɑ³¹　luŋ⁵⁵　pə³¹ɟu⁵³　-3p　wɑ³¹　kuɑ⁵⁵　pə³¹ɟu⁵³　-3p
生　　-3pe　HRS　CL　　生　　　-3pe　HRS　蜜蜂　生　　　-3pe

wɑ³¹,　nəp⁵⁵pə³¹wəŋ⁵⁵　　　pə³¹ɟuː⁵³　　　wɑ³¹　ə³¹tsəŋ⁵³　mə³¹

wɑ³¹ nəp⁵⁵pə³¹wəŋ⁵⁵ pə³¹ʝu⁵³ -3p wɑ³¹ ə³¹tsəŋ⁵³ mə³¹
HRS 蝙蝠 生 -3pe HRS 人 NEG

tɔ:n⁵⁵ wɑ³¹. ə³¹jɑʔ⁵⁵ mə³¹nəŋ⁵⁵ nɯ³¹ ək³¹kaŋ⁵³pəi⁵³ le³¹
tɔn⁵⁵ -3p wɑ³¹ ə³¹jɑʔ⁵⁵ mə³¹nəŋ⁵⁵ nɯ³¹ ək³¹kaŋ⁵³pəi⁵³ le³¹
完成 -3pe HRS 那 时候 TOP 他爷爷 ALL

（婚后辛菀嘎普夫妇）生了红树，生了石头，生了蜜蜂，生了蝙蝠，（就是）生不出人。

mɔn⁵⁵ wət⁵⁵ le³¹ nəp⁵⁵pə³¹wəŋ⁵⁵ sə³¹lɑ:ŋ⁵³ wɑ³¹, ək³¹tɕəl⁵³
mɔn⁵⁵ wət⁵⁵ le³¹ nəp⁵⁵pə³¹wəŋ⁵⁵ sə³¹laŋ⁵³ -3p wɑ³¹ ək³¹tɕəl⁵³
占卜 占 ALL 蝙蝠 派 -3pe HRS 孩子

nəp⁵⁵pə³¹wəŋ⁵⁵ sə³¹lɑ:ŋ⁵³ wɑ³¹ me³¹ceŋ⁵⁵ mi³¹.
nəp⁵⁵pə³¹wəŋ⁵⁵ sə³¹laŋ⁵³ -3p wɑ³¹ me³¹ceŋ⁵⁵ mi³¹
蝙蝠 派 -3pe HRS 单眼 AGT

于是单眼派了孩子蝙蝠去爷爷（外公）那儿占卦（问占是什么原因）

sə³¹lɑ:ŋ⁵³ wɑʔ³¹ bəi³¹ nɯ³¹ wɑ³¹ni⁵⁵ tə³¹lɔŋ⁵³
sə³¹laŋ⁵³ -3p wɑʔ³¹ bəi³¹ nɯ³¹ wɑ³¹ni⁵⁵ tə³¹lɔŋ⁵³
派 -3pe HRS CONJ TOP 猪屎 卷

nəp⁵⁵pə³¹wəŋ⁵⁵ wɑ³¹ ɔ:⁵³ ɔ:⁵³ di³¹ ək³¹kaŋ⁵³
nəp⁵⁵pə³¹wəŋ⁵⁵ wɑ³¹ wɑ⁵³ -3p wɑ⁵³ -3p di³¹ ək³¹kaŋ⁵³
蝙蝠 样 做 -3pe 做 -3pe PFV-V 爷爷

xɹəp³¹tɕi⁵⁵ dɔ³¹ kə³¹ʝɔ:l⁵³ʝɔ:l⁵³ ce⁷⁵⁵ ɕɯ³¹ dʑɯ:ɹ⁵⁵ wɑ³¹,
xɹəp³¹tɕl⁵⁵ dɔ³¹ kə³¹ʝɔl⁵³ -red -3p ce⁷⁵⁵ ɕɯ³¹ dʑɯ⁵⁵ -3p wɑ³¹
火塘架子 LOC 挂 -RED -3pe 吊 RFLX CAUS -3pe HRS

（单眼）让（蝙蝠）把猪屎卷成蝙蝠的模样，挂在爷爷的火塘架子上，

ə³¹dɯ⁵³ nɯ³¹ ʝɔ⁷⁵⁵ mə³¹ɹə⁵⁵ ə³¹bɯ⁷⁵⁵ ɔ:ŋ³¹ ce⁷⁵⁵ce⁷⁵⁵ ɕɯ³¹
ə³¹dɯ⁵³ nɯ³¹ ʝɔ⁷⁵⁵ mə³¹ɹə⁵⁵ ə³¹bɯ⁷⁵⁵ ɔ:ŋ³¹ ce⁷⁵⁵ -red ɕɯ³¹
自己 TOP 下面 火塘 下面 ABL 吊 -RED RFLX

蝙蝠自己吊在火塘底下，

di³¹, "nə³¹kaŋ⁵³ mu³¹tɕa⁵⁵ gəp³¹tɕe⁵³ mə³¹ lən⁵⁵ luk³¹ e³¹"

di³¹　nə³¹kɑŋ⁵³　mu³¹tɕɑ⁵⁵　gəp³¹tɕe⁵³　mə³¹　lən⁵⁵　luk³¹　e³¹
PFV　你爷爷　木佳　好好　NEG　叫　PFV-NV　是

gɯ²⁵⁵　dʑin³¹　sə³¹lɑːp⁵⁵　　wɑ³¹.　gəi³¹səŋ⁵⁵　lən³¹　pɔ³¹li⁵⁵
gɯ²⁵⁵　dʑin³¹　sə³¹ləp⁵⁵　-3p　wɑ³¹　gəi³¹səŋ⁵⁵　lən³¹　pɔ³¹li⁵⁵
说　着　教　-3pe　HRS　果然　CONTR　孙孙
（单眼）教（蝙蝠）说："你爷爷不会好好地当（你）做木佳（应该被招待的客人，供奉的对象）。"

pɔ³¹wəŋ⁵⁵　ceŋ⁵⁵　ceŋ⁵⁵　gɯ²⁵⁵　dʑin³¹　ə³¹nəŋ⁵⁵　wɑ³¹　ɔ³¹　ə³¹dɯ⁵³
pɔ³¹wəŋ⁵⁵　ceŋ⁵⁵　ceŋ⁵⁵　gɯ²⁵⁵　dʑin³¹　ə³¹nəŋ⁵⁵　wɑ³¹　ɔ³¹　ə³¹dɯ⁵³
阿蝠　咯　咯　说　着　爱抚　HRS　哦　自己

le³¹　ləŋ³¹　mu³¹tɕɑ⁵⁵　lən⁵⁵　ɕɯ³¹　wɑ³¹.　"ɕɑ⁵⁵　kəɹ³¹ɹəɹ⁵⁵　lu⁵⁵
le³¹　ləŋ³¹　mu³¹tɕɑ⁵⁵　lən⁵⁵　ɕɯ³¹　wɑ³¹　ɕɑ⁵⁵　kəɹ³¹ɹəɹ⁵⁵　lu⁵⁵
ALL　CONTR　木佳　叫　RFLX　HRS　肉　白白的　羊
果然，木普边爱抚（猪屎卷成的蝙蝠）边说："我的孙子蝙蝠'咯''咯'，把自己当做了木佳。"

kəɹ³¹ɹəɹ⁵⁵　mi³¹　mɯ⁵³　tɕɔt⁵⁵　sa⁵³　tɕɔt⁵⁵　lɑ³¹　ɔː⁵³"　　gɯ²⁵⁵
kəɹ³¹ɹəɹ⁵⁵　mi³¹　mɯ⁵³　tɕɔt⁵⁵　sa⁵³　tɕɔt⁵⁵　lɑ³¹　wɑ⁵³　-3p　gɯ²⁵⁵
白白的　AGT　天　祭祀　祭祀　祭祀　JUSS　做　-3pe　说
（木普）说："要用白白的肉，白羊祭祀天、祭祀生命，

wɑ³¹,　"pɑ²⁵⁵　nɑ³¹nɑ²⁵⁵　mi³¹　tse³¹gɹɯp⁵⁵　lɑ³¹　ɕɑː²⁵⁵"　　gɯ²⁵⁵
wɑ³¹　pɑ²⁵⁵　nɑ³¹nɑ²⁵⁵　mi³¹　tse³¹gɹɯp⁵⁵　lɑ³¹　ɕɑ²⁵⁵　-3p　gɯ²⁵⁵
HRS　猪　黑黑的　AGT　寿命　JUSS　延长　-3pe　说
用黑黑的猪（祭祀）以延长寿命。"

dʑin³¹　gɯ²⁵⁵　wɑ³¹.　ə³¹jɑ²⁵⁵　mə³¹nəŋ⁵⁵　ləŋ³¹　ək³¹tɕəl⁵³　ə³¹tsəŋ⁵³
dʑin³¹　gɯ²⁵⁵　wɑ³¹　ə³¹jɑ²⁵⁵　mə³¹nəŋ⁵⁵　ləŋ³¹　ək³¹tɕəl⁵³　ə³¹tsəŋ⁵³
着　说　HRS　那　时候　CONTR　孩子　人

ɔː⁵³　　ɹət³¹　wɑ²³¹　tɕi³¹　e³¹　wɑ³¹.　ə³¹dɯ⁵³　le³¹　ləŋ³¹
wɑ⁵³　-3p　ɹət³¹　wɑ²³¹　tɕi³¹　e³¹　wɑ³¹　ə³¹dɯ⁵³　le³¹　ləŋ³¹
做　-3pe　DIR　HRS　EXP　是　HRS　自己　ALL　CONTR
这样（用羊和猪祭祀）以后（辛蓂嘎普和单眼）才生出了人的孩子。

mu³¹tɕa⁵⁵　　lən⁵⁵　　ɕɯ³¹　tɕi³¹　wa³¹.　　plaŋ⁵⁵　wa⁵⁵　sa³¹　nɯ³¹　ə³¹ja⁵⁵
mu³¹tɕa⁵⁵　　lən⁵⁵　　ɕɯ³¹　tɕi³¹　wa³¹　　plaŋ⁵⁵　wa⁵⁵　sa³¹　nɯ³¹　ə³¹ja⁵⁵
木佳　　　　　叫　　　RFLX　EXP　HRS　　鬼神　做　　NOM　TOP　那个

e³¹,　ə³¹dɯ⁵³　　le³¹　ləŋ³¹　　mu³¹tɕa⁵⁵　lən⁵⁵　ɕɯ³¹.　ə³¹dɯ⁵³　tə³¹lɯʔ⁵⁵
e³¹　ə³¹dɯ⁵³　　le³¹　ləŋ³¹　　mu³¹tɕa⁵⁵　lən⁵⁵　ɕɯ³¹　ə³¹dɯ⁵³　tə³¹lɯʔ⁵⁵
是　自己　　　ALL　CONTR　木佳　　　叫　　RFLX　自己　　作祟
（木普耿）把自己当做了木佳（应该被招待的客人，供奉的对象）。

ləi⁵³ləi⁵³.　　ə³¹dɯi⁵³　　　　ɔ:⁵³　　　　ɔ:⁵³.　　　luŋ⁵⁵　pə³¹ɟu⁵⁵　sa³¹
ləi⁵³ -red　ə³¹dɯi⁵³　-agt　wa⁵³　-3p　wa⁵³　-3p　luŋ⁵⁵　pə³¹ɟu⁵⁵　sa³¹
搞　　-RED　自己　　-AGT　做　　-3pe　做　　-3pe　石头　生　　　NOM

kua⁵⁵　pə³¹ɟu⁵⁵　sa³¹　nəp⁵⁵pə³¹wəŋ⁵⁵　pə³¹ɟu⁵⁵　sa³¹　ə³¹dɯ⁵³
kua⁵⁵　pə³¹ɟu⁵⁵　sa³¹　nəp⁵⁵pə³¹wəŋ⁵⁵　pə³¹ɟu⁵⁵　sa³¹　ə³¹dɯ⁵³
蜜蜂　生　　　NOM　蝙蝠　　　　　生　　　NOM　自己

ək³¹tɕəl⁵³məi⁵³　　le³¹　tə³¹lɯʔ⁵⁵　ləi⁵³ləi⁵³.　sɔ³¹la⁵⁵　tɕɔt⁵⁵　sa³¹
ək³¹tɕəl⁵³məi⁵³　　le³¹　tə³¹lɯʔ⁵⁵　ləi⁵³ -red　sɔ³¹la⁵⁵　tɕɔt⁵⁵　sa³¹
女儿　　　　　　ALL　作祟　　　搞　　-RED　索拉　　祭　　NOM
（今天）做祭祀的由来就是那个，（木普）把自己当做木佳，他自己搞的鬼，自己做
的。生出石头，生出蜜蜂，生出蝙蝠，是他自己对女儿搞了鬼。

ə³¹ja⁵⁵　pa:ŋ³¹　e⁵⁵　tɕi³¹　wa³¹,　plaŋ⁵⁵　wa⁵⁵　sa³¹　ə³¹ja⁵⁵　pa:ŋ³¹
ə³¹ja⁵⁵　pa:ŋ³¹　e⁵⁵　tɕi³¹　wa³¹　plaŋ⁵⁵　wa⁵⁵　sa³¹　ə³¹ja⁵⁵　pa:ŋ³¹
那个　ABL　是　EXP　HRS　神　　做　NOM　那个　ABL
（今天人间男人）要祭祀索拉（生命之神）就是从那儿来的，做祭神是从那儿来的。

e⁵⁵　tɕi³¹　wa³¹.　pə³¹ma⁵⁵　pəi⁵⁵　mɯŋ⁵³　mə³¹sɔʔ⁵⁵　ɔ:⁵³
e⁵⁵　tɕi³¹　wa³¹　pə³¹ma⁵⁵　pəi⁵⁵　mɯŋ⁵³　mə³¹sɔʔ⁵⁵　wa⁵³　-3p
是　EXP　HRS　女人　　SPM　CL　木索　　　做　　-3pe
女人们要做木索（生命之神）就是从那儿来的。

ə³¹ja⁵⁵　pa:ŋ³¹　e⁵⁵　tɕi³¹　wa³¹.　tə³¹lɯʔ⁵⁵　ləi⁵³　nɯ³¹　ɹu:⁵³
ə³¹ja⁵⁵　pa:ŋ³¹　e⁵⁵　tɕi³¹　wa³¹　tə³¹lɯʔ⁵⁵　ləi⁵³　nɯ³¹　ɹu⁵³　-3p
那个　ABL　是　EXP　HRS　鬼　　搞　　TOP　作祟　-3pe
"搞鬼"是指作祟的意思。

guɯːˀ⁵⁵　　　 kaˀ⁵⁵　eˀ⁵⁵. ə³¹dɯ⁵³　le³¹　la³¹　bi⁵⁵　ɹɑ³¹　waˀ³¹. e³¹
guɯˀ⁵⁵ -3p　kaˀ⁵⁵　eˀ⁵⁵　ə³¹dɯ⁵³　le³¹　la³¹　bi⁵⁵　ɹɑ³¹　waˀ³¹　e³¹
说　　-3pe 意思 是　自己　ALL　JUSS 给　DIR　HRS　是
（木普耿）想让（人）给自己（供奉）（祭品）。

ə³¹dɯ⁵³　le³¹　la³¹　bi⁵⁵　ɹɑ³¹　waˀ³¹　lə³¹daɹ⁵⁵　laˀ⁵⁵　nə³¹　biŋ⁵⁵
ə³¹dɯ⁵³　le³¹　la³¹　bi⁵⁵　ɹɑ³¹　waˀ³¹　lə³¹daɹ⁵⁵　laˀ⁵⁵　nə³¹　bi⁵⁵　-1p
自己　ALL　JUSS 给　DIR　HRS　幡　　　JUSS　2p　给　-1sg
说"给我幡（祭祀旗帜）"。

luŋ³¹　guɯˀ⁵⁵. ça⁵⁵　kəɹ³¹kəɹ⁵⁵　lu⁵⁵　kəɹ³¹kəɹ⁵⁵　guɯːˀ⁵⁵　　　nɯ³¹
luŋ³¹　guɯˀ⁵⁵　ça⁵⁵　kəɹ³¹kəɹ⁵⁵　lu⁵⁵　kəɹ³¹kəɹ⁵⁵　guɯˀ⁵⁵ -3p　nɯ³¹
DIR　说　肉　白白的　　羊　白白的　　说　　-3pe TOP

ka³¹plu⁵⁵　guɯːˀ⁵⁵　　　ka⁵⁵　e⁵⁵　çin³¹　da³¹. ə³¹tçit⁵⁵　mɔŋ⁵⁵　ə³¹ja⁵⁵
ka³¹plu⁵⁵　guɯˀ⁵⁵ -3p　ka⁵⁵　e⁵⁵　çin³¹　da³¹　ə³¹tçit⁵⁵　mɔŋ⁵⁵　ə³¹ja⁵⁵
白鸡　　说　　-3pe 意思 是　MOOD嘛　羊　　白　　那个
肉白白的羊，白白的指的是白色鸡嘛，用白的羊的意思。

mi³¹　guɯːˀ⁵⁵　　　ka⁵⁵　e⁵⁵　çin³¹. mɯ⁵³　tçɔt⁵⁵　sa⁵³　tçɔt⁵⁵　la³¹
mi³¹　guɯˀ⁵⁵ -3p　ka⁵⁵　e⁵⁵　çin³¹　mɯ⁵³　tçɔt⁵⁵　sa⁵³　tçɔt⁵⁵　la³¹
AGT　说　　-3pe 意思 是　MOOD 天　祭　祭祀　祭　JUSS
（木普）说（人）要祭祀天祭祀地。

ɔːˀ⁵³　　　　guɯˀ⁵⁵ wa³¹. ləŋ³¹la⁵³　dɔ³¹　sɔ³¹la⁵⁵　tçɔːt⁵⁵
wa⁵³ -3p　guɯˀ⁵⁵ wa³¹　ləŋ³¹la⁵³　dɔ³¹　sɔ³¹la⁵⁵　tçɔt⁵⁵ -3p
做　-3pe 说　HRS　CONTR　LOC　索拉　祭　-3pe

pə³¹ma⁵⁵　dɔ³¹　mə³¹sɔˀ⁵⁵　ɔːˀ⁵³　　　ə³¹ja⁵⁵　e⁵⁵　çin³¹　da³¹. tça⁵⁵
pə³¹ma⁵⁵　dɔ³¹　mə³¹sɔˀ⁵⁵　wa⁵³ -3p　ə³¹ja⁵⁵　e⁵⁵　çin³¹　da³¹　tça⁵⁵
女人　　LOC　木索　　做　-3pe 那个　是　MOOD嘛　过去
（今天人间）男人要祭祀索拉，女人祭祀木索就是那个嘛。

ə³¹laŋ⁵³　e³¹wa⁵⁵　wa⁵³　sə³¹naˀ⁵⁵　e³¹wa⁵⁵　wa⁵³　çin³¹. plaŋ⁵⁵　çɯ³¹
ə³¹laŋ⁵³　e³¹wa⁵⁵　wa⁵³　sə³¹naˀ⁵⁵　e³¹wa⁵⁵　wa⁵³　çin³¹　plaŋ⁵⁵　çɯ³¹
时候　　那样　做　都　　那样　做　MOOD 祭祀　也
过去是那样做的，（独龙江）所有人都那样做，祭祀也是这样做的，

e³¹wɑ⁵⁵　　wɑ⁵³.　　ək³¹sɹ⁵⁵　kɯʔ³¹　　wɑ⁵⁵　　ɕin³¹.　　kəi⁵⁵　kɯʔ³¹　　xuɑːŋ⁵⁵
e³¹wɑ⁵⁵　　wɑ⁵³　　ək³¹sɹ⁵⁵　kɯʔ³¹　　wɑ⁵⁵　　ɕin³¹　　kəi⁵⁵　kɯʔ³¹　　xuɑːŋ⁵⁵
那样　　　做　　　最近　　　也　　　　做　　　MOOD　　解放　　也　　　放

最近也是这样做的嘛，一直到解放。

tɑʔ³¹.　　sɔ³¹lɑ⁵⁵　tɕɔt⁵⁵　tɕə³¹ɟa⁵⁵　　tɑʔ³¹　　wɑ⁵⁵　　ɕin³¹.
tɑʔ³¹　　sɔ³¹lɑ⁵⁵　tɕɔt⁵⁵　tɕə³¹ɟa⁵⁵　　tɑʔ³¹　　wɑ⁵⁵　　ɕin³¹
COMP　　索拉　　　祭　　　前不久　　　COMP　做　　　MOOD

祭祀索拉（生命）仪式一直到前不久。

ɕik³¹tan⁵⁵ga⁷⁵⁵puŋ⁵⁵　　　le³¹　　pə³¹ma⁵⁵　b:i⁵⁵　　　　wɑʔ³¹　　bəi³¹　　nɯ³¹
ɕik³¹tan⁵⁵ga⁷⁵⁵puŋ⁵⁵　　　le³¹　　pə³¹ma⁵⁵　bi⁵⁵　-3p　　wɑʔ³¹　　bəi³¹　　nɯ³¹
辛坦嘎普　　　　　　　　ALL　　妻子　　嫁给　-3pe　HRS　　　CONJ　　TOP

mu⁷⁵⁵puŋ⁵⁵gɹɯŋ⁵³　　mi³¹　　bɯm⁵⁵bɯm⁵⁵　ə³¹dʑɔːn⁵³　　　　wɑ³¹.　　ɟa⁷⁵⁵
mu⁷⁵⁵puŋ⁵⁵gɹɯŋ⁵³　　mi³¹　　bɯm⁵⁵bɯm⁵⁵　ə³¹dʑɔn⁵³　-3p　　wɑ³¹　　ɟa⁷⁵⁵
木普耿　　　　　　　AGT　　很多　　　　　给嫁妆　　-3pe　HRS　　这

（单眼）嫁给辛蒇嘎普后，木普给了（女儿）很多嫁妆。

kuɑ⁵⁵　　pəi⁵⁵　　məi⁵⁵　　nɯ³¹　　ɟa⁷⁵⁵　　dɔk³¹kaŋ⁵⁵　　dɔ³¹　　ə³¹ja⁵⁵　　nɯ³¹　　təi⁵⁵
kuɑ⁵⁵　　pəi⁵⁵　　məi⁵⁵　　nɯ³¹　　ɟa⁷⁵⁵　　dɔk³¹kaŋ⁵⁵　　dɔ³¹　　ə³¹ja⁵⁵　　nɯ³¹　　təi⁵⁵
蜜蜂　　　SPM　　CL　　　TOP　　这　　　竹筒　　　　　LOC　　那个　　　TOP　　怎么

e⁵⁵　　bəi³¹　　ɕɯ³¹　　mən³¹　　puŋ⁵⁵　　nɯ³¹,　　mə³¹lɔŋ⁵³　　dɔ³¹　　mən³¹　　puŋ⁵⁵
e⁵⁵　　bəi³¹　　ɕɯ³¹　　mən³¹　　puŋ⁵⁵　　nɯ³¹　　mə³¹lɔŋ⁵³　　dɔ³¹　　mən³¹　　puŋ⁵⁵
是　　　CONJ　　也　　　NEG2　　打开　　TOP　　路　　　　　LOC　　NEG2　　打开

nɯ³¹.　　na⁵³　　cɯm⁵³　　nə³¹　　du⁵⁵　　bəi³¹　　tɕe³¹　　pə³¹　　puːŋ⁵⁵
nɯ³¹　　na⁵³　　cɯm⁵³　　nə³¹　　du⁵⁵　　bəi³¹　　tɕe³¹　　pə³¹　　puŋ⁵⁵　-2p
TOP　　2SG　　家　　　　2p　　到　　　CONJ　　才　　　IMP　　打开　-2se

（父亲对女儿）说在竹筒里的那个无论怎样都别打开，别在路上打开，到了你家再打开。

gɯːʔ⁵⁵　　　　wɑʔ³¹　　ɕɔŋ³¹,　　ə³¹pəi⁵³　　ə³¹mɑːi⁵³　　　　təŋ⁵⁵　　nɑ³¹　　sə³¹
gɯ⁷⁵⁵　-3p　wɑʔ³¹　　ɕɔŋ³¹　　ə³¹pəi⁵³　　ə³¹məi⁵³　-agt　təŋ⁵⁵　　nɑ³¹　　sə³¹
说　　　-3pe　HRS　　　TRST　　爸爸　　　妈妈　　　-AGT　什么　　2p　　CAUS

但是，（单眼心里）说着："爸爸妈妈给我到底带了什么？"

ɹiŋ⁵⁵ɹiŋ⁵⁵　　da³¹　　　　e³¹wa⁵⁵　guː⁷⁵⁵　　e³¹　guɯ⁷⁵⁵　dʑin³¹
ɹi⁵⁵　-red　-2p　da³¹　　　　e³¹wa⁵⁵　guɯ⁷⁵⁵-3p　e³¹　guɯ⁷⁵⁵　dʑin³¹
背　　-RED　-2SG　NEG-MOOD　那样　说　-3pe　是　说　　着

mə³¹lɔŋ⁵³　tan⁵⁵　ca⁵⁵　wa⁷³¹　mə³¹nəŋ⁵⁵　ləŋ³¹　ə³¹ja⁷⁵⁵　kəm³¹buɯ⁷⁵⁵
mə³¹lɔŋ⁵³　tan⁵⁵　ca⁵⁵　wa⁷³¹　mə³¹nəŋ⁵⁵　ləŋ³¹　ə³¹ja⁷⁵⁵　kəm³¹buɯ⁷⁵⁵
路　　　　半截　到　HRS　时候　　　CONTR　那　　盖筒

puŋ⁵⁵　wa⁷³¹　tɕi³¹　e⁵⁵　wa³¹.　kua⁵⁵　ləŋ³¹　sə³¹　　ɹːi⁵⁵　　　mɯ³¹
puŋ⁵⁵　wa⁷³¹　tɕi³¹　e⁵⁵　wa³¹　kua⁵⁵　ləŋ³¹　sə³¹　　ɹi⁵⁵　-3p　mɯ³¹
打开　HRS　EXP　是　HRS　蜜蜂　CONTR　CAUS　带　-3pe　DISC
半路上就把那盖子打开了。哦，原来让她带（装在竹筒里）的是蜜蜂，

wa³¹.　ɔ³¹　ə³¹ja⁷⁵⁵　mə³¹nəŋ⁵⁵　nɯ³¹　ɕiŋ³¹dzɯŋ⁵⁵　dzɯŋ⁵⁵　le³¹
wa³¹　ɔ³¹　ə³¹ja⁷⁵⁵　mə³¹nəŋ⁵⁵　nɯ³¹　ɕiŋ³¹dzɯŋ⁵⁵　dzɯŋ⁵⁵　le³¹
HRS　哦　那　　时候　　　TOP　树　　　　　棵　　ALL

ce⁷⁵⁵　ɕɯ³¹　bɯ³¹　wa³¹,　ta⁷⁵⁵　ɕiŋ³¹dzɯŋ⁵⁵　le³¹　ta³¹　gɯ⁵⁵　ləŋ³¹
ce⁷⁵⁵　ɕɯ³¹　bɯ³¹　wa³¹　ta⁷⁵⁵　ɕiŋ³¹dzɯŋ⁵⁵　le³¹　ta³¹　gɯ⁵⁵　ləŋ³¹
爬　　RFLX　DIR　HRS　一　树　　　　　ALL　各　CL　CONTR

bluŋ⁵³　bɯ³¹　wa³¹.　ə³¹ja⁷⁵⁵　mə³¹nəŋ⁵⁵　nɯ³¹　kua⁵⁵　nɯ³¹
bluŋ⁵³　bɯ³¹　wa³¹　ə³¹ja⁷⁵⁵　mə³¹nəŋ⁵⁵　nɯ³¹　kua⁵⁵　nɯ³¹
飞散　DIR　HRS　那　　时候　　　TOP　蜜蜂　TOP
（一打开竹筒盖各种蜂）就飞到了树（岩石）上，各种蜂各自飞散到了各种树上。

ə³¹pɹɑ⁷⁵⁵　dɔ³¹　ɕiŋ⁵⁵　dɔ³¹　un⁵⁵　sa³¹　ə³¹ja⁵⁵　paːŋ³¹　e³¹　wa⁷³¹
ə³¹pɹɑ⁷⁵⁵　dɔ³¹　ɕiŋ⁵⁵　dɔ³¹　un⁵⁵　sa³¹　ə³¹ja⁵⁵　paːŋ³¹　e³¹　wa⁷³¹
悬崖　　　LOC　树　LOC　筑巢　NOM　那个　　ABL　是　HRS
（今天）蜂类筑巢在悬崖、树上就是那个缘故。

tɕi³¹.　ɔ³¹　ba³¹li⁵⁵　təŋ⁵⁵wa³¹　tə³¹tɯŋ⁵³　bəi³¹　ɕɯ³¹　təŋ⁵⁵wa³¹
tɕi³¹　ɔ³¹　ba³¹li⁵⁵　təŋ⁵⁵wa³¹　tə³¹tɯŋ⁵³　bəi³¹　ɕɯ³¹　təŋ⁵⁵wa³¹
EXP　哦　又　　怎么　　　响　　　CONJ　也　　怎么

tə³¹tɯŋ⁵³　bəi³¹　ɕɯ³¹　mən³¹　li⁵⁵　ɕɯ³¹　nɯ³¹　guː⁷⁵⁵　　　wa⁷³¹
tə³¹tɯŋ⁵³　bəi³¹　ɕɯ³¹　mən³¹　li⁵⁵　ɕɯ³¹　nɯ³¹　guɯ⁷⁵⁵　-3p　wa⁷³¹

响　　　　　CONJ 也　　NEG2　回头　RFLX　MOOD 说　　　　-3pe　HRS
（父母）告诫说，不论（背后）有什么声响也别回头。

ɕɔŋ³¹,　tɯŋ⁵³lə³¹tɯŋ⁵³　ə³¹dɯ⁵³　ə³¹dʑɔːn⁵³　　　ə³¹ja⁵⁵　diʔ⁵⁵
ɕɔŋ³¹　　tɯŋ⁵³lə³¹tɯŋ⁵³　ə³¹dɯ⁵³　ə³¹dʑɔn⁵³　-3p　ə³¹ja⁵⁵　diʔ⁵⁵
TRST　IDPH　　　　　自己　　给嫁妆　　　-3pe　那个　　走

mə³¹nəŋ⁵⁵　li⁵⁵　ɕɯ³¹　wa³¹.　ɔ³¹　eʔ⁵⁵jaʔ⁵⁵　mə³¹nəŋ⁵⁵　nɯ³¹　ɕa⁵⁵
mə³¹nəŋ⁵⁵　li⁵⁵　ɕɯ³¹　wa³¹　ɔ³¹　eʔ⁵⁵jaʔ⁵⁵　mə³¹nəŋ⁵⁵　nɯ³¹　ɕa⁵⁵
时候　　　回头　RFLX　HRS　哦　这样　　时候　　　TOP　兽
但是，当给自己的嫁妆（在背后）噔、噔、噔地走（跟着）的时候，（单眼）回了头，

sə³¹naʔ⁵⁵　təŋ⁵⁵　sə³¹naʔ⁵⁵　mə³¹li⁵³li⁵³　　le³¹　ta³¹bɹa⁵³ta³¹ɕeŋ⁵⁵
sə³¹naʔ⁵⁵　təŋ⁵⁵　sə³¹naʔ⁵⁵　mə³¹li⁵³　-red　le³¹　ta³¹bɹa⁵³ta³¹ɕeŋ⁵⁵
都　　　什么　都　　　野外　　　-RED　ALL　IDPH
这样一来所有（跟着的）飞禽走兽都一哄而散跑到了野外（森林）。

bɹaŋ⁵³　　wa³¹.　kan⁵⁵　ə³¹baːn⁵⁵　　　　waʔ³¹　tɕe³¹　ə³¹dɯ⁵³　ək³¹kaŋ⁵³
bɹaŋ⁵³　　wa³¹　kan⁵⁵　ə³¹ban⁵⁵　-3p　waʔ³¹　tɕe³¹　ə³¹dɯ⁵³　ək³¹kaŋ⁵³
分散　　HRS　唤　　来得及　　　-3pe　HRS　仅　　自己　　爷爷

tsiʔ⁵⁵　ɕɯ³¹　tɕi³¹　wa³¹.　ə³¹dɯ⁵³　bə³¹na⁵⁵　ə³¹ja⁵⁵　e³¹　tɕi³¹　wa³¹.
tsiʔ⁵⁵　ɕɯ³¹　tɕi³¹　wa³¹　ə³¹dɯ⁵³　bə³¹na⁵⁵　ə³¹ja⁵⁵　e³¹　tɕi³¹　wa³¹
认　　RFLX　EXP　HRS　自己　　牲畜　　那个　　是　EXP　HRS
来得及呼唤（名字）的才认自己作为主人。（今天人类）的牲畜就是那些。

kaʔ⁵⁵　le³¹　di⁵⁵di⁵⁵　gɯːʔ⁵⁵,　　　waʔ⁵⁵　le³¹　ɲa⁵³　gɯʔ⁵⁵,　ə³¹tɕit⁵⁵
kaʔ⁵⁵　le³¹　di⁵⁵di⁵⁵　gɯʔ⁵⁵　-3p　waʔ⁵⁵　le³¹　ɲa⁵³　gɯʔ⁵⁵　ə³¹tɕit⁵⁵
鸡　　ALL　滴滴　　说　　-3pe　猪　　ALL　唸　说　　羊

le³¹　ɹa⁵³　nuŋ³¹ŋua⁵³　le³¹　ja⁵³　tɕe³¹　gɯʔ⁵⁵　ə³¹baːn⁵⁵.　　eʔ⁵⁵ja⁵⁵
le³¹　ɹa⁵³　nuŋ³¹ŋua⁵³　le³¹　ja⁵³　tɕe³¹　gɯʔ⁵⁵　ə³¹ban⁵⁵　-3p　eʔ⁵⁵ja⁵⁵
ALL　嚷　牛　　　　ALL　呀　只　　说　　来得及　　-3pe　那些
只来得及呼唤鸡"滴滴"，呼喊猪"唸"，呼喊羊"嚷"，呼唤牛"呀"。

tɕe³¹　ə³¹tsəŋ⁵³　bə³¹na⁵⁵　pɔʔ⁵⁵　ɕɯ³¹　tɕi³¹　wa³¹.　ə³¹ja⁵⁵　me⁵⁵
tɕe³¹　ə³¹tsəŋ⁵³　bə³¹na⁵⁵　pɔʔ⁵⁵　ɕɯ³¹　tɕi³¹　wa³¹　ə³¹ja⁵⁵　me⁵⁵

仅	人	牲畜	变	RFLX	EXP	HRS	那个	别的

nɯ³¹	sə³¹nɑ⁷⁵⁵	mə³¹li⁵³	le³¹	bɹɑŋ⁵³	wɑ³¹,	mə³¹li⁵³	ɕɑ⁵⁵	cɑ⁵⁵
nɯ³¹	sə³¹nɑ⁷⁵⁵	mə³¹li⁵³	le³¹	bɹɑŋ⁵³	wɑ³¹	mə³¹li⁵³	ɕɑ⁵⁵	cɑ⁵⁵
TOP	都	野外	ALL	分散	HRS	野外	兽	变成

sɑ³¹	nɯ³¹	ə³¹jɑ⁵⁵	e³¹	tɕi³¹	wɑ³¹.	əŋ³¹dzɑ⁵⁵	əŋ³¹ɟɯ⁵³	ɕɯ³¹
sɑ³¹	nɯ³¹	ə³¹jɑ⁵⁵	e³¹	tɕi³¹	wɑ³¹	əŋ³¹dzɑ⁵⁵	əŋ³¹ɟɯ⁵³	ɕɯ³¹
NOM	TOP	那个	是	EXP	HRS	粮食	种子	也

只有这些才变成了人的牲畜，其他的都分散到了野外，变成了野兽就是那个原因。

lə³¹tɕi⁵³lə³¹kui⁵³	ə³¹dzɔ:n⁵³	wɑ³¹.	kɔ⁵³	əm³¹bɯ⁵⁵	pəi⁵⁵	məi⁵⁵
lə³¹tɕi⁵³lə³¹kui⁵³	ə³¹dzɔn⁵³-3p	wɑ³¹	kɔ⁵³	əm³¹bɯ⁵⁵	pəi⁵⁵	məi⁵⁵
各种各样	给嫁妆 -3pe	HRS	那	稻米	SPM	CL

各种各样的粮食种子也作为嫁妆，

nɯ³¹	mə³¹	plɑ:⁷⁵⁵	wɑ³¹,	də³¹gui⁵⁵	mɯl⁵⁵	dɔ³¹	sɑ³¹pɯ⁵⁵
nɯ³¹	mə³¹	plɑ⁷⁵⁵-3p	wɑ³¹	də³¹gui⁵⁵	mɯl⁵⁵	dɔ³¹	sɑ³¹pɯ⁵⁵
TOP	NEG	舍得 -3pe	HRS	狗	毛	LOC	包着

wɑ⁷³¹	pɑ:ŋ³¹	ləŋ³¹	ɔ:⁵³	wɑ⁷³¹	tɕi³¹	e³¹	wɑ³¹.	ə³¹jɑ⁷⁵⁵
wɑ⁷³¹	pɑ:ŋ³¹	ləŋ³¹	wɑ⁵³-3p	wɑ⁷³¹	tɕi³¹	e³¹	wɑ³¹	ə³¹jɑ⁷⁵⁵
HRS	ABL	CONTR	做 -3pe	HRS	EXP	是	HRS	那

əŋ³¹ɟɯ⁵³	mə³¹	plɑ:⁷⁵⁵	wɑ⁷³¹	tɕi³¹,	ə³¹jɑ⁵⁵	də³¹gɯ:i⁵⁵
əŋ³¹ɟɯ⁵³	mə³¹	plɑ⁷⁵⁵-3p	wɑ⁷³¹	tɕi³¹	ə³¹jɑ⁵⁵	də³¹gui⁵⁵ -agt
种子	NEG	舍得 -3pe	HRS	EXP	那个	狗 -AGT

那稻米种子没舍得给，是卷在狗毛里，从那里带来的。

ə³¹kɔ:n⁵⁵.	bɑ³¹li⁵⁵	kɔ³¹wɑŋ⁵³	ə³¹tsɑ:ŋ⁵³	sə³¹nɑ⁷⁵⁵	lɔ³¹sɹ⁵⁵
ə³¹kɔn⁵⁵-3p	bɑ³¹li⁵⁵	kɔ³¹wɑŋ⁵³	ə³¹tsəŋ⁵³-agt	sə³¹nɑ⁷⁵⁵	lɔ³¹sɹ⁵⁵
搬移 -3pe	又	外地	人 -AGT	都	新年

kəi⁵³	bəi³¹	də³¹gui⁵⁵	le³¹	u³¹dzu⁵³	u³¹dzu⁵³	bi⁵⁵	sɑ³¹	ə³¹jɑ⁵⁵	e³¹
kəi⁵³	bəi³¹	də³¹gui⁵⁵	le³¹	u³¹dzu⁵³	u³¹dzu⁵³	bi⁵⁵	sɑ³¹	ə³¹jɑ⁵⁵	e³¹
过	CONJ	狗	ALL	先	先	给	NOM	那个	是

还有外地（民族）的人每逢过年，都要先给狗（吃米饭）就是那个缘故。

wa^{31}. lɔ^{31}sɹ^{55} kəi^{53} kəi^{53} mə^{31}nəŋ^{55} də^{31}gɯi^{55} le^{31} u^{31}dzu^{53}

wa^{31} lɔ^{31}sɹ^{55} kəi^{53} kəi^{53} mə^{31}nəŋ^{55} də^{31}gɯi^{55} le^{31} u^{31}dzu^{53}

HRS 新年 过 过 时候 狗 ALL 先

əm^{31}bɯ^{55} əŋ^{31}dza^{55} bi^{55} sa^{31}, də^{31}gɯi^{55} mɯl^{55} dɔ^{31} sa^{31}pɯ^{55}

əm^{31}bɯ^{55} əŋ^{31}dza^{55} bi^{55} sa^{31} də^{31}gɯi^{55} mɯl^{55} dɔ^{31} sa^{31}pɯ^{55}

稻米 粮食 给 NOM 狗 毛 LOC 包着

每逢过新年时总要先给狗稻米饭，是卷包在狗毛里，

pa:ŋ^{31} ləŋ^{31} əŋ^{31}ɟɯ^{53} ɔ:^{53} wa^{31}. ba^{31}li^{55} ɟa^{755}

pa:ŋ^{31} ləŋ^{31} əŋ^{31}ɟɯ^{53} wa^{53} -3p wa^{31} ba^{31}li^{55} ɟa^{755}

ABL CONTR 种子 做 -3pe HRS 又 这

（人类）从那儿才有种子的。

nɯ^{31}pɯp^{55}pə^{31}la^{55} ɕɯ^{31} ə^{31}tsəŋ^{53} blɔn^{55} tə^{31}ɕi^{55} ləŋ^{31} e^{31} wa^{31}.

nɯ^{31}pɯp^{55}pə^{31}la^{55} ɕɯ^{31} ə^{31}tsəŋ^{53} blɔn^{55} tə^{31}ɕi^{55} ləŋ^{31} e^{31} wa^{31}

酒药 也 人 活 药 CONTR 是 HRS

还有这酒药，（本来）也是起死回生药，

mə^{31}dai^{53}tɕə^{31}kɔŋ^{53} dɔ^{31} ə^{31}pa:m^{55} wa^{731} mi^{31}

mə^{31}dai^{53}tɕə^{31}kɔŋ^{53} dɔ^{31} ə^{31}pəm^{55} -3p wa^{731} mi^{31}

天湖 LOC 泡 -3pe HRS AGT

因被（单眼）浸泡在天上的泥潭里，所以变成了酒药。

nɯ^{31}pɯp^{55}pə^{31}la^{55} ka^{31}pɔ:^{755} e^{31} tɕi^{31} wa^{31}. məi^{55} nɯ^{31}

nɯ^{31}pɯp^{55}pə^{31}la^{55} ka^{31}pɔ^{755} -3p e^{31} tɕi^{31} wa^{31} məi^{55} nɯ^{31}

酒药 变成 -3pe 是 EXP HRS HPT TOP

因被（单眼）浸泡在天上的泥潭里，所以变成了酒药。

"tən^{55} tən^{55} tɕe^{31} blɔn^{55} tə^{31}ɕi^{55} ləŋ^{31} ə^{31} bi^{55} ɕɯ^{31} luŋ^{31}"

tən^{55} tən^{55} tɕe^{31} blɔn^{55} tə^{31}ɕi^{55} ləŋ^{31} ə^{31} bi^{55} ɕɯ^{31} luŋ^{31}

刚 刚 才 活 药 CONTR RECP 给 RFLX DIR

mu^{755}puŋ^{55}gɹɯŋ^{53} mə^{31}wa^{755} e^{31}wa^{55} ə^{31} gɯ^{755} wa^{731} tɔ:^{55}

mu^{755}puŋ^{55}gɹɯŋ^{53} mə^{31}wa^{755} e^{31}wa^{55} ə^{31} gɯ^{755} wa^{731} ta^{55} -3p

木普耿 夫妻 那样 RECP说 HRS 听见 -3pe

（单眼）听见木普夫妇说："给（错）了起死回生药了。"

waʔ³¹ mə³¹nəŋ⁵⁵ ə³¹bɹɑ⁵⁵bɹɑ³¹ at⁵⁵ dɔ³¹ mə³¹dai⁵³tɕə³¹kɔŋ⁵³ dɔ³¹
waʔ³¹ mə³¹nəŋ⁵⁵ ə³¹bɹɑ⁵⁵bɹɑ³¹ at⁵⁵ dɔ³¹ mə³¹dai⁵³tɕə³¹kɔŋ⁵³ dɔ³¹
HRS 时候 赶快 逃跑 LOC 天湖 LOC

ə³¹pɑ:m⁵⁵ waʔ³¹ mi³¹ nɯ³¹pɯp⁵⁵pə³¹la⁵⁵ ka³¹pɔ:ʔ⁵⁵ e³¹
ə³¹pəm⁵⁵ -3p waʔ³¹ mi³¹ nɯ³¹pɯp⁵⁵pə³¹la⁵⁵ ka³¹pɔ ʔ⁵⁵ -3p e³¹
泡 -3pe HRS AGT 酒药   变成 -3pe 是
慌忙逃跑时，在天上泥潭（跌倒）给浸泡了，所以变成了酒药。

tɕi³¹ wa³¹. mə³¹ bi⁵⁵ sa³¹ ə³¹ja⁵⁵ bi⁵⁵ ə³¹la:i⁵³ da³¹
tɕi³¹ wa³¹ mə³¹ bi⁵⁵ sa³¹ ə³¹ja⁵⁵ bi⁵⁵ ə³¹lai⁵³ -3p da³¹
EXP HRS NEG 给 NOM 那个 给 错 -3pe NEG-MOOD
是本来不打算给的给错了。

me⁵⁵ nɯ³¹. me³¹ceŋ⁵⁵ mi³¹ ək³¹pəi⁵³ əŋ³¹məi⁵³ "tən⁵⁵ tən⁵⁵
me⁵⁵ nɯ³¹ me³¹ceŋ⁵⁵ mi³¹ ək³¹pəi⁵³ əŋ³¹məi⁵³ tən⁵⁵ tən⁵⁵
不是 MOOD 单眼 AGT 她爸爸 她妈妈 刚 刚

tɕe³¹ blɔn⁵⁵ tə³¹ɕi⁵⁵ e⁵⁵ luŋ³¹" ə³¹ gɯ:ʔ⁵⁵ ə³¹ja⁵⁵ tɔ:⁵⁵
tɕe³¹ blɔn⁵⁵ tə³¹ɕi⁵⁵ e⁵⁵ luŋ³¹ ə³¹ gɯ ʔ⁵⁵ -3p ə³¹ja⁵⁵ ta⁵⁵ -3p
才 活 药 是 DIR RECP 说 -3pe 那个 听见 -3pe
单眼听见父母说："（给了）起死回生药了。"

mə³¹nəŋ⁵⁵ ə³¹bɹɑ⁵⁵bɹɑ³¹ at⁵⁵ dɔ³¹ mə³¹dai⁵³tɕə³¹kɔŋ⁵³
mə³¹nəŋ⁵⁵ ə³¹bɹɑ⁵⁵bɹɑ³¹ at⁵⁵ dɔ³¹ mə³¹dai⁵³tɕə³¹kɔŋ⁵³
时候 赶快 逃跑 LOC 天湖

ə³¹pɑ:m⁵⁵ mi³¹ nɯ³¹pɯp⁵⁵pə³¹la⁵⁵ ka³¹pɔ:ʔ⁵⁵ e⁵⁵ wa³¹.
ə³¹pəm⁵⁵ -3p mi³¹ nɯ³¹pɯp⁵⁵pə³¹la⁵⁵ ka³¹pɔ ʔ⁵⁵ -3p e⁵⁵ wa³¹
泡 -3pe AGT 酒药   变成 -3pe 是 HRS
赶快逃跑时（跌倒）在天上的泥潭（起死回生药）被浸泡了，所以变成了酒药。

ba³¹li⁵⁵ mə³¹ɕəŋ⁵⁵ ɕɯ³¹ mə³¹lɔŋ⁵³ tan⁵⁵ dɔ³¹ dɔk³¹kaŋ⁵⁵ puŋ⁵⁵
ba³¹li⁵⁵ mə³¹ɕəŋ⁵⁵ ɕɯ³¹ mə³¹lɔŋ⁵³ tan⁵⁵ dɔ³¹ dɔk³¹kaŋ⁵⁵ puŋ⁵⁵
又 月经 也 路 半截 LOC 竹筒 打开

waʔ³¹ mi³¹ pə³¹ma⁵⁵ wa⁵⁵ sa³¹ ca ʔ⁵⁵ e⁵⁵ tɕi³¹ wa³¹. "ɕɯm⁵³

wa⁷³¹ mi³¹ pə³¹ma⁵⁵ wa⁵⁵ sa³¹ ca⁷⁵⁵ e⁵⁵ tɕi³¹ wa³¹ cɯm⁵³
HRS AGT 女人 做 NOM 成 是 EXP HRS 家

还有这月经也是在半路上打开了竹筒，所以（今天）女人来例假。

nə³¹ du⁵⁵ mə³¹nəŋ⁵⁵ ləŋ³¹la⁵³ nə³¹ ɟa:ŋ⁵³ mə³¹nəŋ⁵⁵ tɕe³¹
nə³¹ du⁵⁵ mə³¹nəŋ⁵⁵ ləŋ³¹la⁵³ nə³¹ ɟəŋ⁵³ -2p mə³¹nəŋ⁵⁵ tɕe³¹
2p 到 时候 CONTR 2p 看见 -2sg 时候 才

pə³¹ pu:ŋ⁵⁵" sə³¹la:p⁵⁵ wa⁷³¹ dɔ³¹ mə³¹lɔŋ⁵³ ti³¹ tan⁵⁵ dɔ³¹
pə³¹ puŋ⁵⁵ sə³¹ləp⁵⁵ -3p wa⁷³¹ dɔ³¹ mə³¹lɔŋ⁵³ ti³¹ tan⁵⁵ dɔ³¹
IMP 打开 教 -3pe HRS LOC 路 一 半截 LOC

pu:ŋ⁵⁵ wa⁷³¹ mi³¹ tən⁵⁵ pə³¹ma⁵⁵ wa⁵⁵ sa³¹ ca⁷⁵⁵ e⁵⁵ tɕi³¹
puŋ⁵⁵ -3p wa⁷³¹ mi³¹ tən⁵⁵ pə³¹ma⁵⁵ wa⁵⁵ sa³¹ ca⁷⁵⁵ e⁵⁵ tɕi³¹
打开 -3pe HRS AGT 刚 女人 做 NOM 成 是 EXP

（父母）教她（单眼）"等你到（家）了见到丈夫再打开"，但（单眼）在半路上打开了（竹筒），所以现在女人来月经。

wa³¹. məi⁵⁵ nɯ³¹ tən⁵⁵ ləŋ³¹la⁵³ da³¹ mə³¹ɕəŋ⁵⁵ mə³¹ wa⁵⁵
wa³¹ məi⁵⁵ nɯ³¹ tən⁵⁵ ləŋ³¹la⁵³ da³¹ mə³¹ɕəŋ⁵⁵ mə³¹ wa⁵⁵
HRS HPT TOP 刚 CONTR NEG-MOOD 月经 NEG 做

nɯ³¹, mə³¹ɕəŋ⁵⁵ gɯ:⁷⁵⁵ nɯ³¹ pə³¹ma⁵⁵ ɟɔ³¹gua⁵⁵ wa⁷⁵⁵
nɯ³¹ mə³¹ɕəŋ⁵⁵ gɯ⁷⁵⁵ -3p nɯ³¹ pə³¹ma⁵⁵ ɟɔ³¹gua⁵⁵ wa⁷⁵⁵
MOOD 月经 说 -3pe MOOD 女人 例假 做

tɕuŋ⁵⁵ e⁵⁵ ɕin³¹
tɕuŋ⁵⁵ e⁵⁵ ɕin³¹
指 是 MOOD

否则的话，现在来月经的是男人了。

　　那以后出现了辛蓤嘎普，一部分人也叫他辛坦嘎普。（然后）辛蓤嘎普（不停、持续地）砍伐树木，开垦土地（刀耕火种），后来，不论砍伐什么样的树木，（第二天一看，地上）连片木屑都没有，（总是）照旧生长着。

　　（这样的事情发生很多次以后）辛蓤嘎普说："我怎么砍伐也（总是这样），刚砍伐掉的又总是这样照旧生长着，到底是怎么回事？"随后拿着弓守候（在地边）。

　　这时，辛蓤嘎普说："我这样做是为了（让我们）成为亲戚。"这样说着时，被木普（天神）从背后，从（辛蓂嘎普）不知道的方位抓住（抱住）了。

后来，（木普）给人（辛蓂嘎普）只嫁了单眼（姑娘），给鱼嫁了双眼（姑娘）阿娜（大女儿）。（今天）人长相不同（有美有丑）就是这个原因。

鱼儿长得都一样美，就是双眼（姑娘）嫁来的缘故。

（之前，为了让辛蓂嘎普喜欢单眼）纺线时，让双眼只纺一团，让单眼纺两团（单眼纺好两团麻线时，双眼只纺好一团）。木普是这样做的。木普指的就是天神，叫作天神木普耿的那个。

然后，木普嫁了他女儿单眼（给辛蓂嘎普），嫁了（女儿给辛蓂嘎普）以后，又带（辛蓂嘎普）到下面（游）的芒嬬芒贡（地方），使其迷路（考验他能不能自己返回来）。给他女婿（辛蓂嘎普）娶了妻子之后使其迷路（的考验）。

那单眼是天神的孩子也是鬼神。她给丈夫（辛蓂嘎普）带上黄瓜种子，说："在你岳父让你休息的地方种下。"后来，到黄瓜变黄（熟透）的时候（辛蓂嘎普）才返回来。

（起初，木普带辛蓂嘎普）到了下面（游）的时候，到了芒嬬芒贡，木普耿就（自己）回去了，扔下他女婿返回了。他是神，从天上返回的嘛。这样一来，他女婿（辛蓂嘎普）就不知道该怎么办了。

（这时）下面（游）的人说："让蜜蜂送你（回去）吧。"（蜜蜂）说："拿着烟火的（人）我不送。"（下游人）说："哦，让熊送你吧。"（辛蓂嘎普）说："熊阿普脾气不好（不要他送我）。"（下游人）说："让丁（老二）送你（回去）吧。"那个丁（答应了）果然变成老虎送（辛蓂嘎普）了。

（老虎送辛蓂嘎普，下游的人告诉辛蓂嘎普）说："（在路上住宿时）你睡在坡下，丁睡在坡上，你吃肉，吃丁打来的肉时，一点也别发出啃骨头的声响。"

（辛蓂嘎普有一次）吃肉时仅发出了一点（啃骨头）声响，（丁）就昂头高达半截树（高）。

然后（丁）送（辛蓂嘎普）到芒嬬芒贡山的时候，（丁）只用尾巴向东（辛蓂嘎普）自己要回去的方向指了指，说："你就回到那儿。"

（辛蓂嘎普照着指点的方向走）果真回来了，回到了他妻子单眼那儿。

然后，回来后（木普耿对辛蓂嘎普）再一次做考验。

木普对辛蓂嘎普说："开垦出一片地后，倒了一袋种子，撒到了地里，然后要（辛蓂嘎普）捡得一颗不剩。"

（辛蓂嘎普）说："我怎么办呀？"又为难了。

这时，他妻子单眼，因为是神知道该怎么做，说："不用害怕（担心），你站在下面地边用口袋接着"，然后，单眼一口气吹得一颗不剩，都吹进了那个袋子里。这次（辛蓂嘎普）才被他岳父信任了。

单眼是嫁给了（辛蓂嘎普），但木普又搞鬼了。（婚后辛蓂嘎普夫妇）生了红树，生了石头，生了蝙蝠，（就是）生不出人。于是单眼派了孩子蝙蝠去爷爷（外公）那儿占卦（问占是什么原因）。

　　（单眼）让（蝙蝠）把猪屎卷成蝙蝠的模样，挂在爷爷的火塘架子上，蝙蝠自己吊在火塘底下，（单眼）教（蝙蝠）说："你爷爷不会好好地当（你）做木佳（应该被招待的客人，供奉的对象）。"果然，木普耿边爱抚（猪屎卷成的蝙蝠）边说："我的孙子蝙蝠'咯''咯'，把自己当做了木佳。"

　　（木普）说："要用白白的肉，白羊祭祀天、祭祀生命。用黑黑的猪（祭祀）以延长寿命。"这样（用羊和猪祭祀）以后（辛蔑嘎普和单眼）才生出了人的孩子。

　　（木普）把自己当做了木佳（应该被招待的客人，供奉的对象）。

　　（今天）做祭祀的由来就是那个，（木普）把自己当做木佳，他自己搞的鬼，自己做的。生出石头，生出蜜蜂，生出蝙蝠，是他自己对女儿搞了鬼。（今天人间男人）要祭祀索拉（生命之神）就是从那儿来的，做祭祀是从那儿来的。女人们要做木索（生命之神）就是从那儿来的。"搞鬼"是指作祟的意思。

　　（木普）想让（人）给自己（供奉）（祭品）。木普说："给我幡（祭祀旗帜）。"肉白白的羊，白白的指的是白色鸡嘛，用白的羊的意思。

　　（木普）说（人）要祭祀天祭祀地。（今天人间）男人要祭祀索拉，女人祭祀木索就是那个嘛。过去是那样做的，（独龙江）所有人都那样做，祭祀也是这样做的，最近也是这样做的，一直到解放。祭祀索拉（生命）仪式一直到现在。

　　（单眼）嫁给辛蔑嘎普后，木普给了（女儿）很多嫁妆。（父亲对女儿）说在竹筒里的那个无论怎样都别打开，别在路上打开，到了你家再打开。但是，（单眼心里）想："爸爸妈妈给我到底带了什么？"半路上就把那盖子打开了。哦，原来让她带（装在竹筒里）的是蜜蜂，（一打开竹筒盖各种蜂）就飞到了树（岩石）上，各种蜂各自飞散到了各种树上。（今天）蜂类筑巢在悬崖、树上就是那个缘故。

　　（父母）告诫说，不论（背后）有什么声响也别回头。但是，当给自己的嫁妆（在背后）噔、噔、噔地走（跟着）的时候，单眼回了头，这样一来所有（跟着的）飞禽走兽都一哄而散跑到了野外（森林）。来得及呼唤（名字）的才认自己作为主人。自己（今天人类）的牲畜就是那些。只来得及呼唤鸡"滴滴"，呼喊猪"唸"，呼喊羊"噤"，呼唤牛"呀"。只有这些才变成了人的牲畜，其他的都分散到了野外，变成了野兽就是那个原因。

　　各种各样的粮食种了也作为嫁妆，那稻米种了没舍得给，是卷在狗毛里，从那里带来的。

　　还有外地（民族）的人每逢过年，都要先给狗（吃米饭）就是那个缘故。每逢过新年时总要先给狗稻米饭，是卷包在狗毛里，（人类）从那儿才有种子的。

　　还有这酒药，（本来）也是起死回生药，因被（单眼）浸泡在天上的泥潭里，所以变成了酒药。（单眼）听见木普夫妇说："给（错）了起死回生药了。"慌忙逃跑时，在天上泥潭（跌倒）给浸泡了，所以变成了酒药。是本来不打算给的给错了。

　　还有这月经也是在半路上打开了竹筒，所以（今天）女人来例假。（父母）教她（单眼）"等你到（家）了见到丈夫再打开。"但（单眼）在半路上打开了（竹筒），所以现在女人来月经。否则的话，现在来月经的是男人了。

2.2 野牛故事

ə³¹ja⁵⁵　nɯ³¹　kai⁵³　ɟɔ³¹məi⁵⁵　pɯi⁵⁵　niŋ³¹　di:⁵³　　ə³¹laŋ⁵³　e⁵⁵
ə³¹ja⁵⁵　nɯ³¹　kai⁵³　ɟɔ³¹məi⁵⁵　pɯi⁵⁵　niŋ³¹　di⁵³-1p　ə³¹laŋ⁵³　e⁵⁵
那个　TOP　这　老　贝　们　去　-1pl　时候　是
那是和这老阿贝们去的时候（发生的事情），

ɕin³¹,　kɯ³¹caŋ⁵³ɹa⁵⁵　　ə³¹laŋ⁵³.　ə³¹ja⁵⁵　dɔ³¹　kai⁵³　ɟɔ³¹məi⁵⁵　pɯi⁵⁵
ɕin³¹　kɯ³¹caŋ⁵³ɹa⁵⁵　　ə³¹laŋ⁵³　ə³¹ja⁵⁵　dɔ³¹　kai⁵³　ɟɔ³¹məi⁵⁵　pɯi⁵⁵
MOOD　年轻　　　　　时候　那个　LOC　这　老　贝

kɯ⁷³¹　e⁵⁵,　tən⁵⁵　nɯ³¹　ə³¹sɯm⁵³　tsəl⁵⁵　niŋ⁵⁵　wa³¹　cɑ⁵³.　ŋua⁵⁵
kɯ⁷³¹　e⁵⁵　tən⁵⁵　nɯ³¹　ə³¹sɯm⁵³　tsəl⁵⁵　niŋ⁵⁵　wa³¹　cɑ⁵³　ŋua⁵⁵
也　是　刚　TOP　三　十　年　样　有　上面
年轻的时候。那次这老阿贝也是（去了）。（距）现在大约有三十年左右了。

dɔ³¹　ɕa⁵⁵　kuan⁵⁵　le³¹　ə³¹gɯ:i⁵⁵　　　bəi³¹　ə³¹nuŋ⁵³　le³¹　lɔ:⁷⁵⁵
dɔ³¹　ɕa⁵⁵　kuan⁵⁵　le³¹　ə³¹gɯi⁵⁵-1p　bəi³¹　ə³¹nuŋ⁵³　le³¹　lɔ⁷⁵⁵-3p
LOC　猎物　追　ALL　去　　-1pl　CONJ　怒江　ALL　回　-3pe

cen⁵⁵　ti³¹　ɟɔ⁷⁵⁵　e⁵⁵.　ə³¹nuŋ⁵³　le³¹　lɔ:⁷⁵⁵　　　cen⁵⁵　nɯ³¹　kai⁵³
cen⁵⁵　ti³¹　ɟɔ⁷⁵⁵　e⁵⁵　ə³¹nuŋ⁵³　le³¹　lɔ⁷⁵⁵-3p　cen⁵⁵　nɯ³¹　kai⁵³
束　一　CL　是　怒江　ALL　回　-3pe　束　TOP　这

ɟɔ³¹məi⁵⁵　ə³¹la⁵³　pɯi⁵⁵　də³¹guan⁵⁵　mən³¹　dʑi:⁵⁵　　　ɹa:t³¹.
ɟɔ³¹məi⁵⁵　ə³¹la⁵³　pɯi⁵⁵　də³¹guan⁵⁵　mən³¹　dʑi⁵⁵-1p　ɹa⁷³¹-1p
老　表兄弟　贝　俩　NEG2　赶上　-1pl　DIR　-1pl
（我们）到上面去打猎的时候，有（后来）迁到怒江（流域）的阿杰，迁到怒江的阿杰和这我表兄弟老阿贝（他俩）没赶上来。

ə³¹ɹa⁵⁵　dɔ³¹　ə³¹ma:l⁵³　　　mə³¹lɔŋ⁵³,　ŋɑ⁵³　ti³¹　ɟɔ⁷⁵⁵　tɕe³¹.
ə³¹ɹa⁵⁵　dɔ³¹　ə³¹məl⁵³-3p　mə³¹lɔŋ⁵³　ŋɑ⁵³　ti³¹　ɟɔ⁷⁵⁵　tɕe³¹
哪儿　LOC　迷失　-3pe　路　1SG　一　CL　仅
（不知）在哪儿迷了路，就我一人。

ŋɑ⁵³　ɕi³¹　də³¹bəŋ⁵⁵　kɯ³¹caŋ⁵³ɹa⁵⁵　ə³¹laŋ⁵³,　ɕa⁵⁵　məi³¹　at⁵⁵　at⁵⁵
ŋɑ⁵³　ɕi³¹　də³¹bəŋ⁵⁵　kɯ³¹caŋ⁵³ɹa⁵⁵　ə³¹laŋ⁵³　ɕa⁵⁵　məi³¹　at⁵⁵　at⁵⁵

1SG　　　　　傻瓜　　　年轻　　　　　　时候　　　猎物　HPT　逃跑　逃跑

mi³¹　　ŋɑ⁵³　le³¹　sɔ³¹mɑ⁵⁵　tə³¹tul⁵⁵　ɹət³¹　tɑʔ³¹　bəi³¹　kuan⁵⁵dʑin³¹.
mi³¹　　ŋɑ⁵³　le³¹　sɔ³¹mɑ⁵⁵　tə³¹tul⁵⁵　ɹət³¹　tɑʔ³¹　bəi³¹　kuan⁵⁵dʑin³¹
AGT　1SG　ALL　草叶　　　撒　　　DIR　COMP　CONJ　追　　PFV

我傻瓜，年轻的时候。因猎物（野牛）逃跑我紧追不舍，以至于（野牛逃跑时扬起的）草叶、尘土直撒向我。

ə³¹jɑʔ⁵⁵　　mə³¹nəŋ⁵⁵　nɯ³¹　ɟɑ⁵⁵　ɕan³¹tsɯ⁵⁵　wa³¹　cɑʔ⁵⁵　luŋ⁵⁵
ə³¹jɑʔ⁵⁵　　mə³¹nəŋ⁵⁵　nɯ³¹　ɟɑ⁵⁵　ɕan³¹tsɯ⁵⁵　wa³¹　cɑʔ⁵⁵　luŋ⁵⁵
那　　　　　时候　　　TOP　这　箱子　　　样　　成　　石头

e⁷⁵⁵wɑ³¹,　pɔn³¹dʑuŋ⁵³　cɑʔ⁵⁵　e⁷⁵⁵wɑ³¹.　e⁷⁵⁵wɑ³¹　ɕaɹ³¹nɑ:ʔ⁵⁵
e⁷⁵⁵wɑ³¹　pɔn³¹dʑuŋ⁵³　cɑʔ⁵⁵　e⁷⁵⁵wɑ³¹　e⁷⁵⁵wɑ³¹　ɕɑ³¹nɑ⁷⁵⁵　-ins
这样　　突兀　　　成　　这样　　这样　　树枝　　-INSTR

（追到一个地方）有一块像箱子的（大）岩石突兀出来。这样被树枝盖住了。

kɔ:p⁵⁵.　　ɟɑ³¹lap⁵⁵　ɔ:ŋ³¹　e⁷⁵⁵wɑ³¹　cɑʔ⁵⁵　ɔ:ŋ³¹　e⁷⁵⁵wɑ³¹　ɕa⁵⁵
kɔp⁵⁵　-3p　ɟɑ³¹lap⁵⁵　ɔ:ŋ³¹　e⁷⁵⁵wɑ³¹　cɑʔ⁵⁵　ɔ:ŋ³¹　e⁷⁵⁵wɑ³¹　ɕa⁵⁵
盖　　-3pe　这边　　ABL　这样　　成　　ABL　这样　　猎物

di:⁵³　　　luŋ³¹　mə³¹nəŋ⁵⁵　kai⁵⁵　ɔ:ŋ³¹　ma³¹　di:⁵³　　　luŋ³¹　ɟɔ⁵⁵
di⁵³　-1p　luŋ³¹　mə³¹nəŋ⁵⁵　kai⁵⁵　ɔ:ŋ³¹　ma³¹　di⁵³　-3p　luŋ³¹　ɟɔ⁵⁵
走　-1pl　PFV-NV　时候　　这　　ABL　NEG　走　-3pe　PFV-NV　下面

我发现（野牛）从（岩石）这边这样走过的时候，正在观察（踪迹）看是往这边走（逃跑）的，

le³¹　ma³¹　lɔ:ʔ⁵⁵　　lu:ŋ³¹　　　e⁷⁵⁵wɑ³¹　ɟəŋ⁵⁵　ə³¹laŋ⁵³.　ɟɑ⁵³
le³¹　ma³¹　lɔ⁷⁵⁵　-3p　luŋ³¹　-3p　e⁷⁵⁵wɑ³¹　ɟəŋ⁵³　-1p　ə³¹laŋ⁵³　ɟɑ⁵³
ALL　INTR　回　-3pe　PFV-NV　-3pe　这样　　看　-1sg　时候　　这

还是往下面走（逃跑）的时候。

ŋɑ⁵³　sə³¹mɯ⁷⁵⁵　pa:ŋ³¹　ləŋ³¹　　sɯ⁵³　wa³¹　na³¹　mə³¹dzɹɕ⁵⁵　ɹət³¹.
ŋɑ⁵³　sə³¹ɹcɹɕ⁵⁵　pa:ɖ³¹　ləŋ³¹　sɯ⁵³　wa³¹　na³¹　mə³¹ɹcɹɕ⁵⁵　ɹət³¹
1SG　前方　　　ABL　CONTR　嗖　样　2p　冲　　　　　DIR

（野牛）就从我正前方"嗖"地一声冲向了我。

ɟɔ⁷⁵⁵ la:n⁵⁵ sə³¹ɲit⁵⁵ pə³¹lam⁵³ gɯ⁵⁵ guaŋ⁵⁵ ɟɔ⁷⁵⁵,

ɟɔ⁷⁵⁵ lən⁵⁵ -3p sə³¹ɲit⁵⁵ pə³¹lam⁵³ gɯ⁵⁵ gua⁵⁵ -1p ɟɔ⁷⁵⁵

衣服　叫　-3pe　七　层　INTR　穿　-1sg　衣服

ɟɔ⁷⁵⁵ xuŋ⁵³xuŋ⁵³ ta:ɹ⁵⁵ luŋ³¹ tɕə³¹xɹɯ⁵⁵ mi³¹. ə³¹ja⁷⁵⁵ e⁵⁵

ɟɔ⁷⁵⁵ xuŋ⁵³xuŋ⁵³ taɹ⁵⁵ -3p luŋ³¹ tɕə³¹xɹɯ⁵⁵ mi³¹ ə³¹ja⁷⁵⁵ e⁵⁵

衣服　IDPH　划破　-3pe　PFV-NV　角　AGT　那　是

我大约穿了七层的衣服，全被（尖）角"哗"地划破了。

ɟa⁷⁵⁵ kɔ³¹ɹɔŋ⁵³ ɟa⁵⁵ dɔ³¹ e³¹wa⁵⁵ caŋ⁵⁵ ɕə³¹lɔ⁷⁵⁵ ɟə³¹kəi⁵³.

ɟa⁷⁵⁵ kɔ³¹ɹɔŋ⁵³ ɟa⁵⁵ dɔ³¹ e³¹wa⁵⁵ ca⁵³ -1p ɕə³¹lɔ⁷⁵⁵ ɟə³¹kəi⁵³

这　喉咙　这　LOC　那样　成　-1sg　疤　这儿

然后，我这喉咙就这样了，伤疤在这里。

ɟa⁷⁵⁵ kɔ³¹ɹɔŋ⁵³ də³¹lu⁵⁵tɕe³¹ nə³¹ ɹət⁵⁵. ɟa⁵⁵ e³¹wa⁵⁵ caŋ⁵⁵

ɟa⁷⁵⁵ kɔ³¹ɹɔŋ⁵³ də³¹lu⁵⁵tɕe³¹ nə³¹ ɹət⁵⁵ ɟa⁵⁵ e³¹wa⁵⁵ ca⁵³ -1p

这　喉咙　差点　2p　弄断　这　那样　成　-1sg

这喉咙差点被挑断了。

ə³¹ja:i⁵⁵ caŋ⁵⁵ e⁵⁵. ɟa⁵⁵ lap⁵⁵ le³¹ e⁷⁵⁵wa³¹ plai⁵³plai⁵⁵

ə³¹ja⁵⁵ -ins ca⁵³ -1p e⁵⁵ ɟa⁵⁵ lap⁵⁵ le³¹ e⁷⁵⁵wa³¹ plai⁵³plai⁵⁵

那个　-INSTR　成　-1p　是　这　方向　ALL　这里　IDPH

我这里（有伤疤）就是因为那个。（野牛刺我时）往这边紧挨着（喉管）。

tɕe³¹ e⁵⁵. na⁵³ ɟa⁷⁵⁵ ɕui⁵⁵ la:n⁵⁵ ə³¹ja⁵⁵ nɯ³¹ ɟɔ⁵³ le³¹

tɕe³¹ e⁵⁵ na⁵³ ɟa⁷⁵⁵ ɕui⁵⁵ lən⁵⁵ -3p ə³¹ja⁵⁵ nɯ³¹ ɟɔ⁵³ le³¹

只　是　INTJ　这　血　叫　-3pe　那个　TOP　下面　ALL

buk⁵⁵lə³¹buk⁵⁵ tɕɔɹ⁵³ me⁵⁵ nɯ³¹. ə³¹ja⁷⁵⁵ mə³¹nəŋ⁵⁵ nɯ³¹ ɕa⁵⁵

buk⁵⁵lə³¹buk⁵⁵ tɕɔɹ⁵³ me⁵⁵ nɯ³¹ ə³¹ja⁷⁵⁵ mə³¹nəŋ⁵⁵ nɯ³¹ ɕa⁵⁵

IDPH　冒　不是　MOOD　那　时候　TOP　猎物

（我被野牛刺后）血汩汩地喷涌出来。

ɕɯ³¹ ŋa⁵³ mə³¹dzɔɹ⁵⁵. e⁷⁵⁵dək³¹təi⁵³ ɕik³¹tɔ⁷⁵⁵ əl⁵³, tə³¹sɯ⁵³,

ɕɯ³¹ ŋa⁵³ mə³¹dzɔɹ⁵⁵ e⁷⁵⁵dək³¹təi⁵³ ɕik³¹tɔ⁷⁵⁵ əl⁵³ tə³¹sɯ⁵³

也　1SG　冲　这么大　小树　有　冷杉

猎物冲向我（时），有这么大的一棵冷杉树，

ə³¹ja⁵⁵　　e⁷⁵⁵wɑ³¹　　ə³¹du:ŋ⁵⁵　　　　lu:ŋ³¹.　　　ɲet⁵⁵sə³¹ɲet⁵⁵　　e⁷⁵⁵wɑ³¹
ə³¹ja⁵⁵　　e⁷⁵⁵wɑ³¹　　ə³¹duŋ⁵⁵　-3p　luŋ³¹　　-3p　ɲet⁵⁵sə³¹ɲet⁵⁵　　e⁷⁵⁵wɑ³¹
那个　　　这样　　　撞　　　　-3pe　PFV-NV　-3pe　IDPH　　　　　　这样
这样撞击了它，这样紧紧压着（冷杉），

e⁵⁵,　ŋɑ⁵³　ɕɯ³¹　ɟɔ³¹lap⁵⁵　le³¹.　ə³¹jɑ⁷⁵⁵　mə³¹nən⁵⁵　ɕɑ⁵⁵　ŋɑ⁵³
e⁵⁵　　ŋɑ⁵³　ɕɯ³¹　ɟɔ³¹lap⁵⁵　le³¹　ə³¹jɑ⁷⁵⁵　mə³¹nən⁵⁵　ɕɑ⁵⁵　ŋɑ⁵³
是　　　1SG　也　　下边　　　ALL　那　　　时候　　　　猎物　1SG

mə³¹dɑ:m⁵³　　　　　e⁷⁵⁵wɑ³¹　ə³¹lɑ:i⁵⁵　　　di³¹,　　ə³¹pɹɑ⁷⁵⁵　　dɔ³¹.　ɔ³¹
mə³¹dəm⁵³　-ins　　e⁷⁵⁵wɑ³¹　ə³¹ləi⁵⁵　　-3p　di³¹　　ə³¹pɹɑ⁷⁵⁵　　dɔ³¹　ɔ³¹
上面　　　-INSTR　这样　　　翻　　　　-3pe　PFV-V　悬崖　　　LOC　哦
我也往下（后倒下）。（于是）猎物从我上面这样翻过去了，在悬崖（边上）。

ə³¹ja⁷⁵⁵　　mə³¹nən⁵⁵　tək³¹kɔm⁵³　e⁷⁵⁵wɑ³¹　cɑ⁷⁵⁵　ə³¹ja⁵⁵　ɟa⁵⁵　pəi⁵³
ə³¹ja⁷⁵⁵　　mə³¹nən⁵⁵　tək³¹kɔm⁵³　e⁷⁵⁵wɑ³¹　cɑ⁷⁵⁵　ə³¹ja⁵⁵　ɟa⁵⁵　pəi⁵³
那　　　　时候　　　杜鹃树　　　这样　　　成　　那个　　这　　SPM

məi⁵⁵　　məi⁵⁵　　mɑ³¹　tə³¹kɹu:ŋ⁵³　　　ɹɑ:t³¹　　　　nɯ³¹,　　　　ɔ³¹
məi⁵⁵　　məi⁵⁵　　mɑ³¹　tə³¹kɹuŋ⁵³　-3p　ɹet　　-3p　nɯ³¹　　　ɔ³¹
CL　　　HPT　　　NEG　坚挺　　　　-3pe　DIR　　-3pe　MOOD　　哦
杜鹃树像这样的（分叉），如果这一枝不坚挺的话，

mə³¹dʑɯ⁵⁵　　tə³¹kɹuŋ⁵³　　bəi³¹　məi⁵⁵　ɟa⁵⁵　lap⁵⁵　le³¹　e⁷⁵⁵wɑ³¹　ɟa⁵⁵
mə³¹dʑɯ⁵⁵　　tə³¹kɹuŋ⁵³　　bəi³¹　məi⁵⁵　ɟa⁵⁵　lap⁵⁵　le³¹　e⁷⁵⁵wɑ³¹　ɟa⁵⁵
更　　　　　坚挺　　　　CONJ　HPT　这　方向　ALL　这样　　　这

pəi⁵³　kɔ⁷⁵⁵　le³¹　e⁷⁵⁵wɑ³¹　ə³¹ɲɔŋ⁵³　bəi³¹　ə³¹təl⁵⁵　sɑ³¹　e⁵⁵.　ɟa⁵⁵
pəi⁵³　kɔ⁷⁵⁵　le³¹　e⁷⁵⁵wɑ³¹　ə³¹ɲɔŋ⁵³　bəi³¹　ə³¹təl⁵⁵　sɑ³¹　e⁵⁵　ɟa⁵⁵
SPM　棵　　ALL　这样　　　弯下　　CONJ　滚　　　NOM　是　这
哦，如果更坚挺的话，如果往这边向这枝这样弯下的话（野牛）就滚下去了。

pəi⁵³　　kɔ⁷⁵⁵　tə³¹kɹuŋ⁵³,　　ɟa⁵⁵　ək³¹xɹəi⁵⁵　e⁷⁵⁵wɑ³¹　cɑ⁷⁵⁵　pəi⁵³　məi⁵⁵
pəi⁵³　　kɔ⁷⁵⁵　tə³¹kɹuŋ⁵³　　ɟa⁵⁵　ək³¹xɹəi⁵⁵　e⁷⁵⁵wɑ³¹　cɑ⁷⁵⁵　pəi⁵³　məi⁵⁵
SPM　棵　　坚挺　　　　这　　脚　　　　这样　　　成　　SPM　CL

eʔ⁵⁵wɑ³¹ ə³¹ɲɔŋ⁵³ mə³¹nəŋ⁵⁵ ɟɔʔ⁵⁵ ə³¹pɹɑʔ⁵⁵ tiŋ⁵⁵ le³¹ tɑ³¹tɕɑʔ⁵⁵
eʔ⁵⁵wɑ³¹ ə³¹ɲɔŋ⁵³ mə³¹nəŋ⁵⁵ ɟɔʔ⁵⁵ ə³¹pɹɑʔ⁵⁵ tiŋ⁵⁵ le³¹ tɑ³¹tɕɑʔ⁵⁵
这样 弯下 时候 下面 悬崖 山脚 ALL 插

这枝坚挺，根这样的那枝这样（被压）弯下，（野牛就从我上面翻过去，头朝下，野牛角）就插到悬崖下面去了。

di³¹. ə³¹jɑʔ⁵⁵ mə³¹nəŋ⁵⁵ tɑ³¹nɑ⁵⁵ ɕɯ³¹ tɔi⁵³ kɔ⁵³ le³¹ ə³¹tɕat⁵⁵,
di³¹ ə³¹jɑʔ⁵⁵ mə³¹nəŋ⁵⁵ tɑ³¹nɑ⁵⁵ ɕɯ³¹ tɔi⁵³ kɔ⁵³ le³¹ ə³¹tɕat⁵⁵
PFV-V 那 时候 弩 也 早 那 ALL 摔

这时候，弩已经摔到一边去了。

tə³¹mɑ⁵⁵ ɕɯ³¹ tɔi⁵³ ə³¹tɕat⁵⁵. təi⁵⁵ ɕɯ³¹ mə³¹ wan⁵³. ŋɑ⁵³
tə³¹mɑ⁵⁵ ɕɯ³¹ tɔi⁵³ ə³¹tɕat⁵⁵ təi⁵⁵ ɕɯ³¹ mə³¹ wa⁵³ -1p ŋɑ⁵³
箭 也 早 摔 怎么 也 NEG 做 -1se 1SG

箭也摔到一边去了，毫无办法。

mə³¹dɑ:m⁵³ eʔ⁵⁵wɑ³¹ ə³¹ləi⁵⁵, ŋɑ⁵³ mə³¹dzɹ⁵⁵. net⁵⁵net⁵⁵
mə³¹dəm⁵³ -ins eʔ⁵⁵wɑ³¹ ə³¹ləi⁵⁵ ŋɑ⁵³ mə³¹ɹɕzɔɹ⁵⁵ net⁵⁵net⁵⁵
上面 -INSTR 这样 翻 1SG 冲 IDPH

（野牛）从我上面翻过去，冲向我。

ləŋ³¹ kuan⁵⁵ luŋ³¹. nəm⁵³ ti³¹ ŋai⁵⁵ kuan⁵⁵ gaŋ⁵⁵wɑŋ⁵³ pɑ:ŋ³¹
ləŋ³¹ kuan⁵⁵ luŋ³¹ nəm⁵³ ti³¹ ŋai⁵⁵ kuan⁵⁵ gaŋ⁵⁵wɑŋ⁵³ pɑ:ŋ³¹
CONTR 追 PFV-NV 太阳 一 半 追 冈汪 ABL

（原来）我追得太近了。

pɔ:l⁵⁵ ɕɑ⁵⁵. ə³¹jɑ⁵⁵ nɯ³¹ ɕə³¹pɑ⁵³ e⁵⁵, ə³¹jɑʔ⁵⁵ dɔ³¹ ə³¹jɑʔ⁵⁵
pɔl⁵⁵ -3p ɕɑ⁵⁵ ə³¹jɑ⁵⁵ nɯ³¹ ɕə³¹pɑ⁵³ e⁵⁵ ə³¹jɑʔ⁵⁵ dɔ³¹ ə³¹jɑʔ⁵⁵
摔出 -3pe 猎物 那个 TOP 公兽 是 那 LOC 那

中午时分从冈汪（地名）摔出来的猎物。那是头公兽，

ɕɑ⁵⁵ ɕɯ³¹ kəi⁵⁵ kɑ⁵⁵ mə³¹ ɹɑ:ʔ⁵⁵ i⁵³. ə³¹jɑʔ⁵⁵ dɔ³¹ ŋɑ⁵³
ɕɑ⁵⁵ ɕɯ³¹ kəi⁵⁵ kɑ⁵⁵ mə³¹ ɹɑʔ⁵⁵ -1p i⁵³ ə³¹jɑʔ⁵⁵ dɔ³¹ ŋɑ⁵³
猎物 也 吃 话 NEG 得到 -1pl INTR 那 LOC 1SG

那头猎物我们没打下来，是吧？

kəŋ³¹dʑɑ⁵⁵ cɑŋ⁵⁵, ə³¹nuŋ⁵³ le³¹ lɔ:ʔ⁵⁵ cen⁵⁵ kuan⁵⁵ le³¹

kəŋ³¹dʑɑ⁵⁵　　ca⁵³　-1p　ə³¹nuŋ⁵³　le³¹　lɔˀ⁵⁵　-3p　cen⁵⁵　kuan⁵⁵　le³¹
伤残　　　　　成　-1sg　怒江　　　ALL　回　　-3pe　朿　　追　　　ALL

sə³¹laŋ⁵³　bəi³¹　mə³¹dɯm⁵³　dzaˀ³¹　mə³¹　dʑi:⁵⁵　　　wa³¹.　pa³¹ɹɑˀ⁵⁵
sə³¹laŋ⁵³　bəi³¹　mə³¹dɯm⁵³　dzaˀ³¹　mə³¹　dʑi⁵⁵　-3p　wa³¹　pa³¹ɹɑˀ⁵⁵
派　　　　CONJ　返回　　　DIR　　NEG　赶上　-3pe　HRS　巴让
（再）派迁到怒江的阿杰去追赶，返回来，说没追上。

lə³¹ka⁵⁵　　gɯt⁵⁵ləi⁵⁵　ləŋ³¹　　lɔˀ⁵⁵　di³¹　　wa³¹.　ək³¹ɹɑ⁵⁵　le³¹
lə³¹ka⁵⁵　　gɯt⁵⁵ləi⁵⁵　ləŋ³¹　　lɔˀ⁵⁵　di³¹　　wa³¹　ək³¹ɹɑ⁵⁵　le³¹
山　　　　IDPH　　　CONTR　回　PFV-V　HRS　群　　　ALL

ə³¹gɯm⁵⁵　　çɯ³¹.　ɟaˀ⁵⁵　ti³¹sa⁵⁵　pɔ:l⁵⁵　　　dɔ³¹　nɯ³¹　ə³¹jɑ⁵⁵　ti³¹
ə³¹gɯm⁵⁵　　çɯ³¹　ɟaˀ⁵⁵　ti³¹sa⁵⁵　pɔl⁵⁵　-3p　dɔ³¹　nɯ³¹　ə³¹jɑ⁵⁵　ti³¹
集中　　　RFLX　这　开头　　撵出　　-3pe　LOC　TOP　那个　一
说野牛翻越巴让山逃回去了。回到了（野牛）群里。

gɯ⁵⁵　tçe³¹　əl⁵³,　ə³¹dɔi⁵⁵　ə³¹ni⁵⁵　lan⁵³　ə³¹jɑ⁵⁵　dɔ³¹　kuɑ:n⁵⁵
gɯ⁵⁵　tçe³¹　əl⁵³　ə³¹dɔi⁵⁵　ə³¹ni⁵⁵　lan⁵³　ə³¹jɑ⁵⁵　dɔ³¹　kuan⁵⁵　-3p
CL　只　　有　一会儿　两　　里　那个　LOC　追　　　-3pe
起初撵出来时只有一头，等过一会儿追了两里的时候，

mə³¹nəŋ⁵⁵　nɯ³¹　ək³¹cəŋ⁵⁵　le³¹　lɔˀ⁵⁵　sak⁵⁵saŋ⁵⁵,　çə³¹ɹɑ⁵⁵　əl⁵³　le³¹
mə³¹nəŋ⁵⁵　nɯ³¹　ək³¹cəŋ⁵⁵　le³¹　lɔˀ⁵⁵　sak⁵⁵saŋ⁵⁵　çə³¹ɹɑ⁵⁵　əl⁵³　le³¹
时候　　　TOP　伙伴　　　ALL　回　　特意　　　兽群　　有　ALL
就特意回到了它伙伴那儿，回到兽群里。

lɔˀ⁵⁵.　ti³¹sa⁵⁵　kuɑ:n⁵⁵　　　pəi⁵³　gɯ⁵⁵　me⁵⁵,　gəm³¹ɟaˀ⁵⁵　waˀ⁵⁵
lɔˀ⁵⁵　ti³¹sa⁵⁵　kuan⁵⁵　-3p　pəi⁵³　gɯ⁵⁵　me⁵⁵　gəm³¹ɟaˀ⁵⁵　waˀ⁵⁵
回　起初　　追　　　-3pe　SPM　CL　不是　发怒　　　做

ə³¹jɑ⁵⁵　dɯˀ⁵⁵　çɯ³¹.　na⁵³　ək³¹cəŋ⁵⁵　mal⁵⁵　eˀ⁵⁵wa³¹　ə³¹blɔˀ⁵⁵
ə³¹jɑ⁵⁵　dɯˀ⁵⁵　çɯ³¹　na⁵³　ək³¹cəŋ⁵⁵　mal⁵⁵　eˀ⁵⁵wa³¹　ə³¹blɔˀ⁵⁵
那个　滞留　RFLX　EXCL　伙伴　　　脚印　这样　　　踩
（伤人的）不是起初追撵出来的那头，发怒（要伤人）的那头会（故意）滞后，

ə³¹blɔˀ⁵⁵　dʑin³¹　ə³¹blɔˀ⁵⁵　ə³¹blɔˀ⁵⁵　dʑin³¹　ə³¹tsəŋ⁵³　təŋ⁵³　tçi³¹

ə³¹blɔ⁷⁵⁵ dʑin³¹ ə³¹blɔ⁷⁵⁵ ə³¹blɔ⁷⁵⁵ dʑin³¹ ə³¹tsəŋ⁵³ təŋ⁵³ tɕi³¹
踩 着 踩 踩 着 人 阻挡 EXP

mən³¹ la:n⁵⁵, ə³¹tsəŋ⁵³ wɑ³¹ mit⁵⁵ ə³¹dɑ⁵⁵. na⁵³ ə³¹ja⁵⁵
mən³¹ lən⁵⁵ -2p ə³¹tsəŋ⁵³ wɑ³¹ mit⁵⁵ ə³¹dɑ⁵⁵ na⁵³ ə³¹ja⁵⁵
NEG2 以为 -2sg 人 样 思想 有 INTJ 那个
会这样边踩踏同伴的脚印（不让人看见同伴逃跑的印迹）边阻挡人。像人那样聪明。

ɹɯɯ⁷⁵⁵ niŋ³¹ gɯ⁷⁵⁵, ə³¹ɕi⁵³ ə³¹ˈmɐŋ⁵⁵. na⁵³ ə³¹tsəŋ⁵³ e⁷⁵⁵wɑ³¹
ɹɯp⁵⁵ -1p niŋ³¹ gɯ⁷⁵⁵ ə³¹ɕi⁵³ ə³¹mɐŋ⁵⁵ na⁵³ ə³¹tsəŋ⁵³ e⁷⁵⁵wɑ³¹
抓 -1se MOOD 说 亡魂 空 EXCL 人 这样
（有人）说要抓住（野牛）是空想。

nɯt⁵⁵ ti³¹ lan⁵³ dɔ³¹ pə³¹ ŋa:⁷⁵⁵ nɯ³¹ tɕi⁵³ ə³¹ɹɑ⁵⁵ le³¹
nɯt⁵⁵ ti³¹ lan⁵³ dɔ³¹ pə³¹ ŋa⁷⁵⁵ -2p nɯ³¹ tɕi⁵³ ə³¹ɹɑ⁵⁵ le³¹
烟 一 里 LOC IMP 吸 -2sg MOOD 早 哪儿 ALL

lɔ:⁷⁵⁵ kɯ⁷³¹ ma³¹ sa⁵⁵. ɟa⁷⁵⁵ nɯt⁵⁵ ɹiŋ⁵⁵ mə³¹nəŋ⁵⁵ də³¹gɯ⁵³
lɔ⁷⁵⁵ -3p kɯ⁷³¹ ma³¹ sa⁵⁵ ɟa⁷⁵⁵ nɯt⁵⁵ ɹiŋ⁵⁵ mə³¹nəŋ⁵⁵ də³¹gɯ⁵³
回 -3pe 也 NEG 知道 这 烟 有味 时候 九
人如果在这样距离一里的地方吸烟，（野牛）早就不知逃去哪儿了。

mə³¹li⁵³ pa:ŋ³¹ pə³¹nəm⁵⁵ tɕi³¹ e⁵⁵ me⁵⁵. ə³¹ja⁵⁵ əl⁵³ ma³¹ ɟəŋ⁵³
mə³¹li⁵³ pa:ŋ³¹ pə³¹nəm⁵⁵ tɕi³¹ e⁵⁵ me⁵⁵ ə³¹ja⁵⁵ əl⁵³ ma³¹ ɟəŋ⁵³
野外 ABL 闻 EXP 是 MOOD 那个 有 INTR 看
有烟味的时候，（野牛）会从很远的地方闻到。

ə³¹tsəŋ⁵³ nɯ³¹ nɯt⁵⁵ ɕɯ³¹ mə³¹ ŋa:⁷⁵⁵ tɕi³¹ e⁵⁵, tə³¹mi⁵⁵
ə³¹tsəŋ⁵³ nɯ³¹ nɯt⁵⁵ ɕɯ³¹ mə³¹ ŋa⁷⁵⁵ -2p tɕi³¹ e⁵⁵, tə³¹mi⁵⁵
人 TOP 烟 也 NEG 吸 -2sg EXP 是 火
去看有没有（野牛）的人不能吸烟，

ɕɯ³¹ mə³¹tɕɯ⁵³ mə³¹ wa:ɹ⁵⁵ tɕi³¹, ɟɔ⁷⁵⁵ waŋ³¹dəm⁵⁵ lap⁵⁵
ɕɯ³¹ mə³¹tɕɯ⁵³ mə³¹ wəɹ⁵⁵ -2p tɕi³¹ ɟɔ⁷⁵⁵ waŋ³¹dəm⁵⁵ lap⁵⁵
也 随意 NEG 烧 -2sg EXP 下面 河谷 方向
也不能随意生火，

le³¹ mə³¹ɯ⁵⁵ dʑɯŋ⁵⁵ dʑɯŋ⁵⁵ dɔ³¹ me⁵⁵ nɯ³¹. waŋ³¹lɔŋ⁵³ le³¹

le³¹ mə³¹ɯ⁵⁵ dʑɯŋ⁵⁵ dʑɯŋ⁵⁵ dɔ³¹ me⁵⁵ nɯ³¹ waŋ³¹lɔŋ⁵³ le³¹

ALL 火烟 飘 飘 LOC 不是 MOOD 河谷 ALL

除非火烟是飘向下面的河谷。

me⁵⁵ nɯ³¹ tə³¹mi⁵⁵ wəɹe⁵⁵ sa³¹ mə³¹ ca⁵³ ɕin³¹. ə³¹ja⁵⁵ nɯ³¹

me⁵⁵ nɯ³¹ tə³¹mi⁵⁵ wəɹe⁵⁵ sa³¹ mə³¹ ca⁵³ ɕin³¹ ə³¹ja⁵⁵ nɯ³¹

不是 TOP 火 烧 NOM NEG 成 MOOD 那个 TOP

不是飘向河谷的地方就不能生火的嘛。

xɹɔl⁵⁵ ɕɯ³¹ e⁵⁵, eˀ⁵⁵wa³¹ ɟa⁵⁵ le³¹ eˀ⁵⁵wa³¹ mal⁵⁵ tɕuˀ⁵⁵

xɹɔl⁵⁵ ɕɯ³¹ e⁵⁵ eˀ⁵⁵wa³¹ ɟa⁵⁵ le³¹ eˀ⁵⁵wa³¹ mal⁵⁵ tɕuˀ⁵⁵

藏 RFLX 是 这样 这 ALL 这样 脚印 一点

（刺我）那个是躲藏起来的，

ɟəŋ⁵⁵ ə³¹laŋ⁵³ ləŋ³¹ ɟa³¹wa⁵⁵ pa:ŋ³¹ tal⁵⁵ lap⁵⁵ pa:ŋ³¹ na³¹

ɟəŋ⁵³ -1p ə³¹laŋ⁵³ ləŋ³¹ ɟa³¹wa⁵⁵ pa:ŋ³¹ tal⁵⁵ lap⁵⁵ pa:ŋ³¹ na³¹

看 -1se 时候 CONTR 像这样 ABL 背后 方向 ABL 2p

mə³¹dzɔɹ⁵⁵ ɹet³¹. luŋ⁵⁵ eˀ⁵⁵wa³¹ ca⁵³ ɕi:ŋ⁵⁵ kɔ:p⁵⁵

mə³¹dzɔɹ⁵⁵ ɹet³¹ luŋ⁵⁵ eˀ⁵⁵wa³¹ ca⁵³ ɕiŋ⁵⁵ -ins kɔp⁵⁵ -3p

冲 DIR 石头 这样 成 树 -INSTR 盖 -3pe

（我）往这边这样看脚印的时候，在这样的方位从背后冲向我。

ma³¹ ɟəŋ⁵⁵ ɕɯ³¹, ɟa⁵⁵ dɔ³¹ ləŋ³¹ xɹɔl⁵⁵ɕɯ³¹ lu:ŋ³¹. na³¹

ma³¹ ɟəŋ⁵⁵ ɕɯ³¹ ɟa⁵⁵ dɔ³¹ ləŋ³¹ xɹɔl⁵⁵ɕɯ³¹ luŋ³¹ -3p na³¹

INTR 看得见 RFLX 这 LOC CONTR 藏 RFLX PFV-NV -3pe INTJ

石头这样的被树枝遮盖住看不见，原来（野牛）躲藏在这儿。

də³¹gui⁵⁵ci³¹dzɯn⁵⁵ wa³¹ waˀ⁵⁵ tɕi³¹ e⁵⁵ me⁵⁵ nɯ³¹. na⁵³

də³¹gui⁵⁵ci³¹dzɯn⁵⁵ wa³¹ waˀ⁵⁵ tɕi³¹ e⁵⁵ me⁵⁵ nɯ³¹ na⁵³

凶狗 样 做 EXP 是 不是 MOOD EXCL

（刺人的野牛）会像很凶的猎狗那样（凶猛）。

eˀ⁵⁵wa³¹ tə³¹ma⁵⁵ dza:m⁵⁵ mə³¹nəŋ⁵⁵ nɯ³¹ ə³¹ja⁵⁵ də³¹gui⁵⁵

eˀ⁵⁵wa³¹ tə³¹ma⁵⁵ dzam⁵⁵ -3p mə³¹nəŋ⁵⁵ nɯ³¹ ə³¹ja⁵⁵ də³¹gui⁵⁵

这样 箭 发作 -3pe 时候 TOP 那个 狗

tə³¹tɐi⁵⁵　kɐi⁵³　wɑ³¹　pə³¹luŋ⁵³　me⁵⁵.　na⁵³　e³¹wɑ⁵⁵　dɔ³¹　glɑ⁷⁵⁵
tə³¹tɐi⁵⁵　kɐi⁵³　wɑ³¹　pə³¹luŋ⁵³　me⁵⁵　na⁵³　e³¹wɑ⁵⁵　dɔ³¹　glɑ⁷⁵⁵
十分　　咬　样　凶恶　　　不是　EXCL　那样　LOC　掉
当箭药发作的时候会像十分咬人的狗那样凶猛。

dɔ³¹　ŋa⁵³　pɑːŋ³¹　ə³¹təl⁵³　mə³¹nəŋ⁵⁵　ɟɔ⁵³　ɟɔ⁵³　le³¹　glɑ⁷⁵⁵　pɑːŋ³¹
dɔ³¹　ŋa⁵³　pɑːŋ³¹　ə³¹təl⁵³　mə³¹nəŋ⁵⁵　ɟɔ⁵³　ɟɔ⁵³　le³¹　glɑ⁷⁵⁵　pɑːŋ³¹
LOC　1SG　ABL　滚　　　时候　　　下面　下面　ALL　掉　　ABL
（那头刺我的野牛）从那样（高的悬崖）的地方掉下去，

ə³¹ja⁵⁵kɯ⁷³¹　lɔː⁷⁵⁵　　me⁵⁵　nɯ³¹.　na⁵³　ə³¹tɕit⁵⁵　mə³¹dəm⁵³　ɕɯ³¹
ə³¹ja⁵⁵kɯ⁷³¹　lɔ⁷⁵⁵　-3p　me⁵⁵　nɯ³¹　na⁵³　ə³¹tɕit⁵⁵　mə³¹dəm⁵³　ɕɯ³¹
直接　　　　回　-3pe　不是　MOOD　EXCL　羊　　上面　　　也
从我身上滚落下去，往下掉下去，就从（掉下去的）那儿直接（逃）回去了。

tɔːn⁵⁵,　　 əŋ³¹gɯ⁵⁵　nɯ³¹　e³¹wɑ⁵⁵　tɐi⁵³.　ə³¹ja⁷⁵⁵　e⁵⁵　əŋ³¹gɯ⁵⁵
tɔn⁵⁵　-3p　əŋ³¹gɯ⁵⁵　nɯ³¹　e³¹wɑ⁵⁵　tɐi⁵³　ə³¹ja⁷⁵⁵　e⁵⁵　əŋ³¹gɯ⁵⁵
能　-3pe　身体　　TOP　那样　　大　　那　是　身体
（走悬崖峭壁）比山羊还行，尽管身体是那么庞大。

ɕɯ³¹　mə³¹　ŋɑːt⁵⁵　ɟɑ⁷⁵⁵　xɹɐi⁵⁵　tɕe³¹　e⁷⁵⁵wɑ³¹　e⁷⁵⁵wɑ³¹　wɑ⁷⁵⁵
ɕɯ³¹　mə³¹　ŋət⁵⁵　-3p　ɟɑ⁷⁵⁵　xɹɐi⁵⁵　tɕe³¹　e⁷⁵⁵wɑ³¹　e⁷⁵⁵wɑ³¹　wɑ⁷⁵⁵
也　NEG　动　-3pe　这　脚　仅　这样　　这样　　做
然后（它奔跑时）身体也没动，好像只有这脚这样晃动，

wɑ³¹　cɑ⁷⁵⁵　ap⁵⁵　kɯ⁷³¹　ma³¹　tɔp⁵⁵　tɑ⁷³¹　mə³¹li⁵³　dzɐl⁵⁵　tɑ⁷³¹
wɑ³¹　cɑ⁷⁵⁵　ap⁵⁵　kɯ⁷³¹　ma³¹　tɔp⁵⁵　tɑ⁷³¹　mə³¹li⁵³　dzɐl⁵⁵　tɑ⁷³¹
样　像　射击　也　NEG　来得及　COMP　野外　缩小　COMP

tɔɹ⁵⁵ɕɯ³¹　me⁵⁵　nɯ³¹.　ɟɑ⁷⁵⁵　ək³¹xɹɐi⁵⁵　tɕe³¹　wat⁵⁵lə³¹wat⁵⁵
tɔɹ⁵⁵ɕɯ³¹　me⁵⁵　nɯ³¹　ɟɑ⁷⁵⁵　ək³¹xɹɐi⁵⁵　tɕe³¹　wat⁵⁵lə³¹wat⁵⁵
奔跑　　不是　MOOD　这　脚　　　只　IDPH
它奔跑起来快得来不及瞄准射击，奔跑起来快得原野都仿佛缩小了。

ɔː⁵³　　　wɑ³¹　cɑ⁷⁵⁵　pɑːŋ³¹　əŋ³¹gɯ⁵⁵　mə³¹　ŋɑːt⁵⁵　　pɑːŋ³¹
wɑ⁵³　-3p　wɑ³¹　cɑ⁷⁵⁵　pɑːŋ³¹　əŋ³¹gɯ⁵⁵　mə³¹　ŋət⁵⁵　-3p　pɑːŋ³¹

做	-3pe	样	像	ABL	身体	NEG	动	-3pe	ABL

kɹɑːʔ⁵⁵　　　me³¹, ɑp⁵⁵ mɑ³¹ tɔp⁵⁵.

kɹɑʔ⁵⁵	-3p	me³¹	ɑp⁵⁵	mɑ³¹	tɔp⁵⁵
快	-3pe	不是	射击	NEG	来得及

似乎只有这脚一晃一晃的，身体也没动，但（跑得）很快，（根本）来不及射击。

　　那是和这老阿贝们去的时候（发生的事情），年轻的时候。

　　那次这老阿贝也是（去了）。（距）现在大约有三十年了。（我们）到上面去打猎的时候，有（后来）迁到怒江（流域）的阿杰，迁到怒江的阿杰和这我表兄弟老阿贝（他俩）没赶上来。（不知）在哪儿迷了路，就我一人。

　　我傻瓜，年轻的时候。因猎物（野牛）逃跑我紧追不舍，以至于（野牛逃跑时扬起的）草叶、尘土直撒向我。

　　（追到一个地方）有一块像箱子的（大）岩石突兀出来。这样被树枝盖住了。

　　我发现（野牛）从（岩石）这边这样走过的时候，正在观察（踪迹）看是往这边走（逃跑）的，还是往下走（逃跑）的时候。（野牛）就从我正前方"嗖"地一声冲向了我。我大约穿了七层的衣服，全被（尖）角"哗"地划破了。

　　然后，我这喉咙就这样了，伤疤在这里。这喉咙差点被挑断了。我这里（有伤疤）就是因为那个。（野牛刺我时）往这边紧挨着（喉管）。（我被野牛刺后）血汩汩地喷涌出来。猎物冲向我（时），有这么大的一棵冷杉树，这样撞击了它，这样紧紧压着（冷杉），我也往下（后倒下）。（于是）猎物从我上面这样翻过去了，在悬崖（边上）。杜鹃树像这样的（分叉），如果这一枝不坚挺的话，哦，如果更坚挺的话，如果往这边向这枝这样弯下的话（野牛）就滚下去了。

　　这枝坚挺，根这样的那枝这样（被压）弯下，（野牛就从我上面翻过去，头朝下，野牛角）就插到悬崖下面去了。这时候，弩已经摔到一边去了，箭也摔到一边去了，毫无办法。

　　（野牛）从我上面这样翻过去，冲向我。（原来）我追得太近了。中午时分从冈汪（地名）撵出米的猎物。那是头公兽，那头猎物我们没打下来，是吧？

　　（再）派迁到怒江的阿杰去追赶，返回来，说没追上。说野牛翻越巴让山逃回去了。回到了（野牛）群里。

　　起初撵出来时只有一头，等过一会儿追了两里的时候，就特意回到了它伙伴那儿，回到兽群里。

　　（伤人的）不是起初追撵出来的那头，发怒（要伤人）的那头会（故意）滞后，会这样边踩踏同伴的脚印（不让人看见同伴逃跑的印迹）边阻挡人。像人那样聪明。

　　（有人）说要抓住（野牛）是空想。人如果在这样距离一里的地方吸烟，（野牛）早就不知逃去哪儿了，有烟味的时候，（野牛）会从很远的地方闻到。

　　去看有没有（野牛）的人不能吸烟，也不能随意生火，除非火烟是飘向下面的河谷。不是飘向河谷的地方就不能生火的嘛。

　　（刺我）那个是躲藏起来的，（我）往这边这样看脚印的时候，在这样的方位从背后冲向我。石头这样的被树枝遮盖住看不见，原来（野牛）躲藏在这儿。

　　（刺人的野牛）会像很凶的猎狗那样（凶猛）。当箭药发作的时候会像十分咬人的狗那样凶猛。

　　（那头刺我的野牛）从那样（高的悬崖）的地方掉下去，从我身上滚落下去，往下掉下去，就从（掉下去的）那儿直接（逃）回去了。（走悬崖峭壁）比山羊还行，尽管身体是那么庞大。

　　然后（它奔跑时）身体也没动，好像只有这脚这样晃动，它奔跑起来快得来不及瞄准射击，奔跑起来快得原野都仿佛缩小了。似乎只有这脚一晃一晃的，身体也没动，但（跑得）很快，（根本）来不及射击。

2.3 孤儿和鱼姑娘

tɕa⁵⁵bəi³¹	tə³¹tɕɯ⁵⁵tɕəl⁵³	ti³¹	jɔ⁷⁵⁵	əl⁵⁵	wa³¹,	pə³¹ma⁵⁵	ɕɯ³¹
tɕa⁵⁵bəi³¹	tə³¹tɕɯ⁵⁵tɕəl⁵³	ti³¹	jɔ⁷⁵⁵	əl⁵⁵	wa³¹	pə³¹ma⁵⁵	ɕɯ³¹
从前	孤儿	一	CL	有	HRS	妻子	也

mə³¹	lɔːn⁵⁵,	ə³¹dɯ⁵³	ti³¹	jɔ⁷⁵⁵	tɕe³¹	əl⁵⁵	wa³¹.	ti³¹	ni⁵⁵	nɯ³¹
mə³¹	lɔn⁵⁵ -3p	ə³¹dɯ⁵³	ti³¹	jɔ⁷⁵⁵	tɕe³¹	əl⁵⁵	wa³¹.	ti³¹	ni⁵⁵	nɯ³¹
NEG	找到 -3pe	自己	一	CL	仅	在	HRS	一	天	TOP

从前有个孤儿，找不到妻子，自己一个人生活。

tə³¹tɕɯ⁵⁵tɕəl⁵³	ə³¹mɹɯ⁵⁵	wa⁵⁵	le³¹	di⁵⁵	wa³¹,	ə³¹dɔi⁵⁵	ə³¹xɹɯi⁵⁵
tə³¹tɕɯ⁵⁵tɕəl⁵³	ə³¹mɹɯ⁵⁵	wa⁵⁵	le³¹	di⁵⁵	wa³¹	ə³¹dɔi⁵⁵	ə³¹xɹɯi⁵⁵
孤儿	地	做	ALL	去	HRS	一会儿	晚上

cɯm⁵³	le³¹	lɔ⁷⁵⁵	wa⁷³¹	bəi³¹	nɯ³¹	cɯm⁵³	dɔ³¹	əŋ³¹dza⁵⁵	tə³¹lu⁵⁵
cɯm⁵³	le³¹	lɔ⁷⁵⁵	wa⁷³¹	bəi³¹	nɯ³¹	cɯm⁵³	dɔ³¹	əŋ³¹dza⁵⁵	tə³¹lu⁵⁵
家	ALL	回	HRS	CONJ	TOP	家	LOC	粮食	现成

wa⁵⁵	ɔ⁷³¹	mɯ³¹	wa³¹.	"ə³¹mi⁵⁵	mi³¹	əŋ³¹dza⁵⁵	nə³¹	wa⁵⁵	waŋ⁵⁵
wa⁵⁵	ɔ⁷³¹	mɯ³¹	wa³¹	ə³¹mi⁵⁵	mi³¹	əŋ³¹dza⁵⁵	nə³¹	wa⁵⁵	waŋ⁵⁵
做	给	DISC	HRS	谁	AGT	粮食	2p	做	给

孤儿去地里干活，晚上回到家，（发现）家里已经（有人）给他做好了饭。

mɯ³¹	e³¹"	mit⁵⁵	ɕɯ³¹	wa³¹	dɯ⁵³	mə³¹da⁵³	wa³¹.	ə³¹ja⁵⁵

mɯ³¹　　e³¹　　mit⁵⁵　　ɕɯ³¹　　wa³¹　　dɯ⁵³　　mə³¹da⁵³　　wa³¹　　ə³¹ja⁵⁵
DISC　　是　　想　　RFLX　　HRS　　疑惑　　感觉　　HRS　　那个
他很奇怪，想"是谁给我做好了饭？"

tɯːm⁵⁵　　　　　nɯ³¹　　ə³¹ni⁵⁵　　ə³¹sɯm⁵³　　ni⁵⁵　　ti³¹　　ni⁵⁵　　ma³¹gɹɑ²⁵⁵
tɯm⁵⁵　-ins　　nɯ³¹　　ə³¹ni⁵⁵　　ə³¹sɯm⁵³　　ni⁵⁵　　ti³¹　　ni⁵⁵　　ma³¹gɹɑ²⁵⁵
后面　　-INSTR　TOP　　两　　　三　　　　天　　一　　天　　都
从那以后每隔两三天，（孤儿）去干活时，

ə³¹mɹɑ⁵⁵　　wa⁵⁵　　le³¹　　di⁵⁵　　wa²³¹　　di⁵⁵　　wa²³¹　　ə³¹laŋ⁵³　　tə³¹lu⁵⁵
ə³¹mɹɑ⁵⁵　　wa⁵⁵　　le³¹　　di⁵⁵　　wa²³¹　　di⁵⁵　　wa²³¹　　ə³¹laŋ⁵³　　tə³¹lu⁵⁵
地　　　　做　　　ALL　　去　　HRS　　去　　HRS　　时候　　　现成

tə³¹lu⁵⁵　　əŋ³¹dza⁵⁵　　ɔː⁵³　　　　　mɯ³¹　　wa³¹.　　"ə³¹ja⁵⁵　　ə³¹mi⁵⁵　　e⁵⁵　　e³¹"
tə³¹lu⁵⁵　　əŋ³¹dza⁵⁵　　wa⁵³　-3p　mɯ³¹　　wa³¹　　ə³¹ja⁵⁵　　ə³¹mi⁵⁵　　e⁵⁵　　e³¹
现成　　　粮食　　　　做　　-3pe　DISC　　HRS　　那个　　　谁　　　是　　INTR
家里都有人为他做好的饭。（孤儿）想："那到底是谁呀？"

mit⁵⁵　　ɕɯ³¹　　wa³¹.　　ti³¹　　ni⁵⁵　　nɯ³¹　　tə³¹tɕɯ⁵⁵tɕəl⁵³　　ə³¹mɹɑ⁵⁵　　wa⁵⁵
mit⁵⁵　　ɕɯ³¹　　wa³¹　　ti³¹　　ni⁵⁵　　nɯ³¹　　tə³¹tɕɯ⁵⁵tɕəl⁵³　　ə³¹mɹɑ⁵⁵　　wa⁵⁵
思想　　RFLX　　HRS　　一　　天　　TOP　　孤儿　　　　　　地　　　　做

le³¹　　di⁵⁵di⁵⁵　　wa²⁵⁵　　wa²³¹　　mə³¹lɔŋ⁵³　　ti³¹　　tan⁵⁵　　ɔːŋ³¹
le³¹　　di⁵³　-red　wa²⁵⁵　　wa²³¹　　mə³¹lɔŋ⁵³　　ti³¹　　tan⁵⁵　　ɔːŋ³¹
ALL　　走　-RED　做　　HRS　　路　　　　一　　半截　　ABL
一天，孤儿假装去地里干活，

mə³¹dɯm⁵³dɯm⁵³　　wa²³¹　　sem⁵⁵　　wa³¹.　　ə³¹dɯ⁵³　　mi³¹　　wa³¹kɔŋ⁵⁵
mə³¹dɯm⁵³　-red　wa²³¹　　sem⁵⁵　　wa³¹　　ə³¹dɯ⁵³　　mi³¹　　wa³¹kɔŋ⁵⁵
返回　　　　　　-RED　　HRS　　查看　　HRS　　自己　　　AGT　　猪食槽
半路返回查看。

dɔ³¹　　su⁵⁵　　ŋəp³¹pla²⁵⁵　　ləŋ³¹　　e⁵⁵　　　　mɯ³¹　　wa³¹.　　plɔk⁵⁵wa³¹
dɔ³¹　　su⁵⁵　　ŋəp³¹pla²⁵⁵　　ləŋ³¹　　e⁵⁵　　　　mɯ³¹　　wa³¹　　plɔk⁵⁵wa³¹
LOC　　养　　鱼　　　　CONTR　　是　　DISC　　HRS　　IDPH
原来是自己养在猪槽里的鱼，

tɕat⁵⁵tɕat⁵⁵　　ɕɯ³¹　　cɯm³¹ɟɔ²⁵⁵ɹɑ⁵⁵　　pɔ²⁵⁵　　ɕɯ³¹　　wɑ³¹　　tə³¹mi⁵⁵　　wəɹ⁵⁵
tɕat⁵⁵ -red　　ɕɯ³¹　　cɯm³¹ɟɔ²⁵⁵ɹɑ⁵⁵　　pɔ²⁵⁵　　ɕɯ³¹　　wɑ³¹　　tə³¹mi⁵⁵　　wəɹ⁵⁵
跳　　 -RED　 RFLX　姑娘　　　　　　 变　　 RFLX　HRS　 火　　　烧
"扑通"跳出来，变成了（一个）姑娘，生火、

 əŋ³¹dza⁵⁵　　duɹ⁵⁵　　e³¹wɑ⁵⁵　　kə³¹dɯt⁵⁵　　ɕɯ³¹　　mɯ³¹　　wɑ³¹.　　ə³¹ja²⁵⁵
əŋ³¹dza⁵⁵　　duɹ⁵⁵　　e³¹wɑ⁵⁵　　kə³¹dɯt⁵⁵　　ɕɯ³¹　　mɯ³¹　　wɑ³¹　　ə³¹ja²⁵⁵
粮食　　　　 舂　　　那样　　　忙乎　　　RFLX　DISC　HRS　　那
舂米忙乎起来。

mə³¹nəŋ⁵⁵　　nɯ³¹　　tə³¹tɕɯ⁵⁵tɕəl⁵³　　ə³¹bɹɑ⁵⁵bɹɑ³¹　　cɯm⁵³　　le³¹
mə³¹nəŋ⁵⁵　　nɯ³¹　　tə³¹tɕɯ⁵⁵tɕəl⁵³　　ə³¹bɹɑ⁵⁵bɹɑ³¹　　cɯm⁵³　　le³¹
时候　　　　 TOP　　孤儿　　　　　　赶快　　　　　　家　　　ALL

dzəŋ⁵⁵dzəŋ⁵⁵　　ɕɯ³¹　　uɹ⁵⁵　　te:n⁵⁵　　　wɑ³¹,　"ŋɑ⁵³　　le³¹　　pə³¹　　lɔ²⁵⁵
dzəŋ⁵⁵ -red　　ɕɯ³¹　　uɹ⁵⁵　　ten⁵⁵ -3p　　wɑ³¹　　ŋɑ⁵³　　le³¹　　pə³¹　　lɔ²⁵⁵
进　　 -RED　　RFLX　手　　握　　 -3pe　HRS　　1SG　　ALL　　IMP　　回
（见此情景）孤儿急忙进到屋里，抓住了（她的）手，说："你嫁给我吧，

ɹɑ³¹,　　ŋɑ⁵³　　ɕɯ³¹　　ti³¹　　ɟɔ²⁵⁵　　tɕe³¹　　ɹɔŋ⁵⁵　　ti³¹ka:t⁵⁵　　ɹɔŋ⁵⁵　　ɕin³¹"
ɹɑ³¹　　ŋɑ⁵³　　ɕɯ³¹　　ti³¹　　ɟɔ²⁵⁵　　tɕe³¹　　ɹɔŋ⁵⁵　　ti³¹ka:t⁵⁵　　ɹɔŋ⁵⁵　　ɕin³¹
HRS　1SG　　也　　 一　　CL　　 只　　 生活　　一起　　　　生活　　MOOD
我也是一个人生活着，我们一起生活吧。"

gɯ:²⁵⁵　　　　wɑ³¹.　　ə³¹ja²⁵⁵　　mə³¹nəŋ⁵⁵　　nɯ³¹　　tə³¹tɕɯ⁵⁵tɕəl⁵³
gɯ²⁵⁵ -3p　　wɑ³¹　　ə³¹ja²⁵⁵　　mə³¹nəŋ⁵⁵　　nɯ³¹　　tə³¹tɕɯ⁵⁵tɕəl⁵³
说　　 -3pe　HRS　　那　　　　时候　　　　 TOP　　孤儿

də³¹guan⁵⁵　　ŋəp³¹pla²⁵⁵　　mə³¹dzəl⁵³　　mə³¹wɑ²⁵⁵　　wɑ²⁵⁵　　tɕi³¹　　wɑ³¹.
də³¹guan⁵⁵　　ŋəp³¹pla²⁵⁵　　mə³¹dzəl⁵³　　mə³¹wɑ²⁵⁵　　wɑ²⁵⁵　　tɕi³¹　　wɑ³¹
俩　　　　　 鱼　　　　　　姑娘　　　　夫妻　　　做　　　EXP　HRS
于是，孤儿和鱼姑娘就结为了夫妻。

ŋəp³¹pla²⁵⁵　　mə³¹dzəl⁵³　　də³¹guan⁵⁵　　mə³¹wɑ²⁵⁵　　wɑ⁵³　　ti³¹ka:t⁵⁵
ŋəp³¹pla²⁵⁵　　mə³¹dzəl⁵³　　də³¹guan⁵⁵　　mə³¹wɑ²⁵⁵　　wɑ⁵³　　ti³¹ka:t⁵⁵
鱼　　　　　 姑娘　　　　俩　　　　　夫妻　　　做　　一起

ɹɑŋ⁵⁵　　wa⁷³¹　　bəi³¹　　"nuŋ³¹ŋua⁵³　　pa³¹ɹuŋ⁵⁵　　pə³¹　　ɔ:⁵³"　　　　gɯ⁷⁵⁵
ɹɑŋ⁵⁵　　wa⁷³¹　　bəi³¹　　nuŋ³¹ŋua⁵³　　pa³¹ɹuŋ⁵⁵　　pə³¹　　wa⁵³　-3p　gɯ⁷⁵⁵
生活　　HRS　　CONJ　　牛　　　　　　圈　　　　　　　IMP　做　　-3pe　说

（孤儿）和鱼姑娘结为夫妻一起生活以后，鱼姑娘说："你做个牛圈吧。"

wa³¹　　ŋəp³¹pla⁷⁵⁵　　mə³¹dʐəl⁵³.　　"ŋa⁵³　　tə³¹tɕɯ⁵⁵tɕəl⁵³　　nuŋ³¹ŋua⁵³
wa³¹　　ŋəp³¹pla⁷⁵⁵　　mə³¹dʐəl⁵³　　ŋa⁵³　　tə³¹tɕɯ⁵⁵tɕəl⁵³　　nuŋ³¹ŋua⁵³
HRS　　鱼　　　　　　姑娘　　　　　1SG　　孤儿　　　　　　　牛

nɯ³¹　　ma³¹　　ə³¹daŋ⁵⁵　　　　təŋ⁵⁵　wa⁵⁵　sa³¹　pa³¹ɹuŋ⁵⁵　　waŋ⁵³
nɯ³¹　　ma³¹　　ə³¹da⁵³　　-1p　təŋ⁵⁵　wa⁵⁵　sa³¹　pa³¹ɹuŋ⁵⁵　　wa⁵³　-1p
TOP　　NEG　　有　　　　-1sg　什么　做　　NOM　圈　　　　　做　　-1se

（孤儿）说："我一个孤儿又没有牛，做牛圈干什么？"

niŋ³¹"　　gɯ⁷⁵⁵　　wa³¹.　　"pə³¹　　ɔ:⁵³"　　　　gɯ⁷⁵⁵　　wa³¹.　　tə³¹tɕɯ⁵⁵tɕəl⁵³
niŋ³¹　　gɯ⁷⁵⁵　　wa³¹　　pə³¹　　wa⁵³　-3p　gɯ⁷⁵⁵　　wa³¹　　tə³¹tɕɯ⁵⁵tɕəl⁵³
MOOD　　说　　HRS　　IMP　做　　-3pe　说　　HRS　　孤儿

（鱼姑娘）说："你做吧。"

mi³¹　　nuŋ³¹ŋua⁵³　　pa³¹ɹuŋ⁵⁵　　ɔ:⁵³　　　　wa⁷⁵⁵　　bəi³¹　　sə³¹ɹaŋ⁵⁵
mi³¹　　nuŋ³¹ŋua⁵³　　pa³¹ɹuŋ⁵⁵　　wa⁵³　-3p　wa⁷⁵⁵　　bəi³¹　　sə³¹ɹaŋ⁵⁵
AGT　　牛　　　　　　圈　　　　　　做　　-3pe　HRS　　CONJ　　早上

ɟa:ŋ⁵³　　　　bəi³¹　ti³¹　pa³¹ɹuŋ⁵⁵　　nuŋ³¹ŋua⁵³　　ə³¹bəl⁵⁵　　ɕɯ³¹　　ɹi³¹
ɟəŋ⁵³　-1p　bəi³¹　ti³¹　pa³¹ɹuŋ⁵⁵　　nuŋ³¹ŋua⁵³　　ə³¹bəl⁵⁵　　ɕɯ³¹　　ɹi³¹
看　　-1se　CONJ　一　　圈　　　　　牛　　　　　　关　　　　　RFLX　PFV-NV

孤儿做好了牛圈，（第二天）早上一看，已经关上了一圈的牛。

wa³¹.　　ba³¹li⁵⁵　　"ə³¹tɕit⁵⁵　　pa³¹ɹuŋ⁵⁵　　pə³¹　　ɔ:⁵³"　　　　gɯ⁷⁵⁵　　wa³¹.
wa³¹　　ba³¹li⁵⁵　　ə³¹tɕit⁵⁵　　pa³¹ɹuŋ⁵⁵　　pə³¹　　wa⁵³　-3p　gɯ⁷⁵⁵　　wa³¹
HRS　　又　　　　羊　　　　　圈　　　　　　IMP　做　　-3pe　说　　HRS

（鱼姑娘）又说："你做羊圈吧。"

"ŋa⁵³　　ə³¹tɕit⁵⁵　　nɯ³¹　　ma³¹　　ə³¹daŋ⁵⁵　　　　təŋ⁵⁵　　ə³¹bəl⁵⁵　　sa³¹
ŋa⁵³　　ə³¹tɕit⁵⁵　　nɯ³¹　　ma³¹　　ə³¹da⁵³　-1p　təŋ⁵⁵　　ə³¹bəl⁵⁵　　sa³¹
1SG　　羊　　　　　TOP　　NEG　　有　　　　-1sg　什么　　关　　　　　NOM

waŋ⁵³ niŋ³¹" gɯ⁷⁵⁵ wa³¹ tə³¹tɕɯ⁵⁵tɕəl⁵³. "pə³¹ ɔː⁵³"
wa⁵³ -1p niŋ³¹ gɯ⁷⁵⁵ wa³¹ tə³¹tɕɯ⁵⁵tɕəl⁵³ pə³¹ wa⁵³ -3p
做 -1se MOOD 说 HRS 孤儿 IMP 做 -3pe
孤儿说："我又没有羊，做来关什么？"

gɯ⁷⁵⁵ wa³¹ ŋəp³¹pla⁷⁵⁵ mə³¹dʐəl⁵³. tə³¹tɕɯ⁵⁵tɕəl⁵³ mi³¹ ə³¹tɕit⁵⁵
gɯ⁷⁵⁵ wa³¹ ŋəp³¹pla⁷⁵⁵ mə³¹dʐəl⁵³ tə³¹tɕɯ⁵⁵tɕəl⁵³ mi³¹ ə³¹tɕit⁵⁵
说 HRS 鱼 姑娘 孤儿 AGT 羊
鱼姑娘说："你做吧。"

pa³¹ɹuŋ⁵⁵ tɔːn⁵⁵ wa³¹, sə³¹ɹaŋ⁵⁵ ɟaːŋ⁵³ bəi³¹ ə³¹tɕit⁵⁵ ti³¹
pa³¹ɹuŋ⁵⁵ tɔn⁵⁵ -3p wa³¹ sə³¹ɹaŋ⁵⁵ ɟəŋ⁵³ -3p bəi³¹ ə³¹tɕit⁵⁵ ti³¹
圈 完成 -3pe HRS 早上 看 -3pe CONJ 羊 一
孤儿做好了羊圈，（第二天）早上一看，

pa³¹ɹuŋ⁵⁵ ə³¹bəl⁵⁵ ɕɯ³¹.ɾi.³¹ tɕi³¹ wa³¹, ə³¹ja⁵⁵ paːŋ³¹
pa³¹ɹuŋ⁵⁵ ə³¹bəl⁵⁵ ɕɯ³¹.ɾi.³¹ tɕi³¹ wa³¹ ə³¹ja⁵⁵ paːŋ³¹
圈 关 RFLX PFV-NV EXP HRS 那个 ABL
已经关上了一羊圈的羊。

mə³¹gam⁵³ wa³¹. tə³¹tɕɯ⁵⁵tɕəl⁵³ mə³¹gam⁵³ wa⁷³¹ mə³¹nəŋ⁵⁵
mə³¹gam⁵³ wa³¹ tə³¹tɕɯ⁵⁵tɕəl⁵³ mə³¹gam⁵³ wa⁷³¹ mə³¹nəŋ⁵⁵
富裕 HRS 孤儿 富裕 HRS 时候
从此（孤儿）富裕了起来。孤儿富起来以后，

nɯ³¹ əŋ³¹ni⁵³məi⁵³ me⁷⁵⁵ səi⁵⁵ wa³¹ ma³¹laŋ⁵⁵laŋ⁵⁵
nɯ³¹ əŋ³¹ni⁵³məi⁵³ me⁷⁵⁵ səi⁵⁵ wa³¹ ma³¹laŋ⁵⁵laŋ⁵⁵
TOP 他舅妈 眼睛 红 HRS 经常
他的舅妈眼红了，

sə³¹lɔːn⁵⁵ wa³¹. "ŋəp³¹pla⁷⁵⁵ mə³¹dʐəl⁵³ ɕi³¹ si⁷⁵⁵ kɔ⁵³ le³¹
sə³¹lɔn⁵⁵ -3p wa³¹ ŋəp³¹pla⁷⁵⁵ mə³¹dʐəl⁵³ ɕi³¹ si⁷⁵⁵ kɔ⁵³ le³¹
唆使 -3pe HRS 鱼 姑娘 臭 那 ALL
经常唆使（孤儿）："鱼姑娘有鱼腥味，把她抛弃吧，

pə³¹ nɔːŋ⁵⁵ nə³¹ni⁵³ mi³¹ ku³¹tɕi⁵⁵ dɔ³¹ ə³¹bəl⁵⁵ ka⁷⁵⁵
pə³¹ nɔŋ⁵⁵ -3p nə³¹ni⁵³ mi³¹ ku³¹tɕi⁵⁵ dɔ³¹ ə³¹bəl⁵⁵ ka⁷⁵⁵

IMP　　丢下　　-3pe　你舅妈　　AGT　圆盒　　　　LOC　关　　　鸡

mə³¹dʑəl⁵³　biŋ⁵⁵　　niŋ³¹"　gɯ⁷⁵⁵　dʑin³¹　gɯ⁷⁵⁵　dʑin³¹
mə³¹dʑəl⁵³　bi⁵⁵　-1p　niŋ³¹　gɯ⁷⁵⁵　dʑin³¹　gɯ⁷⁵⁵　dʑin³¹
姑娘　　　　给　-1se　MOOD　说　　着　　　说　　着
你舅妈把关在圆盒里的鸡女子嫁给你。"这样说着

sə³¹lɔːn⁵⁵　　　wɑ³¹.　ə³¹jɑ⁷⁵⁵　mə³¹nəŋ⁵⁵　nɯ³¹　tə³¹tɕɯ⁵⁵tɕəl⁵³　mi³¹
sə³¹lɔn⁵⁵　-3p　wɑ³¹　ə³¹jɑ⁷⁵⁵　mə³¹nəŋ⁵⁵　nɯ³¹　tə³¹tɕɯ⁵⁵tɕəl⁵³　mi³¹
唆使　-3pe　HRS　那　时候　　　　TOP　孤儿　　　　　　AGT
唆使孤儿。这以后孤儿

ɕɯ³¹　ək³¹pə³¹ma⁵⁵　le³¹　e³¹wa⁵⁵　gɯː⁷⁵⁵　　　wɑ³¹,　"nɑ⁵³　pə³¹　lɔ⁷⁵⁵
ɕɯ³¹　ək³¹pə³¹ma⁵⁵　le³¹　e³¹wa⁵⁵　gɯ⁷⁵⁵　-3p　wɑ³¹　nɑ⁵³　pə³¹　lɔ⁷⁵⁵
也　他妻子　　　　ALL　那样　说　　-3pe　HRS　2SG　IMP　回
也对他妻子说："你回去吧，

bɯ³¹　ə³¹ni⁵³　mi³¹　ka⁷⁵⁵　mə³¹dʑəl⁵³　nə³¹　biŋ⁵⁵　　pəŋ³¹waŋ⁵⁵
bɯ³¹　ə³¹ni⁵³　mi³¹　ka⁷⁵⁵　mə³¹dʑəl⁵³　nə³¹　bi⁵⁵　-1p　pəŋ³¹wa⁵³　-1p
DIR　我舅妈　AGT　鸡　　姑娘　　　2p　给　-1sg　PROS　　　-1p
我舅妈要嫁给我鸡姑娘。"

wɑ³¹."　"ŋɑ⁵³　ləŋ³¹　　lɔk⁵⁵　　bəi³¹　nɑ³¹　tə³¹ɕɑ⁵³　tə³¹tɕɯ⁵⁵tɕəl⁵³
wɑ³¹　ŋɑ⁵³　ləŋ³¹　lɔ⁷⁵⁵-1p　bəi³¹　nɑ³¹　tə³¹ɕɑ⁵³　tə³¹tɕɯ⁵⁵tɕəl⁵³
HRS　　1SG　CONTR　回 -1SG　CONJ 2p　困难　　孤儿

ɑ³¹"　ŋəp³¹plɑ⁷⁵⁵　mə³¹dʑəl⁵³　e³¹wa⁵⁵　gɯ⁷⁵⁵　wɑ³¹.　ti³¹　ni⁵⁵　nɯ³¹
ɑ³¹　ŋəp³¹plɑ⁷⁵⁵　mə³¹dʑəl⁵³　e³¹wa⁵⁵　gɯ⁷⁵⁵　wɑ³¹　ti³¹　ni⁵⁵　nɯ³¹
啊　鱼　　　　姑娘　　　那样　说　HRS　一　天　　TOP
鱼姑娘说："我如果回去的话，你会变得很困难的，孤儿啊！"

əŋ³¹ni⁵³məi⁵³　u³¹nəi⁵⁵　lɔk³¹　ŋəp³¹plɑ⁷⁵⁵ɹɯ⁵⁵　cep⁵⁵cep⁵⁵　ɕɯ³¹
əŋ³¹ni⁵³məi⁵³　u³¹nəi⁵⁵　lɔk³¹　ŋəp³¹plɑ⁷⁵⁵ɹɯ⁵⁵　cep⁵⁵　-red　ɕɯ³¹
他舅妈　　　　头发　　LOC　鱼骨头　　　　　插　　-RED　RFLX

wɑ⁷³¹　ŋəp³¹plɑ⁷⁵⁵　mə³¹dʑəl⁵³　ɕi⁷⁵⁵　ɟəŋ⁵⁵　dʑɯːɹ⁵⁵　　wɑ³¹.
wɑ⁷³¹　ŋəp³¹plɑ⁷⁵⁵　mə³¹dʑəl⁵³　ɕi⁷⁵⁵　ɟəŋ⁵⁵　dʑɯ⁵⁵　-3p　wɑ³¹

HRS 鱼 姑娘 虱子 找 CAUS -3pe HRS

一天，他舅妈在头发里夹了一根鱼骨头，让鱼姑娘看（捉）虱子。

ŋəp³¹pla⁷⁵⁵	mə³¹dʑəl⁵³	mi³¹	əŋ³¹ɹɯ⁵⁵	ə³¹duː⁵⁵		waʔ³¹
ŋəp³¹pla⁷⁵⁵	mə³¹dʑəl⁵³	mi³¹	əŋ³¹ɹɯ⁵⁵	ə³¹du⁵⁵	-3p	waʔ³¹
鱼	姑娘	AGT	骨头	撞见	-3pe	HRS

鱼姑娘发现了骨头，

mə³¹nəŋ⁵⁵	"iŋ⁵⁵	nə³¹	kəi⁵⁵	ɲə³¹ɹɯ⁵⁵	ləŋ³¹	nə³¹	in⁵⁵	
mə³¹nəŋ⁵⁵	iŋ⁵⁵	nə³¹	kəi⁵⁵	ɲə³¹ɹɯ⁷⁵⁵	ləŋ³¹	nə³¹	e⁵⁵	-2p
时候	1PL	2p	吃	种族	CONTR	2p	是	-2pl

说："原来是吃我们的种族"，

ɹan³¹"	gɯ⁷⁵⁵	dʑin³¹	ŋaŋ⁵⁵	le³¹	pluŋ⁵³waʔ³¹	lɔ⁷⁵⁵	bɯ³¹	wa³¹.
ɹa³¹ -2p	gɯ⁷⁵⁵	dʑin³¹	ŋaŋ⁵⁵	le³¹	pluŋ⁵³waʔ³¹	lɔ⁷⁵⁵	bɯ³¹	waʔ³¹
DIR -2pl	说	着	水	ALL	IDPH	回	DIR	HRS

随后"扑通"一声跳到水里回去了。

ə³¹jaʔ⁵⁵	mə³¹nəŋ⁵⁵	nɯ³¹	kə³¹ɹa⁵⁵e⁵⁵	nuŋ³¹ŋua⁵³,	ə³¹tɕit⁵⁵	waʔ⁵⁵
ə³¹jaʔ⁵⁵	mə³¹nəŋ⁵⁵	nɯ³¹	kə³¹ɹa⁵⁵e⁵⁵	nuŋ³¹ŋua⁵³	ə³¹tɕit⁵⁵	waʔ⁵⁵
那	时候	TOP	所有的	牛 羊	猪	

sə³¹na⁷⁵⁵na⁷⁵⁵	ŋaŋ⁵⁵	le³¹	ŋəp³¹pla⁷⁵⁵	mə³¹dʑəl⁵³	mə³¹nəŋ⁵⁵
sə³¹na⁷⁵⁵na⁷⁵⁵	ŋaŋ⁵⁵	le³¹	ŋəp³¹pla⁷⁵⁵	mə³¹dʑəl⁵³	mə³¹nəŋ⁵⁵
全都	水	ALL	鱼	姑娘	时候

这样一来，所有的牛、羊、猪都跟着鱼姑娘

də³¹bluŋ⁵⁵	ɕɯ³¹	bɯ³¹	wa³¹.	tə³¹tɕɯ⁵⁵tɕəl⁵³	əŋ³¹ni⁵³	le³¹
də³¹bluŋ⁵⁵	ɕɯ³¹	bɯ³¹	waʔ³¹	tə³¹tɕɯ⁵⁵tɕəl⁵³	əŋ³¹ni⁵³	le³¹
跳	RFLX	DIR	HRS	孤儿	他舅妈	ALL

跳回水里去了。

pə³¹ma⁵⁵	len⁵⁵	le³¹	di⁵⁵	wa³¹,	ku³¹tɕi⁵⁵	sə³¹kəm⁵⁵	puŋ⁵⁵	waʔ³¹
pə³¹ma⁵⁵	len⁵⁵	le³¹	di⁵⁵	wa³¹	ku³¹tɕi⁵⁵	sə³¹kəm⁵⁵	puŋ⁵⁵	waʔ³¹
妻子	要	ALL	去	HRS	圆盒	盖子	打开	HRS

bəi³¹	ka³¹ni⁵⁵	ti³¹	ku⁵⁵	tɕe³¹	ləŋ³¹	dzəŋ⁵³	mɯ³¹	wa³¹.

bəi³¹	ka³¹ni⁵⁵	ti³¹	ku⁵⁵	tɕe³¹	ləŋ³¹	dzəŋ⁵³	mɯ³¹	wɑ³¹
CONJ	鸡屎	一	团	只	CONTR	装有	DISC	HRS

（鱼姑娘走后）孤儿到舅妈那儿去讨要媳妇，打开了竹盒子盖子（一看），里面只有一团鸡屎。

tə³¹tɕɯ⁵⁵tɕəl⁵³	ba³¹li⁵⁵	se³¹ɹa⁷⁵⁵	pɔ⁷⁵⁵	ɕɯ³¹	wɑ³¹.	ə³¹ja⁷⁵⁵
tə³¹tɕɯ⁵⁵tɕəl⁵³	ba³¹li⁵⁵	se³¹ɹa⁷⁵⁵	pɔ⁷⁵⁵	ɕɯ³¹	wɑ³¹	ə³¹ja⁷⁵⁵
孤儿	又	穷人	变	RFLX	HRS	那

孤儿重新变成穷汉。

mə³¹nəŋ⁵⁵	nɯ³¹	tə³¹tɕɯ⁵⁵tɕəl⁵³	ti³¹	ni⁵⁵	ti³¹	ni⁵⁵	ŋak³¹tɕem⁵⁵
mə³¹nəŋ⁵⁵	nɯ³¹	tə³¹tɕɯ⁵⁵tɕəl⁵³	ti³¹	ni⁵⁵	ti³¹	ni⁵⁵	ŋak³¹tɕem⁵⁵
时候	TOP	孤儿	一	天	一	天	水边

dɔ³¹	ɹɔŋ⁵³	dʑin³¹	ŋɯ⁵⁵	wɑ³¹.	tə³¹mɯ⁵³	ti³¹	gɯ⁵⁵	bjeɹ⁵³	ɹa³¹
dɔ³¹	ɹɔŋ⁵³	dʑin³¹	ŋɯ⁵⁵	wɑ³¹	tə³¹mɯ⁵³	ti³¹	gɯ⁵⁵	bjeɹ⁵³	ɹa³¹
LOC	坐	着	哭	HRS	鹰	一	CL	飞	嚷

于是，孤儿整天整天坐在水边哭。

wɑ³¹,	"tə³¹tɕɯ⁵⁵tɕəl⁵³	a³¹,	tək³¹ca⁷⁵⁵	mit⁵⁵	na³¹	tə³¹ɕa⁵³?"
wɑ³¹	tə³¹tɕɯ⁵⁵tɕəl⁵³	a³¹	tək³¹ca⁷⁵⁵	mit⁵⁵	na³¹	tə³¹ɕa⁵³
HRS	孤儿	啊	为什么	思想	2p	困难

飞来了一只鹰，问："孤儿啊，你为什么伤心？"

kɹi:⁵³	wɑ³¹.	"ŋa⁵³	pə³¹ma⁵⁵	ŋaŋ⁵⁵	le³¹	lɔ⁷⁵⁵	di³¹	mi³¹
kɹi⁵³ -3p	wɑ³¹	ŋa⁵³	pə³¹ma⁵⁵	ŋaŋ⁵⁵	le³¹	lɔ⁷⁵⁵	di³¹	mi³¹
问 -3pe	HRS	1SG	妻子	水	ALL	回	PFV-V	AGT

ŋɯŋ⁵⁵"	gɯ:⁷⁵⁵	wɑ³¹,	mə³¹sɯl⁵⁵	pəŋ⁵³pəŋ⁵⁵	pɯ:t⁵⁵
ŋɯ⁵³ -1p	gɯ⁷⁵⁵ -3p	wɑ³¹	mə³¹sɯl⁵⁵	pəŋ⁵³pəŋ⁵⁵	pɯt⁵⁵ -3p
哭 -1sg	说 -3pe	HRS	故事	IDPH	告诉 -3pe

"我哭是因为我妻子回到了水里。"（孤儿）把事情（的前因后果）讲述给了它。

wɑ³¹.	tə³¹mɯ⁵³	mi³¹	tɔ:⁵⁵	wɑ⁷³¹	mə³¹nəŋ⁵⁵	"tɕɯi⁵³tɕɯ⁷⁵⁵"
wɑ³¹	tə³¹mɯ⁵³	mi³¹	ta⁵⁵ -3p	wɑ⁷³¹	mə³¹nəŋ⁵⁵	tɕɯi⁵³tɕɯ⁷⁵⁵
HRS	鹰	AGT	听见 -3pe	HRS	时候	活该

guɯː^{ʔ55}　　　guɯː^{ʔ55}　　　bjeɹ⁵³　buɯ³¹　wɑ³¹.　ə³¹dɔi⁵⁵　nɯ³¹　tək³¹kɑ⁵⁵

guɯ^{ʔ55}　-3p　guɯ^{ʔ55}　-3p　bjeɹ⁵³　buɯ³¹　wɑ³¹　ə³¹dɔi⁵⁵　nɯ³¹　tək³¹kɑ⁵⁵

说　-3pe　说　-3pe　飞　DIR　HRS　一会儿　TOP　乌鸦

老鹰听后说了声"活该"就飞走了。

ti³¹　guɯ⁵⁵　bjeɹ⁵³　ɹɑ³¹　wɑ³¹,　"tə³¹tɕɯ⁵⁵tɕəl⁵³　ɑ³¹　tək³¹cɑ^{ʔ55}　nə³¹

ti³¹　guɯ⁵⁵　bjeɹ⁵³　ɹɑ³¹　wɑ³¹,　tə³¹tɕɯ⁵⁵tɕəl⁵³　ɑ³¹　tək³¹cɑ^{ʔ55}　nə³¹

一　CL　飞　嚷　HRS　孤儿　　　　啊　为什么　2p

一会儿又飞来一只乌鸦，问："孤儿啊，你为什么哭？"

ŋɯ⁵³?"　kɹi⁵³　wɑ³¹.　"ŋɑ⁵³　pə³¹mɑ⁵⁵　ŋɑŋ⁵⁵　le³¹　lɔ^{ʔ55}　di³¹　mi³¹

ŋɯ⁵³　kɹi⁵³　wɑ³¹　ŋɑ⁵³　pə³¹mɑ⁵⁵　ŋɑŋ⁵⁵　le³¹　lɔ^{ʔ55}　di³¹　mi³¹

哭　问　HRS　1SG　妻子　水　ALL　回　PFV-V　AGT

ŋɯŋ⁵⁵"　　　guɯ^{ʔ55}　dʑin³¹　mə³¹suɯl⁵⁵　puɯːt⁵⁵　　　wɑ³¹,　tək³¹kɑ⁵⁵

ŋɯ⁵³　-1p　guɯ^{ʔ55}　dʑin³¹　mə³¹suɯl⁵⁵　puɯt⁵⁵　-3p　wɑ³¹　tək³¹kɑ⁵⁵

哭　-1sg　说　着　故事　告诉　-3pe　HRS　乌鸦

"我妻子回到了水里，所以哭的"，说着讲述了故事。

mi³¹　çɯ³¹　"tɕuɯi⁵³tɕɯ^{ʔ55}"　guɯ^{ʔ55}　dʑin³¹　tə³¹tɕɯ⁵⁵tɕɯ⁵⁵　wɑ^{ʔ31}

mi³¹　çɯ³¹　tɕuɯi⁵³tɕɯ^{ʔ55}　guɯ^{ʔ55}　dʑin³¹　tə³¹tɕɯ⁵⁵　-red　wɑ^{ʔ31}

AGT　也　活该　说　着　奚落　-RED　HRS

乌鸦（听了）也说了"活该"就飞走了。

bjeɹ⁵³　buɯ³¹　wɑ³¹.　tuɯm⁵⁵　nɯ³¹　də³¹ɹi⁵³　ti³¹　guɯ⁵⁵　ə³¹gləi⁵⁵　ɹɑ³¹

bjeɹ⁵³　buɯ³¹　wɑ³¹　tuɯm⁵⁵　nɯ³¹　də³¹ɹi⁵³　ti³¹　guɯ⁵⁵　ə³¹gləi⁵⁵　ɹɑ³¹

飞　DIR　HRS　后面　TOP　青蛙　一　CL　跳　DIR

最后跳来了一只青蛙，问：

wɑ³¹,　"tə³¹tɕɯ⁵⁵tɕəl⁵³　ɑ³¹　tək³¹cɑ^{ʔ55}　ŋɯ⁵³　dʑin³¹　nə³¹　ɹɔŋ⁵³?"

wɑ³¹　tə³¹tɕɯ⁵⁵tɕəl⁵³　ɑ³¹　tək³¹cɑ^{ʔ55}　ŋɯ⁵³　dʑin³¹　nə³¹　ɹɔŋ⁵³

HRS　孤儿　　　　啊　为什么　哭　着　2p　生长

"孤儿啊，你为什么坐在这儿哭？"

kɹiː⁵³　　　wɑ³¹　də³¹ɹi⁵³　mi³¹.　"ŋɑ⁵³　pə³¹mɑ⁵⁵　ŋɑŋ⁵⁵　le³¹　lɔ^{ʔ55}

kɹi⁵³　-3p　wɑ³¹　də³¹ɹi⁵³　mi³¹　ŋɑ⁵³　pə³¹mɑ⁵⁵　ŋɑŋ⁵⁵　le³¹　lɔ^{ʔ55}

问　-3pe　HRS　青蛙　AGT　1SG　妻子　水　ALL　回

di³¹   mi³¹   ŋɯŋ⁵⁵"   gɯ²⁵⁵   dʑin³¹   mə³¹sɯɹ⁵⁵   pəŋ⁵³pəŋ⁵⁵
di³¹   mi³¹   ŋɯ⁵³   -1p   gɯ²⁵⁵   dʑin³¹   mə³¹sɯɹ⁵⁵   pəŋ⁵³pəŋ⁵⁵
PFV-V   AGT   哭   -1sg   说   着   故事   IDPH
"我妻子回到了水里，所以哭的"，（孤儿）说着把故事从头到尾告诉了青蛙。

pɯːt⁵⁵   wɑ³¹.   "ɔ³¹   mə³¹   gɔl⁵⁵"   gɯ²⁵⁵   wɑ³¹   də³¹ɹi⁵³,   "cɯm⁵³
pɯt⁵⁵   -3p   wɑ³¹   ɔ³¹   mə³¹   gɔl⁵⁵   gɯ²⁵⁵   wɑ³¹   də³¹ɹi⁵³,   cɯm⁵³
告诉   -3pe   HRS   哦   NEG   有关系   说   HRS   青蛙   家

dɔ³¹   ə³¹nɔ²⁵⁵   ma⁵⁵   nə³¹   ɹɑ²⁵⁵   ɕɯ³¹   kɹi⁵³   wɑ³¹.   "tɕu²⁵⁵   əl⁵³
dɔ³¹   ə³¹nɔ²⁵⁵   ma⁵⁵   nə³¹   ɹɑ²⁵⁵   ɕɯ³¹   kɹi⁵³   wɑ³¹   tɕu²⁵⁵   əl⁵³
LOC   豆子   INTR   2p   放   RFLX   问   HRS   一点   有
"哦，没关系的。"青蛙说，又问："你家里有豆子吗？"

"gɯː²⁵⁵   wɑ³¹.   "kɹɑ²⁵⁵   nə³¹   plaːŋ⁵³plaːŋ⁵³   pə³¹sɯ⁵⁵   pə³¹
gɯ²⁵⁵   -3p   wɑ³¹   kɹɑ²⁵⁵   nə³¹   pləŋ⁵³   -3p   -red   pə³¹sɯ⁵⁵   pə³¹
说   -3pe   HRS   快   2p   炒   -3pe   -RED   炒面   IMP
"有一点。"（孤儿对青蛙）说。（青蛙）说："你快去把它炒熟了，磨成炒面。"

kɔːɹ⁵⁵   ɹət³¹"   gɯ²⁵⁵   wɑ³¹.   tə³¹tɕɯ⁵⁵tɕəl⁵³   mi³¹   pə³¹sɯ⁵⁵
kɔɹ⁵⁵   -3p   ɹət³¹   gɯ²⁵⁵   wɑ³¹   tə³¹tɕɯ⁵⁵tɕəl⁵³   mi³¹   pə³¹sɯ⁵⁵
磨   -3pe   DIR   说   HRS   孤儿   AGT   炒面

kɔːɹ⁵⁵   wɑ²³¹   bəi³¹   də³¹ɹi⁵³   e³¹wa⁵⁵   gɯ²⁵⁵   wɑ³¹,   "ə³¹dɔi⁵⁵
kɔɹ⁵⁵   -3p   wɑ²³¹   bəi³¹   də³¹ɹi⁵³   e³¹wa⁵⁵   gɯ²⁵⁵   wɑ³¹   ə³¹dɔi⁵⁵
磨   -3pe   HRS   CONJ   青蛙   那样   说   HRS   一会儿
孤儿把炒面磨好了，青蛙说：

ɹə³¹məi⁵³ŋaŋ⁵⁵   bət⁵⁵   bəi³¹   na³¹pə³¹ma⁵⁵məi⁵³   ə³¹ɟəŋ⁵⁵ɕɯ³¹,   tɕu²⁵⁵
ɹəɹ³¹məi⁵³ŋaŋ⁵⁵   bət⁵⁵   bəi³¹   na³¹pə³¹ma⁵⁵məi⁵³   ə³¹ɟəŋ⁵⁵ɕɯ³¹   tɕu²⁵⁵
江水   干   CONJ   你妻子   看得见   一点

ɕɯ³¹   mən³¹   et⁵⁵   ɕɯ³¹   nɯ³¹,   ə³¹bɹɑ⁵⁵bɹɑ³¹   na³¹   mə³¹dzɔɹ⁵⁵dzɔ⁵⁵
ɕɯ³¹   mən³¹   et⁵⁵   ɕɯ³¹   nɯ³¹   ə³¹bɹɑ⁵⁵bɹɑ³¹   na³¹   mə³¹dzɔɹ⁵⁵   -red
也   NEG2   笑   RFLX   TOP   赶快   2p   冲   -RED
"一会儿江水干了，看见你妻子，你一点也不要笑，赶紧冲过去

ɕɯ³¹　　pə³¹　ten⁵⁵"　gɯːʔ⁵⁵　　　　wa³¹.　də³¹ɹi⁵³　nɯ³¹　pə³¹sɯ⁵⁵
ɕɯ³¹　　pə³¹　ten⁵⁵　gɯʔ⁵⁵　-3p　wa³¹　də³¹ɹi⁵³　nɯ³¹　pə³¹sɯ⁵⁵
RFLX　IMP　握　　说　　　-3pe　HRS　青蛙　　TOP　炒面
把她抓住。"

ŋɔːm⁵³ŋɔːm⁵³　　　ɹə³¹mei⁵³　kɔ³¹ɹaɹ⁵³　ɟa³¹daɹ⁵³　ə³¹glei⁵⁵　wa³¹,
ŋɔm⁵³　-3p　-red　ɹə³¹mei⁵³　kɔ³¹daɹ⁵³　ɟa³¹daɹ⁵³　ə³¹glei⁵⁵　wa³¹
吃　　　-3pe　-RED　江　　那岸　　　此岸　　　跳　　　HRS
青蛙吃了炒面，在江面上从这岸跳到那岸，又从那岸跳到这岸，

də³¹ɹi⁵³　e³¹wa⁵⁵　ə³¹glei⁵⁵　waʔ³¹　mə³¹nəŋ⁵⁵　nɯ³¹　ɹə³¹mei⁵³ŋaŋ⁵⁵
də³¹ɹi⁵³　e³¹wa⁵⁵　ə³¹glei⁵⁵　waʔ³¹　mə³¹nəŋ⁵⁵　nɯ³¹　ɹə³¹mei⁵³ŋaŋ⁵⁵
青蛙　　那样　　跳　　　HRS　时候　　　TOP　江水

lai ʔ⁵⁵wa³¹　bət⁵⁵　wa³¹,　ŋəp³¹pla ʔ⁵⁵　mə³¹dʐəl⁵³　nɯ³¹　ŋaŋ⁵⁵
lai ʔ⁵⁵wa³¹　bət⁵⁵　wa³¹　ŋəp³¹pla ʔ⁵⁵　mə³¹dʐəl⁵³　nɯ³¹　ŋaŋ⁵⁵
瞬间　　　干　　HRS　鱼　　　　姑娘　　　TOP　水
青蛙这样一跳，江水立刻就干了，

ə³¹duŋ⁵⁵　dɔ³¹　ləŋ³¹　ɟɔ ʔ⁵⁵　ɹa ʔ⁵⁵　dʑin³¹　ɹɔŋ⁵³　mɯ³¹　wa³¹.
ə³¹duŋ⁵⁵　dɔ³¹　ləŋ³¹　ɟɔ ʔ⁵⁵　ɹa ʔ⁵⁵　dʑin³¹　ɹɔŋ⁵³　mɯ³¹　wa³¹
里面　　　LOC　CONTR　衣服　　织　　着　　　　在　　DISC　HRS
原来鱼女子在水里坐着织布呢。

tə³¹tɕɯ⁵⁵tɕəl⁵³　mi³¹　ək³¹pə³¹ma⁵⁵　ɟaːŋ⁵³　　　waʔ³¹　mə³¹nəŋ⁵⁵
tə³¹tɕɯ⁵⁵tɕəl⁵³　mi³¹　ək³¹pə³¹ma⁵⁵　ɟəŋ⁵³　-3p　waʔ³¹　mə³¹nəŋ⁵⁵
孤儿　　　　　　AGT　他妻子　　　　看　　　-3pe　HRS　时候

də³¹ɹi⁵³　kə³¹da⁵⁵　ə³¹mlɔː⁵⁵　　　wa³¹,　et⁵⁵　ɕɯ³¹　wa³¹.
də³¹ɹi⁵³　kə³¹da⁵⁵　ə³¹mla⁵⁵　-3p　wa³¹　et⁵⁵　ɕɯ³¹　wa³¹
青蛙　　叮嘱　　　忘　　　　-3pe　HRS　笑　　RFLX　HRS
孤儿一看见他妻子就忘了青蛙的警告，笑了。

tə³¹tɕɯ⁵⁵tɕəl⁵³　et⁵⁵　ɕɯ³¹　waʔ³¹　mə³¹nəŋ⁵⁵　nɯ³¹　ɹə³¹mei⁵³ŋaŋ⁵⁵
tə³¹tɕɯ⁵⁵tɕəl⁵³　et⁵⁵　ɕɯ³¹　waʔ³¹　mə³¹nəŋ⁵⁵　nɯ³¹　ɹə³¹mei⁵³ŋaŋ⁵⁵
孤儿　　　　　　笑　　RFLX　HRS　时候　　　TOP　江水

ba³¹li⁵⁵　ə³¹pu⁷⁵⁵　wɑ³¹.　tə³¹tɕɯ⁵⁵tɕəl⁵³　nɯ³¹　ək³¹pə³¹ma⁵⁵　ma³¹
ba³¹li⁵⁵　ə³¹pu⁷⁵⁵　wɑ³¹　tə³¹tɕɯ⁵⁵tɕəl⁵³　nɯ³¹　ək³¹pə³¹ma⁵⁵　ma³¹
又　　涌出　　HRS　孤儿　　　　　TOP　他妻子　　　NEG
孤儿一笑，江水又涌了出来。

ə³¹ɟəŋ⁵⁵ɕɯ³¹　mə³¹nəŋ⁵⁵　ba³¹li⁵⁵　ŋɯ⁵⁵　wɑ³¹.　"tɕu⁷⁵⁵　ɕɯ³¹　mən³¹
ə³¹ɟəŋ⁵⁵ɕɯ³¹　mə³¹nəŋ⁵⁵　ba³¹li⁵⁵　ŋɯ⁵⁵　wɑ³¹　tɕu⁷⁵⁵　ɕɯ³¹　mən³¹
看得见　　　时候　　　又　　哭　HRS　一点　也　NEG2
孤儿一看他妻子不见了，又哭了。

et⁵⁵　ɕɯ³¹　nɯ³¹　gɯk⁵⁵　bəi³¹　ka⁵⁵　mən³¹　ta⁵⁵,　mə³¹　gɔl⁵⁵,
et⁵⁵　ɕɯ³¹　nɯ³¹　gɯ⁷⁵⁵　-1p　bəi³¹　ka⁵⁵　mən³¹　ta⁵⁵　mə³¹　gɔl⁵⁵
笑　RFLX　MOOD　说　-1sg　CONJ　意思　NEG2　听见　NEG　有关系
"我说了一点也别笑，你不听，没关系，

tən⁵⁵　ə³¹nɔ⁷⁵⁵　ma⁵⁵　əl⁵³?"　gɯ⁷⁵⁵　wɑ³¹　də³¹ɹi⁵³.　"tən⁵⁵　tɕu⁷⁵⁵
tən⁵⁵　ə³¹nɔ⁷⁵⁵　ma⁵⁵　əl⁵³　gɯ⁷⁵⁵　wɑ³¹　də³¹ɹi⁵³　tən⁵⁵　tɕu⁷⁵⁵
现在　豆子　INTR　有　说　样　青蛙　现在　一点
现在还有豆子吗？"青蛙问。

ə³¹kləi⁵³"　gɯ⁷⁵⁵　wɑ³¹.　"ba³¹li⁵⁵　pə³¹sɯ⁵⁵　pə³¹　kɔːɹ⁵⁵　ɹət³¹"
ə³¹kləi⁵³　gɯ⁷⁵⁵　wɑ³¹　ba³¹li⁵⁵　pə³¹sɯ⁵⁵　pə³¹　kɔɹ⁵⁵　-3p　ɹət³¹
剩余　说　HRS　又　炒面　IMP　磨　-3pe　DIR
（孤儿）说："还剩余一点。"（青蛙）说："再去磨炒面来。"

gɯ⁷⁵⁵　wɑ³¹.　tə³¹tɕɯ⁵⁵tɕəl⁵³　mi³¹　pə³¹sɯ⁵⁵　ba³¹li⁵⁵　kɔːɹ⁵⁵
gɯ⁷⁵⁵　wɑ³¹　tə³¹tɕɯ⁵⁵tɕəl⁵³　mi³¹　pə³¹sɯ⁵⁵　ba³¹li⁵⁵　kɔɹ⁵⁵　-3p
说　HRS　孤儿　　　　　AGT　炒面　又　磨　-3pe
孤儿又磨了炒面，（青蛙）说："这次你一点也别笑哦，

wɑ⁷³¹　mə³¹nəŋ⁵⁵　nɯ³¹,　"tən⁵⁵dɔɹ⁵⁵　nɯ³¹　tɕu⁷⁵⁵　ɕɯ³¹　mən³¹　et⁵⁵
wɑ⁷³¹　mə³¹nəŋ⁵⁵　nɯ³¹　tən⁵⁵dɔɹ⁵⁵　nɯ³¹　tɕu⁷⁵⁵　ɕɯ³¹　mən³¹　et⁵⁵
HRS　时候　　　TOP　这次　　　TOP　一点　RFLX　NEG2　笑
孤儿又磨了炒面，（青蛙）说："这次你一点也别笑哦，

ɕɯ³¹　nɯ³¹　ɔ³¹,　ə³¹bɹa⁵⁵bɹa³¹　pə³¹　ten⁵⁵"　gɯ⁷⁵⁵　wɑ⁷³¹.　də³¹ɹi⁵³
ɕɯ³¹　nɯ³¹　ɔ³¹　ə³¹bɹa⁵⁵bɹa³¹　pə³¹　ten⁵⁵　gɯ⁷⁵⁵　wɑ⁷³¹　də³¹ɹi⁵³

RFLX MOOD哦 赶快　　　　　IMP 握 说 HRS 青蛙

快握住她。"

pə³¹sɯ⁵⁵	ŋɔːm⁵³ŋɔːm⁵³	ba³¹li⁵⁵	kɔ³¹ɹɑɹ⁵³	ɟɑ³¹ɹɑɹ⁵³	ə³¹gləi⁵⁵
pə³¹sɯ⁵⁵	ŋɔm⁵³ -3p -red	ba³¹li⁵⁵	kɔ³¹ɹɑɹ⁵³	ɟɑ³¹ɹɑɹ⁵³	ə³¹gləi⁵⁵
炒面	吃 -3pe -RED	又	对岸	这岸	跳

青蛙说完吃了炒面又在江面上跳来跳去。

wɑ³¹.	ɹə³¹məi⁵³ŋɯŋ⁵⁵	bət⁵⁵	wɑʔ³¹	pɔʔ⁵⁵	ə³¹jɑʔ⁵⁵	dɔːɹ⁵⁵	nɯ³¹
wɑ³¹	ɹə³¹məi⁵³ŋɯŋ⁵⁵	bət⁵⁵	wɑʔ³¹	pɔʔ⁵⁵	ə³¹jɑʔ⁵⁵	dɔːɹ⁵⁵	nɯ³¹
HRS	江水	干	HRS	时刻	那	次	TOP

tə³¹tɕɯ⁵⁵tɕəl⁵³	ma³¹	et⁵⁵et⁵⁵	ɕɯ³¹	ə³¹bɹɑ⁵⁵bɹɑ³¹	mə³¹dzɔːɹ⁵⁵	
tə³¹tɕɯ⁵⁵tɕəl⁵³	ma³¹	et⁵⁵ -red	ɕɯ³¹	ə³¹bɹɑ⁵⁵bɹɑ³¹	mə³¹dzɔɹ⁵⁵	-3p
孤儿	NEG	笑 -RED	RFLX	赶快	冲	-3pe

江水干的瞬间，这次孤儿没笑，赶紧冲过去

wɑ³¹	ŋəp³¹plɑʔ⁵⁵	mə³¹dʑəl⁵³	ɯ⁵⁵	tɕət⁵⁵tɕət⁵⁵	ten⁵⁵ten⁵⁵	wɑʔ³¹
wɑ³¹	ŋəp³¹plɑʔ⁵⁵	mə³¹dʑəl⁵³	ɯ⁵⁵	tɕət⁵⁵tɕət⁵⁵	ten⁵⁵ -red	wɑʔ³¹
HRS	鱼	姑娘	手	IDPH	抓 -RED	HRS

ə³¹ɲɑ⁵⁵ɕɯ³¹	wɑ³¹……	ŋəp³¹plɑʔ⁵⁵	mə³¹dʑəl⁵³	ə³¹jɑ⁵⁵	dɔ³¹
ə³¹ɲɑ⁵⁵ɕɯ³¹	wɑ³¹	ŋəp³¹plɑʔ⁵⁵	mə³¹dʑəl⁵³	ə³¹jɑ⁵⁵	dɔ³¹
哀求	HRS	鱼	姑娘	那个	LOC

紧紧抓住了鱼女子的手哀求。

tə³¹tɕɯ⁵⁵tɕəl⁵³	mə³¹nəŋ⁵⁵	lɔʔ⁵⁵	wɑ³¹,	tə³¹tɕɯ⁵⁵tɕəl⁵³	ba³¹li⁵⁵
tə³¹tɕɯ⁵⁵tɕəl⁵³	mə³¹nəŋ⁵⁵	lɔʔ⁵⁵	wɑ³¹	tə³¹tɕɯ⁵⁵tɕəl⁵³	ba³¹li⁵⁵
孤儿	时候	回	HRS	孤儿	又

mə³¹gam⁵³	ca⁵⁵	wɑ³¹.
mə³¹gam⁵³	ca⁵⁵	wɑ³¹
富裕	成为	HRS

鱼女子于是跟着孤儿回家了，孤儿又变成了富人。

　　从前有个孤儿，找不到妻子，自己一个人生活。孤儿去地里干活，晚上回到家，（发现）家里已经（有人）给他做好了饭，他很奇怪，想"是谁给我做好了饭？"

从那以后每隔两三天，（孤儿）去干活时，家里都有人为他做好饭。（孤儿）想"那到底是谁呀？"

一天，孤儿假装去地里干活，半路返回查看。原来是自己养在猪槽里的鱼，"扑通"跳出来，变成了（一个）姑娘，生火、舂米忙乎起来。

（见此情景）孤儿急忙进到屋里，抓住（她的）手，说："你嫁给我吧，我也是一个人生活着，我们一起生活吧。"于是，孤儿和鱼姑娘就结为了夫妻。

（孤儿）和鱼姑娘结为夫妻一起生活以后，鱼姑娘说："你做个牛圈吧。。"（孤儿）说："我一个孤儿又没有牛，做牛圈干什么？"（鱼姑娘）说："你做吧。"孤儿做好了牛圈，（第二天）早上一看，已经关上了一圈的牛。

（鱼姑娘）又说："你做个羊圈吧。"孤儿说："我又没有羊，做来关什么？"鱼姑娘说："你做吧。"孤儿做好了羊圈。（第二天）早上一看，已经关上了一羊圈的羊。从此（孤儿）富裕了起来。

孤儿富起来以后，他的舅妈眼红了，经常唆使（孤儿）："鱼姑娘有鱼腥味，把她抛弃吧，你舅妈把关在圆盒里的鸡女子嫁给你"。这以后孤儿也对他妻子说："你回去吧，我舅妈要嫁给我鸡姑娘。"

鱼姑娘说："我如果回去的话，你会变得很困难的，孤儿啊！"

一天，他舅妈在头发里夹了一根鱼骨头，让鱼姑娘看（捉）虱子。鱼姑娘发现了骨头，说："原来是吃我们的种族"，随后"扑通"一声跳到水里回去了。这样一来，所有的牛、羊、猪都跟着鱼姑娘跳回水里去了。

（鱼姑娘走后）孤儿到舅妈那儿去讨要媳妇，打开了竹盒子盖子（一看），里面只有一团鸡屎。孤儿重新变成穷汉。于是，孤儿整天整天坐在水边哭。

飞来了一只鹰，问："孤儿啊，你为什么伤心？"

"我哭是因为我妻子回到了水里"，（孤儿）把事情（的前因后果）讲述给了它。老鹰听后说了声"活该"就飞走了。

一会儿又飞来一只乌鸦，问："孤儿啊，你为什么哭？""我妻子回到了水里，所以哭的"，说着讲述了故事。乌鸦（听了）也说了"活该"就飞走了。

最后跳来了一只青蛙，问："孤儿啊，你为什么坐在这儿哭？""我妻子回到了水里，所以哭的"，（孤儿）说着把故事从头到尾告诉了青蛙。

"哦，没关系的。"青蛙说，又问："你家里有豆子吗？""有一点。"（孤儿对青蛙）说。（青蛙）说："你快去把它炒熟了，磨成炒面。"

孤儿把炒面磨好了，青蛙说："一会儿江水干了，看见你妻子，你一点也不要笑，赶紧冲过去把她抓住。"

青蛙吃了炒面，在江面上从这岸跳到那岸，又从那岸跳到这岸，青蛙这样一跳，江水立刻就干了，原来鱼女子在水里坐着织布呢。

孤儿一看见他妻子就忘了青蛙的警告，笑了。孤儿一笑，江水又涌了出来。孤儿一看他妻子不见了，又哭了。

"我说了一点也别笑，你不听，没关系，现在还有豆子吗？"青蛙问。（孤儿）

说："还剩余一点。"（青蛙）说："再去磨炒面来。"

孤儿又磨了炒面，（青蛙）说："这次你一点也别笑哦，快握住她。"青蛙说完吃了炒面又在江面上跳来跳去。江水干的瞬间，这次孤儿没笑，赶紧冲过去紧紧抓住了鱼女子的手哀求。鱼女子于是跟着孤儿回家了，孤儿又变成了富人。

2.4 星星姑娘

u³¹dzu⁵³	ə³¹laŋ⁵³	mə³¹tɕəl⁵³waŋ⁵³		mə³¹li⁵³	ɕa³¹sət⁵⁵pəi⁵³
u³¹dzu⁵³	ə³¹laŋ⁵³	mə³¹tɕəl⁵³waŋ⁵³		mə³¹li⁵³	ɕa³¹sət⁵⁵pəi⁵³
前	时候	木千汪		野外	好猎手

mə³¹tɕəl⁵³waŋ⁵³puŋ⁵⁵		la:n⁵⁵	ə³¹tsəŋ⁵³	ti³¹	ɟɔ⁷⁵⁵	əl⁵³	wa³¹.
mə³¹tɕəl⁵³waŋ⁵³puŋ⁵⁵		lən⁵⁵ -3p	ə³¹tsəŋ⁵³	ti³¹	ɟɔ⁷⁵⁵	əl⁵³	wa³¹
木千汪普		叫作 -3pe	人	一	CL	有	HRS

过去，木千汪这个地方有个好猎手叫木千汪普。

əŋ⁵³	nɯ³¹	ə³¹daŋ⁵⁵ma³¹daŋ⁵⁵		tuŋ⁵³	le³¹	ɕa⁵⁵	wa⁵⁵	le³¹	di⁵⁵
əŋ⁵³	nɯ³¹	ə³¹daŋ⁵⁵ma³¹daŋ⁵⁵		tuŋ⁵³	le³¹	ɕa⁵⁵	wa⁵⁵	le³¹	di⁵⁵
3SG	TOP	经常		卤水场	ALL	猎物	做	ALL	去

wa³¹,	ə³¹məŋ⁵⁵	lɔ⁷⁵⁵	mə³¹	ɹi⁵³	wa³¹.	ɕa⁵⁵	sa:t⁵⁵		bəi³¹
wa³¹	ə³¹məŋ⁵⁵	lɔ⁷⁵⁵	mə³¹	ɹi⁵³	wa³¹	ɕa⁵⁵	sət⁵⁵ -3p		bəi³¹
HRS	空	回	NEG	过	HRS	猎物	打 -3pe		CONJ

他经常到卤水场（山林里出卤水之处，动物定期来喝卤水补充盐分）边打猎，从未空手回过。

kɹɔŋ⁵⁵	ə³¹tsəŋ⁵³	le³¹	ti³¹tɕi⁵⁵	tɔ:n⁵³		wa³¹.	ti³¹	kət⁵⁵	nɯ³¹
kɹɔŋ⁵⁵	ə³¹tsəŋ⁵³	le³¹	ti³¹tɕi⁵⁵	tɔn⁵³ -3p		wa³¹	ti³¹	kət⁵⁵	nɯ³¹
村子	人	ALL	一样	分 -3pe		HRS	一	次	TOP

每当打到猎物就把猎物平分给村里人。有一次，

mə³¹tɕəl⁵³waŋ⁵³puŋ⁵⁵		tuŋ⁵³	le³¹	di⁵⁵	wa³¹,	ɕa³¹mal⁵⁵	dɔ³¹	ɟɯ⁵⁵
mə³¹tɕəl⁵³waŋ⁵³puŋ⁵⁵		tuŋ⁵³	le³¹	di⁵⁵	wa³¹	ɕa³¹mal⁵⁵	dɔ³¹	ɟɯ⁵⁵
木千汪普		卤水场	ALL	去	HRS	猎物脚印	LOC	扣子

木千汪普到卤水场去，

ɔ:⁵³		wa³¹,	ə³¹ja⁵⁵	nɯ³¹	təi⁵⁵	e⁵⁵	bəi³¹	ɕɯ³¹	ti³¹	gɯ⁵⁵	a⁵⁵

wa⁵³   -3p   wa³¹   ə³¹ja⁵⁵   nɯ³¹   təi⁵⁵   e⁵⁵   bəi³¹   ɕɯ³¹   ti³¹   gɯ⁵⁵   ɑ⁵⁵

做   -3pe   HRS   那个   TOP   怎么   是   CONJ   也   一   CL   套住

tɯʔ³¹e³¹   mit⁵⁵   ɕɯ³¹   wa³¹.   tɯːm⁵⁵   ɟəŋ⁵⁵   le³¹   di⁵⁵   wa ʔ³¹

tɯʔ³¹e³¹   mit⁵⁵   ɕɯ³¹   wa³¹   tɯm⁵⁵   -ins   ɟəŋ⁵⁵   le³¹   di⁵⁵   wa ʔ³¹

INFR   思想   RFLX   HRS   后面   -INSTR   看   ALL   去   HRS

在有野兽脚印之处放了扣子，心想，这怎么也能套住一只猎物。后来去看扣子，

bəi³¹   ə³¹məŋ⁵⁵   tɕe³¹   ə³¹pət⁵⁵   mɯ³¹   wa³¹.   ək³¹kət⁵⁵   ək³¹kət⁵⁵

bəi³¹   ə³¹məŋ⁵⁵   tɕe³¹   ə³¹pət⁵⁵   mɯ³¹   wa³¹   ək³¹kət⁵⁵   ək³¹kət⁵⁵

CONJ   空   只   放   DISC   HRS   次   次

是放空的。

e³¹wa⁵⁵   cɑ⁵⁵   wa ʔ³¹   mə³¹nəŋ⁵⁵   ək³¹pəi⁵³   le³¹   pɯːt⁵⁵   wa³¹.

e³¹wa⁵⁵   cɑ⁵⁵   wa ʔ³¹   mə³¹nəŋ⁵⁵   ək³¹pəi⁵³   le³¹   pɯt⁵⁵   -3p   wa³¹

那样   成为   HRS   时候   他爸爸   ALL   告诉   -3pe   HRS

一连几次这样（没套住猎物）以后，他告诉了他的父亲。

"ə³¹nəm⁵⁵   dɔːɹ⁵⁵   ɟɯ⁵⁵   nə³¹   ɔː⁵³   bəi³¹   tɕu ʔ⁵⁵   pa³¹

ə³¹nəm⁵⁵   dɔːɹ⁵⁵   ɟɯ⁵⁵   nə³¹   wa⁵³   -3p   bəi³¹   tɕu ʔ⁵⁵   pa³¹

后来   次   扣子   2p   做   -3pe   CONJ   一点   IMP

sə³¹mɔːt⁵⁵"   gɯ ʔ⁵⁵   dʑin³¹   ək³¹pəi⁵³   mi³¹   sə³¹laːp⁵⁵   wa³¹.

sə³¹mɔt⁵⁵   -2p   gɯ ʔ⁵⁵   dʑin³¹   ək³¹pəi⁵³   mi³¹   sə³¹ləp⁵⁵   -3p   wa³¹

祷告   -2se   说   着   他爸爸   AGT   教   -3pe   HRS

"下一次下扣子的话，就（向）山神祷告一下。"他父亲说。

tɯp⁵⁵ni⁵³   ɟɯ⁵⁵   wa⁵⁵   le³¹   di⁵⁵   wa ʔ³¹   bəi³¹   gəi³¹səŋ⁵⁵   nəŋ⁵⁵gəm⁵³

tɯp⁵⁵ni⁵³   ɟɯ⁵⁵   wa⁵⁵   le³¹   di⁵⁵   wa ʔ³¹   bəi³¹   gəi³¹səŋ⁵⁵   nəŋ⁵⁵gəm⁵³

次日   扣子   做   ALL   去   HRS   CONJ   真的   好好

ɟɯ⁵⁵   dɯːn⁵⁵dɯːn⁵⁵   sə³¹mɔːt⁵⁵   wa³¹.   "sə³¹ɹi⁵³   nə³¹   di ʔ⁵⁵

ɟɯ⁵⁵   dɯn⁵⁵   -3p   -red   sə³¹mɔt⁵⁵   -3p   wa³¹   sə³¹ɹi⁵³   nə³¹   di ʔ⁵⁵

扣子   支   -3pe   -RED   祷告   -3pe   HRS   麂子   2p   走

次日去下扣子，（木千汪普）支好扣子，

bəi³¹   sə³¹ɹi⁵³   lɑ ʔ⁵⁵   nə³¹   ɑ⁵⁵,   ə³¹dzu ʔ⁵⁵   nə³¹   di ʔ⁵⁵   bəi³¹   ə³¹dzu ʔ⁵⁵

bəi³¹ sə³¹ɹi⁵³ lɑ⁷⁵⁵ nə³¹ ɑ⁵⁵ ə³¹dzu⁷⁵⁵ nə³¹ di⁷⁵⁵ bəi³¹ ə³¹dzu⁷⁵⁵
CONJ 麂子 JUSS 2p 套住 山鹿 2p 走 CONJ 山鹿

lɑ⁷⁵⁵ nə³¹ ɑ⁵⁵" guɯ⁷⁵⁵ dʑin³¹ sə³¹mɔ:t⁵⁵ wɑ³¹. ə³¹nəm⁵⁵ ɟɯ⁵⁵
lɑ⁷⁵⁵ nə³¹ ɑ⁵⁵ guɯ⁷⁵⁵ dʑin³¹ sə³¹mɔt⁵⁵ -3p wɑ³¹ ə³¹nəm⁵⁵ ɟɯ⁵⁵
JUSS 2p 套住 说 着 祷告 -3pe HRS 后来 扣子
祷告说："来麂子就套住麂子，来山鹿就套住山鹿。"

ɟəŋ⁵⁵ le³¹ di⁵⁵ wɑ⁷³¹ bəi³¹ ça⁵⁵ nɯ³¹ mə³¹ ɑ⁵⁵ mɯ³¹ wɑ³¹,
ɟəŋ⁵⁵ le³¹ di⁵⁵ wɑ⁷³¹ bəi³¹ ça⁵⁵ nɯ³¹ mə³¹ ɑ⁵⁵ mɯ³¹ wɑ³¹
看 ALL 去 HRS CONJ 猎物 TOP NEG 套住 DISC HRS
后来去看扣子，没套住猎物，

nəm⁵³ wɑ³¹ me⁷⁵⁵ lɑ:⁷⁵⁵ cɯm³¹ɟɔ⁷⁵⁵ɹɑ⁵⁵ ti³¹ ɟɔ⁷⁵⁵ ləŋ³¹ ɑ⁵⁵
nəm⁵³ wɑ³¹ me⁷⁵⁵ lɑ⁷⁵⁵ -3p cɯm³¹ɟɔ⁷⁵⁵ɹɑ⁵⁵ ti³¹ ɟɔ⁷⁵⁵ ləŋ³¹ ɑ⁵⁵
太阳 样 眼睛 刺眼 -3pe 姑娘 一 CL CONTR 套住
却套住了一个太阳般刺眼（美丽耀眼）的姑娘，

mɯ³¹ wɑ³¹, mə³¹tɕəl⁵³waŋ⁵³puŋ⁵⁵ ə³¹jɑ⁵⁵ dɔ³¹ nɯi⁵⁵ ɑ⁵⁵pə³¹ɑ⁵⁵
mɯ³¹ wɑ³¹ mə³¹tɕəl⁵³waŋ⁵³puŋ⁵⁵ ə³¹jɑ⁵⁵ dɔ³¹ nɯi⁵⁵ ɑ⁵⁵pə³¹ɑ⁵⁵
DISC HRS 木千汪普 那个 LOC 嘴巴 IDPH

xəŋ⁵³ wɑ³¹. "ə³¹lɑ⁵³pəi³¹, kɹɑ⁷⁵⁵ pə³¹ kək⁵⁵ ɹaŋ³¹ təŋ⁵⁵
xəŋ⁵³ wɑ³¹ ə³¹lɑ⁵³pəi³¹ kɹɑ⁷⁵⁵ pə³¹ kɑ⁷⁵⁵ -1p ɹa³¹ -1p təŋ⁵⁵
发呆 HRS 表兄 快 IMP 解开 -1sg DIR -1sg 什么
木千汪普张着嘴巴惊呆在那儿了。

le³¹ nə³¹ dɑ⁵³" guɯ⁷⁵⁵ wɑ³¹ cɯm³¹ɟɔ⁷⁵⁵ɹɑ⁵⁵. "na⁵³ ə³¹ɹɑ⁵⁵ mə³¹li⁵³
le³¹ nə³¹ dɑ⁵³ guɯ⁷⁵⁵ wɑ³¹ cɯm³¹ɟɔ⁷⁵⁵ɹɑ⁵⁵ na⁵³ ə³¹ɹɑ⁵⁵ mə³¹li⁵³
ALL 2p 呆看 说 HRS 姑娘 2SG 哪儿 地方
"表兄，快解开我，发什么呆啊！"姑娘说。

mə³¹dʑəl⁵³ ne⁵⁵, jɑ⁵⁵ dɔ³¹ nɯ³¹ ku³¹dzɑ⁵⁵ tɕe³¹ ə³¹ɹʑɑɹ⁵³
mə³¹dʑəl⁵³ ne⁵⁵ jɑ⁵⁵ dɔ³¹ nɯ³¹ ku³¹dzɑ⁵⁵ tɕe³¹ ə³¹ɹʑɑɹ⁵³
姑娘 是 这 LOC TOP 猛兽 只 游荡
"你是哪儿的女子，这里尽是野兽出没的地方，

mə³¹li⁵³　　e⁵⁵,　　ɟa⁵⁵　le³¹　təŋ⁵⁵　wa⁵⁵　le³¹　nə³¹　di⁵³"　　ɡɯ²⁵⁵　dʑin³¹

mə³¹li⁵³　　e⁵⁵　　ɟa⁵⁵　le³¹　təŋ⁵⁵　wa⁵⁵　le³¹　nə³¹　di⁵³　　ɡɯ²⁵⁵　dʑin³¹

地方　　　是　　这　ALL　什么　做　　ALL　2p　走　　说　　着

你到这里来做什么？"

ə³¹bɹɑ⁵⁵bɹɑ³¹　　ka:²⁵⁵　　　　wa³¹.　"ŋa⁵³　nɯ³¹　ŋɔ⁵⁵　mu²⁵⁵　dɔ³¹

ə³¹bɹɑ⁵⁵bɹɑ³¹　　ka²⁵⁵　-3p　wa³¹　ŋa⁵³　nɯ³¹　ŋɔ⁵⁵　mu²⁵⁵　dɔ³¹

赶快　　　　　解开　-3pe　HRS　1SG　TOP　上面　天空　LOC

说着木千汪普赶紧解开了她。

ɡɯ³¹met⁵⁵　　mə³¹dʑəl⁵³　iŋ⁵⁵,　　　sa²⁵⁵　bal⁵⁵　mi³¹　ŋaŋ⁵⁵　ŋa²⁵⁵　le³¹

ɡɯ³¹met⁵⁵　　mə³¹dʑəl⁵³　e⁵⁵　-1p　sa²⁵⁵　bal⁵⁵　mi³¹　ŋaŋ⁵⁵　ŋa²⁵⁵　le³¹

星星　　　　姑娘　　　是　-1sg　口　渴　　AGT　水　　喝　　ALL

姑娘说："我是天上的星星姑娘，

ɕɔm⁵⁵　　　　dɔ³¹　na⁵³　ɟɯ⁵⁵　dɔ³¹　aŋ⁵⁵　　　ɹaŋ³¹"　　ɡɯ²⁵⁵　wa³¹.

ɕɔm⁵³　-1p　dɔ³¹　na⁵³　ɟɯ⁵⁵　dɔ³¹　a⁵⁵　-1p　ɹa³¹　-1p　ɡɯ²⁵⁵　wa³¹

下　　-1sg　LOC　2SG　扣子　LOC　套住　-1sg　DIR　-1sg　说　　HRS

因为口渴下来喝水，被你的扣子套住了。"

e³¹wa⁵⁵　ɡɯ:²⁵⁵　　　mə³¹nəŋ⁵⁵　　mə³¹tɕəl⁵³waŋ⁵³puŋ⁵⁵　　　nɯ³¹　ə³¹ja⁵⁵

e³¹wa⁵⁵　ɡɯ²⁵⁵　-3p　mə³¹nəŋ⁵⁵　　mə³¹tɕəl⁵³waŋ⁵³puŋ⁵⁵　　　nɯ³¹　ə³¹ja⁵⁵

那样　　说　　-3pe　时候　　　　木千汪普　　　　　　　　　　TOP　那个

ɡə³¹mɯ⁵⁵nəm³¹la⁵⁵　　mi³¹　ɔ:⁵³　　　　e⁵⁵　ɹa³¹　mit⁵⁵　ɕɯ³¹　wa³¹,

ɡə³¹mɯ⁵⁵nəm³¹la⁵⁵　　mi³¹　wa⁵³　-3p　e⁵⁵　ɹa³¹　mit⁵⁵　ɕɯ³¹　wa³¹

天意　　　　　　　　AGT　做　　-3pe　是　DISC　思想　RFLX　HRS

（姑娘）这样一说，木千汪普心里想这应该是天意，

"ɟa⁵⁵　le³¹　ləŋ³¹　nə³¹　ɕɔm⁵³　dza²³¹　bəi³¹　mən³¹　lɔ²⁵⁵　bɯ³¹　ŋa⁵³

ɟa⁵⁵　le³¹　ləŋ³¹　nə³¹　ɕɔm⁵³　dza²³¹　bəi³¹　mən³¹　lɔ²⁵⁵　bɯ³¹　ŋa⁵³

这　ALL　CONTR　2p　下　　DIR　CONJ　NEG2　回　DIR　1SG

le³¹　pə³¹　ɹɕɹ⁵⁵　　　ɹa³¹"　ɡɯ:²⁵⁵　　　wa³¹.　"də³¹ɡɯ⁵³　ni⁵⁵

le³¹　pə³¹　ɹɕɹ⁵³　-2p　ɹa³¹　ɡɯ²⁵⁵　-3p　wa³¹　də³¹ɡɯ⁵³　ni⁵⁵

ALL　IMP　坐　　-2sg　DIR　说　　-3pe　HRS　九　　　天

就说："既然你下到这儿来了，就别回去了，就嫁给我吧。"

də³¹gɯ⁵³　ɟa⁷⁵⁵　ə³¹sɯn⁵⁵　nə³¹　ca⁷⁵⁵　bəi³¹　na⁵³　le³¹　lɔk⁵⁵
də³¹gɯ⁵³　ɟa⁷⁵⁵　ə³¹sɯn⁵⁵　nə³¹　ca⁷⁵⁵　bəi³¹　na⁵³　le³¹　lɔ⁷⁵⁵　-1p
九　　　　夜　　守护　　　2p　　成　　CONJ　2SG　ALL　回　　-1sg

ɹaŋ³¹　　　niŋ³¹"　　gɯ⁷⁵⁵　wa³¹　gɯ³¹met⁵⁵　mə³¹dʑəl⁵³　ə³¹ja⁷⁵⁵
ɹa³¹　-1p　niŋ³¹　　gɯ⁷⁵⁵　wa³¹　gɯ³¹met⁵⁵　mə³¹dʑəl⁵³　ə³¹ja⁷⁵⁵
DIR　-1sg　MOOD　说　　HRS　星星　　　　姑娘　　　　那
"如果你能守我九天九夜，我就嫁给你，"星星姑娘说。

mə³¹nəŋ⁵⁵　nɯ³¹　mə³¹tɕəl⁵³waŋ⁵³puŋ⁵⁵　　mi³¹　ə³¹sɯ:n⁵⁵　　　wa³¹,
mə³¹nəŋ⁵⁵　nɯ³¹　mə³¹tɕəl⁵³waŋ⁵³puŋ⁵⁵　　mi³¹　ə³¹sɯn⁵⁵　-3p　wa³¹
时候　　　TOP　木千汪普　　　　　　　　AGT　守护　　　-3pe　HRS
这样，木千汪普就开始守了，

me⁷⁵⁵　mə³¹　pa:t⁵⁵　ə³¹ja⁷⁵⁵　əŋ³¹ja⁷⁵⁵　ɹɯ⁵³　dʑin³¹
me⁷⁵⁵　mə³¹　pət⁵⁵　-3p　əŋ³¹ja⁷⁵⁵　əŋ³¹ja⁷⁵⁵　ɹɯ⁵³　dʑin³¹
眼睛　　NEG　闭　　-3pe　夜　　　　夜　　　　坐　　着

ə³¹sɯ:n⁵⁵　　　wa³¹.　çət⁵⁵　ni⁵⁵　çət⁵⁵　ja⁷⁵⁵　ə³¹sɯ:n⁵⁵　　　wa³¹,
ə³¹sɯn⁵⁵　-3p　wa³¹　çət⁵⁵　ni⁵⁵　çət⁵⁵　ja⁷⁵⁵　ə³¹sɯn⁵⁵　-3p　wa³¹
守护　　-3pe　HRS　八　　天　　八　　夜　　守护　　　-3pe　HRS
睁着眼夜夜坐着守(星星姑娘)。八天八夜过去了，

də³¹gɯ⁵³　ni⁵⁵　ə³¹sɯ:n⁵⁵　　　wa³¹,　də³¹gɯ⁵³　ja⁷⁵⁵　ca⁵⁵　wa⁷³¹
də³¹gɯ⁵³　ni⁵⁵　ə³¹sɯn⁵⁵　-3p　wa³¹　də³¹gɯ⁵³　ja⁷⁵⁵　ca⁵⁵　wa⁷³¹
九　　　　天　　守护　　　-3pe　HRS　九　　　　夜　　成为　HRS
守了九天，

mə³¹nəŋ⁵⁵　kəm⁵⁵　im³¹ɟɯ:i⁵⁵　　　mə³¹　dʑa:n³¹　　　wa³¹.　təi⁵⁵
mə³¹nəŋ⁵⁵　kəm⁵⁵　im³¹ɟɯ⁵⁵　-ins　mə³¹　dʑan⁵⁵　-3p　wa³¹　təi⁵⁵
时候　　　怎么也　瞌睡　　　-INSTR　NEG　忍受　　　-3pe　HRS　怎么
到了第九夜，怎么（努力）也忍受不了瞌睡。

wa⁵⁵　çɯ³¹　wa⁷³¹　bəi³¹　çɯ³¹　me⁷⁵⁵　ma³¹　gai⁵⁵　wa³¹　ta⁷³¹　ca⁵⁵
wa⁵⁵　çɯ³¹　wa⁷³¹　bəi³¹　çɯ³¹　me⁷⁵⁵　ma³¹　gai⁵⁵　wa³¹　ta⁷³¹　ca⁵⁵
做　　RFLX　HRS　CONJ　也　　眼睛　NEG　睁开　HRS　COMP　成

无论怎么做也睁不开眼睛。

waʔ³¹	tɕi³¹.	nəm⁵³	ə³¹səŋ⁵³	pəŋ³¹waʔ⁵⁵	mə³¹nəŋ⁵⁵	tɕu²⁵⁵	tɕe³¹
waʔ³¹	tɕi³¹	nəm⁵³	ə³¹səŋ⁵³	pəŋ³¹waʔ⁵⁵	mə³¹nəŋ⁵⁵	tɕu²⁵⁵	tɕe³¹
HRS	EXP	天	亮	PROS	时候	一点	仅

im³¹ɻɯ⁵⁵	ə³¹ɟɔ:ŋ⁵⁵		waʔ³¹	ə³¹laŋ⁵³	guɯ³¹met⁵⁵	mə³¹dʑəl⁵³	tɔi⁵³
im³¹ɻɯ⁵⁵	ə³¹ɟɔŋ⁵⁵	-3p	waʔ³¹	ə³¹laŋ⁵³	guɯ³¹met⁵⁵	mə³¹dʑəl⁵³	tɔi⁵³
瞌睡	睡着	-3pe	HRS	时候	星星	姑娘	早

mu²⁵⁵	le³¹	lɔ:²⁵⁵		luŋ³¹	waʔ³¹	tɕi³¹	e⁵⁵	waʔ³¹.
mu²⁵⁵	le³¹	lɔ²⁵⁵	-3p	luŋ³¹	waʔ³¹	tɕi³¹	e⁵⁵	waʔ³¹
天空	ALL	回	-3pe	PFV-NV		HRS	EXP	是	HRS

天快亮时就睡着一会儿的功夫，星星姑娘早已回到了天上。

　　过去，木千汪这个地方有个好猎手叫木千汪普，他经常到卤水场（山林里出卤水之处，动物定期来喝卤水补充盐分）边打猎，从未空手回过。

　　每当打到猎物就把猎物平分给村里人。有一次，木千汪普到卤水场去，在有野兽脚印之处放了扣子，心想，这怎么也能套住一只猎物。后来去看扣子，是放空的。

　　一连几次这样（没套住猎物）以后，他告诉了他的父亲。"下一次下扣子时，就（向）山神祷告一下。"他父亲教他说。次日去下扣子，（木千汪普）支好扣子，祷告说："来麂子就套住麂子，来山鹿就套住山鹿。"

　　后来去看扣子，没套住猎物，却套住了一个太阳般刺眼（美丽耀眼）的姑娘，木千汪普张着嘴巴惊呆在那儿了。"表兄，快解开我，发什么呆啊！"姑娘说。"你是哪儿的女子，这里尽是野兽出没的地方，你到这里来做什么？"说着木千汪普赶紧解开了她。

　　姑娘说："我是天上的星星姑娘，因为口渴下来喝水，被你的扣子套住了。"（姑娘）这样一说，木千汪普心里想这应该是天意，就说："既然你下到这儿来了，就别回去了，就嫁给我吧。"

　　"如果你能守我九天九夜，我就嫁给你。"星星姑娘说。

　　这样，木千汪普就开始守了，睁着眼夜夜坐着守(星星姑娘)。八天八夜过去了，守了九天，到了第九夜，怎么（努力）也忍受不了瞌睡。无论怎么做也睁不开眼睛。天快亮时就睡着一会儿的功夫，星星姑娘早已回到了天上。

2.5 列那狐偷鱼

ti³¹	ni⁵⁵	nɯ³¹	tə³¹tɐi⁵⁵	dzɯŋ⁵³	waʔ³¹	nəm⁵³	ɕɯ³¹	mɯʔ⁵⁵,

ti³¹　ni⁵⁵　nɯ³¹　tə³¹tɐi⁵⁵　dzɯŋ⁵³　wɑ³¹　nəm⁵³　ɕɯ³¹　mɯ²⁵⁵
一　　天　　TOP　十分　　冷　　　HRS　天　　也　　阴

一天，天气非常寒冷，天也阴，

pə³¹gui⁵³le⁵⁵na⁵³　　mi³¹　ɕɯm⁵³　dɔ³¹　təŋ⁵⁵　kə³¹ɹɑ⁵⁵e⁵⁵　ə³¹ja⁵⁵
pə³¹gui⁵³le⁵⁵na⁵³　　mi³¹　ɕɯm⁵³　dɔ³¹　təŋ⁵⁵　kə³¹ɹɑ⁵⁵e⁵⁵　ə³¹ja⁵⁵
列那狐　　　　　　AGT　家　　LOC　什么　所有的　　　那个

sa:l⁵⁵　　　bəi³¹　ɕɯ³¹　kəi⁵⁵　sɑ³¹　təŋ⁵⁵　ti³¹tɕu²⁵⁵　ɕɯ³¹　mə³¹
sal⁵⁵　　　bəi³¹　ɕɯ³¹　kəi⁵⁵　sɑ³¹　təŋ⁵⁵　ti³¹tɕu²⁵⁵　ɕɯ³¹　mə³¹
翻　-3pe　CONJ　也　吃　NOM　什么　　一点　　　也　　NEG

狐狸列那把家里的所有东西都翻了出来，但找不到一点儿吃的。

lɔ:n⁵⁵　　　　wɑ³¹.　le³¹na⁵³　pə³¹ma⁵⁵　xai⁵⁵mei⁵⁵liŋ⁵³　sɑ³¹ɹɑ⁵⁵　dɔ³¹
lɔn⁵⁵　-3p　wɑ³¹　le³¹na⁵³　pə³¹ma⁵⁵　xai⁵⁵mei⁵⁵liŋ⁵³　sɑ³¹ɹɑ⁵⁵　dɔ³¹
找到　-3pe　HRS　列那　妻子　　海梅琳　　　　　椅子　　LOC

ɹɕɹ⁵³　dʑin³¹　mit⁵⁵　tə³¹ɕɑ⁵³　wɑ³¹.　"tɐi⁵⁵　wɑ⁵⁵　sɑ³¹　dai⁵³?　ɕɯm⁵³
ɹɕɹ⁵³　dʑin³¹　mit⁵⁵　tə³¹ɕɑ⁵³　wɑ³¹　təi⁵⁵　wɑ⁵⁵　sɑ³¹　dai⁵³　ɕɯm⁵³
坐　　着　　思想　苦恼　　HRS　怎么　做　　NOM　MOOD　家

列那的妻子海梅琳坐在椅子上忧虑地说："怎么办啊？

dɔ³¹　təŋ⁵⁵　kəi⁵⁵　sɑ³¹　ɕɯ³¹　mal⁵³,　tən⁵⁵　na³¹gɔ²⁵⁵　ma²⁵⁵　lɔ²⁵⁵
dɔ³¹　təŋ⁵⁵　kəi⁵⁵　sɑ³¹　ɕɯ³¹　mal⁵³　tən⁵⁵　na³¹gɔ²⁵⁵　ma²⁵⁵　lɔ²⁵⁵
LOC　什么　吃　　NOM　也　　没有　　现在　　孩子　　们　　回

pəŋ³¹wɑ⁵³　ɹɑ³¹,　təŋ⁵⁵　sə³¹　kəi⁵⁵　ɕin³¹?　əŋ³¹niŋ⁵⁵　e³¹wɑ⁵⁵　tɕiŋ⁵³,
pəŋ³¹wɑ⁵³　ɹɑ³¹　təŋ⁵⁵　sə³¹　kəi⁵⁵　ɕin³¹　əŋ³¹niŋ⁵⁵　e³¹wɑ⁵⁵　tɕiŋ⁵³
PROS　　　DIR　什么　CAUS吃　MOOD　3PL　　　那样　　小

家里什么吃的都没有了，现在孩子们就要回来了，给他们吃什么？他们那样小，

mit⁵⁵　ɕɯ³¹　ma³¹　da⁵⁵,　pə³¹ɹai⁵⁵　ɕi⁵³　bəi³¹　ŋɯ⁵³　luk³¹　e⁵⁵,　əi⁵³!"
mit⁵⁵　ɕɯ³¹　ma³¹　da⁵⁵　pə³¹ɹai⁵⁵　ɕi⁵³　bəi³¹　ŋɯ⁵³　luk³¹　e⁵⁵　əi⁵³
思想　RFLX　NEG　有　　肚子　　饿　CONJ　哭　　PFV-NV　是　EXL

也不懂事，饿了肚子总是会哭，唉！"

pə³¹gui⁵³　ək³¹pəi⁵³　le³¹na⁵³　ɕɯ³¹　na³¹gɔ²⁵⁵　ŋɯ⁵³　le³¹　ɟəŋ⁵⁵　mə³¹

pə³¹gui⁵³   ək³¹pəi⁵³   le³¹na⁵³   ɕɯ³¹   na³¹gɔ⁷⁵⁵   ŋɯ⁵³   le³¹   ɟəŋ⁵⁵   mə³¹

狐狸   爸爸   列那   也   孩子   哭   ALL   看   NEG

dʑɑ:⁷⁵⁵   wa³¹,   ə³¹dɯ⁵³   ɕɯ³¹   pə³¹ɹai⁵⁵   tə³¹təi⁵⁵   ɕi⁵³   wa³¹.

dʑɑ⁷⁵⁵ -3p   wa³¹   ə³¹dɯ⁵³   ɕɯ³¹   pə³¹ɹai⁵⁵   tə³¹təi⁵⁵   ɕi⁵³   wa³¹

敢   -3pe   HRS   自己   也   肚子   很   饿   HRS

狐狸父亲列那也不敢面对孩子哭，自己也很饿，

ə³¹ja⁷⁵⁵   mə³¹nəŋ⁵⁵   mə³¹li⁵³   le³¹   di⁵⁵   wa³¹,   təŋ⁵⁵   gɯ⁵⁵   tɕu⁷⁵⁵

ə³¹ja⁷⁵⁵   mə³¹nəŋ⁵⁵   mə³¹li⁵³   le³¹   di⁵⁵   wa³¹   təŋ⁵⁵   gɯ⁵⁵   tɕu⁷⁵⁵

那   时候   野外   ALL   去   HRS   什么   INTR   一点

ə³¹lɔn⁵⁵   ma³¹   ma³¹   sa⁵⁵   mit⁵⁵   ɕɯ³¹   dʑin³¹   di⁵⁵   wa³¹.   mə³¹li⁵³

ə³¹lɔn⁵⁵   ma³¹   ma³¹   sa⁵⁵   mit⁵⁵   ɕɯ³¹   dʑin³¹   di⁵⁵   wa³¹   mə³¹li⁵³

找到   NEG   NEG   知道   想   RFLX   着   去   HRS   野外

就出门了，心里想着，说不准能找到什么呢。

dɔ³¹   nɯ³¹   nəm³¹pɯŋ⁵³   tə³¹təi⁵⁵   waŋ⁵⁵   wa³¹,   ɕiŋ³¹ləp⁵⁵   ti³¹   ləp⁵⁵

dɔ³¹   nɯ³¹   nəm³¹pɯŋ⁵³   tə³¹təi⁵⁵   waŋ⁵⁵   wa³¹   ɕiŋ³¹ləp⁵⁵   ti³¹   ləp⁵⁵

LOC   TOP   风   十分   刮   HRS   树叶   一   叶

ma³¹   lɔn⁵⁵.   ə³¹ɹɑ⁵⁵   le³¹   kəi⁵⁵   sa³¹   lɑ⁵⁵   sa³¹   dai⁵³?   le³¹na⁵³

ma³¹   lɔn⁵⁵   ə³¹ɹɑ⁵⁵   le³¹   kəi⁵⁵   sa³¹   lɑ⁵⁵   sa³¹   dai⁵³   le³¹na⁵³

NEG   找到   哪儿   ALL   吃   NOM   找   NOM   MOOD   列那

外边风很大，连片树叶也找不着，到哪里找吃的呢？

ə³¹sa⁵⁵   dɔ³¹   ɹɔŋ⁵⁵ɹɔŋ⁵⁵   mit⁵⁵   tə³¹ɕa⁵³   mi³¹   me⁷⁵⁵   pi⁵⁵   ɕɯ³¹

ə³¹sa⁵⁵   dɔ³¹   ɹɔŋ⁵³ -red   mit⁵⁵   tə³¹ɕa⁵³   mi³¹   me⁷⁵⁵   pi⁵⁵   ɕɯ³¹

地   LOC   坐   -RED   思想   苦恼   BEC   眼睛   闭   RFLX

列那坐在地上很忧愁地闭上了眼睛。

wa³¹.   ə³¹ja⁷⁵⁵   ə³¹laŋ⁵³,   le³¹na⁵³   sə³¹na⁵⁵   tɕu⁷⁵⁵   sɯp⁵⁵lə³¹sɯp⁵⁵

wa³¹   ə³¹ja⁷⁵⁵   ə³¹laŋ⁵³   le³¹na⁵³   sə³¹na⁵⁵   tɕu⁷⁵⁵   sɯp⁵⁵lə³¹sɯp⁵⁵

HRS   那   时候   列那   鼻子   一点   IDPH

wa⁷³¹wa⁷³¹   me⁷⁵⁵   gai⁵⁵   ɕɯ³¹   wa³¹.   ə:ŋ⁵³   nəm³¹pɯŋ⁵³

wa⁷³¹ -red   me⁷⁵⁵   gai⁵⁵   ɕɯ³¹   wa³¹   əŋ⁵³ -agt   nəm³¹pɯŋ⁵³

做　　-RED　眼睛　　睁开　　RFLX　HRS　　3SG　　-AGT　风
就在这时，列那的鼻子嗅了嗅，睁开了眼睛。

ə³¹duŋ⁵⁵	pɑːŋ³¹	ŋəp³¹plɑʔ⁵⁵	si⁷⁵⁵	tɕu⁷⁵⁵	pə³¹nɑːm⁵⁵		wɑ³¹.
ə³¹duŋ⁵⁵	pɑːŋ³¹	ŋəp³¹plɑʔ⁵⁵	si⁷⁵⁵	tɕu⁷⁵⁵	pə³¹nəm⁵⁵	-3p	wɑ³¹
撞	ABL	鱼	有味	一点	闻	-3pe	HRS

他从风里闻到了鱼腥味！

le³¹nɑ⁵³	sə³¹nɑ⁵⁵	nɯ³¹	ə³¹dɯ⁵³	u³¹nu⁷⁵⁵	ti³¹tɕi⁵⁵	wɑ³¹	gɔt⁵⁵
le³¹nɑ⁵³	sə³¹nɑ⁵⁵	nɯ³¹	ə³¹dɯ⁵³	u³¹nu⁷⁵⁵	ti³¹tɕi⁵⁵	wɑ³¹	gɔt⁵⁵
列那	鼻子	TOP	自己	脑子	一样	样	灵敏

列那的鼻子跟他的脑子一样灵敏，

wɑ³¹,	tɕu⁷⁵⁵	ŋəm⁵⁵	ə³¹jɑ⁵⁵	ɕɯ³¹	mɑ³¹	ə³¹lɑːi⁵⁵,		ə³¹jɑ⁵⁵
wɑ³¹	tɕu⁷⁵⁵	ŋəm⁵⁵	ə³¹jɑ⁵⁵	ɕɯ³¹	mɑ³¹	ə³¹ləi⁵⁵	-3p	ə³¹jɑ⁵⁵
HRS	一点	香味	那个	也	NEG	错过	-3pe	那个

不会错过一点美味，

mə³¹dəm⁵³	əŋ⁵³	tən⁵⁵	pə³¹ɹɑi⁵⁵	ɕɯ³¹	tə³¹təi⁵⁵	ɕi⁵³.	le³¹nɑ⁵³
mə³¹dəm⁵³	əŋ⁵³	tən⁵⁵	pə³¹ɹɑi⁵⁵	ɕɯ³¹	tə³¹təi⁵⁵	ɕi⁵³	le³¹nɑ⁵³
上面	3SG	现在	肚子	也	十分	饿	列那

何况他现在肚子正饿得厉害呢。

ə³¹bɹɑ⁵⁵bɹɑ³¹	mə³¹lɔŋ⁵³	tɕem⁵⁵	nə³¹ɹɑm⁵³	sep⁵⁵	le³¹
ə³¹bɹɑ⁵⁵bɹɑ³¹	mə³¹lɔŋ⁵³	tɕem⁵⁵	nə³¹ɹɑm⁵³	sep⁵⁵	le³¹
赶快	路	边	栅栏	旁	ALL

ə³¹gləi⁵⁵gləi⁵⁵	ə³¹ɹɔm⁵⁵	le³¹	ɟəŋ⁵³	wɑ³¹,	əŋ⁵³	me⁷⁵⁵	nɯ³¹
ə³¹gləi⁵⁵	-red	ə³¹ɹɔm⁵⁵	le³¹	ɟəŋ⁵³	wɑ³¹	əŋ⁵³	me⁷⁵⁵	nɯ³¹
跳	-RED	远处	ALL	望	HRS	3SG	眼睛	TOP

列那赶紧跳到路边的栅栏旁往远处张望，

tə³¹təi⁵⁵	gəm⁵³	wɑ³¹.	mɹɑŋ⁵⁵mɹɑŋ⁵⁵	dɔ³¹	mɑ³¹tse⁵⁵	ti³¹	luŋ⁵⁵
tə³¹təi⁵⁵	gəm⁵³	wɑ³¹	mɹɑŋ⁵⁵mɹɑŋ⁵⁵	dɔ³¹	mɑ³¹tse⁵⁵	ti³¹	luŋ⁵⁵
十分	好	HRS	远处	LOC	马车	一	CL

他的眼睛很锐利，

ə³¹gɯi⁵⁵　　ɹɑ³¹　　wɑ³¹,　　ŋəp³¹plɑˀ⁵⁵　　siˀ⁵⁵　　nɯ³¹　　ə³¹jɑ⁵⁵　　pɑ:ŋ³¹　　e⁵⁵

ə³¹gɯi⁵⁵　　ɹɑ³¹　　wɑ³¹　　ŋəp³¹plɑˀ⁵⁵　　siˀ⁵⁵　　nɯ³¹　　ə³¹jɑ⁵⁵　　pɑ:ŋ³¹　　e⁵⁵

走　　DIR　　HRS　　鱼　　　有味　TOP　　那个　　ABL　　是

远远地有辆马车正驶过来，

na⁵⁵e³¹　　mit⁵⁵　　çɯ³¹　　wɑ³¹.　　mɑ³¹tse⁵⁵　　sɔt⁵⁵　　ə³¹dzɯl⁵³　　bəi³¹　　sɔt⁵⁵

na⁵⁵e³¹　　mit⁵⁵　　çɯ³¹　　wɑ³¹　　mɑ³¹tse⁵⁵　　sɔt⁵⁵　　ə³¹dzɯl⁵³　　bəi³¹　　sɔt⁵⁵

INFR　　想　　RFLX　　HRS　　马车　　越　　临近　　CONJ　越

鱼味可能是从那儿散发过来的，他心里想道。马车越近，

siˀ⁵⁵　　ɹɑ³¹　　wɑ³¹,　　mɑ³¹tse⁵⁵　　tçəm⁵⁵　　ə³¹dzɯl⁵³　　wɑˀ³¹　　mə³¹nəŋ⁵⁵

siˀ⁵⁵　　ɹɑ³¹　　wɑ³¹　　mɑ³¹tse⁵⁵　　tçəm⁵⁵　　ə³¹dzɯl⁵³　　wɑˀ³¹　　mə³¹nəŋ⁵⁵

有味　DIR　HRS　　马车　　更　　临近　　做　　时候

鱼味就越浓了。马车比较接近的时候，

ŋəp³¹plɑˀ⁵⁵　　nəm⁵⁵　　ə³¹tsəŋ⁵³　　e⁵⁵　　mɯ³¹　　wɑ³¹.　　mɑ³¹tse⁵⁵　　dɔ³¹

ŋəp³¹plɑˀ⁵⁵　　nəm⁵⁵　　ə³¹tsəŋ⁵³　　e⁵⁵　　mɯ³¹　　wɑ³¹　　mɑ³¹tse⁵⁵　　dɔ³¹

鱼　　卖　　人　　是　DISC　HRS　　马车　　LOC

列那发现原来是贩卖鱼的人。

əŋ³¹xɹɑ⁵⁵xɹɑ⁵⁵　　ŋəp³¹plɑˀ⁵⁵　　kɑ:l⁵⁵　　wɑ³¹,　　tsiŋ³¹sɯ⁵⁵　　le³¹　　gət⁵⁵

əŋ³¹xɹɑ⁵⁵ -red　　ŋəp³¹plɑˀ⁵⁵　　kəl⁵⁵ -3p　wɑ³¹　　tsiŋ³¹sɯ⁵⁵　　le³¹　　gət⁵⁵

蓝　　-RED　鱼　　驼　-3pe　HRS　城市　　ALL　　街

马车上驮着一筐筐的鱼，

dɔ³¹　　nəm⁵⁵　　sɑ³¹　　kɑ:l⁵⁵.　　le³¹na⁵³　　ə³¹bɹɑ⁵⁵bɹɑ³¹　　u³¹nuˀ⁵⁵　　tçuˀ⁵⁵

dɔ³¹　　nəm⁵⁵　　sɑ³¹　　kəl⁵⁵ -3p　le³¹na⁵³　　ə³¹bɹɑ⁵⁵bɹɑ³¹　　u³¹nuˀ⁵⁵　　tçuˀ⁵⁵

LOC　　卖　　NOM　驼　-3pe　列那　　赶快　　脑子　　一点

要运到城里的集市上卖。

kə³¹ɹi⁵⁵　　çɯ³¹　　wɑ³¹,　　tə³¹təi⁵⁵　　gəm⁵³　　pɑ³¹dʑi⁵⁵　　ti³¹　　məi⁵⁵

kə³¹ɹi⁵⁵　　çɯ³¹　　wɑ³¹　　tə³¹təi⁵⁵　　gəm⁵³　　pɑ³¹dʑi⁵⁵　　ti³¹　　məi⁵⁵

转　　RFLX　HRS　　十分　　好　　主意　　一　　CL

lɔ:n⁵⁵　　wɑ³¹.　　le³¹na⁵³　　ə³¹bɹɑ⁵⁵bɹɑ³¹　　mə³¹lɔŋ⁵³　　ə³¹duŋ⁵⁵　　dɔ³¹

lɔn⁵⁵ -3p　wɑ³¹　　le³¹na⁵³　　ə³¹bɹɑ⁵⁵bɹɑ³¹　　mə³¹lɔŋ⁵³　　ə³¹duŋ⁵⁵　　dɔ³¹

找到　-3pe　HRS　列那　　赶快　　路　　撞　　LOC

paŋ⁵⁵ga⁵⁵sə³¹la⁵⁵   dʑen⁵³dʑen⁵³   ɕi⁵⁵ɕi⁵⁵   wa⁵⁵   wa³¹,   tən⁵⁵tɕe³¹
paŋ⁵⁵ga⁵⁵sə³¹la⁵⁵   dʑen⁵³ -red   ɕi⁵³ -red   wa⁵⁵   wa³¹   tən⁵⁵tɕe³¹
IDPH   躺   -RED   死 -RED   做   HRS   刚刚

列那赶紧转动脑筋，找到了一个绝妙的办法。列那赶紧跑到路中间仰面躺下装死，

ɕi⁵³   luŋ³¹   wa³¹   əŋ³¹gɯ⁵⁵   nɯ³¹   ɲɯp⁵⁵ɲɯp⁵⁵   pə³¹lai⁵³   ti⁵⁵ə³¹ti⁵⁵
ɕi⁵³   luŋ³¹   wa³¹   əŋ³¹gɯ⁵⁵   nɯ³¹   ɲɯp⁵⁵ɲɯp⁵⁵   pə³¹lai⁵³   ti⁵⁵ə³¹ti⁵⁵
死   PFV-NV   样   身体   TOP   IDPH   舌头   IDPH

me²⁵⁵   pi⁵⁵ə³¹pi⁵⁵.   ma³¹tse⁵⁵   mi³¹   mə³¹lan⁵⁵   du:⁵⁵   ɹet³¹   wa³¹.
me²⁵⁵   pi⁵⁵ə³¹pi⁵⁵   ma³¹tse⁵⁵   mi³¹   mə³¹lan⁵⁵   du⁵⁵ -3p   ɹet³¹   wa³¹
眼睛   IDPH   马车   AGT   很快   到 -3pe   DIR   HRS

像刚死去那样身体软软的，伸着舌头，闭着眼睛。马车很快到了。

"kɔ⁵⁵   pə³¹   ɟa:ŋ⁵³,   pə³¹gui⁵³   ti³¹   gɯ⁵⁵   ə³¹ɕai⁵³   ɹa³¹,   kɹa²⁵⁵
kɔ⁵⁵   pə³¹   ɟəŋ⁵³ -2p   pə³¹gui⁵³   ti³¹   gɯ⁵⁵   ə³¹ɕai⁵³   ɹa³¹   kɹa²⁵⁵
那儿   IMP   望 -2se   狐狸   一   CL   扔着   DIR   快

"看那儿，有只狐狸，

pap⁵⁵   ɕi³¹   ɕin³¹   kɹa²⁵⁵"   ŋəp³¹pla²⁵⁵   nəm⁵⁵   ə³¹tsəŋ⁵³   ti³¹   ɟɔ²⁵⁵
pap⁵⁵   ɕi³¹   ɕin³¹   kɹa²⁵⁵   ŋəp³¹pla²⁵⁵   nəm⁵⁵   ə³¹tsəŋ⁵³   ti³¹   ɟɔ²⁵⁵
下   RFLX MOOD 快   鱼   卖   人   一   CL

我俩快下车吧。" 一个鱼贩子说。

gɯ²⁵⁵   wa³¹.   "ɔ³¹xɔ⁵⁵   əŋ⁵³   əŋ³¹mɯl⁵⁵   tə³¹təi⁵⁵   gəm⁵³   ɹa³¹!"   me⁵⁵
gɯ²⁵⁵   wa³¹   ɔ³¹xɔ⁵⁵   əŋ⁵³   əŋ³¹mɯl⁵⁵   tə³¹təi⁵⁵   gəm⁵³   ɹa³¹   me⁵⁵
说   HRS   啊哈   3SG   毛发   十分   好   DISC   另

"啊哈，他的毛发真好！"

ti³¹   ɟɔ²⁵⁵   ɕɯ³¹   gɯ²⁵⁵   wa³¹.   ŋəp³¹pla²⁵⁵   nəm⁵⁵   ə³¹tsəŋ⁵³
ti³¹   ɟɔ²⁵⁵   ɕɯ³¹   gɯ²⁵⁵   wa³¹   ŋəp³¹pla²⁵⁵   nəm⁵⁵   ə³¹tsəŋ⁵³
一   CL   也   说   HRS   鱼   卖   人

另一个也说。

ə³¹ni⁵⁵ni⁵⁵   ɟɔ²⁵⁵   pap⁵⁵   ɕɯ³¹   wa³¹,   le³¹na⁵³   pat⁵⁵kə³¹tɯ⁵⁵
ə³¹ni⁵⁵ -red   ɟɔ²⁵⁵   pap⁵⁵   ɕɯ³¹   wa³¹   le³¹na⁵³   pat⁵⁵kə³¹tɯ⁵⁵

两　　　　-RED CL　　下　　　RFLX HRS　　列那　　　　IDPH
卖鱼的两人都下了车，

la:ŋ⁵⁵la:ŋ⁵⁵　　　　kɔ⁵³　le³¹　ɟa⁵³　le³¹　pɔˀ⁵⁵　dʑin³¹　ɟəŋ⁵³　wa³¹.
ləŋ⁵⁵　-3p　-red　kɔ⁵³　le³¹　ɟa⁵³　le³¹　pɔˀ⁵⁵　dʑin³¹　ɟəŋ⁵³　wa³¹
提　　-3pe　-RED　那　ALL　这　ALL　变　　着　　看　　HRS
把列那倒提着，把他翻过来翻过去端详。

"ə³¹kaŋ⁵³ɕi⁵³　　ɟa⁷⁵⁵　əŋ³¹səm⁵³　ə³¹bli⁵³　tsəl⁵⁵　pɯ⁵⁵　sa³¹　e⁵⁵"　ti³¹
ə³¹kaŋ⁵³ɕi⁵³　　ɟa⁷⁵⁵　əŋ³¹səm⁵³　ə³¹bli⁵³　tsəl⁵⁵　pɯ⁵⁵　sa³¹　e⁵⁵　ti³¹
爷爷　　　　　这　皮　　　四　　　十　值　NOM　是　　一
"爷爷呀，这张皮能值40块钱，"一个说。

ɟɔ⁷⁵⁵　gɯ⁷⁵⁵　wa³¹.　"ə³¹bli⁵³　tsəl⁵⁵　la⁵⁵　mə³¹　tɔl⁵⁵　nɯ³¹　təi⁵⁵　e⁵⁵
ɟɔ⁷⁵⁵　gɯ⁷⁵⁵　wa³¹　ə³¹bli⁵³　tsəl⁵⁵　la⁵⁵　mə³¹　tɔl⁵⁵　nɯ³¹　təi⁵⁵　e⁵⁵
CL　说　HRS　四　　　十　　找　NEG　止　MOOD　怎么　是

bəi³¹　ɕɯ³¹　pə³¹ŋa⁵³　tsəl⁵⁵　pɯ⁵⁵,　ŋa⁵³　pə³¹ŋa⁵³　tsəl⁵⁵　ɕɯ³¹　mə³¹
bəi³¹　ɕɯ³¹　pə³¹ŋa⁵³　tsəl⁵⁵　pɯ⁵⁵　ŋa⁵³　pə³¹ŋa⁵³　tsəl⁵⁵　ɕɯ³¹　mə³¹
CONJ　也　五　　十　　值　1SG　五　　　十　　也　NEG

nəm⁵⁵"　me⁵⁵　pəi⁵³　ɟɔ⁷⁵⁵　gɯ⁷⁵⁵　wa³¹.　le³¹na⁵³　nɯ³¹　sa⁷⁵⁵　tɕɯ⁷⁵⁵
nəm⁵⁵　me⁵⁵　pəi⁵³　ɟɔ⁷⁵⁵　gɯ⁷⁵⁵　wa³¹　le³¹na⁵³　nɯ³¹　sa⁷⁵⁵　tɕɯ⁷⁵⁵
卖　　别的　SPM　CL　说　HRS　列那　TOP　气　一点
"不止40块，怎么也值50块，我就是50也不卖，"另一个说。

ɕɯ³¹　mə³¹　ŋat⁵⁵　ɕɯ³¹　ɕi⁵⁵ɕi⁵⁵　　wa⁵⁵　wa³¹.　ə³¹ja⁵⁵　də³¹guan⁵⁵
ɕɯ³¹　mə³¹　ŋat⁵⁵　ɕɯ³¹　ɕi⁵³　-red　wu⁵⁵　wu³¹.　ə³¹ju⁵⁵　də³¹ɣuan⁵⁵
也　NEG　呼吸　RFLX　死　-RED　做　HRS　那个　俩
列那摒住呼吸装死。

mi³¹　le³¹na⁵³　ma³¹tse⁵⁵　le³¹　tɕa:t⁵⁵tɕa:t⁵⁵　　ba³¹li⁵⁵　di⁵⁵　wa³¹.
mi³¹　le³¹na⁵³　ma³¹tse⁵⁵　le³¹　tɕat⁵⁵　-3p　-red　ba³¹li⁵⁵　di⁵⁵　wa³¹
AGT　列那　马车　　ALL　扔　-3pe　-RED　又　　走　HRS
那两个人把列那扔到马车上，又继续赶路了。

ma³¹tse⁵⁵　dɔ³¹　le³¹na⁵³　nɯ³¹　le⁵³la⁵⁵　ma³¹　ə³¹lɯp⁵⁵ɕɯ³¹　　wa³¹,

ma³¹tse⁵⁵	dɔ³¹	le³¹na⁵³	nɯ³¹	le⁵³la⁵⁵	ma³¹	ə³¹lɯp⁵⁵ɕɯ³¹	wa³¹
马车	LOC	列那	TOP	很	NEG	高兴	HRS

马车里列那乐开了花，

əŋ⁵³	ŋet⁵⁵	ɕɯ³¹	kɯ⁷³¹	mə³¹	gɔl⁵⁵	pa:ŋ³¹	sa⁵³	mi³¹	xɹa⁵⁵	ti³¹
əŋ⁵³	ŋet⁵⁵	ɕɯ³¹	kɯ⁷³¹	mə³¹	gɔl⁵⁵	pa:ŋ³¹	sa⁵³	mi³¹	xɹa⁵⁵	ti³¹
3SG	动	RFLX	也	NEG	需要	ABL	牙	INSTR	篮子	一

luŋ⁵⁵	ə³¹tɯ:p⁵⁵	wa³¹,	lai⁷⁵⁵wa³¹	tɕe³¹	ə³¹sɯm⁵³	tsəl⁵⁵	gɯ⁵⁵
luŋ⁵⁵	ə³¹tɯp⁵⁵ -3p	wa³¹	lai⁷⁵⁵wa³¹	tɕe³¹	ə³¹sɯm⁵³	tsəl⁵⁵	gɯ⁵⁵
CL	咬开 -3pe	HRS	瞬间	只	三	十	CL

他动也没动一下身体，用牙咬开了一只篮筐，很快，

ə³¹kləi⁵⁵	ŋəp³¹pla⁷⁵⁵	əŋ⁵³	pa⁵⁵	le³¹	dzəŋ⁵⁵	wa³¹.	əŋ⁵³	tə³¹ɯ⁷⁵⁵
ə³¹kləi⁵⁵	ŋəp³¹pla⁷⁵⁵	əŋ⁵³	pa⁵⁵	le³¹	dzəŋ⁵⁵	wa³¹	əŋ⁵³	tə³¹ɯ⁷⁵⁵
余	鱼	3SG	肚子	ALL	进	HRS	3SG	饱嗝

30多条鱼就进了他的肚子。

ə³¹ŋan⁵⁵	dʑin³¹	pa⁵⁵	ə³¹sɔp⁵⁵	ɕɯ³¹	wa³¹,	"ɯ⁵³,	ɟa⁷⁵⁵	ŋəp³¹pla⁷⁵⁵
ə³¹ŋan⁵⁵	dʑin³¹	pa⁵⁵	ə³¹sɔp⁵⁵	ɕɯ³¹	wa³¹	ɯ⁵³	ɟa⁷⁵⁵	ŋəp³¹pla⁷⁵⁵
打	着	肚子	摸	RFLX	HRS	嗯	这	鱼

他打着饱嗝，摸了摸肚皮，想，

tɕəm⁵⁵	kəi⁵⁵	gəm⁵³	ɹa³¹"	mit⁵⁵	ɕɯ³¹	wa³¹.	cɯm⁵³	dɔ³¹	pə³¹ma⁵⁵
tɕəm⁵⁵	kəi⁵⁵	gəm⁵³	ɹa³¹	mit⁵⁵	ɕɯ³¹	wa³¹	cɯm⁵³	dɔ³¹	pə³¹ma⁵⁵
比较	吃	好	DISC	想	RFLX	HRS	家	LOC	妻子

"嗯，这鱼还比较好吃。"

na³¹gɔ⁷⁵⁵	tɕa⁵⁵	mit⁵⁵	ɕɯ³¹	mə³¹nəŋ⁵⁵	le³¹na⁵³	mi³¹	ba³¹li⁵⁵	ti³¹
na³¹gɔ⁷⁵⁵	tɕa⁵⁵	mit⁵⁵	ɕɯ³¹	mə³¹nəŋ⁵⁵	le³¹na⁵³	mi³¹	ba³¹li⁵⁵	ti³¹
孩子	等	想	RFLX	时候	列那	AGT	又	一

luŋ⁵⁵	ŋəp³¹pla⁷⁵⁵	xɹa⁵⁵	pu:ŋ⁵⁵	wa³¹.	ə³¹cɔ⁵⁵,	kəɹ⁵⁵dʑi⁵⁵	kɹa⁷⁵⁵
luŋ⁵⁵	ŋəp³¹pla⁷⁵⁵	xɹa⁵⁵	puŋ⁵⁵ -3p	wa³¹	ə³¹cɔ⁵⁵	kəɹ⁵⁵dʑi⁵⁵	kɹa⁷⁵⁵
CL	鱼	篮子	打开 -3pe	HRS	啊哟	运气	好

想到家里妻子孩子们在等待，列那又打开了一只鱼筐。啊哟，运气真好！

ɹɑ³¹, pə³¹ma⁵⁵ niŋ³¹ na³¹ɡɔ²⁵⁵ maːʔ⁵⁵ tə³¹təi⁵⁵ ɕuːŋ⁵³
ɹɑ³¹ pə³¹ma⁵⁵ niŋ³¹ na³¹ɡɔ²⁵⁵ maʔ⁵⁵ -agt tə³¹təi⁵⁵ ɕuŋ⁵³ -3p
DISC 女人 和 孩子 们 -AGT 十分 喜欢 -3pe

me³¹ɟeŋ⁵⁵ ə³¹ɕiŋ⁵³ tɕe³¹ e⁵⁵ ɹɑ³¹ wa³¹. ba³¹li⁵⁵ ə³¹ni⁵⁵ ɡɯ⁵⁵
me³¹ɟeŋ⁵⁵ ə³¹ɕiŋ⁵³ tɕe³¹ e⁵⁵ ɹɑ³¹ wa³¹ ba³¹li⁵⁵ ə³¹ni⁵⁵ ɡɯ⁵⁵
白鱼 尽 才 是 DISC HRS 又 两 CL
尽是妻子和孩子们十分喜欢吃的小白鱼。

kaːi⁵⁵ waʔ³¹ bəi³¹ əŋ³¹ɕɯ⁵⁵ e⁵⁵, tat⁵⁵ taʔ³¹ ɡal⁵⁵ ɹɑ³¹ wa³¹.
kəi⁵⁵ -3p waʔ³¹ bəi³¹ əŋ³¹ɕɯ⁵⁵ e⁵⁵ tat⁵⁵ taʔ³¹ ɡal⁵⁵ ɹɑ³¹ wa³¹
吃 -3pe 做 CONJ 新鲜 是 极美 COMP 美味 DISC HRS
列那又吃了两条，是新鲜的，味道好极了。

le³¹na⁵³ u³¹dzu⁵³ ɕu⁵⁵ wa⁵⁵ dʑin³¹ me³¹ɟeŋ⁵⁵ bɯm⁵⁵bɯm⁵⁵
le³¹na⁵³ u³¹dzu⁵³ ɕu⁵⁵ wa⁵⁵ dʑin³¹ me³¹ɟeŋ⁵⁵ bɯm⁵⁵bɯm⁵⁵
列那 原先 习惯 做 着 白鱼 很多

tə³¹xɹɔːŋ⁵⁵xɹɔːŋ⁵⁵ ma³¹tse⁵⁵ ɔːŋ³¹ pap⁵⁵ ɕɯ³¹ wa³¹. pap⁵⁵
tə³¹xɹɔŋ⁵⁵ -3p -red ma³¹tse⁵⁵ ɔːŋ³¹ pap⁵⁵ ɕɯ³¹ wa³¹ pap⁵⁵
串 -3pe -RED 马车 ABL 下 RFLX HRS 下
列那照老习惯，串了很多小白鱼就下了马车。

ɕɯ³¹ ə³¹laŋ⁵³ tɕu²⁵⁵ tə³¹xɹɔk⁵⁵ waʔ³¹ mə³¹nəŋ⁵⁵ ə³¹tsəŋ⁵³ mi³¹
ɕɯ³¹ ə³¹laŋ⁵³ tɕu²⁵⁵ tə³¹xɹɔk⁵⁵ waʔ³¹ mə³¹nəŋ⁵⁵ ə³¹tsəŋ⁵³ mi³¹
RFLX 时候 一点 响 做 时候 人 AGT

dɯːm⁵⁵ wa³¹, ɟɑːŋ⁵³ bəi³¹ le³¹na⁵³ e⁵⁵ ma³¹
dɯm⁵⁵ -3p wa³¹ ɟeŋ⁵³ -3p bəi³¹ le³¹na⁵³ e⁵⁵ ma³¹
察觉 -3pe HRS 看 -3pe CONJ 列那 是 NEG
下车时发出了一点声响，被鱼贩子发觉了，

mə³¹saːl⁵⁵ wa³¹. "kɔ⁵³ ba³¹li⁵⁵ pə³¹ɡui⁵³ ti³¹ ɡɯ⁵⁵ at⁵⁵
mə³¹səl⁵⁵ -3p wa³¹ kɔ⁵³ ba³¹li⁵⁵ pə³¹ɡui⁵³ ti³¹ ɡɯ⁵⁵ at⁵⁵
认出 -3pe HRS 那 又 狐狸 一 CL 逃跑
看见了列那但没认出来。他俩说："那，又跑了一只狐狸。"

di³¹" ə³¹ gɯʔ⁵⁵ wa³¹. le³¹na⁵³ mi³¹ kəm⁵⁵ en⁵⁵jɯ⁵⁵ mə³¹
di³¹ ə³¹ gɯʔ⁵⁵ wa³¹ le³¹na⁵³ mi³¹ kəm⁵⁵ en⁵⁵jɯ⁵⁵ mə³¹
PFV-V RECP说 HRS 列那 AGT 怎么也 好笑 NEG

dʑa:n⁵⁵ wa³¹, ə³¹ja⁵⁵ mə³¹dəm⁵³ ŋəp³¹pla⁷⁵⁵ kɯ⁵⁵ ka⁵⁵ ɹa⁷⁵⁵,
dʑan⁵⁵ -3p wa³¹ ə³¹ja⁵⁵ mə³¹dəm⁵³ ŋəp³¹pla⁷⁵⁵ kɯ⁵⁵ ka⁵⁵ ɹa⁷⁵⁵
忍受 -3pe HRS 那个 上面 鱼 偷 话 得到

列那实在忍不住发笑，何况他又偷到了鱼，

ə³¹xa⁵⁵ ɕɯ³¹ dʑin³¹ xɹɔŋ⁵⁵ wa³¹. "ɹeʔ⁵⁵ɕi⁵⁵, nə³¹ne⁵⁵ ma³¹ dzu⁵⁵,
ə³¹xa⁵⁵ ɕɯ³¹ dʑin³¹ xɹɔŋ⁵⁵ wa³¹ ɹeʔ⁵⁵ɕi⁵⁵ nə³¹ne⁵⁵ ma³¹ dzu⁵⁵
大笑 RFLX 着 喊 HRS 谢谢 2DL NEG 正确

于是他大笑着喊："谢谢啊，你俩错了，

ə³¹ja⁵⁵ əŋ³¹səm⁵³ kɹɯ⁷⁵⁵ tsəl⁵⁵ ə³¹pɯ⁵⁵, e⁵⁵ mi³¹ ŋa⁵³ ə³¹dɯ⁵³
ə³¹ja⁵⁵ əŋ³¹səm⁵³ kɹɯ⁷⁵⁵ tsəl⁵⁵ ə³¹pɯ⁵⁵ e⁵⁵ mi³¹ ŋa⁵³ ə³¹dɯ⁵³
那个 皮 六 十 值 是 BEC 1SG 自己

ɹa⁷⁵⁵ ɕiŋ³¹ pəŋ³¹waŋ⁵⁵, nə³¹ne⁵⁵ nə³¹ gəm⁵³ ɕɯ³¹ mi³¹
ɹa⁷⁵⁵ ɕɯ³¹ -1p pəŋ³¹wa⁵³ -1p nə³¹ne⁵⁵ nə³¹ gəm⁵³ ɕɯ³¹ mi³¹
留 RFLX -1sg PROS -1sg 2DL 2p 好 RFLX BEC

那张皮值60块呢，所以我要自己留下，因为你俩人好，

ŋəp³¹pla⁷⁵⁵ bɯm⁵⁵bɯm⁵⁵ ɹa⁵⁵ wa²³¹ ɕɯ³¹, ŋəp³¹pla⁷⁵⁵ gəp⁵⁵tɕe³¹
ŋəp³¹pla⁷⁵⁵ bɯm⁵⁵bɯm⁵⁵ ɹa⁵⁵ wa²³¹ ɕɯ³¹ ŋəp³¹pla⁷⁵⁵ gəp⁵⁵tɕe³¹
鱼 很多 留 给 dl 鱼 好好

pə³¹ nəm⁵⁵ ɕɯ³¹ ɔ³¹" ŋəp³¹pla⁷⁵⁵ nəm⁵⁵ də³¹guan⁵⁵ ə³¹ja⁷⁵⁵
pə³¹ nəm⁵⁵ ɕɯ³¹ ɔ³¹ ŋəp³¹pla⁷⁵⁵ nəm⁵⁵ də³¹guan⁵⁵ ə³¹ja⁷⁵⁵
IMP 卖 RFLX 哦 鱼 卖 俩 那

我给你俩留了很多鱼，你俩好好卖鱼去哦。"

mə³¹nəŋ⁵⁵ tɕe³¹ sa⁵⁵ ɕɯ³¹ wa³¹, kuan⁵⁵ niŋ³¹ mit⁵⁵ ɕɯ³¹ bəi³¹
mə³¹nəŋ⁵⁵ tɕe³¹ sa⁵⁵ ɕɯ³¹ wa³¹ kuan⁵⁵ niŋ³¹ mit⁵⁵ ɕɯ³¹ bəi³¹
时候 才 知道 RFLX HRS 追 MOOD想 RFLX CONJ

ɕɯ³¹ ə³¹ɹa⁵⁵ dɔ³¹ da³¹ dʑi:⁵⁵ nɯ³¹. le³¹na⁵³ nɯ³¹

ɕɯ³¹	ə³¹ɹɑ⁵⁵	dɔ³¹	dɑ³¹	dʑi⁵⁵	-3p	nɯ³¹	le³¹na⁵³	nɯ³¹
也	哪儿	LOC	NEG-MOOD	赶上	-3pe	MOOD	列那	TOP

卖鱼的两个人这时才知道怎么回事，想追赶，哪里赶得上呢？

pə³¹ʈɔŋ⁵³	dɔ³¹	ŋəp³¹plɑʔ⁵⁵	ŋə³¹ɹɯ⁷⁵⁵	gui⁵⁵	ɕɯ³¹	dʑin³¹	ləm⁵⁵
脖子	LOC	鱼	珠子	戴	RFLX	着	跳舞

dʑin³¹	ɹə³¹lɑ⁵⁵	wa⁵⁵	dʑin³¹	cɯm⁵³	le³¹	lɔ⁷⁵⁵	wa³¹.
着	歌	做	着	家	ALL	回	HRS

列那脖子上戴着"鱼珠子"，跳着舞，唱着歌回了家。

一天，天气非常寒冷，天也阴，狐狸列那把家里的所有东西都翻了出来，但找不到一点儿吃的。

列那的妻子海梅琳坐在椅子上忧虑地说："怎么办啊？家里什么吃的都没有了，现在孩子们就要回来了，给他们吃什么？他们那样小，也不懂事，饿了肚子总是会哭，唉！"狐狸爸爸列那也不敢面对孩子哭，自己也很饿，就出门了，心里想着，说不准能找到什么呢。

外边风很大，连片树叶也找不着，到哪里找吃的呢？列那坐在地上很忧愁地闭上了眼睛。

就在这时，列那的鼻子嗅了嗅，睁开了眼睛。他从风里闻到了鱼腥味！

列那的鼻子跟他的脑子一样灵敏，不会错过一点美味儿，何况他现在肚子正饿得厉害呢。列那赶紧跳到路边的栅栏旁往远处张望，他的眼睛很锐利，远远地有辆马车正驶过来，鱼味可能是从那儿散发过来的，他心里想道。

马车越近，鱼味就越浓了。马车比较接近的时候，列那发现原来是贩卖鱼的人。马车上驮着一筐筐的鱼，要运到城里的集市上卖。

列那赶紧转动脑筋，找到了个绝妙的办法。列那赶紧跑到路中间仰面躺下装死，像刚死去那样身体软软的，伸着舌头，闭着眼睛。

马车很快到了。"看那儿，有只狐狸，我俩快下车吧。" 一个鱼贩子说。"啊哈，他的毛发真好！" 另一个也说。卖鱼的两人都下了车，把列那倒提着，把他翻过来翻过去端详。

"爷爷呀，这张皮能值40块钱，"一个说。

"不止40块，怎么也值50块，我就是50块也不卖，"另一个说。

列那摒住呼吸装死。那两个人把列那扔到马车上，又继续赶路了。

马车里列那乐开了花，他动也没动一下身体，用牙咬开了一只篮筐，很快，30多条鱼就进了他的肚子。他打着饱嗝，摸了摸肚皮，想，"嗯，这鱼还比较好吃。"

想到家里妻子孩子们在等待，列那又打开了一只鱼筐。啊哟，运气真好！尽是妻子和孩子们十分喜欢吃的小白鱼。列那又吃了两条，是新鲜的，味道好极了。

列那照老习惯，串了很多小白鱼就下了马车。下车时发出了一点声响，被鱼贩子发觉了，看见了列那但没认出来。

他俩说："那，又跑了一只狐狸。"

列那实在忍不住发笑，何况他又偷到了鱼，于是他大笑着喊："谢谢啊，你俩错了，那张皮值60块呢，所以我要自己留下，因为你俩人好，我给你俩留了很多鱼，你俩好好卖鱼去哦。"

卖鱼的两个人这时才知道怎么回事，想追赶，哪里赶得上呢？列那脖子上戴着"鱼珠子"，跳着舞，唱着歌回了家。

2.6 母鸡和乌鸦

ka³¹məi⁵³	ti³¹	gɯ⁵⁵	ka³¹ɹuŋ⁵⁵	dɔ³¹	ə³¹bɑːl⁵³		wa³¹	bəi³¹
ka³¹məi⁵³	ti³¹	gɯ⁵⁵	ka³¹ɹuŋ⁵⁵	dɔ³¹	ə³¹bəl⁵³	-3p	wa³¹	bəi³¹
母鸡	一	CL	鸡圈	LOC	关	-3pe	HRS	CONJ

一只母鸡被关在鸡棚，

ti³¹ni⁵⁵	ti³¹ni⁵⁵	kə³¹sət⁵⁵	ɕɯ³¹	wa³¹,	əŋ⁵³	ək³¹tɕəl⁵³	ə³¹ja⁵⁵
ti³¹ni⁵⁵	ti³¹ni⁵⁵	kə³¹sət⁵⁵	ɕɯ³¹	wa³¹	əŋ⁵³	ək³¹tɕəl⁵³	ə³¹ja⁵⁵
一天	一天	夸	RFLX	HRS	3SG	孩子	那么

dəŋ³¹bɯm⁵⁵	su²⁵⁵	ɕiŋ³¹		gɯ²⁵⁵	dʑin³¹.	tək³¹ka⁵⁵	mi³¹
dəŋ³¹bɯm⁵⁵	su²⁵⁵	ɕɯ³¹	-1p	gɯ²⁵⁵	dʑin³¹	tək³¹ka⁵⁵	mi³¹
多	饲养	RFLX	-1sg	说	着	乌鸦	AGT

整天自夸说自己养了那么多孩子。

tɔː⁵⁵		mə³¹nəŋ⁵⁵	e³¹wa⁵⁵	gɯ²⁵⁵		wa³¹,	"mən³¹	kə³¹sət⁵⁵
ta⁵⁵	-3p	mə³¹nəŋ⁵⁵	e³¹wa⁵⁵	gɯ²⁵⁵	-3p	wa³¹	mən³¹	kə³¹sət⁵⁵
听见	-3pe	时候	那样	说	-3pe	HRS	NEG2	夸

乌鸦听了以后这样说：

ɕɯ³¹	nɯ³¹,	na⁵³	ək³¹tɕəl⁵³	bɯm⁵³	nɯ³¹	bɯm⁵³	dɔ³¹,	ə³¹bəl⁵⁵
ɕɯ³¹	nɯ³¹	na⁵³	ək³¹tɕəl⁵³	bɯm⁵³	nɯ³¹	bɯm⁵³	dɔ³¹	ə³¹bəl⁵⁵
RFLX	MOOD	2SG	孩子	多	TOP	多	LOC	关

"你别自夸了，你的孩子多是多，

ə³¹ɕiŋ⁵³	tɕe³¹	ə³¹bɑ:l⁵³,		ə³¹nəm⁵⁵	ə³¹tsəŋ⁵³	mi³¹	kɑ:i⁵³
ə³¹ɕiŋ⁵³	tɕe³¹	ə³¹bəl⁵³	-3p	ə³¹nəm⁵⁵	ə³¹tsəŋ⁵³	mi³¹	kəi⁵³ -3p
尽	才	关	-3pe	后来	人	AGT	吃 -3pe

mə³¹nəŋ⁵⁵	nə³¹tɕəl⁵³	sɔt⁵⁵	bɯm⁵³	bəi³¹	sɔt⁵⁵	mit⁵⁵	nɑ³¹	tə³¹ɕɑ⁵³."
mə³¹nəŋ⁵⁵	nə³¹tɕəl⁵³	sɔt⁵⁵	bɯm⁵³	bəi³¹	sɔt⁵⁵	mit⁵⁵	nɑ³¹	tə³¹ɕɑ⁵³
时候	你孩子	越	多	CONJ	越	想	2p	苦恼

但尽是关起来的，以后人吃了他们，你养得越多越伤心。"

一只母鸡被关在鸡棚，整天自夸说自己养了那么多孩子。乌鸦听了以后这样说："你别自夸了，你的孩子多是多，但尽是关起来的，以后人吃了他们，你养得越多越伤心。"

2.7 列那、梯培猫和香肠

ti³¹	sə³¹ɹɑŋ⁵⁵	nɯ³¹	le³¹nɑ⁵³	mə³¹lɔŋ⁵³	dɔ³¹	ə³¹gun⁵⁵ɕɯ³¹	ə³¹lɑŋ⁵³
ti³¹	sə³¹ɹɑŋ⁵⁵	nɯ³¹	le³¹nɑ⁵³	mə³¹lɔŋ⁵³	dɔ³¹	ə³¹gun⁵⁵ɕɯ³¹	ə³¹lɑŋ⁵³
一	早上	TOP	列那	路	LOC	游荡	时

ɕɑ⁵⁵	si⁷⁵⁵	ɹɑ³¹	pə³¹nɑ:m⁵⁵		wɑ³¹.	"ɑ⁵³,	təŋ⁵⁵wɑ³¹	ŋəm⁵⁵	ɹɑ³¹,
ɕɑ⁵⁵	si⁷⁵⁵	ɹɑ³¹	pə³¹nəm⁵⁵	-3p	wɑ³¹	ɑ⁵³	təŋ⁵⁵wɑ³¹	ŋəm⁵⁵	ɹɑ³¹
肉	有味	DIR	闻	-3pc	HRS	EXCL	那样	香	DIR

一天早上，列那狐正在路边闲逛，突然闻到一股肉香味。想"啊，这么香的东西，

təŋ⁵⁵	e⁵⁵	dai⁵³"	mit⁵⁵	ɕɯ³¹	wɑ³¹.	ə³¹jɑ⁷⁵⁵	pɔ⁷⁵⁵	nɑ³¹me⁵⁵
təŋ⁵⁵	e⁵⁵	dai⁵³	mit⁵⁵	ɕɯ³¹	wɑ³¹	ə³¹jɑ⁷⁵⁵	pɔ⁷⁵⁵	nɑ³¹me⁵⁵
什么	是	MOOD	想	RFLX	HRS	那	时刻	猫

əŋ³¹gu⁵⁵	ti³¹pəi⁵³	ɕiŋ³¹ɹɯ⁵⁵	dɔ³¹	im⁷⁵⁵	ə³¹du⁵⁵	wɑ³¹,	ə³¹jɑ⁷⁵⁵	e⁵⁵
əŋ³¹gu⁵⁵	ti³¹pəi⁵³	ɕiŋ³¹ɹɯ⁵⁵	dɔ³¹	im⁷⁵⁵	ə³¹du⁵⁵	wɑ³¹	ə³¹jɑ⁷⁵⁵	e⁵⁵
公	梯培	树根	LOC	睡	撞见	HRS	那	是

是什么呀？"这时，他碰见正在树下睡大觉的公猫梯培，

əŋ³¹ne⁵⁵	təŋ⁵⁵	e⁵⁵	ɟəŋ⁵⁵	le³¹	di⁵⁵	sɑ³¹	ə³¹	gɯ⁷⁵⁵	wɑ³¹.
əŋ³¹ne⁵⁵	təŋ⁵⁵	e⁵⁵	ɟəŋ⁵⁵	le³¹	di⁵⁵	sɑ³¹	ə³¹	gɯ⁷⁵⁵	wɑ³¹
3DL	什么	是	看	ALL	去	NOM	RECP	说	HRS

于是他两商量一起去看看是什么。

ɟɑ:ŋ⁵³　　　　wa³¹　　bəi³¹　　nɯ³¹　　də³¹gɯi⁵⁵　　əŋ³¹gu⁵⁵　　kəɹ³¹tɔ⁷⁵⁵
ɟəŋ⁵³　-3p　　wa³¹　　bəi³¹　　nɯ³¹　　də³¹gɯi⁵⁵　　əŋ³¹gu⁵⁵　　kəɹ³¹tɔ⁷⁵⁵
看　-3pe　　HRS　　CONJ　　TOP　　狗　　　　　公　　　　　柯尔朵

laŋ³¹ban⁵⁵　　ə³¹duŋ⁵⁵　　dɔ³¹　　pə³¹ɟɯ⁵⁵tsəŋ⁵⁵　　ti³¹　　kɔ⁷⁵⁵　　e⁵⁵　　mɯ³¹
laŋ³¹ban⁵⁵　　ə³¹duŋ⁵⁵　　dɔ³¹　　pə³¹ɟɯ⁵⁵tsəŋ⁵⁵　　ti³¹　　kɔ⁷⁵⁵　　e⁵⁵　　mɯ³¹
盘子　　　　里面　　　　LOC　　香肠　　　　　　一　　CL　　是　　DISC
一看，是公狗柯尔朵盆子里的一根香肠，

wa³¹,　　ə³¹ɟa⁵⁵　　si:⁷⁵⁵　　e⁵⁵　　ɹɑ³¹　　wa³¹.　　ə³¹ɟɑ⁷⁵⁵　　mə³¹nəŋ⁵⁵　　ə³¹ɟa⁵⁵　　lu⁵⁵
wa³¹　　ə³¹ɟa⁵⁵　　si⁷⁵⁵　　e⁵⁵　　ɹɑ³¹　　wa³¹　　ə³¹ɟɑ⁷⁵⁵　　mə³¹nəŋ⁵⁵　　ə³¹ɟa⁵⁵　　lu⁵⁵
HRS　　那个　　散发　　是　　DIR　　HRS　　那　　　时候　　　那个　　羊

sa³¹　　blu⁵⁵　　ə³¹　　wa⁵⁵　　wa³¹,　　ti³¹ka:t⁵⁵　　kəi⁵⁵　　sa³¹.　　əŋ³¹ne⁵⁵　　nɯ³¹
sa³¹　　blu⁵⁵　　ə³¹　　wa⁵⁵　　wa³¹　　ti³¹ka:t⁵⁵　　kəi⁵⁵　　sa³¹　　əŋ³¹ne⁵⁵　　nɯ³¹
NOM　商议　　RECP做　　HRS　　一起　　吃　　NOM　　3DL　　TOP
散发出的香味。于是，他俩商量着把它拿到手，一起享用。

e⁷⁵⁵wa³¹　　wa⁵⁵　　wa³¹,　　ti³¹pəi⁵³　　u³¹dzu⁵³　　cɯm⁵³　　le³¹　　dzəŋ⁵⁵dzəŋ⁵⁵
e⁷⁵⁵wa³¹　　wa⁵⁵　　wa³¹　　ti³¹pəi⁵³　　u³¹dzu⁵³　　cɯm⁵³　　le³¹　　dzəŋ⁵⁵-red
这样　　　做　　HRS　　梯培　　先　　　家　　ALL　　进　　-RED

cɯ³¹　　laŋ³¹me⁷⁵⁵　　le³¹　　ə³¹tɕat⁵⁵tɕat⁵⁵　　pə³¹ɟɯ⁵⁵tsəŋ⁵⁵　　mə³¹li⁵³　　le³¹
cɯ³¹　　laŋ³¹me⁷⁵⁵　　le³¹　　ə³¹tɕat⁵⁵-red　　pə³¹ɟɯ⁵⁵tsəŋ⁵⁵　　mə³¹li⁵³　　le³¹
RFLX　窗户　　　ALL　　跳　　　-RED　香肠　　　　　野外　　　ALL
他俩是这样做的：梯培先进入屋子里，跳到窗台上，把香肠扔到外面，

tɕat⁵⁵　　sa³¹,　　ə³¹ɟa⁷⁵⁵　　e⁵⁵　　le³¹na⁵³　　mi³¹　　ə³¹ɹɔm⁵⁵　　le³¹　　tə³¹cɯɹ⁵⁵
tɕat⁵⁵　　sa³¹　　ə³¹ɟa⁷⁵⁵　　e⁵⁵　　le³¹na⁵³　　mi³¹　　ə³¹ɹɔm⁵⁵　　le³¹　　tə³¹cɯɹ⁵⁵
扔　　　NOM　　那　　　是　　列那　　AGT　远处　　　ALL　　抢运

sa³¹,　　ə³¹ɹɔm⁵⁵　　dɔ³¹　　ti³¹pəi⁵³　　tɕa⁵⁵　　sa³¹.　　kəɹ³¹tɔ⁷⁵⁵　　nɯ³¹
sa³¹　　ə³¹ɹɔm⁵⁵　　dɔ³¹　　ti³¹pəi⁵³　　tɕa⁵⁵　　sa³¹　　kəɹ³¹tɔ⁷⁵⁵　　nɯ³¹
NOM　远处　　LOC　　梯培　　等　　NOM　　柯尔朵　　TOP
然后列那带到远处等候梯培。

ə³¹dɯːn⁵⁵　　　　wa³¹,　　le⁵⁵na⁵³　　mi³¹　　pə³¹ɟɯ⁵⁵tsəŋ⁵⁵　　tə³¹cɯːɹ⁵³
ə³¹dɯn⁵⁵　-3p　　wa³¹　　le⁵⁵na⁵³　　mi³¹　　pə³¹ɟɯ⁵⁵tsəŋ⁵⁵　　tə³¹cɯːɹ⁵³　-3p
拴　　　-3pe　HRS　列那　　AGT　香肠　　　　　　　抢运　　　-3pe

ɟaːŋ⁵³　　　mə³¹nəŋ⁵⁵　　tə³¹təi⁵⁵　　sə³¹na⁵⁵　　səi⁵⁵　　wa³¹,　　gɹu⁵⁵　　dʑin³¹
ɟəŋ⁵³　-3p　mə³¹nəŋ⁵⁵　　tə³¹təi⁵⁵　　sə³¹na⁵⁵　　səi⁵⁵　　wa³¹　　gɹu⁵⁵　　dʑin³¹
看见　-3pe　时候　　　十分　　　气　　　生　　HRS　吠　　　着
柯尔朵是拴着的，看见香肠被列那抢走了，很生气，

ə³¹kɯi⁵⁵　　le³¹　　wa⁵⁵　　wa³¹　　bəi³¹　　ə³¹dɯːn⁵⁵　　　　　i³¹ɟɯʔ⁵⁵　　mi³¹
ə³¹kɯi⁵⁵　　le³¹　　wa⁵⁵　　wa³¹　　bəi³¹　　ə³¹dɯn⁵⁵　-3pe　i³¹ɟɯʔ⁵⁵　　mi³¹
追　　　　ALL　做　　HRS　CONJ　拴　　　　　　-3pe　绳索　　　　INSTR

pə³¹ɟɔŋ⁵³　　ɹeːʔ⁵⁵　　　wa³¹.　　ti³¹pəi⁵³　　mi³¹　　le³¹na⁵³　　at⁵⁵　　di³¹
pə³¹ɟɔŋ⁵³　　ɹeʔ⁵⁵　-3p　wa³¹　　ti³¹pəi⁵³　　mi³¹　　le³¹na⁵³　　at⁵⁵　　di³¹
脖子　　　勒　　-3pe　HRS　梯培　　　AGT　列那　　　逃跑　PFV-V
嚎叫着想追赶，却被拴他的绳子勒了脖子。

ɟaːŋ⁵³　　　mə³¹nəŋ⁵⁵　　mit⁵⁵　　ma³¹　　mə³¹sɯm⁵³　　wa³¹,　　ə³¹jaʔ⁵⁵
ɟəŋ⁵³　-3p　mə³¹nəŋ⁵⁵　　mit⁵⁵　　ma³¹　　mə³¹sɯm⁵³　　wa³¹　　ə³¹jaʔ⁵⁵
看见　-3pe　时候　　　思想　NEG　放心　　　　HRS　那

pə³¹gui⁵³　　gə³¹məi⁵³　　klɯp⁵⁵　　e³¹　　mit⁵⁵　　ɕɯ³¹　　wa³¹,　　ə³¹bɹa⁵⁵bɹa³¹
pə³¹gui⁵³　　gə³¹məi⁵³　　klɯp⁵⁵　　e³¹　　mit⁵⁵　　ɕɯ³¹　　wa³¹　　ə³¹bɹa⁵⁵bɹa³¹
狐狸　　　很　　　　欺骗　　是　想　　RFLX　HRS　赶快
梯培看见列那逃走了，不放心，想：那只狐狸非常狡猾，

tɔːʔ⁵⁵　　　　wu³¹　　dʑiː⁵⁵　　　wu³¹.　　ti³¹pəi⁵³　　u³¹dzu⁵³　　gɯ⁵⁵　　wa³¹,
tɔʔ⁵⁵　-3p　wa³¹　　dʑi⁵⁵　-3p　wa³¹　　ti³¹pəi⁵³　　u³¹dzu⁵³　　gɯ⁵⁵　　wa³¹
抄路　-3pe　HRS　赶上　-3pe　HRS　梯培　　　先　　　说　　HRS
赶紧抄近路迂回追上了他。梯培先开口了：

"wəi⁵³,　　ə³¹la⁵³　　pə³¹gui⁵³,　　ə³¹ne⁵⁵　　ə³¹ɹa⁵⁵　　dɔ³¹　　pə³¹ɟɯ⁵⁵tsəŋ⁵⁵　　ə³¹
wəi⁵³　　ə³¹la⁵³　　pə³¹gui⁵³　　ə³¹ne⁵⁵　　ə³¹ɹa⁵⁵　　dɔ³¹　　pə³¹ɟɯ⁵⁵tsəŋ⁵⁵　　ə³¹
喂　　表兄弟　狐狸　　　1DL　　哪儿　　LOC　香肠　　　　　RECP

tɔn⁵³　ɕin³¹?　　　pə³¹　　　　ɟaːŋ⁵³　　　təi⁵⁵　nə³¹　　laːŋ⁵⁵,　　ti³¹　　tɔt⁵⁵

tɔn⁵³ ɕin³¹ pə³¹ ɟəŋ⁵³ -2p təi⁵⁵ nə³¹ ləŋ⁵⁵ -2p ti³¹ tɔt⁵⁵
分 dl-MOOD IMP 望 -2se 怎么 2p 提 -2se 一 截

"喂，狐狸老兄，我俩在哪儿分香肠？看看，你怎么拿的，

ə³¹sɑ⁵⁵ dɔ³¹ nɑ³¹ gə³¹lɔːŋ⁵³, ti³¹ tɔt⁵⁵ nɑ⁵³ tɕai³¹mɑ⁵⁵ tɕe³¹
ə³¹sɑ⁵⁵ dɔ³¹ nɑ³¹ gə³¹lɔŋ⁵³ -3p ti³¹ tɔt⁵⁵ nɑ⁵³ tɕai³¹mɑ⁵⁵ tɕe³¹
地 LOC 2p 拖 -3pe 一 截 2SG 口水 尽

一截托在土里，一截沾满了你的口水，

e⁵⁵, kəi⁵⁵ mə³¹ gəm⁵³ di³¹, ŋəi⁵³ mi³¹ təi⁵⁵ ləŋ⁵⁵ sɑ³¹
e⁵⁵ kəi⁵⁵ mə³¹ gəm⁵³ di³¹ ŋɑ⁵³ -agt mi³¹ təi⁵⁵ ləŋ⁵⁵ sɑ³¹
是 吃 NEG 好 PFV-V 1SG -AGT AGT 怎么 提 NOM

sə³¹ləp⁵⁵ niŋ³¹." e³¹wɑ⁵⁵ gɯˀ⁵⁵ dʑin³¹ ɟɑ⁵³ le³¹ luː⁵³ wɑ³¹.
sə³¹ləp⁵⁵ niŋ³¹ e³¹wɑ⁵⁵ gɯˀ⁵⁵ dʑin³¹ ɟɑ⁵³ le³¹ lu⁵³ -3p wɑ³¹
教 MOOD 那样 说 着 这 ALL 拿 -3pe HRS

没法吃了，我教你怎么拿吧？"梯培这样说着拿走了香肠。

le³¹nɑ⁵³ nɯ³¹ əŋ⁵³ ə³¹ja⁵⁵ dək³¹tɕiŋ⁵³ e⁵⁵, ə³¹ɹɑ⁵⁵ le³¹ mə³¹ at⁵⁵
le³¹nɑ⁵³ nɯ³¹ əŋ⁵³ ə³¹ja⁵⁵ dək³¹tɕiŋ⁵³ e⁵⁵ ə³¹ɹɑ⁵⁵ le³¹ mə³¹ at⁵⁵
列那 TOP 3SG 那么 小 是 哪儿 ALL NEG 逃跑

mit⁵⁵ ɕɯ³¹ wɑ³¹ mə³¹nəŋ⁵⁵ dzɔːn⁵⁵ wɑ³¹. ti³¹pəi⁵³ mi³¹
mit⁵⁵ ɕɯ³¹ wɑ³¹ mə³¹nəŋ⁵⁵ dzɔn⁵⁵ -3p wɑ³¹ ti³¹pəi⁵³ mi³¹
想 RFLX HRS 时候 交给 -3pe HRS 梯培 AGT

列那想到公猫梯培个儿那么小，跑不到哪儿去，就交给了他。

pə³¹ɟɯ⁵⁵tsəŋ⁵⁵ ɹɑˀ⁵⁵ dɔ³¹ ə³¹g.ɹɑːŋ⁵³g.ɹɑːŋ⁵³ gɯˀ⁵⁵ wɑ³¹,
pə³¹ɟɯ⁵⁵tsəŋ⁵⁵ ɹɑˀ⁵⁵ dɔ³¹ ə³¹g.ɹəŋ⁵³ -3p -red gɯˀ⁵⁵ wɑ³¹
香肠 肩膀 LOC 抗 -3pe -RED 说 HRS

梯培把香肠扛在肩膀上说：

"le³¹nɑ⁵³, pə³¹ ɟɑːŋ⁵³ ə³¹dɔi⁵⁵ ŋɑ⁵³ ɟɔŋ⁵⁵ mə³¹nəŋ⁵⁵ nəi⁵³
le³¹nɑ⁵³ pə³¹ ɟəŋ⁵³ -2p ə³¹dɔi⁵⁵ ŋɑ⁵³ ɟɔŋ⁵⁵ mə³¹nəŋ⁵⁵ nɑ⁵³ -agt
列那 IMP 看见 -2se 一会儿 1SG 累 时候 2SG -AGT

mi³¹ ɕɯ³¹ eˀ⁵⁵wɑ³¹ pɑ³¹ ə³¹g.ɹɑːŋ⁵³, tsəŋ³¹mɑ⁵⁵ e⁵⁵ tɑˀ³¹.

mi³¹ ɕɯ³¹ e⁷⁵⁵wɑ³¹ pa³¹ ə³¹gɹəŋ⁵³ -3p tsəŋ³¹ma⁵⁵ e⁵⁵ tɑ⁷³¹

AGT 也 这样 IMP 扛 -3pe 干净 是 COMP

"列那，看，一会儿我累的时候，你也这样扛，干干净净地，

kɹɑ⁷⁵⁵ di⁵⁵ ɕin³¹, kɔ⁵⁵ dɔ³¹ gɔŋ⁵⁵ ti³¹ gɔŋ⁵⁵ əl⁵³, ə³¹jɑ⁵⁵ dɔ³¹
kɹɑ⁷⁵⁵ di⁵⁵ ɕin³¹ kɔ⁵⁵ dɔ³¹ gɔŋ⁵⁵ ti³¹ gɔŋ⁵⁵ əl⁵³ ə³¹jɑ⁵⁵ dɔ³¹

快 走 dl-MOOD 那边 LOC 山坡 一 山坡 有 那个 LOC

sa³¹sa⁵⁵ kəi⁵⁵ ɕin³¹ ə³¹tsəŋ⁵³ le³¹ pə³¹ɹe⁷⁵⁵ mə³¹ gɔl⁵⁵."
sa³¹sa⁵⁵ kəi⁵⁵ ɕin³¹ ə³¹tsəŋ⁵³ le³¹ pə³¹ɹe⁷⁵⁵ mə³¹ gɔl⁵⁵

IDPH 吃 dl-MOOD 人 ALL 害怕 NEG 需要

快走吧，那儿有个坡，我们在那儿悠闲地享用它，不用怕别人来抢夺。"

le³¹na⁵³ mi³¹ ka⁵⁵ ə³¹təŋ⁵⁵ ma³¹ ə³¹bɑːn⁵⁵ ti³¹pəi⁵³
le³¹na⁵³ mi³¹ ka⁵⁵ ə³¹təŋ⁵⁵ ma³¹ ə³¹ban⁵⁵ -3p ti³¹pəi⁵³

列那 AGT 话 回 NEG 来得及 -3pe 梯培

bjeɹ⁵³ wa³¹ tɔɹ⁵⁵ɕɯ³¹ di³¹ wa³¹. le³¹na⁵³ mi³¹ ə³¹jɑ⁷⁵⁵ gɔŋ⁵⁵
bjeɹ⁵³ wa³¹ tɔɹ⁵⁵ɕɯ³¹ di³¹ wa³¹ le³¹na⁵³ mi³¹ ə³¹jɑ⁷⁵⁵ gɔŋ⁵⁵

飞 HRS 奔跑 PFV-V HRS 列那 AGT 那 山坡

列那还来不及回话，梯培就飞一般跑走了。

le³¹ duː⁵⁵ mə³¹nəŋ⁵⁵ ti³¹pəi⁵³ ɕiŋ³¹dzɯŋ⁵⁵ dɔ³¹ ɹɔk⁵⁵
le³¹ du⁵⁵ -3p mə³¹nəŋ⁵⁵ ti³¹pəi⁵³ ɕiŋ³¹dzɯŋ⁵⁵ dɔ³¹ ɹɔk⁵⁵

ALL 到 -3pe 时候 梯培 树 LOC 坐

ɟaːŋ⁵³ wa³¹. le³¹na⁵³ ə³¹gəm⁵⁵ mə³¹ wa⁵⁵ wa³¹, "kɹɑ⁷⁵⁵ pə³¹
ɟəŋ⁵³ -3p wa³¹ le³¹na⁵³ ə³¹gəm⁵⁵ mə³¹ wa⁵⁵ wa³¹ kɹɑ⁷⁵⁵ pə³¹

看见 -3pe HRS 列那 高兴 NEG 做 HRS 快 IMP

列那到了那个坡，看见梯培坐在树上。列那有点不高兴：

ɕɔm⁵³ tən⁵⁵ ə³¹ne⁵⁵ pə³¹ɟɯ⁵⁵tsəŋ⁵⁵ kəi⁵⁵ tsɔt⁵⁵ du⁵⁵ di³¹."
ɕɔm⁵³ tən⁵⁵ ə³¹ne⁵⁵ pə³¹ɟɯ⁵⁵tsəŋ⁵⁵ kəi⁵⁵ tsɔt⁵⁵ du⁵⁵ di³¹

下 现在 1DL 香肠 吃 时间 到 PFV-V

"你快下来，现在我俩该吃香肠了。"

ti³¹pəi⁵³ nɯ³¹ et⁵⁵ ɕɯ³¹ wa³¹, "ŋa⁵³ mə³¹ ɕɔm⁵⁵, na⁵³ ləŋ³¹

ti³¹pəi⁵³　nɯ³¹　et⁵⁵　ɕɯ³¹　wɑ³¹　ŋɑ⁵³　mə³¹　ɕɔm⁵³　-1p　nɑ⁵³　ləŋ³¹
梯培　　　TOP　笑　RFLX　HRS　1SG　NEG　下　　-1sg　2SG　CONTR

ɟɑ⁵³　le³¹　pə³¹　ŋaŋ⁵⁵　ɹɑ³¹,　ɟɑ²⁵⁵　mə³¹dəm⁵³　dɔ³¹　sa³¹sɑ⁵⁵　kəi⁵⁵
ɟɑ⁵³　le³¹　pə³¹　ŋaŋ⁵⁵　ɹɑ³¹,　ɟɑ²⁵⁵　mə³¹dəm⁵³　dɔ³¹　sa³¹sɑ⁵⁵　kəi⁵⁵
这　　ALL　IMP　上　　DIR　这　　上面　　　LOC　IDPH　　吃

梯培笑道："我不下来，还是你上来，我俩就在这上面悠闲地享用吧。"

ɕin³¹."　　le³¹nɑ⁵³　sə³¹nɑ⁵⁵　səi⁵⁵　wɑ³¹,　"nɑ⁵³　nə³¹　klɯp⁵⁵　ɹɑ³¹,　ŋɑ⁵³
ɕin³¹　　　le³¹nɑ⁵³　sə³¹nɑ⁵⁵　səi⁵⁵　wɑ³¹　　nɑ⁵³　nə³¹　klɯp⁵⁵　ɹɑ³¹　ŋɑ⁵³
dl-MOOD　列那　　气　　　生　　HRS　2SG　2p　欺骗　　DISC　1SG

列那生气了："你骗人，

ɕiŋ³¹dzɯŋ⁵⁵　le³¹　ŋaŋ⁵⁵　mə³¹　saŋ⁵⁵　　nəi⁵³　　　nə³¹　sɔː⁵⁵,
ɕiŋ³¹dzɯŋ⁵⁵　le³¹　ŋaŋ⁵⁵　mə³¹　sa⁵⁵　-1p　na⁵³　-agt　nə³¹　sa⁵⁵　-2p
树　　　　　　ALL　上　　NEG　知道　-1se　2SG　-AGT　2p　送　-2se

你知道我不会上树的，就像刚才说好的那样，

tɔi⁵⁵　ə³¹　gɯ²⁵⁵　ɕɯ³¹　wɑ³¹　kɹɑ²⁵⁵　ti³¹　tɔt⁵⁵　pə³¹　tɕɑːt⁵⁵
tɔi⁵⁵　ə³¹　gɯ²⁵⁵　ɕɯ³¹　wɑ³¹　kɹɑ²⁵⁵　ti³¹　tɔt⁵⁵　pə³¹　tɕat⁵⁵　-2p
刚才　RECP　说　dl　样　　快　　一　截　　IMP　扔　　-2se

快扔一截下来（给我）！"

dzɑ²³¹"　gɯ²⁵⁵　wɑ³¹.　ti³¹pəi⁵³　nɯ³¹　sə³¹nɑ⁵⁵　mə³¹　səi⁵⁵　wɑ³¹,　et⁵⁵
dzɑ²³¹　gɯ²⁵⁵　wɑ³¹　ti³¹pəi⁵³　nɯ³¹　sə³¹nɑ⁵⁵　mə³¹　səi⁵⁵　wɑ³¹　et⁵⁵
DIR　　说　　HRS　梯培　　　TOP　气　　　NEG　生　　HRS　笑

ɕɯ³¹　dʑin³¹　gɯ²⁵⁵　wɑ³¹,　"ə³¹jɑ²⁵⁵　bəi³¹　e²⁵⁵wɑ³¹　lɑ³¹　e⁵⁵,
ɕɯ³¹　dʑin³¹　gɯ²⁵⁵　wɑ³¹　ə³¹jɑ²⁵⁵　bəi³¹　e²⁵⁵wɑ³¹　lɑ³¹　e⁵⁵
RFLX　着　　说　　HRS　那　　　CONJ　这样　　　JUSS　是

梯培不生气，笑着说："这样的话就这样吧，

ə³¹nəm⁵⁵　dɔɹ⁵⁵　pə³¹ɟɯ⁵⁵tsəŋ⁵⁵　lɔn⁵⁵　ɕɯ³¹　bəi³¹　nɑ⁵³　ti³¹　ɟɔ²⁵⁵
ə³¹nəm⁵⁵　dɔɹ⁵⁵　pə³¹ɟɯ⁵⁵tsəŋ⁵⁵　lɔn⁵⁵　ɕɯ³¹　bəi³¹　nɑ⁵³　ti³¹　ɟɔ²⁵⁵
后来　　　次　　香肠　　　　　　找到　　也　　CONJ　2SG　一　　CL

tɕe³¹　pə³¹　kəi⁵³,　ŋɑ⁵³　ti³¹　ɕi⁵⁵　ɕɯ³¹　mɑ³¹　pə³¹nəm⁵⁵　niŋ³¹."

tɕe³¹　pə³¹　kəi⁵³　ŋɑ⁵³　ti³¹　ɕi⁵⁵　ɕɯ³¹　mɑ³¹　pə³¹nəm⁵⁵　niŋ³¹
只　　IMP　吃　　1SG　一　碎末　也　　NEG　闻　　　　MOOD

下次找到香肠的话，就让你一个人吃，我一小块也不闻一下。"

le³¹nɑ⁵³　sə³¹nɑ⁵⁵　səi⁵⁵　mi³¹　təi⁵⁵təi⁵⁵　ɕɯ³¹　mə³¹　wɑ⁵⁵　ɕɯ³¹
le³¹nɑ⁵³　sə³¹nɑ⁵⁵　səi⁵⁵　mi³¹　təi⁵⁵təi⁵⁵　ɕɯ³¹　mə³¹　wɑ⁵⁵　ɕɯ³¹
列那　　气　　生　BEC　怎么　　也　　NEG　做　　RFLX

列那气得不知如何是好，

wɑ³¹,　gəm³¹ɟɑʔ⁵⁵　wɑ⁵⁵　wɑ³¹,　"ti³¹pəi⁵³,　nɑ⁵³　e³¹wɑ⁵⁵　nə³¹　klɯp⁵⁵
wɑ³¹　gəm³¹ɟɑʔ⁵⁵　wɑ⁵⁵　wɑ³¹　ti³¹pəi⁵³　nɑ⁵³　e³¹wɑ⁵⁵　nə³¹　klɯp⁵⁵
HRS　发怒　　　做　HRS　梯培　　2SG　那样　　2p　撒谎

nɑ³¹me⁵⁵　ti³¹　gɯ⁵⁵,　kɑ⁵⁵　mən³¹　den⁵⁵,　ti³¹　tɔt⁵⁵　ɕɯ³¹　mən³¹
nɑ³¹me⁵⁵　ti³¹　gɯ⁵⁵　kɑ⁵⁵　mən³¹　den⁵⁵　ti³¹　tɔt⁵⁵　ɕɯ³¹　mən³¹
猫　　　一　　CL　话　NEG2　兑现　　一　截　也　　NEG2

大骂："梯培，你这样骗人的一只猫，不讲信用，

plɑ:ʔ⁵⁵,　　plɑŋ⁵⁵　nɑ³¹me⁵⁵…"　"mə³¹　gɔl⁵⁵　ɔ⁵³,　tɯp⁵⁵　dɔɹ⁵⁵
plɑʔ⁵⁵　-3p　plɑŋ⁵⁵　nɑ³¹me⁵⁵　　mə³¹　gɔl⁵⁵　ɔ⁵³　tɯp⁵⁵　dɔɹ⁵⁵
舍得　-3pe　鬼怪　猫　　　　NEG　需要　哦　　后面　次

一截也舍不得给我，鬼猫咪。""没关系的哦，下次

tsəŋ³¹mɑ⁵⁵　e⁵⁵　pə³¹ɟɯ⁵⁵tsəŋ⁵⁵　lɔn⁵⁵　bəi³¹　nɑ⁵³　tɕɑi³¹mɑ⁵⁵　ɕɯ³¹
tsəŋ³¹mɑ⁵⁵　e⁵⁵　pə³¹ɟɯ⁵⁵tsəŋ⁵⁵　lɔn⁵⁵　bəi³¹　nɑ⁵³　tɕɑi³¹mɑ⁵⁵　ɕɯ³¹
干净　　　是　香肠　　　　　　找到　CONJ　2SG　口水　　也

ma³¹　ə³¹pen⁵³,　pa³¹bɔʔ⁵⁵　ɕɯ³¹　mɑ³¹　ə³¹pen⁵³,　nɑ⁵³　le³¹　sə³¹nɑʔ⁵⁵
ma³¹　ə³¹pen⁵³　pa³¹bɔʔ⁵⁵　ɕɯ³¹　mɑ³¹　ə³¹pen⁵³　nɑ⁵³　le³¹　sə³¹nɑʔ⁵⁵
NEG　粘　　　灰尘　　　也　　NEG　粘　　　2SG　ALL　都

找到干净的香肠，不沾你的口水，也不沾灰尘的，都给你吃吧！"

biŋ⁵⁵　　niŋ³¹."　ə³¹jɑʔ⁵⁵　e⁵⁵　ti³¹pəi⁵³　le³¹nɑ⁵³　le³¹　mɑ³¹　ə³¹tsuʔ⁵⁵
bi⁵⁵　-1p　niŋ³¹　ə³¹jɑʔ⁵⁵　e⁵⁵　ti³¹pəi⁵³　le³¹nɑ⁵³　le³¹　mɑ³¹　ə³¹tsuʔ⁵⁵
给　-1se　MOOD　那　　是　梯培　　　列那　　ALL　NEG　理

ɕɯ³¹　wɑ³¹,　pə³¹ɟɯ⁵⁵tsəŋ⁵⁵　ə³¹bəp⁵⁵　wɑ³¹.

ɕɯ³¹	wɑ³¹	pə³¹ɟɯ⁵⁵tsəŋ⁵⁵	ə³¹bəp⁵⁵	wɑ³¹
RFLX	HRS	香肠	大口吃	HRS

说完，梯培不再搭理列那，大吃起香肠来。

　　一天早上，列那狐正在路边闲逛，突然闻到一股肉香味。想"啊，这么香的东西，是什么呀？"这时，他碰见正在树下睡大觉的公猫梯培，于是他俩商量一起去看看是什么。一看，是公狗柯尔朵盆子里的一根香肠，散发出的香味。于是，他俩商量着把它拿到手，一起享用。

　　他俩是这样做的：梯培先进入屋子里，跳到窗台上，把香肠扔到外面，然后列那带到远处等候梯培。柯尔朵是被拴着的，看见香肠被列那抢走了，很生气，嚎叫着想追赶，却被拴他的绳子勒了脖子。

　　梯培看见列那逃走了，不放心，想：那只狐狸非常狡猾，赶紧抄近路迂回追上了他。

　　梯培先开口了："喂，狐狸老兄，我俩在哪儿分香肠？看看，你怎么拿的，一截托在土里，一截沾满了你的口水，没法吃了，我教你怎么拿吧？"梯培这样说着拿走了香肠。

　　列那想到公猫梯培个儿那么小，跑不到哪儿去，就交给了他。

　　梯培把香肠扛在肩膀上说："列那，看，一会儿我累的时候，你也这样扛，干干净净地，快走吧，那儿有个坡，我们在那儿悠闲地享用它，不用怕别人来抢夺。"列那还来不及回话，梯培就飞一般跑走了。

　　列那到了那个坡，看见梯培坐在树上。列那有点不高兴："你快下来，现在我俩该吃香肠了。"梯培笑道："我不下来，还是你上来，我俩就在这上面悠闲地享用吧。"

　　列那生气了："你骗人，你知道我不会上树的，就像刚才说好的那样，快扔一截下来（给我）！"

　　梯培不生气，笑着说："这样的话就这样吧，下次找到香肠的话，就让你一个人吃，我一小块都不闻。"列那气得不知如何是好，大骂："梯培，你是一只骗人的猫，不讲信用，一截也舍不得给我，鬼猫咪。"

　　"没关系的哦，下次找到干净的香肠，不沾你的口水，也不沾灰尘的，都给你吃吧！"说完，梯培不再搭理列那，大吃起香肠来。

2.8 梯培断尾

pə³¹ɟɯ⁵⁵tsəŋ⁵⁵	ə³¹	tul⁵³	tɯːm⁵⁵		nɯ³¹	le³¹nɑ⁵³	də³¹guɑn⁵⁵
pə³¹ɟɯ⁵⁵tsəŋ⁵⁵	ə³¹	tul⁵³	tɯm⁵⁵	-ins	nɯ³¹	le³¹nɑ⁵³	də³¹guɑn⁵⁵
香肠		RECP抢	后面	-INSTR	TOP	列那	俩

ti³¹pəi⁵³ mə³¹nɯ⁵⁵nɯ³¹ mɑ³¹ ə³¹ ɟəŋ⁵³ wɑ³¹. bɑ³¹li⁵⁵
ti³¹pəi⁵³ mə³¹nɯ⁵⁵nɯ³¹ mɑ³¹ ə³¹ ɟəŋ⁵³ wɑ³¹ bɑ³¹li⁵⁵
梯培　　　很久　　　　NEG　RECP看见　HRS　又
香肠之争后列那和梯培很久没见面了。

ta³¹xɹɯm⁵⁵ bəi³¹ u³¹dzu⁵³ lai³¹ka⁵⁵ ə³⁶mlɔ:⁵⁵ təŋ⁵⁵
tə³¹xɹɯm⁵⁵ -recp bəi³¹ u³¹dzu⁵³ lai³¹ka⁵⁵ ə³⁶mla⁵⁵ -3p təŋ⁵⁵
遇见　　　　-RECP CONJ 前面　　事情　　忘　　-3pe 什么

ɕɯ³¹ mə³¹ cɑ⁵⁵ ɹi³¹ ti³¹tɕi⁵⁵ wɑ³¹ ə³¹ gəm⁵³ wɑ³¹. Le³¹na⁵³
ɕɯ³¹ mə³¹ cɑ⁵⁵ ɹi³¹ ti³¹tɕi⁵⁵ wɑ³¹ ə³¹ gəm⁵³ wɑ³¹ le³¹na⁵³
也　NEG 发生 过 一样　HRS RECP好　HRS　列那
再次遇见时就忘了以前的事情，似乎什么也没发生过，和好了。

et⁵⁵ɕɯ³¹ wɑ³¹ "lam³¹bɹɹ⁷⁵⁵pəi⁵³ sə³¹ɹɑŋ⁵⁵ sə³¹ɹɑŋ⁵⁵ ə³¹ɹɑ⁵⁵
et⁵⁵ - ɕɯ³¹ wɑ³¹ lam³¹bɹɹ⁷⁵⁵pəi⁵³ sə³¹ɹɑŋ⁵⁵ sə³¹ɹɑŋ⁵⁵ ə³¹ɹɑ⁵⁵
笑　-　RFLX HRS 朋友　　　　早上　　早上　　哪儿

le³¹ nə³¹ di⁵³?" "ŋɑ⁵³ nɯ³¹ kai⁷⁵⁵ sep⁵⁵ dɔ³¹ kɹɹŋ⁵⁵ le³¹
le³¹ nə³¹ di⁵³ ŋɑ⁵³ nɯ³¹ kai⁷⁵⁵ sep⁵⁵ dɔ³¹ kɹɹŋ⁵⁵ le³¹
ALL 2p 去 1SG TOP 那　旁　LOC 村子　ALL
列那笑道："朋友，一大早上哪儿去呀？"

diŋ⁵⁵, ə³¹ja⁵⁵ dɔ³¹ ə³¹tsəŋ⁵³ pə³¹ma⁵⁵ mi³¹ nuŋ³¹ŋua⁵³nuŋ⁵⁵
di⁵³ -1p ə³¹ja⁵⁵ dɔ³¹ ə³¹tsəŋ⁵³ pə³¹ma⁵⁵ mi³¹ nuŋ³¹ŋua⁵³nuŋ⁵⁵
去　-1sg 那　LOC 人　　妻子　　AGT 牛奶
"我去这附近的村子，

ti³¹ waŋ³¹lu⁵⁵ gəm⁵⁵ dɔ³¹ xɹɹ:l⁵⁵ wɑ³¹ gɯ⁷⁵⁵ ŋɑ⁵³ tɕu⁷⁵⁵
ti³¹ waŋ³¹lu⁵⁵ gəm⁵⁵ dɔ³¹ xɹɹl⁵⁵ -3p wɑ³¹ gɯ⁷⁵⁵ ŋɑ⁵³ tɕu⁷⁵⁵
一　坛　　箱子　LOC 藏　-3pe HRS 说　1SG 一点

ɟəŋ⁵⁵ le³¹ diŋ⁵⁵. na⁵³ ŋɑ⁵³ mə³¹nəŋ⁵⁵ ma⁵⁵ di⁵⁵ na³¹
ɟəŋ⁵⁵ le³¹ di⁵³ -1p na⁵³ ŋɑ⁵³ mə³¹nəŋ⁵⁵ ma⁵⁵ di⁵⁵ na³¹
看　ALL 去 -1sg 2SG 1SG 时候　　　INTR 去 2p
听说在那儿人的妻子在箱子里藏了一罐牛奶，我去看一看。你愿意跟我去吗？

də³¹guɯŋ⁵³?	ə³¹jɑ⁷⁵⁵	cɯm⁵³	ka³¹ɹuŋ⁵⁵	dɔ³¹	ka⁷⁵⁵	ɕɯ³¹	tə³¹təi⁵⁵
də³¹guɯŋ⁵³	ə³¹jɑ⁷⁵⁵	cɯm⁵³	ka³¹ɹuŋ⁵⁵	dɔ³¹	ka⁷⁵⁵	ɕɯ³¹	tə³¹təi⁵⁵
愿意	那	家	鸡圈	LOC	鸡	也	十分

su⁵³	wa³¹	gɯ⁷⁵⁵."	"nəm⁵⁵	di⁵⁵	də³¹guɯŋ⁵⁵."		ka³¹ɕa⁵⁵	kəi⁵⁵
su⁵³	wa³¹	gɯ⁷⁵⁵	nəm⁵⁵	di⁵⁵	də³¹guɯŋ⁵³	-1p	ka³¹ɕa⁵⁵	kəi⁵⁵
肥	HRS	说	当然	去	想	-1sg	鸡肉	吃

那家的鸡棚里据说鸡也很肥美呢。”“当然愿意去了。”

ka⁵⁵	ɹɑ⁷⁵⁵	na⁵⁵e³¹	mə³¹nəŋ⁵⁵	le³¹nɑ⁵³	ɕɯ³¹	tə³¹təi⁵⁵	si⁵³	sɔn⁵³
ka⁵⁵	ɹɑ⁷⁵⁵	na⁵⁵e³¹	mə³¹nəŋ⁵⁵	le³¹nɑ⁵³	ɕɯ³¹	tə³¹təi⁵⁵	si⁵³	sɔn⁵³
话	得到	INFR	时候	列那	也	十分	兴趣	有

想到可能吃到鸡肉，列那也很兴奋。

wa³¹.	ə³¹tsəŋ⁵³	cɯm⁵³	kut⁵⁵kə³¹ɹi⁵⁵	ɕiŋ⁵⁵	mi³¹	nə³¹ɹam⁵³
wa³¹	ə³¹tsəŋ⁵³	cɯm⁵³	kut⁵⁵kə³¹ɹi⁵⁵	ɕiŋ⁵⁵	mi³¹	nə³¹ɹam⁵³
HRS	人	家	IDPH	木头	AGT	栅栏

ɔː⁵³		mɯ³¹	wa³¹.	"e³¹wa⁵⁵	nə³¹ɹam⁵³	təi⁵⁵	dzəŋ⁵⁵	ɕɯ³¹	sa³¹
wa⁵³	-3p	mɯ³¹	wa³¹	e³¹wa⁵⁵	nə³¹ɹam⁵³	təi⁵⁵	dzəŋ⁵⁵	ɕɯ³¹	sa³¹
做	-3pe	DISC	HRS	那样	栅栏	怎么	进	RFLX	NOM

（那里）人家用木头围上栅栏了。列那说：“这样的栅栏怎么进去？

dai⁵³?	tən³¹ni⁵³	gəm⁵³	tə³¹tɕa⁵⁵	kəi⁵⁵	ka⁵⁵	mə³¹	ɹa⁷⁵⁵
dai⁵³	tən³¹ni⁵³	gəm⁵³	tə³¹tɕa⁵⁵	kəi⁵⁵	ka⁵⁵	mə³¹	ɹa⁷⁵⁵
MOOD	今天	好	东西	吃	话	NEG	得到

pəŋ³¹wa⁵³."	gɯ⁷⁵⁵	wa³¹	le³¹nɑ⁵³.	"wəi⁵³,	lam³¹bɹɔ⁷⁵⁵pəi⁵³,
pəŋ³¹wa⁵³	gɯ⁷⁵⁵	wa³¹	le³¹nɑ⁵³	wəi⁵³	lam³¹bɹɔ⁷⁵⁵pəi⁵³
PROS	说	HRS	列那	喂	朋友

看来今天吃不到好东西了。”“喂，朋友，别这样泄气，

e³¹wa⁵⁵	mit⁵⁵	mən³¹	sə³¹tɯi⁷⁵⁵ɕɯ³¹	nɯ³¹,	u³¹dzu⁵³	ɟəŋ⁵³	ɕin³¹
e³¹wa⁵⁵	mit⁵⁵	mən³¹	sə³¹tɯi⁷⁵⁵ɕɯ³¹	nɯ³¹	u³¹dzu⁵³	ɟəŋ⁵³	ɕin³¹
那样	思想	NEG2	泄气	TOP	先	看	dl-MOOD

| ə³¹ɹa⁵⁵ | ɔːŋ³¹ | dzəŋ⁵⁵ | ɕɯ³¹ | ɲi⁵⁵ | sa³¹ | e³¹." | ti³¹pəi⁵³ | nɯ³¹ | le³¹nɑ⁵³ |

ə³¹ɹɑ⁵⁵ ɔːŋ³¹ dzəŋ⁵⁵ ɕɯ³¹ ɲi⁵⁵ sa³¹ e³¹ ti³¹pəi⁵³ nɯ³¹ le³¹na⁵³
哪儿 ABL 进 RFLX 行 NOM 是 梯培 TOP 列那

mə³¹dəm⁵³ tɕɔm⁵⁵ mit⁵⁵ ɹə³¹ɯ²⁵⁵ wɑ³¹. əŋ³¹ne⁵⁵ gəi³¹səŋ⁵⁵ ti³¹
mə³¹dəm⁵³ tɕɔm⁵⁵ mit⁵⁵ ɹə³¹ɯ²⁵⁵ wɑ³¹ əŋ³¹ne⁵⁵ gəi³¹səŋ⁵⁵ ti³¹
上面 比较 思想 稳住 HRS 3DL 果然 一
我们先看看可以从哪儿进去吧。"梯培比列那更冷静。

təm⁵⁵ dɔ³¹ nə³¹ɹɑm⁵³ blu²⁵⁵ lɔːn⁵⁵ wɑ³¹, ə³¹ja⁵⁵ ɔːŋ³¹ dzəŋ⁵⁵
təm⁵⁵ dɔ³¹ nə³¹ɹɑm⁵³ blu²⁵⁵ lɔn⁵⁵ -3p wɑ³¹ ə³¹ja⁵⁵ ɔːŋ³¹ dzəŋ⁵⁵
处 LOC 栅栏 漏 找到 -3pe HRS 那 ABL 进
他俩果然在一处找到栅栏通洞的地方，从那儿可以进去。

ɕɯ³¹ ɲi⁵³. le³¹na⁵³ nɯ³¹ ə³¹ja²⁵⁵ duŋ⁵⁵ ɔːŋ³¹ dzəŋ⁵⁵dzəŋ⁵⁵ ɕɯ³¹
ɕɯ³¹ ɲi⁵³ le³¹na⁵³ nɯ³¹ ə³¹ja²⁵⁵ duŋ⁵⁵ ɔːŋ³¹ dzəŋ⁵⁵ -red ɕɯ³¹
RFLX 行 列那 TOP 那 洞 ABL 进 -RED RFLX

ka³¹ɹuŋ⁵⁵ le³¹ tɔɹ⁵⁵ɕɯ³¹ wɑ³¹. ti³¹pəi⁵³ mi³¹ ə³¹bɹɑ⁵⁵bɹɑ³¹
ka³¹ɹuŋ⁵⁵ le³¹ tɔɹ⁵⁵ɕɯ³¹ wɑ³¹ ti³¹pəi⁵³ mi³¹ ə³¹bɹɑ⁵⁵bɹɑ³¹
鸡圈 ALL 奔跑 HRS 梯培 AGT 赶快
列那从那个洞进去之后就往鸡棚跑。

kaːn⁵⁵ wɑ³¹, "na⁵³ də³¹bəŋ⁵⁵ nə³¹ e⁵⁵ ɹɑ³¹, u³¹nu²⁵⁵ tɕu²⁵⁵
kan⁵⁵ -3p wɑ³¹ na⁵³ də³¹bəŋ⁵⁵ nə³¹ e⁵⁵ ɹɑ³¹ u³¹nu²⁵⁵ tɕu²⁵⁵
喊 -3pe HRS 2SG 傻瓜 2p 是 DISC 脑子 一点

ɕɯ³¹ mən³¹ ŋət⁵⁵ ɕɯ³¹, ka²⁵⁵ u³¹dzu⁵³ nə³¹ ɹɯːp⁵⁵ bəi³¹
ɕɯ³¹ mən³¹ ŋət⁵⁵ ɕɯ³¹ kɯ²⁵⁵ u³¹dzu⁵³ nə³¹ ɹɯp⁵⁵ -3p bəi³¹
也 NEG2 动 RFLX 鸡 先 2p 抓 -3pe CONJ

ka²⁵⁵ mə³¹dai⁵³ mə³¹nəŋ⁵⁵ ə³¹tsəŋ⁵³ mi³¹ sə³¹na²⁵⁵ sɔː⁵⁵. e⁵⁵
ka²⁵⁵ mɔ³¹dai⁵³ mə³¹nəŋ⁵⁵ ə³¹tsəŋ⁵³ mi³¹ sə³¹na²⁵⁵ sa⁵⁵ -3p e⁵⁵
鸡 尖叫 时候 人 AGT 都 知道 -3pe 是
梯培赶紧喊住了他："你原来是个傻瓜，一点也不动脑，你先抓鸡的话，鸡一叫人就
都知道了。

mi³¹ ka²⁵⁵ tɯːm⁵⁵ tɕe³¹ ɹɯp⁵⁵ ɕin³¹, nuŋ³¹ŋua⁵³nuŋ⁵⁵

mi³¹ ka⁷⁵⁵ tum⁵⁵ -ins tɕe³¹ ɹɯ̃⁵⁵ ɕin³¹ nuŋ³¹ŋua⁵³nuŋ⁵⁵
AGT 鸡 后面 -INSTR 才 抓 dl-MOOD 牛奶

u³¹dzu⁵³ lu⁵³ ɕin³¹, nuŋ³¹ŋua⁵³nuŋ⁵⁵ ka⁵⁵ gɯ⁷⁵⁵ mə³¹ sɔː⁵⁵
u³¹dzu⁵³ lu⁵³ ɕin³¹ nuŋ³¹ŋua⁵³nuŋ⁵⁵ ka⁵⁵ gɯ⁷⁵⁵ mə³¹ sa⁵⁵ -3p
先 拿 dl-MOOD 牛奶 话 说 NEG 会 -3pe
所以鸡要最后抓，我们先取牛奶，牛奶不会说话，不是吗？"

me⁵⁵ e⁵³?" ti³¹pəi⁵³ e³¹wa⁵⁵ gɯː⁷⁵⁵ mə³¹nəŋ⁵⁵ le³¹na⁵³ nɯi⁵⁵
me⁵⁵ e⁵³ ti³¹pəi⁵³ e³¹wa⁵⁵ gɯ⁷⁵⁵ -3p mə³¹nəŋ⁵⁵ le³¹na⁵³ nɯi⁵⁵
不是 INTR 梯培 那样 说 -3pe 时候 列那 嘴巴

xɹa⁵³ pə³¹ɹaːi⁵⁵ ti³¹pəi⁵³ mə³¹nəŋ⁵⁵ cɯm⁵³ lap⁵⁵ le³¹ di⁵⁵ wa³¹.
xɹa⁵³ pə³¹ɹaːi⁵⁵ ti³¹pəi⁵³ mə³¹nəŋ⁵⁵ cɯm⁵³ lap⁵⁵ le³¹ di⁵⁵ wa³¹
馋 TRST 梯培 时候 家 方向 ALL 去 HRS
梯培这样一说，列那虽然嘴很馋，还是跟着梯培先往屋子方向走了。

əŋ³¹ne⁵⁵ mə³¹li⁵³ paːŋ³¹ tɕu⁷⁵⁵ tsə³¹ɹa⁵⁵ wa⁵⁵ wa³¹. ə³¹duŋ⁵⁵
əŋ³¹ne⁵⁵ mə³¹li⁵³ paːŋ³¹ tɕu⁷⁵⁵ tsə³¹ɹa⁵⁵ wa⁵⁵ wa³¹ ə³¹duŋ⁵⁵
3DL 野外 ABL 一点 窥视 做 HRS 里面
他俩先从外面偷窥了一下。

dɔ³¹ ə³¹tsəŋ⁵³ mal⁵³ mə³¹nəŋ⁵⁵ tɕe³¹ dzəŋ⁵⁵ ɕɯ³¹ wa³¹.
dɔ³¹ ə³¹tsəŋ⁵³ mal⁵³ mə³¹nəŋ⁵⁵ tɕe³¹ dzəŋ⁵⁵ ɕɯ³¹ wa³¹
LOC 人 没有 时候 才 进 RFLX HRS
看见里面没人才进去。

"le³¹na⁵³, nəi⁵³ tɕu⁷⁵⁵ pa³¹ sə³¹nəŋ⁵⁵ ɹaŋ³¹, ti³¹kaːt⁵⁵
le³¹na⁵³ na⁵³ -agt tɕu⁷⁵⁵ pa³¹ sə³¹nəŋ⁵⁵ ɹa³¹ -1p ti³¹kaːt⁵⁵
列那 2SG -AGT 一点 IMP 帮助 DIR -1sg 一起

gəm⁵⁵ kaŋ⁵⁵ ɕin³¹, nəi⁵³ sə³¹kəm⁵⁵ pə³¹ xɹaːŋ⁵³ ɹet³¹,
gəm⁵⁵ kaŋ⁵⁵ ɕin³¹ na⁵³-agt sə³¹kəm⁵⁵ pə³¹ xɹaŋ⁵³ -2p ɹet³¹
箱子 掀开 dl-MOOD 2SG-AGT 盖子 IMP 抬 -2se DIR
"列那，你帮我一下，我们一起把箱子打开，

ŋa⁵³ u³¹dzu⁵³ kəi⁵⁵ niŋ³¹, na⁵³ tɯːm⁵⁵ pə³¹ kəi⁵³."

ŋa⁵³	u³¹dzu⁵³	kəi⁵⁵	niŋ³¹	na⁵³	tum⁵⁵	-ins	pə³¹	kəi⁵³
1SG	先	吃	MOOD	2SG	后面	-INSTR	IMP	吃

你先举一下盖子，我先吃，你后面吃。"

ti³¹pəi⁵³	pɔn⁵⁵	ti³¹tɕi⁵⁵	ə³¹nɯl⁵⁵	wa³¹.	le³¹na⁵³	ə³¹ɹa⁵⁵	wa³¹,
ti³¹pəi⁵³	pɔn⁵⁵	ti³¹tɕi⁵⁵	ə³¹nɯl⁵⁵	wa³¹	le³¹na⁵³	ə³¹ɹa⁵⁵	wa³¹
梯培	官员	一样	使唤	HRS	列那	同意	HRS

梯培像官老爷那样使唤列那。列那同意了，

əŋ⁵³	ti³¹mit⁵⁵	mi³¹	ə³¹ja²⁵⁵	su⁵³	ka²⁵⁵	tɕe³¹	mit⁵⁵	wa³¹,
əŋ⁵³	ti³¹mit⁵⁵	mi³¹	ə³¹ja²⁵⁵	su⁵³	ka²⁵⁵	tɕe³¹	mit⁵⁵	wa³¹
3SG	一心	AGT	那	肥	鸡	只	想	HRS

他一心想着那肥鸡，

nuŋ³¹ŋua⁵³nuŋ⁵⁵	le³¹	də³¹baŋ⁵⁵	nɯi⁵⁵	mə³¹	təi⁵⁵	wa³¹.	ti³¹pəi⁵³
nuŋ³¹ŋua⁵³nuŋ⁵⁵	le³¹	də³¹baŋ⁵⁵	nɯi⁵⁵	mə³¹	təi⁵⁵	wa³¹	ti³¹pəi⁵³
牛奶	ALL	太	嘴巴	NEG	馋	HRS	梯培

对牛奶不是很馋。

nɯ³¹	na³¹tsəi⁵⁵wa³¹	tɕe³¹	ti³¹tɕu²⁵⁵	ti³¹tɕu²⁵⁵	plək⁵⁵lə³¹plək⁵⁵
nɯ³¹	na³¹tsəi⁵⁵wa³¹	tɕe³¹	ti³¹tɕu²⁵⁵	ti³¹tɕu²⁵⁵	plək⁵⁵lə³¹plək⁵⁵
TOP	慢慢地	才	一点	一点	IDPH

ŋa²⁵⁵	wa³¹,	le³¹na⁵³	mi³¹	mə³¹	kɹɯːn⁵⁵	wa³¹,	"kɹa²⁵⁵	pə³¹
ŋa²⁵⁵	wa³¹	le³¹na⁵³	mi³¹	mə³¹	kɹɯn⁵⁵	-3p	wa³¹	kɹa²⁵⁵	pə³¹
喝	HRS	列那	AGT	NEG	忍受	-3pe	HRS	快	IMP

梯培慢悠悠地一点一点"啪啦""啪啦"地喝着，

ŋaː²⁵⁵	ti³¹pəi⁵³,	ɟa²⁵⁵	gəm⁵⁵	tə³¹təi⁵⁵	ə³¹li⁵³,	mə³¹	gɯt⁵⁵
ŋa²⁵⁵	-2p	ti³¹pəi⁵³	ɟa²⁵⁵	gəm⁵⁵	tə³¹təi⁵⁵	ə³¹li⁵³	mə³¹	gɯt⁵⁵
喝	-2se	梯培	这	箱子	十分	重	NEG	担负

pəŋ³¹waŋ⁵³."	ti³¹pəi⁵³	pəi⁵³	gɯ⁵⁵	ka⁵⁵	mə³¹	gɯ²⁵⁵,	sə³¹na⁵⁵
pəŋ³¹wa⁵³	-1p	ti³¹pəi⁵³	pəi⁵³	gɯ⁵⁵	ka⁵⁵	mə³¹	gɯ²⁵⁵	sə³¹na⁵⁵
PFV	-1se	梯培	SPM	CL	话	NEG	说	鼻子

列那不耐烦了："快喝，梯培，这箱子很重，我快扛不动了。"梯培不说话，

sə³¹na²⁵⁵ nuŋ³¹ŋua⁵³nuŋ⁵⁵ le³¹ pəm⁵⁵ ɕɯ³¹ dʑin³¹ ŋa²⁵⁵ wɑ³¹.
sə³¹na²⁵⁵ nuŋ³¹ŋua⁵³nuŋ⁵⁵ le³¹ pəm⁵⁵ ɕɯ³¹ dʑin³¹ ŋa²⁵⁵ wɑ³¹
都 牛奶 ALL 泡 RFLX 着 喝 HRS
把鼻子都浸泡到牛奶里只顾喝。

le³¹na⁵³ mi³¹ də³¹gəŋ⁵⁵ mə³¹bət⁵⁵ ɔ:⁵³ wɑ²³¹ mə³¹nəŋ⁵⁵
le³¹na⁵³ mi³¹ də³¹gəŋ⁵⁵ mə³¹bət⁵⁵ wɑ⁵³ -3p wɑ²³¹ mə³¹nəŋ⁵⁵
列那 AGT 催促 不停 做 -3pe 给 时候
列那不断催促，梯培不高兴了："急什么？

ti³¹pəi⁵³ ə³¹gəm⁵⁵ mə³¹ wɑ⁵⁵ wɑ³¹, "təŋ⁵⁵ le³¹ nə³¹ nan⁵³? tən⁵⁵
ti³¹pəi⁵³ ə³¹gəm⁵⁵ mə³¹ wɑ⁵⁵ wɑ³¹ təŋ⁵⁵ le³¹ nə³¹ nan⁵³ tən⁵⁵
梯培 高兴 NEG 做 HRS 什么 ALL 2p 急 现在
列那不断催促，梯培不高兴了："急什么？

tɕu²⁵⁵ pə³¹ tɕɔ:⁵⁵." "kɹa²⁵⁵ pə³¹ wen⁵⁵ɕɯ³¹, ŋa⁵³ tən⁵⁵ tɕu²⁵⁵
tɕu²⁵⁵ pə³¹ tɕɔ⁵⁵ -2p kɹa²⁵⁵ pə³¹ wen⁵⁵ɕɯ³¹ ŋa⁵³ tən⁵⁵ tɕu²⁵⁵
一点 IMP 等 -2se 快 IMP 出 1SG 现在 一点
再等一会儿。""快出来，

ɕɯ³¹ tɕɑ⁵⁵ mə³¹ cɑŋ⁵⁵" ə³¹ja²⁵⁵ mə³¹nəŋ⁵⁵ ti³¹pəi⁵³ mi³¹
ɕɯ³¹ tɕɑ⁵⁵ mə³¹ cɑ⁵³ -1p ə³¹ja²⁵⁵ mə³¹nəŋ⁵⁵ ti³¹pəi⁵³ mi³¹
RFLX 等 NEG 能 -1sg 那 时候 梯培 AGT
我现在一会儿也等不了啦。"

sə³¹na⁵⁵səi⁵⁵ ə³¹pu:²⁵⁵ wɑ³¹, nuŋ³¹ŋua⁵³nuŋ⁵⁵ xuai⁵³tɔm⁵⁵
sə³¹na⁵⁵səi⁵⁵ ə³¹pu²⁵⁵ -3p wɑ³¹ nuŋ³¹ŋua⁵³nuŋ⁵⁵ xuai⁵³tɔm⁵⁵
怒火 爆发 -3pe HRS 牛奶 IDPH
这样，梯培火了，

bja:²⁵⁵ wɑ³¹. le³¹na⁵³ ɕɯ³¹ sə³¹na⁵⁵ sɑ:i⁵⁵ xɹɛŋ⁵⁵ wɑ³¹,
bja²⁵⁵ -3p wɑ³¹ le³¹na⁵³ ɕɯ³¹ sə³¹na⁵⁵ səi⁵⁵ -ins xɹɛŋ⁵⁵ wɑ³¹
倒 -3pe HRS 列那 也 气 生气 -INSTR 喊 HRS
一下把牛奶打翻了。列那也生气了，喊道：

"na⁵³ na⁵³ ɕi⁵³, gəm⁵⁵ ə³¹duŋ⁵⁵ dɔ³¹ ə³¹bəl⁵⁵ niŋ³¹" gɯ²⁵⁵ wɑ³¹.
na⁵³ na⁵³ ɕi⁵³ gəm⁵⁵ ə³¹duŋ⁵⁵ dɔ³¹ ə³¹bəl⁵⁵ niŋ³¹ gɯ²⁵⁵ wɑ³¹
2SG 2SG 死 箱子 里面 LOC 关 MOOD 说 HRS

"你这死家伙，我要把你关在箱子里。"

əˑ³¹jaʔ⁵⁵	məˑ³¹nəŋ⁵⁵	ti³¹pəi⁵³	əˑ³¹bɹɑ⁵⁵bɹɑ³¹	məˑ³¹li⁵³	le³¹	əˑ³¹tɕat⁵⁵
əˑ³¹jaʔ⁵⁵	məˑ³¹nəŋ⁵⁵	ti³¹pəi⁵³	əˑ³¹bɹɑ⁵⁵bɹɑ³¹	məˑ³¹li⁵³	le³¹	əˑ³¹tɕat⁵⁵
那	时候	梯培	赶快	野外	ALL	跳

wɑ³¹,	le³¹na⁵³	əŋ⁵³	mə³¹dəm⁵³	dzɔʔ⁵⁵,	sə³¹kəm⁵⁵	mi³¹	ti³¹pəi⁵³
wɑ³¹	le³¹na⁵³	əŋ⁵³	mə³¹dəm⁵³	dzɔʔ⁵⁵	sə³¹kəm⁵⁵	mi³¹	ti³¹pəi⁵³
HRS	列那	3SG	上面		提前	盖子	INSTR 梯培

梯培赶紧往外跳，列那比他动作快，

mit³¹tɕɔʔ⁵⁵	əˑ³¹dzaːn⁵⁵		wɑ³¹.	ti³¹pəi⁵³	nɯ³¹	mə³¹dai⁵³	dʑin³¹
mit³¹tɕɔʔ⁵⁵	əˑ³¹dzən⁵⁵	-3p	wɑ³¹	ti³¹pəi⁵³	nɯ³¹	mə³¹dai⁵³	dʑin³¹
尾巴	轧	-3pe	HRS	梯培	TOP	尖叫	着

箱子压了梯培的尾巴。

əˑ³¹sa⁵⁵	dɔ³¹	əˑ³¹ŋaʔ⁵⁵	wɑ³¹,	"əˑ³¹kaŋ⁵³	ɕi⁵³,	ŋa⁵³	mit³¹tɕɔʔ⁵⁵	nə³¹
əˑ³¹sa⁵⁵	dɔ³¹	əˑ³¹ŋaʔ⁵⁵	wɑ³¹	əˑ³¹kaŋ⁵³	ɕi⁵³	ŋa⁵³	mit³¹tɕɔʔ⁵⁵	nə³¹
地	LOC	倒下	HRS	我爷爷	死	1SG	尾巴	2p

tɔːt⁵⁵	di³¹,	kɹɑʔ⁵⁵	pə³¹	tsəp⁵⁵	ɹɑɹ³¹."	"əˑ³¹ja⁵⁵	ŋa⁵³	dʑi⁵⁵
tɔt⁵⁵	-2p	di³¹	kɹɑʔ⁵⁵	pə³¹	tsəp⁵⁵	ɹɑ³¹ -1p	əˑ³¹ja⁵⁵	ŋa⁵³	dʑi⁵⁵
断	-2se	PFV-V	快	IMP	赔偿	DIR -1sg	那个	1SG	原因

梯培尖叫着倒在了地上："死爷爷啊，你搞断了我的尾巴，快偿还我。""那不是我的缘故，

mal⁵³,	əˑ³¹dɯ⁵³	mən³¹	əˑ³¹bɹɑ⁵⁵	mi³¹	mit³¹tɕɔʔ⁵⁵	na³¹	əˑ³¹tɔt⁵⁵	e³¹,
mal⁵³	əˑ³¹dɯ⁵³	mən³¹	əˑ³¹bɹɑ⁵⁵	mi³¹	mit³¹tɕɔʔ⁵⁵	na³¹	əˑ³¹tɔt⁵⁵	e³¹
没有	自己	NEG2	快	BEC	尾巴	2p	断	是

是你动作太慢了所以断了尾巴，

nɔi⁵³	mən³¹	sɔː⁵⁵,	na⁵³	mit³¹tɕɔʔ⁵⁵	mal⁵³	bəi³¹	tɕɔm⁵⁵
na⁵³ -agt	mən³¹	sa⁵⁵ -2p	na⁵³	mit³¹tɕɔʔ⁵⁵	mal⁵³	bəi³¹	tɕɔm⁵⁵
2SG -AGT	NEG2	知道 -2se	2SG	尾巴	没有	CONJ	更

ɟəŋ⁵⁵	gəm⁵³,	də³¹gɹaŋ⁵⁵	ɕɯ³¹	də³¹gɹaŋ⁵³,	əˑ³¹gɯ⁵⁵	sɔt⁵⁵	na³¹
ɟəŋ⁵⁵	gəm⁵³	də³¹gɹaŋ⁵⁵	ɕɯ³¹	də³¹gɹaŋ⁵³	əŋ³¹gɯ⁵⁵	sɔt⁵⁵	na³¹

看	好	漂亮	也	漂亮	身体	越	2p

你不知道，你没了尾巴更好看，也更漂亮了，身体也轻便多了，

ə³¹ɲaŋ⁵³,	ŋa⁵³	ɕɯ³¹	na⁵³	wa³¹	mit³¹tɕɔʔ⁵⁵	tɔt⁵⁵	ɕɯ³¹	niŋ³¹	mit⁵⁵
ə³¹ɲaŋ⁵³	ŋa⁵³	ɕɯ³¹	na⁵³	wa³¹	mit³¹tɕɔʔ⁵⁵	tɔt⁵⁵	ɕɯ³¹	niŋ³¹	mit⁵⁵
轻	1SG	也	2SG	样	尾巴	断	RFLX	MOOD	想

我也想像你一样把尾巴弄断呢。"

ɕiŋ³¹."	ti³¹pəi⁵³	ŋɯ⁵⁵	wa³¹,	"na⁵³	e³¹wa⁵⁵	wa⁵⁵	dʑin³¹	ŋa⁵³
ɕɯ³¹	-1p	ti³¹pəi⁵³	ŋɯ⁵⁵	wa³¹	na⁵³	e³¹wa⁵⁵	wa⁵⁵	dʑin³¹	ŋa⁵³
RFLX	-1sg	梯培	哭	HRS	2SG	那样	做	着	1SG

le³¹	nə³¹	et⁵⁵!"	le³¹na⁵³	mi³¹	mə³¹	kɹɯːn⁵⁵	wa³¹,	"kɹaʔ⁵⁵
le³¹	nə³¹	et⁵⁵	le³¹na⁵³	mi³¹	mə³¹	kɹɯn⁵⁵	-3p	wa³¹	kɹaʔ⁵⁵
ALL	2p	笑	列那	AGT	NEG	忍受	-3pe	HRS	快

梯培哭道："你这样做，还笑话我！"列那不耐烦了：

mən³¹	ŋɯ⁵⁵	nɯ³¹,	ŋɯ⁵⁵	mə³¹	tɕɔʔ⁵⁵	e⁵³?	tən⁵⁵	kaʔ⁵⁵	ɹɯr⁵⁵
mən³¹	ŋɯ⁵⁵	nɯ³¹	ŋɯ⁵⁵	mə³¹	tɕɔʔ⁵⁵	e⁵³	tən⁵⁵	kaʔ⁵⁵	ɹɯr⁵⁵
NEG2	哭	MOOD	哭	NEG	够	INTR	现在	鸡	抓

bɯ³¹	ɕin³¹."	ti³¹pəi⁵³	me³¹luŋ⁵⁵	tɕu⁷⁵⁵	kə³¹ɹir⁵⁵ɹi⁵⁵	ɕɯ³¹	gɯ⁷⁵⁵
bɯ³¹	ɕin³¹	ti³¹pəi⁵³	me³¹luŋ⁵⁵	tɕu⁷⁵⁵	kə³¹ɹir⁵³	-red	ɕɯ³¹	gɯ⁷⁵⁵
DIR	dl-MOOD	梯培	眼珠	一点	转	-RED	RFLX	说

"快别哭了，还哭不够吗？现在我俩去抓鸡吧。"梯培眼珠转了转说：

wa³¹,	"ŋəi⁵³	ɟəŋ⁵³	bəi³¹	na⁵³	dəŋ³¹gu⁵⁵	u³¹dzu⁵³	pə³¹
wa³¹	ŋa⁵³	-agt	ɟəŋ⁵³	bəi³¹	na⁵³	dəŋ³¹gu⁵⁵	u³¹dzu⁵³	pə³¹
HRS	1SG	-AGT	看	CONJ	2SG	公鸡	先	IMP

ɹɯːp⁵⁵,	ti³¹	məi⁵⁵	nɯ³¹	dəŋ³¹gu⁵⁵	lu⁵⁵	tɕiŋ⁵³	mə³¹dəm⁵³
ɹɯr⁵⁵	-3p	ti³¹	məi⁵⁵	nɯ³¹	dəŋ³¹gu⁵⁵	lu⁵⁵	tɕiŋ⁵³	mə³¹dəm⁵³
抓	-3pe	一	CL	TOP	公鸡	年龄	小	上面

"我看你先抓公鸡吧，一是公鸡年轻而且肥胖，

bɯɹ⁵³,	əŋ⁵³	ɕa⁵⁵	ka³¹məi⁵³	ɕa⁵⁵	mə³¹dəm⁵³	kəi⁵⁵	gəm⁵³,	ə³¹ni⁵⁵
bɯɹ⁵³	əŋ⁵³	ɕa⁵⁵	ka³¹məi⁵³	ɕa⁵⁵	mə³¹dəm⁵³	kəi⁵⁵	gəm⁵³	ə³¹ni⁵⁵

肥　　　3SG　肉　母鸡　　　肉　　上面　　　吃　好　　两
它的肉比老母鸡的肉好吃，

tɕiʔ⁵⁵	dɔ³¹	nɯ³¹	gɯʔ⁵⁵	bəi³¹	ə³¹ja⁵⁵	pəi⁵³	gɯ⁵⁵	ka³¹saʔ⁵⁵
tɕiʔ⁵⁵	dɔ³¹	nɯ³¹	gɯʔ⁵⁵	bəi³¹	ə³¹ja⁵⁵	pəi⁵³	gɯ⁵⁵	ka³¹saʔ⁵⁵
CL	LOC	TOP	说	CONJ	那	SPM	CL	嗓音

tə³¹təi⁵⁵	tɯŋ⁵⁵."	əŋ³¹ne⁵⁵	e³¹wa⁵⁵	ə³¹	gɯʔ⁵⁵	mi³¹	dəŋ³¹gu⁵⁵
tə³¹təi⁵⁵	tɯŋ⁵⁵	əŋ³¹ne⁵⁵	e³¹wa⁵⁵	ə³¹	gɯʔ⁵⁵	mi³¹	dəŋ³¹gu⁵⁵
十分	响	3DL	那样	RECP	说	BEC	公鸡

二是那只声音最响（容易惊动人）。"他俩正说着，

ə³¹sat⁵⁵	wa³¹	mə³¹dai⁵³	wa³¹,	ə³¹jaʔ⁵⁵	mə³¹nəŋ⁵⁵	ə³¹tsəŋ⁵³
ə³¹sat⁵⁵	wa³¹	mə³¹dai⁵³	wa³¹	ə³¹jaʔ⁵⁵	mə³¹nəŋ⁵⁵	ə³¹tsəŋ⁵³
醒	HRS	尖叫	HRS	那	时候	人

də³¹gɯi⁵⁵	ɹɑ⁵⁵	sə³¹nɑʔ⁵⁵	tɔɹ⁵⁵ɕɯ³¹	ɹɑ³¹	wa³¹.	ti³¹pəi⁵³	nɯ³¹
də³¹gɯi⁵⁵	ɹɑ⁵⁵	sə³¹nɑʔ⁵⁵	tɔɹ⁵⁵ɕɯ³¹	ɹɑ³¹	wa³¹	ti³¹pəi⁵³	nɯ³¹
狗	群	都	奔跑	DISC	HRS	梯培	TOP

把公鸡惊醒了尖叫起来，这样人和狗群都跑过来了。

ə³¹bɹɑ⁵⁵bɹɑ³¹	ə³¹jaʔ⁵⁵	əŋ³¹duŋ⁵⁵	le³¹	at⁵⁵	wa³¹,	sə³¹lɯt⁵⁵lɯt⁵⁵
ə³¹bɹɑ⁵⁵bɹɑ³¹	ə³¹jaʔ⁵⁵	əŋ³¹duŋ⁵⁵	le³¹	at⁵⁵	wa³¹	sə³¹lɯt⁵⁵ -red
赶快	那	洞	ALL	逃跑	HRS	钻 -RED

ɕɯ³¹	laiʔ⁵⁵wa³¹	ə³¹məŋ⁵⁵	di³¹	wa³¹.	le³¹nɑ⁵³	pəi⁵³	gɯ⁵⁵	nɯ³¹
ɕɯ³¹	laiʔ⁵⁵wa³¹	ə³¹məŋ⁵⁵	di³¹	wa³¹	le³¹nɑ⁵³	pəi⁵³	gɯ⁵⁵	nɯ³¹
RFLX	瞬间	空	PFV-V	HRS	列那	SPM	CL	TOP

梯培赶紧跑向洞口，钻出去，眨眼间消失了。

də³¹gɯi⁵⁵ɹɑ⁵⁵	mi³¹	ku:ʔ⁵⁵		wa³¹.	ti³¹pəi⁵³	mit⁵⁵	ɕɯ³¹	wa³¹,
də³¹gɯi⁵⁵ɹɑ⁵⁵	mi³¹	ku:ʔ⁵⁵	-3p	wa³¹	ti³¹pəi⁵³	mit⁵⁵	ɕɯ³¹	wa³¹
狗群	AGT	包围	-3pe	HRS	梯培	想	RFLX	HRS

列那被狗群围住了。梯培想：

tən⁵⁵	dɔɹ⁵⁵	nɯ³¹	le³¹nɑ⁵³	at⁵⁵	mə³¹	cɑʔ⁵⁵	e³¹,	ŋɑ⁵³	mit³¹tɕɔʔ⁵⁵
tən⁵⁵	dɔɹ⁵⁵	nɯ³¹	le³¹nɑ⁵³	at⁵⁵	mə³¹	cɑʔ⁵⁵	e³¹	ŋɑ⁵³	mit³¹tɕɔʔ⁵⁵

现在	次	TOP	列那	逃跑	NEG	成	是	1SG	尾巴

ə³¹tɔt⁵⁵ əŋ³¹tsəp⁵⁵ tsəm²⁵⁵ dʑin³¹. e³¹wa⁵⁵ mit⁵⁵ ɕɯ³¹
ə³¹tɔt⁵⁵ əŋ³¹tsəp⁵⁵ tsəp⁵⁵ -1p dʑin³¹ e³¹wa⁵⁵ mit⁵⁵ ɕɯ³¹
断　　债　　还债　-1se　着　那样　想　RFLX

这次列那跑不了啦，我断尾巴的赔偿还清了。这样一想，

mə³¹nəŋ⁵⁵ ə³¹lɯp⁵⁵ɕɯ³¹ wa³¹, dza⁵⁵ ə³¹ja⁵⁵ ɕɯ³¹ ə³¹mlɔ:⁵⁵
mə³¹nəŋ⁵⁵ ə³¹lɯp⁵⁵ɕɯ³¹ wa³¹ dza⁵⁵ ə³¹ja⁵⁵ ɕɯ³¹ ə³¹mla⁵⁵ -3p
时候　高兴　HRS　疼　那个　也　忘　-3pe

ti³¹tɕi⁵⁵ lɔ²⁵⁵ wa³¹. le³¹na⁵³ nɯ³¹ də³¹gɯi⁵⁵ɹa⁵⁵ mi³¹ ku:²⁵⁵
ti³¹tɕi⁵⁵ lɔ²⁵⁵ wa³¹ le³¹na⁵³ nɯ³¹ də³¹gɯi⁵⁵ɹa⁵⁵ mi³¹ ku²⁵⁵ -3p
一样　回　HRS　列那　TOP　狗群　AGT　包围　-3pe

就高兴起来，好像忘记了疼痛那样回去了。列那被狗群围住，

wa³¹, təi⁵⁵ mə³¹ at⁵⁵ mə³¹nəŋ⁵⁵ ti³¹ gɯ⁵⁵ le³¹ mə³¹nɯp⁵⁵ ɕɯ³¹
wa³¹ təi⁵⁵ mə³¹ at⁵⁵ mə³¹nəŋ⁵⁵ ti³¹ gɯ⁵⁵ le³¹ mə³¹nɯp⁵⁵ ɕɯ³¹
HRS　怎么　NEG　逃跑　时候　一　CL　ALL　冲　RFLX

sə³¹na⁵⁵ dɔ³¹ ka:i⁵⁵ wa³¹, ə³¹ja²⁵⁵ də³¹gɯi⁵⁵ mə³¹dai⁵³ wa³¹,
sə³¹na⁵⁵ dɔ³¹ kəi⁵⁵ -3p wa³¹ ə³¹ja²⁵⁵ də³¹gɯi⁵⁵ mə³¹dai⁵³ wa³¹,
鼻子　LOC　咬　-3pe　HRS　那　狗　尖叫　HRS

没法逃跑（只好拼命），他向一只狗冲过去，咬了它鼻子，那只狗疼得尖叫，

me⁵⁵ də³¹gɯi⁵⁵ ma²⁵⁵ da⁵³ wa²³¹ ə³¹laŋ⁵³ at⁵⁵ wa³¹.
me⁵⁵ də³¹gɯi⁵⁵ ma²⁵⁵ da⁵³ wa²³¹ ə³¹laŋ⁵³ at⁵⁵ wa³¹
别的　狗　们　发呆　给　时　逃跑　HRS

趁其他的狗发呆的工夫，列那逃走了。

　　香肠之争后列那和梯培很久没见面了。再次遇见时就忘了以前的事情，似乎什么也没发生过，和好了。列那笑道："朋友，一大早上哪儿去呀？"

　　"我去这附近的村子，听说在那儿人的妻子在箱子里藏了一罐牛奶，我去看一看。你愿意跟我去吗？那家的鸡棚里据说鸡也很肥美呢。""当然愿意去了。" 想到可能吃到鸡肉，列那也很兴奋。

　　（那里）人家用木头围上栅栏了。列那说："这样的栅栏怎么进去？看来今天吃不到好东西了。""喂，朋友，别这样泄气，我们先看看可以从哪儿进去吧。"梯培

比列那更冷静。

他俩果然在一处找到栅栏通洞的地方，从那儿可以进去。列那从那个洞进去之后就往鸡棚跑。梯培赶紧喊住了他："你原来是个傻瓜，一点也不动脑，你先抓鸡的话，鸡一叫人就都知道了。所以鸡要最后抓，我们先取牛奶，牛奶不会说话，不是吗？"梯培这样一说，列那虽然嘴很馋，还是跟着梯培先往屋子方向走了。他俩先从外面偷窥了一下。看见里面没人才进去。

"列那，你帮我一下，我们一起把箱子打开，你先举一下盖子，我先吃，你后面吃。"梯培像官老爷那样使唤列那。列那同意了，他一心想着那肥鸡，对牛奶不是很馋。梯培慢悠悠地一点一点"啪啦""啪啦"地喝着，列那不耐烦了："快喝，梯培，这箱子很重，我快扛不动了。"梯培不说话，把鼻子都浸泡到牛奶里只顾喝。列那不断催促，梯培不高兴了："急什么？再等一会儿。"

"快出来，我现在一会儿也等不了啦。" 这样，梯培火了，一下把牛奶打翻了。列那也生气了，喊道："你这死家伙，我要把你关在箱子里。"梯培赶紧往外跳，列那比他动作快，箱子压了梯培的尾巴。梯培尖叫着倒在了地上："死爷爷啊，你搞断了我的尾巴，快偿还我。"

"那不是我的缘故，是你动作太慢了所以断了尾巴，你不知道，你没了尾巴更好看，也更漂亮了，身体也轻便多了，我也想像你一样把尾巴弄断呢。"

梯培哭道："你这样做，还笑话我！"列那不耐烦了："快别哭了，还哭不够吗？现在我俩去抓鸡吧。"梯培眼珠转了转说："我看你先抓公鸡吧，一是公鸡年轻而且肥胖，它的肉比老母鸡的肉好吃，二是那只声音最响（容易惊动人）。"他俩正说着，把公鸡惊醒了尖叫起来，这样人和狗群都跑过来了。梯培赶紧跑向洞口，钻出去，眨眼间消失了。

列那被狗群围住了。梯培想：这次列那跑不了啦，我断尾巴的赔偿还清了。

这样一想，就高兴起来，好像忘记了疼痛，回去了。列那被狗群围住，没法逃跑（只好拼命），他向一只狗冲过去，咬了它鼻子，那只狗疼得尖叫，趁其他的狗发呆的工夫，列那逃走了。

2.9 列那和公鸡项特格雷

le³¹na⁵³	ba³¹li⁵⁵	ti³¹	kət⁵⁵	mə³¹li⁵³	le³¹	di⁵⁵	wa³¹	bəi³¹	ə³¹tsəŋ⁵³
le³¹na⁵³	ba³¹li⁵⁵	ti³¹	kət⁵⁵	mə³¹li⁵³	le³¹	di⁵⁵	wa³¹	bəi³¹	ə³¹tsəŋ⁵³
列那	又	一	次	野外	ALL	去	HRS	CONJ	人

ti³¹	tsuŋ⁵⁵	əl⁵³	le³¹	ə³¹bla²⁵⁵	wa³¹.	cɯm⁵³	nɯ³¹	kut⁵⁵kə³¹ɹi⁵⁵
ti³¹	tsuŋ⁵⁵	əl⁵³	le³¹	ə³¹bla²⁵⁵	wa³¹	cɯm⁵³	nɯ³¹	kut⁵⁵kə³¹ɹi⁵⁵
一	户	有	ALL	到达	HRS	家	TOP	IDPH

列那再一次外出，到了一户人家。

nə³¹ɹam⁵³　　mi³¹　ku²⁵⁵　wa³¹,　dəm³¹bɔŋ⁵³　dɔ³¹　ka²⁵⁵　ti³¹　ɹɑ⁵⁵
nə³¹ɹam⁵³　　mi³¹　ku²⁵⁵　wa³¹　dəm³¹bɔŋ⁵³　dɔ³¹　ka²⁵⁵　ti³¹　ɹɑ⁵⁵
栅栏　　　　INSTR 包围　HRS　庭院　　　LOC　鸡　一　群

ə³¹gəl⁵³　ɹɑ³¹　wa³¹,　dəŋ³¹gu⁵⁵,　ka³¹mɑ⁵³　ka³¹ti⁵⁵　bɯm⁵⁵bɯm⁵⁵
ə³¹gəl⁵³　ɹɑ³¹　wa³¹　dəŋ³¹gu⁵⁵　ka³¹mɑ⁵³　ka³¹ti⁵⁵　bɯm⁵⁵bɯm⁵⁵
玩耍　　DISC　HRS　公鸡　　母鸡　　小鸡　　很多

那户人家被一圈篱笆围着，院子里有一群鸡在玩，有很多公鸡、母鸡和小鸡。

əl⁵³　wa³¹.　le³¹na⁵³　mi³¹　ka²⁵⁵　ɟɑːŋ⁵³　　　mə³¹nəŋ⁵⁵　tɕai³¹ma⁵⁵
əl⁵³　wa³¹　le³¹na⁵³　mi³¹　ka²⁵⁵　ɟəŋ⁵³ -3p　mə³¹nəŋ⁵⁵　tɕai³¹ma⁵⁵
有　HRS　列那　AGT　鸡　看见 -3pe　时候　　　口水

ə³¹ɟɔːl⁵³　　　wa³¹,　təi⁵⁵　ɹɯp⁵⁵　dʑin³¹　kəi⁵⁵　sa³¹　e³¹　mit⁵⁵　ɕɯ³¹
ə³¹ɟɔl⁵³ -3p　wa³¹　təi⁵⁵　ɹɯp⁵⁵　dʑin³¹　kəi⁵⁵　sa³¹　e³¹　mit⁵⁵　ɕɯ³¹
流出　-3pe　HRS　怎么　抓　　着　　吃　NOM　是　想　RFLX

列那看见了鸡，就流出了口水，想着怎么抓住他们吃掉，

dʑin³¹　nə³¹ɹam⁵³　net⁵⁵net⁵⁵　bɯm⁵⁵　wa³¹,　sep⁵⁵　dɔ³¹　bɯ³¹bɯ³¹
dʑin³¹　nə³¹ɹam⁵³　net⁵⁵net⁵⁵　bɯm⁵⁵　wa³¹　sep⁵⁵　dɔ³¹　bɯ³¹bɯ³¹
着　栅栏　　IDPH　　　卧　HRS　旁　LOC　肥胖的

就挨着篱笆卧下了，

ka³¹mɑ⁵³　ə³¹sɯm⁵³　ə³¹bli⁵³　gɯ⁵⁵　blaŋ⁵⁵　wa³¹.　le³¹na⁵³　əŋ³¹gɯ⁵⁵
ka³¹mɑ⁵³　ə³¹sɯm⁵³　ə³¹bli⁵³　gɯ⁵⁵　blaŋ⁵⁵　wa³¹　le³¹na⁵³　əŋ³¹gɯ⁵⁵
母鸡　　三　　四　　CL　觅食　HRS　列那　　身体

列那卧着的旁边有三四只肥母鸡在觅食。

tɕu²⁵⁵　pɔ²⁵⁵　ɕɯ³¹　ə³¹laŋ⁵³　də³¹gɹɑ⁵³　wa³¹　mə³¹nəŋ⁵⁵　ka³¹mɑ⁵³
tɕu²⁵⁵　pɔ²⁵⁵　ɕɯ³¹　ə³¹laŋ⁵³　də³¹gɹɑ⁵³　wa³¹　mə³¹nəŋ⁵⁵　ka³¹mɑ⁵³
一点　变　RFLX　时　　发出动静　HRS　时候　　母鸡

列那翻一下身的时候发出声响，母鸡们听到声响就尖叫起来。

ma²⁵⁵　mə³¹dai⁵³　wa³¹.　dəŋ³¹gu⁵⁵　ɕa³¹te²⁵⁵gə³¹lei⁵³　ɟɑ⁵³　le³¹
ma²⁵⁵　mə³¹dai⁵³　wa³¹　dəŋ³¹gu⁵⁵　ɕa³¹te²⁵⁵gə³¹lei⁵³　ɟɑ⁵³　le³¹
们　尖叫　HRS　公鸡　项特格雷　　　　　这　ALL

di^{53}di^{53}　　kɹi^{53}　　wɑ^{31},　　"təŋ^{55}　le^{31}　na^{31}　xɹɔŋ^{55}?　təŋ^{55}　cɑ^{53}?"　ti^{31}
di^{53}　-red　　kɹi^{53}　　wɑ^{31}　　təŋ^{55}　le^{31}　na^{31}　xɹɔŋ^{55}　　təŋ^{55}　cɑ^{53}　　ti^{31}
走　-RED　　问　　HRS　什么　ALL　2p　喊　　　什么　发生　一
公鸡项特格雷走过来问："你们喊什么？怎么了？"

gɯ^{55}　pin^{31}te^{53}　la:n^{55}　　　ka^{31}ma^{53}　　gɯ^{ʔ55}　wɑ^{31},　"kai^{55}　pa:ŋ^{31}
gɯ^{55}　pin^{31}te^{53}　lən^{55}　-3p　ka^{31}ma^{53}　　gɯ^{ʔ55}　wɑ^{31}　kai^{55}　pa:ŋ^{31}
CL　品特　　叫作　　　-3pe　母鸡　　说　　HRS　这　ABL
一只叫品特的母鸡说：

təŋ^{55}　də^{31}gɹɑ^{53}　ɹɑ^{31}　dai^{31},　sep^{55}　dɔ^{31}　ku^{31}dza^{55}　əl^{53}　na^{55}e^{31},
təŋ^{55}　də^{31}gɹɑ^{53}　ɹɑ^{31}　dai^{31}　sep^{55}　dɔ^{31}　ku^{31}dza^{55}　əl^{53}　na^{55}e^{31}
什么　发出动静　DISC　INTR　旁　LOC　猛兽　　　有　INFER

tə^{31}təi^{55}　pə^{31}ɹe^{ʔ55}ɕɯ^{31}."　pin^{31}te^{53}　nɯ^{31}　ka^{31}ma^{53}　ə^{31}duŋ^{55}　dɔ^{31}
tə^{31}təi^{55}　pə^{31}ɹe^{ʔ55}ɕɯ^{31}　　pin^{31}te^{53}　nɯ^{31}　ka^{31}ma^{53}　ə^{31}duŋ^{55}　dɔ^{31}
十分　可怕　　　　品特　　TOP　母鸡　中间　　LOC
"我们听到这边发出了响声，附近可能有野兽，太可怕了。"

tə^{31}təi^{55}　gɔt^{55}　wɑ^{31}　ti^{31}　gɯ^{55}　e^{55}　wɑ^{31},　e^{31}wa^{55}　gɯ^{ʔ55}　wɑ^{31}
tə^{31}təi^{55}　gɔt^{55}　wɑ^{31}　ti^{31}　gɯ^{55}　e^{55}　wɑ^{31}　e^{31}wa^{55}　gɯ^{ʔ55}　wɑ^{31}
很　聪明　HRS　一　CL　是　HRS　那样　说　HRS

mə^{31}nəŋ^{55}　ka^{31}ma^{53}　ma^{ʔ55}　na^{31}ce^{55}ce^{55}　pə^{31}ɹe^{ʔ55}　wɑ^{31}.　"nə^{31}niŋ^{55}
mə^{31}nəŋ^{55}　ka^{31}ma^{53}　ma^{ʔ55}　na^{31}ce^{55}ce^{55}　pə^{31}ɹe^{ʔ55}　wɑ^{31}　nə^{31}niŋ^{55}
时候　　母鸡　　们　更加　　　害怕　HRS　2PL
品特是母鸡里最聪明的一只，她这样一说，母鸡们更害怕了。

pə^{31}ɹe^{ʔ55}　mə^{31}　gɔl^{55},　ɟɑ^{ʔ55}　nə^{31}ɖaɹ^{53}　ək^{31}sɹe^{ʔ55}　ɔ:^{53}　　　　e^{31},
pə^{31}ɹe^{ʔ55}　mə^{31}　gɔl^{55}　ɟɑ^{ʔ55}　nə^{31}ɖaɹ^{53}　ək^{31}sɹe^{55}　wɑ^{53}　-3p　e^{31}
害怕　NEG　需要　这　栅栏　　新　　做　-3pe　是
"你们不用害怕，这篱笆是新修的，

ku^{31}dza^{55}　mə^{31}tɕɯ^{53}　mə^{31}　dzəŋ^{55}　ɕɯ^{31}.　tɔi^{55}　ŋɑ^{53}　kɔ^{55}　dɔ^{31}
ku^{31}dza^{55}　mə^{31}tɕɯ^{53}　mə^{31}　dzəŋ^{55}　ɕɯ^{31}　tɔi^{55}　ŋɑ^{53}　kɔ^{55}　dɔ^{31}
野兽　　随便　　　NEG　进　RFLX　刚才　1SG　那边　LOC

tɕu⁷⁵⁵	ip⁵⁵,	nə³¹niŋ⁵⁵	mi³¹	nə³¹	san⁷⁵⁵,	mləŋ⁵⁵	ti³¹	məi⁵⁵
tɕu⁷⁵⁵	ip⁵⁵	nə³¹niŋ⁵⁵	mi³¹	nə³¹	sat⁵⁵ -1p	mləŋ⁵⁵	ti³¹	məi⁵⁵
一点	睡	2PL	AGT	2p	吵醒 -1sg	梦	一	CL

野兽进不来，刚才我在那边睡了一觉，被你们吵醒了，

mləŋ⁵⁵	ə³¹tɔt⁵⁵	di³¹,	pin³¹te⁵³	nəi⁵³	tɕu⁷⁵⁵	pə³¹	ɟaːŋ⁵³
mləŋ⁵⁵	ə³¹tɔt⁵⁵	di³¹	pin³¹te⁵³	na⁵³ -agt	tɕu⁷⁵⁵	pə³¹	ɟəŋ⁵³ -2p
梦见	断	PFV-V	品特	2SG -AGT	一点	IMP	看 -2sg

ɹət³¹,	təŋ⁵⁵	mləŋ⁵⁵	e⁵⁵."	ça³¹te⁷⁵⁵gə³¹lei⁵³	ə³¹dɯ⁵³	mləŋ⁵⁵	sɯn⁵³
ɹət³¹	təŋ⁵⁵	mləŋ⁵⁵	e⁵⁵	ça³¹te⁷⁵⁵gə³¹lei⁵³	ə³¹dɯ⁵³	mləŋ⁵⁵	sɯn⁵³
DIR	什么	梦	是	项特格雷	自己	梦	叙述

做了一个梦，品特你来看看，我做的是什么梦。"项特格雷叙述自己的梦境：

wa³¹,	"ŋa⁵³	əŋ³¹dza⁵⁵ɹeɹ⁵⁵	ti³¹	mɯɯ⁵³	kəi⁵⁵	le³¹	waŋ⁵⁵
wa³¹	ŋa⁵³	əŋ³¹dza⁵⁵ɹeɹ⁵⁵	ti³¹	mɯɯ⁵³	kəi⁵⁵	le³¹	wa⁵³ -1p
HRS	1SG	新谷物	一	CL	吃	ALL	做 -1se

ə³¹laŋ⁵³,	pə³¹sai⁵⁵sai⁵³	ça³¹səm⁵³	ɟɔ⁷⁵⁵	gua⁵⁵	ku³¹dza⁵⁵	ti³¹	gɯ⁵⁵
ə³¹laŋ⁵³	pə³¹sai⁵⁵sai⁵³	ça³¹səm⁵³	ɟɔ⁷⁵⁵	gua⁵⁵	ku³¹dza⁵⁵	ti³¹	gɯ⁵⁵
时	红红的	兽皮	CL	穿	野兽	一	CL

"我正要品尝一种新谷种，看见一只穿着红红的兽皮的野兽，

ɟəŋ⁵³,	ə³¹ja⁷⁵⁵	ɟɔ⁷⁵⁵	nə³¹	bi⁵⁵	pəŋ³¹waŋ⁵⁵	wa³¹	gɯ⁷⁵⁵,	ŋa⁵³
ɟəŋ⁵³	ə³¹ja⁷⁵⁵	ɟɔ⁷⁵⁵	nə³¹	bi⁵⁵	pəŋ³¹wa⁵³ -1p	wa³¹	gɯ⁷⁵⁵	ŋa⁵³
看	那	衣服	2p	给	PROS -1sg	HRS	说	1SG

mə³¹	gɯɯ⁵⁵	gɯɯ⁷⁵⁵,	ə³¹dɯ⁵³	ɟɔ⁷⁵⁵	ə³¹du⁵³,	əŋ⁵³	kəm⁵⁵
mə³¹	gɯ⁵⁵ -1p	gɯɯ⁷⁵⁵ -1p	ə³¹dɯ⁵³	ɟɔ⁷⁵⁵	ə³¹du⁵³	əŋ⁵³	kəm⁵⁵
NEG	要 -1sg	说 -1sg	自己	衣服	适合	3SG	怎么也

说要把那件衣服送给我，我说不要，自己的衣服很合适，

ka⁵⁵	mə³¹	ta⁵⁵,	mə³¹ca⁵⁵mə³¹na⁵⁵	nə³¹	biŋ⁵⁵	mə³¹nəŋ⁵⁵
ka⁵⁵	mə³¹	ta⁵⁵	mə³¹ca⁵⁵mə³¹na⁵⁵	nə³¹	bi⁵⁵ -1p	mə³¹nəŋ⁵⁵
话	NEG	听见	IDPH	2p	给 -1sg	时候

guaŋ⁵⁵　　　bəi³¹　kəm⁵⁵　ma³¹　ə³¹du⁵³,　ta⁽ʔ⁾⁵⁵wa³¹　tɕe³¹　ə³¹tɕəŋ⁵⁵.
gua⁵⁵　　-1p　bəi³¹　kəm⁵⁵　ma³¹　ə³¹du⁵³　ta⁽ʔ⁾⁵⁵wa³¹　tɕe³¹　ə³¹tɕəŋ⁵⁵
穿　　　　-1se　CONJ　怎么也　NEG　适合　　勉强　　　才　　穿上
他怎么也不听，强行送给了我，我怎么穿也不合适，好不容易才穿上。

ɟɔ⁽ʔ⁾⁵⁵　liŋ³¹gui⁵³　dɔ³¹　ə³¹dzap⁵⁵　ɕɯ³¹　sa³¹　bɯm⁵⁵bɯm⁵⁵
ɟɔ⁽ʔ⁾⁵⁵　liŋ³¹gui⁵³　dɔ³¹　ə³¹dzap⁵⁵　ɕɯ³¹　sa³¹　bɯm⁵⁵bɯm⁵⁵
衣服　领子　　　LOC　装扮　　　RFLX　NOM　很多

sə³¹pɑ:⁽ʔ⁾⁵⁵,　　　mɔŋ³¹mɔŋ⁵⁵,　dzɚ̩¹ɪ̯rezp⁵³,　gɹɑɻ̩¹ɪ̯gɹɑŋ⁵⁵　ə³¹ja⁵⁵,
sə³¹pɑ⁽ʔ⁾⁵⁵　-3p　mɔŋ³¹mɔŋ⁵⁵　dzɚ̩¹ɪ̯rezp⁵³　gɹɑɻ̩¹ɪ̯gɹɑŋ⁵⁵　ə³¹ja⁵⁵
挂　　　　　-3pe　白白的　　　尖尖的　　　　硬硬的　　　　那个
那件衣服衣领口挂了很多装饰品，白白的、尖尖的、硬硬的，

əŋ³¹mɯm⁵³mɯm⁵³,　　pə³¹ɟɔŋ⁵³　ɹe⁽ʔ⁾⁵⁵,　sa⁽ʔ⁾⁵⁵　kɯ⁽ʔ⁾³¹　ma³¹　ə³¹ŋan⁵³,
əŋ³¹mɯm⁵³mɯm⁵³　　pə³¹ɟɔŋ⁵³　ɹe⁽ʔ⁾⁵⁵　sa⁽ʔ⁾⁵⁵　kɯ⁽ʔ⁾³¹　ma³¹　ə³¹ŋan⁵³
种种　　　　　　　脖子　　　勒　　口　　也　　NEG　呼出

ə³¹ja⁽ʔ⁾⁵⁵　ɟɔ⁽ʔ⁾⁵⁵　ɕɯ³¹　tə³¹təi⁵⁵　tɕət⁵⁵,　ə³¹ja⁵⁵　le⁽ʔ⁾⁵⁵　le³¹　waŋ⁵⁵
ə³¹ja⁽ʔ⁾⁵⁵　ɟɔ⁽ʔ⁾⁵⁵　ɕɯ³¹　tə³¹təi⁵⁵　tɕət⁵⁵　ə³¹ja⁵⁵　le⁽ʔ⁾⁵⁵　le³¹　wa⁵³　-1p
那　　　　衣服　也　　很　　　紧　　那　　脱　　ALL　做　　-1sg
各种各样的，勒脖子，呼不出气，那衣服也非常紧，我正要脱那件衣服的时候，

ə³¹laŋ⁵³　nə³¹niŋ⁵⁵　nə³¹　xɹɑɻ̩⁵⁵　mi³¹　ə³¹sat⁵⁵　ɹɑɻ³¹,　　təŋ⁵⁵
ə³¹laŋ⁵³　nə³¹niŋ⁵⁵　nə³¹　xɹɑɻ̩⁵⁵　mi³¹　ə³¹sat⁵⁵　ɹɑ³¹　-1p　təŋ⁵⁵
时　　　2PL　　　2p　喊　　　BEC　醒　　　DIR　-1sg　什么

mləŋ⁵⁵　e⁵⁵　dɑi³¹?"　pin³¹ɭe⁵³　mi³¹　ta⁵⁵　tɔ:n⁵⁵　　mə³¹nəŋ⁵⁵　u⁵⁵
mləŋ⁵⁵　e⁵⁵　dɑi³¹　pin³¹te⁵³　mi³¹　ta⁵⁵　tɔn⁵⁵　-3p　mə³¹nəŋ⁵⁵　u⁵⁵
梦　　　是　INTR　品特　　AGT　听见　完　　-3pe　时候　　　头
被你们的喊声吵醒了。这是什么梦？"

də³¹liŋ⁵⁵　wa³¹,　"ɟa⁵³　mləŋ⁵⁵gəm⁵⁵　me⁵⁵　e³¹wa⁵⁵　nə³¹
də³¹liŋ⁵⁵　wa³¹　ɟa⁵³　mləŋ⁵⁵gəm⁵⁵　me⁵⁵　e³¹wa⁵⁵　nə³¹
摇　　　HRS　这　好梦　　　　不是　那样　　2p
品特听了以后直摇头："这不是好梦，

mla:ŋ⁵⁵　　　nɯ³¹　na⁵³　nə³¹　klɯp⁵⁵　pəŋ³¹wa⁵³　ɹa³¹,　na⁵³　na³¹

mləŋ⁵⁵ -2p　　nɯ³¹　na⁵³　nə³¹　klɯp⁵⁵　pəŋ³¹wa⁵³　ɹa³¹　na⁵³　na³¹

梦　 -2se　TOP　2SG　2p　欺骗　PROS　　 DISC　2SG　2p

sə³¹　gua⁵⁵　pə³¹sai⁵⁵sai⁵³　ɟɔʔ⁵⁵　nɯ³¹　ku³¹dza⁵⁵　ək³¹pɯm⁵⁵　e⁵⁵,

sə³¹　gua⁵⁵　pə³¹sai⁵⁵sai⁵³　ɟɔʔ⁵⁵　nɯ³¹　ku³¹dza⁵⁵　ək³¹pɯm⁵⁵　e⁵⁵

CAUS穿　红红的　　　衣服　TOP　野兽　　皮　　 是

你梦见这样是你要被骗了，你被穿上的是野兽的皮，

əŋ⁵³　na⁵³　kəi⁵⁵　pəŋ³¹wa⁵³,　ək³¹u⁵⁵　pa:ŋ³¹　u³¹dzu⁵³　nə³¹　kəi⁵³,

əŋ⁵³　na⁵³　kəi⁵⁵　pəŋ³¹wa⁵³　ək³¹u⁵⁵　pa:ŋ³¹　u³¹dzu⁵³　nə³¹　kəi⁵³

3SG　2SG　吃　PROS　　　头　ABL　先　　　2p　吃

你要被吃了，你的头先被吃。

ə³¹ja⁷⁵⁵　mɔŋ³¹mɔŋ⁵⁵　dzəɹ³¹ɹəɹ⁵³　nɯ³¹　sa⁵³　e⁵⁵,　saʔ⁵⁵　ma³¹

ə³¹ja⁷⁵⁵　mɔŋ³¹mɔŋ⁵⁵　dzəɹ³¹ɹəɹ⁵³　nɯ³¹　sa⁵³　e⁵⁵　saʔ⁵⁵　ma³¹

那　　白白的　　　尖尖的　　　TOP　牙　是　口　NEG

ə³¹ŋan⁵³　wa³¹　nə³¹　caʔ⁵⁵　nɯ³¹　əŋ⁵³　mi³¹　nɯi⁵⁵　dɔ³¹　nə³¹　ɹəɹ⁵³

ə³¹ŋan⁵³　wa³¹　nə³¹　caʔ⁵⁵　nɯ³¹　əŋ⁵³　mi³¹　nɯi⁵⁵　dɔ³¹　nə³¹　ɹəɹ⁵³

呼出　　HRS　2p　成　TOP　3SG　AGT　嘴巴　LOC　2p　衔

那白白的、尖尖的是牙齿，你感觉透不过气来是衔在他的嘴里。

e³¹.　nə³¹ɹam⁵³　kɔ³¹lai⁵⁵　dɔ³¹　ku³¹dza⁵⁵　ti³¹　gɯ⁵⁵　iŋ⁵⁵　le³¹

e³¹　nə³¹ɹam⁵³　kɔ³¹lai⁵⁵　dɔ³¹　ku³¹dza⁵⁵　ti³¹　gɯ⁵⁵　iŋ⁵⁵　le³¹

是　栅栏　　那边　　LOC　野兽　　　一　CL　1PL　ALL

sə³¹ɲɯ⁷⁵⁵　na⁵⁵e³¹　pa³¹　ə³¹naɹ⁵⁵ɕɯ³¹　ɕa³¹teʔ⁵⁵gə³¹lei⁵³."　dəŋ³¹gu⁵⁵

sə³¹ɲɯ⁷⁵⁵　na⁵⁵e³¹　pa³¹　ə³¹naɹ⁵⁵ɕɯ³¹　ɕa³¹teʔ⁵⁵gə³¹lei⁵³　dəŋ³¹gu⁵⁵

觊觎　　　INFER　IMP　小心　　　项特格雷　　　　公鸡

篱笆那边有只野兽在窥视我们，小心，项特格雷。"

nɯ³¹　ma³¹　sə³¹ɟiŋ⁵⁵　wa³¹,　nə³¹ɹam⁵³　sep⁵⁵　dɔ³¹　ɕik³¹tsɔŋ⁵⁵

nɯ³¹　ma³¹　sə³¹ɟiŋ⁵⁵　wa³¹　nə³¹ɹam⁵³　sep⁵⁵　dɔ³¹　ɕik³¹tsɔŋ⁵⁵

TOP　NEG　相信　　　HRS　栅栏　　旁　LOC　柴堆

mə³¹dəm⁵³　ip⁵⁵　di³¹　　wa³¹.　pin³¹te⁵³　niŋ³¹　nɯ³¹　cɯm⁵³　pəŋ⁵⁵

mə³¹dəm⁵³	ip⁵⁵	di³¹	wɑ³¹	pin³¹te⁵³	niŋ³¹	nɯ³¹	ɕɯm⁵³	pəŋ⁵⁵
上面	睡	PFV-V	HRS	品特	和	TOP	家	下面

公鸡不相信，到篱笆边的柴堆上去睡觉了。

le³¹ xɹɔl⁵⁵	ɕɯ³¹	wɑ³¹	dəŋ³¹gu⁵⁵	ti³¹	gɯ⁵⁵	tɕe³¹	mə³¹li⁵³	dɔ³¹
ALL 藏	RFLX	HRS	公鸡	一	CL	仅	野外	LOC

品特躲到屋檐下面了，外面只有一只公鸡在睡觉。

ip⁵⁵	wɑ³¹.	ə³¹jaʔ⁵⁵	ə³¹laŋ⁵³	le³¹na⁵³	nɯ³¹	nə³¹ɹam⁵³	gut⁵⁵ləi⁵⁵
睡	HRS	那	时	列那	TOP	栅栏	IDPH

ə³¹gləi⁵⁵	wɑ³¹,	dəŋ³¹gu⁵⁵	ɕa³¹teʔ⁵⁵gə³¹lei⁵³	sep⁵⁵	le³¹	ə³¹tɕat⁵⁵
跳	HRS	公鸡	项特格雷	旁	ALL	跳

这时候列那跃过篱笆跳到公鸡项特格雷的旁边。

wɑ³¹.	dəŋ³¹gu⁵⁵	ə³¹sat⁵⁵	waʔ³¹	mə³¹nəŋ⁵⁵	də³¹lu⁵⁵	ɕi⁵³	taʔ³¹
HRS	公鸡	醒	给	时候	差点	死	COMP

ə³¹kɹaʔ⁵⁵	wɑ³¹,	ceɹ⁵⁵	ə³¹xuap⁵⁵	ɕɯ³¹	dʑin³¹	mə³¹dai⁵³	wɑ³¹.
惊吓	HRS	翅膀	扇	RFLX	着	尖叫	HRS

公鸡醒来吓了个半死，拍打翅膀尖叫起来。

"ə³¹nəm⁵⁵pəi⁵³,	mən³¹	pə³¹ɹeʔ⁵⁵	nɯ³¹,	nə³¹nəm⁵⁵	iŋ⁵⁵"		gɯʔ⁵⁵
ə³¹nəm⁵⁵pəi⁵³	mən³¹	pə³¹ɹeʔ⁵⁵	nɯ³¹	nə³¹nəm⁵⁵	e⁵⁵	-1p	gɯʔ⁵⁵
我的表兄弟	NEG2	害怕	TOP	你表兄	是	-1sg	说

wɑ³¹	le³¹na⁵³.	"nə³¹pəi⁵³	də³¹guan⁵⁵	ə³¹pəi⁵³	əŋ³¹nəm⁵⁵	e⁵⁵,
wɑ³¹	le³¹na⁵³	nə³¹pəi⁵³	də³¹guan⁵⁵	ə³¹pəi⁵³	əŋ³¹nəm⁵⁵	e⁵⁵
HRS	列那	你父亲	俩	我父亲	表兄弟	是

"堂兄弟，别怕。我是你堂兄弟。"列那说。"你父亲和我父亲是堂兄弟，

ə³¹ne⁵⁵	ɕɯ³¹	əŋ³¹nəm⁵⁵	e⁵⁵	ɕɯ³¹."	ɕa³¹teʔ⁵⁵gə³¹lei⁵³	gəi³¹səŋ⁵⁵

ə³¹ne⁵⁵　　çɯ³¹　　əŋ³¹nəm⁵⁵　　e⁵⁵　　çɯ³¹　　　ça³¹teʔ⁵⁵gə³¹lei⁵³　　　gəi³¹səŋ⁵⁵
1DL　　　也　　　表兄弟　　　　　是　　dl　　　项特格雷　　　　　　　　果然

我俩也是。"（列那）哄骗说。

tɕuʔ⁵⁵　　sə³¹ɟiŋ⁵⁵　　wa³¹,　　e³¹wa⁵⁵　　nəŋ³¹gəm⁵³　　ka⁵⁵　　gɯːʔ⁵⁵
tɕuʔ⁵⁵　　sə³¹ɟiŋ⁵⁵　　wa³¹　　　e³¹wa⁵⁵　　nəŋ³¹gəm⁵³　　ka⁵⁵　　gɯ⁵⁵　-3p
一点　　　相信　　　　HRS　　　那样　　　好好　　　　　话　　　说　　-3pe

ə³¹tsəŋ⁵³　　mə³¹gəp⁵⁵　　ə³¹tsəŋ⁵³　　wa³¹　　mə³¹　　ca⁵³　　mit⁵⁵　　çɯ³¹　　wa³¹.
ə³¹tsəŋ⁵³　　mə³¹gəp⁵⁵　　ə³¹tsəŋ⁵³　　wa³¹　　mə³¹　　ca⁵³　　mit⁵⁵　　çɯ³¹　　wa³¹
人　　　　　坏　　　　　人　　　　　样　　　NEG　　像　　　想　　　RFLX　　HRS

项特格雷果然有点相信了，想这人不像是坏人。

le³¹na⁵³　　nɯ³¹　　mləŋ⁵⁵　　ə³¹duŋ⁵⁵　　dɔ³¹　　pə³¹sai⁵⁵sai⁵³　　ku³¹dza⁵⁵　　wa³¹
le³¹na⁵³　　nɯ³¹　　mləŋ⁵⁵　　ə³¹duŋ⁵⁵　　dɔ³¹　　pə³¹sai⁵⁵sai⁵³　　ku³¹dza⁵⁵　　wa³¹
列那　　　　TOP　　梦　　　　里面　　　　LOC　　红红的　　　　　野兽　　　　样

ca⁵⁵　　pə³¹ɹaːi⁵⁵　　ma³¹　　pə³¹ɹeʔ⁵⁵　　wa³¹.　"ə³¹nəm⁵⁵pəi⁵³,　　nə³¹pəi⁵³
ca⁵⁵　　pə³¹ɹaːi⁵⁵　　ma³¹　　pə³¹ɹeʔ⁵⁵　　wa³¹　　ə³¹nəm⁵⁵pəi⁵³　　　nə³¹pəi⁵³
像　　　TRST　　　　NEG　　害怕　　　　HRS　　我的表兄弟　　　　你父亲

列那虽然像梦中的红野兽，但是不怕他。列那欺骗说："堂兄弟，

mi³¹　　mən³¹dʑu⁵⁵　　ma⁵⁵　　na³¹　　sə³¹ləp⁵⁵?　　nə³¹pəi⁵³　　mi³¹　　mən³¹dʑu⁵⁵
mi³¹　　mən³¹dʑu⁵⁵　　ma⁵⁵　　na³¹　　sə³¹ləp⁵⁵　　　nə³¹pəi⁵³　　mi³¹　　mən³¹dʑu⁵⁵
AGT　　歌谣　　　　　INTR　　2p　　教　　　　　　　你父亲　　　AGT　　歌谣

tə³¹təi⁵⁵　　wa⁵⁵　　sɔː⁵⁵　　　　e³¹."　　gɯ⁵⁵　　dʑin³¹　　klɯp⁵⁵　　wa³¹　　le³¹na⁵³.
tə³¹təi⁵⁵　　wa⁵⁵　　sa⁵⁵　-3p　　e³¹　　　gɯ⁵⁵　　dʑin³¹　　klɯp⁵⁵　　wa³¹　　le³¹na⁵³
十分　　　　做　　　会　　-3pe　是　　说　　　　着　　　　欺骗　　　HRS　　列那

你父亲教你歌谣了吗？你父亲很会唱歌的。"

ça³¹teʔ⁵⁵gə³¹lei⁵³　　　gəi³¹səŋ⁵⁵　　xɹɯŋ⁵³　　tɕuʔ⁵⁵　　seŋ⁵⁵seŋ⁵⁵　　çɯ³¹　　gui⁵³
ça³¹teʔ⁵⁵gə³¹lei⁵³　　　gəi³¹səŋ⁵⁵　　xɹɯŋ⁵³　　tɕuʔ⁵⁵　　seŋ⁵⁵　-red　çɯ³¹　　gui⁵³
项特格雷　　　　　　　　果然　　　　　嗓子　　　一点　　　清　　　-RED　RFLX　啼

wa³¹.　　ta⁵⁵　　də³¹baŋ⁵⁵　　mə³¹gəp⁵⁵　　pə³¹ɹaːi⁵⁵　　le³¹na⁵³　　ɯ⁵⁵　　ə³¹beʔ⁵⁵
wa³¹　　　ta⁵⁵　　də³¹baŋ⁵⁵　　mə³¹gəp⁵⁵　　pə³¹ɹaːi⁵⁵　　le³¹na⁵³　　ɯ⁵⁵　　ə³¹beʔ⁵⁵

HRS　听见　太　　　不好　　　TRST　　列那　手　拍
项特格雷果然清了清嗓子唱了。虽然不太好听但列那拍手：

ɕɯ³¹　wɑ³¹,　"wɑ⁵³,　tə³¹təi⁵⁵　tɑ⁵⁵　gəm⁵³,　nə³¹pəi⁵³　wɑ⁵⁵　e³¹wɑ⁵⁵
ɕɯ³¹　wɑ³¹　wɑ⁵³　tə³¹təi⁵⁵　tɑ⁵⁵　gəm⁵³　nə³¹pəi⁵³　wɑ⁵⁵　e³¹wɑ⁵⁵
RFLX　HRS　哇　十分　　听见　好　你父亲　做　那样

e³¹,　me⁷⁵⁵　pi⁵⁵　ɕɯ³¹　dʑin³¹　nə³¹　ɔ:⁵³　　　bəi³¹　tɕɔm⁵⁵　tɑ⁵⁵
e³¹　me⁷⁵⁵　pi⁵⁵　ɕɯ³¹　dʑin³¹　nə³¹　wɑ⁵³　-3p　bəi³¹　tɕɔm⁵⁵　tɑ⁵⁵
是　眼睛　闭　RFLX　着　2p　做　-3pe　CONJ　更　听见
"哇，非常好听，你父亲唱的就是那样，你闭上眼睛唱的话更好听。"

gəm⁵³."　klɯp⁵⁵　wɑ³¹　le³¹nɑ⁵³.　dəŋ³¹gu⁵⁵　nɯ³¹　kə³¹sɑ:n⁵⁵
gəm⁵³　klɯp⁵⁵　wɑ³¹　le³¹nɑ⁵³　dəŋ³¹gu⁵⁵　nɯ³¹　kə³¹sən⁵⁵　-3p
好　欺骗　HRS　列那　公鸡　TOP　赞美　-3pe
列那哄骗说。

mə³¹nəŋ⁵⁵　kəɹ³¹tɔp⁵⁵　wɑ⁵⁵　wɑ³¹,　gəi³¹səŋ⁵⁵　me⁷⁵⁵　pi⁵⁵pi⁵⁵　ɕɯ³¹
mə³¹nəŋ⁵⁵　kəɹ³¹tɔp⁵⁵　wɑ⁵⁵　wɑ³¹　gəi³¹səŋ⁵⁵　me⁷⁵⁵　pi⁵⁵　-red　ɕɯ³¹
时候　骄傲　做　HRS　真的　眼睛　闭　-RED　RFLX
公鸡受赞美后就骄傲了，果然闭上眼睛唱，

gɯi⁵³　wɑ³¹,　ə³¹jɑ⁷⁵⁵　ə³¹lɑŋ⁵³　le³¹nɑ⁵³　nɯ³¹　dəŋ³¹gu⁵⁵　pə³¹ɟɔŋ⁵³
gɯi⁵³　wɑ³¹　ə³¹jɑ⁷⁵⁵　ə³¹lɑŋ⁵³　le³¹nɑ⁵³　nɯ³¹　dəŋ³¹gu⁵⁵　pə³¹ɟɔŋ⁵³
啼　HRS　那　时　列那　TOP　公鸡　脖子

pɑ:ɹ⁵³pɑ:ɹ⁵³　　at⁵⁵　wɑ³¹.　le³¹nɑ⁵³　mi³¹　e³¹wɑ⁵⁵　ɔ:⁵³
pəɹ⁵³　-3p　-red　at⁵⁵　wɑ³¹　le³¹nɑ⁵³　mi³¹　e³¹wɑ⁵⁵　wɑ⁵³　-3p
衔　-3pe　-RED　逃跑　HRS　列那　AGT　那样　做　-3pe
列那趁机衔住公鸡的脖子就跑。

ə³¹jɑ⁵⁵　kɑ³¹mɑ⁵³　pin³¹te⁵³　mi³¹　ə³¹ɹɔm⁵⁵　pɑ:ŋ³¹　ɟɑ:ŋ⁵³　　wɑ⁷³¹
ə³¹jɑ⁵⁵　kɑ³¹mɑ⁵³　pin³¹te⁵³　mi³¹　ə³¹ɹɔm⁵⁵　pɑ:ŋ³¹　ɟəŋ⁵³　-3p　wɑ⁷³¹
那个　母鸡　品特　AGT　远处　ABL　看见　-3pe　HRS
列那干的事被母鸡品特从远处看见了，

mə³¹nəŋ⁵⁵　xɹɔŋ⁵⁵　wɑ³¹,　ək³¹kɑŋ⁵³　ɹɑ⁵⁵　niŋ³¹　ɕɯm⁵³　pɑ:ŋ³¹

mə³¹nəŋ⁵⁵　　xɹɔŋ⁵⁵　　wa³¹　　ək³¹kaŋ⁵³　　ɹa⁵⁵　　niŋ³¹　　cɯm⁵³　　pa:ŋ³¹
时候　　　　喊　　　HRS　　主人　　　　群　　们　　家　　　ABL

wen⁵⁵ɕɯ³¹　　wa³¹,　　kua:n⁵⁵　　　　wa³¹　　bəi³¹　　ə³¹ɹa⁵⁵　　dɔ³¹　　da³¹
wen⁵⁵ɕɯ³¹　　wa³¹　　kuan⁵⁵　-3p　　wa³¹　　bəi³¹　　ə³¹ɹa⁵⁵　　dɔ³¹　　da³¹
出　　　　　HRS　　追　　　-3pe　HRS　CONJ　哪儿　　LOC　NEG-MOOD
就大叫起来，主人们从屋里出来追赶，但哪里赶得上？

dʑi:⁵⁵　　　　nɯ³¹,　　le³¹na⁵³　　tɔi⁵³　　ə³¹ɹa⁵⁵　　dɔ³¹　　ɕɯ³¹　　ma³¹　　də³¹gɹa⁵³
dʑi⁵⁵　-3p　nɯ³¹　　le³¹na⁵³　　tɔi⁵³　　ə³¹ɹa⁵⁵　　dɔ³¹　　ɕɯ³¹　　ma³¹　　də³¹gɹa⁵³
赶上　-3pe　MOOD　列那　　　早就　　哪儿　　LOC　也　　NEG　发出动静

ta⁷³¹　　a:t⁵⁵　　　　luŋ³¹　　　　wa³¹.　dəŋ³¹gu⁵⁵　　ɕa³¹te⁷⁵⁵gə³¹lei⁵³　　ə³¹ja⁷⁵⁵
ta⁷³¹　　at⁵⁵　-3p　luŋ³¹　　　wa³¹　dəŋ³¹gu⁵⁵　　ɕa³¹te⁷⁵⁵gə³¹lei⁵³　　ə³¹ja⁷⁵⁵
COMP　逃跑　-3pe　PFV-NV　HRS　公鸡　　　项特格雷　　　　　　　那
列那早就跑得没踪影了。

mə³¹nəŋ⁵⁵　　tɕe³¹　　sa⁵⁵　　ɕɯ³¹　　wa³¹,　　mləŋ⁵⁵　　ə³¹duŋ⁵⁵　　dɔ³¹
mə³¹nəŋ⁵⁵　　tɕe³¹　　sa⁵⁵　　ɕɯ³¹　　wa³¹　　mləŋ⁵⁵　　ə³¹duŋ⁵⁵　　dɔ³¹
时候　　　　才　　知道　RFLX　HRS　梦　　　里面　　　LOC
公鸡项特格雷此时才明白过来，

mla:ŋ⁵⁵　　　　ə³¹ja⁵⁵　　gəi³¹səŋ⁵⁵　　ə³¹dɯ⁵³　　le³¹　　ə³¹dzɯl⁵³　　ɹa³¹.　ɕi⁵⁵
mləŋ⁵⁵　-3p　ə³¹ja⁵⁵　　gəi³¹səŋ⁵⁵　　ə³¹dɯ⁵³　　le³¹　　ə³¹dzɯl⁵³　　ɹa³¹　ɕi⁵⁵
梦见　-3pe　那个　　真的　　　　自己　　ALL　临近　　　　DIR　碎末
梦中梦见的那个情景果然逼近自己。

pəŋ³¹waŋ⁵⁵　　　　mit⁵⁵　　ɕɯ³¹　　mə³¹nəŋ⁵⁵　　nɯi⁵⁵　　mə³¹　　laŋ⁵³　　ə³¹dɯ⁵³
pəŋ³¹wa⁵³　-1p　mit⁵⁵　　ɕɯ³¹　　mə³¹nəŋ⁵⁵　　nɯi⁵⁵　　mə³¹　　laŋ⁵³　　ə³¹dɯ⁵³
PROS　　-1sg　想　　RFLX　时候　　　　嘴巴　　NEG　停　　自己

le³¹　　gɯ⁷⁵⁵　　ɕɯ³¹　　wa³¹,　　"a⁵³jɯ⁵⁵,　　tən³¹ni⁵³　　gəi³¹səŋ⁵⁵　　ɕi⁵⁵
le³¹　　gɯ⁷⁵⁵　　ɕɯ³¹　　wa³¹　　a⁵³jɯ⁵⁵　　tən³¹ni⁵³　　gəi³¹səŋ⁵⁵　　ɕi⁵⁵
ALL　说　　RFLX　HRS　哎呦　　今天　　　真的　　　　死
想到自己就要死了，嘴里不停地对自己说："阿唷，今天我果然要死了，

pəŋ³¹waŋ⁵⁵　　　　　təi⁵⁵　　e⁵⁵　　bəi³¹　　ɕɯ³¹　　pin³¹te⁵³　　ka⁵⁵　　ta⁵⁵　　luŋ³¹

pəŋ³¹wa⁵³ -1p təi⁵⁵ e⁵⁵ bəi³¹ ɕɯ³¹ pin³¹te⁵³ ka⁵⁵ ta⁵⁵ luŋ³¹
PROS -1sg 怎么 是 CONJ 也 品特 话 听见 PFV-NV
怎么也该听品特的话，

sa³¹ təi⁵⁵ e⁵⁵ bəi³¹ ɕɯ³¹, təi⁵⁵ e⁵⁵ bəi³¹ ɕɯ³¹" le³¹na⁵³
sa³¹ təi⁵⁵ e⁵⁵ bəi³¹ ɕɯ³¹ təi⁵⁵ e⁵⁵ bəi³¹ ɕɯ³¹ le³¹na⁵³
NOM 怎么 是 CONJ 也 怎么 是 CONJ 也 列那
怎么也该，怎么也该。"

ti³¹ gan⁵⁵ ə³¹gləi⁵⁵ ti³¹ gan⁵⁵ e³¹wa⁵⁵ gɯʔ⁵⁵ wa³¹. dəŋ³¹gu⁵⁵
ti³¹ gan⁵⁵ ə³¹gləi⁵⁵ ti³¹ gan⁵⁵ e³¹wa⁵⁵ gɯʔ⁵⁵ wa³¹ dəŋ³¹gu⁵⁵
一 步 跳 一 步 那样 说 HRS 公鸡
列那跳一步就说一句。

e³¹wa⁵⁵ ma³¹laŋ⁵⁵laŋ⁵⁵ gɯʔ⁵⁵ wa³¹ mə³¹nəŋ⁵⁵ le³¹na⁵³ mi³¹
e³¹wa⁵⁵ ma³¹laŋ⁵⁵laŋ⁵⁵ gɯʔ⁵⁵ wa³¹ mə³¹nəŋ⁵⁵ le³¹na⁵³ mi³¹
那样 经常 说 HRS 时候 列那 BEC

en³¹dʑɯ⁵⁵ mə³¹ dʑaːn⁵⁵ wa³¹, "xa⁵⁵ xa⁵⁵ xa⁵⁵, təi⁵⁵ e⁵⁵
en³¹dʑɯ⁵⁵ mə³¹ dʑan⁵⁵ -3p wa³¹ xa⁵⁵ xa⁵⁵ xa⁵⁵ təi⁵⁵ e⁵⁵
好笑 NEG 忍受 -3pe HRS 哈 哈 哈 怎么 是
公鸡这样不停地叫，列那实在忍不住好笑："哈，哈，哈，怎么也……"

bəi³¹ ɕɯ³¹" le³¹na⁵³ ka⁵⁵ gɯʔ⁵⁵ wa³¹ mə³¹nəŋ⁵⁵ sa⁵³ ma³¹
bəi³¹ ɕɯ³¹ le³¹na⁵³ ka⁵⁵ gɯʔ⁵⁵ wa³¹ mə³¹nəŋ⁵⁵ sa⁵³ ma³¹
CONJ 也 列那 话 说 HRS 时候 牙 NEG

ɔ³¹dzɔn⁵⁵ wa³¹, ə³¹jaʔ⁵⁵ pɔʔ⁵⁵ dəŋ³¹gu⁵⁵ tə³¹ρəl⁵⁵ρəl⁵⁵ ɕɯ³¹ at⁵⁵
ə³¹dzən⁵⁵ wa³¹ ə³¹jaʔ⁵⁵ pɔʔ⁵⁵ dəŋ³¹gu⁵⁵ tə³¹pət⁵⁵ -red ɕɯ³¹ at⁵⁵
紧合 HRS 那 时刻 公鸡 挣扎 -RED RFLX 逃跑
列那一说话牙齿就松了，公鸡趁机挣扎逃跑，

wa³¹, ə³¹bɹa⁵⁵bɹa³¹ ɕiŋ³¹dzɯŋ⁵⁵ le³¹ bjeɹ⁵³ wa³¹. nɯi³¹gɔŋ⁵³ le³¹
wa³¹ ə³¹bɹa⁵⁵bɹa³¹ ɕiŋ³¹dzɯŋ⁵⁵ le³¹ bjeɹ⁵³ wa³¹ nɯi³¹gɔŋ⁵³ le³¹
HRS 赶快 树 ALL 飞 HRS 嘴巴 ALL
赶紧飞到了树上。

du⁵⁵	su⁵³	ça⁵⁵	at⁵⁵	di³¹	mə³¹nəŋ⁵⁵	le³¹nɑ⁵³	təi⁵⁵	təi⁵⁵	çɯ³¹
du⁵⁵	su⁵³	ça⁵⁵	at⁵⁵	di³¹	mə³¹nəŋ⁵⁵	le³¹nɑ⁵³	təi⁵⁵	təi⁵⁵	çɯ³¹
到	肥	肉	逃跑	PFV-V	时候	列那	怎么	怎么	也

mə³¹	wɑ⁵⁵	çɯ³¹	wɑ³¹,	ə³¹gləi⁵⁵	tɑ⁷³¹	sə³¹nɑ⁵⁵	səi⁵⁵	wɑ³¹.
mə³¹	wɑ⁵⁵	çɯ³¹	wɑ³¹	ə³¹gləi⁵⁵	tɑ⁷³¹	sə³¹nɑ⁵⁵	səi⁵⁵	wɑ³¹
NEG	做	RFLX	HRS	跳	COMP气	生	HRS

到嘴里的肥肉跑了，列那不知如何是好，气得直跳。

ə³¹jɑ⁷⁵⁵	ə³¹lɑŋ⁵³	ə³¹tsəŋ⁵³	də³¹gui⁵⁵	çɯl⁵⁵	dʑin³¹	ə³¹blɑ⁷⁵⁵	ɹɑ³¹.
ə³¹jɑ⁷⁵⁵	ə³¹lɑŋ⁵³	ə³¹tsəŋ⁵³	də³¹gui⁵⁵	çɯl⁵⁵	dʑin³¹	ə³¹blɑ⁷⁵⁵	ɹɑ³¹
那	时	人	狗	领	着	到达	DIR

wɑ³¹	mə³¹nəŋ⁵⁵	le³¹nɑ⁵³	ə³¹bɹɑ⁵⁵bɹɑ³¹	at⁵⁵	wɑ³¹.
wɑ³¹	mə³¹nəŋ⁵⁵	le³¹nɑ⁵³	ə³¹bɹɑ⁵⁵bɹɑ³¹	at⁵⁵	wɑ³¹
HRS	时候	列那	赶快	逃跑	HRS

这时人领着狗到了，列那只好赶快逃跑。

列那再一次外出，到了一户人家。那户人家被一圈篱笆围着，院子里有一群鸡在玩，有很多公鸡、母鸡和小鸡。列那看见了鸡，就流出了口水，想着怎么抓住他们吃掉，就挨着篱笆卧下了，列那卧着的旁边有三四只肥母鸡在觅食。列那翻一下身的时候发出声响，母鸡们听到声响就尖叫起来。

公鸡项特格雷走过来问："你们喊什么？怎么了？"

一只叫品特的母鸡说："我们听到这边发出了响声，附近可能有野兽，太可怕了。"

品特是母鸡里最聪明的一只，她这样一说，母鸡们更害怕了。

"你们不用害怕，这篱笆是新修的，野兽进不来，刚才我在那边睡了一觉，被你们吵醒了，做了一个梦，品特你来看看，我做的是什么梦。"

项特格雷叙述自己的梦境："我正要品尝一种新谷种，看见一只穿着红红的兽皮的野兽，说要把那件衣服送给我，我说不要，自己的衣服很合适，他怎么也不听，强行送给了我，我怎么穿也不合适，好不容易才穿上。那件衣服衣领口挂了很多装饰品，白白的、尖尖的、硬硬的，各种各样的，勒脖子，呼不出气，那衣服也非常紧，我正要脱那件衣服的时候，被你们的喊声吵醒了。这是什么梦？"

品特听了以后直摇头："这不是好梦，你梦见这样是你要被骗了，你被穿上的是野兽的皮，你要被吃了，你的头先被吃。那白白的尖尖的是牙齿，你感觉透不过气来是衔在他的嘴里。篱笆那边有只野兽在窥视我们，小心，项特格雷。"

公鸡不相信，到篱笆边的柴堆上去睡觉了。品特躲到屋檐下面了，外面只有一只公鸡在睡觉。这时候列那跃过篱笆跳到公鸡项特格雷的旁边。公鸡醒来吓了个半死，拍打翅膀尖叫起来。

"堂兄弟，别怕。我是你堂兄弟。"列那说。"你父亲和我父亲是堂兄弟，我俩也是。"列那哄骗说。项特格雷果然有点相信了，想这人不像是坏人。列那虽然像梦中的红野兽，但是不怕他。列那欺骗说："堂兄弟，你父亲教你歌谣了吗？你父亲很会唱歌的。"

项特格雷果然清了清嗓子唱了。虽然不太好听但列那拍手说："哇，非常好听，你父亲唱的就是那样，你闭上眼睛唱的话更好听。"列那哄骗说。公鸡受赞美后就骄傲了，果然闭上眼睛唱，列那趁机衔住公鸡的脖子就跑。列那干的事被母鸡品特从远处看见了，就大叫起来，主人们从屋里出来追赶，但哪里赶得上？列那早就跑得没踪影了。

公鸡项特格雷此时才明白过来，梦中梦见的那个情景果然逼近自己。想到自己就要死了，嘴里不停地对自己说："哎呦，今天我果然要死了，怎么也该听品特的话，怎么也该，怎么也该。"列那跳一步就说一句。

公鸡这样不停地叫，列那实在忍不住好笑："哈，哈，哈，怎么也……"列那一说话牙齿就松了，公鸡趁机挣扎逃跑，赶紧飞到了树上。到嘴里的肥肉跑了，列那不知如何是好，气得直跳。这时人领着狗到了，列那只好赶快逃跑。

2.10 下金蛋的母鸡

ə³¹tsəŋ⁵³	ti³¹	mə³¹waʔ⁵⁵	nɯ³¹	ka³¹ma⁵³	ti³¹	gɯ⁵⁵	suʔ⁵⁵	ɕɯ³¹	wa³¹.
ə³¹tsəŋ⁵³	ti³¹	mə³¹waʔ⁵⁵	nɯ³¹	ka³¹ma⁵³	ti³¹	gɯ⁵⁵	suʔ⁵⁵	ɕɯ³¹	wa³¹
人	一	夫妻	TOP	母鸡	一	CL	饲养	RFLX	HRS

一对夫妻养了一只母鸡。

ə³¹nəm⁵⁵	ka³¹ma⁵³	təi⁵⁵	waʔ³¹	mə³¹nəŋ⁵⁵	seɹ⁵⁵	ə³¹lum⁵³
ɔ³¹nɔm⁵⁵	ka³¹ma⁵³	tɔi⁵⁵	waʔ³¹	mə³¹nəŋ⁵⁵	seɹ⁵⁵	ə³¹lum⁵³
后来	母鸡	长大	HRS	时候	黄金	蛋

ə³¹ɕiŋ⁵³	tɕe³¹	lum⁵³	wa³¹,	ti³¹ni⁵⁵	ti³¹	luŋ⁵⁵	lum⁵³	wa³¹,
ə³¹ɕiŋ⁵³	tɕe³¹	lum⁵³	wa³¹	ti³¹ni⁵⁵	ti³¹	luŋ⁵⁵	lum⁵³	wa³¹
尽	尽	下	HRS	一天	一	CL	下	HRS

后来母鸡长大以后尽下金鸡蛋，一天下一颗，

əŋ³¹ne⁵⁵	mə³¹waʔ⁵⁵	nɯ³¹	ə³¹ja⁵⁵	pa:ŋ³¹	mə³¹gam⁵³	wa³¹.	e⁵⁵
əŋ³¹ne⁵⁵	mə³¹waʔ⁵⁵	nɯ³¹	ə³¹ja⁵⁵	pa:ŋ³¹	mə³¹gam⁵³	wa³¹	e⁵⁵
3DL	夫妻	TOP	那	ABL	富裕	HRS	是

夫妻俩因此富裕起来。

pə³¹ɹɑ:i⁵⁵	əŋ³¹ne⁵⁵	mə³¹wɑʔ⁵⁵	sɔt⁵⁵	mə³¹gɑm⁵³	bəi³¹	sɔt⁵⁵	meʔ⁵⁵
pə³¹ɹɑ:i⁵⁵	əŋ³¹ne⁵⁵	mə³¹wɑʔ⁵⁵	sɔt⁵⁵	mə³¹gɑm⁵³	bəi³¹	sɔt⁵⁵	meʔ⁵⁵
TRST	3DL	夫妻	越	富裕	CONJ	越	眼睛

mɑ³¹	mə³¹dəm⁵³	wɑ³¹,	kɑʔ⁵⁵	pɑ⁵⁵	dɔ³¹	bɯm⁵⁵bɯm⁵⁵	seɹ³¹lɯm⁵³
mɑ³¹	mə³¹dəm⁵³	wɑ³¹	kɑʔ⁵⁵	pɑ⁵⁵	dɔ³¹	bɯm⁵⁵bɯm⁵⁵	seɹ³¹lɯm⁵³
NEG	满	HRS	鸡	肚子	LOC	很多	金蛋

但是，夫妻俩越富心越贪，

əl⁵⁵	tɯʔ³¹e³¹	mit⁵⁵	ɕɯ³¹	wɑ³¹,	kɑ³¹mɑ⁵³	ɹeʔ⁵⁵ɹeʔ⁵⁵	ɟɑ:ŋ⁵³
əl⁵⁵	tɯʔ³¹e³¹	mit⁵⁵	ɕɯ³¹	wɑ³¹	kɑ³¹mɑ⁵³	ɹeʔ⁵⁵ -3p	ɟəŋ⁵³ -3p
有	INFR	想	RFLX	HRS	母鸡	宰 -3pe	看 -3pe

想着鸡肚子里会有很多的金蛋，就杀了鸡看，

bəi³¹	kɑ³¹mɑ⁵³	pɑ⁵⁵	dɔ³¹	kəp³¹te⁵⁵	kɑ³¹lɯm⁵³	tɕe³¹	dzəŋ⁵³	mɯ³¹
bəi³¹	kɑ³¹mɑ⁵³	pɑ⁵⁵	dɔ³¹	kəp³¹te⁵⁵	kɑ³¹lɯm⁵³	tɕe³¹	dzəŋ⁵³	mɯ³¹
CONJ	母鸡	肚子	LOC	照旧	鸡蛋	只	有	DISC

结果鸡肚子里尽是普通的鸡蛋。

wɑ³¹.	ɟɑʔ⁵⁵	lə³¹ɟit⁵⁵	gɯ:ʔ⁵⁵	nɯ³¹	ə³¹tsəŋ⁵³	pə³¹ɕin⁵⁵	də³¹bɑŋ⁵⁵
wɑ³¹	ɟɑʔ⁵⁵	lə³¹ɟit⁵⁵	gɯʔ⁵⁵ -3p	nɯ³¹	ə³¹tsəŋ⁵³	pə³¹ɕin⁵⁵	də³¹bɑŋ⁵⁵
HRS	这	故事	说 -3pe	TOP	人	心	太

mə³¹	tɑ:i⁵³	tɕi³¹	gɯ:ʔ⁵⁵	e³¹.
mə³¹	təi⁵³ -3p	tɕi³¹	gɯ⁵⁵ -3p	e³¹
NEG	大 -3pe	EXP	说 -3pe	是

这个故事说的是人心不可太贪。

　　一对夫妻养了一只母鸡。后来母鸡长大以后尽下金鸡蛋，一天下一颗，夫妻俩因此富裕起来。

　　但是，夫妻俩越富心越贪，想着鸡肚子里会有很多的金蛋，就杀了鸡看，结果鸡肚子里尽是普通的鸡蛋。这个故事说的是人心不可太贪。

2.11 罪犯和蚂蚁

ə³¹tsəŋ⁵³　ti³¹　ɟɔ⁷⁵⁵　ɲe³¹ka⁵⁵　pɔ⁷⁵⁵　mi³¹　tɔŋ⁵⁵　dɔ³¹　ə³¹ba:l⁵³　　　wa³¹.
ə³¹tsəŋ⁵³　ti³¹　ɟɔ⁷⁵⁵　ɲe³¹ka⁵⁵　pɔ⁷⁵⁵　mi³¹　tɔŋ⁵⁵　dɔ³¹　ə³¹bəl⁵³　-3p　wa³¹
人　　　　一　　CL　　罪行　　　犯　　BEC　监狱　LOC　关　　　-3pe　HRS
一个人因犯罪被关进监狱。

əŋ⁵³　tɔŋ⁵⁵　dɔ³¹　ɹɯ⁵³　wa³¹　bəi³¹　ti³¹ni⁵⁵　ti³¹ni⁵⁵　təŋ⁵⁵　wa⁵⁵　sa³¹
əŋ⁵³　tɔŋ⁵⁵　dɔ³¹　ɹɯ⁵³　wa³¹　bəi³¹　ti³¹ni⁵⁵　ti³¹ni⁵⁵　təŋ⁵⁵　wa⁵⁵　sa³¹
3SG　监狱　　LOC　坐　　HRS　CONJ　一天　　　一天　　　什么　做　　NOM

ɕɯ³¹　mal⁵⁵　wa³¹,　tɕu⁷⁵⁵　ɕɯ³¹　mə³¹　tɕa⁷⁵⁵　wa³¹.　ti³¹ni⁵⁵　nɯ³¹
ɕɯ³¹　mal⁵⁵　wa³¹　tɕu⁷⁵⁵　ɕɯ³¹　mə³¹　tɕa⁷⁵⁵　wa³¹　ti³¹ni⁵⁵　nɯ³¹
也　　没有　　HRS　一点　　也　　NEG　呆得住　HRS　一天　　　TOP
他在监狱天天没什么可做的，很无聊。

tɔŋ⁵⁵　ə³¹duŋ⁵⁵　dɔ³¹　sə³¹ɹɔ⁷⁵⁵　ti³¹　gɯ⁵⁵　mit⁵⁵　tə³¹təi⁵⁵　ə³¹da⁵⁵
tɔŋ⁵⁵　ə³¹duŋ⁵⁵　dɔ³¹　sə³¹ɹɔ⁷⁵⁵　ti³¹　gɯ⁵⁵　mit⁵⁵　tə³¹təi⁵⁵　ə³¹da⁵⁵
监狱　里面　　　LOC　蚂蚁　　　一　　CL　　思想　十分　　　有

ɟa:ŋ⁵³　　　wa³¹.　ə³¹ja⁷⁵⁵　mə³¹nəŋ⁵⁵　sə³¹ɹɔ⁷⁵⁵　sə³¹ləp⁵⁵　dʑin³¹
ɟəŋ⁵³　-3p　wa³¹　ə³¹ja⁷⁵⁵　mə³¹nəŋ⁵⁵　sə³¹ɹɔ⁷⁵⁵　sə³¹ləp⁵⁵　dʑin³¹
看见　-3pe　HRS　那　　　时候　　　　蚂蚁　　　教　　　　着
一天，他在监狱里发现有只蚂蚁很聪明。

ɹɯ⁵⁵　wa³¹.　ə³¹ja⁷⁵⁵　ə³¹tsəŋ⁵³　mi³¹　sə³¹ɹɔ⁷⁵⁵　le³¹　lə³¹tɕi⁵³lə³¹kɯi⁵³
ɹɯ⁵⁵　wa³¹　ə³¹ja⁷⁵⁵　ə³¹tsəŋ⁵³　mi³¹　sə³¹ɹɔ⁷⁵⁵　le³¹　lə³¹tɕi⁵³lə³¹kɯi⁵³
坐　　HRS　那　　　人　　　　AGT　蚂蚁　　　ALL　IDPH
从那以后（他）就教蚂蚁学习度日。

pa³¹dʑi⁵⁵　sə³¹la:p⁵⁵　　　wa³¹,　kɔk³¹tu⁷⁵⁵　ləi⁵⁵　ɕɯ³¹,　ə³¹ni⁵⁵　xɹəi⁵⁵
pa³¹dʑi⁵⁵　sə³¹ləp⁵⁵　-3p　wa³¹　kɔk³¹tu⁷⁵⁵　ləi⁵⁵　ɕɯ³¹　ə³¹ni⁵⁵　xɹəx⁵⁵
办法　　　教　　　　　-3pe　HRS　跟斗　　　　翻　　RFLX　两　　　脚
那人教蚂蚁各种各样的本事：翻跟斗、

mi³¹　ɹep⁵⁵　dʑin³¹　di⁵⁵　sa³¹,　ti³¹mu⁷⁵⁵　ku⁷⁵⁵　sa³¹.　ə³¹nəm⁵⁵　nə³¹
mi³¹　ɹep⁵⁵　dʑin³¹　di⁵⁵　sa³¹　ti³¹mu⁷⁵⁵　ku⁷⁵⁵　sa³¹　ə³¹nəm⁵⁵　nə³¹

INSTR 站 着 走 NOM 磕头 做 NOM 后来 2p

两脚站立行走、磕头……

laŋ⁵⁵		mə³¹nəŋ⁵⁵	ə³¹jɑ⁷⁵⁵	sə³¹ɻɔ⁷⁵⁵	pɑ³¹dʑi⁵⁵	mi³¹	sə³¹	kəi⁵³
laŋ⁵³	-1p	mə³¹nəŋ⁵⁵	ə³¹jɑ⁷⁵⁵	sə³¹ɻɔ⁷⁵⁵	pɑ³¹dʑi⁵⁵	mi³¹	sə³¹	kəi⁵³
停	-1se	时候	那	蚂蚁	技艺	INSTR	CAUS	吃

ɕɯ³¹	sa³¹	mit⁵⁵	ɕɯ³¹	wa³¹.	ə³¹nəm⁵⁵	ti³¹ni⁵⁵	nɯ³¹	laŋ⁵⁵
ɕɯ³¹	sa³¹	mit⁵⁵	ɕɯ³¹	wa³¹.	ə³¹nəm⁵⁵	ti³¹ni⁵⁵	nɯ³¹	laŋ⁵⁵
RFLX	NOM	想	RFLX	HRS	后来	一天	TOP	放

想着出狱后靠蚂蚁的本事谋生。后来有一天，

əŋ³¹dʑi⁵⁵	du⁵⁵	mə³¹nəŋ⁵⁵	əŋ⁵³	tɔŋ⁵⁵	pɑːŋ³¹	lɑːŋ⁵³		wa³¹,
əŋ³¹dʑi⁵⁵	du⁵⁵	mə³¹nəŋ⁵⁵	əŋ⁵³	tɔŋ⁵⁵	pɑːŋ³¹	laŋ⁵³	-3p	wa³¹
时间	到	时候	3SG	监狱	ABL	放	-3pe	HRS

他刑满从监狱里放出来了，

lɑːŋ⁵³		mə³¹lan⁵⁵	tsaŋ⁵⁵kuaŋ⁵³	ti³¹	məi⁵⁵	le³¹	tɔɻ⁵⁵ɕɯ³¹	wa³¹,
laŋ⁵³	-3p	mə³¹lan⁵⁵	tsaŋ⁵⁵kuaŋ⁵³	ti³¹	məi⁵⁵	le³¹	tɔɻ⁵⁵ɕɯ³¹	wa³¹
放	-3pe	很快	餐馆	一	CL	ALL	奔跑	HRS

随即奔向一家餐馆，

nəŋ³¹gəm⁵³	ti³¹	dza⁵³	kəi⁵⁵	niŋ³¹	wa⁵⁵	wa³¹.	tsaŋ⁵⁵kuaŋ⁵³
nəŋ³¹gəm⁵³	ti³¹	dza⁵³	kəi⁵⁵	niŋ³¹	wa⁵⁵	wa³¹	tsaŋ⁵⁵kuaŋ⁵³
好好	一	顿	吃	MOOD	做	HRS	餐馆

想好好吃一顿。

ə³¹tsəŋ⁵³	ja⁵³	le³¹	təŋ⁵⁵	nə³¹	kəi⁵³	nɯ³¹	kɻi⁵⁵	le³¹	di⁵⁵	wa⁷³¹
ə³¹tsəŋ⁵³	ja⁵³	le³¹	təŋ⁵⁵	nə³¹	kəi⁵³	nɯ³¹	kɻi⁵⁵	le³¹	di⁵⁵	wa⁷³¹
人	这	ALL	什么	2p	吃	MOOD	问	ALL	走	给

mə³¹nəŋ⁵⁵	ə³¹dɯ⁵³	sə³¹ɻɔ⁷⁵⁵	lɑːi⁵³lɑːi⁵³		fan³¹tsɔ⁵³	mə³¹dəm⁵³
mə³¹nəŋ⁵⁵	ə³¹dɯ⁵³	sə³¹ɻɔ⁷⁵⁵	lai⁵³	-3p -red	fan³¹tsɔ⁵³	mə³¹dəm⁵³
时候	自己	蚂蚁	取出	-3pe -RED	饭桌	上面

sə³¹	ɻɔːŋ⁵⁵		wa³¹,	"pə³¹	jɑːŋ⁵³… "	sə³¹ɻɔ⁷⁵⁵	pjɔ³¹jeŋ⁵³	wa⁷⁵⁵
sə³¹	ɻɔŋ⁵⁵	-3p	wa³¹	pə³¹	jəŋ⁵³ -2p	sə³¹ɻɔ⁷⁵⁵	pjɔ³¹jeŋ⁵³	wa⁷⁵⁵

CAUS坐		-3pe	HRS	IMP	望	-2se	蚂蚁	表演	做

餐馆的人走过来问你要吃点什么，他就拿出自己的蚂蚁放在桌上："你看……"

ə³¹jɑ⁵⁵	ɟəŋ⁵⁵	sə³¹dʑɯɹ⁵⁵	le³¹	wɑ⁵³.	tsaŋ⁵⁵kuaŋ⁵³	ə³¹tsən⁵³	mi³¹
ə³¹jɑ⁵⁵	ɟəŋ⁵⁵	sə³¹dʑɯɹ⁵⁵	le³¹	wɑ⁵³	tsaŋ⁵⁵kuaŋ⁵³	ə³¹tsən⁵³	mi³¹
那个	看	CAUS	ALL	做	餐馆	人	AGT

想让他看蚂蚁表演。

ti³¹	laŋ⁵³	ɕi⁵³	tɑ⁷³¹	ə³¹be:⁷⁵⁵		wɑ³¹,	ə³¹jɑ⁷⁵⁵e³¹	tɕu⁷⁵⁵	sə³¹ɹɑ⁷⁵⁵
ti³¹	laŋ⁵³	ɕi⁵³	tɑ⁷³¹	ə³¹be⁷⁵⁵	-3p	wɑ³¹	ə³¹jɑ⁷⁵⁵e³¹	tɕu⁷⁵⁵	sə³¹ɹɑ⁷⁵⁵
一	CL	死	COMP拍		-3pe	HRS	然后	一点	害羞

餐馆的人一巴掌拍死了蚂蚁，

ɕɯ³¹	wɑ³¹,	"ik⁵⁵	dɔ³¹	e³¹wɑ⁵⁵	sə³¹ɹɔ⁷⁵⁵	mal⁵³	e³¹,	ə³¹ɹɑ⁵⁵	pɑːŋ³¹
ɕɯ³¹	wɑ³¹	ik⁵⁵	dɔ³¹	e³¹wɑ⁵⁵	sə³¹ɹɔ⁷⁵⁵	mal⁵³	e³¹	ə³¹ɹɑ⁵⁵	pɑːŋ³¹
RFLX	HRS	我们的	LOC	那样	蚂蚁	没有	是	哪儿	ABL

还有点不好意思，

cɑ⁷⁵⁵	e³¹?"	gɯ⁷⁵⁵	wɑ³¹.
cɑ⁷⁵⁵	e³¹	gɯ⁷⁵⁵	wɑ³¹
成	INTR	说	HRS

说："我们这儿没有这样的蚂蚁的，这是哪里来的？"

　　一个人因犯罪被关进监狱。他在监狱天天没什么可做的，很无聊。一天，他在监狱里发现有只蚂蚁很聪明。从那以后（他）就教蚂蚁学习度日。那人教蚂蚁各种各样的本事：翻跟斗、两脚站立行走、磕头……想着出狱后靠蚂蚁的本事谋生。后来有一天，他刑满从监狱里放出来了，随即奔向一家餐馆，想好好吃一顿。餐馆的人走过来问你要吃点什么，他就拿出自己的蚂蚁放在桌上："你看……"想让他看蚂蚁表演。餐馆的人一巴掌拍死了蚂蚁，还有点不好意思，说："我们这儿没有这样的蚂蚁的，这是哪里来的？"

2.12 乌鸦和蛇

tək³¹kɑ⁵⁵	ti³¹	gɯ⁵⁵	pə³¹ɹɑi⁵⁵	ɕi⁵³	wɑ⁷³¹	mə³¹nəŋ⁵⁵
tək³¹kɑ⁵⁵	ti³¹	gɯ⁵⁵	pə³¹ɹɑi⁵⁵	ɕi⁵³	wɑ⁷³¹	mə³¹nəŋ⁵⁵
乌鸦	一	CL	肚子	饿	HRS	时候

ə³¹ɹɑ⁵⁵du⁵⁵du⁵⁵　 əŋ³¹dza⁵⁵　la⁵⁵　wa³¹,　təŋ⁵⁵　ɕɯ³¹　mə³¹　lɔːn⁵⁵
ə³¹ɹɑ⁵⁵du⁵⁵du⁵⁵　əŋ³¹dza⁵⁵　la⁵⁵　wa³¹　təŋ⁵⁵　ɕɯ³¹　mə³¹　lɔn⁵⁵　-3p
IDPH　　　　　粮食　找　HRS　什么　也　NEG　找到　-3pe

一只乌鸦肚子饿了，到处找食物，什么也没找到。

wa³¹.　ə³¹ja⁷⁵⁵　ə³¹laŋ⁵³　bɯ⁵³　ti³¹　gɯ⁵⁵　nəm³¹gaŋ⁵⁵　lum⁵⁵　ɕɯ³¹
wa³¹　ə³¹ja⁷⁵⁵　ə³¹laŋ⁵³　bɯ⁵³　ti³¹　gɯ⁵⁵　nəm³¹gaŋ⁵⁵　lum⁵⁵　ɕɯ³¹
HRS　那　　时　　蛇　一　CL　阳光　　　晒　　RFLX

im⁷⁵⁵　ɟaːŋ⁵³　　wa³¹,　ɟu⁵³　le³¹　la⁷⁵⁵la⁷⁵⁵　ɕɯ³¹　ɹɯːd⁵⁵
im⁷⁵⁵　ɟəŋ⁵³　-3p　wa³¹　ɟu⁵³　le³¹　la⁷⁵⁵-la⁷⁵⁵　ɕɯ³¹　ɹɯ³¹　-3p
睡　看见　-3pe　HRS　下面　ALL　JUSS-JUSS　RFLX　抓　　-3pe

这时，看见一条蛇在晒太阳，就飞下去抓。

wa³¹.　ə³¹ja⁷⁵⁵　mə³¹nəŋ⁵⁵　bɯ⁵³　mi³¹　ti³¹　laŋ⁵³　kaːi⁵³　　wa³¹,
wa³¹　ə³¹ja⁷⁵⁵　mə³¹nəŋ⁵⁵　bɯ⁵³　mi³¹　ti³¹　laŋ⁵³　kəi⁵³　-3p　wa³¹
HRS　那　　时候　　　蛇　AGT　一　CL　咬　　-3pe　HRS

于是蛇咬了乌鸦一口，

ə³¹ja⁵⁵　nɯ³¹　pɯ⁷⁵⁵dət⁵⁵　kaːi⁵³　　e³¹　wa³¹.　tək³¹ka⁵⁵　ɕi⁵⁵
ə³¹ja⁵⁵　nɯ³¹　pɯ⁷⁵⁵dət⁵⁵　kəi⁵³　-3p　e³¹　wa³¹　tək³¹ka⁵⁵　ɕi⁵⁵
那个　TOP　IDPH　　　咬　-3pe　是　HRS　乌鸦　　死

这是致命的一口。

mə³¹tɕɔ⁷⁵⁵　e³¹wa⁵⁵　gɯ⁷⁵⁵　wa³¹,　"təŋ⁵⁵　gəp⁵⁵　lɔn⁵⁵　lən⁵⁵　bəi³¹
mə³¹tɕɔ⁷⁵⁵　e³¹wa⁵⁵　gɯ⁷⁵⁵　wa³¹　təŋ⁵⁵　gəp⁵⁵　lɔn⁵⁵　lən⁵⁵　bəi³¹
临近　　　那样　说　HRS　什么　好　找到　以为　CONJ

乌鸦临死这样说："我以为找到什么好吃的，

ə³¹dɯ⁵³　ɕi⁵⁵　sa³¹　lɔn⁵⁵　lən³¹　e⁵⁵　ɹɑ³¹."　mə³¹　sɔː⁵⁵　　ə³¹ja⁵⁵
ə³¹dɯ⁵³　ɕi⁵⁵　sa³¹　lɔn⁵⁵　lən³¹　e⁵⁵　ɹɑ³¹　mə³¹　sa⁵⁵　-3p　ə³¹ja⁵⁵
自己　死　NOM　找到　CONTR　是　DIR　NEG　知道　-3pe　那个

原来是找到自己死的。"

le³¹　mə³¹tɕɯ⁵³　ma³¹　ə³¹naːn⁵⁵　　tɕi³¹.
le³¹　mə³¹tɕɯ⁵³　ma³¹　ə³¹nan⁵⁵　-3p　tɕi³¹
ALL　随便　　NEG　碰　　　-3pe　EXP

不要碰不了解的东西。

一只乌鸦肚子饿了，到处找食物，什么也没找到。这时，看见一条蛇在晒太阳，就飞下去抓。于是蛇咬了乌鸦一口，这是致命的一口。乌鸦临死这样说："我以为找到什么好吃的，原来是在自己找死。"不要碰不了解的东西。

2.13 燕子和乌鸦比羽毛

tɕai³¹bjɯ⁵⁵	də³¹guan⁵⁵	tək³¹ka⁵⁵	ə³¹miˀ⁵⁵	mɯl⁵⁵	də³¹gɹaŋ⁵³
tɕai³¹bjɯ⁵⁵	də³¹guan⁵⁵	tək³¹ka⁵⁵	ə³¹miˀ⁵⁵	mɯl⁵⁵	də³¹gɹaŋ⁵³
燕子	俩	乌鸦	谁的	毛	漂亮

nəm⁵⁵	paːŋ³¹	ə³¹	gɯˀ⁵⁵	waˀ³¹	bəi³¹	tək³¹ka⁵⁵	mi³¹	ti³¹	ka⁵⁵
nəm⁵⁵	paːŋ³¹	ə³¹	gɯˀ⁵⁵	waˀ³¹	bəi³¹	tək³¹ka⁵⁵	mi³¹	ti³¹	ka⁵⁵
原由	ABL	RECP说	HRS	CONJ		乌鸦	AGT	一	话

燕子和乌鸦因谁的羽毛漂亮而发生口角，

mi³¹	tɕai³¹bjɯ⁵⁵	ka⁵⁵	mə³¹	den⁵⁵	taˀ³¹	gɯːˀ⁵⁵		waˀ³¹.	na⁵³
mi³¹	tɕai³¹bjɯ⁵⁵	ka⁵⁵	mə³¹	den⁵⁵	taˀ³¹	gɯˀ⁵⁵	-3p	waˀ³¹	na⁵³
INSTR	燕子	话	NEG	灵验	COMP说		-3pe	HRS	2SG

乌鸦一句话让燕子哑口无言：

mɯl⁵⁵	də³¹gɹaŋ⁵⁵	nɯ³¹	də³¹gɹaŋ⁵³	pə³¹ɹaːi⁵⁵	dzɯŋ⁵³	mən³¹
mɯl⁵⁵	də³¹gɹaŋ⁵⁵	nɯ³¹	də³¹gɹaŋ⁵³	pə³¹ɹaːi⁵⁵	dzɯŋ⁵³	mən³¹
毛	漂亮	TOP	漂亮	TRST	寒冷	NEG2

nɯ⁵⁵,	ŋa⁵³	mɯl⁵⁵	ma³¹	də³¹gɹaŋ⁵³	pə³¹ɹɑːi⁵⁵	dzɯɯŋ⁵³	nɯɯŋ⁵⁵,
nɯ⁵⁵	ŋa⁵³	mɯl⁵⁵	ma³¹	də³¹gɹaŋ⁵³	pə³¹ɹɑːi⁵⁵	dzɯŋ⁵³	nɯ⁵⁵ -1p
忍受	1SG	毛	NEG	漂亮	TRST	寒冷	忍受 -1se

"你的羽毛虽然漂亮，但不耐寒；我的羽毛虽然不漂亮但耐寒，

ɹək³¹tɕŋˀ⁵⁵	me⁵⁵	mə³¹li⁵³	ə³¹kɔtɕ⁵⁵ɕɯ³¹	mə³¹	gɔl⁵⁵.	ə³¹ja⁵⁵	nɯ³¹
ɹək³¹tɕŋˀ⁵⁵	me⁵⁵	mə³¹li⁵³	ə³¹kɔtɕ⁵⁵ɕɯ³¹	mə³¹	gɔl⁵⁵	ə³¹ja⁵⁵	nɯ³¹
冬季	别的	地方	迁徙	NEG	需要	那个	TOP

冬天就不需要到别的地方迁徙。"

mə³¹li⁵³mə³¹dəm⁵³   də³¹gɹaŋ⁵³   tə³¹tɕa⁵⁵   kəi⁵⁵   mə³¹   gaˀ⁵⁵   tɕuŋ⁵⁵   e³¹.

mə³¹liˁ⁵³mə³¹dəm⁵³　　də³¹gɹaŋ⁵³　tə³¹tɕa⁵⁵　kəi⁵⁵　mə³¹　ga⁷⁵⁵　tɕuŋ⁵⁵　e³¹
世上　　　　　　　漂亮　　　东西　　吃　　NEG　能　　指　　是

这是指世上漂亮的东西不中用。

　　燕子和乌鸦因谁的羽毛漂亮而发生口角，乌鸦一句话让燕子哑口无言："你的羽毛虽然漂亮，但不耐寒；我的羽毛虽然不漂亮但耐寒，冬天就不需要迁徙到别的地方。"这是指世上漂亮的东西不中用。

2.14 公鸡争院子

dəŋ³¹gu⁵⁵　ə³¹ni⁵⁵　guɯ⁵⁵　nɯ³¹　dəm³¹bɔŋ⁵³　ə³¹　tul⁵³　nəm⁵⁵　pa:ŋ³¹
dəŋ³¹gu⁵⁵　ə³¹ni⁵⁵　guɯ⁵⁵　nɯ³¹　dəm³¹bɔŋ⁵³　ə³¹　tul⁵³　nəm⁵⁵　pa:ŋ³¹
公鸡　　　两　　　CL　　TOP　庭院　　　　RECP抢　原由　ABL

ɲi³¹kua⁵³ɲi³¹ɕi⁵⁵　ə³¹　sət⁵⁵　wa³¹.　tɯm⁵⁵　nɯ³¹　ti³¹　guɯ⁵⁵　mə³¹
ɲi³¹kua⁵³ɲi³¹ɕi⁵⁵　ə³¹　sət⁵⁵　wa³¹　tɯm⁵⁵　nɯ³¹　ti³¹　guɯ⁵⁵　mə³¹
IDPH　　　　　　RECP打　HRS　后面　TOP　一　CL　NEG

两只公鸡因争院子打得不可开交。

kɹa⁷⁵⁵　wa⁷³¹　mə³¹nəŋ⁵⁵　at⁵⁵　wa³¹,　tɕa³¹liŋ⁵⁵　pəŋ⁵⁵　le³¹　xɹɔl⁵⁵
kɹa⁷⁵⁵　wa⁷³¹　mə³¹nəŋ⁵⁵　at⁵⁵　wa³¹　tɕa³¹liŋ⁵⁵　pəŋ⁵⁵　le³¹　xɹɔl⁵⁵
赢　　　HRS　时候　　　逃跑　HRS　屋底　　　下面　ALL　藏

后来输的那只逃跑了，躲到屋底。

ɕɯ³¹　wa³¹,　kɹa⁷⁵⁵　wa⁷³¹　pəi⁵³　guɯ⁵⁵　nɯ³¹　ə³¹dʑi⁵³　tɕə³¹kuŋ⁵³　le³¹
ɕɯ³¹　wa³¹　kɹa⁷⁵⁵　wa⁷³¹　pəi⁵³　guɯ⁵⁵　nɯ³¹　ə³¹dʑi⁵³　tɕə³¹kuŋ⁵³　le³¹
RFLX　HRS　赢　　HRS　SPM　CL　　TOP　茅草　　屋顶　　　ALL

bjeɹ⁵³bjeɹ⁵³　wa⁷³¹　gui⁵³　wa³¹,　dəm³¹bɔŋ⁵³　ə³¹ban⁵⁵　guɯ⁷⁵⁵.
bjeɹ⁵³　-red　wa⁷³¹　gui⁵³　wa³¹　dəm³¹bɔŋ⁵³　ə³¹ban⁵⁵　guɯ⁷⁵⁵
飞　　　-RED　HRS　啼　　HRS　庭院　　　　得到　　　说

赢的那只飞到茅草屋顶上啼叫，说得到院子了。

ə³¹ja⁷⁵⁵　ə³¹laŋ⁵³　tə³¹mɯ⁵³　mu⁷⁵⁵　ɔ:ŋ³¹　tɔ⁷⁵⁵　ɕɯ³¹　dza⁷³¹　wa³¹,
ə³¹ja⁷⁵⁵　ə³¹laŋ⁵³　tə³¹mɯ⁵³　mu⁷⁵⁵　ɔ:ŋ³¹　tɔ⁷⁵⁵　ɕɯ³¹　dza⁷³¹　wa³¹
那　　　时　　　鹰　　　天　　ABL　俯冲　RFLX　DIR　HRS

这时候老鹰从天上扑下来，

dəŋ³¹gu⁵⁵	ɹɯ:p⁵⁵		ɹɯ:p⁵⁵		lɔ⁷⁵⁵	di³¹	wa³¹.	ə³¹ja⁷⁵⁵
dəŋ³¹gu⁵⁵	ɹɯp⁵⁵	-3p	-	ɹɯp⁵⁵	-3p	lɔ⁷⁵⁵	di³¹	wa³¹	ə³¹ja⁷⁵⁵
公鸡	抓	-3pe	-	抓	-3pe	回	PFV-V	HRS	那

抓住公鸡飞走了。

mə³¹nəŋ⁵⁵	mə³¹	kɹa:⁷⁵⁵		dəŋ³¹gu⁵⁵	pei⁵⁵	gɯ⁵⁵	dəm³¹bɔŋ⁵³
mə³¹nəŋ⁵⁵	mə³¹	kɹa⁷⁵⁵	-3p	dəŋ³¹gu⁵⁵	pei⁵⁵	gɯ⁵⁵	dəm³¹bɔŋ⁵³
时候	NEG	赢	-3pe	公鸡	SPM	CL	庭院

ə³¹ban⁵⁵	wa³¹.
ə³¹ban⁵⁵	wa³¹
得到	HRS

于是，打输的那只公鸡得到了院子。

　　两只公鸡因争院子打得不可开交。后来输的那只逃跑了，躲到屋底。赢的那只飞到茅草屋顶上啼叫，说得到院子了。这时候老鹰从天上扑下来，抓住公鸡飞走了。于是，打输的那只公鸡得到了院子。

2.15 旱龟搬家

tɕə³¹kɔp⁵⁵	ti³¹	gɯ⁵⁵	cɯm⁵³	ə³¹kɔn⁵⁵	pəŋ³¹wa⁵⁵	wa⁷³¹	bəi³¹
tɕə³¹kɔp⁵⁵	ti³¹	gɯ⁵⁵	cɯm⁵³	ə³¹kɔn⁵⁵	pəŋ³¹wa⁵⁵	wa⁷³¹	bəi³¹
旱龟	一	CL	家	搬移	PROS	HRS	CONJ

tə³¹mɯ⁵³	le³¹	mu⁷⁵⁵	ɔ:ŋ³¹	pə³¹	saŋ⁵⁵	ɹaŋ³¹		gɯ⁷⁵⁵	wa³¹,
tə³¹mɯ⁵³	le³¹	mu⁷⁵⁵	ɔ:ŋ³¹	pə³¹	sa⁵⁵	-1p	ɹa³¹	-1p	gɯ⁷⁵⁵	wa³¹
鹰	ALL	天	ABL	IMP	送	-1sg	DIR	-1sg	说	HRS

一只旱龟要搬家，对老鹰说把我从空中送走，

da³¹la⁵⁵	bɯm⁵⁵bɯm⁵⁵	bi⁵⁵	sa³¹	e⁵⁵	gɯ⁷⁵⁵	wa³¹.	tə³¹mɯ⁵³	mi³¹
da³¹la⁵⁵	bɯm⁵⁵bɯm⁵⁵	bi⁵⁵	sa³¹	e⁵⁵	gɯ⁷⁵⁵	wa³¹	tə³¹mɯ⁵³	mi³¹
报酬	很多	给	NOM	是	说	HRS	鹰	AGT

给你很多报酬。

ə³¹ja⁷⁵⁵	mə³¹nəŋ⁵⁵	deɹ³¹mu⁵⁵	mi³¹	tɕə³¹kɔp⁵⁵	mə³¹gɹa:t⁵⁵gɹa:t⁵⁵	
ə³¹ja⁷⁵⁵	mə³¹nəŋ⁵⁵	deɹ³¹mu⁵⁵	mi³¹	tɕə³¹kɔp⁵⁵	mə³¹gɹət⁵⁵	-3p	-red

那	时候	爪子	AGT	旱龟	抓		-3pe	-RED

sɔ:⁵⁵ wa³¹, mu²⁵⁵ ti³¹ tan⁵⁵ dɔ³¹ tək³¹ka⁵⁵ ti³¹ gɯ⁵⁵

sa⁵⁵	-3p	wa³¹	mu²⁵⁵	ti³¹	tan⁵⁵	dɔ³¹	tək³¹ka⁵⁵	ti³¹	gɯ⁵⁵
送	-3pe	HRS	天	一	半截	LOC	乌鸦	一	CL

于是老鹰用爪子抓住旱龟送他，

tə³¹xɹɯːm⁵⁵ wa³¹. tək³¹ka⁵⁵ mi³¹ cuŋ⁵⁵wa³¹ tə³¹mɯ⁵³ le³¹

tə³¹xɹɯm⁵⁵	-3p	wa³¹	tək³¹ka⁵⁵	mi³¹	cuŋ⁵⁵wa³¹	tə³¹mɯ⁵³	le³¹
遇见	-3pe	HRS	乌鸦	AGT	悄悄	鹰	ALL

在半空中遇到乌鸦。

gɯːʔ⁵⁵ wa³¹, "tɕə³¹kɔp⁵⁵ ça⁵⁵ tat⁵⁵ ta²³¹ kəi⁵⁵ gəm⁵³, ma⁵⁵

gɯʔ⁵⁵	-3p	wa³¹	tɕə³¹kɔp⁵⁵	ça⁵⁵	tat⁵⁵	ta²³¹	kəi⁵⁵	gəm⁵³	ma⁵⁵
说	-3pe	HRS	旱龟	肉	极美	COMP	吃	好	INTR

乌鸦悄声对老鹰说："旱龟肉最好吃，

nə³¹ sɔ:⁵⁵?" "əŋ⁵³ ək³¹kɔp⁵⁵ tə³¹təi⁵⁵ ɡɹɯŋ⁵⁵ ma³¹ dəi⁵⁵ çɯ³¹."

nə³¹	sa⁵⁵	-2p	əŋ⁵³	ək³¹kɔp⁵⁵	tə³¹təi⁵⁵	ɡɹɯŋ⁵⁵	ma³¹	dəi⁵⁵	çɯ³¹
2p	知道	-2se	3SG	壳	十分	硬	NEG	咬得动	dl

你知道吗？""他的壳很硬，咬不动。"

gɯʔ⁵⁵ wa³¹ tə³¹mɯ⁵³. "luŋ⁵⁵ mə³¹dəm⁵³ le³¹ na³¹ də³¹be:ʔ⁵⁵

gɯʔ⁵⁵	wa³¹	tə³¹mɯ⁵³	luŋ⁵⁵	mə³¹dəm⁵³	le³¹	na³¹	də³¹be:ʔ⁵⁵	-2p
说	HRS	鹰	石头	上面	ALL	2p	砸	-2se

老鹰回答说。

bəi³¹ tɕɔ²⁵⁵." tək³¹ka⁵⁵ et⁵⁵ çɯ³¹ dʑin³¹ gɯʔ⁵⁵ wa³¹. ə³¹jaʔ⁵⁵

bəi³¹	tɕɔ²⁵⁵	tək³¹ka⁵⁵	et⁵⁵	çɯ³¹	dʑin³¹	gɯʔ⁵⁵	wa³¹	ə³¹jaʔ⁵⁵
CONJ	够	乌鸦	笑	RFLX	着	说	HRS	那

"把他砸到石头上就行了。"乌鸦笑着说。

mə³¹nəŋ⁵⁵ tə³¹mɯ⁵³ mi³¹ tɕə³¹kɔp⁵⁵ mu²⁵⁵ pa:ŋ³¹ sə³¹ glɔ:⁵⁵

mə³¹nəŋ⁵⁵	tə³¹mɯ⁵³	mi³¹	tɕə³¹kɔp⁵⁵	mu²⁵⁵	pa:ŋ³¹	sə³¹	gla⁵⁵	-3p
时候	鹰	AGT	旱龟	天	ABL	CAUS掉		-3pe

wa³¹, luŋ⁵⁵ mə³¹dəm⁵³ le³¹ də³¹be:ʔ⁵⁵ wa³¹, ə³¹jaʔ⁵⁵e³¹

wɑ³¹   luŋ⁵⁵   mə³¹dəm⁵³   le³¹   də³¹beˀ⁵⁵   -3p   wɑ³¹   ə³¹jɑˀ⁵⁵e³¹
HRS   石头   上面   ALL   砸   -3pe   HRS   然后
老鹰听了就把旱龟从空中扔下来，砸到石头上，

əŋ³¹ne⁵⁵   tɕə³¹kɔp⁵⁵   ɕɑ⁵⁵   sɑ³¹sɑ⁵⁵   kəi⁵⁵   wɑ³¹.
əŋ³¹ne⁵⁵   tɕə³¹kɔp⁵⁵   ɕɑ⁵⁵   sɑ³¹sɑ⁵⁵   kəi⁵⁵   wɑ³¹
3DL   旱龟   肉   IDPH   吃   HRS
然后他俩悠闲地吃起旱龟肉来。

    一只旱龟要搬家，对老鹰说把我从空中送走，给你很多报酬。于是老鹰用爪子抓住旱龟送他，在半空中遇到乌鸦。乌鸦悄声对老鹰说："旱龟肉最好吃，你知道吗？""他的壳很硬，咬不动。"老鹰回答说。"把他砸到石头上就行了。"乌鸦笑着说。老鹰听了就把旱龟从空中扔下来，砸到石头上，然后他俩悠闲地吃起旱龟肉来。

2.16 老鼠和青蛙交朋友

dɯt⁵⁵   ti³¹   gɯ⁵⁵   də³¹ɻi⁵³   ti³¹   gɯ⁵⁵   lam³¹bɻɔˀ⁵⁵   wɑ⁵⁵   wɑ³¹.
dɯt⁵⁵   ti³¹   gɯ⁵⁵   də³¹ɻi⁵³   ti³¹   gɯ⁵⁵   lam³¹bɻɔˀ⁵⁵   wɑ⁵⁵   wɑ³¹
老鼠   一   CL   青蛙   一   CL   朋友   做   HRS
一只老鼠和一只青蛙交朋友。

ti³¹ni⁵⁵   nɯ³¹   də³¹ɻi⁵³   liˀ⁵⁵   lɑˀ⁵⁵   wɑ³¹,   dɯt⁵⁵   əŋ³¹xɻəi⁵⁵   ti³¹
ti³¹ni⁵⁵   nɯ³¹   də³¹ɻi⁵³   liˀ⁵⁵   lɑˀ⁵⁵   wɑ³¹   dɯt⁵⁵   əŋ³¹xɻəi⁵⁵   ti³¹
一天   TOP   青蛙   恶作剧   作   HRS   老鼠   脚   一
一天青蛙恶作剧，

xɻəi⁵⁵   ə³¹dɯ⁵³   xɻəi⁵⁵   le³¹   tɕət⁵⁵tɕət⁵⁵   ə³¹xɻɑˀ⁵⁵xɻɑˀ⁵⁵   əŋ⁵³
xɻəi⁵⁵   ə³¹dɯ⁵³   xɻəi⁵⁵   le³¹   tɕət⁵⁵tɕət⁵⁵   ə³¹xɻɑˀ⁵⁵   -3p   -red   əŋ⁵³
脚   自己   脚   ALL   IDPH   捆绑   -3pe   -RED   3SG

lam³¹bɻɔˀ⁵⁵   ə³¹ɻɑ⁵⁵du⁵⁵du⁵⁵   ə³¹gəl⁵⁵   le³¹   ɕɯ:l⁵⁵   wɑ³¹.   tɯm⁵⁵
lam³¹bɻɔˀ⁵⁵   ə³¹ɻɑ⁵⁵du⁵⁵du⁵⁵   ə³¹gəl⁵⁵   le³¹   ɕɯl⁵⁵   -3p   wɑ³¹   tɯm⁵⁵
朋友   IDPH   玩   ALL   领   -3pe   HRS   后面
把老鼠的一只脚捆绑在自己的脚上，带着他到处玩。

ə³¹dɯ⁵³   ɻɔk⁵⁵   tɕə³¹kuˀ⁵⁵   le³¹   di⁵⁵   wɑ³¹,   ŋaŋ³¹tɕem⁵⁵   le³¹   du⁵⁵
ə³¹dɯ⁵³   ɻɔk⁵⁵   tɕə³¹kuˀ⁵⁵   le³¹   di⁵⁵   wɑ³¹   ŋaŋ³¹tɕem⁵⁵   le³¹   du⁵⁵

自己	坐	池塘	ALL	去	HRS	水边		ALL	到

后来走到自己住的池塘边，

waʔ³¹	mə³¹nəŋ⁵⁵	də³¹ɹi⁵³	lam³¹bɹɔʔ⁵⁵	çəl⁵⁵	dʑin³¹	ə³¹ja⁵⁵kɯʔ³¹
waʔ³¹	mə³¹nəŋ⁵⁵	də³¹ɹi⁵³	lam³¹bɹɔʔ⁵⁵	çəl⁵⁵	dʑin³¹	ə³¹ja⁵⁵kɯʔ³¹
HRS	时候	青蛙	朋友	拖曳	着	直接

ŋaŋ⁵⁵	le³¹	ə³¹gləi⁵⁵	wa³¹.	də³¹ɹi⁵³	nɯ³¹	ŋaŋ⁵⁵	dɔ³¹	ə³¹gəl⁵⁵,
ŋaŋ⁵⁵	le³¹	ə³¹gləi⁵⁵	wa³¹	də³¹ɹi⁵³	nɯ³¹	ŋaŋ⁵⁵	dɔ³¹	ə³¹gəl⁵⁵
水	ALL	跳	HRS	青蛙	TOP	水	LOC	玩

走到水边青蛙就拖着朋友直接跳到水里玩。

laŋ⁵⁵	dʑin³¹	laŋ⁵⁵	dʑin³¹	ɹə³¹la⁵⁵	wa⁵⁵	wa³¹.	dut⁵⁵	pəi⁵⁵	gɯ⁵⁵
laŋ⁵⁵	dʑin³¹	laŋ⁵⁵	dʑin³¹	ɹə³¹la⁵⁵	wa⁵⁵	wa³¹	dut⁵⁵	pəi⁵⁵	gɯ⁵⁵
游	着	游	着	歌	做	HRS	老鼠	SPM	CL

青蛙在水里玩，唱着歌游泳。

nɯ³¹	ŋaŋ⁵⁵	laŋ⁵⁵	mə³¹	sɔ:⁵⁵,	ə³¹dɕi⁵⁵	ŋaŋ⁵⁵	dɔ³¹	ɕi⁵³	wa³¹.
nɯ³¹	ŋaŋ⁵⁵	laŋ⁵⁵	mə³¹	sa⁵⁵ -3p	ə³¹dɕi⁵⁵	ŋaŋ⁵⁵	dɔ³¹	ɕi⁵³	wa³¹
TOP	水	游	NEG	会 -3pe	一会儿	水	LOC	死	HRS

老鼠不会游泳，一会儿就淹死了，

ɕi³¹gɯ⁵⁵	ŋaŋ⁵⁵	mə³¹dəm⁵³	da:m⁵⁵	wa³¹,	ə³¹ja⁵⁵	muʔ⁵⁵	dɔ³¹
ɕi³¹gɯ⁵⁵	ŋaŋ⁵⁵	mə³¹dəm⁵³	dəm⁵⁵ -3p	wa³¹	ə³¹ja⁵⁵	muʔ⁵⁵	dɔ³¹
尸体	水	上面	漂 -3pe	HRS	那个	天	LOC

təm⁵⁵çɯ³¹	tə³¹mɯ⁵³	mi³¹	ɟa:ŋ⁵³	wa³¹.	tə³¹mɯ⁵³	tɔʔ⁵⁵tɔʔ⁵⁵
təm⁵⁵çɯ³¹	tə³¹mɯ⁵³	mi³¹	ɟəŋ⁵³ -3p	wa³¹	tə³¹mɯ⁵³	tɔʔ⁵⁵ -red
盘旋	鹰	AGT	看见 -3pe	HRS	鹰	俯冲 -RED

尸体漂在水上，被盘旋在天上的鹰看见了。

çɯ³¹	dut⁵⁵	ɕi³¹gɯ⁵⁵	ə³¹gɹa:ŋ⁵³	wa³¹,	də³¹ɹi⁵³	kɯʔ³¹	dut⁵⁵
çɯ³¹	dut⁵⁵	ɕi³¹gɯ⁵⁵	ə³¹gɹəŋ⁵³ -3p	wa³¹	də³¹ɹi⁵³	kɯʔ³¹	dut⁵⁵
RFLX	老鼠	尸体	抗 -3pe	HRS	青蛙	也	老鼠

老鹰俯冲下来抓走老鼠尸体，

xɹəi⁵⁵	ɔ:ŋ³¹	ə³¹cɔŋ⁵⁵	at⁵⁵	mɑ³¹	ə³¹bɑ:n⁵⁵,	tə³¹mɯ⁵³	mi³¹

xɹɛi⁵⁵ ɔːŋ³¹ ə³¹cɔŋ⁵⁵ at⁵⁵ ma³¹ ə³¹ban⁵⁵ -3p tə³¹mɯ⁵³ mi³¹
脚 ABL 吊 逃跑 NEG 来得及 -3pe 鹰 AGT
青蛙捆绑在老鼠的脚上来不及逃走，

ə³¹ni⁵⁵ni⁵⁵ gɯ⁵⁵ ə³¹ja⁵⁵ dɔ³¹ kɛi⁵⁵ ka⁵⁵ ɹa⁷⁵⁵ wa³¹
ə³¹ni⁵⁵ -red gɯ⁵⁵ ə³¹ja⁵⁵ dɔ³¹ kɛi⁵⁵ ka⁵⁵ ɹa⁷⁵⁵ wa³¹
两 -RED CL 那个 LOC 吃 话 得到 HRS
他们两个都被老鹰吃了。

一只老鼠和一只青蛙交朋友。一天青蛙恶作剧，把老鼠的一只脚捆绑在自己的脚上，带着他到处玩。后来走到自己住的池塘边，走到水边青蛙就拖着朋友直接跳到水里玩。青蛙在水里玩，唱着歌游着泳。老鼠不会游泳，一会儿就淹死了，尸体漂在水上，被盘旋在天上的鹰看见了。老鹰俯冲下来抓走老鼠尸体，青蛙捆绑在老鼠的脚上来不及逃走，他们两个都被老鹰吃了。

2.17 两个朋友和熊

lam³¹bɹɔ⁷⁵⁵ ə³¹ni⁵⁵ ɟɔ⁷⁵⁵ mə³¹li⁵³ le³¹ di⁵⁵ wa⁷³¹ dɔ³¹ ɕɯi⁵⁵ ti³¹
lam³¹cɹɔ⁷⁵⁵ ə³¹ni⁵⁵ ɟɔ⁷⁵⁵ mə³¹li⁵³ le³¹ di⁵⁵ wa⁷³¹ dɔ³¹ ɕɯi⁵⁵ ti³¹
朋友 两 CL 野外 ALL 走 HRS LOC 熊 一

gɯ⁵⁵ tə³¹xɹɯːm⁵⁵ wa³¹, ti³¹ ɟɔ⁷⁵⁵ nɯ³¹ ə³¹bɹa⁵⁵bɹa³¹
gɯ⁵⁵ tə³¹xɹɯm⁵⁵ -3p wa³¹ ti³¹ ɟɔ⁷⁵⁵ nɯ³¹ ə³¹bɹa⁵⁵bɹa³¹
CL 遇见 -3pe HRS 一 CL TOP 赶快
两个朋友走在野外遇见了一头熊，

ɕiŋ³¹dzɯɯ⁵⁵ le³¹ ŋaŋ⁵⁵ wa³¹, me⁵⁵ pəi⁵⁵ ɟɔ⁷⁵⁵ mi³¹ ɕiŋ³¹dzɯɯŋ⁵⁵
ɕiŋ³¹dzɯɯ⁵⁵ le³¹ ŋaŋ⁵⁵ wa³¹ me⁵⁵ pəi⁵⁵ ɟɔ⁷⁵⁵ mi³¹ ɕiŋ³¹dzɯɯŋ⁵⁵
树 ΛLL 上 HRS 别的 SPM CL ΛGT 树
一个人赶紧爬上树，

le³¹ ma³¹ ə³¹xɹaːn⁵⁵ wa³¹. ɕɯi⁵⁵ ɟa⁵³ le³¹ ə³¹dzɯl⁵³
le³¹ ma³¹ ə³¹xɹən⁵⁵ -3p wa³¹ ɕɯi⁵⁵ ɟa⁵³ le³¹ ə³¹dzɯl⁵³
ALL NEG 爬得上 -3pe HRS 熊 这 ALL 临近
另一个人爬不上去。

mə³¹nən⁵⁵ gɯp³¹kɔp⁵⁵ ŋa⁷⁵⁵ŋa⁷⁵⁵ ɕɯ³¹ sa⁷⁵⁵ ma³¹ ŋat⁵⁵ ɕɯ³¹

mə³¹nəŋ⁵⁵   gɯp³¹kɔp⁵⁵   ŋaʔ⁵⁵   -red   ɕɯ³¹   sa⁷⁵⁵   ma³¹   ŋat⁵⁵   ɕɯ³¹
时候   IDPH   倒   -RED   RFLX   气   NEG   呼吸   RFLX

ɕi⁵⁵ɕi⁵⁵   wa⁵⁵   wa³¹.   ɕɯi⁵⁵   mi³¹   ə³¹ja⁷⁵⁵   ə³¹tsəŋ⁵³
ɕi⁵³   -red   wa⁵⁵   wa³¹   ɕɯi⁵⁵   mi³¹   ə³¹ja⁷⁵⁵   ə³¹tsəŋ⁵³
死   -RED   做   HRS   熊   AGT   那   人
熊逼近的时候赶紧倒在地上，屏住呼吸装死。

sɯp⁵⁵lə³¹sɯp⁵⁵   pə³¹nɑ:m⁵⁵nɑ:m⁵⁵   lɔ⁷⁵⁵   di³¹   wa³¹.   ɕɯi⁵⁵
sɯp⁵⁵lə³¹sɯp⁵⁵   pə³¹nəm⁵⁵   -3p   -red   lɔ⁷⁵⁵   di³¹   wa³¹   ɕɯi⁵⁵
IDPH   闻   -3pe   -RED   回   PFV-V   HRS   熊
熊闻了闻那个人就走了。

lɔ⁷⁵⁵   di³¹   wa⁷³¹   mə³¹nəŋ⁵⁵   ɕiŋ³¹dzɯŋ⁵⁵   le³¹   ŋaŋ⁵⁵   pəi⁵⁵   ɟɔ⁷⁵⁵
lɔ⁷⁵⁵   di³¹   wa⁷³¹   mə³¹nəŋ⁵⁵   ɕiŋ³¹dzɯŋ⁵⁵   le³¹   ŋaŋ⁵⁵   pəi⁵⁵   ɟɔ⁷⁵⁵
回   PFV-V   HRS   时候   树   ALL   上   SPM   CL

ɕɔm⁵³ɕɔm⁵³   wa⁷³¹   kɹi⁵³   wa³¹,   "ɕɯi⁵⁵   na⁵³   ə³¹na⁵³   dɔ³¹
ɕɔm⁵³   -red   wa⁷³¹   kɹi⁵³   wa³¹   ɕɯi⁵⁵   na⁵³   ə³¹na⁵³   dɔ³¹
下   -RED   HRS   问   HRS   熊   2SG   耳朵   LOC
熊走了以后爬到树上的那个人下来问：

nɯi³¹pɹɔi⁵⁵   tə³¹peʔ⁵⁵   dʑin³¹   ka⁵⁵   gɯ⁷⁵⁵   di³¹,   təŋ⁵⁵   gɯ⁷⁵⁵   ɹa³¹?"
nɯi³¹pɹɔi⁵⁵   tə³¹peʔ⁵⁵   dʑin³¹   ka⁵⁵   gɯ⁷⁵⁵   di³¹   təŋ⁵⁵   gɯ⁷⁵⁵   ɹa³¹
长嘴   贴近   着   话   说   PFV-V   什么   说   DIR
"刚才熊把嘴巴贴近你耳朵说话，说什么了？"

"ɔ⁵³,   ɕɯi⁵⁵   e⁷⁵⁵wa³¹   gɯ⁷⁵⁵   ɹa³¹,   ə³¹ja⁷⁵⁵   na⁵³   tɔŋ⁵³nɔŋ⁵⁵   ə³¹dɯ⁵³
ɔ⁵³   ɕɯi⁵⁵   e⁷⁵⁵wa³¹   gɯ⁷⁵⁵   ɹa³¹   ə³¹ja⁷⁵⁵   na⁵³   tɔŋ⁵³nɔŋ⁵⁵   ə³¹dɯ⁵³
哦   熊   这样   说   DIR   那   2SG   IDPH   自己

tɕe³¹   at⁵⁵   ə³¹tsəŋ⁵³   le³¹   tən⁵⁵   tɯm⁵⁵   lam³¹bɹɔ⁷⁵⁵   mən³¹   wa⁵⁵
tɕe³¹   at⁵⁵   ə³¹tsəŋ⁵³   le³¹   tən⁵⁵   tɯm⁵⁵   lam³¹bɹɔ⁷⁵⁵   mən³¹   wa⁵⁵
只   逃跑   人   ALL   现在   后面   朋友   NEG2   做
"哦，熊这样说：那个扔下你只顾自己逃跑的人，以后别跟他交朋友。"

nɯ³¹."   ɕi⁵⁵ɕi⁵⁵   wa⁷⁵⁵   pəi⁵⁵   ɟɔ⁷⁵⁵   mi³¹   e³¹wa⁵⁵   ə³¹tɑ:ŋ⁵⁵   wa³¹.

nɯ³¹	ɕi⁵³	-red	waʔ⁵⁵	pəi⁵⁵	ɟɔʔ⁵⁵	mi³¹	e³¹wa⁵⁵	ə³¹təŋ⁵⁵	-3p	wa³¹
TOP	死	-RED	做	SPM	CL	AGT	那样	回	-3pe	HRS

装死的那个人这样回复道。

两个朋友走在野外遇见了一头熊，一个人赶紧爬上树，另一个人爬不上去。熊逼近的时候赶紧倒在地上，屏住呼吸装死。熊闻了闻那个人就走了。熊走了以后爬到树上的那个人下来问："刚才熊把嘴巴贴近你耳朵说话，说什么了？""哦，熊这样说：那个扔下你只顾自己逃跑的人，以后别跟他交朋友。"装死的那个人这样回复道。

2.18 猪和绵羊

waʔ⁵⁵	ti³¹	gɯ⁵⁵	ək³¹kaŋ⁵³	mi³¹	lə³¹ga⁵⁵	mə³¹nəŋ⁵⁵	ə³¹tɕit⁵⁵
猪	一	CL	主人	AGT	绵羊	时候	羊

pa³¹ɹɯŋ⁵⁵	dɔ³¹	ə³¹ba:l⁵³	wa³¹.	ti³¹	kət⁵⁵	nɯ³¹	ək³¹kaŋ⁵³
圈	LOC	关 -3p	HRS	一	次	TOP	主人

一头猪被主人关在羊圈里。

pa³¹ɹɯŋ⁵⁵	le³¹	dzəŋ⁵⁵dzəŋ⁵⁵	ɕɯ³¹	waʔ³¹	ɹɯp⁵⁵	wa³¹,	waʔ⁵⁵	nɯ³¹
圈	ALL	进 -RED	RFLX	HRS	抓	HRS	猪	TOP

有一次，主人进羊圈抓猪，

mə³¹dai⁵⁵	dʑin³¹	ɲi³¹kua⁵³ɲi³¹ɕi⁵⁵	tə³¹pət⁵⁵	ɕɯ³¹	waʔ³¹.	lə³¹ga⁵⁵
尖叫	着	IDPH	挣扎	RFLX	HRS	绵羊

猪尖叫着拼死挣扎。

ɹə³¹si:ʔ⁵⁵	mə³¹	dʑɑ:n⁵⁵	mə³¹nəŋ⁵⁵	waʔ³¹	le³¹	gəm³¹ɟaʔ⁵⁵
吵闹 -3p	NEG	忍受 -3p	时候	HRS	ALL	发怒

wa⁵⁵	wa³¹,	"ə³¹kaŋ⁵³	ə³¹daŋ⁵⁵ma³¹daŋ⁵⁵	ŋa⁵³	ɹɯp⁵⁵	bəi³¹	ŋa⁵³
做	HRS	我爷爷	经常	1SG	抓	CONJ	1SG

绵羊忍受不了吵闹，骂猪道："主人时不时抓我，

nɑ⁵³	wa³¹	ma³¹	tə³¹pət⁵⁵	ɕiŋ³¹		ma³¹	mə³¹dai⁵⁵,	ɹɐ³¹si⁷⁵⁵
nɑ⁵³	wa³¹	ma³¹	tə³¹pət⁵⁵	ɕɯ³¹	-1p	ma³¹	mə³¹dai⁵⁵	ɹɐ³¹si⁷⁵⁵
2SG	样	NEG	挣扎	也	-1sg	NEG	尖叫	吵闹

我不像你那么挣扎、尖叫，太吵闹了。"

ɹɑ³¹."	"nɑ⁵³	nə³¹	ɹɯp⁵⁵	bɐi³¹	mɯl⁵⁵	tɕe³¹	tɕu⁷⁵⁵	nə³¹	tɔt⁵⁵,	ŋa⁵³
ɹɑ³¹	nɑ⁵³	nə³¹	ɹɯp⁵⁵	bɐi³¹	mɯl⁵⁵	tɕe³¹	tɕu⁷⁵⁵	nə³¹	tɔt⁵⁵	ŋa⁵³
DIR	2SG	2p	抓	CONJ	毛	只	一点	2p	剪	1SG

"抓你只是剪你一点毛，

nə³¹	ɹɯp⁵⁵	bɐi³¹	ŋa⁵³	kɔk³¹sa⁷⁵⁵	lu⁵⁵	pəŋ³¹wa⁷⁵⁵	e³¹."	gɯ⁷⁵⁵
nə³¹	ɹɯp⁵⁵	bɐi³¹	ŋa⁵³	kɔk³¹sa⁷⁵⁵	lu⁵⁵	pəŋ³¹wa⁷⁵⁵	e³¹	gɯ⁷⁵⁵
2p	抓	CONJ	1SG	生命	拿	PROS	是	说

wa³¹	wa⁷⁵⁵.
wa³¹	wa⁷⁵⁵
HRS	猪

抓我是要我的命啊。"猪说道。

　　一头猪被主人关在羊圈里。有一次，主人进羊圈抓猪，猪尖叫着拼死挣扎。绵羊忍受不了吵闹，骂猪道："主人时不时抓我，我不像你那么挣扎、尖叫，太吵闹了。""抓你只是剪你一点毛，抓我是要我的命啊"猪说道。

2.19 野鼠和家鼠

mə³¹li⁵³dɯt⁵⁵	də³¹guan⁵⁵	cɯm³¹dɯt⁵⁵	bəŋ³¹nəm⁵⁵	ə³¹	wa⁵⁵	wa³¹.
mə³¹li⁵³dɯt⁵⁵	də³¹guan⁵⁵	cɯm³¹dɯt⁵⁵	bəŋ³¹nəm⁵⁵	ə³¹	wa⁵⁵	wa³¹
野鼠	俩	家鼠	朋友	RECP做		HRS

野鼠和家鼠交了朋友。

ti³¹	kət⁵⁵	nɯ³¹	mə³¹li⁵³dɯt⁵⁵	mi³¹	cɯm³¹dɯt⁵⁵	cɯm⁵³	le³¹
ti³¹	kət⁵⁵	nɯ³¹	mə³¹li⁵³dɯt⁵⁵	mi³¹	cɯm³¹dɯt⁵⁵	cɯm⁵³	le³¹
一	次	TOP	野鼠	AGT	家鼠	家	ALL

əŋ³¹dza⁵⁵	kəi⁵⁵	le³¹	ə³¹sɯː⁵³		wa³¹,	cɯm³¹dɯt⁵⁵	ə³¹bla⁷⁵⁵

əŋ³¹dzɑ⁵⁵　　kəi⁵⁵　　le³¹　　ə³¹sɯ⁵³　　-3p　　wɑ³¹　　cɯm³¹dɯt⁵⁵　　ə³¹blɑʔ⁵⁵
粮食　　　　吃　　　ALL　　邀请　　　-3pe　HRS　　家鼠　　　　　到达

有一次，野鼠邀请家鼠到家里吃饭，

wɑʔ³¹　　mə³¹nəŋ⁵⁵　　mə³¹li⁵³dɯt⁵⁵　　mi³¹　　ɕin³¹ɹɯ⁵⁵,　　ɕin³¹ləp⁵⁵,
wɑʔ³¹　　mə³¹nəŋ⁵⁵　　mə³¹li⁵³dɯt⁵⁵　　mi³¹　　ɕin³¹ɹɯ⁵⁵　　ɕin³¹ləp⁵⁵
HRS　　时候　　　　野鼠　　　　　　AGT　　草根　　　　　草叶

ɕiŋ³¹ɕi⁵⁵　　ə³¹təŋ⁵⁵　　sə³¹bɹɑ⁵⁵　　ə³¹ɕiŋ⁵³　　tɕe³¹　　sə³¹　ka:i⁵⁵　　　　wɑ³¹.
ɕiŋ³¹ɕi⁵⁵　　ə³¹təŋ⁵⁵　　sə³¹bɹɑ⁵⁵　　ə³¹ɕiŋ⁵³　　tɕe³¹　　sə³¹　kəi⁵⁵　　-3p　wɑ³¹
野果　　　　等　　　　采集物　　　尽　　　　只　　　CAUS吃　　-3pe　HRS

家鼠到了以后野鼠招待的尽是草根、草叶、野果之类的采集物。

cɯm³¹dɯt⁵⁵　　mi³¹　　tɕuʔ⁵⁵　　ɕɯ³¹　　ma³¹　　ə³¹mlɑ:ʔ⁵⁵　　　　wɑ³¹,
cɯm³¹dɯt⁵⁵　　mi³¹　　tɕuʔ⁵⁵　　ɕɯ³¹　　ma³¹　　ə³¹mlɑʔ⁵⁵　　-3p　wɑ³¹
家鼠　　　　　AGT　　一点　　　也　　　NEG　　咽　　　　　　-3pe　HRS

家鼠一点也咽不下去，

ə³¹jaʔ⁵⁵e³¹　　əŋ³¹lam³¹bɹɔʔ⁵⁵　　le³¹　　eʔ⁵⁵wɑ³¹　　guʔ⁵⁵　　wɑ³¹,　　"bəŋ³¹nəm⁵⁵
ə³¹jaʔ⁵⁵e³¹　　əŋ³¹lam³¹bɹɔʔ⁵⁵　　le³¹　　eʔ⁵⁵wɑ³¹　　guʔ⁵⁵　　wɑ³¹　　bəŋ³¹nəm⁵⁵
然后　　　　　他朋友　　　　　　ALL　这样　　　说　　　HRS　　朋友

然后对他朋友说：

na⁵³　　nɯ³¹　　sə³¹ɹɔʔ⁵⁵　　ti³¹tɕi⁵⁵　　wɑ³¹　　ləŋ³¹　　tə³¹ɹəɯ⁵³　　mə³¹　　si:ʔ⁵⁵
na⁵³　　nɯ³¹　　sə³¹ɹɔʔ⁵⁵　　ti³¹tɕi⁵⁵　　wɑ³¹　　ləŋ³¹　　tə³¹ɹəɯ⁵³　　mə³¹　　siʔ⁵⁵　-3p
2SG　　TOP　　蚂蚁　　　　一样　　　样　　　CONTR　　　　　　油　　　NEG　散发　-3pe

nə³¹　　ɹɑ³¹ŋ⁵⁵　　ɹɑ³¹,　　ŋa⁵³　　cɯm⁵³　　le³¹　　di⁵³　ɕin³¹,　　　ŋa⁵³　　dɔ³¹　　kəi⁵⁵
nə³¹　　ɹɑ³¹ŋ⁵⁵　　ɹɑ³¹　　ŋa⁵³　　cɯm⁵³　　le³¹　　di⁵³　ɕin³¹　　　ŋa⁵³　　dɔ³¹　　kəi⁵⁵
2p　　坐　　　　DISC　1SG　　家　　　ALL　　去　　dl-MOOD　1SG　LOC　　吃

"朋友，你原来像蚂蚁一样过着没有油味的生活，咱俩到我家去吧，

sa³¹　　bɯm⁵⁵bɯm⁵⁵　　əl⁵³,　　təŋ⁵⁵　　kəi⁵⁵　　niŋ³¹　　nə³¹　　mit⁵⁵　　ɕɯ³¹　　bəi³¹
sa³¹　　bɯm⁵⁵bɯm⁵⁵　　əl⁵³　　təŋ⁵⁵　　kəi⁵⁵　　niŋ³¹　　nə³¹　　mit⁵⁵　　ɕɯ³¹　　bəi³¹
NOM　　很多　　　　　　有　　　什么　　吃　　　MOOD　2p　　想　　　RFLX　CONJ

təŋ⁵⁵　　əl⁵³.　　dɔ⁵³　　di⁵³　ɕin³¹,　　　ŋa⁵³　　mə³¹nəŋ⁵⁵　　gəp⁵⁵　　　ə³¹ja⁵⁵　　kəi⁵⁵

təŋ⁵⁵　əl⁵³　dɔ⁵³　di⁵³ ɕin³¹　　ŋɑ⁵³　mə³¹nəŋ⁵⁵　gəp⁵⁵　ə³¹jɑ⁵⁵　kəi⁵⁵
什么　有　MOOD　走 dl-MOOD　1SG　时候　　好　　那个　　吃
我家里有很多吃的，你想吃什么有什么。走吧，跟我去吃好吃的去。"

le³¹　pa³¹　ə³¹kɔt⁵⁵ɕɯ³¹."　ə³¹jɑʔ⁵⁵　mə³¹nəŋ⁵⁵　mə³¹li⁵³dɯt⁵⁵
le³¹　pa³¹　ə³¹kɔt⁵⁵ɕɯ³¹　　ə³¹jɑʔ⁵⁵　mə³¹nəŋ⁵⁵　mə³¹li⁵³dɯt⁵⁵
ALL　IMP　迁徙　　　　那　　时候　　野鼠

cɯm³¹dɯt⁵⁵　mə³¹nəŋ⁵⁵　ə³¹kɔt⁵⁵ɕɯ³¹　wɑ³¹.　cɯm⁵³　du:⁵⁵
cɯm³¹dɯt⁵⁵　mə³¹nəŋ⁵⁵　ə³¹kɔt⁵⁵ɕɯ³¹　wɑ³¹　cɯm⁵³　du⁵⁵ -3p
家鼠　　　跟　　　迁徙　　HRS　家　　到　-3pe
然后野鼠就跟着家鼠搬迁。

mə³¹nəŋ⁵⁵　cɯm³¹dɯt⁵⁵　mi³¹　lə³¹tɕi⁵³lə³¹kui⁵³　kəi⁵⁵　sa³¹　ə³¹jɑ⁵⁵
mə³¹nəŋ⁵⁵　cɯm³¹dɯt⁵⁵　mi³¹　lə³¹tɕi⁵³lə³¹kui⁵³　kəi⁵⁵　sɑ³¹　ə³¹jɑ⁵⁵
时候　　　家鼠　　　AGT　IDPH　　　　　吃　　NOM　那个

əm³¹bɯ⁵⁵,　ta³¹bɔŋ⁵⁵,　ə³¹nɔʔ⁵⁵,　wɑ³¹ɕa⁵⁵,　kua⁵⁵,　nɯ⁵³　ə³¹təŋ⁵⁵
əm³¹bɯ⁵⁵　ta³¹bɔŋ⁵⁵　ə³¹nɔʔ⁵⁵　wɑ³¹ɕa⁵⁵　kua⁵⁵　nɯ⁵³　ə³¹təŋ⁵⁵
稻米　玉米　豆子　猪肉　糖　酒　之类
到了家，家鼠拿出各种各样吃的，稻米、玉米、豆子、猪肉、糖、酒等，

tə³¹tɕɔ:n⁵³　　wɑ³¹,　mə³¹li⁵³dɯt⁵⁵　mi³¹　ta⁵⁵　kɯʔ³¹　ta⁵⁵　mə³¹
tə³¹tɕɔn⁵³ -3p　wɑ³¹　mə³¹li⁵³dɯt⁵⁵　mi³¹　ta⁵⁵　kɯʔ³¹　ta⁵⁵　mə³¹
准备　-3pe　HRS　野鼠　　　AGT　听见　也　听见　NEG

ɹi³¹　ə³¹jɑ⁵⁵.　mə³¹li⁵³dɯt⁵⁵　nɯ³¹　ə³¹lɯp⁵⁵　ɕɯ³¹　ə³¹lɯp⁵⁵ɕɯ³¹,
ɹi³¹　ə³¹jɑ⁵⁵　mə³¹li⁵³dɯt⁵⁵　nɯ³¹　ə³¹lɯp⁵⁵　ɕɯ³¹　ə³¹lɯp⁵⁵ɕɯ³¹
过　那个　野鼠　　　　TOP　高兴　也　高兴
野鼠听都没听说过的食物。野鼠很高兴，

mit⁵⁵　ɕɯ³¹　tə³¹ɕa⁵³　wɑ³¹,　ŋɑ⁵³　u³¹dzu⁵³　təŋ⁵⁵wɑ³¹　tə³¹ɕa⁵⁵
mit⁵⁵　ɕɯ³¹　tə³¹ɕa⁵³　wɑ³¹　ŋɑ⁵³　u³¹dzu⁵³　təŋ⁵⁵wɑ³¹　tə³¹ɕa⁵⁵
思想　也　忧伤　HRS　1SG　前面　那样　穷

dʑin³¹　ləŋ³¹　ɹɯŋ⁵⁵ mɯm³¹　ɹaŋ³¹.　əŋ³¹ne⁵⁵　e³¹kəi⁵³　kəi⁵⁵
dʑin³¹　ləŋ³¹　ɹɯŋ⁵⁵ mɯm³¹ -1p　ɹa³¹ -1p　əŋ³¹ne⁵⁵　e³¹kəi⁵³　kəi⁵⁵

着　　　CONTR　生活　DISC　-1sg　DISC　-1sg　3DL　　　正要　　吃
也很忧伤：我原先过着这样贫穷的生活。

pəŋ³¹waʔ⁵⁵　　ə³¹laŋ⁵³　　ə³¹tsəŋ⁵³　　mi³¹　　nəp³¹tɕiŋ⁵⁵　　taːn⁵³　　　ɹ.teɹ³¹
pəŋ³¹waʔ⁵⁵　　ə³¹laŋ⁵³　　ə³¹tsəŋ⁵³　　mi³¹　　nəp³¹tɕiŋ⁵⁵　　tan⁵³　　-3p　　ɹ.teɹ³¹
PROS　　　时　　人　　　　AGT　门　　　开　　　-3pe　DIR
他俩正要吃，人把门打开了，

wa³¹,　　duɯt⁵⁵　　də³¹guan⁵⁵　　pə³¹ɹe ʔ⁵⁵　　mi³¹　　pə³¹la⁵³　　kɯ³¹　　mal⁵⁵
wa³¹　　duɯt⁵⁵　　də³¹guan⁵⁵　　pə³¹ɹeʔ⁵⁵　　mi³¹　　pə³¹la⁵³　　kɯ³¹　　mal⁵⁵
HRS　　老鼠　　俩　　　　　害怕　　BEC　魂　　　也　　没有
两只老鼠吓得魂都没了，

wa³¹,　ə³¹bɹɑ⁵⁵bɹɑ³¹　　at⁵⁵at⁵⁵　　waʔ³¹　 əŋ³¹dɔŋ⁵³　le³¹　xɹɔl⁵⁵　ɕɯ³¹
wa³¹　ə³¹bɹɑ⁵⁵bɹɑ³¹　　at⁵⁵　-red　waʔ³¹　əŋ³¹dɔŋ⁵³　le³¹　xɹɔl⁵⁵　ɕɯ³¹
HRS　　赶快　　　　逃　-RED　HRS　洞　　　ALL　藏　　RFLX
赶紧逃到洞里躲藏。

wa³¹.　ə³¹dɔi⁵⁵　ə³¹tsəŋ⁵³　wen⁵⁵ɕɯ³¹　di³¹　　mə³¹nəŋ⁵⁵　　ba³¹li⁵⁵
wa³¹　ə³¹dɔi⁵⁵　ə³¹tsəŋ⁵³　wen⁵⁵ɕɯ³¹　di³¹　　mə³¹nəŋ⁵⁵　　ba³¹li⁵⁵
HRS　一会儿　人　　　出　　　PFV-V　时候　　　又

kəi⁵⁵　le³¹　lɔʔ⁵⁵　wa³¹,　kəi⁵⁵　pəŋ³¹waʔ⁵⁵　pɔʔ⁵⁵　ba³¹li⁵⁵　na³¹me⁵⁵
kəi⁵⁵　le³¹　lɔʔ⁵⁵　wa³¹　kəi⁵⁵　pəŋ³¹waʔ⁵⁵　pɔʔ⁵⁵　ba³¹li⁵⁵　na³¹me⁵⁵
吃　　ALL　回　HRS　吃　　PROS　　　时刻　又　　　猫

ti³¹　guɯ⁵⁵　laŋ³¹meʔ⁵⁵　ɔːŋ³¹　dzəŋ⁵⁵　ɕɯ³¹　ɹɑ³¹　wa³¹,　də³¹lu⁵⁵tɕe³¹
ti³¹　guɯ⁵⁵　laŋ³¹meʔ⁵⁵　ɔːŋ³¹　dzəŋ⁵⁵　ɕɯ³¹　ɹɑ³¹　wa³¹　də³¹lu⁵⁵tɕe³¹
一　CL　　窗户　　　ABL　进　　RFLX　DIR　HRS　　差点
一会儿人出去，他们又出来吃，正要吃，又有一只猫从窗户进来，

ɹɯːp⁵⁵　　　wa³¹,　duɯt⁵⁵　də³¹guan⁵⁵　na³¹ce⁵⁵　pə³¹la⁵³　kɯ³¹
ɹɯp⁵⁵　-3p　wa³¹　duɯt⁵⁵　də³¹guan⁵⁵　na³¹ce⁵⁵　pə³¹la⁵³　kɯ³¹
抓　　-3pe　HRS　老鼠　　俩　　　　更是　　魂　　　也

mal⁵³　taʔ³¹　at⁵⁵　wa³¹.　mə³¹li⁵³duɯt⁵⁵　　nɯ³¹　pə³¹ɹai⁵⁵　ɕɯ³¹　ɕi⁵³,
mal⁵³　taʔ³¹　at⁵⁵　wa³¹　mə³¹li⁵³duɯt⁵⁵　　nɯ³¹　pə³¹ɹai⁵⁵　ɕɯ³¹　ɕi⁵³

没有　　COMP逃跑　HRS　　野鼠　　　　　　　TOP　肚子　　　　也　　饿
差一点抓住他们，两只老鼠更是逃得魂都丢了。野鼠又饿又怕，

pə³¹ɹe⁷⁵⁵　ɕɯ³¹　pə³¹ɹe⁷⁵⁵　wa³¹,　e³¹wa⁵⁵　əŋ³¹lam³¹bɹɔ⁷⁵⁵　le³¹　gɯ⁷⁵⁵
pə³¹ɹe⁷⁵⁵　ɕɯ³¹　pə³¹ɹe⁷⁵⁵　wa³¹　e³¹wa⁵⁵　əŋ³¹lam³¹bɹɔ⁷⁵⁵　le³¹　gɯ⁷⁵⁵
害怕　　　　也　　害怕　　　HRS　那样　　　他朋友　　　ALL　说
对他朋友说：

wɑ³¹,　"ɟɑ⁵⁵　dɔ³¹　lə³¹tɕi⁵³lə³¹kui⁵³　kəi⁵⁵　sa³¹　gəp⁵⁵　ə³¹jɑ⁵⁵　bɯm⁵⁵
wɑ³¹　ɟɑ⁵⁵　dɔ³¹　lə³¹tɕi⁵³lə³¹kui⁵³　kəi⁵⁵　sa³¹　gəp⁵⁵　ə³¹jɑ⁵⁵　bɯm⁵⁵
HRS　这儿　LOC　IDPH　　　　　　吃　NOM　好　那个　多

nɯ³¹　bɯm⁵³　dɔ³¹,　tə³¹təi⁵⁵　ləŋ³¹　　pə³¹ɹe⁷⁵⁵ɕɯ³¹,　ɹɔŋ⁵⁵　mə³¹
nɯ³¹　bɯm⁵³　dɔ³¹　tə³¹təi⁵⁵　ləŋ³¹　　pə³¹ɹe⁷⁵⁵ɕɯ³¹　ɹɔŋ⁵⁵　mə³¹
TOP　多　　LOC　十分　　CONTR　可怕　　　　住　　NEG
"这里各种各样好吃的多是多，但十分可怕，

dʐɑ⁷⁵⁵　ɕiŋ³¹,　　ə³¹jɑ⁵⁵mu³¹ku⁵⁵　mə³¹li⁵³　le³¹　ɕin³¹ɹɯ⁵⁵　kəi⁵⁵
dʐɑ⁷⁵⁵　ɕɯ³¹　-1p　ə³¹jɑ⁵⁵mu³¹ku⁵⁵　mə³¹li⁵³　le³¹　ɕin³¹ɹɯ⁵⁵　kəi⁵⁵
敢　　　也　　-1sg　与其这样　　　　野外　　ALL　草根　　吃

le³¹　lɔ⁷⁵⁵　bɯŋ³¹　　niŋ³¹,　mə³¹li⁵³　dɔ³¹　e³¹wa⁵⁵　pə³¹ɹe⁷⁵⁵　mə³¹
le³¹　lɔ⁷⁵⁵　bɯ³¹　-1p　niŋ³¹　mə³¹li⁵³　dɔ³¹　e³¹wa⁵⁵　pə³¹ɹe⁷⁵⁵　mə³¹
ALL　回　　DIR　-1sg　MOOD　野外　　LOC　那样　　害怕　　NEG
我不敢待下去了，与其这样，不如回到野外吃草根去，野外不用担惊受怕。"

gɔl⁵⁵."　e³¹wa⁵⁵　gɯː⁷⁵⁵gɯː⁷⁵⁵　　mə³¹li⁵³dɯt⁵⁵　ba³¹li⁵⁵　mə³¹li⁵³
gɔl⁵⁵　e³¹wa⁵⁵　gɯ⁷⁵⁵　-3p　-red　mə³¹li⁵³dɯt⁵⁵　ba³¹li⁵⁵　mə³¹li⁵³
需要　　那样　　说　　-3pe　-RED　野鼠　　　　又　　野外

le³¹　lɔ⁷⁵⁵　wa³¹.
le³¹　lɔ⁷⁵⁵　wa³¹
ALL　回　　HRS
野鼠说完又回到野外去了。

　　　野鼠和家鼠交了朋友。有一次，野鼠邀请家鼠到家里吃饭，家鼠到了以后野鼠招待的尽是草根、草叶、野果之类的采集物。家鼠一点也咽不下去，然后对他朋友说：

"朋友，你原来像蚂蚁一样过着没有油味的生活，咱俩到我家去吧，我家里有很多吃的，你想吃什么有什么。走吧，跟我去吃好吃的去。"

然后野鼠就跟着家鼠搬迁。到了家，家鼠拿出各种各样吃的，稻米、玉米、豆子、猪肉、糖、酒等，野鼠听都没听说过的食物。野鼠很高兴，也很忧伤：我原先过着这样贫穷的生活。

他俩正要吃，人把门打开了，两只老鼠吓得魂都没了，赶紧逃到洞里躲藏。一会儿人出去，他们又出来吃，正要吃，又有一只猫从窗户进来，差一点抓住他们，两只老鼠更是逃得魂都丢了。

野鼠又饿又怕，对他朋友说："这里各种各样好吃的多是多，但十分可怕，我不敢待下去了，与其这样，不如回到野外吃草根去，野外不用担惊受怕。"野鼠说完又回到野外去了。

2.20 毛驴和公鸡

ku³¹ɹɯ⁵³	də³¹guan⁵⁵	dəŋ³¹gu⁵⁵	ti³¹ka:t⁵⁵	ə³¹gəl⁵³	ə³¹laŋ⁵³	kaŋ⁵³
毛驴	和	公鸡	一起	玩耍	时	老虎

ti³¹	gɯ⁵⁵	di⁵⁵	ɹɑ³¹	wɑ³¹.	kaŋ⁵³	tə³¹təi⁵⁵	pə³¹ɹɑi⁵⁵	ɕi⁵³	wɑ³¹,
一	CL	走	DIR	HRS	老虎	十分	肚子	饿	HRS

驴和公鸡正在一块玩，来了一只老虎。老虎很饿，

ku³¹ɹɯ⁵³	kəi⁵⁵	le³¹	wɑ⁵⁵	wɑ³¹.	ə³¹ja⁷⁵⁵	ə³¹laŋ⁵³	dəŋ³¹gu⁵⁵
毛驴	吃	ALL	做	HRS	那	时	公鸡

想吃驴。

tə³¹təi⁵⁵	təi⁵³	kɑ³¹sɑ⁷⁵⁵	mi³¹	gɯi⁵³	wɑ³¹,	kaŋ⁵³	pə³¹ɹe⁷⁵⁵
十分	大	嗓音	INSTR	啼	HRS	老虎	害怕

公鸡大声啼叫，

mə³¹nəŋ⁵⁵	ə³¹bɹɑ⁵⁵bɹɑ³¹	at⁵⁵	di³¹	wɑ³¹.	ku³¹ɹɯ⁵³	mi³¹	kaŋ⁵³
时候	赶快	逃跑	PFV-V	HRS	毛驴	AGT	老虎

老虎害怕了就赶快逃跑。

ɑt⁵⁵	ɟɑ:ŋ⁵³		mə³¹nəŋ⁵⁵	ə³¹dɯ⁵³	le³¹	pə³¹ɹe:ʔ⁵⁵		lɑ:n⁵⁵	
ɑt⁵⁵	ɟəŋ⁵³	-3p	mə³¹nəŋ⁵⁵	ə³¹dɯ⁵³	le³¹	pə³¹ɹe⁷⁵⁵	-3p	lən⁵⁵	-3p
逃跑	看见	-3pe	时候	自己	ALL	害怕	-3pe	以为	-3pe

kuɑ:n⁵⁵		wɑ³¹.	dəŋ³¹mɹəŋ⁵⁵	ɕɯ³¹	mə³¹	kuɑ:n⁵⁵		dɔ³¹
kuɑn⁵⁵	-3p	wɑ³¹	dəŋ³¹mɹəŋ⁵⁵	ɕɯ³¹	mə³¹	kuɑn⁵⁵	-3p	dɔ³¹
追	-3pe	HRS	多远	也	NEG	追	-3pe	LOC

驴一见老虎逃走，以为是怕了自己，就追赶。

kɑŋ⁵³	ɟɑ⁵³	le³¹	ə³¹təŋ⁵⁵təŋ⁵⁵		ɕɯ³¹	ku³¹ɹɯ⁵³	xɹɯp⁵⁵pet⁵⁵
kɑŋ⁵³	ɟɑ⁵³	le³¹	ə³¹təŋ⁵⁵	-red	ɕɯ³¹	ku³¹ɹɯ⁵³	xɹɯp⁵⁵pet⁵⁵
老虎	这	ALL	掉头	-RED	RFLX	毛驴	IDPH

ɹɯ:p⁵⁵ɹɯ:p⁵⁵		kɑ:i⁵⁵		wɑ³¹.
ɹɯp⁵⁵	-3p	-red	kəi⁵⁵	-3p	wɑ³¹
抓	-3pe	-RED	吃	-3pe	HRS

没追多远，老虎就调转身来抓住驴吃掉了。

驴和公鸡正在一块玩，来了一只老虎。老虎很饿，想吃驴。公鸡大声啼叫，老虎害怕了就赶快逃跑。驴一见老虎逃走，以为是怕了自己，就追赶。没追多远，老虎就调转身来抓住驴吃掉了。

2.21 毛驴和狐狸

ku³¹ɹɯ⁵³	ti³¹	gɯ⁵⁵	kɑk³¹səm⁵³	mɯ⁷⁵⁵mɯ⁷⁵⁵		ɕɯ³¹	ɕiŋ³¹bləŋ⁵⁵	le³¹
ku³¹ɹɯ⁵³	ti³¹	gɯ⁵⁵	kɑk³¹səm⁵³	mɯ⁷⁵⁵	-red	ɕɯ³¹	ɕiŋ³¹bləŋ⁵⁵	le³¹
毛驴	一	CL	虎皮	披	-RED	RFLX	森林	ALL

ə³¹gun⁵⁵ɕɯ³¹	wɑ³¹,	tɕu⁷⁵⁵	də³¹bəŋ⁵⁵	wɑ³¹	ɕɑ⁵⁵	pəi⁵⁵	mɯŋ⁵³
ə³¹gun⁵⁵ɕɯ³¹	wɑ³¹	tɕu⁷⁵⁵	də³¹bəŋ⁵⁵	wɑ³¹	ɕɑ⁵⁵	pəi⁵⁵	mɯŋ⁵³
游荡	HRS	一点	傻瓜	样	兽	SPM	CL

一头驴披着虎皮在林间游荡，

tə³¹xɹɯ:m⁵⁵		bəi³¹	xɹɯŋ⁵⁵	dʑin³¹	pə³¹ɹe⁷⁵⁵	lu⁵⁵	wɑ³¹.	ɕɑ⁵⁵
tə³¹xɹɯm⁵⁵	-3p	bəi³¹	xɹɯŋ⁵⁵	dʑin³¹	pə³¹ɹe⁷⁵⁵	lu⁵⁵	wɑ³¹	ɕɑ⁵⁵
遇见	-3pe	CONJ	喊	着	害怕	吓	HRS	兽

遇见傻一点的野兽就嚎叫着吓唬他们。

pəi⁵⁵	muɯŋ⁵³	pə³¹lɑ⁵³	mal⁵³	tɑ⁷³¹	ɑnʔ⁵⁵ɑnʔ⁵⁵		mə³¹nəŋ⁵⁵
pəi⁵⁵	muɯŋ⁵³	pə³¹lɑ⁵³	mal⁵³	tɑ⁷³¹	at⁵⁵ -3p	-red	mə³¹nəŋ⁵⁵
SPM	CL	魂	没有	COMP	逃跑 -3pe	-RED	时候

ə³¹xɑ⁵⁵	ɕɯ³¹	wɑ³¹,	e³¹wɑ⁵⁵	ə³¹gəl⁵³	wɑ³¹.	tɯːm⁵⁵		nɯ³¹
ə³¹xɑ⁵⁵	ɕɯ³¹	wɑ³¹	e³¹wɑ⁵⁵	ə³¹gəl⁵³	wɑ³¹	tɯm⁵⁵	-ins	nɯ³¹
大笑	RFLX	HRS	那样	玩耍	HRS	后面	-INSTR	TOP

野兽们吓得魂飞魄散逃走，驴就大笑，就这样闹着玩。

pə³¹gui⁵³	ti³¹	gɯ⁵⁵	tə³¹xɹɯːm⁵⁵		wɑ³¹,	pə³¹gui⁵³	nɯ³¹
pə³¹gui⁵³	ti³¹	gɯ⁵⁵	tə³¹xɹɯm⁵⁵	-3p	wɑ³¹	pə³¹gui⁵³	nɯ³¹
狐狸	一	CL	遇见	-3pe	HRS	狐狸	TOP

后来遇见一只狐狸，

ku³¹ɹɯ⁵³	xɹɔŋ⁵⁵	le³¹	tɕuʔ⁵⁵	ɕɯ³¹	mɑ³¹	pə³¹ɹeʔ⁵⁵	wɑ³¹,	et⁵⁵	ləŋ³¹
ku³¹ɹɯ⁵³	xɹɔŋ⁵⁵	le³¹	tɕuʔ⁵⁵	ɕɯ³¹	mɑ³¹	pə³¹ɹeʔ⁵⁵	wɑ³¹	et⁵⁵	ləŋ³¹
毛驴	喊	ALL	一点	也	NEG	害怕	HRS	笑	CONTR

狐狸一点不怕他，笑他：

et⁵⁵	wɑ³¹,	"nɑ⁵³	kɑ³¹sɑʔ⁵⁵	məi³¹	mə³¹	tɑŋ⁵⁵		ŋɑ⁵³	ɕɯ³¹
et⁵⁵	wɑ³¹	nɑ⁵³	kɑ³¹sɑʔ⁵⁵	məi³¹	mə³¹	tɑ⁵⁵	-1p	ŋɑ⁵³	ɕɯ³¹
笑	HRS	2SG	嗓音	HPT	NEG	听	-1se	1SG	也

pə³¹ɹek⁵⁵		tɯ⁷³¹e³¹,	nɑ⁵³	kɑ³¹sɑʔ⁵⁵	mə³¹səl⁵⁵	mi³¹	nɑ⁵³	le³¹
pə³¹ɹeʔ⁵⁵	-1p	tɯ⁷³¹e³¹	nɑ⁵³	kɑ³¹sɑʔ⁵⁵	mə³¹səl⁵⁵	mi³¹	nɑ⁵³	le³¹
害怕	-1sg	INFR	2SG	嗓音	认出	BEC	2SG	ALL

"如果没听见你的声音我也会害怕，

mɑ³¹	pə³¹ɹek⁵⁵."		gɯ⁷⁵⁵	wɑ³¹.
mɑ³¹	pə³¹ɹeʔ⁵⁵	-1p	gɯ⁷⁵⁵	wɑ³¹
NEG	害怕	-1sg	说	HRS

我认出了你就不怕了。"

一头驴披着虎皮在林间游荡，遇见傻一点的野兽就嚎叫着吓唬他们。野兽们吓得魂飞魄散逃走，驴就大笑，就这样闹着玩。后来遇见一只狐狸，狐狸一点不怕他，笑他："如果没听见你的声音我也会害怕，我认出了你就不怕了。"

2.22 蚱蜢和猫头鹰

pu⁵⁵　　nɯ³¹　　ɟa³¹dɯŋ⁵³　ɟa³¹dɯŋ⁵³　kəi⁵⁵　sa³¹　la⁵⁵　le³¹　di⁵³,
pu⁵⁵　　nɯ³¹　　ɟa³¹dɯŋ⁵³　ɟa³¹dɯŋ⁵³　kəi⁵⁵　sa³¹　la⁵⁵　le³¹　di⁵³
猫头鹰　TOP　夜里　　　夜里　　　　吃　　NOM　找　ALL　去
猫头鹰白天总是去找吃的，

nəm⁵⁵mə³¹ɟaŋ⁵⁵　　nəm⁵⁵mə³¹ɟaŋ⁵⁵　　ɕiŋ³¹dɔŋ⁵³　dɔ³¹　ip⁵⁵　wa³¹.
nəm⁵⁵mə³¹ɟaŋ⁵⁵　　nəm⁵⁵mə³¹ɟaŋ⁵⁵　　ɕiŋ³¹dɔŋ⁵³　dɔ³¹　ip⁵⁵　wa³¹
白天　　　　　　白天　　　　　　树洞　　　LOC　睡　HRS
夜里在树洞睡觉。

ɕiŋ³¹ɹɯ⁵⁵　dɔ³¹　ə³¹sa⁵⁵dɔŋ⁵³　dɔ³¹　dzək³¹kɔʔ⁵⁵　ti³¹　ɹɔŋ⁵⁵　wa³¹,
ɕiŋ³¹ɹɯ⁵⁵　dɔ³¹　ə³¹sa⁵⁵dɔŋ⁵³　dɔ³¹　dzək³¹kɔʔ⁵⁵　ti³¹　ɹɔŋ⁵⁵　wa³¹
树根　　　LOC　土洞　　　　　LOC　蚱蜢　　　　住　　　HRS
树根处洞里住着一只蚱蜢，

nəm⁵⁵mə³¹ɟaŋ⁵⁵　　ti³¹　ni⁵⁵　ma³¹gɹa⁷⁵⁵　ma³¹laŋ⁵⁵laŋ⁵⁵　mən³¹dʑu⁵⁵
nəm⁵⁵mə³¹ɟaŋ⁵⁵　　ti³¹　ni⁵⁵　ma³¹gɹa⁷⁵⁵　ma³¹laŋ⁵⁵laŋ⁵⁵　mən³¹dʑu⁵⁵
白天　　　　　　一　天　都　　　　　经常　　　　　歌谣
每天白天都不停地唱歌。

wa⁵⁵　wa³¹.　pu⁵⁵　mi³¹　im³¹ɟɯ⁵⁵　ma³¹　ə³¹ɟɔ:ŋ⁵⁵,
wa⁵⁵　wa³¹.　pu⁵⁵　mi³¹　im³¹ɟɯ⁵⁵　ma³¹　ə³¹ɟɔŋ⁵⁵　-3p
做　　HRS　猫头鹰　AGT　瞌睡　　　NEG　睡着　　　-3pe
猫头鹰睡不着，

ma³¹laŋ⁵⁵laŋ⁵⁵　　mən³¹　wa⁵⁵　nɯ³¹　gɯ⁷⁵⁵　dʑin³¹　ə³¹ɲa⁵⁵ɕɯ³¹　bəi³¹
ma³¹laŋ⁵⁵laŋ⁵⁵　　mən³¹　wa⁵⁵　nɯ³¹　gɯ⁷⁵⁵　dʑin³¹　ə³¹ɲa⁵⁵ɕɯ³¹　bəi³¹
经常　　　　　　NEG2　做　　MOOD　说　　着　　　哀求　　　　CONJ
总哀求他别唱了，

ka⁵⁵　mə³¹　ta⁵⁵　wa³¹,　sɔt⁵⁵　gɯ:⁷⁵⁵　　bəi³¹　sɔt⁵⁵　əŋ³¹sa⁷⁵⁵　tɯŋ⁵⁵

ka⁵⁵　　mə³¹　　ta⁵⁵　　wɑ³¹　　sɔt⁵⁵　　gɯ²⁵⁵　　-3p　　bəi³¹　　sɔt⁵⁵　　əŋ³¹saʔ⁵⁵　　tɯŋ⁵⁵
话　　　NEG　　听　　　HRS　　越　　　说　　　-3pe　　CONJ　　越　　声音　　　响

ta²³¹　　wɑ⁵⁵　　wɑ³¹.　　tɯːm⁵⁵　　　　　　nɯ³¹　　pu⁵⁵　　sə³¹na⁵⁵　　səi⁵⁵　　wɑ³¹,
ta²³¹　　wɑ⁵⁵　　wɑ³¹　　tɯm⁵⁵　　-ins　　nɯ³¹　　pu⁵⁵　　sə³¹na⁵⁵　　səi⁵⁵　　wɑ³¹
COMP　　做　　　HRS　　后面　　-INSTR　TOP　　猫头鹰　　气　　　生气　　　HRS
蚱蜢不听，反倒唱得越响。后来猫头鹰生气了，

dzək³¹kɔʔ⁵⁵　　ka⁵⁵　　mə³¹　　gɯʔ⁵⁵　　ta²³¹　　wɑ⁵⁵　　sa³¹　　mit⁵⁵　　ɕɯ³¹　　wɑ³¹.
dzək³¹kɔʔ⁵⁵　　ka⁵⁵　　mə³¹　　gɯʔ⁵⁵　　ta²³¹　　wɑ⁵⁵　　sa³¹　　mit⁵⁵　　ɕɯ³¹　　wɑ³¹
蚱蜢　　　　话　　　NEG　　说　　　COMP　做　　　NOM　　想　　　RFLX　　HRS
想着让蚱蜢闭嘴。

pu⁵⁵　　dzək³¹kɔʔ⁵⁵　　le³¹　　eʔ⁵⁵wɑ³¹　　gɯʔ⁵⁵　　wɑ³¹,　　"lam³¹ɕɹɔʔ⁵⁵　　na⁵³
pu⁵⁵　　dzək³¹kɔʔ⁵⁵　　le³¹　　eʔ⁵⁵wɑ³¹　　gɯʔ⁵⁵　　wɑ³¹　　lam³¹ɕɹɔʔ⁵⁵　　na⁵³
猫头鹰　　蚱蜢　　　　ALL　　这样　　　说　　　HRS　　朋友　　　　2SG
猫头鹰对蚱蜢这样说："朋友，

xɹɔŋ⁵³　　tə³¹təi⁵⁵　　ta⁵⁵　　gəm⁵³　　ɹɑ³¹,　　saʔ⁵⁵　　nə³¹　　bal⁵⁵　　tɯ²³¹e³¹,　　ŋa⁵³
xɹɔŋ⁵³　　tə³¹təi⁵⁵　　ta⁵⁵　　gəm⁵³　　ɹɑ³¹　　saʔ⁵⁵　　nə³¹　　bal⁵⁵　　tɯ²³¹e³¹　　ŋa⁵³
嗓子　　十分　　　听　　　好　　　DISC　　口　　　2p　　渴　　　INFR　　　1SG
你的嗓音很好听，肯定口渴了，

cɯm⁵³　　dɔ³¹　　kuɑ³¹ti⁵³　　əl⁵³,　　ɟɑ⁵³　　le³¹　　pə³¹　　di⁵⁵　　ɹɑ³¹,　　kuɑ³¹ti⁵³
cɯm⁵³　　dɔ³¹　　kuɑ³¹ti⁵³　　əl⁵³　　ɟɑ⁵³　　le³¹　　pə³¹　　di⁵⁵　　ɹɑ³¹　　kuɑ³¹ti⁵³
家　　　LOC　　蜜汁　　　有　　　这　　　ALL　　IMP　　走　　　DIR　　蜜汁
我家里有蜜汁，过来吧，

ŋɑʔ⁵⁵　　dʑin³¹　　ŋɑʔ⁵⁵　　dʑin³¹　　mən³¹dʑu⁵⁵　　pə³¹　　ɔː⁵³　　　　ɹət³¹."
ŋɑʔ⁵⁵　　dʑin³¹　　ŋɑʔ⁵⁵　　dʑin³¹　　mən³¹dʑu⁵⁵　　pə³¹　　wɑ⁵³　　-3p　　ɹət³¹
喝　　　着　　　喝　　　着　　　歌谣　　　　IMP　　做　　　-3pe　　DIR
你边喝蜜汁边唱。"

dzək³¹kɔʔ⁵⁵　　gəi³¹səŋ⁵⁵　　ə³¹lɯp⁵⁵ɕɯ³¹　　dʑin³¹　　bjeɹ⁵³　　ɹɑ³¹　　wɑ³¹,
dzək³¹kɔʔ⁵⁵　　gəi³¹səŋ⁵⁵　　ə³¹lɯp⁵⁵ɕɯ³¹　　dʑin³¹　　bjeɹ⁵³　　ɹɑ³¹　　wɑ³¹
蚱蜢　　　　真的　　　高兴　　　　　着　　　飞　　　DIR　　HRS
蚱蜢果然高兴地飞过来，

ɕiŋ³¹dəŋ⁵³	le³¹	dzəŋ⁵⁵	ɕɯ³¹	pɔ²⁵⁵	pu⁵⁵	mi³¹	ti³¹	nɯi⁵⁵	mi³¹
ɕiŋ³¹dəŋ⁵³	le³¹	dzəŋ⁵⁵	ɕɯ³¹	pɔ²⁵⁵	pu⁵⁵	mi³¹	ti³¹	nɯi⁵⁵	mi³¹
树洞	ALL	进	RFLX	时刻	猫头鹰	AGT	一	嘴巴	INSTR

mlɑː²⁵⁵		wɑ³¹.
mlɑ²⁵⁵	-3p	wɑ³¹
吞	-3pe	HRS

刚进树洞，猫头鹰一口吞了他。

　　猫头鹰白天总是去找吃的，夜里在树洞睡觉。树根处洞里住着一只蚱蜢，每天白天都不停地唱歌。猫头鹰睡不着，总哀求他别唱了，蚱蜢不听，反倒唱得越响。后来猫头鹰生气了，想着让蚱蜢闭嘴。猫头鹰对蚱蜢这样说："朋友，你的嗓音很好听，肯定口渴了，我家里有蜜汁，过来吧，你边喝蜜汁边唱。"蚱蜢果然高兴地飞过来，刚进树洞，猫头鹰一口吞了他。

2.23 小鸟和鹰

pə³¹tɕi²⁵⁵tɕəl⁵³	ti³¹	gɯ⁵⁵	ɕiŋ³¹u⁵⁵	dɔ³¹	ɹɔŋ⁵⁵	dʑin³¹	ɹə³¹lɑ⁵⁵	wɑ²⁵⁵
pə³¹tɕi²⁵⁵tɕəl⁵³	ti³¹	gɯ⁵⁵	ɕiŋ³¹u⁵⁵	dɔ³¹	ɹɔŋ⁵⁵	dʑin³¹	ɹə³¹lɑ⁵⁵	wɑ²⁵⁵
小鸟	一	CL	树梢	LOC	坐	着	歌	做

ə³¹laŋ⁵³	pə³¹ɹai⁵⁵	ə³¹ŋɔŋ⁵⁵	pəŋ³¹wɑ²⁵⁵	tə³¹mɯ⁵³	mi³¹	ɟɑːŋ⁵³		wɑ³¹.
ə³¹laŋ⁵³	pə³¹ɹai⁵⁵	ə³¹ŋɔŋ⁵⁵	pəŋ³¹wɑ²⁵⁵	tə³¹mɯ⁵³	mi³¹	ɟəŋ⁵³	-3p	wɑ³¹
时	肚子	饿死	PROS	鹰	AGT	看见	-3pe	HRS

一只小鸟正坐在树梢上唱歌，被一只快要饿死的鹰看见了。

tə³¹mɯ⁵³	mu²⁵⁵	pɑːŋ³¹	tɔ²⁵⁵tɔ²⁵⁵	ɕɯ³¹	pə³¹tɕi²⁵⁵tɕəl⁵³	ɹɯːp⁵⁵		wɑ³¹.
tə³¹mɯ⁵³	mu²⁵⁵	pɑːŋ³¹	tɔ²⁵⁵	-red	ɕɯ³¹	pə³¹tɕi²⁵⁵tɕəl⁵³	ɹɯp⁵⁵	-3p	wɑ³¹
鹰	天	ABL	俯冲	-RED	RFLX	小鸟	抓	-3pe	HRS

鹰从天空中俯冲下来抓住了小鸟。

pə³¹tɕi²⁵⁵tɕəl⁵³	tə³¹mɯ⁵³	le³¹	ə³¹ɲɑ⁵⁵ɕɯ³¹	wɑ³¹,	"nəi⁵³		pə³¹
pə³¹tɕi²⁵⁵tɕəl⁵³	tə³¹mɯ⁵³	le³¹	ə³¹ɲɑ⁵⁵ɕɯ³¹	wɑ³¹	nɑ⁵³	-agt	pə³¹
小鸟	鹰	ALL	哀求	HRS	2SG	-AGT	IMP

小鸟哀求鹰说：

ɟɑ:ŋ⁵³,　　ŋɑ⁵³　əŋ³¹guɯ⁵⁵　e³¹wɑ⁵⁵　tɕiŋ⁵⁵,　　nə³¹　kəi⁵⁵　bəi³¹
ɟəŋ⁵³ -2p　ŋɑ⁵³　əŋ³¹guɯ⁵⁵　e³¹wɑ⁵⁵　tɕiŋ⁵³ -1p　nə³¹　kəi⁵⁵　bəi³¹
望　-2se　1SG　身体　　那样　　小　　-1sg　2p　吃　　CONJ

ɕuɯ³¹　pɑ⁵⁵　mən³¹　ə³¹gɹɑ⁵³,　kɔ⁷⁵⁵　me⁵⁵　əŋ³¹guɯ⁵⁵　tɕəm⁵⁵　təi⁵³
ɕuɯ³¹　pɑ⁵⁵　mən³¹　ə³¹gɹɑ⁵³　kɔ⁷⁵⁵　me⁵⁵　əŋ³¹guɯ⁵⁵　tɕəm⁵⁵　təi⁵³
也　肚子　NEG2　饱　　CL　别的　身体　　更　大

pə³¹tɕi⁷⁵⁵　ləŋ³¹　ɹuɯp⁵⁵dʑin³¹　pə³¹　kɑ:i⁵⁵."　　guɯ:⁷⁵⁵　　wɑ³¹.
pə³¹tɕi⁷⁵⁵　ləŋ³¹　ɹuɯp⁵⁵dʑin³¹　pə³¹　kəi⁵⁵ -2p　guɯ⁷⁵⁵ -3p　wɑ³¹
鸟　CONTR　抓着　IMP　吃　-2se　说　-3pe　HRS
"你看，我身体这么小，你吃了也吃不饱，抓别的更大的鸟吃吧。"

"nuɯ³¹gɔŋ⁵³　tɕem⁵⁵　le³¹　du⁵⁵　ɕɑ⁵⁵　mɑ³¹　kəi⁵⁵kəi⁵⁵　me⁷⁵⁵　mi³¹
nuɯ³¹gɔŋ⁵³　tɕem⁵⁵　le³¹　du⁵⁵　ɕɑ⁵⁵　mɑ³¹　kəi⁵⁵ -red　me⁷⁵⁵　mi³¹
嘴巴　　边　ALL　到　肉　NEG　吃　-RED　眼睛　INSTR

mɑ³¹　ə³¹ɟəŋ⁵⁵ɕuɯ³¹　pə³¹tɕi⁷⁵⁵duɯŋ⁵³　lɑ⁵⁵　sɑ³¹,　e³¹wɑ⁵⁵　də³¹bəŋ⁵⁵
mɑ³¹　ə³¹ɟəŋ⁵⁵ɕuɯ³¹　pə³¹tɕi⁷⁵⁵duɯŋ⁵³　lɑ⁵⁵　sɑ³¹　e³¹wɑ⁵⁵　də³¹bəŋ⁵⁵
NEG　看得见　　大鸟　　　找　NOM　那样　傻瓜

lai³¹kɑ⁵⁵　ŋɑ⁵³　mə³¹　wɑŋ⁵⁵."　　tə³¹muɯ⁵³　mi³¹　kɑ⁵⁵　e³¹wɑ⁵⁵
lai³¹kɑ⁵⁵　ŋɑ⁵³　mə³¹　wɑ⁵³ -1p　tə³¹muɯ⁵³　mi³¹　kɑ⁵⁵　e³¹wɑ⁵⁵
事情　1SG　NEG　做　-1sg　鹰　　AGT　话　那样
"到嘴边的肉不吃，去找那眼睛看不见的大鸟，这样的傻事我不干。"

ə³¹tɑ:ŋ⁵⁵　　　wɑ³¹.
ə³¹təŋ⁵⁵ -3p　wɑ³¹
回　　-3pe　HRS
鹰这样回答说。

　　一只小鸟正坐在树梢上唱歌，被一只快要饿死的鹰看见了。鹰从天空中俯冲下来抓住了小鸟。小鸟哀求鹰说："你看，我身体这么小，你吃了也吃不饱，抓别的更大的鸟吃吧。"鹰这样回答："到嘴边的肉不吃，去找那眼睛看不见的大鸟，这样的傻事我不干。"

2.24 麻和鸟儿

ə³¹tsəŋ⁵³ i⁵³ kət⁵⁵ ɹɑ³¹ pə³¹tɕi⁷⁵⁵ mɯŋ⁵³ mi³¹ ɟɑːŋ⁵³ wa³¹.
ə³¹tsəŋ⁵³ i⁵³ kət⁵⁵ ɹɑ³¹ pə³¹tɕi⁷⁵⁵ mɯŋ⁵³ mi³¹ ɟəŋ⁵³ -3p wa³¹
人 麻 种 DISC 鸟 CL AGT 看见 -3pe HRS
人在种麻，被鸟儿发现了。

"ə³¹ja⁷⁵⁵ ə³¹tsəŋ⁵³ le³¹ pa³¹ ə³¹nɑɹ⁵⁵ɕin³¹." gɯ⁷⁵⁵ wa³¹ tɕai³¹bjɯ⁵⁵.
ə³¹ja⁷⁵⁵ ə³¹tsəŋ⁵³ le³¹ pa³¹ ə³¹nɑɹ⁵⁵ɕin³¹ gɯ⁷⁵⁵ wa³¹ tɕai³¹bjɯ⁵⁵
那 人 ALL IMP 小心 说 HRS 燕子
"小心那人。"燕子说。

"tək³¹cɑ⁷⁵⁵ ə³¹nɑɹ⁵⁵ɕɯ³¹ sɑ³¹? əŋ⁵³ təŋ⁵⁵ wa⁷⁵⁵ e³¹?" kɹi⁵³ wa³¹
tək³¹cɑ⁷⁵⁵ ə³¹nɑɹ⁵⁵ɕɯ³¹ sɑ³¹ əŋ⁵³ təŋ⁵⁵ wa⁷⁵⁵ e³¹ kɹi⁵³ wa³¹
为什么 小心 NOM 3SG 什么 做 是 问 HRS
"为什么要小心，他在做什么？"

me⁵⁵ pə³¹tɕi⁷⁵⁵ pəi⁵⁵ mɯŋ⁵³. "əŋ⁵³ i⁵³ kət⁵⁵ e³¹, əŋ³¹ɟɯ⁵³ kɹɑ⁷⁵⁵
me⁵⁵ pə³¹tɕi⁷⁵⁵ pəi⁵⁵ mɯŋ⁵³ əŋ⁵³ i⁵³ kət⁵⁵ e³¹ əŋ³¹ɟɯ⁵³ kɹɑ⁷⁵⁵
别的 鸟 SPM CL 3SG 麻 种 是 种子 快
别的鸟儿们问。"他是在种麻，

ti³¹ luŋ⁵⁵ ɕɯ³¹ ma³¹ ə³¹ɕai⁵³ tɑ⁷³¹ pə³¹ kəi⁵⁵, ə³¹nem⁵⁵
ti³¹ luŋ⁵⁵ ɕɯ³¹ ma³¹ ə³¹ɕai⁵³ tɑ⁷³¹ pə³¹ kəi⁵⁵ ə³¹nem⁵⁵
一 CL 也 NEG 遗留 COMP IMP 吃 以后
快把种子吃得一颗不剩，

i³¹dzɯŋ⁵⁵ pɔ⁷⁵⁵ ɕɯ³¹ mə³¹nəŋ⁵⁵ nə³¹nik⁵⁵ kɔk³¹sa⁷⁵⁵ lu⁵⁵ sɑ³¹
i³¹dzɯŋ⁵⁵ pɔ⁷⁵⁵ ɕɯ³¹ mə³¹nəŋ⁵⁵ nə³¹nik⁵⁵ kɔk³¹sa⁷⁵⁵ lu⁵⁵ sɑ³¹
麻树 变 RFLX 时候 你们的 生命 拿 NOM

kaːt⁵⁵ e³¹." gɯː⁷⁵⁵ wa³¹ tɕai³¹bjɯ⁵⁵ mi³¹. me⁵⁵ pə³¹tɕi⁷⁵⁵
kət⁵⁵ -3p e³¹ gɯ⁷⁵⁵ -3p wa³¹ tɕai³¹bjɯ⁵⁵ mi³¹ me⁵⁵ pə³¹tɕi⁷⁵⁵
种 -3pe 是 说 -3pe HRS 燕子 AGT 别的 鸟
以后变成了麻树要取你的命。"燕子说。

mɯŋ⁵³ ma³¹ sə³¹ɟiŋ⁵⁵ wa³¹. i⁵³ nɯ³¹ nɑ³¹tsəi⁵⁵ tsu⁵³ wa³¹,

muɯŋ⁵³	ma³¹	sə³¹ɟiŋ⁵⁵	wa³¹	i⁵³	nɯ³¹	na³¹tsəi⁵⁵	tsu⁵³	wa³¹
CL	NEG	相信	HRS	麻	TOP	慢慢	发芽	HRS

别的鸟儿不相信。

na³¹tsəi⁵⁵	na³¹tsəi⁵⁵	i³¹dzɯŋ⁵⁵	pɔ⁷⁵⁵	ɕɯ³¹	wa⁷³¹ .	ə³¹ja⁷⁵⁵
na³¹tsəi⁵⁵	na³¹tsəi⁵⁵	i³¹dzɯŋ⁵⁵	pɔ⁷⁵⁵	ɕɯ³¹	wa⁷³¹	ə³¹ja⁷⁵⁵
慢慢	慢慢	麻树	变	RFLX	给	那

麻种子慢慢发芽，慢慢变成了麻树。

mə³¹nəŋ⁵⁵	ə³¹tsəŋ⁵³	mi³¹	i⁵³	ka:ŋ⁵⁵ka:ŋ⁵⁵		i⁵³	u⁵⁵	wa³¹,
mə³¹nəŋ⁵⁵	ə³¹tsəŋ⁵³	mi³¹	i⁵³	kaŋ⁵⁵	-3p -red	i⁵³	u⁵⁵	wa³¹
时候	人	AGT	麻揭	-3pe -RED		麻	纺	HRS

然后人揭下麻树皮纺线，

i³¹ɟɯ⁷⁵⁵	dzu⁵⁵	wa³¹,	i³¹ɟɯ⁷⁵⁵	mi³¹	tɕeɹ⁵⁵	ɔ:⁵³		wa³¹.
i³¹ɟɯ⁷⁵⁵	dzu⁵⁵	wa³¹	i³¹ɟɯ⁷⁵⁵	mi³¹	tɕeɹ⁵⁵	wa⁵³	-3p	wa³¹
绳索	做	HRS	绳索	AGT	扣子	做	-3pe	HRS

制成了绳子，绳子做了扣子。

tɕai³¹bjɯ⁵⁵	ka⁵⁵	mə³¹	ta⁵⁵	pə³¹tɕi⁷⁵⁵	muɯŋ⁵³	i³¹ɟɯ⁷⁵⁵	mi³¹	tɕe³¹
tɕai³¹bjɯ⁵⁵	ka⁵⁵	mə³¹	ta⁵⁵	pə³¹tɕi⁷⁵⁵	muɯŋ⁵³	i³¹ɟɯ⁷⁵⁵	mi³¹	tɕe³¹
燕子	话	NEG	听	鸟	CL	绳索	AGT	尽

tə³¹	ɕi:⁵³		wa³¹.
tə³¹	ɕi⁵³	-3p	wa³¹
CAUS死		-3pe	HRS

不听燕子的话的鸟儿都被绳子弄死了。

人在种麻，被鸟儿发现了。"小心那人。"燕子说。"为什么要小心，他在做什么？"别的鸟儿们问。"他是在种麻，快把种子吃得一颗不剩，以后变成麻树要取你的命。"燕子说。

别的鸟儿不相信。麻种子慢慢发芽，慢慢变成了麻树。以后人揭下麻树皮纺线，制成了绳子，绳子做了扣子。不听燕子的话的鸟儿们都被绳子弄死了。

2.25 女人和母鸡

pə³¹ma⁵⁵	ti³¹	ɟɔ⁷⁵⁵	ka³¹ma⁵³	ti³¹	gɯ⁵⁵	su⁷⁵⁵	ɕɯ³¹	wa⁷³¹	bəi³¹

pə³¹ma⁵⁵	ti³¹	ʝɔ⁷⁵⁵	ka³¹ma⁵³	ti³¹	gɯ⁵⁵	su⁷⁵⁵	ɕɯ³¹	wa⁷³¹	bəi³¹
女人	一	CL	母鸡	一	CL	饲养	RFLX	HRS	CONJ

一个女人养了一只母鸡，

ka³¹ma⁵³	mi³¹	ti³¹	ni⁵⁵	ti³¹	luŋ⁵⁵	ti³¹	luŋ⁵⁵	ka³¹lɯm⁵³	lɯm⁵⁵
ka³¹ma⁵³	mi³¹	ti³¹	ni⁵⁵	ti³¹	luŋ⁵⁵	ti³¹	luŋ⁵⁵	ka³¹lɯm⁵³	lɯm⁵⁵
母鸡	AGT	一	天	一	CL	一	CL	鸡蛋	产

母鸡每天给她下一只鸡蛋。

ɔ⁷⁵⁵	wa³¹.	"təi⁵⁵	waŋ⁵³	bəi³¹	ti³¹	ni⁵⁵	ə³¹ni⁵⁵	ə³¹ni⁵⁵	luŋ⁵⁵
ɔ⁷⁵⁵	wa³¹	təi⁵⁵	wa⁵³ -1p	bəi³¹	ti³¹	ni⁵⁵	ə³¹ni⁵⁵	ə³¹ni⁵⁵	luŋ⁵⁵
给	HRS	怎么	做 -1se	CONJ	一	天	两	两	CL

lɯm⁵⁵	sa³¹	e³¹,	ti³¹	luŋ⁵⁵	tɕe³¹	mə³¹	tɕɔ⁷⁵⁵."	mit⁵⁵	ɕɯ³¹	wa³¹.
lɯm⁵⁵	sa³¹	e³¹	ti³¹	luŋ⁵⁵	tɕe³¹	mə³¹	tɕɔ⁷⁵⁵	mit⁵⁵	ɕɯ³¹	wa³¹
产	NOM	是	一	CL	才	NEG	够	想	RFLX	HRS

"我怎么做（鸡）才会一天下两只鸡蛋，一只鸡蛋不够。"（妇人）想道。

tɯːm⁵⁵	nɯ³¹	ə³¹ni⁵⁵	ə³¹ni⁵⁵	luŋ⁵⁵	la³¹	lɯːm⁵³	mit⁵⁵
tɯm⁵⁵ -ins	nɯ³¹	ə³¹ni⁵⁵	ə³¹ni⁵⁵	luŋ⁵⁵	la³¹	lɯm⁵³ -3p	mit⁵⁵
后面 -INSTR	TOP	两	两	CL	JUSS	产 -3pe	想

ɕɯ³¹	dʑin³¹	əŋ³¹dza⁵⁵	biː⁵⁵	bəi³¹	ti³¹	lai⁵⁵	dɔ³¹	ə³¹ni⁵⁵
ɕɯ³¹	dʑin³¹	əŋ³¹dza⁵⁵	bi⁵⁵ -3p	bəi³¹	ti³¹	lai⁵⁵	dɔ³¹	ə³¹ni⁵⁵
RFLX	着	粮食	给 -3pe	CONJ	一	顿	LOC	两

ə³¹ni⁵⁵	dza⁵⁵	dəŋ³¹bɯm⁵⁵	biː⁵⁵	wa³¹.	ə³¹ja⁵⁵	tɯːm⁵⁵
ə³¹ni⁵⁵	dza⁵⁵	dəŋ³¹bɯm⁵⁵	bi⁵⁵ -3p	wa³¹	ə³¹ja⁵⁵	tɯm⁵⁵ -ins
两	顿	多	给 -3pe	HRS	那个	后面 -INSTR

后来想着让每天下两只鸡蛋，每顿就给两顿的分量。

nɯ³¹	ka³¹ma⁵³	sɔt⁵⁵	e³¹	bəi³¹	sɔt⁵⁵	bɯɹ⁵³	wa³¹,	mɯl⁵⁵	ɕɯ³¹
nɯ³¹	ka³¹ma⁵³	sɔt⁵⁵	e³¹	bəi³¹	sɔt⁵⁵	bɯɹ⁵³	wa³¹	mɯl⁵⁵	ɕɯ³¹
TOP	母鸡	越	是	CONJ	越	肥	HRS	毛	也

sɔt⁵⁵	e³¹	sɔt⁵⁵	ɟɯ⁵³ɟɯ⁵⁵	ca⁵⁵	wa³¹,	tɯːm⁵⁵	nɯ³¹
sɔt⁵⁵	e³¹	sɔt⁵⁵	ɟɯ⁵³ɟɯ⁵⁵	ca⁵⁵	wa³¹	tɯm⁵⁵ -ins	nɯ³¹

越　　是　越　　IDPH　　　　成　　HRS　　后面　　　-INSTR TOP
那以后母鸡就越来越肥胖了，毛发也越来越油亮，

ka³¹lɯm⁵³　　mɯl⁵⁵　　ɕɯ³¹　sɔt⁵⁵　e³¹　sɔt⁵⁵　ɟɯ⁵³ɟɯ⁵⁵　ca⁵⁵　wa³¹
ka³¹lɯm⁵³　　mɯl⁵⁵　　ɕɯ³¹　sɔt⁵⁵　e³¹　sɔt⁵⁵　ɟɯ⁵³ɟɯ⁵⁵　ca⁵⁵　wa³¹
鸡蛋　　　　毛　　　也　　越　　是　越　　IDPH　　　成　　HRS

tɯ:m⁵⁵　　　　nɯ³¹　ka³¹lɯm⁵³　pət³¹tɔt⁵⁵　mə³¹　lɯm⁵³　wa³¹.
tɯm⁵⁵　-ins　nɯ³¹　ka³¹lɯm⁵³　pət³¹tɔt⁵⁵　mə³¹　lɯm⁵³　wa³¹
后面　-INSTR TOP　鸡蛋　　　　IDPH　　NEG　产　　HRS
后面毛发越来越油亮，干脆就不下蛋了。

一个女人养了一只母鸡，母鸡每天给她下一只鸡蛋。"我怎么做（鸡）才会一天下两只蛋，一只鸡蛋不够。"（妇人）想道。后来想着让每天下两只鸡蛋，每顿就给两顿的分量。那以后母鸡就越来越肥胖了，毛发也越来越油亮，最后干脆就不下蛋了。

2.26 鹰吃旱龟

tə³¹mɯ⁵³　　ti³¹　gɯ⁵⁵　tɕə³¹kɔp⁵⁵　kəi⁵⁵　niŋ³¹　mit⁵⁵　ɕɯ³¹　bəi³¹
tə³¹mɯ⁵³　　ti³¹　gɯ⁵⁵　tɕə³¹kɔp⁵⁵　kəi⁵⁵　niŋ³¹　mit⁵⁵　ɕɯ³¹　bəi³¹
鹰　　　　　一　CL　旱龟　　　　吃　　MOOD　想　　RFLX　CONJ

ək³¹kɔp⁵⁵　mə³¹　da:i⁵⁵　　　wa³¹,　təi⁵⁵　ɕɯ³¹　mə³¹　ɔ:⁵³　　　wa³¹.
ək³¹kɔp⁵⁵　mə³¹　dəi⁵⁵　-3p　wa³¹　təi⁵⁵　ɕɯ³¹　mə³¹　wa⁵³　-3p　wa³¹
壳　　　　NEG　咬得动　-3pe　HRS　怎么　也　　NEG　做　-3pe　HRS
一只鹰想吃旱龟但咬不动龟壳，不知如何办才好。

ə³¹jaˀ⁵⁵　　ə³¹laŋ⁵³　　tək³¹ka⁵⁵　ti³¹　gɯ⁵⁵　di⁵⁵　ɹɑ³¹　wa³¹,　dɔp⁵⁵　mi³¹
ɔ:¹jaˀ⁵⁵　　ɔ³¹laŋ⁵³　　tək³¹ka⁵⁵　ti³¹　gɯ⁵⁵　di⁵⁵　ɹɑ³¹　wa³¹　dɔp⁵⁵　mi³¹
那　　　　时　　　　乌鸦　　　一　CL　走　DIR　HRS　力气　INSTR
这时，来了只乌鸦，

tɕe³¹　nə³¹　ɔ:⁵³　　　　bəi³¹　mə³¹　ca⁵³,　pa³¹dʑi⁵⁵　mi³¹　pə³¹
tɕe³¹　nə³¹　wa⁵³　-2p　bəi³¹　mə³¹　ca⁵³　pa³¹dʑi⁵⁵　mi³¹　pə³¹
只　　2p　做　-2se　CONJ　NEG　行　办法　　　INSTR IMP

ɔ:⁵³　　　　gɯˀ⁵⁵　wa³¹.　təi⁵⁵　wa⁵⁵　sa³¹　kɹi:⁵³　　　bəi³¹　muˀ⁵⁵

waˑ⁵³	-3p	guɯʔ⁵⁵	waˑ³¹	təi⁵⁵	waˑ⁵⁵	saˑ³¹	kɹi⁵³	-3p	bəi³¹	muʔ⁵⁵
做	-3pe	说	HRS	怎么	做		NOM	问	-3pe	CONJ	天

说你光使力气不行，得想办法。问该怎么办？

le³¹	na³¹	ə³¹gɹaːŋ⁵³gɹaːŋ⁵³		mɹɯŋ⁵⁵mɹɯŋ⁵⁵	paːŋ³¹	luŋ⁵⁵	le³¹
le³¹	na³¹	ə³¹gɹɯŋ⁵³	-3p -red	mɹɯŋ⁵⁵mɹɯŋ⁵⁵	paːŋ³¹	luŋ⁵⁵	le³¹
ALL	2p	扛	-3pe -RED	高处		ABL	石头	ALL

pa³¹	də³¹beʔ⁵⁵,	e³¹wa⁵⁵	nə³¹	ɔː⁵³		bəi³¹	ək³¹kɔp⁵⁵	gɹɔp⁵⁵
pa³¹	də³¹beʔ⁵⁵	e³¹wa⁵⁵	nə³¹	waˑ⁵³	-2p	bəi³¹	ək³¹kɔp⁵⁵	gɹɔp⁵⁵
IMP	砸	那样	2p	做	-2se	CONJ	壳		裂开

说你把他带到高空，从高空扔下来砸到石头上，这样做他的壳就破裂了。

guːʔ⁵⁵		waˑ³¹.	tə³¹mɯ⁵³	mi³¹	gəiə¹səŋ⁵⁵	tɕə³¹kɔp⁵⁵
guɯʔ⁵⁵	-3p	waˑ³¹	tə³¹mɯ⁵³	mi³¹	gəiə¹səŋ⁵⁵	tɕə³¹kɔp⁵⁵
说	-3pe	HRS	鹰	AGT	果然	旱龟

mɹɯŋ⁵⁵mɹɯŋ⁵⁵	paːŋ³¹	də³¹beʔ⁵⁵	waˑ³¹.	ə³¹jaʔ⁵⁵	mə³¹nəŋ⁵⁵	tə³¹mɯ⁵³
mɹɯŋ⁵⁵mɹɯŋ⁵⁵	paːŋ³¹	də³¹beʔ⁵⁵	waˑ³¹	ə³¹jaʔ⁵⁵	mə³¹nəŋ⁵⁵	tə³¹mɯ⁵³
高处		ABL	砸	HRS	那	时候	鹰

鹰真的把旱龟带到高空，从空中把他砸下来。

ɕɔm⁵³	tse⁵⁵	tək³¹ka⁵⁵	tɔi⁵³	tɕə³¹kɔp⁵⁵	tɯː⁵⁵tɯː⁵⁵		at⁵⁵
ɕɔm⁵³	tse⁵⁵	tək³¹ka⁵⁵	tɔi⁵³	tɕə³¹kɔp⁵⁵	tɯ⁵⁵ -3p - tɯ⁵⁵ -3p		at⁵⁵
下	时候	乌鸦	早就	旱龟	捡 -3pe - 捡 -3pe		逃跑

di³¹	waˑ³¹.
di³¹	waˑ³¹
PFV-V	HRS

但等到鹰下来时，乌鸦早已捡起旱龟逃跑了。

　　一只鹰想吃旱龟但咬不动龟壳，不知如何办才好。这时，来了只乌鸦，说你光使力气不行，得想办法。问该怎么办？说你把他带到高空，从高空扔下来砸到石头上，这样做他的壳就破裂了。鹰真的把旱龟带到高空，从空中把他砸下来。但等到鹰下来时，乌鸦早已捡起旱龟逃跑了。

2.27 旱龟学飞翔

tɕə³¹kɔp⁵⁵	ti³¹	gɯ⁵⁵	gə³¹ɹɔl⁵⁵	ɕɯ³¹	dʑin³¹	nəm³¹gaŋ⁵⁵	lɯm⁵⁵
tɕə³¹kɔp⁵⁵	ti³¹	gɯ⁵⁵	gə³¹ɹɔl⁵⁵	ɕɯ³¹	dʑin³¹	nəm³¹gaŋ⁵⁵	lɯm⁵⁵
旱龟	一	CL	躺	着		阳光	晒

ɕɯ³¹	wɑ²³¹	ə³¹laŋ⁵³	mu²⁵⁵	dɔ³¹	tə³¹mɯ⁵³	təm⁵⁵ɕɯ³¹	ɟaːŋ⁵³		wɑ³¹.
ɕɯ³¹	wɑ²³¹	ə³¹laŋ⁵³	mu²⁵⁵	dɔ³¹	tə³¹mɯ⁵³	təm⁵⁵ɕɯ³¹	ɟəŋ⁵³	-3p	wɑ³¹
RFLX	HRS	时	天	LOC	鹰	盘旋	看见	-3pe	HRS

一只旱龟躺在阳光下晒太阳，看见鹰盘旋在天空。

tɕə³¹kɔp⁵⁵	mi³¹	tə³¹mɯ⁵³	le³¹	bjeɹ⁵³	pa³¹	sə³¹dei⁵⁵	ɹaŋ³¹
tɕə³¹kɔp⁵⁵	mi³¹	tə³¹mɯ⁵³	le³¹	bjeɹ⁵³	pa³¹	sə³¹ləp⁵⁵	ɹa³¹ -1p
旱龟	AGT	鹰	ALL	飞	IMP	教	DIR -1sg

gɯ²⁵⁵	wɑ³¹.	"gəi³¹səŋ⁵⁵	ma³¹	bjeɹ⁵⁵	na³¹	sə³¹ləp⁵⁵	ɕɯ³¹	nɯ³¹."
gɯ²⁵⁵	wɑ³¹	gəi³¹səŋ⁵⁵	ma³¹	bjeɹ⁵⁵	na³¹	sə³¹ləp⁵⁵	ɕɯ³¹	nɯ³¹
说	HRS	真的	NEG	飞	2p	教	RFLX	TOP

旱龟对鹰说："教我学飞行吧。"问（鹰）："你真要学习飞翔吗？"

kɹiː⁵³		wɑ²³¹	bəi³¹	gəi³¹səŋ⁵⁵	sə³¹ləp⁵⁵	ɕiŋ³¹		niŋ³¹	gɯ²⁵⁵
kɹi⁵³ -3p	wɑ²³¹	bəi³¹	gəi³¹səŋ⁵⁵	sə³¹ləp⁵⁵	ɕɯ³¹ -1p	niŋ³¹	gɯ²⁵⁵
问 -3pe	HRS	CONJ	真的	教	RFLX -1sg	MOOD	说

（旱龟）回答说真的要学习。

wɑ³¹.	ə³¹ja²⁵⁵	mə³¹nəŋ⁵⁵	tə³¹mɯ⁵³	mi³¹	tɕə³¹kɔp⁵⁵	mu²⁵⁵	le³¹
wɑ³¹	ə³¹ja²⁵⁵	mə³¹nəŋ⁵⁵	tə³¹mɯ⁵³	mi³¹	tɕə³¹kɔp⁵⁵	mu²⁵⁵	le³¹
样	那	时候	鹰	AGT	旱龟	天	ALL

ə³¹gɹɑːŋ⁵³gɹɑːŋ⁵³			laːŋ⁵³		wɑ³¹,	tɕə³¹kɔp⁵⁵	mu²⁵⁵	ɔːŋ³¹
ə³¹gɹəŋ⁵³ -3p	-red	laŋ⁵³	-3p	wɑ³¹	tɕə³¹kɔp⁵⁵	mu²⁵⁵	ɔːŋ³¹
抗	-3pe	-RED 放	-3pe	样	旱龟	天	ABL

于是鹰把旱龟抬到空中把他放下了，

da³¹be²⁵⁵	wɑ³¹.	ɕi⁵⁵	pəŋ³¹wɑ²⁵⁵	mə³¹tɕɔ²⁵⁵	e³¹wa⁵⁵	gɯ²⁵⁵	wɑ³¹,
da³¹be²⁵⁵	wɑ³¹	ɕi⁵⁵	pəŋ³¹wɑ²⁵⁵	mə³¹tɕɔ²⁵⁵	e³¹wa⁵⁵	gɯ²⁵⁵	wɑ³¹
砸	HRS	死	PROS	临近	那样	说	HRS

旱龟从空中摔了下来。临死前说：

"ŋa⁵³	nɯ³¹	ə³¹sa⁵⁵	mə³¹dəm⁵³	di⁵⁵	sɑ³¹	kɯ⁷³¹	tɕu⁷⁵⁵
ŋa⁵³	nɯ³¹	ə³¹sa⁵⁵	mə³¹dəm⁵³	di⁵⁵	sɑ³¹	kɯ⁷³¹	tɕu⁷⁵⁵
1SG	TOP	地	上面	走	NOM	也	一点

tə³¹ɕaŋ⁵⁵,		tək³¹cɑ⁷⁵⁵	bjeɹ⁵⁵	sə³¹ləp⁵⁵	ɕiŋ³¹		e³¹."
tə³¹ɕa⁵³	-1p	tək³¹cɑ⁷⁵⁵	bjeɹ⁵⁵	sə³¹ləp⁵⁵	ɕɯ³¹	-1p	e³¹
困难	-1sg	为什么	飞	教	也	-1sg	是

"我在地面时行走都有点困难，为什么要学习飞翔？"

　　一只旱龟躺在阳光下晒太阳，看见鹰盘旋在天空。旱龟对鹰说："教我学飞行吧。"问（鹰）："你真要学习飞翔吗？"旱龟回答说真的要学习。于是鹰把旱龟带到空中再放开他，旱龟从空中摔了下来。临死前说："我在地面时行走都有点困难，为什么要学习飞翔？"

2.28 大公牛和羊

nuŋ³¹ŋua⁵³	la³¹bu⁵⁵	ti³¹	gɯ⁵⁵	kaŋ⁵³	mi³¹	kua:n⁵⁵		mə³¹nəŋ⁵⁵
nuŋ³¹ŋua⁵³	la³¹bu⁵⁵	ti³¹	gɯ⁵⁵	kaŋ⁵³	mi³¹	kuan⁵⁵	-3p	mə³¹nəŋ⁵⁵
牛	大公牛	一	CL	老虎	AGT	追	-3pe	时候

一只大公牛被老虎追赶，

luŋ³¹dɔŋ⁵³	ti³¹	məi⁵⁵	le³¹	nə³¹ɹɔl⁵⁵	tsul⁵³tsul⁵³	ɕɯ³¹	tɕə³¹xɯ⁵⁵
luŋ³¹dɔŋ⁵³	ti³¹	məi⁵⁵	le³¹	nə³¹ɹɔl⁵⁵	tsul⁵³ -red	ɕɯ³¹	tɕə³¹xɯ⁵⁵
石洞	一	CL	ALL	屁股	塞 -RED	RFLX	角

mi³¹	kaŋ⁵³	le³¹	ə³¹kəm⁵⁵ɕɯ³¹	wa³¹.	luŋ³¹dɔŋ⁵³	ə³¹duŋ⁵⁵	dɔ³¹
mi³¹	kaŋ⁵³	le³¹	ə³¹kəm⁵⁵ɕɯ³¹	wa³¹	luŋ³¹dɔŋ⁵³	ə³¹duŋ⁵⁵	dɔ³¹
INSTR	老虎	ALL	抵抗	样	石洞	里面	LOC

就把屁股塞到一个山洞里，用角抵抗老虎。

ə³¹tɕit⁵⁵	ti³¹	gɯ⁵⁵	ɹɔɹ⁵⁵	mɯ³¹	wa³¹,	nuŋ³¹ŋua⁵³	dzəŋ⁵⁵	ɕɯ³¹
ə³¹tɕit⁵⁵	ti³¹	gɯ⁵⁵	ɹɔɹ⁵⁵	mɯ³¹	wa³¹	nuŋ³¹ŋua⁵³	dzəŋ⁵⁵	ɕɯ³¹
羊	一	CL	住	DISC	HRS	牛	进	RFLX

mə³¹nəŋ⁵⁵	duŋ⁵⁵	wa³¹.	"pə³¹	du:ŋ⁵⁵		mə³¹	gɔl⁵⁵,	ə³¹dɔi⁵⁵

mə³¹nəŋ⁵⁵　　duŋ⁵⁵　　wa³¹　　pə³¹　　duŋ⁵⁵　　-3p　　mə³¹　　gɔl⁵⁵　　ə³¹ᶜdɔi⁵⁵
时候　　　　顶　　　HRS　IMP　顶　　　-3pe　NEG　有关系 一会儿
山洞里住着一只山羊，一见公牛进洞就猛顶他。（大公牛说）"你顶吧没关系，

kaŋ⁵³　　lɔːʔ⁵⁵　　　　mə³¹nəŋ⁵⁵　　nuŋ³¹ŋua⁵³　　də³¹guan⁵⁵　　ə³¹tɕit⁵⁵
kaŋ⁵³　　lɔʔ⁵⁵　　-3p　mə³¹nəŋ⁵⁵　　nuŋ³¹ŋua⁵³　　də³¹guan⁵⁵　　ə³¹tɕit⁵⁵
老虎　　回　　-3pe　时候　　　　牛　　　　　　俩　　　　　羊

ə³¹mi⁵⁵　　kɹa⁷⁵⁵　　pə³¹　　ɟaːŋ⁵³."
ə³¹mi⁵⁵　　kɹa⁷⁵⁵　　pə³¹　　ɟəŋ⁵³　　-2p
谁　　　　快　　　IMP　看见　　-2se
一会儿老虎走了，让你看看牛和羊谁厉害。"

　　一只大公牛被老虎追赶，就把屁股塞到一个山洞里，用角抵抗老虎。山洞里住着
一只山羊，一见公牛进洞就猛顶他。（大公牛说）"你顶吧没关系，一会儿老虎走了，
让你看看牛和羊谁厉害。"

2.29 猫和公鸡

na³¹me⁵⁵　　ti³¹　　gɯ⁵⁵　　mi³¹　　dəŋ³¹gu⁵⁵　　ti³¹　　gɯ⁵⁵　　ɹɯːp⁵⁵　　　　wa³¹,
na³¹me⁵⁵　　ti³¹　　gɯ⁵⁵　　mi³¹　　dəŋ³¹gu⁵⁵　　ti³¹　　gɯ⁵⁵　　ɹɯp⁵⁵　　-3p　wa³¹
猫　　　　　一　　CL　　AGT　公鸡　　　　一　　　CL　　抓　　　-3pe　样
猫抓了一只公鸡，

dəŋ³¹gu⁵⁵　　kəi⁵⁵　　sa³¹　　ək³¹tɕiʔ⁵⁵　　la⁵⁵　　wa³¹.　dəŋ³¹gu⁵⁵　　le³¹　　e³¹wa⁵⁵
dəŋ³¹gu⁵⁵　　kəi⁵⁵　　sa³¹　　ək³¹tɕiʔ⁵⁵　　la⁵⁵　　wa³¹　dəŋ³¹gu⁵⁵　　le³¹　　e³¹wa⁵⁵
公鸡　　　　吃　　　NOM　道理　　　　　找　　　样　　公鸡　　　　ALL　那样
找吃公鸡的理由。

gɯʔ⁵⁵　　wa³¹,　"na⁵³　　ɟa³¹dɯŋ⁵³ɟa³¹la⁵⁵,　　　nəm⁵⁵mə³¹ɟaŋ⁵⁵kɹɔŋ⁵⁵ni⁵³
gɯʔ⁵⁵　　wa³¹　na⁵³　　ɟa³¹dɯŋ⁵³ɟa³¹la⁵⁵,　　　nəm⁵⁵mə³¹ɟaŋ⁵⁵kɹɔŋ⁵⁵ni⁵³
说　　　HRS　2SG　整夜　　　　　　　　白天
他对公鸡这样说："你半夜三更，大白天（不停地）尖叫，不让人睡觉，

na³¹　　mə³¹dai⁵³,　　ə³¹tsəŋ⁵³　　ip⁵⁵　　mən³¹　　dʑɯːɹ⁵⁵,　　　　ə³¹tsəŋ⁵³
na³¹　　mə³¹dai⁵³　　ə³¹tsəŋ⁵³　　ip⁵⁵　　mən³¹　　dʑɯɹ⁵⁵　　-3p　ə³¹tsəŋ⁵³
2p　　尖叫　　　　　人　　　　睡　　NEG2　CAUS　　-3pe　人
他对公鸡这样说："你半夜三更，大白天（不停地）尖叫，不让人睡觉，

sə³¹na²⁵⁵　　mi³¹　　na⁵³　　ə³¹gəm⁵⁵　　mən³¹　　ɟəŋ⁵³."　　"ŋa⁵³　　ɟa³¹duŋ⁵³　　dɔ³¹
sə³¹na²⁵⁵　　mi³¹　　na⁵³　　ə³¹gəm⁵⁵　　mən³¹　　ɟəŋ⁵³　　ŋa⁵³　　ɟa³¹duŋ⁵³　　dɔ³¹
都　　　　AGT　2SG　顺眼　　　　NEG2　看　　1SG　夜里　　　　LOC
人人都看你不顺眼。"

gui⁵⁵　　nɯ³¹　　ə³¹tsəŋ⁵³　　le³¹　　əŋ³¹dʑi⁵⁵　　sə³¹pɯn²⁵⁵　　　　e⁵⁵,　　sə³¹ɹaŋ⁵⁵
gui⁵⁵　　nɯ³¹　　ə³¹tsəŋ⁵³　　le³¹　　əŋ³¹dʑi⁵⁵　　sə³¹pɯt⁵⁵　　-2p　e⁵⁵　　sə³¹ɹaŋ⁵⁵
啼　　　TOP　　人　　　　ALL　　时间　　　告知　　　　-2se　是　　早上

gui⁵⁵　　bəi³¹　　ə³¹tsəŋ⁵³　　san²⁵⁵　　　e³¹."　　gɯ²⁵⁵　　wa³¹　　dəŋ³¹gu⁵⁵.
gui⁵⁵　　bəi³¹　　ə³¹tsəŋ⁵³　　sat⁵⁵　　-1p　e³¹　　gɯ²⁵⁵　　wa³¹　　dəŋ³¹gu⁵⁵
啼　　　CONJ　人　　　　吵醒　　-1se　是　　说　　　HRS　公鸡
"我夜里啼叫是告诉人们时间，早上啼叫是唤醒人们（起床）。"公鸡说。

"na⁵³　　ka⁵⁵　　e⁵⁵　　nɯ³¹　　e⁵⁵　　wa³¹　　ca²⁵⁵　　dɔ³¹,　　ŋa⁵³　　ɕɯ³¹　　əŋ³¹dza⁵⁵
na⁵³　　ka⁵⁵　　e⁵⁵　　nɯ³¹　　e⁵⁵　　wa³¹　　ca²⁵⁵　　dɔ³¹　　ŋa⁵³　　ɕɯ³¹　　əŋ³¹dza⁵⁵
2SG　话　　是　　TOP　是　　样　　像　　　LOC　　1SG　也　　粮食

mə³¹　　kəi⁵⁵　　mə³¹　　ɲi⁵³."　　na³¹me⁵⁵　　e³¹wa⁵⁵　　gɯ:²⁵⁵gɯ:²⁵⁵
mə³¹　　kəi⁵⁵　　mə³¹　　ɲi⁵³　　na³¹me⁵⁵　　e³¹wa⁵⁵　　gɯ²⁵⁵　　-3p　-red
NEG　吃　　　NEG　行　　猫　　　　那样　　　说　　　-3pe　-RED
"你的话说得是，但我也不能不吃饭。"

dəŋ³¹gu⁵⁵　　ka:i⁵⁵　　　　wa³¹.
dəŋ³¹gu⁵⁵　　kəi⁵⁵　　-3p　wa³¹
公鸡　　　　吃　　　-3pe　样
猫这样说着，把公鸡吃掉了。

　　猫抓了一只公鸡，找吃公鸡的理由。他对公鸡这样说："你半夜三更，大白天（不停地）尖叫，不让人睡觉，人人都看你不顺眼。"公鸡说："我夜里啼叫是告诉人们时间，早上啼叫是唤醒人们（起床）。" 猫说："你的话说得是，但我也不能不吃饭。"猫这样说着，把公鸡吃掉了。

2.30 家狗和流浪狗

ə³¹tsəŋ⁵³　　ti³¹　　tsuŋ⁵⁵　　waɹ²⁵⁵　　sət⁵⁵　　wa³¹,　　lam³¹bɹɔ²⁵⁵　　　　bɯm⁵⁵bɯm⁵⁵

ə³¹tsəŋ⁵³　　ti³¹　tsuŋ⁵⁵　wa⁷⁵⁵　sət⁵⁵　wa³¹　lam³¹ʑɹɔ⁷⁵⁵　buɯm⁵⁵buɯm⁵⁵
人　　　　　一　　户　　猪　　打　　HRS　朋友　　　　很多

ɕa⁵⁵　kəi⁵⁵　le³¹　nuɯ⁵³　ŋa⁷⁵⁵　le³¹　ə³¹suɯː⁵³　　　　wa³¹.　ə³¹ja⁷⁵⁵
ɕa⁵⁵　kəi⁵⁵　le³¹　nuɯ⁵³　ŋa⁷⁵⁵　le³¹　ə³¹suɯ⁵³　-3p　wa³¹　ə³¹ja⁷⁵⁵
肉　　吃　　ALL　酒　　喝　　ALL　邀请　　　-3pe　HRS　那
一家人杀猪，请了很多朋友来吃肉喝酒。

cuɯm⁵³　də³¹guɯi⁵⁵　mi³¹　ɕuɯ³¹　dam⁵³də³¹guɯi⁵⁵　ti³¹　guɯ⁵⁵
cuɯm⁵³　də³¹guɯi⁵⁵　mi³¹　ɕuɯ³¹　dam⁵³də³¹guɯi⁵⁵　ti³¹　guɯ⁵⁵
家　　狗　　　　AGT　也　　流浪狗　　　　　一　　CL

ə³¹suɯː⁵³　　　　wa³¹.　ə³¹ja⁷⁵⁵　dam⁵³də³¹guɯi⁵⁵　nuɯ³¹　əŋ⁵³　lam³¹ʑɹɔ⁷⁵⁵
ə³¹suɯ⁵³　-3p　wa³¹　ə³¹ja⁷⁵⁵　dam⁵³də³¹guɯi⁵⁵　nuɯ³¹　əŋ⁵³　lam³¹ʑɹɔ⁷⁵⁵
邀请　　-3pe　样　　那　　流浪狗　　　　　TOP　3SG　朋友
那家的狗也邀请了一只流浪狗。那流浪狗是他朋友。

e⁵⁵　wa³¹,　e³¹wa⁵⁵　guɯ⁷⁵⁵　wa³¹,　"tən⁵⁵ɟa⁷⁵⁵　ik⁵⁵　cuɯm⁵³　dɔ³¹
e⁵⁵　wa³¹　e³¹wa⁵⁵　guɯ⁷⁵⁵　wa³¹　tən⁵⁵ɟa⁷⁵⁵　ik⁵⁵　cuɯm⁵³　dɔ³¹
是　　HRS　那样　　说　　HRS　今夜　　　我们的　家　　LOC
对他这样说：

wa³¹ɕa⁵⁵　kəi⁵³,　ə³¹tsəŋ⁵³　buɯm⁵⁵buɯm⁵⁵　ə³¹suɯː⁵³,　　　ə³¹dɔi⁵⁵
wa³¹ɕa⁵⁵　kəi⁵³　ə³¹tsəŋ⁵³　buɯm⁵⁵buɯm⁵⁵　ə³¹suɯ⁵³　-3p　ə³¹dɔi⁵⁵
猪肉　　吃　　人　　很多　　　　　邀请　　　-3pe　一会儿
"今晚我们家杀猪，请了很多人，

kəi⁵⁵sa³¹　buɯm⁵⁵buɯm⁵⁵　ə³¹kləi⁵⁵　luk³¹　e³¹,　ə³¹xɹuɯi⁵⁵　kəi⁵⁵　le³¹
kəi⁵⁵sa³¹　buɯm⁵⁵buɯm⁵⁵　ə³¹kləi⁵⁵　luk³¹　e³¹　ə³¹xɹuɯi⁵⁵　kəi⁵⁵　le³¹
吃的　　很多　　　　　余　　PFV-NV　是　晚上　　吃　　ALL

pə³¹　di⁵⁵　ɹɑ³¹."　dam⁵³də³¹guɯi⁵⁵　ə³¹xɹuɯi⁵⁵　di⁵⁵　wa⁷³¹　bəi³¹
pə³¹　di⁵⁵　ɹɑ³¹　dam⁵³də³¹guɯi⁵⁵　ə³¹xɹuɯi⁵⁵　di⁵⁵　wa⁷³¹　bəi³¹
IMP　走　DIR　流浪狗　　　　　晚上　　走　　HRS　CONJ
会剩下很多吃的，晚上过来吃。"流浪狗晚上去了，

gəi³¹səŋ⁵⁵　kəi⁵⁵sa³¹　buɯm⁵⁵buɯm⁵⁵　ə³¹kləi⁵³　muɯ³¹　wa³¹,

gəi³¹səŋ⁵⁵   kəi⁵⁵sɑ³¹   bɯm⁵⁵bɯm⁵⁵   ə³¹kləi⁵³   mɯ³¹   wɑ³¹
果然   吃的   很多   剩余   DISC   HRS

果然剩下很多吃的，

ə³¹lɯp⁵⁵ɕɯ³¹   mi³¹   gɹu⁵⁵   wɑ³¹.   cɯm⁵³   ək³¹kaŋ⁵³   mi³¹   tɔ:⁵⁵
ə³¹lɯp⁵⁵ɕɯ³¹   mi³¹   gɹu⁵⁵   wɑ³¹   cɯm⁵³   ək³¹kaŋ⁵³   mi³¹   ta⁵⁵   -3p
高兴   AGT   吠   HRS   家   主人   AGT   听见   -3pe

mə³¹nəŋ⁵⁵   ɟa:ŋ⁵³   bəi³¹   dam⁵³də³¹gɯi⁵⁵   e⁵⁵   mə³¹nəŋ⁵⁵
mə³¹nəŋ⁵⁵   ɟəŋ⁵³   -3p   bəi³¹   dam⁵³də³¹gɯi⁵⁵   e⁵⁵   mə³¹nəŋ⁵⁵
时候   看   -3pe   CONJ   流浪狗   是   时候

高兴得叫起来。主人听见了，一看是流浪狗，

mə³¹gɹa:t⁵⁵gɹa:t⁵⁵   mə³¹li⁵³   le³¹   tɕa:t⁵⁵   wɑ³¹.
mə³¹gɹət⁵⁵   -3p   -red   mə³¹li⁵³   le³¹   tɕat⁵⁵   -3p   wɑ³¹
抓   -3pe   -RED   野外   ALL   扔   -3pe   样

抓起来扔了出去。

dam⁵³də³¹gɯi⁵⁵   ə³¹dəp⁵⁵   ɕɯ³¹   wɑˀ³¹   mə³¹nəŋ⁵⁵   mə³¹dai⁵³   wɑ³¹,
dam⁵³də³¹gɯi⁵⁵   ə³¹dəp⁵⁵   ɕɯ³¹   wɑˀ³¹   mə³¹nəŋ⁵⁵   mə³¹dai⁵³   wɑ³¹
流浪狗   摔   RFLX   HRS   时候   尖叫   HRS

流浪狗摔了以后尖叫起来，

xɹei⁵⁵   kə³¹cəŋ⁵⁵   dʑin³¹   lɔˀ⁵⁵   wɑ³¹.   ək³¹cəŋ⁵⁵   mi³¹   təŋ⁵⁵   təŋ⁵⁵
xɹei⁵⁵   kə³¹cəŋ⁵⁵   dʑin³¹   lɔˀ⁵⁵   wɑ³¹   ək³¹cəŋ⁵⁵   mi³¹   təŋ⁵⁵   təŋ⁵⁵
脚   跛脚   着   回   HRS   伙伴   AGT   什么   什么

跛着脚回去了。

nə³¹   ka:i⁵⁵   kɹi:⁵³   bəi³¹   e³¹wa⁵⁵   gɯˀ⁵⁵   wɑ³¹,   "ɯ⁵³,
nə³¹   kəi⁵⁵   -3p   kɹi⁵³   -3p   bəi³¹   e³¹wa⁵⁵   gɯˀ⁵⁵   wɑ³¹   ɯ⁵³
2p   吃   -3pe   问   -3pe   CONJ   那样   说   样   嗯

他的同伴问他吃了什么，他回答："嗯，

ta³¹ma⁵⁵   ka⁵⁵   gɯk⁵⁵   niŋ³¹,   nɯ⁵³   ŋaˀ⁵⁵   bɯ:m⁵³   luŋ³¹,
ta³¹ma⁵⁵   ka⁵⁵   gɯˀ⁵⁵   -1p   niŋ³¹   nɯ⁵³   ŋaˀ⁵⁵   bɯm⁵³   -3p   luŋ³¹
真   话   说   -1sg   MOOD   酒   喝   多   -3pe   PFV-NV

我说真话，我酒喝多了，

dəŋ³¹buɯm⁵⁵ kəi⁵⁵ ɕɯ³¹ mə³¹ sɑ⁵⁵ ɕiŋ³¹, təi⁵⁵wɑ³¹ lɔŋ²⁵⁵
dəŋ³¹buɯm⁵⁵ kəi⁵⁵ ɕɯ³¹ mə³¹ sɑ⁵⁵ ɕɯ³¹ -1p təi⁵⁵wɑ³¹ lɔ²⁵⁵ -1p
多　　　　 吃　 也　 NEG 知道 也　 -1sg 怎么　　 回　 -1sg

ɕɯ³¹ mə³¹ sɑ⁵⁵ ɕiŋ³¹."
ɕɯ³¹ mə³¹ sɑ⁵⁵ ɕɯ³¹ -1p
也　 NEG　 知道 也　 -1sg

吃了多少不知道，怎么回来的我也不知道。"

　　一家人杀猪，请了很多朋友来吃肉喝酒。那家的狗也邀请了一只流浪狗。那流浪狗是他朋友。他这样说："今晚我们家杀猪，请了很多人，会剩下很多吃的，晚上过来吃。"流浪狗晚上去了，果然剩下很多吃的，高兴得叫起来。主人听见了，一看是流浪狗，抓起来扔了出去。

　　流浪狗摔了以后尖叫起来，跛着脚回去了。他的同伴问他吃了什么，他回答："嗯，我说真话，我酒喝多了，吃了多少不知道，怎么回来的我也不知道。"

2.31 大雪和狗

tə³¹wən⁵³ tə³¹təi⁵⁵ kɹɑ²⁵⁵ wɑ³¹, ə³¹tsən⁵³ ti³¹ tsuŋ⁵⁵ tə³¹wən⁵³
tə³¹wən⁵³ tə³¹təi⁵⁵ kɹɑ²⁵⁵ wɑ³¹ ə³¹tsən⁵³ ti³¹ tsuŋ⁵⁵ tə³¹wən⁵³
雪　　　　 十分　　 大　 HRS 人　　　 一　 户　 雪

mi³¹ ə³¹gɑ:m⁵³ wɑ³¹. kəi⁵⁵sɑ³¹ bəi⁵⁵ wɑ²³¹ mə³¹nən⁵⁵
mi³¹ ə³¹gɑm⁵³ -3p wɑ³¹ kəi⁵⁵sɑ³¹ bəi⁵⁵ wɑ²³¹ mə³¹nən⁵⁵
INSTR 困　　　 -3pe HRS 吃的　　 完　 HRS 时候

雪下得很大，一户人家被雪困住了。

ə³¹lɕit⁵⁵ ɹe²⁵⁵ wɑ³¹, tə³¹wən⁵³ nɯ³¹ mɑ³¹ ɹə³¹nɑ⁵³ wɑ⁵⁵ wɑ³¹,
ə³¹tɕit⁵⁵ ɹe²⁵⁵ wɑ³¹ tə³¹wən⁵³ nɯ³¹ mɑ³¹ ɹə³¹nɑ⁵³ wɑ⁵⁵ wɑ³¹
羊　　　 宰　 HRS 雪　　　 TOP NEG 停止　　 做　 HRS

吃的完了，（人）就杀羊，雪下个不停，

tɯ:m⁵⁵ nɯ³¹ ə³¹mɹɑ⁵⁵ mɹɑ⁵³ nuŋ³¹ŋuɑ⁵³ sɑ:t⁵⁵ wɑ³¹.
tɯm⁵⁵ -ins nɯ³¹ ə³¹mɹɑ⁵⁵ mɹɑ⁵³ nuŋ³¹ŋuɑ⁵³ sət⁵⁵ -3p wɑ³¹
后面　　 -INSTR TOP 地　　　 耕　 牛　　　　 杀　 -3pe HRS

后来，就杀耕牛。

əŋ³¹nik⁵⁵	də³¹gɯi⁵⁵	mi³¹	ɟɑ:ŋ⁵³		mə³¹nəŋ⁵⁵	e³¹wa⁵⁵	ə³¹
əŋ³¹nik⁵⁵	də³¹gɯi⁵⁵	mi³¹	ɟəŋ⁵³	-3p	mə³¹nəŋ⁵⁵	e³¹wa⁵⁵	ə³¹
他们的	狗	AGT	看见	-3pe	时候	那样	RECP

gɯ²⁵⁵	wa³¹,	"tən⁵⁵	nɯ³¹	iŋ⁵⁵	at⁵⁵	sa³¹	əŋ³¹dʑi⁵⁵	du⁵⁵,	ə³¹kaŋ⁵³
gɯ²⁵⁵	wa³¹	tən⁵⁵	nɯ³¹	iŋ⁵⁵	at⁵⁵	sa³¹	əŋ³¹dʑi⁵⁵	du⁵⁵	ə³¹kaŋ⁵³
说	HRS	现在	TOP	1PL	逃跑	NOM	时间	到	我们主人

他们的狗见此情景说："现在到我们逃跑的时间了,

mi³¹	ə³¹dɯ⁵³	ə³¹mɹa⁵⁵	mɹa⁵³	nuŋ³¹ŋua⁵³	kɯ²³¹	ka:i⁵⁵		di³¹,
mi³¹	ə³¹dɯ⁵³	ə³¹mɹa⁵⁵	mɹa⁵³	nuŋ³¹ŋua⁵³	kɯ²³¹	kəi⁵⁵	-3p	di³¹
AGT	自己	地	耕	牛	也	吃	-3pe	PFV-V

主人把自己耕地的牛也吃了,

ə³¹nəm⁵⁵	iŋ⁵⁵	le³¹	ɕɯ³¹	mə³¹	laŋ⁵³	tɯ²³¹e³¹."
ə³¹nəm⁵⁵	iŋ⁵⁵	le³¹	ɕɯ³¹	mə³¹	laŋ⁵³	tɯ²³¹e³¹
以后	1PL	ALL	也	NEG	放	INFER

以后也不会放过我们。"

　　雪下得很大,一户人家被雪困住了。吃的吃完了,就杀羊吃,雪下个不停,后来,就杀耕牛吃。他们的狗见此情景说:"现在到我们逃跑的时间了,主人把自己耕地的牛也吃了,以后也不会放过我们。"

2.32 青蛙妈妈

də³¹ɹi⁵³	əŋ³¹mei⁵³	mi³¹	əŋ³¹tɕəl⁵³	le³¹	e³¹wa⁵⁵	gɯ:²⁵⁵		wa³¹,
də³¹ɹi⁵³	əŋ³¹mei⁵³	mi³¹	əŋ³¹tɕəl⁵³	le³¹	e³¹wa⁵⁵	gɯ²⁵⁵	-3p	wa³¹
青蛙	母亲	AGT	他孩子	ALL	那样	说	-3pe	HRS

青蛙妈妈对她的孩子说:

"ə³¹tɕəl⁵³	a³¹,	na⁵³	tək³¹ca²⁵⁵	ə³¹glei⁵⁵	dʑin³¹	tɕe³¹	mə³¹lɔŋ⁵³
ə³¹tɕəl⁵³	a³¹	na⁵³	tək³¹ca²⁵⁵	ə³¹glei⁵⁵	dʑin³¹	tɕe³¹	mə³¹lɔŋ⁵³
我的孩子	啊	2SG	为什么	跳	着	只	路

nə³¹	di⁵³.	me⁵⁵	bəi³¹	ɔm⁵⁵	dʑin³¹	tɕe³¹	nə³¹	di⁵³,	na⁵³	ɕɯ³¹
nə³¹	di⁵³	me⁵⁵	bəi³¹	ɔm⁵⁵	dʑin³¹	tɕe³¹	nə³¹	di⁵³	na⁵³	ɕɯ³¹

2p　　走　　不是　　CONJ　爬　　着　　只　　2p　　走　　2SG　　也

"孩子啊，你为什么跳着走路，或者爬着走路？

ə³¹tsəŋ⁵³	wɑ³¹	ɹep⁵⁵	dʑin³¹	pə³¹	di⁵³	nɯ³¹."	"ə³¹mei⁵³	ɑ³¹,
ə³¹tsəŋ⁵³	wɑ³¹	ɹep⁵⁵	dʑin³¹	pə³¹	di⁵³	nɯ³¹	ə³¹mei⁵³	ɑ³¹
人	样	站	着	IMP	走	TOP	阿妈	啊

你也像人一样站着走路吧。"

nei⁵³	mi³¹	təi⁵⁵wɑ³¹	ɹep⁵⁵	dʑin³¹	di⁵⁵	sa³¹	na³¹	sə³¹ləp⁵⁵
na⁵³ -agt	mi³¹	təi⁵⁵wɑ³¹	ɹep⁵⁵	dʑin³¹	di⁵⁵	sa³¹	na³¹	sə³¹ləp⁵⁵
2SG -AGT	AGT	怎么	站	着	走	NOM	2p	教

bəi³¹	ŋɑ⁵³	ɕɯ³¹	tɑ³¹mɑ⁵⁵	ɹep⁵⁵	dʑin³¹	diŋ⁵⁵	niŋ³¹."	ə³¹jaʔ⁵⁵
bəi³¹	ŋɑ⁵³	ɕɯ³¹	tɑ³¹mɑ⁵⁵	ɹep⁵⁵	dʑin³¹	di⁵³ -1p	niŋ³¹	ə³¹jaʔ⁵⁵
CONJ	1SG	也	真	站	着	走 -1sg	MOOD	那

"妈妈啊，如果你教我怎么站着走路，我也一定站着走路。"

mə³¹nəŋ⁵⁵	də³¹ɹi⁵³	əŋ³¹mei⁵³	ɹep⁵⁵	dʑin³¹	di⁵⁵	wɑ³¹,	ə³¹dɯ⁵³
mə³¹nəŋ⁵⁵	də³¹ɹi⁵³	əŋ³¹mei⁵³	ɹep⁵⁵	dʑin³¹	di⁵⁵	wɑ³¹	ə³¹dɯ⁵³
时候	青蛙	他母亲	站	着	走	HRS	自己

mi³¹	ɕɯ³¹	təi⁵⁵	ɔː⁵³	bəi³¹	ɕɯ³¹	di⁵⁵	mə³¹	sɔː⁵⁵	wɑ³¹,
mi³¹	ɕɯ³¹	təi⁵⁵	wɑ⁵³ -3p	bəi³¹	ɕɯ³¹	di⁵⁵	mə³¹	sɑ⁵⁵ -3p	wɑ³¹
AGT	也	怎么	做 -3pe	CONJ	也	走	NEG	会 -3pe	HRS

于是青蛙妈妈试着站着走路，她自己怎么也不会走，

ə³¹jaʔ⁵⁵	mə³¹nəŋ⁵⁵	ka⁵⁵	mə³¹	gɯʔ⁵⁵	wɑ³¹.
ə³¹jaʔ⁵⁵	mə³¹nəŋ⁵⁵	ka⁵⁵	mə³¹	gɯʔ⁵⁵	wɑ³¹
那	时候	话	NEG	说	HRS

然后就不说话了。

　　青蛙妈妈对她的孩子说："孩子啊，你为什么跳着走路，或者爬着走路？你也像人一样站着走路吧。""妈妈啊，如果你教我怎么站着走路，我也一定站着走路。"
　　于是青蛙妈妈试着站着走路，她自己怎么也不会走，然后就不说话了。

2.33 蚊子和老虎

ə³¹dʑɯl⁵³　kaŋ⁵³　mɛɹ⁵⁵　sep⁵⁵　le³¹　bjeɹ⁵³bjeɹ⁵³　e³¹wa⁵⁵　gɯ⁷⁵⁵　wa³¹,
ə³¹dʑɯl⁵³　kaŋ⁵³　mɛɹ⁵⁵　sep⁵⁵　le³¹　bjeɹ⁵³ -red　e³¹wa⁵⁵　gɯ⁷⁵⁵　wa³¹
蚊子　　老虎　脸　旁　ALL　飞　　-RED　这样　说　HRS
蚊子飞到老虎脸旁说：

"ŋa⁵³　na⁵³　le³¹　ma³¹　pə³¹ɹek⁵⁵,　　　na⁵³　la³¹ma⁵⁵　təŋ⁵⁵　ɕɯ³¹
ŋa⁵³　na⁵³　le³¹　ma³¹　pə³¹ɹe⁷⁵⁵ -1p　na⁵³　la³¹ma⁵⁵　təŋ⁵⁵　ɕɯ³¹
1SG　2SG　ALL　NEG　害怕　　-1sg　2SG　其实　　什么　也
"我不怕你，你其实没什么了不起的，

mən³¹　e⁵⁵　pə³¹ma⁵⁵　ə³¹　sət⁵⁵　ti³¹tɕi⁵⁵　deɹ³¹mu⁵⁵　mi³¹　tɕe³¹
mən³¹　e⁵⁵　pə³¹ma⁵⁵　ə³¹　sət⁵⁵　ti³¹tɕi⁵⁵　deɹ³¹mu⁵⁵　mi³¹　tɕe³¹
NEG2　是　女人　　RECP打　一样　　爪子　　INSTR　只
你像女人打架一样只会用爪子抓，用牙齿咬，

bɹai⁵⁵　nə³¹　sɔ:⁵⁵,　　sa⁵³　mi³¹　tɕe³¹　ŋəp⁵⁵　nə³¹　sɔ:⁵⁵,　　ŋa⁵³
bɹai⁵⁵　nə³¹　sa⁵⁵ -3p　sa⁵³　mi³¹　tɕe³¹　ŋəp⁵⁵　nə³¹　sa⁵⁵ -3p　ŋa⁵³
抓挠　　2p　会　-3pe　牙　INSTR　只　咬　　2p　会　-3pe　1SG

le³¹　nɯ³¹　mən³¹　kɹa⁷⁵⁵,　mən³¹　sə³¹ɟiŋ⁵⁵　bəi³¹　ə³¹　sət⁵⁵　ɕin³¹,
le³¹　nɯ³¹　mən³¹　kɹa⁷⁵⁵　mən³¹　sə³¹ɟiŋ⁵⁵　bəi³¹　ə³¹　sət⁵⁵　ɕin³¹
ALL　TOP　NEG2　赢　　　NEG2　相信　　　CONJ　RECP打　dl-MOOD
你打不赢我，不信，我俩打一架，

ə³¹mi⁵⁵　kɹa⁷⁵⁵　ɕɯ³¹　ɟəŋ⁵³　ɕin³¹."　　ə³¹dʑɯl⁵³　nɯ³¹　wuŋ⁵⁵　wuŋ⁵⁵
ə³¹mi⁵⁵　kɹa⁷⁵⁵　ɕɯ³¹　ɟəŋ⁵³　ɕin³¹　　　ə³¹dʑɯl⁵³　nɯ³¹　wuŋ⁵⁵　wuŋ⁵⁵
谁　　　赢　　　dl　看　dl-MOOD　蚊子　　TOP　嗡　嗡
看谁赢。"蚊子就"嗡""嗡""嗡"地

wuŋ⁵⁵　wa³¹　ma³¹duŋ⁵⁵　mɯt⁵⁵　dʑin³¹　bjeɹ⁵³bjeɹ⁵³　wa⁷³¹　kaŋ⁵³
wuŋ⁵⁵　wa³¹　ma³¹duŋ⁵⁵　mɯt⁵⁵　dʑin³¹　bjeɹ⁵³ -red　wa⁷³¹　kaŋ⁵³
嗡　　样　军号　　　吹　　着　　飞　　-RED　HRS　老虎

mɛɹ⁵⁵　le³¹　mə³¹nɯp⁵⁵　ɕɯ³¹　wa³¹,　mɯl⁵⁵　də³¹baŋ⁵⁵　mə³¹
mɛɹ⁵⁵　le³¹　mə³¹nɯp⁵⁵　ɕɯ³¹　wa³¹　mɯl⁵⁵　də³¹baŋ⁵⁵　mə³¹

脸　　　ALL　冲　　　　　RFLX　HRS　毛　　　太　　　　　NEG
吹着军号飞着冲向老虎的脸，

kɔːʔ⁵⁵　　　　nɯi⁵⁵　dɔ³¹　nɯi⁵⁵　dɔ³¹　kɑːi⁵⁵　　　wa³¹.　kaŋ⁵³　nɯ³¹
kɔʔ⁵⁵　-3p　nɯi⁵⁵　dɔ³¹　nɯi⁵⁵　dɔ³¹　kəi⁵⁵　-3p　wa³¹　kaŋ⁵³　nɯ³¹
长　-3pe　嘴巴　LOC　嘴巴　LOC　咬　-3pe　HRS　老虎　TOP
只往不长毛的老虎嘴叮咬。

ə³¹dʑɯl⁵³　ə³¹beʔ⁵⁵　niŋ³¹　mit⁵⁵　ɕɯ³¹,　deɹ³¹mu⁵⁵　mi³¹　ə³¹dɯ⁵³
ə³¹dʑɯl⁵³　ə³¹beʔ⁵⁵　niŋ³¹　mit⁵⁵　ɕɯ³¹　deɹ³¹mu⁵⁵　mi³¹　ə³¹dɯ⁵³
蚊子　　　拍　　　MOOD 想　　RFLX　爪子　　　　INSTR 自己

məɹ⁵⁵　le³¹　bɹai⁵⁵　ɕɯ³¹　wa³¹,　ə³¹dʑɯl⁵³　nɯ³¹　mə³¹　dzɯːn⁵⁵,
məɹ⁵⁵　le³¹　bɹai⁵⁵　ɕɯ³¹　wa³¹　ə³¹dʑɯl⁵³　nɯ³¹　mə³¹　dzɯn⁵⁵　-3p
脸　　　ALL　抓挠　RFLX　HRS　蚊子　　　TOP　NEG　抓到　　-3pe
老虎想拍住蚊子，用爪子拍自己的脸，但抓不住蚊子，

məɹ⁵⁵　ɕɯi⁵⁵　tɕe³¹　e⁵⁵　tɑʔ³¹　bɹai⁵⁵　ɕɯ³¹　wa³¹,　gəi³¹səŋ⁵⁵　mə³¹
məɹ⁵⁵　ɕɯi⁵⁵　tɕe³¹　e⁵⁵　tɑʔ³¹　bɹai⁵⁵　ɕɯ³¹　wa³¹　gəi³¹səŋ⁵⁵　mə³¹
脸　　　血　　尽　　是　　COMP 抓挠　RFLX　HRS　果然　　　NEG
抓得自己的脸尽是血，

kɹɑʔ⁵⁵　wa³¹.　ə³¹dʑɯl⁵³　kaŋ⁵³　le³¹　kɹɑʔ⁵⁵　wa³ʔ¹　mə³¹nəŋ⁵⁵　ɹə³¹la⁵⁵
kɹɑʔ⁵⁵　wa³¹　ə³¹dʑɯl⁵³　kaŋ⁵³　le³¹　kɹɑʔ⁵⁵　wa³ʔ¹　mə³¹nəŋ⁵⁵　ɹə³¹la⁵⁵
赢　　　HRS　蚊子　　　老虎　ALL　赢　　　HRS　时候　　　歌
果然输给了蚊子。

wa⁵⁵　dʑin³¹　lɔ⁵⁵　wa³¹,　ə³¹dɕi⁵⁵　nɯ³¹　mit⁵⁵　mə³¹　wuʔ⁵⁵　dʑɯɯ⁵³
wa⁵⁵　dʑin³¹　lɔ⁵⁵　wa³¹　ə³¹dɕi⁵⁵　nɯ³¹　mit⁵⁵　mə³¹　waʔ⁵⁵　dʑan⁵³
做　　着　　回　　HRS　一会儿　TOP　想　　NEG　做　　蜘蛛
蚊子赢了老虎，唱着歌回去，一会儿不小心

pə³¹ɟa⁵⁵　　　dɔ³¹　ɑ⁵⁵　wa³¹,　dʑan⁵³　mi³¹　kɑːi⁵⁵　　　wa³¹.
pə³¹ - ɟa⁵⁵　dɔ³¹　ɑ⁵⁵　wa³¹　dʑan⁵³　mi³¹　kəi⁵⁵　-3p　wa³¹
IMP　-　这儿　LOC　套住　HRS　蜘蛛　AGT　吃　-3pe　HRS
粘到蜘蛛的网上，被蜘蛛吃了。

ə³¹dʐɯl⁵³	nɯ³¹	ŋɯ⁵⁵	wa³¹,	"mə³¹li⁵³	mə³¹dəm⁵³	kɹa:⁷⁵⁵	
ə³¹dʐɯl⁵³	nɯ³¹	ŋɯ⁵⁵	wa³¹	mə³¹li⁵³	mə³¹dəm⁵³	kɹa⁷⁵⁵	-3p
蚊子	TOP	哭	HRS	世界	上面	厉害	-3pe

蚊子哭道：

ku³¹dza⁵⁵	gɔŋ⁵³		bəi³¹	me:⁷⁵⁵		kɯ⁷³¹	ma³¹	ə³¹xɹi⁷⁵⁵ɕɯ³¹
ku³¹dza⁵⁵	gɔŋ⁵³	-1p	bəi³¹	me⁷⁵⁵	-ins	kɯ⁷³¹	ma³¹	ə³¹xɹi⁷⁵⁵ɕɯ³¹
野兽	赢	-1se	CONJ	眼睛	-INSTR	也	NEG	看得清

dʐan⁵³	əŋ³¹ɯ⁵⁵	dɔ³¹	ləŋ³¹	ɕiŋ⁵⁵."	
dʐan⁵³	əŋ³¹ɯ⁵⁵	dɔ³¹	ləŋ³¹	ɕi⁵³	-1p
蜘蛛	手	LOC	CONTR	死	-1pl

"我赢了世上最厉害的野兽，却死在了不起眼的蜘蛛手上。"

　　蚊子飞到老虎脸旁说："我不怕你，你其实没什么了不起的，你像女人打架一样只会用爪子抓，用牙齿咬，你打不赢我，不信，我俩打一架，看谁赢。"蚊子就嗡、嗡、嗡地吹着军号飞着冲向老虎的脸，只往不长毛的老虎嘴叮咬。老虎想拍住蚊子，用爪子拍自己的脸，但抓不住蚊子，抓得自己的脸尽是血，果然输给了蚊子。蚊子赢了老虎，唱着歌回去了，一会儿不小心粘到蜘蛛的网上，被蜘蛛吃了。蚊子哭道："我赢了世上最厉害的野兽，却死在了不起眼的蜘蛛手上。"

2.34 乌鸦和曼的曼鸟

tɕa⁵⁵bəi³¹	tək³¹ka⁵⁵	də³¹guan⁵⁵	maŋ⁵⁵di³¹maŋ⁵⁵	lam³¹bɹɔ⁷⁵⁵	e⁵⁵	wa³¹.
tɕa⁵⁵bəi³¹	tək³¹ka⁵⁵	də³¹guan⁵⁵	maŋ⁵⁵di³¹maŋ⁵⁵	lam³¹bɹɔ⁷⁵⁵	e⁵⁵	wa³¹
从前	乌鸦	俩	曼的曼	朋友	是	HRS

过去，乌鸦和曼的曼是朋友。

əŋ³¹ne⁵⁵	mi³¹	me⁵⁵	pə³¹tɕi⁷⁵⁵	tə³¹təi⁵⁵	də³¹gɹaŋ⁵³	ɟa:ŋ⁵³	
əŋ³¹ne⁵⁵	mi³¹	me⁵⁵	pə³¹tɕi⁷⁵⁵	tə³¹təi⁵⁵	də³¹ɹaŋ⁵³	ɟəŋ⁵³	-3p
3DL	AGT	别的	鸟	十分	美丽	看	-3pe

wa⁷⁵⁵	mə³¹nəŋ⁵⁵	əŋ³¹ne⁵⁵	kɯ⁷³¹	ɹa³¹mu⁵⁵		sa³¹	blu⁵⁵	ə³¹
wa⁷⁵⁵	mə³¹nəŋ⁵⁵	əŋ³¹ne⁵⁵	kɯ⁷³¹	ɹə³¹mu⁵⁵	-recp	sa³¹	blu⁵⁵	ə³¹
做	时候	3DL	也	描绘	-RECP	NOM	商议	RECP

他俩看到别的鸟儿很漂亮（很羡慕），就商量着也互相画（上一身漂亮的衣裳）。

wɑ⁵⁵　wɑ³¹.　tək³¹kɑ⁵⁵　mi³¹　mɑŋ⁵⁵di³¹mɑŋ⁵⁵
wɑ⁵⁵　wɑ³¹　tək³¹kɑ⁵⁵　mi³¹　mɑŋ⁵⁵di³¹mɑŋ⁵⁵
做　HRS　乌鸦　AGT　曼的曼

le³¹　u³¹dzu⁵³　ɹə³¹mu:⁵⁵　　wɑ³¹,　nəŋ⁵⁵də³¹gəm⁵⁵　də³¹gɹɑŋ⁵³
le³¹　u³¹dzu⁵³　ɹə³¹mu⁵⁵　-3p　wɑ³¹　nəŋ⁵⁵də³¹gəm⁵⁵　də³¹gɹɑŋ⁵³
ALL　先　画　　-3pe　HRS　耐心地　　漂亮

wɑ³¹　tɑ⁷³¹　ɹə³¹mu⁵⁵　wɑ³¹.　tək³¹kɑ⁵⁵　mi³¹　ɹə³¹mu⁵⁵　tɔ:n⁵⁵
wɑ³¹　tɑ⁷³¹　ɹə³¹mu⁵⁵　wɑ³¹　tək³¹kɑ⁵⁵　mi³¹　ɹə³¹mu⁵⁵　tən⁵⁵　-3p
HRS　COMP　描绘　HRS　乌鸦　AGT　描绘　完　-3pe
乌鸦先给曼的曼描（图案），（乌鸦）很耐心地画得很漂亮。

wɑ⁷³¹　mə³¹nəŋ⁵⁵　nɯ³¹　mɑŋ⁵⁵di³¹mɑŋ⁵⁵　tə³¹xɹəl⁵³　wɑ³¹,
wɑ⁷³¹　mə³¹nəŋ⁵⁵　nɯ³¹　mɑŋ⁵⁵di³¹mɑŋ⁵⁵　tə³¹xɹəl⁵³　wɑ³¹
HRS　时候　TOP　曼的曼　调皮　HRS
等乌鸦把曼的曼画完了，曼的曼就调皮了，

tɑ⁷⁵⁵sə³¹mɑ⁷⁵⁵ti⁵³　mi³¹　tək³¹kɑ⁵⁵　dʑɔm⁵³let⁵⁵　let⁵⁵le:t⁵⁵　　at⁵⁵
tɑ⁷⁵⁵sə³¹mɑ⁷⁵⁵ti⁵³　mi³¹　tək³¹kɑ⁵⁵　dʑɔm⁵³let⁵⁵　let⁵⁵　-3p　-red　at⁵⁵
锅灰汁　　AGT　乌鸦　IDPH　浇　-3pe　-RED　逃跑
用锅灰汁浇了乌鸦（一身）就逃跑了。

bɯ³¹　wɑ³¹.　tən⁵⁵　e⁵⁵　mi³¹　tək³¹kɑ⁵⁵　nɯ³¹　nɑ⁷⁵⁵　nə³¹xɹɯl⁵⁵xɹɯl⁵³
bɯ³¹　wɑ³¹　tən⁵⁵　e⁵⁵　mi³¹　tək³¹kɑ⁵⁵　nɯ³¹　nɑ⁷⁵⁵　nə³¹xɹɯl⁵⁵xɹɯl⁵³
DIR　HRS　现在　是　BEC　乌鸦　TOP　黑　IDPH
所以今天乌鸦一身黑乎乎的。

e⁵⁵　wɑ³¹.　mɑŋ⁵⁵di³¹mɑŋ⁵⁵　nɯ³¹　tək³¹kɑ⁵⁵　le³¹　sə³¹ɹɑ⁷⁵⁵ɕɯ³¹　mi³¹
e⁵⁵　wɑ³¹　mɑŋ⁵⁵di³¹mɑŋ⁵⁵　nɯ³¹　tək³¹kɑ⁵⁵　le³¹　sə³¹ɹɑ⁷⁵⁵ɕɯ³¹　mi³¹
是　HRS　曼的曼　　TOP　乌鸦　ALL　害羞　　INSTR

tən⁵⁵　ɟɑ³¹dɯŋ⁵³　dɔ³¹　tɕe³¹　wen⁵⁵ɕɯ³¹,　xɹɔl⁵⁵　ɕɯ³¹　e⁵⁵　wɑ⁷⁵⁵　tɕi³¹.
tən⁵⁵　ɟɑ³¹dɯŋ⁵³　dɔ³¹　tɕe³¹　wen⁵⁵ɕɯ³¹　xɹɔl⁵⁵　ɕɯ³¹　e⁵⁵　wɑ⁷⁵⁵　tɕi³¹
现在　深夜　LOC　只　出　藏　RFLX　是　做　EXP
而曼的曼呢由于羞于见到乌鸦，只在夜里才出来（活动），是（躲）藏起来了。

　　过去，乌鸦和曼的曼是朋友。他俩看到别的鸟儿很漂亮（很羡慕），就商量着也互相画（上一身漂亮的衣裳）。乌鸦先给曼的曼描（图案），（乌鸦）很耐心，画得很漂亮。等乌鸦把曼的曼画完了，曼的曼就调皮了，用锅灰汁浇了乌鸦（一身）就逃跑了。所以今天乌鸦一身黑乎乎的。而曼的曼呢，由于羞于见到乌鸦，只在夜里才出来（活动），是（躲）藏起来了。

2.35 蚂蚁王和天梯

tɕɑ⁵⁵	ɹap⁵⁵	nɯ³¹	mu⁷⁵⁵	le³¹	mə³¹kɯm⁵³dəm⁵⁵		pɑːŋ³¹	də³¹gɯ⁵³
tɕɑ⁵⁵	ɹap⁵⁵	nɯ³¹	mu⁷⁵⁵	le³¹	mə³¹kɯm⁵³dəm⁵⁵		pɑːŋ³¹	də³¹gɯ⁵³
过去	时代	TOP	天	ALL	木肯当		ABL	九

gəp⁵⁵	laŋ³¹dɔn⁵⁵	mi³¹	ŋɑːŋ⁵⁵		wa³¹.	ə³¹tsəŋ⁵³	nɯ³¹	ə³¹jɑ⁷⁵⁵
gəp⁵⁵	laŋ³¹dɔn⁵⁵	mi³¹	ŋaŋ⁵⁵	-3p	wa³¹	ə³¹tsəŋ⁵³	nɯ³¹	ə³¹jɑ⁷⁵⁵
好	梯子	INSTR	够着	-3pe	HRS	人	TOP	那

古时候，在木肯当有九级梯子能够上天。

laŋ³¹dɔn⁵⁵	ɔːŋ³¹	mu⁷⁵⁵	le³¹	ŋaŋ⁵⁵	wa³¹.	sə³¹ɹɔ⁷⁵⁵kaŋ⁵³	nɯ³¹	ka⁷⁵⁵
laŋ³¹dɔn⁵⁵	ɔːŋ³¹	mu⁷⁵⁵	le³¹	ŋaŋ⁵⁵	wa³¹	sə³¹ɹɔ⁷⁵⁵kaŋ⁵³	nɯ³¹	ka⁷⁵⁵
梯子	ABL	天	ALL	上	HRS	蚂蚁王	TOP	鸡

人从那个梯子爬到天上。

dəŋ³¹gu⁵⁵	dɔ³¹	dʑɔt⁵⁵	ɕɯ³¹	dʑin³¹	mu⁷⁵⁵	le³¹	seɹ⁵⁵kɹi⁵⁵	dʑəl⁵⁵
dəŋ³¹gu⁵⁵	dɔ³¹	dʑɔt⁵⁵	ɕɯ³¹	dʑin³¹	mu⁷⁵⁵	le³¹	seɹ⁵⁵kɹi⁵⁵	dʑəl⁵⁵
公鸡	LOC	骑	RFLX	着	天	ALL	金子税	缴纳

le³¹	bjeɹ⁵³	wa³¹.	ə³¹tsəŋ⁵³	xɹəi⁵⁵	dɔ³¹	bək³¹kəp⁵⁵	gui⁵⁵	ɕɯ³¹
le³¹	bjeɹ⁵³	wa³¹	ə³¹tsəŋ⁵³	xɹəi⁵⁵	dɔ³¹	bək³¹kəp⁵⁵	gui⁵⁵	ɕɯ³¹
ALL	飞	HRS	人	脚	LOC	脚镯	戴	RFLX

蚂蚁王骑着公鸡到天上飞去交金子税。看见人的脚上戴着脚镯，

ja:ŋ⁵³	wa³¹.	mə³¹nəŋ⁵⁵	sə³¹ɹɔ⁷⁵⁵kaŋ⁵³	ə³¹tsəŋ⁵³	le³¹	len⁵⁵
jəŋ⁵³	-3p	wa³¹.	mə³¹nəŋ⁵⁵	sə³¹ɹɔ⁷⁵⁵kaŋ⁵³	ə³¹tsəŋ⁵³	le³¹	len⁵⁵
看见	-3pe	HRS	时候	蚂蚁王	人	ALL	要

蚂蚁王就向人要（脚镯）。

wa³¹.	ə³¹tsəŋ⁵³	mi³¹	nɯ³¹	na⁵³	ə³¹jɑ⁵⁵	dək³¹tɕiŋ⁵³	xɹəi⁵⁵	təi⁵⁵

wa³¹　ə³¹tsəŋ⁵³　mi³¹　nɯ³¹　na⁵³　ə³¹ja⁵⁵　dək³¹tɕiŋ⁵³　xɹɛɹ⁵⁵　təi⁵⁵
HRS　人　　AGT　TOP　2SG　那么　小　　　脚　　怎么

nə³¹　gui⁵⁵　nɯ³¹　et⁵⁵　wa³¹　mə³¹　bi:⁵⁵　　　wa³¹.　ə³¹ja⁷⁵⁵
nə³¹　gui⁵⁵　nɯ³¹　et⁵⁵　wa³¹　mə³¹　bi⁵⁵　-3p　wa³¹　ə³¹ja⁷⁵⁵
2p　戴　　TOP　笑　HRS　NEG　给　-3pe　HRS　那
人说你那么细小的脚怎么戴呀？嘲笑（蚂蚁王）没给（他）。

mə³¹nəŋ⁵⁵　　nɯ³¹　sə³¹ɹə⁷⁵⁵　kaŋ⁵³　sə³¹na⁵⁵　səi⁵⁵　wa³¹,　ə³¹dɔi⁵⁵
mə³¹nəŋ⁵⁵　　nɯ³¹　sə³¹ɹə⁷⁵⁵　kaŋ⁵³　sə³¹na⁵⁵　səi⁵⁵　wa³¹　ə³¹dɔi⁵⁵
时候　　　TOP　蚂蚁　　老虎　气　　生　　HRS　一会儿
蚂蚁王生气了，

ja³¹dɯŋ⁵³　ti³¹　ɹɯi⁵⁵　mə³¹dai⁵³waŋ⁵³　ti³¹　mə³¹ka⁷⁵⁵　luŋ⁵³
ja³¹dɯŋ⁵³　ti³¹　ɹɯi⁵⁵　mə³¹dai⁵³waŋ⁵³　ti³¹　mə³¹ka⁷⁵⁵　lu⁵³　-1p
深夜　　　一　CL　天河　　　　　一　半　　拿　　-1se

bɯŋ³¹　　　niŋ³¹　gɯ⁷⁵⁵　wa³¹.　gəi³¹səŋ⁵⁵səŋ⁵⁵　ja³¹dɯŋ⁵³　ti³¹　ɹɯi⁵⁵
bɯ³¹　-1p　niŋ³¹　gɯ⁷⁵⁵　wa³¹　gəi³¹səŋ⁵⁵　-red　ja³¹dɯŋ⁵³　ti³¹　ɹɯi⁵⁵
DIR　-1sg　MOOD　说　　HRS　果然　　　-RED　夜里　　　一　CL
（发誓）说一会儿半夜三更，我要拿走天河的一半。果然，在半夜三更，

dɔ³¹　nɯ³¹　dɯŋ⁵³wa³¹　də³¹ɹɯɹ⁵³　ɹa³¹　wa³¹,　mu⁷⁵⁵　laŋ³¹dɔn⁵⁵
dɔ³¹　nɯ³¹　dɯŋ⁵³wa³¹　də³¹ɹɯɹ⁵³　ɹa³¹　wa³¹　mu⁷⁵⁵　laŋ³¹dɔn⁵⁵
LOC　TOP　IDPH　　　轰响　　　HRS　HRS　天　　梯子
传来"噔"的巨响，

sə³¹ɹə⁷⁵⁵kaŋ⁵³　mi³¹　ə³¹xɹə:ɹ⁵³　　　ɹi³¹　wu³¹,　ju⁵³　ə³¹su⁵⁵　le³¹
sə³¹ɹə⁷⁵⁵kaŋ⁵³　mi³¹　ə³¹xɹɔŋ⁵³　-3p　ɹi³¹　wa³¹　ju⁵³　ə³¹sa⁵⁵　le³¹
蚂蚁王　　　　AGT　掏空　　　-3pe　PFV-NV　HRS　下面　土　　ALL
天梯（地基）被蚂蚁王掏空了，

sə³¹　glɯ:p⁵⁵　　　wa³¹.　ə³¹ja⁵⁵　tɯ:m⁵⁵　　mu⁷⁵⁵　ŋɔ⁵³　le³¹
sə³¹　glɯp⁵⁵　-3p　wa³¹　ə³¹ja⁵⁵　tɯm⁵⁵　-ins　mu⁷⁵⁵　ŋɔ⁵³　le³¹
CAUS陷　　-3pe　HRS　那么　后面　-INSTR　天　　上面　ALL
把天梯往地底下陷进去了。

sɔt⁵⁵e³¹sɔt⁵⁵　　　　ə³¹xɹɑɪŋ⁵⁵　　wɑ⁷³¹　　tɕi³¹.
sɔt⁵⁵e³¹sɔt⁵⁵　　　　ə³¹xɹɑɪŋ⁵⁵　　wɑ⁷³¹　　tɕi³¹
越来越　　　　　　上升　　　　　HRS　　EXP
从那以后，天往上越来越升高了。

　　古时候，在木肯当上有九级梯子能够着天，人从那个梯子爬到天上。蚂蚁王骑着公鸡到天上飞去交金子税。看见人的脚上戴着脚镯，蚂蚁王就向人要（脚镯）。人说你那么细小的脚怎么戴呀？嘲笑（蚂蚁王）没给（他）。蚂蚁王生气了，（发誓）说一会儿半夜三更，我要拿走天河的一半。

　　果然，在半夜三更，传来"噔"的巨响，天梯（地基）被蚂蚁王掏空了，天梯往地底下陷进去了。从那以后，天往上越来越升高了。

2.36 打虎故事

kɑŋ⁵³　　ɑ:p⁵⁵　　　　　nɯ³¹　plak³¹u⁵⁵dəm⁵⁵　　puk³¹ɕɑɹ⁵³suŋ⁵⁵ɕi⁵³　　e⁵⁵
kɑŋ⁵³　　əp⁵⁵　-3p　　nɯ³¹　plak³¹u⁵⁵dəm⁵⁵　　puk³¹ɕɑɹ⁵³suŋ⁵⁵ɕi⁵³　　e⁵⁵
老虎　　射击　-3pe　TOP　帕拉乌当　　　　　普夏尔松　　　　　　是
射死老虎的是帕拉乌当（家族）的普夏尔松西（已去世），

tɕi³¹　e³¹　wɑ³¹,　kai⁷⁵⁵　plak³¹u⁵⁵dəm⁵⁵　　tə³¹kɑ⁷⁵⁵　　de⁷⁵⁵　ɕin³¹.
tɕi³¹　e³¹　wɑ³¹　kai⁷⁵⁵　plak³¹u⁵⁵dəm⁵⁵　　tə³¹kɑ⁷⁵⁵　　de⁷⁵⁵　ɕin³¹
EXP　是　HRS　那　　帕拉乌当　　　　　家族　　灭绝　dl-MOOD
帕拉乌当家族已经灭绝了。

kɑŋ⁵³　sət⁵⁵　ə³¹jɑ⁵⁵　nɯ³¹　tuŋ³¹wɑ⁵³sət⁵⁵　luŋ³¹dɔŋ⁵³　dɔ³¹,　kɑŋ⁵³
kɑŋ⁵³　sət⁵⁵　ə³¹jɑ⁵⁵　nɯ³¹　tuŋ³¹wɑ⁵³sət⁵⁵　luŋ³¹dɔŋ⁵³　dɔ³¹　kɑŋ⁵³
老虎　杀　那个　TOP　东汪撒　　　　石洞　　LOC　老虎
杀老虎是在东汪撒石洞，

ɑ:p⁵⁵　　　　wɑ⁷³¹　tɕi³¹,　plak³¹u⁵⁵dəm⁵⁵　　puk³¹ɕɑɹ⁵³suŋ⁵⁵ɕi⁵³　　e⁵⁵
əp⁵⁵　-3p　wɑ⁷³¹　tɕi³¹　plak³¹u⁵⁵dəm⁵⁵　　puk³¹ɕɑɹ⁵³suŋ⁵⁵ɕi⁵³　　e⁵⁵
射击　-3pe　HRS　EXP　帕拉乌当　　　　　普夏尔松　　　　　　是
射了老虎，是帕拉乌当（家族）的普夏尔松，

wɑ³¹,　kai⁵⁵　ə³¹jɑ⁵⁵　nɯ³¹　kɔ⁵⁵　pəi⁵³　kɹɔŋ⁵⁵　dɔ³¹,　plak³¹u⁵⁵dəm⁵⁵
wɑ³¹　kai⁵⁵　ə³¹jɑ⁵⁵　nɯ³¹　kɔ⁵⁵　pəi⁵³　kɹɔŋ⁵⁵　dɔ³¹　plak³¹u⁵⁵dəm⁵⁵
HRS　这　那个　TOP　那边　SPM　村子　LOC　帕拉乌当

tə³¹ka⁷⁵⁵　　de⁷⁵⁵　çin³¹　　　ə³¹ja⁵⁵　dɔ³¹　ba³¹li⁵⁵　tuŋ³¹wɑ⁵³sət⁵⁵
tə³¹ka⁷⁵⁵　　de⁷⁵⁵　çin³¹　　　ə³¹ja⁵⁵　dɔ³¹　ba³¹li⁵⁵　tuŋ³¹wɑ⁵³sət⁵⁵
家族　　　灭绝　dl-MOOD　那　　LOC　又　　　　东汪撒
在那个村，帕拉乌当已经灭绝了。

luŋ³¹dɔŋ⁵³　　dɔ³¹　də³¹gɯ⁵³　dɔŋ⁵³　ɹi⁷⁵⁵　çɯ³¹　tçi³¹　wɑ³¹　gɯ⁷⁵⁵
luŋ³¹dɔŋ⁵³　　dɔ³¹　də³¹gɯ⁵³　dɔŋ⁵³　ɹi⁷⁵⁵　çɯ³¹　tçi³¹　wɑ³¹　gɯ⁷⁵⁵
石洞　　　　LOC　九　　　　CL　　背　　RFLX　EXP　HRS　说

klɯp⁵⁵　e³¹,　də³¹gɯ⁵³　dɔŋ⁵³　nɯ³¹　mə³¹　ɹi⁵⁵　tɯ⁷³¹e³¹,　də³¹gɯ⁵³
klɯp⁵⁵　e³¹　də³¹gɯ⁵³　dɔŋ⁵³　nɯ³¹　mə³¹　ɹi⁵⁵　tɯ⁷³¹e³¹　də³¹gɯ⁵³
撒谎　　是　九　　　　CL　　TOP　NEG　背　　INFER　　　九
那儿，又说在东汪撒石洞背了九卷（布），（可能）是骗人的，不可能背九卷，

pu⁷⁵⁵　tçuŋ⁵⁵　me³¹əl³¹.　də³¹gɯ⁵³　pu⁷⁵⁵　e⁵⁵　wɑ⁷³¹　ɟɔ⁷⁵⁵　pəi⁵³　məi⁵⁵
pu⁷⁵⁵　tçuŋ⁵⁵　me³¹əl³¹　də³¹gɯ⁵³　pu⁷⁵⁵　e⁵⁵　wɑ⁷³¹　ɟɔ⁷⁵⁵　pəi⁵³　məi⁵⁵
幅　　指　　INFER　　九　　　　幅　　是　　HRS　布　　SPM　CL
可能是指九幅。那个是九幅的布，

nɯ³¹,　tuŋ³¹wɑ⁵³sət⁵⁵　luŋ³¹dɔŋ⁵³　dɔ³¹　e⁵⁵　wɑ³¹,　pɹɔ:t⁵⁵　　　wɑ³¹,
nɯ³¹　tuŋ³¹wɑ⁵³sət⁵⁵　luŋ³¹dɔŋ⁵³　dɔ³¹　e⁵⁵　wɑ³¹　pɹɔt⁵⁵　-3p　wɑ³¹
TOP　东汪撒　　　　　石洞　　　LOC　是　HRS　撒　　-3pe　HRS
是在东汪撒石洞，被（老虎）撒（土），

gə³¹nɯ:n⁵⁵　　　　wɑ⁷³¹　bəi³¹　də³¹gɯ⁵³　pu⁷⁵⁵　e⁵⁵　ɟɔ⁷⁵⁵　ka:i⁵⁵
gə³¹nɯn⁵⁵　　-3p　wɑ⁷³¹　bəi³¹　də³¹gɯ⁵³　pu⁷⁵⁵　e⁵⁵　ɟɔ⁷⁵⁵　kəi⁵⁵　-3p
吓唬　　　　-3pe　HRS　CONJ　九　　　　幅　　是　衣服　吃　　-3pe

wɑ⁷³¹　ɔ³¹ja⁵⁵　çɯ³¹　e⁷⁵⁵　dək³¹tçiŋ⁵³　lɕe³¹　dzəŋ⁵³　gɯ:⁷⁵⁵　　　tçi³¹
wɑ⁷³¹　ə³¹ja⁵⁵　çɯ³¹　e⁷⁵⁵　dək³¹tçiŋ⁵³　tɕe³¹　dzəŋ⁵³　gɯ⁷⁵⁵　-3p　tçi³¹
HRS　那个　也　这　小　　　　　只　有　　说　　-3pe　EXP
被吓唬，据说吃了九幅的布，（虎肚子里）只有这么一点，

wɑ³¹,　tə³¹lɯ:i⁵⁵　　　　ɑ:p⁵⁵　　　wɑ³¹　ə³¹ja⁵⁵　dɔ³¹　pal⁵³
wɑ³¹　tə³¹lɯi⁵⁵　-ins　əp⁵⁵　-3p　wɑ³¹　ə³¹ja⁵⁵　dɔ³¹　pal⁵³
HRS　弓　　　-INSTR　射击　-3pe　HRS　那个　LOC　假人

用弓射了老虎。

ɔ:⁵³,	də³¹gɯ⁵³	sə³¹klɯp⁵⁵	pal⁵³	ɔ:⁵³		wa²³¹,	ti³¹
wa⁵³ -3p	də³¹gɯ⁵³	sə³¹klɯp⁵⁵	pal⁵³	wa⁵³	-3p	wa²³¹	ti³¹
做 -3pe	九	层		假人	做 -3pe	给	一

在那里（用布）做了假人（让老虎去扑咬），九层（布）的假人，

sə³¹klɯp⁵⁵	tɕe³¹	lap⁵⁵	mə³¹	be:ŋ⁵⁵		tɕi³¹	wa³¹,	a:p⁵⁵
sə³¹klɯp⁵⁵	tɕe³¹	lap⁵⁵	mə³¹	beŋ⁵⁵	-3p	tɕi³¹	wa³¹	əp⁵⁵ -3p
层	仅	划破	NEG	能	-3pe	EXP	HRS	射击 -3pe

只剩一层没被（虎爪）划破。

mə³¹nəŋ⁵⁵.	e²⁵⁵ja²⁵⁵	mə³¹nəŋ⁵⁵	nɯ³¹	a:p⁵⁵		mə³¹nəŋ⁵⁵	kaŋ⁵³
mə³¹nəŋ⁵⁵	e²⁵⁵ja²⁵⁵	mə³¹nəŋ⁵⁵	nɯ³¹	əp⁵⁵ -3p		mə³¹nəŋ⁵⁵	kaŋ⁵³
时候	这样	时候	TOP	射击 -3pe		时候	老虎

bu⁵³	wa³¹,	gɔŋ⁵⁵	mə³¹nəŋ⁵³	pa:ŋ³¹	kaŋ⁵³	mə³¹dai⁵³	wa³¹
bu⁵³	wa³¹	gɔŋ⁵⁵	mə³¹nəŋ⁵³	pa:ŋ³¹	kaŋ⁵³	mə³¹dai⁵³	wa³¹
吼	HRS	山坡	各处	ABL	老虎	尖叫	HRS

被射以后老虎吼叫，（老虎受伤逃跑）从各个山坡传来老虎的尖叫声。

ə³¹ja²⁵⁵	mə³¹nəŋ⁵⁵	nɯ³¹	kaŋ³¹ɕa⁵⁵	nɯ³¹	ə³¹li⁵³	tɕi³¹	gɯ²⁵⁵,	kɔ⁵³
ə³¹ja²⁵⁵	mə³¹nəŋ⁵⁵	nɯ³¹	kaŋ³¹ɕa⁵⁵	nɯ³¹	ə³¹li⁵³	tɕi³¹	gɯ²⁵⁵	kɔ⁵³
那	时候	TOP	虎肉	TOP	重	EXP	说	那

然后（射死老虎后）说虎肉是重的，

tɔm³¹du⁵³du⁵³	daŋ⁵⁵	ɔ:ŋ³¹	ti³¹	dəŋ³¹ɹɯ⁵⁵	dəŋ³¹ɹɔŋ⁵⁵	tɕe³¹	sə³¹
tɔm³¹du⁵³du⁵³	daŋ⁵⁵	ɔ:ŋ³¹	ti³¹	dəŋ³¹ɹəŋ⁵⁵	dəŋ³¹ɹɔŋ⁵⁵	tɕe³¹	sə³¹
朵度度	坡	ABL	一 CL		CL	仅	CAUS

ŋa:ŋ⁵⁵		luŋ³¹	wa³¹......	ə³¹ja²⁵⁵	e⁵⁵	nɯ³¹	plak³¹u⁵⁵dəm⁵⁵	de²⁵⁵
ŋaŋ⁵⁵ -3p		luŋ³¹	wa³¹	ə³¹ja²⁵⁵	e⁵⁵	nɯ³¹	plak³¹u⁵⁵dəm⁵⁵	de²⁵⁵
上 -3pe		DIR HRS		那	是	TOP	帕拉乌当	灭绝

从那个朵度度陡坡只送上来（到这个村每户）仅一小篮一小篮（虎肉）……

sa³¹	nɯ³¹	ə³¹nuŋ⁵³	le³¹	ti³¹	kət⁵⁵	lɔ²⁵⁵	wa²³¹	tɕi³¹	e⁵⁵	wa³¹,
sa³¹	nɯ³¹	ə³¹nuŋ⁵³	le³¹	ti³¹	kət⁵⁵	lɔ²⁵⁵	wa²³¹	tɕi³¹	e⁵⁵	wa³¹

NOM TOP　怒江流域　ALL　一　　次　　回　　HRS　　EXP　是　　HRS
然后，帕拉乌当（家族）灭绝的原因是，他们迁到怒江（河谷）一次，

ə³¹nuŋ⁵³　　le³¹　　lɔʔ⁵⁵　　lɔʔ⁵⁵　　waʔ³¹　　nɯ³¹　　ə³¹nuŋ⁵³　　ɕu⁵⁵　　wəi⁵³
ə³¹nuŋ⁵³　　le³¹　　lɔʔ⁵⁵　　lɔʔ⁵⁵　　waʔ³¹　　nɯ³¹　　ə³¹nuŋ⁵³　　ɕu⁵⁵　　wa⁵³　　-1p
怒江流域　ALL　回　　回　　HRS　　TOP　怒族　　习俗　做　　-1pl

gɯʔ⁵⁵　　dʑin³¹　　ɹə³¹la⁵⁵　　wa⁵⁵　　dʑin³¹　　la³¹ɕi⁵⁵　　mɔʔ⁵⁵　　dʑin³¹.　　ɟa⁵⁵
gɯʔ⁵⁵　　dʑin³¹　　ɹə³¹la⁵⁵　　wa⁵⁵　　dʑin³¹　　la³¹ɕi⁵⁵　　mɔʔ⁵⁵　　dʑin³¹　　ɟa⁵⁵
说　　着　　歌　　　做　　着　　毡帽　　戴　　着　　这
迁到怒江后（又返迁回独龙江）说着我们做的是怒江的习俗，唱着歌，戴着毡帽。

sam³¹daʔ⁵⁵luŋ³¹dɯ⁵³　　　　taʔ⁵⁵　　le³¹　　ŋaŋ⁵⁵　　waʔ³¹,　　ə³¹wəi⁵⁵　　dʑin³¹　　e⁵⁵
sam³¹daʔ⁵⁵luŋ³¹dɯ⁵³　　　　taʔ⁵⁵　　le³¹　　ŋaŋ⁵⁵　　waʔ³¹　　ə³¹wəi⁵⁵　　dʑin³¹　　e⁵⁵
三达龙得　　　　　　　接　　ALL　上　　HRS　吹口哨　着　　是
从这三达龙得（大岩石边）往上上来，叫喊着，

waʔ³¹,　　ə³¹ɕiʔ⁵⁵　　ɕɯ³¹　　waʔ³¹,　　ə³¹nuŋ⁵³　　ɕu⁵⁵　　wəi⁵³　　　　gɯʔ⁵⁵　　waʔ³¹,
waʔ³¹　　ə³¹ɕiʔ⁵⁵　　ɕɯ³¹　　waʔ³¹　　ə³¹nuŋ⁵³　　ɕu⁵⁵　　wa⁵³　　-1p　　gɯʔ⁵⁵　　waʔ³¹
HRS　　尖叫　　RFLX　HRS　怒族　　习俗　做　　-1pl　说　　　HRS
尖叫着，说我们做的是怒族的习俗，

e³¹wa⁵⁵　　kɔ⁵⁵　　pəi⁵³　　ɹiɹ⁵³　　ŋaŋ⁵⁵　　bəi³¹　　ɟa⁵⁵　　pəi⁵³　　ɹiɹ⁵³　　ɕɔm⁵⁵
e³¹wa⁵⁵　　kɔ⁵⁵　　pəi⁵³　　ɹiɹ⁵³　　ŋaŋ⁵⁵　　bəi³¹　　ɟa⁵⁵　　pəi⁵³　　ɹiɹ⁵³　　ɕɔm⁵⁵
那样　　那边　SPM　山脊　上　　CONJ　这儿　SPM　山脊　下

dʑin³¹　　ə³¹ɕiʔ⁵⁵　　ɕɯ³¹　　dʑin³¹,　　e³¹wa⁵⁵　　kə³¹tɯt⁵⁵　　ɕɯ³¹　　waʔ³¹.　　ɔ³¹
dʑin³¹　　ə³¹ɕiʔ⁵⁵　　ɕɯ³¹　　dʑin³¹　　e³¹wa⁵⁵　　kə³¹tɯt⁵⁵　　ɕɯ³¹　　waʔ³¹　　ɔ³¹
着　　尖叫　　RFLX　着　　那样　　折腾　　RFLX　HRS　哦
就那样从那个山脊上来就从这个山脊下来，尖叫着这样闹腾。

ə³¹nəm⁵⁵　　nəm³¹ɹɯm⁵⁵　　mi³¹　　tek⁵⁵waʔ³¹　　ləŋ³¹　　deʔ⁵⁵　　luŋ³¹　　　　　waʔ³¹,
ə³¹nəm⁵⁵　　nəm³¹ɹɯm⁵⁵　　mi³¹　　tek⁵⁵waʔ³¹　　ləŋ³¹　　deʔ⁵⁵　　luŋ³¹　　　　　waʔ³¹
后来　　天瘟　　INSTR IDPH　CONTR　灭绝　PFV-DIR　HRS
哦后来就被天瘟灭绝了，

meŋ⁵³waʔ³¹　　deʔ⁵⁵　　luŋ³¹　　　waʔ³¹,　　bɹət⁵⁵　　waʔ³¹　　tɕi³¹　　e³¹　　waʔ³¹.

meŋ⁵³wɑ³¹　　de⁷⁵⁵ luŋ³¹　　wɑ³¹　bɹɛt⁵⁵　wɑ⁷³¹　tɕi³¹　e³¹　wɑ³¹
IDPH　　　　灭绝 PFV-DIR样　　灭绝　HRS　　EXP 是　HRS
像草丛被风刮平般地灭绝了，被灭绝了。

bɹɑ³¹dɔ⁷⁵⁵　　wɑ⁵³,　bɹɑ³¹dɔ⁷⁵⁵　　wɑ⁷⁵⁵　nɯ³¹　plaŋ⁵⁵　mi³¹　ɔ:⁵³
bɹɑ³¹dɔ⁷⁵⁵　　wɑ⁵³　bɹɑ³¹dɔ⁷⁵⁵　　wɑ⁷⁵⁵　nɯ³¹　plaŋ⁵⁵　mi³¹　wɑ⁵³　-3p
魃朵　　　　做　魃朵　　　　　做　　TOP　神　　AGT　做　　-3pe
被做了"魃朵"，被做了"魃朵"是被神鬼做的，

e³¹　ɕin³¹,　　e³¹wɑ⁵⁵　wɑ⁷⁵⁵　mə³¹nəŋ⁵⁵　kɔ⁷⁵⁵　dʑum³¹dɑ⁷⁵⁵　mi³¹
e³¹　ɕin³¹　　e³¹wɑ⁵⁵　wɑ⁷⁵⁵　mə³¹nəŋ⁵⁵　kɔ⁷⁵⁵　dʑum³¹dɑ⁷⁵⁵　mi³¹
是　dl-MOOD 那样　　做　　时候　　　那　　山神　　　　AGT

ə³¹gəm⁵⁵　　mə³¹　ɟɑ:ŋ⁵³　　e⁵⁵　ɕin³¹.　ə³¹ja⁵⁵　pɑ:ŋ³¹
ə³¹gəm⁵⁵　　mə³¹　ɟəŋ⁵³　-3p　e⁵⁵　ɕin³¹　ə³¹ja⁵⁵　pɑ:ŋ³¹
顺眼　　　　NEG　看　　-3pe 是　dl-MOOD 那个　　ABL
是因为那样做（闹腾），山神看不顺眼的嘛。

plak³¹u⁵⁵dəm⁵⁵　　tə³¹kɑ⁷⁵⁵　de⁷⁵⁵,　ɟa⁵⁵　mə³¹li⁵³　ə³¹tsəŋ⁵³　sɔt⁵⁵
plak³¹u⁵⁵dəm⁵⁵　　tə³¹kɑ⁷⁵⁵　de⁷⁵⁵　ɟa⁵⁵　mə³¹li⁵³　ə³¹tsəŋ⁵³　sɔt⁵⁵
帕拉乌当　　　　　家族　　　灭绝　这儿 地方　　人　　　　越

tə³¹kɑ⁷⁵⁵　de⁷⁵⁵　ɕin³¹,　　luk³¹kɔp⁵⁵ tə³¹kɑ⁷⁵⁵　de⁷⁵⁵,　ŋɔ⁷⁵⁵　mə³¹ɹɐɹ⁵⁵
tə³¹kɑ⁷⁵⁵　de⁷⁵⁵　ɕin³¹　　luk³¹kɔp⁵⁵ tə³¹kɑ⁷⁵⁵　de⁷⁵⁵　ŋɔ⁷⁵⁵　mə³¹ɹɐɹ⁵⁵
家族　　　灭绝　dl-MOOD 龙果　　氏族　　　灭绝　上面　木壤

tə³¹kɑ⁷⁵⁵　de⁷⁵⁵,　pɹɯm⁵³　tə³¹kɑ⁷⁵⁵　de⁷⁵⁵.....　tɕa⁵⁵bəi³¹
tə³¹kɑ⁷⁵⁵　de⁷⁵⁵　pɹɯm⁵³　tə³¹kɑ⁷⁵⁵　de⁷⁵⁵　tɕa⁵⁵bəi³¹
家族　　　灭绝　普日木 家族　　　灭绝　　过去
因为那样帕拉乌当家族就灭亡了，这地方更有更多家族灭绝了，龙果灭绝了，木壤家族灭绝了，普日木家族灭绝了……

mə³¹gɑ⁷⁵⁵lɔŋ⁵⁵　　ɟa⁷⁵⁵　nɯ³¹　təi⁵⁵　kaŋ⁵³　əl⁵³　tɕi³¹　wɑ³¹,　mɑ³¹
mə³¹gɑ⁷⁵⁵lɔŋ⁵⁵　　ɟa⁷⁵⁵　nɯ³¹　təi⁵⁵　kaŋ⁵³　əl⁵³　tɕi³¹　wɑ³¹　mɑ³¹
木嘎洛河谷　　　　这　　TOP　很　　老虎　有　　EXP　HRS　NEG
过去这木嘎洛河谷老虎特别多，

tə³¹di⁵⁵　　wa³¹,　　tən⁵⁵bəi³¹　　nɯ³¹　　e³¹wa⁵⁵　　mə³¹sɯl⁵⁵　　mal⁵³.　　əŋ³¹li⁵⁵
tə³¹di⁵⁵　　wa³¹　　tən⁵⁵bəi³¹　　nɯ³¹　　e³¹wa⁵⁵　　mə³¹sɯl⁵⁵　　mal⁵³　　əŋ³¹li⁵⁵
能去　　HRS　　现在　　TOP　　那样　　故事　　没有　　旧时
没法去，现在没有那样的消息了。

ŋɑ⁵³　　pə³¹ɹe⁷⁵⁵　　lu⁷⁵⁵　　nɯ³¹　　kuŋ⁵⁵　　ləŋ³¹　　e⁵⁵　　me⁷³¹əl³¹, kuŋ⁵⁵　　ləŋ³¹
ŋɑ⁵³　　pə³¹ɹe⁷⁵⁵　　lu⁷⁵⁵　　nɯ³¹　　kuŋ⁵⁵　　ləŋ³¹　　e⁵⁵　　me⁷³¹əl³¹　　kuŋ⁵⁵　　ləŋ³¹
1SG　　害怕　　吓唬　　TOP　　豹子　　CONTR　　是　　INFER　　豹子　　CONTR
旧时，吓唬我的可能是豹子，是豹子。

e⁵⁵.　　ə³¹ja⁵⁵　　nɯ³¹　　na⁵³　　wa⁷⁵⁵　　wɑ³¹　　ŋɔ⁷⁵⁵　　mu⁷⁵⁵　　pa:ŋ³¹　　ləŋ³¹
e⁵⁵　　ə³¹ja⁵⁵　　nɯ³¹　　na⁵³　　wa⁷⁵⁵　　wɑ³¹　　ŋɔ⁷⁵⁵　　mu⁷⁵⁵　　pa:ŋ³¹　　ləŋ³¹
是　　那个　　TOP　　EXCL　　猪　　样　　上面　　天　　ABL　　CONTR

gləp⁵⁵　　ta⁷³¹　　mə³¹dai⁵³　　me⁵⁵,　　ja⁷⁵⁵　　tən⁵⁵　　wa³¹　　məi³¹　　tjen³¹tu⁵³
gləp⁵⁵　　ta⁷³¹　　mə³¹dai⁵³　　me⁵⁵　　ja⁷⁵⁵　　tən⁵⁵　　wa³¹　　məi³¹　　tjen³¹tu⁵³
响　　COMP 尖叫　　MOOD 这　　现在　　样　　HPT　　手电筒
那个呢像猪（被杀时尖叫）那样仿佛从天上响般尖叫，

lək⁵⁵　　çiŋ³¹　　nɯ³¹.....　　ja⁷⁵⁵　　tuŋ⁵⁵　　wa⁵⁵　　pa:ŋ³¹　　tçe³¹
ləŋ⁵⁵　-1p　　çɯ³¹　-1p　　nɯ³¹　　ja⁷⁵⁵　　tuŋ⁵⁵　　wa⁵⁵　　pa:ŋ³¹　　tçe³¹
带　-1sg　RFLX　-1sg　TOP　　这　　角落　　做　　ABL　　才
如果像现在这样拿着电筒的话……

mə³¹dai⁵³,　　tjen³¹tu⁵³　　çɯ³¹　　mal⁵³,　　tən⁵⁵　　çɯ³¹　　mal⁵³,　　ə³¹ja⁷⁵⁵
mə³¹dai⁵³　　tjen³¹tu⁵³　　çɯ³¹　　mal⁵³　　tən⁵⁵　　çɯ³¹　　mal⁵³　　ə³¹ja⁷⁵⁵
尖叫　　手电筒　　也　　没有　　什么　　也　　没有　　那
从这角落那样的方位尖叫，没有电筒，什么也没有，那个时候，

ɔ³¹laŋ⁵³,　　mə³¹dɯm⁵³　　wɑɪɪ⁵⁵　　bəi³¹　　çɯ³¹　　mə³¹　　ɟəŋ⁵³.　　mə³¹dɯm⁵³
ə³¹laŋ⁵³　　mə³¹dɯm⁵³　　wan⁵⁵　　bəi³¹　　çɯ³¹　　mə³¹　　ɟəŋ⁵³　　mə³¹dɯm⁵³
时候　　火把　　照　　CONJ　　也　　NEG　　看　　火把
（我）用火把照了，什么也没看见，

wa⁷⁵⁵　　le³¹　　gɹɯɪŋ⁵⁵gɹɯɪŋ⁵⁵　　mə³¹　　di⁵⁵　　ɹa³¹.　　"we:⁷⁵⁵,　　kuŋ⁵³　　kuŋ⁵³
wa⁷⁵⁵　　le³¹　　gɹɯɪŋ⁵⁵gɹɯɪŋ⁵⁵　　mə³¹　　di⁵⁵　　ɹa³¹　　we:⁷⁵⁵　　kuŋ⁵³　　kuŋ⁵³
做　　ALL　　IDPH　　NEG　　走　　HRS　　喂　　唝　　唝

它没来到火把照着的地方。"喂……唝、唝、

kuŋ⁵³ kuŋ⁵³ kuŋ⁵³" gɯʔ⁵⁵, na⁵³ nuŋ³¹ŋua⁵³ la³¹bu⁵⁵ ɕɔm⁵³ wa³¹
kuŋ⁵³ kuŋ⁵³ kuŋ⁵³ gɯʔ⁵⁵ na⁵³ nuŋ³¹ŋua⁵³ la³¹bu⁵⁵ ɕɔm⁵³ wa³¹
唝 唝 唝 说 EXCL 牛 大公牛 下 样
唝、唝、唝"尖叫，像大公牛走下来般

e³¹wa⁵⁵ xɹɛŋ⁵³lə³¹xɹɛŋ⁵³ di⁵⁵di⁵⁵ ɹɑʔ³¹, i⁵³ kaŋ⁵⁵ eʔ⁵⁵wa³¹.
e³¹wa⁵⁵ xɹɛŋ⁵³lə³¹xɹɛŋ⁵³ di⁵³ -red ɹɑʔ³¹ i⁵³ kaŋ⁵⁵ eʔ⁵⁵wa³¹
那样 IDPH 走 -RED DIR 麻 揭 这样
踩响草丛走来，我正在这样揭麻皮（防麻线用的）。

ə³¹jaʔ⁵⁵ mə³¹nəŋ⁵⁵ nɯ³¹ ma³¹ pa³¹ɹeʔ⁵⁵ɹeʔ⁵⁵ i⁵³ ə³¹bɹɑ⁵⁵bɹɑ³¹
ə³¹jaʔ⁵⁵ mə³¹nəŋ⁵⁵ nɯ³¹ ma³¹ pə³¹ɹeʔ⁵⁵ -red i⁵³ ə³¹bɹɑ⁵⁵bɹɑ³¹
那 时候 TOP NEG 害怕 -RED 麻 赶快

sə³¹naŋ⁵⁵naŋ⁵⁵ nɯ³¹ ɕɛm³¹dɔŋ⁵³ tə³¹tɕɔn⁵³ bəi³¹ mə³¹ di⁵⁵
sə³¹na⁵³ -1p -red nɯ³¹ ɕɛm³¹dɔŋ⁵³ tə³¹tɕɔn⁵³ bəi³¹ mə³¹ di⁵⁵
停下 -1sg -RED TOP 铁镞箭 准备 CONJ NEG 走
这时（它走来）我不怕，赶紧把麻放下，然后准备铁镞箭，就没过来，

ɹɑ³¹, ɟaʔ⁵⁵ tə³¹mi⁵⁵ ga⁵⁵ le³¹ gɹɯŋ⁵⁵gɹɯŋ⁵⁵ mə³¹ di⁵⁵ ɹɑ³¹, na⁵³
ɹɑ³¹ ɟaʔ⁵⁵ tə³¹mi⁵⁵ ga⁵⁵ le³¹ gɹɯŋ⁵⁵gɹɯŋ⁵⁵ mə³¹ di⁵⁵ ɹɑ³¹ na⁵³
DIR 这 火 亮 ALL IDPH NEG 走 DIR EXCL
这火光照亮的地方没确实过来，

pə³¹ɕin⁵⁵ dəŋ³¹ dɯɯ⁵⁵ɕɯ³¹ taʔ³¹ xɹɛx⁵⁵ me⁵⁵ nɯ³¹. ma³¹
pə³¹ɕin⁵⁵ dəŋ³¹ dɯɯ⁵⁵ɕɯ³¹ taʔ³¹ xɹɛx⁵⁵ me⁵⁵ nɯ³¹ ma³¹
心 ALL 震撼 COMP 喊 MOOD MOOD NEG
（它）的喊叫声震撼心脏。

pa³¹ɹeʔ⁵⁵ ɕɛm³¹dɔŋ⁵³ tə³¹tɕɔn⁵³ ta³¹na⁵⁵ ləi⁵⁵, ma⁵⁵ ɟaʔ⁵⁵
pa³¹ɹeʔ⁵⁵ ɕɛm³¹dɔŋ⁵³ tə³¹tɕɔn⁵³ ta³¹na⁵⁵ ləi⁵⁵ ma⁵⁵ ɟaʔ⁵⁵
害怕 铁镞箭 准备 弩 张 INTR 这
我不怕，倒反准备了铁镞箭，张开了弩，

mə³¹dɯm⁵³ ga⁵⁵ le³¹ di⁵⁵ ɹɑ³¹, ə³¹jaʔ⁵⁵ mə³¹nəŋ⁵⁵ ɟɔ⁵⁵ lap⁵⁵

mə³¹dɯm⁵³　　ga⁵⁵　le³¹　di⁵⁵　ɻɑ³¹　ə³¹jɑ˞⁵⁵　mə³¹nəŋ⁵⁵　ɟɔ⁵⁵　lap⁵⁵
火把　　　　亮　　ALL　走　DIR　那　　时候　　　　下面　方向
看是不是来到这火把照亮的地方，　然后，

le³¹　ləŋ³¹　tə³¹xɻeŋ⁵³　di³¹.　ə³¹jɑ˞⁵⁵　mə³¹nəŋ⁵⁵　nɯ³¹　e˞⁵⁵
le³¹　ləŋ³¹　tə³¹xɻeŋ⁵³　di³¹　ə³¹jɑ˞⁵⁵　mə³¹nəŋ⁵⁵　nɯ³¹　e˞⁵⁵
ALL　CONTR　　　响　　PFV-V　那　　时候　　　TOP　这
（它的脚步声和叫声）就往下面（下坡）响了。

dək³¹təi⁵³　luŋ⁵⁵　təl⁵⁵,　ŋa⁵³　sep⁵⁵　dɔ³¹　ɻɔk⁵⁵……　ŋa⁵³　tɕe³¹
dək³¹təi⁵³　luŋ⁵⁵　təl⁵⁵　ŋa⁵³　sep⁵⁵　dɔ³¹　ɻɔk⁵⁵　　　ŋa⁵³　tɕe³¹
大　　　　石头　滚　　1SG　旁　　LOC　坐　　　　1SG　只
然后我就滚下了这么大的大石块，在我旁边的……

iŋ⁵⁵　　　i⁵³　kaŋ⁵⁵,　ŋa⁵³　nɯ³¹　ma³¹　pə³¹ɻek⁵⁵　　pə³¹ɻe˞⁵⁵　ɕu⁵⁵
e⁵⁵　-1p　i⁵³　kaŋ⁵⁵　ŋa⁵³　nɯ³¹　ma³¹　pə³¹ɻe˞⁵⁵　-1p　pə³¹ɻe˞⁵⁵　ɕu⁵⁵
是　-1se　麻　揭　　1SG　TOP　NEG　害怕　　　-1se　害怕　　习俗

mal⁵⁵　ə³¹tsəŋ⁵³　iŋ⁵⁵.　kuŋ⁵⁵　nɯ³¹　nuŋ³¹ŋua⁵³　la³¹bu⁵⁵　wa⁵⁵
mal⁵⁵　ə³¹tsəŋ⁵³　e⁵⁵　-1p　kuŋ⁵⁵　nɯ³¹　nuŋ³¹ŋua⁵³　la³¹bu⁵⁵　wa⁵⁵
没有　人　　　　是　-1se　金钱豹　TOP　牛　　　　大公牛　做
就我一个，在揭麻皮，我不怕，是没有怕的习惯的人。金钱豹有大公牛般大，

e⁵⁵,　kwəŋ⁵⁵ə³¹kwəŋ⁵⁵,　ə³¹li⁵⁵　dɯŋ⁵³　wa³¹　e⁵⁵,　e˞⁵⁵
e⁵⁵　kwəŋ⁵⁵ə³¹kwəŋ⁵⁵　ə³¹li⁵⁵　dɯŋ⁵³　wa³¹　e⁵⁵　e˞⁵⁵
是　IDPH　　　　　　　猫　　巨大　样　是　这
身上有斑纹的，像很大的猫，

dəŋ³¹mɻeŋ⁵⁵mɻeŋ⁵⁵　ɻep⁵⁵,　kuŋ⁵⁵　sɔt⁵⁵sɔt⁵⁵　təi⁵³,　kuŋ⁵⁵　təi⁵³
dəŋ³¹mɻeŋ⁵⁵　-red　ɻep⁵⁵　kuŋ⁵⁵　sɔt⁵⁵sɔt⁵⁵　təi⁵³　kuŋ⁵⁵　təi⁵³
高　　　　　-RED　站　金钱豹　更加　　　大　金钱豹　大
站这么高，金钱豹更大，

kaŋ⁵³　mə³¹dəm⁵³　təi⁵⁵　wa³¹.　kaŋ³¹dʑi⁵³　nɯ³¹　kaŋ³¹dʑi⁵³,
kaŋ⁵³　mə³¹dəm⁵³　təi⁵⁵　wa³¹　kaŋ³¹dʑi⁵³　nɯ³¹　kaŋ³¹dʑi⁵³
老虎　比　　　　大　　HRS　豹子　　　TOP　豹子
金钱豹大的比老虎……豹子是豹子，

kak³¹tɯŋ⁵⁵　　nɯ³¹　kak³¹tɯŋ⁵⁵,　　kuŋ⁵⁵　　nɯ³¹　kuŋ⁵⁵　　kɑ³¹kɑ⁵⁵　　lən³¹
kak³¹tɯŋ⁵⁵　　nɯ³¹　kak³¹tɯŋ⁵⁵　　kuŋ⁵⁵　　nɯ³¹　kuŋ⁵⁵　　kɑ³¹kɑ⁵⁵　　lən³¹
虎　　　　　TOP　虎　　　　　金钱豹　TOP　金钱豹　别的　　　　CONTR
虎是虎，金钱豹是金钱豹，是不同的种类，

e⁵⁵,　　kaŋ³¹dʑi⁵³　　nɯ³¹　dʑi⁵³dʑi⁵⁵　　ə³¹kwəŋ⁵⁵　　pəi⁵⁵　　mɯŋ⁵³,
e⁵⁵　　kaŋ³¹dʑi⁵³　　nɯ³¹　dʑi⁵³dʑi⁵⁵　　ə³¹kwəŋ⁵⁵　　pəi⁵⁵　　mɯŋ⁵³
是　　豹子　　　　TOP　IDPH　　　　斑点　　　　SPM　　种类
豹子是斑纹细细的那种，

laŋ³¹gəɹ⁵³　　wɑ³¹　　ə³¹kwəŋ⁵⁵　　pəi⁵⁵　　mɯŋ⁵³.　　kuŋ⁵⁵　　nɯ³¹
laŋ³¹gəɹ⁵³　　wɑ³¹　　ə³¹kwəŋ⁵⁵　　pəi⁵⁵　　mɯŋ⁵³　　kuŋ⁵⁵　　nɯ³¹
野猫　　　　样　　　斑点　　　　SPM　　种类　　金钱豹　TOP
像野猫那样有斑纹的那种，

nɑ̃ʔ⁵⁵nɑ:ʔ⁵⁵　　　　pɑ:ŋ³¹　ə³¹kwəŋ⁵⁵　　tɕi³¹　wɑ³¹　　gɯ:ʔ⁵⁵　　　me⁵⁵
nɑ̃ʔ⁵⁵nɑ̃ʔ⁵⁵　-ins　pɑ:ŋ³¹　ə³¹kwəŋ⁵⁵　　tɕi³¹　wɑ³¹　　gɯ:ʔ⁵⁵　-3p　me⁵⁵
黑黑的　　-INSTR　ABL　　斑点　　　　EXP　　HRS　说　　　-3pe　不是
金钱豹据说斑纹是黑色的，

nɯ³¹,　　əŋ³¹mɯl⁵⁵　　nɑ:ʔ⁵⁵　　　　pɑ:ŋ³¹　ə³¹kwəŋ⁵⁵　　wɑ³¹.　　tɕɑ⁵⁵
nɯ³¹　　əŋ³¹mɯl⁵⁵　　nɑ̃ʔ⁵⁵　-3p　pɑ:ŋ³¹　ə³¹kwəŋ⁵⁵　　wɑ³¹　　tɕɑ⁵⁵
TOP　　毛发　　　　黑　-3pe　ABL　　斑点　　　HRS　过去
毛色有黑斑纹。

ə³¹laŋ⁵³　　nɯ³¹　ɟɑ̃ʔ⁵⁵　wak³¹tɕəŋ⁵⁵　　tsə³¹wɑ̃ʔ⁵⁵　　le³¹　　lɑ:n⁵⁵
ə³¹laŋ⁵³　　nɯ³¹　ɟɑ̃ʔ⁵⁵　wak³¹tɕəŋ⁵⁵　　tsə³¹wɑ̃ʔ⁵⁵　　le³¹　　lən⁵⁵　-3p
时候　　　TOP　这　　江边　　　　　沙坝　　　　　ALL　　叫作　-3pe

gɹɯ̃ʔ⁵⁵gɹɯ̃ʔ⁵⁵　　ə³¹blən⁵³　　me⁵⁵　nɯ³¹,　　tən⁵⁵bəi³¹　　ə³¹ja⁵⁵　ma:l⁵³
gɹɯ̃ʔ⁵⁵gɹɯ̃ʔ⁵⁵　　ə³¹blən⁵³　　me⁵⁵　nɯ³¹　　tən⁵⁵bəi³¹　　ə³¹ja⁵⁵　mal⁵³　-3p
IDPH　　　　　留有足迹　　不是　TOP　现在　　　　那个　　没有　-3pe
过去，这江边的沙地上印有密密麻麻（老虎）的脚印，现在没有了，

bɯ³¹,　　dʑɯm³¹dɑ:ʔ⁵⁵　　　mə³¹　su:⁵⁵　　　e³¹.　　ʝɔ̃ʔ⁵⁵'　tɕi³¹liŋ⁵⁵dəm⁵⁵
bɯ³¹　　dʑɯm³¹dɑ̃ʔ⁵⁵　-agt　mə³¹　su⁵⁵　-3p　e³¹　　ʝɔ̃ʔ⁵⁵　tɕi³¹liŋ⁵⁵dəm⁵⁵

DIR　　山神　　　　　　-AGT NEG　养　　-3pe 是　下面　齐林当

是山神不再养它们了。

mə³¹li⁵³,　　ɟaʔ⁵⁵　tsə³¹wɑʔ⁵⁵　le³¹　kɯʔ³¹　kəiʔ⁵⁵　kaŋ⁵³　ɟə³¹wɑʔ⁵⁵
mə³¹li⁵³,　　ɟaʔ⁵⁵　tsə³¹wɑʔ⁵⁵　le³¹　kɯʔ³¹　kəiʔ⁵⁵　kaŋ⁵³　ɟə³¹wɑʔ⁵⁵
地方　　　这　　沙坝　　　ALL　也　吃　　老虎　下面

dʑɯ³¹kəi⁵³　suk³¹səɹ⁵⁵　luŋ³¹buʔ⁵⁵　ɟa³¹lap⁵⁵lap⁵⁵　dɔ³¹　ək³¹tɔt⁵⁵
dʑɯ³¹kəi⁵³　suk³¹səɹ⁵⁵　luŋ³¹buʔ⁵⁵　ɟa³¹lap⁵⁵　-red　dɔ³¹　ək³¹tɔt⁵⁵
这儿　　　松色　　　岩石　　　这边　　　-RED LOC　残块

ɹɔ:⁵⁵　　　wa³¹　gɯʔ⁵⁵　me⁵⁵　ma³¹.　ə³¹ja⁵⁵　tɕə³¹ja⁵⁵　tɕe³¹　e⁵⁵,
ɹɑ⁵⁵　-3p　wa³¹　gɯʔ⁵⁵　me⁵⁵　ma³¹　ə³¹ja⁵⁵　tɕə³¹ja⁵⁵　tɕe³¹　e⁵⁵
放　　-3pe　HRS　说　　不是　INTR　那个　　前不久　只　　是
下面的齐林当，也到这沙地来吃（牲畜）的老虎，据说会把（吃剩的牲畜）残块放在
下面的这儿松色岩石这边，那是前不久的事情，

ə³¹ja⁵⁵　ɕɯ³¹　ti³¹　tsəl⁵⁵　niŋ⁵⁵　ə³¹ni⁵⁵　tsəl⁵⁵　niŋ⁵⁵　wa³¹　ləŋ³¹　ca⁵³
ə³¹ja⁵⁵　ɕɯ³¹　ti³¹　tsəl⁵⁵　niŋ⁵⁵　ə³¹ni⁵⁵　tsəl⁵⁵　niŋ⁵⁵　wa³¹　ləŋ³¹　ca⁵³
那个　　也　　一　十　　年　　两　　十　　年　　样　CONTR　过
那也就是才过去了一二十年哦。

ɔ³¹.　kɹɔŋ³¹mu⁵³tsɯn⁵⁵ɕi⁵³　　də³¹guan⁵⁵　ə³¹wəŋ⁵³　cen⁵⁵ɕi⁵³
ɔ³¹　kɹɔŋ³¹mu⁵³tsɯn⁵⁵ɕi⁵³　　də³¹guan⁵⁵　ə³¹wəŋ⁵³　cen⁵⁵ɕi⁵³
哦　孔目兹西　　　　　　　俩　　　　我叔伯　柬西

də³¹guan⁵⁵　mi³¹　də³¹wat⁵⁵　ɔ:⁵³　　　　wa³¹,　ə³¹jaʔ⁵⁵　nuŋ³¹ŋua⁵³
də³¹guan⁵⁵　mi³¹　də³¹wat⁵⁵　wa⁵³　-3p　wa³¹　ə³¹jaʔ⁵⁵　nuŋ³¹ŋua⁵³
俩　　　　AGT　地弩　　做　　-3pe　HRS　那　牛
孔目兹西（已死）和我叔叔甘西（已死）两个放置了地弩（来射杀），

ək³¹tɔt⁵⁵　dɔ³¹　də³¹wat⁵⁵　ɔ:⁵³　　　　wa³¹　bəi³¹　ə³¹dzuʔ⁵⁵
ək³¹tɔt⁵⁵　dɔ³¹　də³¹wat⁵⁵　wa⁵³　-3p　wa³¹　bəi³¹　ə³¹dzuʔ⁵⁵
残块　　LOC　地弩　　做　　-3pe　HRS　CONJ　山鹿
在那个（吃剩）半截牛边放置了地弩，然后，

pə³¹dəm⁵⁵　ləŋ³¹　ɹɔ:⁵⁵　　tɕi³¹　gɯʔ⁵⁵　wa³¹,　ma³¹　ɹɑ⁵⁵　ɔ:⁵³,

pə³¹dəm⁵⁵	ləŋ³¹	ɹɑ⁵⁵ -3p	tɕi³¹	gɯˀ⁵⁵	wɑ³¹	mɑ³¹	ɹɑ⁵⁵	wɑ⁵³ -3p
尺寸	CONTR	放 -3pe	EXP	说	HRS	NEG	放	做 -3pe

mɑ³¹	tə³¹tɕen⁵³	wɑ³¹,	pɯˀ⁵⁵dət⁵⁵	mə³¹	ɹuː⁵⁵.	ə³¹jaˀ⁵⁵
mɑ³¹	tə³¹tɕen⁵³	wɑ³¹	pɯˀ⁵⁵dət⁵⁵	mə³¹	ɹu⁵⁵ -3p	ə³¹jaˀ⁵⁵
NEG	放倒	HRS	IDPH	NEG	射杀 -3pe	那

（有人对他俩）说要按山鹿的尺寸来放置（地弩），但没那样做，结果没放倒（老虎），没致命刺中。

mə³¹nəŋ⁵⁵	nɯ³¹	ŋɔˀ⁵⁵	kə³¹dzəl⁵³tsɯt⁵⁵pɔn⁵⁵	pəŋ⁵³	le³¹	ə³¹gləi⁵⁵
mə³¹nəŋ⁵⁵	nɯ³¹	ŋɔˀ⁵⁵	kə³¹dzəl⁵³tsɯt⁵⁵pɔn⁵⁵	pəŋ⁵³	le³¹	ə³¹gləi⁵⁵
时候	TOP	上面	各杂斯坡	下面	ALL	跳

wɑˀ³¹	lɑːn⁵⁵	ɟɑ⁵⁵wɑ⁵⁵	pɑːŋ³¹	ŋɔˀ⁵⁵	gɔŋ⁵⁵	wɑ³¹	gɔŋ⁵⁵	wɑ³¹
wɑˀ³¹	lən⁵⁵ -3p	ɟɑ⁵⁵wɑ⁵⁵	pɑːŋ³¹	ŋɔˀ⁵⁵	gɔŋ⁵⁵	wɑ³¹	gɔŋ⁵⁵	wɑ³¹
HRS	叫作 -3pe	这样的	ABL	上面	山坡	样	山坡	样

le³¹	ɕɯi⁵⁵	əŋ³¹mə³¹kwəŋ⁵⁵	mə³¹kwəŋ⁵⁵	də³¹beˀ⁵⁵	wɑ³¹.	ə³¹jaˀ⁵⁵
le³¹	ɕɯi⁵⁵	əŋ³¹mə³¹kwəŋ⁵⁵	mə³¹kwəŋ⁵⁵	də³¹beˀ⁵⁵	wɑ³¹	ə³¹jaˀ⁵⁵
ALL	血	成团的	团	砸	HRS	那

然后呢，（虎受伤后）从上面的各杂斯玻以下乱蹦跳，像从这样的地方往上面的坡那样的地方，血一团一团地撒在地上，

bəi³¹	ɟɔˀ⁵⁵	təŋ³¹məi⁵⁵	lɔk³¹	ŋaŋ⁵⁵	le³¹	lɑˀ⁵⁵	ɕɯ³¹	me³¹əl³¹	wɑ³¹
bəi³¹	ɟɔˀ⁵⁵	təŋ³¹məi⁵⁵	lɔk³¹	ŋaŋ⁵⁵	le³¹	lɑˀ⁵⁵	ɕɯ³¹	me³¹əl³¹	wɑ³¹
CONJ	下面	什么	LOC	水	ALL	跳下	RFLX	INFR	HRS

ŋaŋ⁵⁵	le³¹	tɯm⁵⁵	wɑ³¹	gɯˀ⁵⁵.	ɟɔˀ⁵⁵	məŋ³¹bli⁵³	pəŋ⁵⁵	dɔ³¹,
ŋaŋ⁵⁵	le³¹	tɯm⁵⁵	wɑ³¹	gɯˀ⁵⁵	ɟɔˀ⁵⁵	məŋ³¹bli⁵³	pəŋ⁵⁵	dɔ³¹
水	ALL	后面	HRS	说	下面	马必力	下面	LOC

然后在下面什么地方（地名说不清）跳了水，说血迹就中断在水边。在下面的马必力（村名）下面，

bɑ³¹li⁵⁵	ɟɔˀ⁵⁵	mə³¹kɯm⁵³gaŋ⁵³	mə³¹li⁵³	ləŋ³¹	nɯŋ³¹ŋua⁵³	lɑ³¹bu⁵⁵
bɑ³¹li⁵⁵	ɟɔˀ⁵⁵	mə³¹kɯm⁵³gaŋ⁵³	mə³¹li⁵³	ləŋ³¹	nɯŋ³¹ŋua⁵³	lɑ³¹bu⁵⁵
又	下面	木肯嘎	地方	CONTR	牛	大公牛

wa³¹　ə³¹xɹɔt⁵⁵　wa³¹　ə³¹ta⁷⁵⁵　dza⁷³¹　gɯ⁷⁵⁵　wa³¹.　ə³¹ja⁷⁵⁵
wa³¹　ə³¹xɹɔt⁵⁵　wa³¹　ə³¹ta⁷⁵⁵　dza⁷³¹　gɯ⁷⁵⁵　wa³¹　ə³¹ja⁷⁵⁵
样　　停留　　HRS　滞留　　DIR　说　　HRS　那

然后（后来）据说在下面的木肯当（缅甸境内村子）的水边停滞有像大公牛般大的
（虎尸）。

təŋ⁵⁵wa³¹　tə³¹tɕa:⁷⁵⁵　　nə³¹ɹam⁵³　dɔ³¹　tɕa³¹liŋ⁵⁵　dɔ³¹　ip⁵⁵
təŋ⁵⁵wa³¹　tə³¹tɕa⁷⁵⁵　-3p　nə³¹ɹam⁵³　dɔ³¹　tɕa³¹liŋ⁵⁵　dɔ³¹　ip⁵⁵
那样　　插　　　　-3pe　栅栏　　LOC　屋底　　LOC　睡

wa⁷³¹　nuŋ³¹ŋua⁵³　ɹɔt⁵⁵ɕəl⁵⁵　ɕa:l⁵³　　nə³¹ɹam⁵³　tɕe³¹　kɹek⁵⁵wa³¹
wa⁷³¹　nuŋ³¹ŋua⁵³　ɹɔt⁵⁵ɕəl⁵⁵　ɕəl⁵³　-3p　nə³¹ɹam⁵³　tɕe³¹　kɹek⁵⁵wa³¹
HRS　牛　　　　IDPH　　　拉　　-3pe　栅栏　　只　　IDPH

tɕu⁷⁵⁵　tɕe³¹　gɯ⁷⁵⁵　ɹa³¹　wa³¹,　tɔi⁵³　nuŋ³¹ŋua⁵³　pəɹ⁵³　ɕɯ³¹　xɹei⁵⁵
tɕu⁷⁵⁵　tɕe³¹　gɯ⁷⁵⁵　ɹa³¹　wa³¹　tɔi⁵³　nuŋ³¹ŋua⁵³　pəɹ⁵³　ɕɯ³¹　xɹei⁵⁵
一点　　只　　说　　DIR　HRS　早就　牛　　　　衔　　RFLX　脚

那个睡在那么插得牢的栅栏里，睡在屋底下的牛一下子被拉走，（夜里）只听见栅栏
"咔"地响了一下，（老虎）早就叼着（牛）

ti³¹　tɔt⁵⁵tɔt⁵⁵　da³¹glɯp⁵⁵　ta⁷³¹　kɹɔːŋ⁵⁵　　　ip³¹　　wa³¹.　ə³¹ja⁵⁵
ti³¹　tɔt⁵⁵　-red　da³¹glɯp⁵⁵　ta⁷³¹　kɹɔŋ⁵⁵　-3p　ip³¹　　wa³¹　ə³¹ja⁵⁵
一　　半　-RED　陷入　　　COMP跳跃　-3pe　PFV-NV　HRS　那个

蹦跳跑了，因沉重脚陷入泥里半截腿（跑了），

ɕɯ³¹　ə³¹ja⁵⁵　dək³¹təi⁷⁵⁵　nuŋ³¹ŋua⁵³,　pəɹ⁵³　ɕɯ³¹　dʑin³¹　ləŋ³¹
ɕɯ³¹　ə³¹ja⁵⁵　dək³¹təi⁷⁵⁵　nuŋ³¹ŋua⁵³　pəɹ⁵³　ɕɯ³¹　dʑin³¹　ləŋ³¹
也　　那么　　大　　　　牛　　　　衔　　RFLX　着　　CONTR

mə³¹　ɕa:l⁵³　　wa⁷³¹　ə³¹glei⁵⁵　ɹa³¹　wa³¹.　ə³¹ja⁷⁵⁵　pa:ɹ⁵⁵　wa⁷⁵⁵
mə³¹　ɕəl⁵³　-3p　wa⁷³¹　ə³¹glei⁵⁵　ɹa³¹　wa³¹　ə³¹ja⁷⁵⁵　pa:ɹ⁵⁵　wa⁷⁵⁵
NEG　拉　　-3pe　HRS　跳　　DISC　HRS　那　　时段　猪

那也是那么大的牛，只是叼着，没拖曳（直接）跳跃。

kɯ⁷³¹　bɯm⁵⁵bɯm⁵⁵　ə³¹məŋ⁵⁵　tɕi³¹　wa³¹,　ka:i⁵⁵　　wa³¹　gɯ⁷⁵⁵.
kɯ⁷³¹　bɯm⁵⁵bɯm⁵⁵　ə³¹məŋ⁵⁵　tɕi³¹　wa³¹　kəi⁵⁵　-3p　wa³¹　gɯ⁷⁵⁵
也　　很多　　　　丢失　　EXP　HRS　吃　-3pe　HRS　说

那个时候猪也丢失了很多，说被（虎）吃了。

ə³¹ja⁷⁵⁵　pɑ:ɹ⁵⁵　ɟɑ⁷⁵⁵　də³¹nai⁵³　le³¹　kɯ⁷³¹　kaŋ⁵³　dɔ:p⁵⁵　bɯm⁵³,
ə³¹ja⁷⁵⁵　pɑ:ɹ⁵⁵　ɟɑ⁷⁵⁵　də³¹nai⁵³　le³¹　kɯ⁷³¹　kaŋ⁵³　dɔ:p⁵⁵　bɯm⁵³
那　　时段　　这　　河谷地带　ALL　也　　老虎　特别　多
那时候这山下的河谷区老虎也特别多，

ɟɔ⁷⁵⁵　tsə³¹wa⁷⁵⁵　le³¹　tə³¹tɛi⁵⁵　ə³¹gəl⁵⁵　ɲi⁵⁵ɕi⁵³,　tɕəm³¹mɹɑ⁵³
ɟɔ⁷⁵⁵　tsə³¹wa⁷⁵⁵　le³¹　tə³¹tɛi⁵⁵　ə³¹gəl⁵⁵　ɲi⁵⁵ɕi⁵³　tɕəm³¹mɹɑ⁵³
下面　沙坝　　　ALL　十分　　玩　　爱　　孩子
特别喜欢到下面的沙地玩，

ə³¹gəl⁵³　wɑ³¹　ɔ:⁵³　　　ɟɔ⁷⁵⁵　tsə³¹wa⁷⁵⁵　ɹɐ³¹mɛi⁵³　tsə³¹wa⁷⁵⁵　le³¹,
ə³¹gəl⁵³　wɑ³¹　wa⁵³　-3p　ɟɔ⁷⁵⁵　tsə³¹wa⁷⁵⁵　ɹɐ³¹mɛi⁵³　tsə³¹wa⁷⁵⁵　le³¹
玩　　样　　做　　-3pe　下面　沙坝　　　江　　　沙坝　　　ALL
搞得像小孩玩耍似的，在下面的沙地，江边的沙地上，

kaŋ⁵³　e⁷⁵⁵e⁷⁵⁵　dək³¹tɛi⁷⁵⁵　ə³¹blən⁵³……
kaŋ⁵³　e⁷⁵⁵　-red　dək³¹tɛi⁷⁵⁵　ə³¹blən⁵³
老虎　这么　-RED　大　　　　留有足迹
老虎印有这么大的（脚印）……

　　射死老虎的是帕拉乌当（家族）的普夏尔松西（"西"用于已亡故的人名后，表示这人已不在人世），帕拉乌当（家族）已经灭绝了。在东汪撒石洞射杀老虎的是帕拉乌当（家族）的普夏尔松西。那个村的帕拉乌当家族已经灭绝了嘛。
　　据说在东汪撒石洞被（老虎）撒土、吓唬后，普夏尔松西带了九卷布（用来做假人），那可能是骗人的，不可能带九卷，可能是指九幅。用弓射杀老虎后发现，吃了九幅的布，虎肚子里只有这么一点。
　　在那里用布做了假人（让老虎去扑咬），九层布的假人，只剩一层没被（虎爪）划破。被射了以后，老虎吼叫，（老虎受伤逃跑）从各个山坡传来老虎的尖叫声。
　　据说虎肉很重的，从那个朵度度陡坡送上来（给这个村每户的）仅一小篮（虎肉）。
　　帕拉乌当（家族）灭绝的原因是，他们迁到怒江（河谷）一次，迁到怒江后又返迁回独龙江来，说我们搞的是怒江的习俗，唱着歌，戴着毡帽，从这三达龙得上来，叫喊着，吹着口哨，说我们搞的是怒族的习俗，从那个山脊上来就从这个山脊下去，尖叫着就这样闹腾。

后来就被天瘟灭绝了，像草丛被风刮平那样被灭绝了。被做了"魃朵"，被做了"魃朵"是指被神鬼整的，因为他们那样闹腾，山神看不顺眼的嘛。

因为这样（山神看不顺眼而降下天瘟）帕拉乌当家族就灭亡了，这地方有更多家族灭绝了，龙果家族灭绝了，木壤家族灭绝了，普日木家族灭绝了。

过去这木嘎洛河谷老虎特别多，人没法去，现在没有那样的消息了。

过去吓唬我的是豹子。那声音仿佛猪（被杀时）尖叫那样从天上响起，如果像现在这样带着电筒的话……从这角落这样的方位尖叫，没有电筒，那个时候什么也没有，（我）用火把照了，什么也没看见，它没到火把能照亮的地方来。

"喂……喷、喷、喷、喷、喷"地尖叫着，像大公牛踩响草丛走下来，我正在揭麻皮（防麻线用的）。（它走下来时）我不怕，赶紧把麻放下，准备了铁镞箭，它就没过来，没真到这火光能照亮的地方来，它的喊叫声直震撼心脏。

我不怕，反而准备了铁镞箭张开了弩，看它是不是到这火把能照亮的地方来，然后，它的脚步声和叫声就往下面（山坡下）响了。于是我就滚下了这么大的大石块，在我旁边的大石块。当时就我一个，在揭麻皮，我不怕，是没有害怕习惯的人。

金钱豹有大公牛般大，身上有斑纹的，像很大的猫，站起来有这么高，金钱豹更大，金钱豹大的比老虎大。

豹子是豹子，虎是虎，金钱豹是金钱豹，是不同的种类，豹子是斑纹细细的那种，像野猫那样有斑纹的那种，金钱豹据说斑纹是黑色的，毛色是黑黑的斑纹。

过去，这江边的沙地上印有密密麻麻（老虎）的脚印，现在没有了，是山神不再养它们了。

下面的齐林当，到这沙地来吃（牲畜）的老虎，据说会把（吃剩的牲畜）残块放在下面的松色岩石这边，那是前不久的事情，那也就是才过去了十、二十年左右哦。

孔目兹西和我叔叔菅西俩人放置了地弩，在那个（吃剩的）半截牛尸体边放置了地弩。有人对他俩说要按山鹿的尺寸来放置（地弩），但没那样做，结果没放倒（老虎），刺中但没当场致命。

虎受伤后在上面的各杂斯坡以下乱蹦乱跳，从这儿到上面的各个山坡，血一团一团地撒在地上，然后在下面某个地方跳了水，说血迹就中断在水边。在下游的马必力村下面，后来又说是在下面的木肯当（缅甸境内村子）的水边停有像大公牛般大的虎尸。

那牛睡在插得那么牢的栅栏里，那睡在屋底下的牛一下子被拉走，（夜里）只听见栅栏"咔"地响了一下，人过去一看，（老虎）早就叼着（牛）蹦跳着跑了，老虎因沉重腿陷入泥里有半截，那也是那么大的牛，老虎只是叼着，没拖曳就直接跳跃着跑。那个时候猪也丢失了很多，说是被虎吃了。

那时候这山下的河谷区老虎也特别多，特别喜欢到下面的沙地玩，搞得像小孩玩耍似的，在下面的沙地，江边的沙地上，老虎留有这么大的脚印。

2.37 巫师的故事

tɕa⁵⁵bəi³¹	kɹɔŋ³¹məi⁵³	nəp³¹sa⁵³	mə³¹dʑi⁵⁵li⁵³tin⁵⁵	la:n⁵⁵
tɕa⁵⁵bəi³¹	kɹɔŋ³¹məi⁵³	nəp³¹sa⁵³	mə³¹dʑi⁵⁵li⁵³tin⁵⁵	lən⁵⁵ -3p
过去	孔美	巫师	木吉利丁	叫作 -3pe

ə³¹tsəŋ⁵³	ti³¹	ɟɔʔ⁵⁵	dʑi³¹li⁵³	niŋ³¹	bəŋ³¹nəm⁵⁵	waʔ⁵⁵	tɕi³¹	wa³¹.
ə³¹tsəŋ⁵³	ti³¹	ɟɔʔ⁵⁵	dʑi³¹li⁵³	niŋ³¹	bəŋ³¹nəm⁵⁵	waʔ⁵⁵	tɕi³¹	wa³¹
人	一	CL	吉利	CONJ	朋友	做	EXP	HRS

从前有一个叫木吉利丁的孔美（村）巫师和吉利（一种精灵）交朋友。

dʑi³¹li⁵³	mə³¹li⁵³	nɯ³¹	ɟu⁵³	mɹəŋ⁵⁵mɹəŋ⁵⁵	mə³¹li⁵³	e⁵⁵	wa³¹.
dʑi³¹li⁵³	mə³¹li⁵³	nɯ³¹	ɟu⁵³	mɹəŋ⁵⁵mɹəŋ⁵⁵	mə³¹li⁵³	e⁵⁵	wa³¹
吉利	地方	TOP	下面	远处	地方	是	HRS

吉利的地方是下面（江尾）很远的地方。

dʑi³¹li⁵³	nɯ³¹	ə³¹tsəŋ⁵³	wa³¹	e⁵⁵	waʔ⁵⁵	dɔ³¹	sə³¹ləi⁵⁵	ɕɯ³¹
dʑi³¹li⁵³	nɯ³¹	ə³¹tsəŋ⁵³	wa³¹	e⁵⁵	waʔ⁵⁵	dɔ³¹	sə³¹ləi⁵⁵	ɕɯ³¹
吉利	TOP	人	样	是	做	LOC	变化	RFLX

吉利模样像人样，但会变化。

sɔ:⁵⁵		wa³¹.	ɟa ʔ⁵⁵	meʔ⁵⁵	də³¹dʑɯm⁵³	waʔ³¹	bəi³¹	pəŋ⁵⁵	pəi⁵³
sa⁵⁵	-3p	wa³¹	ɟaʔ⁵⁵	meʔ⁵⁵	də³¹dʑɯm⁵³	waʔ³¹	bəi³¹	pəŋ⁵⁵	pəi⁵³
会	-3pe	HRS	这	眼睛	眨	HRS	CONJ	下面	SPM

kɔp⁵⁵	ŋɔ⁵³	le³¹	də³¹dʑɯm⁵³	wa³¹,	e⁵⁵	mi³¹	tsəŋ³¹ləi⁵⁵	ɕɯ³¹
kɔp⁵⁵	ŋɔ⁵³	le³¹	də³¹dʑɯm⁵³	wa³¹	e⁵⁵	mi³¹	tsəŋ³¹ləi⁵⁵	ɕɯ³¹
皮	上面	ALL	眨	HRS	是	BEC	会变化的人	也

眨眼睛的时候是下眼皮（盖）往上眨的，所以也叫他"变化的人"。

la:n⁵⁵.	mə³¹dʑi⁵⁵li⁵³tin⁵⁵	dʑi³¹li⁵³	mə³¹li⁵³	di⁵⁵	waʔ³¹	bəi³¹
lən⁵⁵ -3p	mə³¹dʑi⁵⁵li⁵³tin⁵⁵	dʑi³¹li⁵³	mə³¹li⁵³	di⁵⁵	waʔ³¹	bəi³¹
叫作 -3pe	木吉利丁	吉利	地方	走	HRS	CONJ

nɯ³¹	ti³¹	ni⁵⁵	mi³¹	du:⁵⁵		wa³¹,	əŋ⁵³	nɯ³¹	nəp³¹sa⁵³	e⁵⁵
nɯ³¹	ti³¹	ni⁵⁵	mi³¹	du⁵⁵	-3p	wa³¹	əŋ⁵³	nɯ³¹	nəp³¹sa⁵³	e⁵⁵
TOP	一	天	INSTR	到	-3pe	HRS	3SG	TOP	巫师	是

木吉利丁去吉利的地方（走）一天就到了，他因为是巫师，

mi³¹	me⁵⁵	ə³¹tsəŋ⁵³	wɑ³¹	ɟɑ⁷⁵⁵	mə³¹lɔŋ⁵³	ɔːŋ³¹	mə³¹	di⁵³	ɕin³¹.
mi³¹	me⁵⁵	ə³¹tsəŋ⁵³	wɑ³¹	ɟɑ⁷⁵⁵	mə³¹lɔŋ⁵³	ɔːŋ³¹	mə³¹	di⁵³	ɕin³¹
BEC	别的	人	HRS	这	路	ABL	NEG	走	dl-MOOD

不像别的人走这路。

nəp³¹sɑ⁵³	mi³¹	nɯ³¹	ə³¹jɑ⁷⁵⁵	dʑi³¹li⁵³	kɹɔŋ⁵⁵	ə³¹ɟəŋ⁵⁵ɕɯ³¹
nəp³¹sɑ⁵³	mi³¹	nɯ³¹	ə³¹jɑ⁷⁵⁵	dʑi³¹li⁵³	kɹɔŋ⁵⁵	ə³¹ɟəŋ⁵⁵ɕɯ³¹
巫师	AGT	TOP	那	吉利	村子	看得见

lə³¹kɑ⁵⁵,	muŋ⁵³mə³¹diŋ⁵³	lɑːn⁵⁵		lə³¹kɑ⁵⁵	pɑːŋ³¹	kɑ³¹ceɹ⁵⁵	ti³¹
lə³¹kɑ⁵⁵	muŋ⁵³mə³¹diŋ⁵³	lən⁵⁵	-3p	lə³¹kɑ⁵⁵	pɑːŋ³¹	kɑ³¹ceɹ⁵⁵	ti³¹
山	蒙木顶	叫作	-3pe	山	ABL	鸡毛	一

巫师从那看得见吉利村的山上，从叫蒙木顶的山上，

ceɹ⁵⁵	dʑi³¹li⁵³	kɹɔŋ⁵⁵	le³¹	ə³¹tɔːɹ⁵⁵		wɑ³¹,	ə³¹tɔːɹ⁵⁵		wɑ⁷³¹
ceɹ⁵⁵	dʑi³¹li⁵³	kɹɔŋ⁵⁵	le³¹	ə³¹tɔɹ⁵⁵	-3p	wɑ³¹	ə³¹tɔɹ⁵⁵	-3p	wɑ⁷³¹
CL	吉利	村子	ALL	投掷	-3pe	HRS	投掷	-3pe	HRS

往吉利村投掷了一根鸡毛，

mə³¹nəŋ⁵⁵	nɯ³¹	dʑi³¹li⁵³	ti³¹	kɹɔŋ⁵⁵	sə³¹nɑ⁷⁵⁵nɑ⁷⁵⁵	mɯː⁷⁵⁵	
mə³¹nəŋ⁵⁵	nɯ³¹	dʑi³¹li⁵³	ti³¹	kɹɔŋ⁵⁵	sə³¹nɑ⁷⁵⁵nɑ⁷⁵⁵	mɯ⁷⁵⁵	-3p
时候	TOP	吉利	一	村子	全都	弄睡	-3pe

一投掷鸡毛，把一村子的吉利全弄睡了，

wɑ³¹,	im³¹ɟɯ⁵⁵	ə³¹ɟɔːŋ⁵⁵		wɑ³¹.	ə³¹ɟɑ⁷⁵⁵	mə³¹nəŋ⁵⁵	nɯ³¹
wɑ³¹	im³¹ɟɯ⁵⁵	ə³¹ɟɔŋ⁵⁵	-3p	wɑ³¹	ə³¹ɟɑ⁷⁵⁵	mə³¹nəŋ⁵⁵	nɯ³¹
HRS	瞌睡	睡着	-3pe	HRS	那	时候	TOP

睡着了。

nəp³¹sɑ⁵³	bəŋ³¹nəm⁵⁵	cɯm⁵³	le³¹	ə³¹blɑ⁷⁵⁵	wɑ³¹,	ə³¹xɹɯi⁵⁵	tɕe³¹
nəp³¹sɑ⁵³	bəŋ³¹nəm⁵⁵	cɯm⁵³	le³¹	ə³¹blɑ⁷⁵⁵	wɑ³¹	ə³¹xɹɯi⁵⁵	tɕe³¹
巫师	朋友	家	ALL	到达	HRS	晚上	才

然后巫师就到了他朋友家，晚上才到。

duː⁵⁵		wɑ³¹.	əŋ⁵³	bəŋ³¹nəm⁵⁵	ɕɯ³¹	ip⁵⁵	mɯ³¹	wɑ³¹,

du⁵⁵ -3p wɑ³¹ əŋ⁵³ bəŋ³¹nem⁵⁵ ɕɯ³¹ ip⁵⁵ mɯ³¹ wɑ³¹
到 -3pe HRS 3SG 朋友 也 睡 DISC HRS

他朋友也在睡觉，

nəp³¹sɑ⁵³ mi³¹ sɔ³¹ŋɑ⁷⁵⁵ ɔ:⁵³ mə³¹nəŋ⁵⁵ tɕe³¹ ə³¹sat⁵⁵ wɑ³¹.
nəp³¹sɑ⁵³ mi³¹ sɔ³¹ŋɑ⁷⁵⁵ wɑ⁵³ -3p mə³¹nəŋ⁵⁵ tɕe³¹ ə³¹sat⁵⁵ wɑ³¹
巫师 AGT 喷水 做 -3pe时候 才 醒 HRS

巫师（往吉利）脸上喷了水才醒来。

"ɔ³¹, bəŋ³¹nem⁵⁵ na³¹ ə³¹blɑ:⁷⁵⁵ ɹɑ:i³¹" dʑi³¹li⁵³ ə³¹sat⁵⁵
ɔ³¹ bəŋ³¹nem⁵⁵ na³¹ ə³¹blɑ⁷⁵⁵ -2p ɹɑ -3p dʑi³¹li⁵³ ə³¹sat⁵⁵
哦 朋友 2p 到达 -2sg DIR -3pe 吉利 醒

"噢，朋友你来了。"

mə³¹nəŋ⁵⁵ e³¹wɑ⁵⁵ gɯ⁷⁵⁵ wɑ³¹. dʑi³¹li⁵³ ɕɯm⁵³ dɔ³¹ ɕɑ⁵⁵ sə³¹
mə³¹nəŋ⁵⁵ e³¹wɑ⁵⁵ gɯ⁷⁵⁵ wɑ³¹ dʑi³¹li⁵³ ɕɯm⁵³ dɔ³¹ ɕɑ⁵⁵ sə³¹
时候 这样 说 HRS 吉利 家 LOC 肉 CAUS

吉利被唤醒的时候那样说。

kɑ:i⁵⁵ wɑ⁷³¹ bəi³¹ ə³¹tsəŋ⁵³ ɕɑ⁵⁵ ɹə³¹dɑ⁷⁵⁵ ɕɑ⁵⁵ ə³¹ɹɯ⁷⁵⁵ə³¹ɹɑ⁵⁵
kəi⁵⁵ -3p wɑ⁷³¹ bəi³¹ ə³¹tsəŋ⁵³ ɕɑ⁵⁵ ɹə³¹dɑ⁷⁵⁵ ɕɑ⁵⁵ ə³¹ɹɯ⁷⁵⁵ə³¹ɹɑ⁵⁵
吃 -3pe HRS CONJ 人 肉 野兽 肉 IDPH

də³¹dɯ:⁵³ mɯ³¹ wɑ³¹. ə³¹tsəŋ⁵³ ɕɑ⁵⁵ nɯ³¹ sə³¹mɔm⁵⁵
də³¹dɯ⁵³ -3p mɯ³¹ wɑ³¹ ə³¹tsəŋ⁵³ ɕɑ⁵⁵ nɯ³¹ sə³¹mɔm⁵⁵
炖 -3pe DISC HRS 人 肉 TOP 泡沫

吉利请（巫师）吃肉，（原来是）把人肉和野兽肉混着炖的。

su⁵³lə³¹su⁵³ cɑ⁵⁵ wɑ³¹, ə³¹tsəŋ⁵³ ə³¹tsəŋ⁵³ ɕɑ⁵⁵ nɯ³¹ pəŋ³¹dɔŋ⁵³
su⁵³lə³¹su⁵³ cɑ⁵⁵ wɑ³¹ ə³¹tsəŋ⁵³ ə³¹tsəŋ⁵³ ɕɑ⁵⁵ nɯ³¹ pəŋ³¹dɔŋ⁵³
IDPH 成 HRS 人 人 肉 TOP 洞

人肉呼呼地直冒泡，

ɔ:ŋ³¹ lɔ:⁵⁵, tɕɑ³¹liŋ⁵⁵ dɔ³¹ də³¹gɯi⁵⁵ ə³¹ kəi⁵⁵ wɑ³¹, "na⁵³
ɔ:ŋ³¹ la⁵⁵ -3p tɕɑ³¹liŋ⁵⁵ dɔ³¹ də³¹gɯi⁵⁵ ə³¹ kəi⁵⁵ wɑ³¹ na⁵³
ABL 找 -3pe 屋底 LOC 狗 RECP 咬 HRS 2SG

（巫师）就把人肉从（火塘边的）洞里扔下，屋底下狗（打架）相互咬，

bəŋ³¹nəm⁵⁵　　mi³¹　　mɑ³¹　　mə³¹lɯːm⁵⁵"　　　　gɯ²⁵⁵　　wɑ³¹　　dʑi³¹li⁵³
bəŋ³¹nəm⁵⁵　　mi³¹　　mɑ³¹　　mə³¹lɯm⁵⁵　　-3p　gɯ²⁵⁵　　wɑ³¹　　dʑi³¹li⁵³
朋友　　　　AGT　NEG　喜欢　　　　-3pe　说　　HRS　吉利
"你朋友不喜欢吃，"吉利老婆说。

pə³¹mɑ⁵⁵.　"mɑ³¹　　mə³¹lɯm⁵⁵　　mə³¹　　e⁵⁵,　　ɕɑ³¹ɹɯ⁵⁵　　sə³¹　　glɑŋ⁵⁵
pə³¹mɑ⁵⁵.　　mɑ³¹　　mə³¹lɯm⁵⁵　　mə³¹　　e⁵⁵　　ɕɑ³¹ɹɯ⁵⁵　　sə³¹　　glɑ⁵³　-1p
妻子　　　NEG　吃得下　　　NEG　是　骨头　　CAUS掉　　-1se

ləŋ³¹　　e⁵⁵"　gɯː²⁵⁵　　wɑ³¹.　ti³¹kət⁵⁵　　nɯ³¹　　nəp³¹sa⁵³　　mə³¹li⁵³　　le³¹
ləŋ³¹　　e⁵⁵　gɯ²⁵⁵-3p　wɑ³¹　ti³¹kət⁵⁵　　nɯ³¹　　nəp³¹sa⁵³　　mə³¹li⁵³　　le³¹
CONTR　是　说　-3pe　HRS　一次　　TOP　巫师　　　地方　　ALL
（巫师）说："（我）不是不喜欢，扔下去的是骨头。"

ɕin³¹dɯ⁵⁵　　ɹɯ⁵⁵　　le³¹　di⁵⁵　wɑ³¹,　ɕin³¹dɯ⁵⁵　　ɹɯ⁵⁵　　wɑ²³¹　　ə³¹laŋ⁵³
ɕin³¹dɯ⁵⁵　　ɹɯ⁵⁵　　le³¹　di⁵⁵　wɑ³¹　ɕin³¹dɯ⁵⁵　　ɹɯ⁵⁵　　wɑ²³¹　　ə³¹laŋ⁵³
厕所　　　坐　　ALL　去　HRS　厕所　　　坐　　HRS　时候

tal⁵⁵　lap⁵⁵　pɑːŋ³¹　nuŋ⁵⁵　gɹəŋ⁵³gɹəŋ⁵⁵　pə³¹mɑ⁵⁵　mi³¹　pɔːm⁵⁵
tal⁵⁵　lap⁵⁵　pɑŋ³¹　nuŋ⁵⁵　gɹəŋ⁵³gɹəŋ⁵⁵　pə³¹mɑ⁵⁵　mi³¹　pɔm⁵⁵　-3p
背后　方向　ABL　乳房　IDPH　　　女人　　AGT　抱　　-3pe
有一次，巫师到野外上厕所，上厕所的时候从背后被一个乳房鼓鼓的女人抱住了，

ɹət³¹ter.　wɑ³¹,　kəi⁵⁵　le³¹　ɔː⁵³　　　wɑ³¹.　ɟɑ²⁵⁵　sə³¹ɹət⁵⁵dəm⁵⁵　lɔk³¹
ɹət³¹ter.　wɑ³¹　kəi⁵⁵　le³¹　wɑ⁵³　-3p　wɑ³¹　ɟɑ²⁵⁵　sə³¹ɹət⁵⁵dəm⁵⁵　lɔk³¹
DIR　HRS　吃　ALL　做　　-3pe　HRS　这　腰部　　　　　LOC
要吃（他）。

pai²⁵⁵　ɕɯ³¹　dək³¹ɕi⁵⁵　mi³¹　tal⁵⁵　le³¹　ə³¹lɯːt⁵⁵lɯːt⁵⁵　　at⁵⁵
pai²⁵⁵　ɕɯ³¹　dək³¹ɕi⁵⁵　mi³¹　tal⁵⁵　le³¹　ə³¹lɯt⁵⁵　-3p　-red　at⁵⁵
别　　RFLX　小刀　　AGT　背后　ALL　刺　　　　-3pe　-RED　逃跑
（巫师就）用挎在腰间的尖刀往后刺了就逃跑，

wɑ³¹,　əŋ⁵³　bəŋ³¹nəm⁵⁵　le³¹　pɯːt⁵⁵　　wɑ³¹.　"bəŋ³¹nəm⁵⁵　mi³¹
wɑ³¹　əŋ⁵³　bəŋ³¹nəm⁵⁵　le³¹　pɯt⁵⁵　-3p　wɑ³¹　bəŋ³¹nəm⁵⁵　mi³¹
HRS　3SG　朋友　　　　ALL　告诉　-3pe　HRS　朋友　　　AGT

（回到家）告诉了他朋友。

ɲe³¹ka⁵⁵	ləŋ³¹	nə³¹	ɔː⁵³	luːŋ³¹"	gɯ⁷⁵⁵dʑin³¹	əŋ⁵³
ɲe³¹ka⁵⁵	ləŋ³¹	nə³¹	wa⁵³ -3p	luŋ³¹ -3p	gɯ⁷⁵⁵dʑin³¹	əŋ⁵³
罪行	CONTR	2p	做 -3pe	PFV-NV -3pe	说 着	3SG

"朋友你犯了大错了。"

bəŋ³¹nəm⁵⁵	ə³¹bɹɑ⁵⁵bɹɑ³¹	di⁵⁵	bɯ³¹	wa³¹.	gəi³¹səŋ⁵⁵səŋ⁵⁵	nuŋ⁵⁵
bəŋ³¹nəm⁵⁵	ə³¹bɹɑ⁵⁵bɹɑ³¹	di⁵⁵	bɯ³¹	wa³¹	gəi³¹səŋ⁵⁵ -red	nuŋ⁵⁵
朋友	赶快	走	DIR	HRS	果然 -RED	乳房

说着他朋友赶紧过去（看）了。

gɹəŋ⁵³gɹəŋ⁵⁵	dʑi³¹li⁵³	pə³¹ma⁵⁵	ɕi³¹gɯ⁵⁵	ə³¹tɑːm⁵³	ɹet³¹ter³¹
gɹəŋ⁵³gɹəŋ⁵⁵	dʑi³¹li⁵³	pə³¹ma⁵⁵	ɕi³¹gɯ⁵⁵	ə³¹tam⁵³ -3p	ter³¹
IDPH	吉利	女人	尸体	抗 -3pe	DIR

果然扛来了（正哺乳中）乳房鼓鼓的吉利女人尸体，

wa³¹,	ŋɔ⁷⁵⁵	xɹə³¹mei⁵³	le³¹	xɹɔːl⁵⁵	wa³¹.	ə³¹dɔi⁵⁵	nəm⁵³	dɯ⁵⁵
wa³¹	ŋɔ⁷⁵⁵	xɹə³¹mei⁵³	le³¹	xɹɔl⁵⁵ -3p	wa³¹	ə³¹dɔi⁵⁵	nəm⁵³	dɯ⁵⁵
HRS	上面	架子	ALL	藏 -3pe	HRS	一会儿	天	黑

藏到了上面（火塘上方屋梁的）架子上。

wa⁷³¹	mə³¹nəŋ⁵⁵	nɯ³¹	tən⁵⁵e³¹tən⁵⁵	ɹə³¹dɑ⁵³ɹɑ³¹	wa³¹,	"əŋ³¹gu⁵³
wa⁷³¹	mə³¹nəŋ⁵⁵	nɯ³¹	tən⁵⁵e³¹tən⁵⁵	ɹə³¹dɑ⁵³ ɹɑ³¹	wa³¹	əŋ³¹gu⁵³
HRS	时候	TOP	反复	寻问 DIR	HRS	孩子

等一会儿天黑的时候，（有吉利）反复来询问，

əŋ³¹mei⁵³	ma⁵⁵	gə³¹ɹɑ⁵³ɹɑ³¹	ɑ⁵³?"	ɹə³¹dɑ⁵³ɹɑ³¹	wa³¹.	"ma³¹
əŋ³¹mei⁵³	ma⁵⁵	gə³¹ɹɑ⁵³ɹɑ³¹	ɑ⁵³	ɹə³¹dɑ⁵³ ɹɑ³¹	wa³¹	ma³¹
他妈妈	INTR	来 DIR	INTR	寻问 DIR	HRS	NEG

"孩子妈妈来过吗？"

gə³¹ɹɑ⁵³ɹɑ³¹	ɔ⁵³"	gɯ⁷⁵⁵	wa³¹.	tən⁵⁵e³¹tən⁵⁵	ɹə³¹dɑ⁵³ɹɑ³¹
gə³¹ɹɑ⁵³ ɹɑ³¹	ɔ⁵³	gɯ⁷⁵⁵ -3p	wa³¹	tən⁵⁵e³¹tən⁵⁵	ɹə³¹dɑ⁵³ ɹɑ³¹
来 DIR	哦	说 -3pe	HRS	反复	寻问 DIR

（巫师朋友家）说："没来过哦。"反反复复来询问。

wa⁷³¹. tɕi³¹. kɹɑŋ³¹mei⁵³ nəp³¹sa⁵³ dʑi³¹li⁵³ kɹɑŋ⁵⁵ dɔ³¹ ɹɑŋ⁵⁵
wa⁷³¹ tɕi³¹ kɹɑŋ³¹mei⁵³ nəp³¹sa⁵³ dʑi³¹li⁵³ kɹɑŋ⁵⁵ dɔ³¹ ɹɑŋ⁵⁵
HRS EXP 孔美 巫师 吉利 村子 LOC 坐

wa⁷³¹ bəi³¹ nɯ³¹, ə³¹ja⁷⁵⁵ kɹɑŋ⁵⁵ dʑi³¹li⁵³ nɯ³¹
wa⁷³¹ bəi³¹ nɯ³¹ ə³¹ja⁷⁵⁵ kɹɑŋ⁵⁵ dʑi³¹li⁵³ nɯ³¹
HRS CONJ TOP 那 村子 吉利 TOP

孔美巫师住在吉利村里，

ə³¹daŋ⁵⁵ma³¹daŋ⁵⁵ "na⁵³ lam³¹bɹɔ⁷⁵⁵ ə³¹daŋ⁵⁵ na³¹ sə³¹ lɔ⁷⁵⁵
ə³¹daŋ⁵⁵ma³¹daŋ⁵⁵ na⁵³ lam³¹bɹɔ⁷⁵⁵ ə³¹daŋ⁵⁵ na³¹ sə³¹ lɔ⁷⁵⁵
经常 1SG 朋友 何时 2p CAUS回

pən³¹ɔː⁵³" kɹi⁵³ ɹɑ³¹ wa³¹, mə³¹lɔŋ⁵³ ti³¹ tan⁵⁵ dɔ³¹ kəi⁵⁵
pən³¹wa⁵³ -3p kɹi⁵³ ɹɑ³¹ wa³¹ mə³¹lɔŋ⁵³ ti³¹ tan⁵⁵ dɔ³¹ kəi⁵⁵
PROS -3pe 问 DIR HRS 路 一 半截 LOC 吃

那个村的其他吉利时不时来问："你的朋友什么时候让他回去？"

niŋ³¹ mit⁵⁵ ɕɯ³¹. ə³¹səŋ⁵⁵ni⁵³ lɔ⁷⁵⁵ sa³¹ e⁵⁵ bəi³¹ "tən⁵⁵ ta⁷³¹
niŋ³¹ mit⁵⁵ ɕɯ³¹ ə³¹səŋ⁵⁵ni⁵³ lɔ⁷⁵⁵ sa³¹ e⁵⁵ bəi³¹ tən⁵⁵ ta⁷³¹
和 想 RFLX 明天 回 NOM 是 CONJ 现在 COMP

想在半途上吃掉（巫师）。如果（巫师）要明天走，（朋友家）就说：

lɔ⁷⁵⁵ mə³¹ ɲi⁵³ ə³¹nəm⁵⁵ ləŋ³¹ lɔ⁷⁵⁵"gɯː⁷⁵⁵ wa³¹, tən³¹ni⁵³
lɔ⁷⁵⁵ mə³¹ ɲi⁵³ ə³¹nəm⁵⁵ ləŋ³¹ lɔ⁷⁵⁵ gɯː⁷⁵⁵ -3p wa³¹ tən³¹ni⁵³
回 NEG 能 以后 CONTR 回 说 -3pe HRS 今天

"还不能回去（早着呢），以后才回去"，

lɔ⁷⁵⁵ sa³¹ e⁵⁵ bəi³¹ "tɕa⁵³ lɔː⁷⁵⁵ bɯ³¹, tən⁵⁵ nɯ³¹ ɕɯm⁵³
lɔ⁷⁵⁵ sa³¹ e⁵⁵ bəi³¹ tɕa⁵³ lɔː⁷⁵⁵ -3p bɯ³¹ tən⁵⁵ nɯ³¹ ɕɯm⁵³
回 NOM 是 CONJ 早 回 -3pe DIR 现在 TOP 家

le³¹ du⁵⁵" gɯː⁷⁵⁵ wa³¹. əŋ⁵³ bəŋ³¹nəm⁵⁵ mi³¹ ə³¹nɑːɹ⁵⁵
le³¹ du⁵⁵ gɯː⁷⁵⁵ -3p wa³¹ əŋ⁵³ bəŋ³¹nəm⁵⁵ mi³¹ ə³¹nɑɹ⁵⁵ -3p
ALL 到 说 -3pe HRS 3SG 朋友 AGT 保护 -3pe

如果是今天回去，就说："早就回去了，现在已经到家了"，他（巫师）朋友保护他
（担心在路上被其他吉利吃掉）。

wa³¹.	nəp³¹sa⁵³	lɔ⁷⁵⁵	wa⁷³¹	bəi³¹	nɯ³¹	əŋ⁵³	lam³¹bɹɔ⁷⁵⁵	mi³¹
wa³¹	nəp³¹sa⁵³	lɔ⁷⁵⁵	wa⁷³¹	bəi³¹	nɯ³¹	əŋ⁵³	lam³¹bɹɔ⁷⁵⁵	mi³¹
HRS	巫师	回	HRS	CONJ	TOP	3SG	朋友	AGT

sɔː⁵⁵		wa³¹,	mə³¹lɔŋ⁵³	dɔ³¹	ɕa⁵⁵	sə³¹ləm⁵⁵	sə³¹ləm⁵⁵	dʑin³¹
sa⁵⁵	-3p	wa³¹	mə³¹lɔŋ⁵³	dɔ³¹	ɕa⁵⁵	sə³¹ləm⁵⁵	sə³¹ləm⁵⁵	dʑin³¹
送	-3pe	HRS	路	LOC	猎物	打	打	着

巫师回家时他朋友（吉利）送了他，在路上边狩猎边送。

sɔː⁵⁵		wa³¹.	dʑi³¹li⁵³	ɕa⁵⁵	sə³¹ləm⁵⁵	le³¹	di⁵⁵	wa⁷³¹	bəi³¹
sa⁵⁵	-3p	wa³¹	dʑi³¹li⁵³	ɕa⁵⁵	sə³¹ləm⁵⁵	le³¹	di⁵⁵	wa⁷³¹	bəi³¹
送	-3pe	HRS	吉利	猎物	打	ALL	去	HRS	CONJ

nɯ³¹	əŋ³¹lam³¹bɹɔ⁷⁵⁵	nəp³¹sa⁵³	ɕik³¹u⁵⁵	ɕik³¹u⁵⁵	dɔ³¹	sə³¹
nɯ³¹	əŋ³¹bɹɔ⁷⁵⁵	nəp³¹sa⁵³	ɕik³¹u⁵⁵	ɕik³¹u⁵⁵	dɔ³¹	sə³¹
TOP	他朋友	巫师	树梢	树梢	LOC	CAUS

吉利去打猎的时候，总是让他朋友巫师坐在树梢上，

ɹɔːŋ⁵³		wa³¹,	də³¹gɯ⁵³	kət⁵⁵	kluŋ⁵⁵	ɕɯ³¹	bəi³¹	ɕɯ³¹	mə³¹
ɹɔŋ⁵³	-3p	wa³¹	də³¹gɯ⁵³	kət⁵⁵	kluŋ⁵⁵	ɕɯ³¹	bəi³¹	ɕɯ³¹	mə³¹
坐	-3pe	HRS	九	次	跳	RFLX	CONJ	也	NEG

ŋaːŋ⁵³		ɕik³¹u⁵⁵	dɔ³¹	sə³¹	ɹɔːŋ⁵³ɹɔːŋ⁵³		tɕe³¹	di⁵⁵	bɯ³¹
ŋaŋ⁵³	-3p	ɕik³¹u⁵⁵	dɔ³¹	sə³¹	ɹɔŋ⁵³	-3p	-red	tɕe³¹	di⁵⁵	bɯ³¹
够着	-3pe	树梢	LOC	CAUS	坐	-3pe	-RED	才	去	DIR

让他坐在连跳九次够不着的树梢上

wa³¹,	ɕa⁵⁵	wa⁵⁵	le³¹.	dʑi³¹li⁵³	sə³¹ləi⁵⁵	ɕɯ³¹	bəi³¹	nɯ³¹
wa³¹	ɕa⁵⁵	wa⁵⁵	le³¹	dʑi³¹li⁵³	sə³¹ləi⁵⁵	ɕɯ³¹	bəi³¹	nɯ³¹
HRS	猎物	做	ALL	吉利	变化	RFLX	CONJ	TOP

才去狩猎。

də³¹gɔŋ⁵³	tə³¹tsu⁷⁵⁵	ɕɯ³¹	mɯ³¹	wa³¹,	təŋ⁵⁵	sə³¹ləi⁵⁵	ɕɯ³¹	bəi³¹
də³¹gɔŋ⁵³	tə³¹tsu⁷⁵⁵	ɕɯ³¹	mɯ³¹	wa³¹	təŋ⁵⁵	sə³¹ləi⁵⁵	ɕɯ³¹	bəi³¹
獠	安装	RFLX	DISC	HRS	什么	变化	RFLX	CONJ

təŋ⁵⁵　də³¹gɔŋ⁵³　tə³¹tsuʔ⁵⁵　ɕɯ³¹　mɯ³¹　wa³¹.　təŋ³¹gɔŋ⁵⁵　lɔk³¹
təŋ⁵⁵　də³¹gɔŋ⁵³　tə³¹tsuʔ⁵⁵　ɕɯ³¹　mɯ³¹　wa³¹　təŋ³¹gɔŋ⁵⁵　lɔk³¹
什么　獠　　安装　　RFLX　DISC　HRS　小藤包　　LOC
吉利原来是安上獠牙（喙），变什么就安上什么獠牙，

lə³¹tɕi⁵³lə³¹kui⁵³　　də³¹gɔŋ⁵³,　kaŋ⁵³　də³¹gɔŋ⁵³,　bɯ⁵³　də³¹gɔŋ⁵³,
lə³¹tɕi⁵³lə³¹kui⁵³　　də³¹gɔŋ⁵³　kaŋ⁵³　də³¹gɔŋ⁵³　bɯ⁵³　də³¹gɔŋ⁵³
IDPH　　　　　　獠　　老虎　獠　　蛇　獠

ə³¹gɔi⁵³　də³¹gɔŋ⁵³,　dʐɹ³¹dʑit⁵⁵　də³¹gɔŋ⁵³　le³¹　tum⁵⁵　taʔ³¹　ɹiʔ⁵⁵
ə³¹gɔi⁵³　də³¹gɔŋ⁵³　dʐɹ³¹dʑit⁵⁵　də³¹gɔŋ⁵³　le³¹　tum⁵⁵　taʔ³¹　ɹiʔ⁵⁵
猴子　　獠　　太阳鸟　　　獠　　　ALL　尽　　COMP背
藤箩里背（带）有各种各样的獠牙，有虎牙、蛇牙、猴牙一直到太阳鸟的喙（应有尽
有）。

ɕɯ³¹　mɯ³¹　waʔ³¹　tɕi³¹.　mə³¹lɔŋ⁵³　dɔ³¹　ti³¹　kət⁵⁵　nɯ³¹　nəp³¹sa⁵³
ɕɯ³¹　mɯ³¹　waʔ³¹　tɕi³¹　mə³¹lɔŋ⁵³　dɔ³¹　ti³¹　kət⁵⁵　nɯ³¹　nəp³¹sa⁵³
RFLX　DISC　HRS　EXP　路　　LOC　一　次　　TOP　巫师

mə³¹kuŋ⁵⁵　tuŋ⁵⁵　dɔ³¹　ɹɔŋ⁵⁵　waʔ³¹　ə³¹laŋ⁵³　pə³¹dʐul⁵³　ti³¹　gɯ⁵⁵
mə³¹kuŋ⁵⁵　tuŋ⁵⁵　dɔ³¹　ɹɔŋ⁵⁵　waʔ³¹　ə³¹laŋ⁵³　pə³¹dʐul⁵³　ti³¹　gɯ⁵⁵
火塘　　　边　　LOC　坐　HRS　时候　　尖嘴鼹鼠　　一　CL
路上有一次巫师正在火塘边坐着，

blɔŋ⁵⁵　ɹa³¹　wa³¹,　nɯt³¹taʔ⁵⁵　mi³¹　ə³¹klaːʔ⁵⁵　　　wa³¹,　dʑi³¹li⁵³
blɔŋ⁵⁵　ɹa³¹　wa³¹　nɯt³¹taʔ⁵⁵　mi³¹　ə³¹klaʔ⁵⁵　-3p　wa³¹　dʑi³¹li⁵³
爬　　DIR　HRS　烟锅　　　INSTR　敲打　　-3pe　HRS　吉利
爬过来一只鼹鼠，（巫师）用烟锅打了（它），

bəŋ³¹nəm⁵⁵　ləŋ³¹　e⁵⁵　luŋ³¹　　wa³¹.nɯi⁵⁵　kəŋ⁵³gəŋ⁵⁵　et⁵⁵　ɕɯ³¹
bəŋ³¹nəm⁵⁵　ləŋ³¹　e⁵⁵　luŋ³¹　　wa³¹　nɯi⁵⁵　kəŋ⁵³gəŋ⁵⁵　et⁵⁵　ɕɯ³¹
朋友　　　CONTR　是　PFV-NV　HRS　嘴巴　IDPH　　　笑　RFLX
原来是吉利朋友，肿着嘴笑着说：

wa³¹,　"bəŋ³¹nəm⁵⁵　a³¹　ŋa⁵³　ləŋ³¹　iŋ⁵⁵,　sə³¹bɹəi⁵⁵　waŋ⁵⁵
wa³¹　bəŋ³¹nəm⁵⁵　a³¹　ŋa⁵³　ləŋ³¹　e⁵⁵　-1p　sə³¹bɹəi⁵⁵　wa⁵³　-1p
HRS　朋友　　　啊　1SG　CONTR　是　-1sg　玩笑　　做　-1sg

"朋友啊，是我，我开玩笑的。"

ləŋ³¹	e³¹"	gɯ⁷⁵⁵	wa³¹	tɕi³¹.	ti³¹	kət⁵⁵	nɯ³¹	nəp³¹sa⁵³	dzəp⁵⁵
ləŋ³¹	e³¹	gɯ⁷⁵⁵	wa³¹	tɕi³¹	ti³¹	kət⁵⁵	nɯ³¹	nəp³¹sa⁵³	dzəp⁵⁵
CONTR	是	说	HRS	EXP	一	次	TOP	巫师	花椒

kəi⁵⁵kəi⁵⁵	wa⁷³¹,	əŋ³¹bəŋ³¹nəm⁵⁵	də³¹gɔŋ⁵³	ɹi⁷⁵⁵	ɕɯ³¹	təŋ³¹gɔŋ⁵⁵
kəi⁵⁵ -red	wa⁷³¹	əŋ³¹bəŋ³¹nəm⁵⁵	də³¹gɔŋ⁵³	ɹi⁷⁵⁵	ɕɯ³¹	təŋ³¹gɔŋ⁵⁵
吃 -RED	HRS	他朋友	獠	背	RFLX	小藤包

有一次巫师吃了花椒，

le³¹	sɔ³¹ŋa⁷⁵⁵	ɔ:⁵³	wa³¹,	mə³¹	ɟa:ŋ⁵³	ə³¹laŋ⁵³
le³¹	sɔ³¹ŋa⁷⁵⁵	wa⁵³ -3p	wa³¹	mə³¹	ɟəŋ⁵³ -3p	ə³¹laŋ⁵³
ALL	呵气	做 -3pe	HRS	NEG	看 -3pe	时候

向他朋友装獠牙的藤箩哈了一口气，

ə³¹xu:⁵³	wa³¹.	dʑi³¹li⁵³	sə³¹ləi⁵⁵	ɕɯ³¹	pəŋ³¹wa⁷⁵⁵	mə³¹nəŋ⁵⁵
ə³¹xu⁵³ -3p	wa³¹	dʑi³¹li⁵³	sə³¹ləi⁵⁵	ɕɯ³¹	pəŋ³¹wa⁷⁵⁵	mə³¹nəŋ⁵⁵
呵气 -3pe	HRS	吉利	变化	RFLX	PROS	时候

（吉利）没看见的时候呵了气，（等到）吉利要变化的时候，

də³¹gɔŋ⁵³	təi⁵⁵	tə³¹tsu⁷⁵⁵	ɕɯ³¹	bəi³¹	ɕɯ³¹	ma³¹	ta³¹tsu⁷⁵⁵	wa³¹,
də³¹gɔŋ⁵³	təi⁵⁵	tə³¹tsu⁷⁵⁵	ɕɯ³¹	bəi³¹	ɕɯ³¹	ma³¹	ta³¹tsu⁷⁵⁵	wa³¹
獠	怎么	安装	RFLX	CONJ	也	NEG	安装上	HRS

怎么安獠牙也安不上去，

"bəŋ³¹nəm⁵⁵	tə³¹lɯ⁷⁵⁵	ləŋ³¹	nə³¹	ləi⁵³	ɹa³¹"	gɯ⁷⁵⁵	wa³¹	tɕi³¹.
bəŋ³¹nəm⁵⁵	tə³¹lɯ⁷⁵⁵	ləŋ³¹	nə³¹	ləi⁵³	ɹa³¹	gɯ⁷⁵⁵	wa³¹	tɕi³¹
朋友	鬼	CONTR	2p	搞	DISC	说	HRS	EXP

（吉利）说："朋友你搞了鬼。"

ti³¹ni⁵⁵	nɯ³¹	mə³¹lɔŋ⁵³	dɔ³¹	pə³¹nəm⁵⁵	ti³¹	gɯ⁵⁵	tə³¹xɯ:m⁵⁵	
ti³¹ni⁵⁵	nɯ³¹	mə³¹lɔŋ⁵³	dɔ³¹	pə³¹nəm⁵⁵	ti³¹	gɯ⁵⁵	tə³¹xɯm⁵⁵	-3p
一天	TOP	路	LOC	野猪	一	CL	遇见	-3pe

有一天（他俩）在路上遇见了一只野猪。

wa³¹,	ɹə³¹məi⁵³	kɔ³¹daɹ⁵³	lɔk³¹	blaŋ⁵⁵	ɹa⁷³¹	ɟa:ŋ⁵³	wa³¹.

wa³¹　　ɹə³¹məi⁵³　　kɔ³¹daɹ⁵³　　lɔk³¹　blaŋ⁵⁵　ɹɑ⁷³¹　ɟəŋ⁵³　-ʔp　wa³¹
HRS　　江　　　　对岸　　　　　LOC　觅食　　DISC　看　　-3pe　HRS
看见（野猪）在江对岸觅食。

"ɓəŋ³¹nɛm⁵⁵　ɑ³¹　kɹɑ⁷⁵⁵　pə³¹　mɑ⁵⁵　ɕɯ³¹,　kɔ⁷⁵⁵　wɑ⁷⁵⁵　ɹɯP⁵⁵
ɓəŋ³¹nɛm⁵⁵　ɑ³¹　kɹɑ⁷⁵⁵　pə³¹　mɑ⁵⁵　ɕɯ³¹　kɔ⁷⁵⁵　wɑ⁷⁵⁵　ɹɯP⁵⁵
朋友　　　　啊　快　　IMP　藏　RFLX　那　　猪　　抓

pəŋ³¹waŋ⁵⁵,　　ə³¹dɔi⁵³　ə³¹ban⁵⁵　ɹaɹ³¹　　niŋ³¹." gɯ⁷⁵⁵　wa³¹.
pəŋ³¹wa⁵³　-ʔp　ə³¹dɔi⁵³　ə³¹ban⁵⁵　ɹɑ³¹　-ʔp　niŋ³¹　　gɯ⁷⁵⁵　wa³¹
PROS　　　-1sg　一会儿　误伤　　DIR　-1sg　MOOD　说　　HRS
（吉利）说："朋友你快躲起来，小心一会儿误伤到你。"

nəp³¹sa⁵³　nɯ³¹　ɕik³¹xɹɤŋ⁵⁵　ə³¹duŋ⁵⁵　lɔk³¹　mɑ⁵⁵mɑ⁵⁵　ɕɯ³¹　sem⁵⁵
nəp³¹sa⁵³　nɯ³¹　ɕik³¹xɹɤŋ⁵⁵　ə³¹duŋ⁵⁵　lɔk³¹　mɑ⁵⁵　-red　ɕɯ³¹　sem⁵⁵
巫师　　　TOP　树洞　　　　里面　　LOC　躲藏　-RED　RFLX　偷窥

wɑ⁷³¹　bəi³¹　nɯ³¹　dʑi³¹li⁵³　əŋ³¹gɯ⁵⁵　kɹɑ⁷⁵⁵　ɕɯ³¹　wa³¹.　ti³¹　kət⁵⁵
wɑ⁷³¹　bəi³¹　nɯ³¹　dʑi³¹li⁵³　əŋ³¹gɯ⁵⁵　kɹɑ⁷⁵⁵　ɕɯ³¹　wa³¹　ti³¹　kət⁵⁵
HRS　　CONJ　TOP　吉利　　　身体　　抖　　RFLX　HRS　一　次
巫师就躲在一个树洞里偷窥，吉利就（安上獠牙）抖身体。

kɹɑ⁷⁵⁵　ɕɯ³¹　bəi³¹　mɯl⁵⁵　ti³¹　kət⁵⁵　bɹuŋ⁵³wa³¹　kɔ⁷⁵⁵　wa³¹,　ti³¹
kɹɑ⁷⁵⁵　ɕɯ³¹　bəi³¹　mɯl⁵⁵　ti³¹　kət⁵⁵　bɹuŋ⁵³wɑ³¹　kɔ⁷⁵⁵　wa³¹　ti³¹
抖　　RFLX　CONJ　毛　　一　　次　　IDPH　　　长　　HRS　一
抖一次（身上）毛发就"嘭"地长一次，

kət⁵⁵　kɹɑ⁷⁵⁵　ɕɯ³¹　bəl³¹　ti³¹　kət⁵⁵　bɹuŋ⁵³wa³¹　kɔ⁷⁵⁵　wɑ³¹,
kət⁵⁵　kɹɑ⁷⁵⁵　ɕɯ³¹　bəi³¹　ti³¹　kət⁵⁵　bɹuŋ⁵³wɑ³¹　kɔ⁷⁵⁵　wa³¹
次　　抖　　RFLX　CONJ　一　　次　　IDPH　　　长　　HRS
抖一次就"嘭"地长一次，

ə³¹sɯm⁵³　kət⁵⁵　kɹɑ⁷⁵⁵　ɕɯ³¹　wɑ⁷³¹　mə³¹nəŋ⁵⁵　kaŋ⁵³　pɔ⁷⁵⁵　ɕɯ³¹
ə³¹sɯm⁵³　kət⁵⁵　kɹɑ⁷⁵⁵　ɕɯ³¹　wɑ⁷³¹　mə³¹nəŋ⁵⁵　kaŋ⁵³　pɔ⁷⁵⁵　ɕɯ³¹
三　　　　次　　抖　　RFLX　HRS　时候　　　老虎　变　　RFLX
抖了三次就变成了老虎，

wa³¹, kɔ³¹daɹ⁵³ le³¹ bjeɹ⁵³bjeɹ⁵³ pə³¹nəm⁵⁵ gɔŋ⁵³ dɔ³¹
wa³¹ kɔ³¹daɹ⁵³ le³¹ bjeɹ⁵³ -red pə³¹nəm⁵⁵ gɔŋ⁵³ dɔ³¹
HRS 对岸 ALL 飞 -RED 野猪 背 LOC

dʐɔt⁵⁵dʐɔt⁵⁵ ɕɯ³¹ kəi⁵⁵ wa³¹. ə³¹ja⁷⁵⁵ mə³¹nəŋ⁵⁵ nɯ³¹ pə³¹nəm⁵⁵
dʐɔt⁵⁵ -red ɕɯ³¹ kəi⁵⁵ wa³¹ ə³¹ja⁷⁵⁵ mə³¹nəŋ⁵⁵ nɯ³¹ pə³¹nəm⁵⁵
骑 -RED RFLX 吃 HRS 那 时候 TOP 野猪
飞到对岸骑在野猪的背上咬。

ɕa⁵⁵ əŋ³¹ne⁵⁵ kəi⁵⁵ ka⁵⁵ ɹa⁷⁵⁵ wa³¹. pə³¹nəm⁵⁵ ə³¹kɹɑ:p⁵⁵
ɕa⁵⁵ əŋ³¹ne⁵⁵ kəi⁵⁵ ka⁵⁵ ɹa⁷⁵⁵ wa³¹ pə³¹nəm⁵⁵ ə³¹kɹəp⁵⁵ -3p
肉 3DL 吃 话 得到 HRS 野猪 砍卸 -3pe
这样他俩就吃到野猪肉了。

bəi³¹ nɯ³¹ ti³¹ mə³¹li⁵³ ə³¹ɕen⁵⁵ ɕa⁵⁵ e⁷⁵⁵ dək³¹tɕiŋ⁵³ ɟɯk³¹tɕəl⁵³
bəi³¹ nɯ³¹ ti³¹ mə³¹li⁵³ ə³¹ɕen⁵⁵ ɕa⁵⁵ e⁷⁵⁵ dək³¹tɕiŋ⁵³ ɟɯk³¹tɕəl⁵³
CONJ TOP 一 地方 摆开 肉 这么 小的 小袋子

le³¹ dzɑ:ŋ⁵⁵ bəi³¹ təi⁵⁵ sə³¹ɹɯ:m⁵³ bəi³¹ ɕɯ³¹ mə³¹
le³¹ dzəŋ⁵⁵ -3p bəi³¹ təi⁵⁵ sə³¹ɹɯm⁵³ -3p bəi³¹ ɕɯ³¹ mə³¹
ALL 装 -3pe CONJ 怎么 装 -3pe CONJ 也 NEG
砍卸野猪肉，砍卸下来摆了一地的肉，装入这么小的小袋子，怎么装也装不满，

dəm⁵³ wa³¹, ti³¹ tɔt⁵⁵ tɕe³¹ dzəŋ⁵⁵ wa³¹. dʑi³¹li⁵³ mi³¹ ə³¹ja⁷⁵⁵
dəm⁵³ wa³¹ ti³¹ tɔt⁵⁵ tɕe³¹ dzəŋ⁵⁵ wa³¹ dʑi³¹li⁵³ mi³¹ ə³¹ja⁷⁵⁵
满 HRS 一 半 仅 装有 HRS 吉利 AGT 那

ɕa³¹ɟɯŋ⁵⁵ nəp³¹sa⁵³ le³¹ sə³¹ ɹi:⁵⁵ wa³¹. "bəŋ³¹nəm⁵⁵ ɑ³¹,
ɕa³¹ɟɯŋ⁵⁵ nəp³¹sa⁵³ le³¹ sə³¹ ɹi⁵⁵ -3p wa³¹ bəŋ³¹nəm⁵⁵ ɑ³¹
肉袋 巫师 ALL CAUS带 -3pe HRS 朋友 啊
（袋子）只装（有）了一半。吉利把那肉袋子让巫师背上。

ɟa⁵⁵ tɑ⁷³¹ tɕe³¹ saŋ⁵⁵ niŋ³¹" gɯ⁷⁵⁵ wa³¹, "ŋɑ⁵³ cɯm⁵³
ɟa⁵⁵ tɑ⁷³¹ tɕe³¹ sa⁵⁵ -1p niŋ³¹ gɯ⁷⁵⁵ wa³¹ ŋɑ⁵³ cɯm⁵³
这儿 COMP 仅 送 -1sg MOOD 说 HRS 1SG 家
说："朋友啊，我就送你到这里吧，"

ə³¹tsəŋ⁵³ ɕɯ³¹ mit⁵⁵ mɑ³¹ mə³¹sɯm⁵³ tɯʔ³¹e³¹, cɯm⁵³ le³¹ du⁵⁵
ə³¹tsəŋ⁵³ ɕɯ³¹ mit⁵⁵ mɑ³¹ mə³¹sɯm⁵³ tɯʔ³¹e³¹ cɯm⁵³ le³¹ du⁵⁵
人　　　也　　想　　NEG　放心　　　INFER　家　　ALL　到
"我家里人可能会不放心，

tɑʔ³¹ nɯ³¹ mə³¹ diŋ⁵⁵ niŋ³¹, cɯm⁵³ le³¹ diŋ⁵⁵ bəi³¹
tɑʔ³¹ nɯ³¹ mə³¹ di⁵³ -1p niŋ³¹ cɯm⁵³ le³¹ di⁵³ -1p bəi³¹
COMP TOP　NEG　走　-1sg　MOOD　家　　ALL　走　-1sg　CONJ
不直接到（你）家去了，

əŋ³¹gu⁵³ əŋ³¹mei⁵³ pə³¹ɹeʔ⁵⁵ ɻɑ³¹ nɯ³¹, ɟɑʔ⁵⁵ sə³¹lɑ⁵⁵ mə³¹ gɑ⁵⁵
əŋ³¹gu⁵³ əŋ³¹mei⁵³ pə³¹ɹeʔ⁵⁵ ɻɑ³¹ nɯ³¹ ɟɑʔ⁵⁵ sə³¹lɑ⁵⁵ mə³¹ gɑ⁵⁵
孩子　　他妈妈　　害怕　　DIR　TOP　这　月亮　　NEG　亮
去家里的话（你）孩子妈妈会害怕，

ɟɑʔ⁵⁵ nɑ⁵³ ə³¹dɯm⁵³ pəŋ⁵⁵ dɔ³¹ nuŋ³¹ŋuɑ⁵³ ti³¹ gɯ⁵⁵ pɑ³¹
ɟɑʔ⁵⁵ nɑ⁵³ ə³¹dɯm⁵³ pəŋ⁵⁵ dɔ³¹ nuŋ³¹ŋuɑ⁵³ ti³¹ gɯ⁵⁵ pɑ³¹
夜　　1SG　粮仓　　　下面　LOC　牛　　　　一　CL　IMP

ə³¹dɯn⁵⁵ waŋ⁵⁵" gɯʔ⁵⁵ wɑ³¹. ə³¹jɑ⁵⁵ pɑ:ŋ³¹ nɯ³¹ dʑi³¹li⁵³
ə³¹dɯn⁵⁵ wɑ⁵³ -1p gɯʔ⁵⁵ wɑ³¹ ə³¹jɑ⁵⁵ pɑ:ŋ³¹ nɯ³¹ dʑi³¹li⁵³
拴　　　做　　-1sg　说　HRS　那个　　ABL　TOP　吉利
这个月亮不亮的夜晚，在你粮仓下面给我拴一头牛吧。"

bəŋ³¹nəm⁵⁵ mə³¹dɯm⁵³ bɯ³¹ wɑ³¹. mə³¹dʑi⁵⁵li⁵³tin⁵⁵ nɯ³¹
bəŋ³¹nəm⁵⁵ mə³¹dɯm⁵³ bɯ³¹ wɑ³¹ mə³¹dʑi⁵⁵li⁵³tin⁵⁵ nɯ³¹
朋友　　　返回　　　DIR　HRS　木吉利丁　　　　TOP
从那儿，吉利朋友就返回去了。

ə³¹jɑʔ⁵⁵ ɕɑ³¹ɟɯŋ⁵⁵ ɹiʔ⁵⁵ɹiʔ⁵⁵ ɕɯ³¹ lɔʔ⁵⁵ wɑ³¹, cɯm⁵³ le³¹ du⁵⁵
ə³¹jɑʔ⁵⁵ ɕɑ³¹ɟɯŋ⁵⁵ ɹiʔ⁵⁵ -red ɕɯ³¹ lɔʔ⁵⁵ wɑ³¹ cɯm⁵³ le³¹ du⁵⁵
那　　肉袋　　　背　　-RED　RFLX　回　HRS　家　　ALL　到
木吉利丁就背着那肉袋子回家了，

wɑʔ³¹ mə³¹nəŋ⁵⁵ ɕɑ⁵⁵ klɔ:t⁵⁵ wɑʔ³¹ bəi³¹ nɯ³¹ sɔt⁵⁵
wɑʔ³¹ mə³¹nəŋ⁵⁵ ɕɑ⁵⁵ klɔt⁵⁵ -3p wɑʔ³¹ bəi³¹ nɯ³¹ sɔt⁵⁵
HRS　时候　　肉　取出　-3pe　HRS　CONJ　TOP　越

到了家里取出肉，

klɔːt⁵⁵	bəi³¹	sɔt⁵⁵	ə³¹lai⁵⁵	wa³¹,	sɔt⁵⁵	klɔːt⁵⁵	bəi³¹	sɔt⁵⁵
klɔt⁵⁵	-3p	bəi³¹	sɔt⁵⁵	ə³¹lai⁵⁵	wa³¹	sɔt⁵⁵	klɔt⁵⁵ -3p	bəi³¹	sɔt⁵⁵
取出	-3pe	CONJ	越	出现	HRS	越	取出 -3pe	CONJ	越

越取越出现（肉），越取越有，

ti³¹	sə³¹ɹal⁵⁵	ə³¹ɕen⁵⁵	ɕa⁵⁵	ə³¹lai⁵⁵	wa³¹.	sə³¹la⁵⁵	mə³¹	ga⁵⁵	ɟaʔ⁵⁵
ti³¹	sə³¹ɹal⁵⁵	ə³¹ɕen⁵⁵	ɕa⁵⁵	ə³¹lai⁵⁵	wa³¹	sə³¹la⁵⁵	mə³¹	ga⁵⁵	ɟaʔ⁵⁵
一	地板	摆开	肉	出现	HRS	月亮	NEG	亮	夜

摆满一地的肉。

dɔ³¹	nəp³¹sa⁵³	mi³¹	ə³¹dɯm⁵³	pəŋ⁵⁵	dɔ³¹	gəi³¹səŋ⁵⁵	nuŋ³¹ŋua⁵³
dɔ³¹	nəp³¹sa⁵³	mi³¹	ə³¹dɯm⁵³	pəŋ⁵⁵	dɔ³¹	gəi³¹səŋ⁵⁵	nuŋ³¹ŋua⁵³
LOC	巫师	AGT	粮仓	下面	LOC	真的	牛

ti³¹	gɯ⁵⁵	ə³¹dɯm⁵⁵	ɔʔ⁵⁵	wa³¹,	sə³¹ɹaŋ⁵⁵	ɟaːŋ⁵³	bəi³¹	nɯ³¹
ti³¹	gɯ⁵⁵	ə³¹dɯm⁵⁵	ɔʔ⁵⁵	wa³¹	sə³¹ɹaŋ⁵⁵	ɟəŋ⁵³ -3p	bəi³¹	nɯ³¹
一	CL	拴	给	HRS	早上	看 -3pe	CONJ	TOP

没有月亮的夜晚，巫师真的在粮仓下（给吉利）拴了一头牛，早上一看，

nuŋ³¹ŋua⁵³	ɕɯːl⁵⁵	ɹi³¹	wa³¹,	ə³¹dɯm⁵³	pəŋ⁵⁵	dɔ³¹	nɯ³¹
nuŋ³¹ŋua⁵³	ɕɯl⁵⁵ -3p	ɹi³¹	wa³¹	ə³¹dɯm⁵³	pəŋ⁵⁵	dɔ³¹	nɯ³¹
牛	领 -3pe	PFV-NV	HRS	粮仓	下面	LOC	TOP

牛被牵走了，

dʑi³¹li⁵³	tɕə³¹neŋ⁵⁵	laːn⁵⁵	ɟɔʔ⁵⁵,	ɟaʔ⁵⁵	kam⁵⁵	kɔɹ³¹saʔ⁵⁵laʔ⁵⁵
dʑi³¹li⁵³	tɕə³¹neŋ⁵⁵	lən⁵⁵ -3p	ɟɔʔ⁵⁵	ɟaʔ⁵⁵	kam⁵⁵	kɔɹ³¹saʔ⁵⁵laʔ⁵⁵
吉利	几嫂tab	叫作 -3pe	衣服	这	竹子	内膜

粮仓下叫吉利几乃的衣服，

wa³¹	ba⁵³	ɟɔʔ⁵⁵	dəm⁵³dəm⁵⁵	xɹaːp⁵⁵	ɹi³¹	wa³¹.	nuŋ³¹ŋua⁵³
wa³¹	ba⁵³	ɟɔʔ⁵⁵	dəm⁵³dəm⁵⁵	xɹap⁵⁵ -3p	ɹi³¹	wa³¹	nuŋ³¹ŋua⁵³
样	薄	衣服	满满地	挂 -3pe	PFV-NV	HRS	牛

像这竹膜般薄的衣服挂得满满的。

| mal⁵⁵ | tɕaːn⁵³ | waʔ³¹ | bəi³¹ | nɯ³¹ | ə³¹jaʔ⁵⁵ | kɹɔŋ³¹məi⁵³ | pəŋ⁵⁵ |

mal⁵⁵	tɕən⁵³	-3p	wa⁷³¹	bəi³¹	nɯ³¹	ə³¹ja⁷⁵⁵	kɹʊŋ³¹məi⁵³	pəŋ⁵⁵
脚印	跟踪	-3pe	HRS	CONJ	TOP	那	孔美	下面

ə³¹pla⁵⁵luŋ³¹gaŋ⁵³	la:n⁵⁵		ta⁷³¹	tɕe³¹	ə³¹blən⁵³	wa³¹,	ə³¹ja⁵⁵
ə³¹pla⁵⁵luŋ³¹gaŋ⁵³	lən⁵⁵	-3p	ta⁷³¹	tɕe³¹	ə³¹blən⁵³	wa³¹	ə³¹ja⁵⁵
阿帕龙岗	叫作	-3pe	COMP	只	留有足迹	HRS	那

（巫师）跟踪牛的脚印，只跟踪到了孔美（村）下面叫阿帕龙岗的地方（到那儿还）印有脚印，

pəŋ⁵⁵	le³¹	nɯ³¹	ə³¹ɹa⁵⁵	dɔ³¹	ɕɯ³¹	ma³¹	də³¹gɹa⁵³	wa⁷³¹	ta⁷³¹,
pəŋ⁵⁵	le³¹	nɯ³¹	ə³¹ɹa⁵⁵	dɔ³¹	ɕɯ³¹	ma³¹	də³¹gɹa⁵³	wa⁷³¹	ta⁷³¹
下面	ALL	TOP	哪儿	LOC	也	NEG	有动静	HRS	COMP

mal⁵⁵	mal⁵³	ta⁷³¹	ɕɯ:l⁵⁵		bɯ³¹	wa³¹.
mal⁵⁵	mal⁵³	ta⁷³¹	ɕɯl⁵⁵	-3p	bɯ³¹	wa³¹
脚印	没有	COMP	领	-3pe	DIR	HRS

那以下哪儿也没有动静，脚印都没留下领走（牛）了。

　　从前有一个叫木吉利丁的孔美（村）巫师和吉利（一种精灵）交朋友。

　　吉利的地方是下面（江尾）很远的地方。吉利模样像人，但会变化。眨眼睛的时候是下眼皮（盖）往上眨的，所以也叫他"变化的人"。

　　木吉利丁去吉利的地方（走）一天就到了，他因为是巫师，不像别的人走这路。巫师从那看得见吉利村的山上，从叫蒙木顶的山上，往吉利村投掷了一根鸡毛，一投掷鸡毛，把一村子的吉利全弄睡了，睡着了。然后巫师就到了他朋友家，晚上才到。他朋友也在睡觉，巫师往（吉利脸上）喷了水才醒来。"噢，朋友你来了。"吉利被唤醒的时候那样说。

　　吉利请（巫师）吃肉，（原来是）把人肉和野兽肉混着炖的。人肉呼呼地直冒泡，（巫师）就把人肉从（火塘边的）洞里扔下，屋底下狗（打架）相互咬，"你朋友不喜欢吃，"吉利老婆说。（巫师）说："（我）不是不喜欢，扔下去的是骨头。"

　　有一次，巫师到野外上厕所，上厕所的时候从背后被一个乳房鼓鼓的女人抱住了，要吃（他）。（巫师就）用挎在腰间的尖刀往后刺了就逃跑，（回到家）告诉了他朋友。

　　"朋友你犯了大错了。" 说着他朋友赶紧过去（看）了。果然扛来了（正哺乳中）乳房鼓鼓的吉利女人尸体，藏到了上面（火塘上方屋梁的）架子上。

　　等一会儿天黑的时候，（有吉利）反复来询问，"孩子妈妈来过吗？"（巫师朋友家）说："没来过哦。"反反复复来询问。

　　孔美巫师住在吉利村里，那个村的其他吉利时不时来问："你的朋友什么时候让

他回去？"想在半途上吃掉（巫师）。如果（巫师）要明天走，（朋友家）就说："还不能回去（早着呢），以后才回去"，如果是今天回去，就说："早就回去了，现在已经到家了"，他（巫师）朋友保护他（担心在路上被其他吉利吃掉）。

巫师回家时他朋友（吉利）送了他，在路上边狩猎边送。吉利去打猎的时候，总是让他朋友巫师坐在树梢上，让他坐在连跳九次够不着的树梢上才去狩猎。

吉利原来是安上獠牙（喙），变什么就安上什么獠牙，藤箩里背（带）有各种各样的獠牙，有虎牙、蛇牙、猴牙一直到太阳鸟的喙（应有尽有）。

路上有一次巫师正在火塘边坐着，爬过来一只鼹鼠，（巫师）用烟锅打了（它），原来是吉利朋友，肿着嘴笑着说："朋友啊，是我，我开玩笑的。"

有一次巫师吃了花椒，向他朋友装獠牙的藤箩哈了一口气，（吉利）没看见的时候哈了气，（等到）吉利要变化的时候，怎么安獠牙也安不上去，（吉利）就说："朋友你搞了鬼。"

有一天（他俩）在路上遇见了一只野猪。看见（野猪）在江对岸觅食。（吉利）说："朋友你快躲起来，小心一会儿误伤到你。。"

巫师就躲在一个树洞里偷窥，吉利就（安上獠牙）抖身体，抖一次（身上）毛发就"嘭"地长一次，抖一次就"嘭"地长一次，抖了三次就变成了老虎，飞到对岸骑在野猪的背上咬。这样他俩就吃到野猪肉了。

砍卸野猪肉，砍卸下来摆了一地的肉，装入这么小的小袋子，怎么装也装不满，（袋子）只装（有）了一半。吉利把那肉袋子让巫师背上。说："朋友啊，我就送你到这里吧"，"我家里人可能会不放心，不直接到（你）家去了，去家里的话（你）孩子妈妈会害怕，这个月亮不亮的夜晚，在你粮仓下面给我拴一头牛吧。"

从那儿，吉利朋友就返回去了。木吉利丁就背着那肉袋子回家了，到了家里取出肉，越取越出现（肉），越取越有，摆满一地的肉。

没有月亮的夜晚，巫师真的在粮仓下（给吉利）拴了一头牛，早上一看，牛被牵走了，粮仓下叫吉利几乃的衣服，像这竹膜般薄的衣服挂得满满的。

（巫师）跟踪牛的脚印，只跟踪到了孔美（村）下面叫阿帕龙岗的地方（到那儿还）印有脚印，那以下哪儿也没有动静，脚印都没留下领走（牛）了。

2.38 木曾氏族迁徙传说

mu³¹dziŋ⁵³	tək³¹ca²⁵⁵	mi³¹	mu³¹dziŋ⁵³	lən⁵⁵	sa³¹	pəi⁵⁵	məi⁵⁵
mu³¹dziŋ⁵³	tək³¹ca²⁵⁵	mi³¹	mu³¹dziŋ⁵³	lən⁵⁵	sa³¹	pəi⁵⁵	məi⁵⁵
木曾	为什么	BEC	木曾	叫作	NOM	SPM	CL

木曾氏族得名木曾的由来是，

| nɯ³¹ | ti³¹sa⁵⁵ | nɯ³¹ | ŋɔ⁵³ | məŋ³¹bli⁵³lɔŋ⁵⁵ | ŋə³¹plaŋ⁵³dəm⁵⁵ | dɔ³¹ |
| nɯ³¹ | ti³¹sa⁵⁵ | nɯ³¹ | ŋɔ⁵³ | məŋ³¹bli⁵³lɔŋ⁵⁵ | ŋə³¹plaŋ⁵³dəm⁵⁵ | dɔ³¹ |

TOP　起初　　TOP　上面　马必力河谷　　　　沃帕郎当　　　　　LOC

wak³¹tɕəŋ⁵⁵　luŋ³¹gaŋ⁵³　lɔk³¹　u⁵⁵　gal⁵⁵gal⁵³　sə³¹　ɹɔŋ⁵⁵　ɕɯ³¹
wak³¹tɕəŋ⁵⁵　luŋ³¹gaŋ⁵³　lɔk³¹　u⁵⁵　gal⁵⁵gal⁵³　sə³¹　ɹɔŋ⁵⁵　ɕɯ³¹
江边　　　　岩石　　　LOC　头　IDPH　　　CAUS坐　RFLX
起初，其先祖光着头坐在上面马必力河谷江边的岩石上。

wa³¹.　ə³¹tsəŋ⁵³　mi³¹　na⁵³　ə³¹mi⁵⁵　nə³¹　e⁵⁵,　ə³¹ɹa⁵⁵　pɑ:ŋ³¹　na³¹
wa³¹　ə³¹tsəŋ⁵³　mi³¹　na⁵³　ə³¹mi⁵⁵　nə³¹　e⁵⁵　ə³¹ɹa⁵⁵　pɑ:ŋ³¹　na³¹
HRS　人家　　AGT　1SG　谁　　2p　是　哪儿　ABL　2p
问他你是谁，

bla⁵⁵　ɹɑ³¹　kɹi:⁵³　　　wa⁵³¹　bəi³¹　ka⁵⁵　mə³¹　gɯ⁵⁵,　mu⁵⁵　le³¹
bla⁵⁵　ɹɑ³¹　kɹi⁵³　-3p　wa⁵³¹　bəi³¹　ka⁵⁵　mə³¹　gɯ⁵⁵　mu⁵⁵　le³¹
到达　DIR　问　　-3pe　HRS　CONJ　意思　NEG　说　天　　ALL
从哪儿到（这儿）的？（他）不说话，

mu⁵⁵　le³¹　ləŋ³¹　　ɟəŋ⁵³　wa³¹.　e⁵⁵　mi³¹　mu³¹dziŋ⁵³　lɑ:n⁵⁵　　e⁵⁵
mu⁵⁵　le³¹　ləŋ³¹　　ɟəŋ⁵³　wa³¹　e⁵⁵　mi³¹　mu³¹dziŋ⁵³　lən⁵⁵　-3p　e⁵⁵
天　　ALL　CONTR　看　HRS　是　BEC　木曾　　　　叫作　-3pe　是
只是望着天空。所以被叫作木曾。

wa³¹.　mu³¹dziŋ⁵³　gɯ:⁵⁵　　　nɯ³¹　mu⁵⁵　ɔ:ŋ³¹　ə³¹kɔt⁵⁵ɕɯ³¹
wa³¹　mu³¹dziŋ⁵³　gɯ⁵⁵　-3p　nɯ³¹　mu⁵⁵　ɔ:ŋ³¹　ə³¹kɔt⁵⁵ɕɯ³¹
HRS　木曾　　说　　-3pe　TOP　天　　ABL　迁徙

ə³¹tsəŋ⁵³　gɯ:⁵⁵　　　ka⁵⁵　e³¹.　mu³¹dziŋ⁵³　məŋ³¹bli⁵³lɔŋ⁵⁵　dɔ³¹
ə³¹tsəŋ⁵³　gɯ⁵⁵　-3p　ku⁵⁵　e³¹　mu³¹dzIŋ⁵³　məŋ³¹bli⁵³lɔŋ⁵⁵　dɔ³¹
人　　　说　　-3pe　意思　是　木曾　　　　马必力河谷　　　LOC
木曾的意思是从天上搬迁的人。

ɹɔŋ⁵⁵　wa⁵³¹　bəi³¹　ŋə³¹plaŋ⁵³dəm⁵⁵　　le³¹　ɕəm⁵³　xɹal⁵⁵　wa³¹,
ɹɔŋ⁵⁵　wa⁵³¹　bəi³¹　ŋə³¹plaŋ⁵³dəm⁵⁵　　le³¹　ɕəm⁵³　xɹal⁵⁵　wa³¹
住　　HRS　CONJ　沃帕郎当　　　　　ALL　刀　磨　　HRS
木曾居住在马必力河谷，到我沃帕郎当磨刀，

ɕəm³¹mɹɑ⁵³　ɹɑ⁵³mɹɑeⁿ　wa³¹.　mu³¹dziŋ⁵³　ɹə³¹ɹɯ⁵⁵　ə³¹ja⁵⁵　ɔ:ŋ³¹　bɹaŋ⁵³

çəm³¹mɹɑ⁵³	wa³¹	mu³¹dziŋ⁵³	ɲə³¹ɹɯ⁷⁵⁵	ə³¹ja⁵⁵	ɔ:ŋ³¹	bɹɑŋ⁵³
刀耕地	HRS	木曾	氏族	那个	ABL	分散

开垦刀耕地。

waʔ³¹	pəi⁵⁵	məi⁵⁵	nɯ³¹	çiŋ³¹nəm⁵⁵plɑŋ⁵⁵	la:n⁵⁵		plaŋ⁵⁵	mi³¹
waʔ³¹	pəi⁵⁵	məi⁵⁵	nɯ³¹	çiŋ³¹nəm⁵⁵plɑŋ⁵⁵	lən⁵⁵	-3p	plaŋ⁵⁵	mi³¹
HRS	SPM	CL	TOP	薪南卜郎	叫作	-3pe	鬼神	AGT

木曾氏族从那里分散，

tə³¹pɔ:i⁵³		wa³¹,	kua:n⁵⁵		waʔ³¹	tçi³¹	e⁵⁵	wa³¹.	e⁵⁵	mi³¹
tə³¹pɔi⁵³	-3p	wa³¹	kuan⁵⁵	-3p	waʔ³¹	tçi³¹	e⁵⁵	wa³¹	e⁵⁵	mi³¹
驱赶	-3pe	HRS	追	-3pe	HRS	EXP	是	HRS	是	BEC

是因为被叫作薪南卜郎的鬼神驱赶，追逐，

me⁵⁵	mə³¹li⁵³	le³¹	ə³¹kɔt⁵⁵çɯ³¹	wa³¹.	mu³¹dziŋ⁵³	məŋ³¹bli⁵³lɔŋ⁵⁵
me⁵⁵	mə³¹li⁵³	le³¹	ə³¹kɔt⁵⁵çɯ³¹	wa³¹	mu³¹dziŋ⁵³	məŋ³¹bli⁵³lɔŋ⁵⁵
别的	地方	ALL	迁徙	HRS	木曾	马必力河谷

所以迁往别的地方。

lɔk³¹	ɹɔŋ⁵⁵	waʔ³¹	bəi³¹,	ə³¹tsəŋ⁵³	bɯm³¹bɯm⁵⁵	əl⁵⁵	wa³¹	bɹɑŋ⁵³
lɔk³¹	ɹɔŋ⁵⁵	waʔ³¹	bəi³¹	ə³¹tsəŋ⁵³	bɯm³¹bɯm⁵⁵	əl⁵⁵	wa³¹	bɹɑŋ⁵³
LOC	生活	HRS	CONJ	人	很多	有	HRS	发展

木曾生活在马必力河谷，人口有很多。

wa³¹.	ə³¹nəm⁵⁵	nɯ³¹	ə³¹tsəŋ⁵³	ti³¹	ɟa:⁷⁵⁵		ti³¹	ɟɔ⁷⁵⁵	ti³¹	ɟɔ⁷⁵⁵
wa³¹	ə³¹nəm⁵⁵	nɯ³¹	ə³¹tsəŋ⁵³	ti³¹	ɟɑ⁷⁵⁵	-ins	ti³¹	ɟɔ⁷⁵⁵	ti³¹	ɟɔ⁷⁵⁵
HRS	后来	TOP	人	一	夜	-INSTR	一	CL	一	CL

ə³¹məŋ⁵⁵	ɹi³¹	wa³¹,	ə³¹ja⁷⁵⁵	ə³¹məŋ⁵⁵	ə³¹tsəŋ⁵³	tək³¹sa⁵⁵	dɔ³¹
ə³¹məŋ⁵⁵	ɹi³¹	wa³¹	ə³¹ja⁷⁵⁵	ə³¹məŋ⁵⁵	ə³¹tsəŋ⁵³	tək³¹sa⁵⁵	dɔ³¹
丢失	PFV-NV	HRS	那	消失	人	床铺	LOC

后来每一夜消失一个人，

mə³¹tçin⁵⁵	ti³¹	pɔŋ⁵³	ti³¹	pɔŋ⁵³	tçe³¹	tə³¹tçe:n⁵³		ɹi³¹	wa³¹,
mə³¹tçin⁵⁵	ti³¹	pɔŋ⁵³	ti³¹	pɔŋ⁵³	tçe³¹	tə³¹tçen⁵³	-3p	ɹi³¹	wa³¹
青苔	一	CL	一	CL	只	放置	-3pe	PFV-NV	HRS

那个消失的人的床铺上只留下一团青苔，

ə³¹tsəŋ⁵³	pəi⁵⁵	məi⁵⁵	ə³¹maːŋ⁵⁵		ɹi³¹	wɑ³¹.	e⁵⁵wɑ³¹	cɑʔ⁵⁵
ə³¹tsəŋ⁵³	pəi⁵⁵	məi⁵⁵	ə³¹məŋ⁵⁵	-3p	ɹi³¹	wɑ³¹	e⁵⁵wɑ³¹	cɑʔ⁵⁵
人	SPM	CL	丢失	-3pe	PFV-NV	HRS	这样	成

人却不见了。

wɑʔ³¹	mə³¹nəŋ⁵⁵	nɯ³¹	ɹɔŋ⁵⁵	mə³¹	gəm⁵⁵	pəŋ³¹wɑ⁵³	ə³¹
wɑʔ³¹	mə³¹nəŋ⁵⁵	nɯ³¹	ɹɔŋ⁵⁵	mə³¹	gəm⁵⁵	pəŋ³¹wɑ⁵³	ə³¹
HRS	时候	TOP	生活	NEG	好	PROS	RECP

gɯʔ⁵⁵gɯʔ⁵⁵	wɑ³¹,	ɟəŋ³¹bən⁵³	wɑ⁵⁵	sɑ³¹	blu⁵⁵	ə³¹	wɑ⁵⁵	wɑ³¹.
gɯʔ⁵⁵	-red	wɑ³¹	ɟəŋ³¹bən⁵³	wɑ⁵⁵	sɑ³¹	blu⁵⁵	ə³¹	wɑ⁵⁵ wɑ³¹
说	-RED	HRS	迁移	做	NOM	商议	RECP做	HRS

发生这样的事情后，他们说这地方看来不好生活，就商议迁移。

ə³¹jɑʔ⁵⁵e³¹	sɯ⁵³	tə³¹lu⁵⁵	tə³¹tɕɔːn⁵³tɕɔːn⁵³		wɑʔ³¹	mə³¹ɹəp⁵⁵
ə³¹jɑʔ⁵⁵e³¹	sɯ⁵³	tə³¹lu⁵⁵	tə³¹tɕɔn⁵³	-3p	-red	wɑʔ³¹	mə³¹ɹəp⁵⁵
然后	木筏	现成	准备		-3pe	-RED	HRS	火塘

ɹɑːt⁵⁵	wɑ³¹,	ə³¹jɑʔ⁵⁵	ə³¹plɑ⁵⁵	bluŋ⁵⁵	wɑʔ³¹	ə³¹lɑŋ⁵³	at⁵⁵
ɹət⁵⁵	-3p	wɑ³¹	ə³¹jɑʔ⁵⁵	ə³¹plɑ⁵⁵	bluŋ⁵⁵	wɑʔ³¹	ə³¹lɑŋ⁵³	at⁵⁵
拆	-3pe	HRS	那	火塘灰	溅起	HRS	时候	逃跑

然后提前准备了木筏，拆掉火塘，趁灰尘溅起逃跑，

wɑ³¹,	sɯ⁵³	mi³¹	ɹə³¹məi⁵³ŋɑŋ⁵⁵	dɔ³¹	ɟu⁵³	le³¹	sə³¹ɟɔʔ⁵⁵	ɕɯ³¹
wɑ³¹	sɯ⁵³	mi³¹	ɹə³¹məi⁵³ŋɑŋ⁵⁵	dɔ³¹	ɟu⁵³	le³¹	sə³¹ɟɔʔ⁵⁵	ɕɯ³¹
HRS	木筏	INSTR	江水	LOC	下面	ALL	漂	RFLX

用木筏顺江流向下漂流。

wɑ³¹.	ɟu⁵⁵	ɹəʔ³¹məi⁵³	pəŋ⁵⁵	le³¹	bɹɑŋ⁵³	bɯ³¹	wɑ³¹.	tən⁵⁵
wɑ³¹	ɟu⁵⁵	ɹəʔ³¹məi⁵³	pəŋ⁵⁵	le³¹	bɹɑŋ⁵³	bɯ³¹	wɑ³¹	tən⁵⁵
HRS	下面	江	下面	ALL	分散	DIR	HRS	现在

向下江分散而去。

mu³¹dziŋ⁵³	ɲə³¹ɹɯ⁷⁵⁵	ək³¹tɕiʔ⁵⁵ək³¹luk⁵⁵		lən⁵⁵	sɑ³¹	nɯ³¹	e⁷⁵⁵wɑ³¹
mu³¹dziŋ⁵³	ɲə³¹ɹɯ⁷⁵⁵	ək³¹tɕiʔ⁵⁵ək³¹luk⁵⁵		lən⁵⁵	sɑ³¹	nɯ³¹	e⁷⁵⁵wɑ³¹
木曾	氏族	各种各样		叫作	NOM	TOP	这样

e⁵⁵ tɕi³¹ wɑ³¹. sɯ⁵³ dɔ³¹ sə³¹ȶ²⁵⁵ ɕɯ³¹ wɑ²³¹ bəi³¹ ŋəi⁵³
e⁵⁵ tɕi³¹ wɑ³¹ sɯ⁵³ dɔ³¹ sə³¹ȶ²⁵⁵ ɕɯ³¹ wɑ²³¹ bəi³¹ ŋɑ⁵³ -agt
是 EXP HRS 木筏 LOC 漂 RFLX HRS CONJ 1SG -AGT
现在木曾氏族有各种各样的称呼的由来是这样：趁木筏时，

mi³¹ nɯ³¹ sɯ⁵³ təŋ⁵³təŋ⁵³ ɹemʳ²⁵⁵ gɯʳ²⁵⁵ wɑ²³¹ ə³¹tsəŋ⁵³
mi³¹ nɯ³¹ sɯ⁵³ təŋ⁵³təŋ⁵³ ɹep⁵⁵ -1p gɯʳ²⁵⁵ wɑ²³¹ ə³¹tsəŋ⁵³
AGT TOP 木筏 IDPH 划 -1se 说 HRS 人

juk³¹təŋ⁵³ lət⁵⁵ɕɯ³¹ wɑ³¹, ŋəi⁵³ mi³¹ kə³¹tsuŋ⁵⁵gə³¹nuŋ⁵⁵
juk³¹təŋ⁵³ lət⁵⁵ɕɯ³¹ wɑ³¹ ŋɑ⁵³ -agt mi³¹ kə³¹tsuŋ⁵⁵gə³¹nuŋ⁵⁵
永砀 叫作 HRS 1SG -AGT AGT IDPH
有人说我划木筏"砀砀地"划，这个人就得名永砀（家族），

ɹemʳ²⁵⁵ gɯʳ²⁵⁵ wɑ²³¹ min³¹dzuŋ⁵³ lət⁵⁵ɕɯ³¹ wɑ³¹, ŋəi⁵³
ɹep⁵⁵ -1p gɯʳ²⁵⁵ wɑ²³¹ min³¹dzuŋ⁵³ lət⁵⁵ɕɯ³¹ wɑ³¹ ŋɑ⁵³ -agt
划 -1se 说 HRS 闵总 叫作 HRS 1SG -AGT
有人说我"可总可弄"地划，得名闵总（家族），

mi³¹ kə³¹tɕai⁵⁵kə³¹nai⁵⁵ ɹemʳ²⁵⁵ gɯʳ²⁵⁵ wɑ³¹ tɕəŋ³¹nai⁵³
mi³¹ kə³¹tɕai⁵⁵kə³¹nai⁵⁵ ɹep⁵⁵ -1p gɯʳ²⁵⁵ wɑ³¹ tɕəŋ³¹nai⁵³
AGT IDPH 划 -1se 说 HRS 江乃

lət⁵⁵ɕɯ³¹ bɯ³¹ wɑ³¹. tən⁵⁵ juk³¹təŋ⁵³ min³¹dzuŋ⁵³ tɕəŋ³¹nai⁵³
lət⁵⁵ɕɯ³¹ bɯ³¹ wɑ³¹ tən⁵⁵ juk³¹təŋ⁵³ min³¹dzuŋ⁵³ tɕəŋ³¹nai⁵³
叫作 DIR HRS 现在 永砀 闵总 江乃
我"可江可乃"地划，就得名江乃（家族）。现在永砀、闵总、江乃

pəi⁵⁵ mɯŋ⁵³ nɯ³¹ ɟu²⁵⁵ men³¹tjeŋ⁵⁵ mə³¹li⁵³ tɕe³¹ əl⁵³,
pəi⁵⁵ mɯŋ⁵³ nɯ³¹ ɟu²⁵⁵ men³¹tjeŋ⁵⁵ mə³¹li⁵³ tɕe³¹ əl⁵³
SPM 种类 TOP 下面 缅甸 地方 只 居住
那些家族分布居住在下面的缅甸，

ɹə³¹ŋaŋ⁵³ɹeɹ. tɕəl⁵³ sɔʳ²⁵⁵ ɕɯ³¹. ɹə³¹ŋaŋ⁵³ɹeɹ. gɯ:ʳ²⁵⁵ nɯ³¹ ə³¹dɯ⁵³
ɹə³¹ŋaŋ⁵³ɹeɹ. tɕəl⁵³ sɔʳ²⁵⁵ ɕɯ³¹ ɹə³¹ŋaŋ⁵³ɹeɹ. gɯʳ²⁵⁵ -3p nɯ³¹ ə³¹dɯ⁵³
日昂 人 算 RFLX 日昂 说 -3pe TOP 自己

自称日昂。

ɲə³¹ɹɯʔ⁵⁵	gɯːʔ⁵⁵		ka⁵⁵	e⁵⁵.	ba³¹li⁵⁵	ɟa⁷⁵⁵	iŋ⁵⁵	mə³¹li⁵³
ɲə³¹ɹɯʔ⁵⁵	gɯʔ⁵⁵	-3p	ka⁵⁵	e⁵⁵	ba³¹li⁵⁵	ɟa⁷⁵⁵	iŋ⁵⁵	mə³¹li⁵³
亲族	说	-3pe	意思	是	又	这	1PL	地方

日昂说的是自己亲族的意思。还有，

tə³¹ɹuŋ⁵³lɔŋ⁵⁵	dɔ³¹	mu³¹dziŋ⁵³	ɲə³¹ɹɯʔ⁵⁵	ɕɯ³¹	bɯm³¹bɯm⁵⁵	əl⁵³.
tə³¹ɹuŋ⁵³lɔŋ⁵⁵	dɔ³¹	mu³¹dziŋ⁵³	ɲə³¹ɹɯʔ⁵⁵	ɕɯ³¹	bɯm³¹bɯm⁵⁵	əl⁵³
独龙河谷	LOC	木曾	亲族	也	很多	有

在这我们独龙江河谷木曾氏族的亲族也很多，

ɟu⁷⁵⁵	ɟəŋ³¹mi⁵³	gam³¹ləi⁵³	mə³¹li⁵³mɯ⁵³	mə³¹ɹəŋ⁵⁵dəm⁵³
ɟu⁷⁵⁵	ɟəŋ³¹mi⁵³	gam³¹ləi⁵³	mə³¹li⁵³mɯ⁵³	mə³¹ɹəŋ⁵⁵dəm⁵³
下面	杨米	戛木雷	木立默	木朗当

bək³¹pɔt⁵⁵	sə³¹na⁷⁵⁵	mu³¹dziŋ⁵³	ɲə³¹ɹɯʔ⁵⁵	e⁵⁵.	ɟa⁷⁵⁵	saŋ³¹ɕaŋ⁵⁵
bək³¹pɔt⁵⁵	sə³¹na⁷⁵⁵	mu³¹dziŋ⁵³	ɲə³¹ɹɯʔ⁵⁵	e⁵⁵	ɟa⁷⁵⁵	saŋ³¹ɕaŋ⁵⁵
巴坡	都	木曾	氏族	是	这	三乡

下面（独龙江下游）有杨米、戛木雷、木立默、木朗当、巴坡都是木曾氏族的。

mə³¹li⁵³	nɯ³¹	kɯn³¹diŋ⁵³	kɹɔŋ³¹məl⁵³	luŋ³¹ɹa⁷⁵⁵	mə³¹tɕəl⁵³waŋ⁵⁵
mə³¹li⁵³	nɯ³¹	kɯn³¹diŋ⁵³	kɹɔŋ³¹məl⁵³	luŋ³¹ɹa⁷⁵⁵	mə³¹tɕəl⁵³waŋ⁵⁵
地方	TOP	肯丁	孔美	龙拉	木切汪

mə³¹tɕəl⁵³tu⁷⁵⁵	la³¹pet⁵⁵	ɹe³¹tan⁵⁵	sə³¹na⁷⁵⁵	mu³¹dziŋ⁵³	e⁵⁵.
mə³¹tɕəl⁵³tu⁷⁵⁵	la³¹pet⁵⁵	ɹe³¹tan⁵⁵	sə³¹na⁷⁵⁵	mu³¹dziŋ⁵³	e⁵⁵
木切图	拉培	冉坦	都	木曾	是

这三乡一带肯丁、孔美、龙拉、木切汪、木切图、拉培、冉坦（家族）都是木曾（氏族）。

　　木曾氏族得名木曾的由来是，起初，其先祖光着头坐在上面马必力河谷江边的岩石上。别人问他你是谁，从哪儿到（这儿）的？（他）不说话，只是望着天空。所以被叫作木曾。木曾的意思是从天上搬迁的人。
　　木曾居住在马必力河谷，到我沃帕郎当磨刀，开垦刀耕地。木曾氏族从那里分散，是因为被叫作薪南卜郎的鬼神驱赶、追逐，所以迁往别的地方。 木曾生活在马必力河谷，人口有很多。后来每一夜消失一个人，那个消失的人的床铺上只留下一团青苔，人却不见了。

发生这样的事情后，他们说这地方看来不好生活，就商议迁移。然后提前准备了木筏，拆掉火塘，趁灰尘溅起逃跑，用木筏顺江流向下漂流。向下江分散而去。

现在木曾氏族有各种各样的称呼的由来是这样：趁木筏时，有人说我划木筏"砀砀地"划，这个人就得名永砀（家族），有人说我"可总可弄"地划，得名闵总(家族)，我"可江可乃"地划，就得名江乃（家族）。

现在永砀、闵总、江乃那些家族分布居住在下面的缅甸，自称日昂。日昂说的是自己亲族的意思。还有，在这我们独龙江河谷木曾氏族的亲族也很多，下面（独龙江下游）有杨米、夏木雷、木立默、木朗当、巴坡都是木曾氏族的。这三乡一带肯丁、孔美、龙拉、木切汪、木切图、拉培、冉坦（家族）都是木曾（氏族）。

2.39 巨人普禹传说

pə³¹ʝu⁵⁵	nɯ³¹	tɕa⁵⁵bəi³¹	ɟaʔ⁵⁵	ik⁵⁵	tə³¹ɻuŋ⁵³	mə³¹li⁵³	le³¹
普禹	TOP	从前	这	我们的	独龙	地方	ALL

mə³¹li⁵³	kə³¹təŋ⁵⁵	le³¹	di⁵⁵	wa ʔ³¹	ə³¹tsən⁵³	e⁵⁵	tɕi³¹	wa³¹.
地方	修理	ALL	走	HRS	人	是	EXP	HRS

普禹是从前来咱们独龙族地区修理地形的人。

pə³¹ʝu⁵⁵	nɯ³¹	ə³¹ni⁵⁵	ɟɔʔ⁵⁵	di⁵³	tɕi³¹	wa³¹,	ti³¹	ɟɔʔ⁵⁵	nɯ³¹	kɔʔ⁵⁵
普禹	TOP	两	CL	走	EXP	HRS	一	CL	TOP	那

taŋ³¹dəm⁵⁵lə³¹ka⁵⁵	kɔ³¹lai⁵⁵	ɔːŋ³¹	ŋaŋ⁵⁵	wa³¹,	ti³¹	ɟɔʔ⁵⁵	nɯ³¹
担当力卡山脉	那边	ABL	上	HRS	一	CL	TOP

普禹有两个人，一个从那担当力卡山脉那边上来，

ɟaʔ⁵⁵	tə³¹ɻuŋ⁵³lɔŋ⁵⁵	ɔːŋ³¹	ŋaŋ⁵⁵	wa³¹.	kɔ³¹lai⁵⁵	taŋ³¹dəm⁵⁵lə³¹ka⁵⁵
这	独龙河谷	ABL	上	HRS	那边	担当力卡山脉

一个从这独龙江河谷上来。

kɔ³¹lai⁵⁵	ɔːŋ³¹	kɔɹ⁵⁵	pəi⁵⁵	ɟɔˀ⁵⁵	nɯ³¹	mə³¹li⁵³	kə³¹təŋ⁵⁵kə³¹təŋ⁵⁵
kɔ³¹lai⁵⁵	ɔːŋ³¹	kɔɹ⁵⁵	pəi⁵⁵	ɟɔˀ⁵⁵	nɯ³¹	mə³¹li⁵³	kə³¹təŋ⁵⁵ -red
那边	ABL	迂回	SPM	CL	TOP	地方	整治 -RED

dʑin³¹	ŋaŋ⁵⁵	wa³¹,	ɟaˀ⁵⁵	tə³¹ɹuŋ⁵³lɔŋ⁵⁵	ɔːŋ³¹	ŋaŋ⁵⁵	pəi⁵⁵	ɟɔˀ⁵⁵
dʑin³¹	ŋaŋ⁵⁵	wa³¹	ɟaˀ⁵⁵	tə³¹ɹuŋ⁵³lɔŋ⁵⁵	ɔːŋ³¹	ŋaŋ⁵⁵	pəi⁵⁵	ɟɔˀ⁵⁵
着	上	HRS	这	独龙河谷	ABL	上	SPM	CL

从担当力卡山脉那边迂回的那个边上来边整治地形，

nɯ³¹	lə³¹tɕi⁵³lə³¹kui⁵³	ɕiŋ³¹ɕi⁵⁵luk³¹ɕi⁵⁵	kət⁵⁵	dʑin³¹	ŋaŋ⁵⁵	wa³¹.
nɯ³¹	lə³¹tɕi⁵³lə³¹kui⁵³	ɕiŋ³¹ɕi⁵⁵luk³¹ɕi⁵⁵	kət⁵⁵	dʑin³¹	ŋaŋ⁵⁵	wa³¹
TOP	IDPH	植物种子	种	着	上	HRS

从这独龙江河谷上来的那位来边撒播各种植物种子。

tən⁵⁵	tə³¹ɹuŋ⁵³lɔŋ⁵⁵	dɔ³¹	əl⁵³	ə³¹ləi⁵⁵	ə³¹ɹɐd⁵⁵	ɹəŋ³¹duŋ⁵³	məŋ⁵⁵
tən⁵⁵	tə³¹ɹuŋ⁵³lɔŋ⁵⁵	dɔ³¹	əl⁵³	ə³¹ləi⁵⁵	ə³¹ɹɐd⁵⁵	ɹəŋ³¹duŋ⁵³	məŋ⁵⁵
现在	独龙河谷	LOC	有	董棕	野百合	山药	野薯

pə³¹ɹi⁵⁵	ə³¹təŋ⁵⁵	pə³¹ɟu⁵⁵	mi³¹	kaːt⁵⁵	e⁵⁵	tɕi³¹	wa³¹.
pə³¹ɹi⁵⁵	ə³¹təŋ⁵⁵	pə³¹ɟu⁵⁵	mi³¹	kət⁵⁵ -3p	e⁵⁵	tɕi³¹	wa³¹
野葛	等	普禹	AGT	种 -3pe	是	EXP	HRS

现在独龙江河谷的董棕、野百合、山药、野薯、野葛等是普禹撒播种的。

tɕa⁵⁵bəi³¹	tə³¹ɹuŋ⁵³	ə³¹tsəŋ⁵³	əŋ³¹dza⁵⁵	mə³¹	tɕɔˀ⁵⁵	pə³¹ɹai⁵⁵	ɕi³¹
tɕa⁵⁵bəi³¹	tə³¹ɹuŋ⁵³	ə³¹tsəŋ⁵³	əŋ³¹dza⁵⁵	mə³¹	tɕɔˀ⁵⁵	pə³¹ɹai⁵⁵	ɕi³¹
从前	独龙	人	粮食	NEG	够	肚子	RFLX

bəi³¹	sə³¹bɹɐ⁵⁵	wa⁵³,	e³¹wa⁵⁵	lə³¹tɕi⁵³lə³¹kui⁵³	sə³¹bɹɐ⁵⁵	wa⁵⁵
bəi³¹	sə³¹bɹɐ⁵⁵	wa⁵³	e³¹wa⁵⁵	lə³¹tɕi⁵³lə³¹kui⁵³	sə³¹bɹɐ⁵⁵	wa⁵⁵
CONJ	采集物	做	那样	IDPH	采集物	做

旧时，独龙族人粮食不够吃了饿肚子就去采集，

dʑin³¹	kəi⁵³	tɕi³¹	e³¹.	pə³¹ɟu⁵⁵	nɯ³¹	mɹəŋ³¹mɹəŋ⁵⁵	tə³¹təi⁵⁵
dʑin³¹	kəi⁵³	tɕi³¹	e³¹	pə³¹ɟu⁵⁵	nɯ³¹	mɹəŋ³¹mɹəŋ⁵⁵	tə³¹təi⁵⁵
着	吃	EXP	是	普禹	TOP	高高	很大

就是这样采集各种各样的吃的。

ə³¹tsəŋ⁵³　e⁵⁵　wɑ³¹,　lə³¹kɑ⁵⁵plɔŋ⁵³　wɑ³¹　ɹep⁵⁵　tɕi³¹　wɑ³¹.
ə³¹tsəŋ⁵³　e⁵⁵　wɑ³¹　lə³¹kɑ⁵⁵plɔŋ⁵³　wɑ³¹　ɹep⁵⁵　tɕi³¹　wɑ³¹
人　　　是　HRS　雪峰　　　　　HRS　站　EXP　HRS

普禹长得很高很大，像雪峰般站立。

ɹə³¹məi⁵³　ə³¹jɑ⁵⁵kɯ³¹　bɑ³⁵　cɑ⁵⁵　wɑ³¹,　nɯp⁵⁵dɑɹ⁵³　ɹep⁵⁵　bəi³¹
ɹə³¹məi⁵³　ə³¹jɑ⁵⁵kɯ³¹　bɑ³⁵　cɑ⁵⁵　wɑ³¹　nɯp⁵⁵dɑɹ⁵³　ɹep⁵⁵　bəi³¹
江　　　　直接　　　跨　能　HRS　西岸　　　　站　　CONJ

能直接跨过江，

ɯ⁵⁵　mi³¹　ɕɑɹ⁵⁵　lə³¹kɑ⁵⁵u⁵⁵　le³¹　dɑ:³⁵　　wɑ³¹,　xɹei⁵⁵　mi³¹　ti³¹
ɯ⁵⁵　mi³¹　ɕɑɹ⁵⁵　lə³¹kɑ⁵⁵u⁵⁵　le³¹　dɑ³⁵ -3p　wɑ³¹　xɹei⁵⁵　mi³¹　ti³¹
手　AGT　东　山巅　　　ALL　触到 -3pe HRS　脚　AGT　一

站在西岸用手可以触摸到东山巅，

gɑn⁵⁵　ə³¹dʑɑ:l⁵⁵　　bəi³¹　dəm⁵⁵　ti³¹　dəm⁵⁵　ə³¹pɔ³⁵　wɑ³¹.　tən⁵⁵
gɑn⁵⁵　ə³¹dʑəl⁵⁵ -3p　bəi³¹　dəm⁵⁵　ti³¹　dəm⁵⁵　ə³¹pɔ³⁵　wɑ³¹　tən⁵⁵
步　　踩　　　-3pe CONJ　台地　一　台地　变成　HRS　现在

踩一脚能踩出一个台地。

tə³¹ɹɯŋ⁵³lɔŋ⁵⁵　　dɔ³¹　kɔ³¹dɑɹ⁵³　ɟɑ³¹dɑɹ⁵³　ə³¹tsəŋ⁵³　mi³¹　kɹɔŋ⁵⁵
tə³¹ɹɯŋ⁵³lɔŋ⁵⁵　　dɔ³¹　kɔ³¹dɑɹ⁵³　ɟɑ³¹dɑɹ⁵³　ə³¹tsəŋ⁵³　mi³¹　kɹɔŋ⁵⁵
独龙河谷　　　　LOC　对岸　　　这岸　　　人　　　AGT　村子

sə³¹ɹɔ:ŋ⁵⁵　　dəm⁵⁵,　ə³¹jɑ⁵⁵　pə³¹ɟu⁵⁵　mɑl⁵⁵　dɔ³¹　sə³¹ɹɔ:ŋ⁵⁵
sə³¹ɹɔŋ⁵⁵ -3p　dəm⁵⁵　ə³¹jɑ⁵⁵　pə³¹ɟu⁵⁵　mɑl⁵⁵　dɔ³¹　sə³¹ɹɔŋ⁵⁵ -3p
建　　　-3pe 台地　那个　普禹　　脚印　LOC　建　　　-3pe

现在独龙江河谷东西两岸人们建村落台地，就是建在普禹的脚印上的。

e⁵⁵　tɕi³¹　wɑ³¹.　sɑŋ³¹ɕɑŋ⁵⁵　mə³¹li⁵³　ɕɑɹ⁵⁵dɑɹ⁵³　kɹɔŋ³¹dəm⁵⁵　nɯ³¹
e⁵⁵　tɕi³¹　wɑ³¹　sɑŋ³¹ɕɑŋ⁵⁵　mə³¹li⁵³　ɕɑɹ⁵⁵dɑɹ⁵³　kɹɔŋ³¹dəm⁵⁵　nɯ³¹
是　EXP　HRS　三乡　　　地方　　东岸　　　孔当　　　　TOP

pə³¹ɟu⁵⁵　ɹə³¹nɑ⁵³　wɑ³¹　nə³¹ɹɔl⁵⁵　sə³¹ɹɔ:ŋ⁵⁵　　mi³¹　dəm⁵⁵　pɔ³⁵
pə³¹ɟu⁵⁵　ɹə³¹nɑ⁵³　wɑ³¹　nə³¹ɹɔl⁵⁵　sə³¹ɹɔŋ⁵⁵ -3p　mi³¹　dəm⁵⁵　pɔ³⁵
普禹　　休息　　HRS　屁股　　放　　　-3pe BEC　台地　变

三乡地区东岸的孔当台地就是普禹休息时，放屁股形成的台地。

ɕɯ³¹	e⁵⁵	wa⁷³¹	tɕi³¹	kɹɔŋ³¹dəm⁵⁵	pəŋ⁵⁵	dɔ³¹	tɕi³¹liŋ⁵⁵dəm⁵⁵
ɕɯ³¹	e⁵⁵	wa⁷³¹	tɕi³¹	kɹɔŋ³¹dəm⁵⁵	pəŋ⁵⁵	dɔ³¹	tɕi³¹liŋ⁵⁵dəm⁵⁵
RFLX	是	HRS	EXP	孔当	下面	LOC	齐林当

də³¹guan⁵⁵	pɯi³¹dəm⁵⁵	nɯ³¹	pə³¹ʝu⁵⁵	ɹə³¹na⁵³	wa⁷³¹	ɹɔŋ⁵⁵	wa⁷³¹
də³¹guan⁵⁵	pɯi³¹dəm⁵⁵	nɯ³¹	pə³¹ʝu⁵⁵	ɹə³¹na⁵³	wa⁷³¹	ɹɔŋ⁵⁵	wa⁷³¹
和	装当	TOP	普禹	休息	HRS	坐	HRS

dɔ³¹	xɹɛi⁵⁵	ɹɑ:⁵⁵	xɹɛi³¹mal⁵⁵	e⁵⁵	tɕi³¹	wa³¹.	pə³¹ʝu⁵⁵	ɹə³¹na⁵³
dɔ³¹	xɹɛi⁵⁵	ɹɑ⁵⁵-3p	xɹɛi³¹mal⁵⁵	e⁵⁵	tɕi³¹	wa³¹	pə³¹ʝu⁵⁵	ɹə³¹na⁵³
LOC	脚	放 -3pe	脚印	是	EXP	HRS	普禹	休息

孔当台地下面的齐林当和装当台地是普禹坐下来休息时踏脚的脚印。

bəi³¹	nɯt⁵⁵	ŋa⁷⁵⁵	wa³¹,	nɯt⁵⁵	de:⁷⁵⁵	mə³¹nəŋ⁵⁵	nɯt³¹ta⁷⁵⁵
bəi³¹	nɯt⁵⁵	ŋa⁷⁵⁵	wa³¹	nɯt⁵⁵	de⁷⁵⁵-3p	mə³¹nəŋ⁵⁵	nɯt³¹ta⁷⁵⁵
CONJ	烟	吸	HRS	烟	尽 -3pe	时候	烟锅

ə³¹ta⁷⁵⁵	wa³¹,	ə³¹ja⁷⁵⁵	ə³¹tɑ:⁷⁵⁵	dɔ³¹	dəm⁵⁵	ti³¹	dəm⁵⁵
ə³¹ta⁷⁵⁵	wa³¹	ə³¹ja⁷⁵⁵	ə³¹ta⁷⁵⁵-3p	dɔ³¹	dəm⁵⁵	ti³¹	dəm⁵⁵
敲	HRS	那	敲 -3pe	LOC	台地	一	台地

普禹休息时吸烟，烟尽了敲烟锅，

ə³¹pɔ⁷⁵⁵	wa³¹,	ə³¹ja⁵⁵	nɯ³¹	nɯp⁵⁵daɹ⁵³	dɔ³¹	kɯn³¹diŋ⁵³	dəm⁵⁵
ə³¹pɔ⁷⁵⁵	wa³¹	ə³¹ja⁵⁵	nɯ³¹	nɯp⁵⁵daɹ⁵³	dɔ³¹	kɯn³¹diŋ⁵³	dəm⁵⁵
变成	HRS	那个	TOP	西岸	LOC	肯丁	台地

在那敲烟锅的地方变成了一个台地，那就是西岸的肯丁村台地。

ɕɑ⁵⁵	wa³¹.	pə³¹ʝu⁵⁵	mi³¹	luŋ³¹wen⁵³	du:⁵⁵	mə³¹nəŋ⁵⁵
ɕɑ⁵⁵	wa³¹	pə³¹ʝu⁵⁵	mi³¹	luŋ³¹wen⁵³	du⁵⁵-3p	mə³¹nəŋ⁵⁵
成	HRS	普禹	AGT	龙元	到 -3pe	时候

普禹到了龙元（村），

lə³¹ka⁵⁵ta⁷⁵⁵	də³¹guan⁵⁵	luŋ³¹wen⁵³	ə³¹pɹaŋ⁵⁵	ʝɯm³¹dɯŋ⁵³lə³¹ka⁵⁵
lə³¹ka⁵⁵ta⁷⁵⁵	də³¹guan⁵⁵	luŋ³¹wen⁵³	ə³¹pɹaŋ⁵⁵	ʝɯm³¹dɯŋ⁵³lə³¹ka⁵⁵
拉卡达	和	龙元	之间	久登山

pu⁷⁵⁵ le³¹ wa⁵⁵ wa⁷³¹ dɔ³¹ pə³¹ɹai⁵⁵ ə³¹ŋɔŋ⁵⁵ wa³¹, ə³¹ja⁵⁵ dɔ³¹
pu⁷⁵⁵ le³¹ wa⁵⁵ wa⁷³¹ dɔ³¹ pə³¹ɹai⁵⁵ ə³¹ŋɔŋ⁵⁵ wa³¹ ə³¹ja⁵⁵ dɔ³¹
打通 ALL 做 HRS LOC 肚子 饿死 HRS 那个 LOC
要打通横亘在龙元和拉卡达之间的久登山，但饿死了，

çi⁵³ wa³¹. pə³¹ɟu⁵⁵ nɯ³¹ əŋ³¹dzɑ⁵⁵ kəi⁵³ bəi³¹ ti³¹ la³¹məi⁵³
çi⁵³ wa³¹ pə³¹ɟu⁵⁵ nɯ³¹ əŋ³¹dzɑ⁵⁵ kəi⁵³ bəi³¹ ti³¹ la³¹məi⁵³
死 HRS 普禹 TOP 粮食 吃 CONJ 一 大锅
就死在那儿。普禹吃饭总要吃一大锅，

la³¹məi⁵³ kəi⁵⁵ cɑ⁵³ wa³¹, luŋ³¹wen⁵³ nəm³¹da⁷⁵⁵ mi³¹ mɑ³¹
la³¹məi⁵³ kəi⁵⁵ cɑ⁵³ wa³¹ luŋ³¹wen⁵³ nəm³¹da⁷⁵⁵ mi³¹ mɑ³¹
大锅 吃 能 HRS 龙元 寡妇 AGT NEG

ə³¹gɹɔ:⁵³ wa³¹, e⁵⁵ mi³¹ ə³¹ja⁵⁵ dɔ³¹ ə³¹ŋɔŋ⁵⁵ wa³¹.
ə³¹gɹɑ⁵³ -3p wa³¹ e⁵⁵ mi³¹ ə³¹ja⁵⁵ dɔ³¹ ə³¹ŋɔŋ⁵⁵ wa³¹
饱 -3pe HRS 是 BEC 那 LOC 饿死 HRS
龙元的寡妇喂不饱他，所以就饿死在那里了。

kɔ³¹lai⁵⁵ taŋ³¹dəm⁵⁵lə³¹ka⁵⁵ kɔ³¹lai⁵⁵ ɔ:ŋ³¹ mə³¹li⁵³ kə³¹təŋ⁵⁵
kɔ³¹lai⁵⁵ taŋ³¹dəm⁵⁵lə³¹ka⁵⁵ kɔ³¹lai⁵⁵ ɔ:ŋ³¹ mə³¹li⁵³ kə³¹təŋ⁵⁵
那边 担当力卡山脉 那边 ABL 地方 修理

dʑin³¹ ŋaŋ⁵⁵ wa⁷³¹ pəi⁵⁵ ɟɔ⁷⁵⁵ ŋɔ⁷⁵⁵ tə³¹ɹuŋ⁵³ ɹə³¹məi⁵³u⁵⁵
dʑin³¹ ŋaŋ⁵⁵ wa⁷³¹ pəi⁵⁵ ɟɔ⁷⁵⁵ ŋɔ⁷⁵⁵ tə³¹ɹuŋ⁵³ ɹə³¹məi⁵³u⁵⁵
着 上 HRS SPM CL 上面 独龙 江头

du:⁵⁵ mə³¹nəŋ⁵⁵ ɟu⁵³ le³¹ çɔm⁵³ wa³¹, mə³¹li⁵³ kə³¹təŋ⁵⁵
du⁵⁵ -3p mə³¹nəŋ⁵⁵ ɟu⁵³ le³¹ çɔm⁵³ wa³¹ mə³¹li⁵³ kə³¹təŋ⁵⁵
到 -3pe 时候 下面 ALL 下 HRS 地方 修理
从担当力卡山脉那边上来修理地形的那位，到了上面独龙江（源）头，就（顺流）下来了，

kə³¹təŋ⁵⁵ dʑin³¹ çɔm⁵³ wa³¹. ə³¹ja⁵⁵ pəi⁵⁵ ɟɔ⁷⁵⁵ pə³¹ɟu⁵⁵ çɯ³¹
kə³¹təŋ⁵⁵ dʑin³¹ çɔm⁵³ wa³¹ ə³¹ja⁵⁵ pəi⁵⁵ ɟɔ⁷⁵⁵ pə³¹ɟu⁵⁵ çɯ³¹
修理 着 下 HRS 那 SPM CL 普禹 也
边整治地形边下来。

ɟɯm³¹dɯŋ⁵³lə³¹ka⁵⁵ ŋɔ³¹lai⁵⁵ dɔ³¹ çi⁵³ wa³¹, ə³¹ja⁵⁵ mi³¹
ɟɯm³¹dɯŋ⁵³lə³¹ka⁵⁵ ŋɔ³¹lai⁵⁵ dɔ³¹ çi⁵³ wa³¹ ə³¹ja⁵⁵ mi³¹
久登山 上面 LOC 死 HRS 那 AGT
那位普禹也死在久登山的那（北）边，

taŋ³¹dəm⁵⁵lə³¹ka⁵⁵ nɯp⁵⁵ lai⁵⁵ tə³¹ɹɯŋ⁵³lɔŋ⁵⁵ lə³¹ka⁵⁵taˀ⁵⁵
taŋ³¹dəm⁵⁵lə³¹ka⁵⁵ nɯp⁵⁵ lai⁵⁵ tə³¹ɹɯŋ⁵³lɔŋ⁵⁵ lə³¹ka⁵⁵taˀ⁵⁵
担当力卡山脉 西 方向 独龙河谷 拉卡达

mə³¹dəm⁵³ le³¹ mə³¹li⁵³ kə³¹təŋ⁵⁵ be:ŋ⁵⁵ wa³¹. e⁵⁵ mi³¹
mə³¹dəm⁵³ le³¹ mə³¹li⁵³ kə³¹təŋ⁵⁵ beŋ⁵⁵ -3p wa³¹ e⁵⁵ mi³¹
上面 ALL 地方 修理 完 -3pe HRS 是 BEC
他已经修理整治好担当力卡山脉以西和拉卡达以上的地形了。所以，

tən⁵⁵ taŋ³¹dəm⁵⁵lə³¹ka⁵⁵ nɯp⁵⁵ lai⁵⁵ le³¹ tə³¹ɹɯŋ⁵³lɔŋ⁵⁵
tən⁵⁵ taŋ³¹dəm⁵⁵lə³¹ka⁵⁵ nɯp⁵⁵ lai⁵⁵ le³¹ tə³¹ɹɯŋ⁵³lɔŋ⁵⁵
现在 担当力卡山脉 西 方向 ALL 独龙河谷

ɟɯm³¹dɯŋ⁵³lə³¹ka⁵⁵ taˀ³¹ le³¹ mə³¹li⁵³ gəm⁵⁵ wa³¹ dəm⁵⁵ tçe³¹
ɟɯm³¹dɯŋ⁵³lə³¹ka⁵⁵ taˀ³¹ le³¹ mə³¹li⁵³ gəm⁵⁵ wa³¹ dəm⁵⁵ tçe³¹
久登山 COMP ALL 地方 好 HRS 平地 尽
现在担当力卡山脉以西，独龙江河谷久登山以上地形好，都是平地，

e⁵⁵, ɟɯm³¹dɯŋ⁵³lə³¹ka⁵⁵ pəŋ⁵⁵ le³¹ dəm⁵⁵ mal⁵³, ə³¹pɹɑˀ⁵⁵ tçe³¹
e⁵⁵ ɟɯm³¹dɯŋ⁵³lə³¹ka⁵⁵ pəŋ⁵⁵ le³¹ dəm⁵⁵ mal⁵³ ə³¹pɹɑˀ⁵⁵ tçe³¹
是 久登山脉 下面 ALL 平地 没有 悬崖 尽

kɔŋ³¹daŋ⁵⁵ tçe³¹ e⁵⁵ tçi³¹ wa³¹.
kɔŋ³¹daŋ⁵⁵ tçe³¹ e⁵⁵ tçi³¹ wa³¹
陡坡 尽 是 EXP HRS
久登山以下没有平地，尽是悬崖峭壁和陡坡。

　　普禹是从前来咱们独龙族地区修理地形的人。普禹有两个人，一个从那担当力卡山脉来，一个从独龙江河谷来。从那担当力卡山脉来的那个人整治地形，从独龙江河谷上来的那个人撒播各种植物种子。现在独龙江河谷的董棕、野百合、山药、野薯、野葛等是普禹撒播种的。

旧时，独龙族人粮食不够吃了饿肚子就去采集，就是这样采集各种各样的吃的。普禹长得很高很大，像雪峰般站立。能直接跨过江，站在西岸用手可以触摸到东山巅，踩一脚能踩出一个台地。现在独龙江河谷东西两岸人们建村落台地，就是建在普禹的脚印上的。

三乡地区东岸的孔当台地就是普禹休息时，放屁股形成的台地。孔当台地下面的齐林当和裴当台地是普禹坐下来休息时踏脚的脚印。普禹休息时吸烟，烟尽了敲烟锅，在那敲烟锅的地方变成了一个台地，那就是西岸的肯丁村台地。

普禹到了龙元（村），要打通横亘在龙元和拉卡达之间的久登山，但饿死了，就死在那儿。普禹吃饭总要吃一大锅，龙元的寡妇喂不饱他，所以就饿死在那里了。从担当力卡山脉那边上来修理地形的那位，到了上面独龙江（源）头，就（顺流）下来了，边整治地形边下来。那位普禹也死在久登山的那（北）边，他已经修理整治好担当力卡山脉以西和拉卡达以上的地形了。所以，现在担当力卡山脉以西，独龙江河谷久登山以上地形好，都是平地，久登山以下没有平地，尽是悬崖峭壁和陡坡。

2.40 普耿普的聚会

tɕa⁵⁵	tɕa⁵⁵	ə³¹laŋ⁵³	mə³¹pəi⁵³puŋ⁵⁵	mi³¹	puŋ³¹gɹiŋ⁵³puŋ⁵⁵	le³¹
tɕa⁵⁵	tɕa⁵⁵	ə³¹laŋ⁵³	mə³¹pəi⁵³puŋ⁵⁵	mi³¹	puŋ³¹gɹiŋ⁵³puŋ⁵⁵	le³¹
很久	远古	时候	木佩普	AGT	普耿普	ALL

pə³¹ma⁵⁵	bi:⁵⁵,	puŋ³¹gɹiŋ⁵³puŋ⁵⁵	tə³¹pɯ⁵⁵luŋ³¹gaŋ⁵³	dɔ³¹
pə³¹ma⁵⁵	bi⁵⁵ -3p	puŋ³¹gɹiŋ⁵³puŋ⁵⁵	tə³¹pɯ⁵⁵luŋ³¹gaŋ⁵³	dɔ³¹
妻子	嫁给 -3pe	普耿普	特本岩石片	LOC

də³¹ɹu˞⁵⁵	waʔ³¹	tɕi³¹	wɑ³¹.	puŋ³¹gɹiŋ⁵³puŋ⁵⁵	nɯ³¹	ə³¹tsəŋ⁵³
də³¹ɹu˞⁵⁵	waʔ³¹	tɕi³¹	wɑ³¹	puŋ³¹gɹiŋ⁵³puŋ⁵⁵	nɯ³¹	ə³¹tsəŋ⁵³
聚会	HRS	EXP	HRS	普耿普	TOP	人

很久远古时候，木佩普嫁给普耿普，普耿普在特本岩石片上搞聚会。

tɕu:ŋ⁵³	e⁵⁵	me˞³¹əl³¹,	mə³¹pəi⁵³puŋ⁵⁵	nɯ³¹	plaŋ⁵⁵	gə³¹mɯ⁵⁵
tɕuŋ⁵³ -3p	e⁵⁵	me˞³¹əl³¹	mə³¹pəi⁵³puŋ⁵⁵	nɯ³¹	plaŋ⁵⁵	gə³¹mɯ⁵⁵
指 -3pe	是	INFER	木佩普	TOP	神	天神

普耿普可能说的是人，

tɕu:ŋ⁵³	e³¹.	puŋ³¹gɹiŋ⁵³puŋ⁵⁵	də³¹ɹu˞⁵⁵	dɔ³¹	nɯ³¹	mə³¹li⁵³
tɕuŋ⁵³ -3p	e³¹	puŋ³¹gɹiŋ⁵³puŋ⁵⁵	də³¹ɹu˞⁵⁵	dɔ³¹	nɯ³¹	mə³¹li⁵³
指 -3pe	是	普耿普	聚会	LOC	TOP	世上

木佩普是神，指天神。普耿普的聚会上，

mə³¹dəm⁵³	ə³¹ɹɑ⁵⁵e⁵⁵	pə³¹tɕiʔ⁵⁵pə³¹xɹɔʔ⁵⁵	ɕa⁵⁵	plaŋ⁵⁵	sə³¹dɯ⁵⁵
mə³¹dəm⁵³	ə³¹ɹɑ⁵⁵e⁵⁵	pə³¹tɕiʔ⁵⁵pə³¹xɹɔʔ⁵⁵	ɕa⁵⁵	plaŋ⁵⁵	sə³¹dɯ⁵⁵
上面	所有的	鸟禽类	兽	鬼神	集中

ɕɯ³¹	wɑ³¹,	ə³¹ja⁵⁵	dɔ³¹	ləm⁵³	wɑ³¹.	də³¹ɹu⁵⁵	dɔ³¹	ləm⁵³	wɑʔ³¹
ɕɯ³¹	wɑ³¹	ə³¹ja⁵⁵	dɔ³¹	ləm⁵³	wɑ³¹	də³¹ɹu⁵⁵	dɔ³¹	ləm⁵³	wɑʔ³¹
RFLX	HRS	那个	LOC	跳舞	HRS	聚会	LOC	跳舞	HRS

世上所有的飞禽走兽、鬼神都聚集了，在那儿跳舞。

bəi³¹	sə³¹ɹi⁵³	nɯ³¹	tɕə³¹kɹɔŋ⁵⁵	tɕə³¹kɹɔŋ⁵⁵	ə³¹gləi⁵⁵	dʑin³¹	ləm⁵³
bəi³¹	sə³¹ɹi⁵³	nɯ³¹	tɕə³¹kɹɔŋ⁵⁵	tɕə³¹kɹɔŋ⁵⁵	ə³¹gləi⁵⁵	dʑin³¹	ləm⁵³
CONJ	麂子	TOP	蹦跳	蹦跳	跳	着	跳舞

在舞会上，麂子一蹦一跳的，

wɑ³¹,	mit⁵⁵	mə³¹	wɑʔ⁵⁵	dɔ³¹	pə³¹wəm⁵³	mit³¹tɕɔʔ⁵⁵	ə³¹dʑɑ:l⁵⁵	
wɑ³¹	mit⁵⁵	mə³¹	wɑʔ⁵⁵	dɔ³¹	pə³¹wəm⁵³	mit³¹tɕɔʔ⁵⁵	ə³¹dʑəl⁵⁵	-3p
HRS	注意	NEG	做	LOC	野鹌鹑	尾巴	踩	-3pe

不小心踩到了野鹌鹑的尾巴。野鹌鹑尾巴被踩了，

wɑ³¹.	pə³¹wəm⁵³	mit³¹tɕɔʔ⁵⁵	ə³¹dʑɑ:l⁵⁵		wɑʔ³¹	mə³¹nəŋ⁵⁵
wɑ³¹	pə³¹wəm⁵³	mit³¹tɕɔʔ⁵⁵	ə³¹dʑəl⁵⁵	-3p	wɑʔ³¹	mə³¹nəŋ⁵⁵
HRS	野鹌鹑	尾巴	踩	-3pe	HRS	时候

xɔ:i⁵³	xɔ:i⁵³	wɑ³¹	ŋɯ⁵⁵	wɑ³¹,	e⁵⁵	mi³¹	tən⁵⁵	pə³¹wəm⁵³
xɔ:i⁵³	xɔ:i⁵³			wɑ³¹	e⁵⁵	mi³¹	tən⁵⁵	pə³¹wəm⁵³
呗	呗		IIRS	是	BEC	现在	野鹌鹑	

就"嚎、嚎"地哭了，

mit³¹tɕɔʔ⁵⁵	mə³¹	kɔʔ⁵⁵	wɑ³¹,	me⁵⁵	dʑeʔ⁵⁵mə³¹dʑeʔ⁵⁵	e⁵⁵	wɑ³¹.
mit³¹tɕɔʔ⁵⁵	mə³¹	kɔʔ⁵⁵	wɑ³¹	me⁵⁵	dʑeʔ⁵⁵mə³¹dʑeʔ⁵⁵	e⁵⁵	wɑ³¹
尾巴	NEG	长	HRS	眼睛	IDPH	是	HRS

所以今天野鹌鹑不长尾巴，眼睛湿湿的。

sə³¹ɹi⁵³	nɯ³¹	pə³¹wəm⁵³	mit³¹tɕɔʔ⁵⁵	ə³¹dʑɑ:l⁵⁵		mə³¹nəŋ⁵⁵
sə³¹ɹi⁵³	nɯ³¹	pə³¹wəm⁵³	mit³¹tɕɔʔ⁵⁵	ə³¹dʑəl⁵⁵	-3p	mə³¹nəŋ⁵⁵

麂子	TOP	野鹌鹑	尾巴	踩	-3pe	时候

sə³¹ɹɑʔ⁵⁵ɕɯ³¹	wɑ³¹,	e⁵⁵	mi³¹	sə³¹ɹi⁵³	tən⁵⁵	məɹ⁵⁵	çɔŋ⁵⁵mə³¹çɔŋ⁵³
sə³¹ɹɑʔ⁵⁵ɕɯ³¹	wɑ³¹	e⁵⁵	mi³¹	sə³¹ɹi⁵³	tən⁵⁵	məɹ⁵⁵	çɔŋ⁵⁵mə³¹çɔŋ⁵³
害羞	HRS	是	BEC	麂子	现在	脸	IDPH

麂子踩了野鹌鹑的尾巴，很害羞，

e⁵⁵	wɑ³¹.	pə³¹ɹɯ⁵³	nɯ³¹	də³¹ɹɯʔ⁵⁵	dɔ³¹	nɯ⁵³	ŋɑʔ⁵⁵	sɑ³¹	tə³¹lɔm⁵⁵
e⁵⁵	wɑ³¹	pə³¹ɹɯ⁵³	nɯ³¹	də³¹ɹɯʔ⁵⁵	dɔ³¹	nɯ⁵³	ŋɑʔ⁵⁵	sɑ³¹	tə³¹lɔm⁵⁵
是	HRS	竹鼠	TOP	聚会	LOC	酒	喝	NOM	竹杯

所以今天它的脸长长瘦瘦的。

tuŋ⁵⁵	le³¹	sə³¹lɑ:ŋ⁵³		wɑʔ³¹	bəi³¹	ən³¹mə³¹lɑ⁵⁵mə³¹lɑ⁵⁵		ləŋ³¹
tuŋ⁵⁵	le³¹	sə³¹lɑŋ⁵³	-3p	wɑʔ³¹	bəi³¹	ən³¹mə³¹lɑ⁵⁵	-red	ləŋ³¹
砍	ALL	派	-3pe	HRS	CONJ	直通的	-RED	CONTR

竹鼠派去伐喝酒用的竹杯，

tu:ŋ⁵³		tət³¹	wɑ³¹.	ə³¹jɑʔ⁵⁵	mə³¹nəŋ⁵⁵	ɕɯi⁵⁵	mi³¹	tə³¹lɔm⁵⁵
tuŋ⁵³	-3p	tət³¹	wɑ³¹	ə³¹jɑʔ⁵⁵	mə³¹nəŋ⁵⁵	ɕɯi⁵⁵	mi³¹	tə³¹lɔm⁵⁵
砍	-3pe	DIR	HRS	那	时候	熊	AGT	竹杯

结果尽伐来两边直通的（竹子）。

kɯʔ³¹	tuŋ⁵⁵	mən³¹	sɔ:⁵⁵		gɯʔ⁵⁵	dʑin³¹	nə³¹ɹɔl⁵⁵	dɔ³¹
kɯʔ³¹	tuŋ⁵⁵	mən³¹	sɑ⁵⁵	-2p	gɯʔ⁵⁵	dʑin³¹	nə³¹ɹɔl⁵⁵	dɔ³¹
也	砍	NEG2	送	-2se	说	着	屁股	LOC

于是熊说你连竹杯也不会伐，

ə³¹be:ʔ⁵⁵		wɑ³¹,	e⁵⁵	mi³¹	tən⁵⁵	pə³¹ɹɯ⁵³	nə³¹ɹɔl⁵⁵	ə³¹pəŋ⁵⁵
ə³¹beʔ⁵⁵	-3p	wɑ³¹	e⁵⁵	mi³¹	tən⁵⁵	pə³¹ɹɯ⁵³	nə³¹ɹɔl⁵⁵	ə³¹pəŋ⁵⁵
拍	-3pe	HRS	是	BEC	现在	竹鼠	屁股	扁

就拍了他屁股，

wɑʔ³¹	e⁵⁵	tɕi³¹	wɑ³¹.	puŋ³¹g.ɹiŋ⁵³puŋ⁵⁵		də³¹ɹɯʔ⁵⁵	dɔ³¹	nɯ⁵³	sə³¹
wɑʔ³¹	e⁵⁵	tɕi³¹	wɑ³¹	puŋ³¹g.ɹiŋ⁵³puŋ⁵⁵		də³¹ɹɯʔ⁵⁵	dɔ³¹	nɯ⁵³	sə³¹
HRS	是	EXP	HRS	普耿普		聚会	LOC	酒	CAUS

所以今天竹鼠的屁股是（又）扁（又大）的。

ŋɑ:ʔ⁵⁵　　　　wɑ³¹,　　ə³¹dɔi⁵⁵　　me ʔ⁵⁵　kə³¹laŋ⁵³　　wɑ³¹.　puŋ³¹gɹiŋ⁵³puŋ⁵⁵
ŋɑʔ⁵⁵　-3p　wɑ³¹　ə³¹dɔi⁵⁵　　me ʔ⁵⁵　kə³¹laŋ⁵³　　wɑ³¹　puŋ³¹gɹiŋ⁵³puŋ⁵⁵
喝　　-3pe　HRS　一会儿　眼睛　晕　　　　HRS　普耿普
在聚会上普耿普请大家喝酒，一会儿喝晕了。

mi³¹　pə³¹la⁵⁵　mi³¹　ləŋ³¹　nə³¹　nɑ:i⁵⁵　　me ʔ³¹əl³¹　ə³¹　　guɯ ʔ⁵⁵
mi³¹　pə³¹la⁵⁵　mi³¹　ləŋ³¹　nə³¹　nɑ⁵⁵　-3p　me ʔ³¹əl³¹　ə³¹　　guɯ ʔ⁵⁵
AGT　毒　　　INSTR CONTR 2p　喂　-3pe　INFER　　RECP 说
大家说可能是普耿普下了毒，

wɑ³¹,　sɑ:t⁵⁵　　　nɯ³¹　ə³¹　　guɯ ʔ⁵⁵　wɑ³¹,　ə³¹ja ʔ⁵⁵　də³¹ɹu ʔ⁵⁵　pəi⁵⁵
wɑ³¹　sət⁵⁵　-3p　nɯ³¹　ə³¹　　guɯ ʔ⁵⁵　wɑ³¹　ə³¹ja ʔ⁵⁵　də³¹ɹu ʔ⁵⁵　pəi⁵⁵
HRS　打　-3pe　MOOD RECP 说　HRS　那　　聚会　　SPM
杀了他吧，

jɔ ʔ⁵⁵.　ti³¹　ɹɯi⁵⁵　pə³¹　im ʔ⁵⁵　guɯ:ʔ⁵⁵　　　wɑ³¹.　ə³¹dɔi⁵⁵　ti³¹　ɹɯi⁵⁵
jɔ ʔ⁵⁵　ti³¹　ɹɯi⁵⁵　pə³¹　im ʔ⁵⁵　guɯ⁵⁵　-3p　wɑ³¹　ə³¹dɔi⁵⁵　ti³¹　ɹɯi⁵⁵
CL　一　CL　IMP　睡　说　-3pe　HRS　一会儿　一　CL
举办聚会的那个，（普耿普对大家）说睡一觉吧。

ip⁵⁵　wɑ ʔ³¹　mə³¹nəŋ⁵⁵　bɹɑn⁵⁵　wɑ³¹,　ba³¹li⁵⁵　ti³¹　kət⁵⁵　ə³¹　et⁵⁵
ip⁵⁵　wɑ ʔ³¹　mə³¹nəŋ⁵⁵　bɹɑn⁵⁵　wɑ³¹　ba³¹li⁵⁵　ti³¹　kət⁵⁵　ə³¹　et⁵⁵
睡　HRS　时候　　醒酒　HRS　又　一　次　RECP 笑
大家睡了一觉一会儿就醒酒了，便又大笑起来。

wɑ³¹.　dʑzɹ³¹ɹzit⁵⁵　də³¹guan⁵⁵　pə³¹dəŋ⁵³　əŋ³¹gu⁵⁵　nɯ³¹　ɹu⁵³
wɑ³¹　dʑzɹ³¹ɹzit⁵⁵　də³¹guan⁵⁵　pə³¹dəŋ⁵³　əŋ³¹gu⁵⁵　nɯ³¹　ɹu⁵³
HRS　太阳鸟　　俩　　雪鸡　公　　TOP　下面

mə³¹li⁵³　le³¹　seɹ³¹tɕu⁵⁵ti⁵³　lu⁵⁵　le³¹　sə³¹la:ŋ⁵³　　wɑ³¹.　də³¹ɹu ʔ⁵⁵
mə³¹li⁵³　le³¹　seɹ³¹tɕu⁵⁵ti⁵³　lu⁵⁵　le³¹　sə³¹laŋ⁵³　-3p　wɑ³¹　də³¹ɹu ʔ⁵⁵
地方　ALL　金汤水　　　拿　ALL　派　　-3pe　HRS　聚会
公太阳鸟和雪鸡被派去下游取金汤水，

mə³¹　dʑi:⁵⁵　　　wɑ³¹,　ə³¹ja⁵⁵　də³¹guan⁵⁵　tɕe³¹　də³¹ɹu ʔ⁵⁵　le³¹
mə³¹　dʑi⁵⁵　-3p　wɑ³¹　ə³¹ja⁵⁵　də³¹guan⁵⁵　tɕe³¹　də³¹ɹu ʔ⁵⁵　le³¹
NEG　赶上　-3pe　HRS　那个　俩　　只　聚会　　ALL

就他俩缺席聚会。

mə³¹	ŋɯm⁵³	tɕi³¹	wɑ³¹.	əŋ³¹ne⁵⁵	mi³¹	du:⁵⁵	ɹet³¹	wɑ²³¹
mə³¹	ŋɯm⁵³	tɕi³¹	wɑ³¹	əŋ³¹ne⁵⁵	mi³¹	du⁵⁵ -3p	ɹet³¹	wɑ²³¹
NEG	到齐	EXP	HRS	3DL	AGT	到 -3pe	DIR	HRS

tse⁵⁵	də³¹ɹu²⁵⁵	tɔi⁵³	bɹɑ:n⁵³	bɯ³¹	wɑ³¹.	ə³¹ja²⁵⁵	mə³¹nəŋ⁵⁵
tse⁵⁵	də³¹ɹu²⁵⁵	tɔi⁵³	bɹɑn⁵³ -3p	bɯ³¹	wɑ³¹	ə³¹ja²⁵⁵	mə³¹nəŋ⁵⁵
时候	聚会	早就	结束 -3pe	DIR	HRS	那	时候

他俩赶到的时候，聚会已经散了。

əŋ³¹ne⁵⁵	seɹ³¹tɕu⁵⁵ti⁵³	əŋ³¹u⁵⁵	dɔ³¹	tɑ³¹	kləŋ⁵³	tɔ²⁵⁵	ɕɯ³¹	wɑ³¹,
əŋ³¹ne⁵⁵	seɹ³¹tɕu⁵⁵ti⁵³	əŋ³¹u⁵⁵	dɔ³¹	tɑ³¹	kləŋ⁵³	tɔ²⁵⁵	ɕɯ³¹	wɑ³¹
3DL	金汤水	头	LOC	各	CL	滴	RFLX	HRS

于是他俩在头上各滴了一滴金汤水，

e⁵⁵	mi³¹	tən⁵⁵	dʑɔɹ³¹dʑit⁵⁵	də³¹guan⁵⁵	pə³¹dəŋ⁵³	əŋ³¹u⁵⁵
e⁵⁵	mi³¹	tən⁵⁵	dʑɔɹ³¹dʑit⁵⁵	də³¹guan⁵⁵	pə³¹dəŋ⁵³	əŋ³¹u⁵⁵
是	BEC	现在	太阳鸟	俩	雪鸡	头

dzel⁵³lə³¹dzel⁵³	laŋ⁵³lə³¹laŋ⁵³	tə³¹təi⁵⁵	də³¹gɹɑŋ⁵³	wɑ³¹.	də³¹ɹu²⁵⁵
dzel⁵³lə³¹dzel⁵³	laŋ⁵³lə³¹laŋ⁵³	tə³¹təi⁵⁵	də³¹gɹɑŋ⁵³	wɑ³¹	də³¹ɹu²⁵⁵
IDPH	IDPH	十分	美丽	HRS	聚会

所以现在太阳鸟和雪鸡的头金灿灿的闪闪发光，十分美丽。

wɑ²⁵⁵	wɑ²³¹	tə³¹pɯ⁵⁵luŋ³¹gaŋ⁵³	nɯ³¹	ɹu²⁵⁵	men³¹tjeŋ⁵⁵
wɑ²⁵⁵	wɑ²³¹	tə³¹pɯ⁵⁵luŋ³¹gaŋ⁵³	nɯ³¹	ɹu²⁵⁵	men³¹tjeŋ⁵⁵
做	HRS	特本岩石片	TOP	下面	缅甸

mə³¹kɯm⁵³gaŋ⁵³	ɕɑɹ⁵⁵dɑɹ⁵³	wak³¹tɕəŋ⁵⁵	tɕem⁵⁵	dɔ³¹	e⁵⁵	tɕi³¹
mə³¹kɯm⁵³gaŋ⁵³	ɕɑɹ⁵⁵dɑɹ⁵³	wak³¹tɕəŋ⁵⁵	tɕem⁵⁵	dɔ³¹	e⁵⁵	tɕi³¹
木肯嘎	东岸	江	边	LOC	是	EXP

搞聚会的特本岩石片是在下面缅甸木肯嘎东岸江边。

wɑ³¹.	ə³¹ja²⁵⁵	luŋ³¹gaŋ⁵³	dɔ³¹	lə³¹tɕi⁵³lə³¹kui⁵³	mɑl⁵⁵	tən⁵⁵	tɑ²³¹
wɑ³¹	ə³¹ja²⁵⁵	luŋ³¹gaŋ⁵³	dɔ³¹	lə³¹tɕi⁵³lə³¹kui⁵³	mɑl⁵⁵	tən⁵⁵	tɑ²³¹
HRS	那	岩石	LOC	IDPH	脚印	现在	COMP

ə³¹blən⁵³ wa³¹. ə³¹ja⁷⁵⁵ luŋ³¹gaŋ⁵³ dɔ³¹ əŋ³¹dza⁵⁵ duɹ⁵⁵
ə³¹blən⁵³ wa³¹ ə³¹ja⁷⁵⁵ luŋ³¹gaŋ⁵³ dɔ³¹ əŋ³¹dza⁵⁵ duɹ⁵⁵
留有足迹 HRS 那 岩石 LOC 粮食 舂
那个岩石片上至今留有各种各样的脚印。

çəm³¹pəŋ⁵³ nuɯ⁵³ wa³¹ la³¹məi⁵³ çɯ³¹ tən⁵⁵ ta⁷⁵⁵ əl⁵⁵ wa³¹.
çəm³¹pəŋ⁵³ nuɯ⁵³ wa³¹ la³¹məi⁵³ çɯ³¹ tən⁵⁵ ta⁷⁵⁵ əl⁵⁵ wa³¹
石臼 酒 HRS 大锅 也 现在 接 有 HRS
那个岩石片上至今也有舂米和煮酒的大锅。

很久远古时候，木佩普嫁给普耿普，普耿普在特本岩石片上搞聚会。普耿普可能说的是人，木佩普是神，指天神。普耿普的聚会上，世上所有的飞禽走兽、鬼神都聚集了，在那儿跳舞。在舞会上，麂子一蹦一跳的，不小心踩到了野鹌鹑的尾巴。野鹌鹑尾巴被踩了，就"嚎、嚎"地哭了，所以今天野鹌鹑不长尾巴，眼睛湿湿的。麂子踩了野鹌鹑的尾巴，很害羞，所以今天它的脸长长瘦瘦的。

竹鼠派去伐喝酒用的竹杯，结果尽伐来两边直通的（竹子）。熊说你连竹杯也不会伐，就拍了他屁股，所以今天竹鼠的屁股是（又）扁（又大）的。

在聚会上普耿普请大家喝酒，喝晕了。大家说可能是普耿普下了毒，杀了他吧，那个举办聚会的那个，（普耿普对大家）说睡一觉吧。大家睡了一觉一会儿就醒酒了，便又大笑起来。

公太阳鸟和雪鸡被派去下游取金汤水，就他俩缺席聚会。他俩赶到的时候，聚会已经散了。于是他俩在头上各滴了一滴金汤水，所以现在太阳鸟和雪鸡的头金灿灿的闪闪发光，十分美丽。搞聚会的特本岩石片是在下面缅甸木肯嘎东岸江边。那个岩石片上至今留有各种各样的脚印。那个岩石片上至今也有舂米和煮酒的大锅。

2.41 洪水故事

ci³¹dzuɯn⁵³ mə³¹ dzuɯn⁵³ ɹap⁵⁵ dɔ³¹ tɕɑ⁵⁵tɕɹɑ⁵⁵ ɹap⁵⁵ dɔ³¹ nɯ³¹
ci³¹dzuɯn⁵³ mə³¹ dzuɯn⁵³ ɹap⁵⁵ dɔ³¹ tɕɑ⁵⁵tɕɹɑ⁵⁵ ɹap⁵⁵ dɔ³¹ nɯ³¹
洪水 NEG 发 时代 LOC 远古 时代 LOC TOP

ə³¹tsəŋ⁵³ niŋ³¹ plaŋ⁵⁵ ə³¹ɹu⁷⁵⁵ə³¹ɹɑ⁵⁵ ɹɔŋ⁵⁵ wa⁷³¹ tɕi³¹. plaŋ⁵⁵
ə³¹tsəŋ⁵³ niŋ³¹ plaŋ⁵⁵ ə³¹ɹu⁷⁵⁵ə³¹ɹɑ⁵⁵ ɹɔŋ⁵⁵ wa⁷³¹ tɕi³¹ plaŋ⁵⁵
人 CONJ 鬼怪 IDPH 住 HRS EXP 鬼怪
传说在没发洪水之前很久远的时代，人和鬼是混合居住的。

mi^{31} ə^{31}tsəŋ^{53} kɑːi^{55}, ə^{31}tsəŋ^{53} tə^{31}kɑ$^{?55}$ sə^{31} de$^{?55}$
mi^{31} ə^{31}tsəŋ^{53} kəi^{55} -3p ə^{31}tsəŋ^{53} tə^{31}kɑ$^{?55}$ sə^{31} de$^{?55}$
AGT 人 吃 -3pe 人 种族 CAUS灭绝

pəŋ^{31}ɔː^{53} mi^{31} gə^{31}mɯ^{55} mi^{31} ci^{31}dzɯn^{53} dzɯn^{55} sɑ^{31}
pəŋ^{31}wɑ^{53} -3p mi^{31} gə^{31}mɯ^{55} mi^{31} ci^{31}dzɯn^{53} dzɯn^{55} sɑ^{31}
PROS -3pe BEC 天神 AGT 洪水 发 NOM

ɔː^{53} e^{55} tɕi^{31} wɑ^{31}, ə^{31}tsəŋ^{53} niŋ^{31} plaŋ^{55} ɹə^{31}wel^{53}
wɑ^{53} -3p e^{55} tɕi^{31} wɑ^{31} ə^{31}tsəŋ^{53} niŋ^{31} plaŋ^{55} ɹə^{31}wel^{53}
做 -3pe 是 EXP HRS 人 CONJ 鬼怪 分开
鬼吃人，要把人类灭绝了，所以天神发洪水，把人和鬼分开。

gɯː$^{?55}$. ci^{31}dzɯn^{53} dzɯn^{53} pəŋ^{31}wɑ$^{?55}$ mə^{31}nəŋ^{55} nɯ^{31}
gɯ$^{?55}$ -3p ci^{31}dzɯn^{53} dzɯn^{53} pəŋ^{31}wɑ$^{?55}$ mə^{31}nəŋ^{55} nɯ^{31}
说 -3pe 洪水 发 PROS 时候 TOP

mi^{31}ɕam^{53} lɑːn^{55} plaŋ^{55} ti^{31} məi^{55} ə^{31}lai^{55} wɑ^{31}, mit^{31}tɕɔ$^{?55}$
mi^{31}ɕam^{53} lən^{55} -3p plaŋ^{55} ti^{31} məi^{55} ə^{31}lai^{55} wɑ^{31} mit^{31}tɕɔ$^{?55}$
米下木 叫作 -3pe 鬼怪 一 CL 出现 HRS 尾巴
要发洪水的时候，（世上）出现了一个叫米下木的鬼怪，

mɹɯŋ^{55}mɹɯŋ^{55} e^{55} tɕi^{31} wɑ^{31}, e^{55} mi^{31} mi^{31}ɕam^{53} lɑːn^{55} e^{31}
mɹɯŋ^{55}mɹɯŋ^{55} e^{55} tɕi^{31} wɑ^{31} e^{55} mi^{31} mi^{31}ɕam^{53} lən^{55} -3p e^{31}
长长 是 EXP HRS 是 BEC 米下木 叫作 -3pe 是
尾巴长长的，所以叫米下木。

wɑ^{31}. ŋɔ^{53} mɹɯŋ^{55}mɹɯŋ^{55} ə^{31}pɹɑ$^{?55}$ dɔ^{31} əŋ^{31}dəŋ^{53} wɑ^{55} wɑ$^{?31}$
wɑ^{31} ŋɔ^{53} mɹɯŋ^{55}mɹɯŋ^{55} ə^{31}pɹɑ$^{?55}$ dɔ^{31} əŋ^{31}dəŋ^{53} wɑ^{55} wɑ$^{?31}$
HRS 上面 高处 悬崖 LOC 窝 做 HRS
（米下木）筑巢在高高的悬崖上。

tɕi^{31} wɑ^{31}. ə^{31}tsəŋ^{53} əŋ^{31}dzɑ^{55} tul^{55} wɑ^{31}, tən^{55} ɔː^{53}
tɕi^{31} wɑ^{31} ə^{31}tsəŋ^{53} əŋ^{31}dzɑ^{55} tul^{55} wɑ^{31} tən^{55} wɑ^{53} -3p
EXP HRS 人 粮食 抢 HRS 现在 做 -3pe

əŋ³¹dza⁵⁵ ə³¹tsəŋ⁵³ e³¹kəi⁵³ kəi⁵⁵ pəŋ³¹wa⁵³, pɯt⁵⁵pɔl⁵⁵ kɔ⁵³ le³¹
əŋ³¹dza⁵⁵ ə³¹tsəŋ⁵³ e³¹kəi⁵³ kəi⁵⁵ pəŋ³¹wa⁵³ pɯt⁵⁵pɔl⁵⁵ kɔ⁵³ le³¹
粮食 人 正要 吃 PROS IDPH 那 ALL

（经常）抢夺人的饭，刚做好的饭正要吃，

tə³¹cɯːɹ⁵³ bɯ³¹ wa³¹, ca⁵⁵ də³¹dɯ⁵³ bəi³¹ ca⁵⁵
tə³¹cɯɹ⁵³ -3p bɯ³¹ wa³¹ ca⁵⁵ də³¹dɯ⁵³ bəi³¹ ca⁵⁵
抢运 -3pe DIR HRS 肉 炖 CONJ 肉

（往往）被他抢走，

tə³¹cɯːɹ⁵³ tci³¹. mi³¹cam⁵³ kəm⁵⁵ mə³¹ gəm⁵⁵ wa⁷³¹ nɯ³¹
tə³¹cɯɹ⁵³ -3p tci³¹ mi³¹cam⁵³ kəm⁵⁵ mə³¹ gəm⁵⁵ wa⁷³¹ nɯ³¹
抢运 -3pe EXP 米下木 怎么也 NEG 好 HRS TOP

煮肉就抢走肉。

pə³¹ma⁵⁵ tul⁵⁵ wa³¹, ə³¹ɹa⁵⁵ də³¹gɹaŋ⁵³ pə³¹ma⁵⁵ ə³¹pɹa⁷⁵⁵ le³¹
pə³¹ma⁵⁵ tul⁵⁵ wa³¹ ə³¹ɹa⁵⁵ də³¹gɹaŋ⁵³ pə³¹ma⁵⁵ ə³¹pɹa⁷⁵⁵ le³¹
女人 抢 HRS 所有 漂亮 女人 悬崖 ALL

tə³¹cɯːɹ⁵³ wa³¹, tə³¹ci:⁵⁵tə³¹ci:⁵⁵ ə³¹pɹa⁷⁵⁵ paːŋ³¹ taːl⁵⁵
tə³¹cɯɹ⁵³ -3p wa³¹ tə³¹ci⁵⁵ -3p -red ə³¹pɹa⁷⁵⁵ paːŋ³¹ təl⁵⁵ -3p
抢运 -3pe HRS 弄死 -3pe -RED 悬崖 ABL 滚 -3pe

米下木最坏的是抢女人，把漂亮的女子抢到悬崖上，弄死后从悬崖上滚（扔）下来。

wa³¹. ə³¹ja⁷⁵⁵ mə³¹nəŋ⁵⁵ nɯ³¹ ə³¹tsəŋ⁵³ mi³¹ mi³¹cam⁵³ sət⁵⁵
wa³¹ ə³¹ja⁷⁵⁵ mə³¹nəŋ⁵⁵ nɯ³¹ ə³¹tsəŋ⁵³ mi³¹ mi³¹cam⁵³ sət⁵⁵
HRS 那 时候 TOP 人 AGT 米下木 杀

tə³¹tcɔːn⁵³ wa³¹, cɯm⁵³ le³¹ nɯ⁵³ mi³¹ leːn⁵³ wa³¹.
tə³¹tcɔn⁵³ -3p wa³¹ cɯm⁵³ le³¹ nɯ⁵³ mi³¹ len⁵³ -3p wa³¹
准备 -3pe HRS 家 ALL 酒 INSTR 引诱 -3pe HRS

这样一来，人们准备杀死米下木，用酒把他引诱到家里，

mə³¹kuŋ⁵⁵ tuŋ⁵⁵ dɔ³¹ nɯ⁵³ mi³¹ leːn⁵³leːn⁵³ wa⁷³¹ də³¹gɯ⁵³
mə³¹kuŋ⁵⁵ tuŋ⁵⁵ dɔ³¹ nɯ⁵³ mi³¹ len⁵³ -3p -red wa⁷³¹ də³¹gɯ⁵³
火塘 边 LOC 酒 INSTR 引诱 -3pe -RED HRS 九

ləŋ³¹la⁵³	tɕa³¹liŋ⁵⁵	pəŋ⁵⁵	dɔ³¹	ma⁵⁵ma⁵⁵	ɕɯ³¹	"ə³¹kɯ⁵³
ləŋ³¹la⁵³	tɕa³¹liŋ⁵⁵	pəŋ⁵⁵	dɔ³¹	ma⁵⁵ -red	ɕɯ³¹	ə³¹kɯ⁵³
男子	屋底	下面	LOC	躲藏 -RED	RFLX	舅舅

九个男子躲在屋底下说：

mi³¹ɕam⁵³	a³¹	na⁵³	mit³¹tɕɔʔ⁵⁵	ɟa⁵⁵	le³¹	tɕuʔ⁵⁵	pə³¹	ɕa:m⁵³
mi³¹ɕam⁵³	a³¹	na⁵³	mit³¹tɕɔʔ⁵⁵	ɟa⁵⁵	le³¹	tɕuʔ⁵⁵	pə³¹	ɕam⁵³ -2p
米下木	啊	2SG	尾巴	这儿	ALL	一点	IMP	伸 -2se

"米下木舅舅啊把你的尾巴往这里伸下来吧。"

dza²³¹"	gɯ:ʔ⁵⁵		wa³¹.	mi³¹ɕam⁵³	mi³¹	gəi³¹səŋ⁵⁵	mit³¹tɕɔʔ⁵⁵
dza²³¹	gɯʔ⁵⁵ -3p		wa³¹	mi³¹ɕam⁵³	mi³¹	gəi³¹səŋ⁵⁵	mit³¹tɕɔʔ⁵⁵
DIR	说 -3pe		HRS	米下木	AGT	真的	尾巴

ɕa:m⁵³	dza²³¹	wa²³¹	mə³¹nəŋ⁵⁵	də³¹gɯ⁵³	ləŋ³¹la⁵³
ɕam⁵³ -3p	dza²³¹	wa²³¹	mə³¹nəŋ⁵⁵	də³¹gɯ⁵³	ləŋ³¹la⁵³
伸 -3pe	DIR	HRS	时候	九	男子

kə³¹tal⁵³tal⁵³	ɕɯ³¹	wa²³¹	mə³¹gɹɯŋ⁵⁵	mi³¹	ə³¹ɹɔ:ʔ⁵⁵		wa³¹.
kə³¹tal⁵³ -red	ɕɯ³¹	wa²³¹	mə³¹gɹɯŋ⁵⁵	mi³¹	ə³¹ɹɔʔ⁵⁵ -3p		wa³¹
吊 -RED	RFLX	HRS	矛		INSTR 刺 -3pe		HRS

米下木果真把尾巴伸下来了，此时，九男子就拉住（米下木）的尾巴，用矛刺（死）了。

mi³¹ɕam⁵³	ɕi⁵³	wa²³¹	mə³¹nəŋ⁵⁵	nɯ³¹	lɯp⁵⁵	mə³¹	gəm⁵⁵	wa³¹,
mi³¹ɕam⁵³	ɕi⁵³	wa²³¹	mə³¹nəŋ⁵⁵	nɯ³¹	lɯp⁵⁵	mə³¹	gəm⁵⁵	wa³¹
米下木	死	HRS	时候	TOP	埋	NEG	好	HRS

米下木死后不好埋葬，

tən³¹ni⁵³	lɯ:p⁵⁵	ə³¹səŋ⁵⁵ni⁵³	ə³¹lai⁵⁵	wa³¹,	ə³¹səŋ⁵⁵ni⁵³
tən³¹ni⁵³	lɯp⁵⁵ -3p	ə³¹səŋ⁵⁵ni⁵³	ə³¹lai⁵⁵	wa³¹	ə³¹səŋ⁵⁵ni⁵³
今天	埋 -3pe	明天	出现	HRS	明天

今天埋葬了它，明天（尸体破土）又出来，

lɯ:p⁵⁵	bəi³¹	tɯp⁵⁵ni⁵⁵	ba³¹li⁵⁵	ə³¹lai⁵⁵	wa³¹,	gɔŋ⁵⁵	dɔ³¹
lɯp⁵⁵ -3p	bəi³¹	tɯp⁵⁵ni⁵⁵	ba³¹li⁵⁵	ə³¹lai⁵⁵	wa³¹	gɔŋ⁵⁵	dɔ³¹
埋 -3pe	CONJ	次日	又	出现	HRS	山坡	LOC

明天埋葬次日又出来，

lɯ:p⁵⁵	bəi³¹	gɔŋ⁵⁵	ə³¹dul⁵³	wa³¹,	ə³¹ɹa⁵⁵	dɔ³¹	lɯ:p⁵⁵
lɯp⁵⁵ -3p	bəi³¹	gɔŋ⁵⁵	ə³¹dul⁵³	wa³¹	ə³¹ɹa⁵⁵	dɔ³¹	lɯp⁵⁵ -3p
埋 -3pe	CONJ	山坡	滑坡	HRS	哪儿	LOC	埋 -3pe

bəi³¹	ə³¹ɹa⁵⁵	dɔ³¹	ə³¹dul⁵³	wa³¹,	si²⁵⁵	mi³¹	ma³¹	dʑan⁵⁵	wa³¹,
bəi³¹	ə³¹ɹa⁵⁵	dɔ³¹	ə³¹dul⁵³	wa³¹	si²⁵⁵	mi³¹	ma³¹	dʑan⁵⁵	wa³¹
CONJ	哪儿	LOC	滑坡	HRS	臭	BEC	NEG	忍受	HRS

埋在山坡上山坡就发生滑坡，埋在哪儿哪儿就滑坡，恶臭难闻，

tɯ:m⁵⁵	nɯ³¹	ŋaŋ⁵⁵	le³¹	tɕa:t⁵⁵	wa³¹.	mi³¹ɕam⁵³	ŋaŋ⁵⁵
tɯm⁵⁵ -ins	nɯ³¹	ŋaŋ⁵⁵	le³¹	tɕat⁵⁵ -3p	wa³¹	mi³¹ɕam⁵³	ŋaŋ⁵⁵
后面 -INSTR	TOP	水	ALL	扔 -3pe	HRS	米下木	水

最后把它扔到了（江）水里。

le³¹	tɕa:t⁵⁵	wa³¹	mə³¹nəŋ⁵⁵	nɯ³¹	ti³¹	tɕəŋ⁵⁵	bɯ⁵⁵	bəi³¹
le³¹	tɕat⁵⁵ -3p	wa²³¹	mə³¹nəŋ⁵⁵	nɯ³¹	ti³¹	tɕəŋ⁵⁵	bɯ⁵⁵	bəi³¹
ALL	扔 -3pe	HRS	时候	TOP	一	河段	漂	CONJ

ɕi³¹gɯ⁵⁵	ti³¹	xu⁵⁵	bɔt⁵⁵	wa³¹	da⁵⁵	wa³¹,	ti³¹	tɕəŋ⁵⁵	bɯ⁵⁵	bəi³¹
ɕi³¹gɯ⁵⁵	ti³¹	xu⁵⁵	bɔt⁵⁵	wa³¹	da⁵⁵	wa³¹	ti³¹	tɕəŋ⁵⁵	bɯ⁵⁵	bəi³¹
尸体	一	倍	增大	HRS	膨胀	HRS	一	河段	漂	CONJ

ti³¹	xu⁵⁵	bɔt⁵⁵	wa³¹,	ɟu⁵³	le³¹	bɯ⁵⁵	bɯ³¹	wa³¹.	ci³¹dzɯn⁵³
ti³¹	xu⁵⁵	bɔt⁵⁵	wa³¹	ɟu⁵³	le³¹	bɯ⁵⁵	bɯ³¹	wa³¹	ci³¹dzɯn⁵³
一	倍	增大	HRS	下面	ALL	漂	DIR	HRS	洪水

把米下木扔到水里后，每漂一个河段，尸体就增大一倍，膨胀，漂一个河段就增大一倍，一直漂了下去。

dzɯn⁵³	nɯ³¹	ɟu⁵³	ɹə³¹miəi⁵³	ŋaŋ⁵⁵	sam⁵³	mə³¹li⁵³	mə³¹li⁵³
dzɯn⁵³	nɯ³¹	ɟu⁵³	ɹə³¹miəi⁵³	ŋaŋ⁵⁵	sam⁵³	mə³¹li⁵³	mə³¹li⁵³
发	TOP	下面	江	水	渗入	地方	地方

ə³¹duŋ⁵⁵	ə³¹sa⁵⁵	pəŋ⁵⁵	le³¹	sam⁵⁵	sa³¹	pək³¹sam⁵⁵	mi³¹ɕam⁵³
ə³¹duŋ⁵⁵	ə³¹sa⁵⁵	pəŋ⁵⁵	le³¹	sam⁵⁵	sa³¹	pək³¹sam⁵⁵	mi³¹ɕam⁵³

里面　　　土　　　下面　　ALL　渗　　　NOM 渗入处　　　米下木

$\wp i^{31}gw^{55}$　mi^{31}　$\text{ɹ}a{:}^{\text{ʔ}55}$,　　$sw{:}^{55}$　　　mi^{31}　$dzun^{53}$　e^{31}　$t\wp i^{31}$　wa^{31}.
$\wp i^{31}gw^{55}$　mi^{31}　$\text{ɹ}a^{\text{ʔ}55}$　-3p　sw^{55}　-3p　mi^{31}　$dzun^{53}$　e^{31}　$t\wp i^{31}$　wa^{31}
尸体　　　INSTR 拦住　-3pe 堵　　-3pe BEC　发　　　是　EXP HRS

（据说）发洪水（的原因）是在下面（游）江水渗入的地方，（江水）往大地里面土下面渗入的渗入处被米下木的尸体堵塞，所以发的洪水。

$mi^{31}\wp am^{53}$　$\wp i^{53}$　$tw{:}m^{55}$　　　nw^{31}　$m\text{ə}^{31}nw^{55}nw^{31}$　$ca^{\text{ʔ}55}$
$mi^{31}\wp am^{53}$　$\wp i^{53}$　$tw m^{55}$　-ins　nw^{31}　$m\text{ə}^{31}nw^{55}nw^{31}$　$ca^{\text{ʔ}55}$
米下木　　死　后面　-INSTR TOP　很久　　　　　成

$m\text{ə}^{31}n\text{ə}\eta^{55}$　$t\wp e^{31}$　$l\text{ə}\eta^{31}$　$t\wp i^{31}dʐw^{53}wa\eta^{53}$　$d\text{ə}m^{53}$　$lu\eta^{31}$　　wa^{31}.
$m\text{ə}^{31}n\text{ə}\eta^{55}$　$t\wp e^{31}$　$l\text{ə}\eta^{31}$　$t\wp i^{31}dʐw^{53}wa\eta^{53}$　$d\text{ə}m^{53}$　$lu\eta^{31}$　　wa^{31}
时候　　　才　　CONTR 泛洪水　　　　　漫　　PFV-NV　HRS
米下木死后过了很久洪水才漫了上来，

$d\text{ə}^{31}gw^{53}$　$ni\eta^{55}$　$ca^{\text{ʔ}55}$　$m\text{ə}^{31}n\text{ə}\eta^{55}$,　$ɟa^{\text{ʔ}55}$　$la{:}i^{55}$　　$s\text{ə}^{31}mw^{55}$
$d\text{ə}^{31}gw^{53}$　$ni\eta^{55}$　$ca^{\text{ʔ}55}$　$m\text{ə}^{31}n\text{ə}\eta^{55}$　$ɟa^{\text{ʔ}55}$　$l\text{ə}i^{55}$　-3p　$s\text{ə}^{31}mw^{55}$
九　　　年　　成　　时候　　　　这　　种植　-3pe　水冬瓜树

$\wp ik^{31}p\text{ə}i^{53}$　$p\text{ɔ}^{\text{ʔ}55}$　$\wp w^{31}$　$m\text{ə}^{31}n\text{ə}\eta^{55}$　$l\text{ə}\eta^{31}$　　$d\text{ə}m^{53}$　$lu\eta^{31}$　　wa^{31},
$\wp ik^{31}p\text{ə}i^{53}$　$p\text{ɔ}^{\text{ʔ}55}$　$\wp w^{31}$　$m\text{ə}^{31}n\text{ə}\eta^{55}$　$l\text{ə}\eta^{31}$　　$d\text{ə}m^{53}$　$lu\eta^{31}$　　wa^{31}
大树　　　变　　RFLX　时候　　　CONTR　漫　　PFV-NV　HRS
过了九年，种下的水冬瓜树变成大树时才漫了上来。

$t\wp i^{31}dʐw^{53}wa\eta^{53}$.　$ci^{31}dzun^{53}$　$dzun^{55}$　$p\text{ə}\eta^{31}wa^{\text{ʔ}55}$　$m\text{ə}^{31}n\text{ə}\eta^{55}$　nw^{31}
$t\wp i^{31}dʐw^{53}wa\eta^{53}$　$ci^{31}dzun^{53}$　$dzun^{55}$　$p\text{ə}\eta^{31}wa^{\text{ʔ}55}$　$m\text{ə}^{31}n\text{ə}\eta^{55}$　nw^{31}
泛洪水　　　　洪水　　　发　　PROS　　时候　　　　TOP

$ɟu^{53}$　$wa\eta^{31}mi^{55}$　$pa{:}\eta^{31}$　$l\text{ə}^{31}t\wp i^{53}l\text{ə}^{31}kui^{53}$　$pla\eta^{55}$　$p\text{ə}^{31}t\wp i^{\text{ʔ}55}$
$ɟu^{53}$　$wa\eta^{31}mi^{55}$　$pa{:}\eta^{31}$　$l\text{ə}^{31}t\wp i^{53}l\text{ə}^{31}kui^{53}$　$pla\eta^{55}$　$p\text{ə}^{31}t\wp i^{\text{ʔ}55}$
下面　江尾　　ABL　IDPH　　　　　鬼怪　鸟

$p\text{ə}^{31}x\text{ɹ}\text{ɔ}^{\text{ʔ}55}$　$\text{ə}^{31}bla^{\text{ʔ}55}$　$lu\eta^{31}$　wa^{31},　$\eta\text{ɔ}^{53}$　le^{31}　$\eta\text{ɔ}^{53}$　le^{31}　at^{55}　bw^{31}
$p\text{ə}^{31}x\text{ɹ}\text{ɔ}^{\text{ʔ}55}$　$\text{ə}^{31}bla^{\text{ʔ}55}$　$lu\eta^{31}$　wa^{31}　$\eta\text{ɔ}^{53}$　le^{31}　$\eta\text{ɔ}^{53}$　le^{31}　at^{55}　bw^{31}

禽类 　　　到达 　　　PFV-NV 　　　　HRS 上面 ALL 　上面 ALL 　逃跑 　DIR
要发洪水的时候，从下面江尾跑（到达）上来各种各样的鬼、鸟类，纷纷往上面（游）跑去，

wɑ³¹, 　tɕi³¹dʑɯɹ⁵³ 　　nɯ³¹ 　"tɕi³¹dʑɯɹ⁵³ 　　dʑɯɹ⁵³, 　tɕi³¹dʑɯɹ⁵³ 　　dʑɯɹ⁵³"
wɑ³¹ 　　tɕi³¹dʑɯɹ⁵³ 　　nɯ³¹ 　tɕi³¹dʑɯɹ⁵³ 　　dʑɯɹ⁵³ 　　tɕi³¹dʑɯɹ⁵³ 　　dʑɯɹ⁵³
HRS 　　几久鸟 　　　　TOP 　洪水 　　　　发 　　　洪水 　　　　发

gɯ˞⁵⁵ 　dʑin³¹ 　bjeɹ⁵³ 　wɑ³¹, 　e⁵⁵ 　mi³¹ 　tɕi³¹dʑɯɹ⁵³ 　lɑːn⁵⁵ 　　　e³¹
gɯ˞⁵⁵ 　dʑin³¹ 　bjeɹ⁵³ 　wɑ³¹ 　e⁵⁵ 　mi³¹ 　tɕi³¹dʑɯɹ⁵³ 　lən⁵⁵ 　　-3p 　e³¹
说 　　着 　　飞 　　HRS 　是 　BEC 　几久鸟 　　叫作 　　-3pe 是
几久鸟边飞边叫"吉久久，吉久久（发洪水）"，所以得名几久鸟。

wɑ³¹. 　plaŋ⁵⁵ 　ti³¹ 　mɯŋ⁵³ 　nɯ³¹ 　ə³¹na⁵³ 　pɹɑ⁵³ 　wa⁵⁵ 　e⁵⁵ 　wɑ³¹,
wɑ³¹ 　plaŋ⁵⁵ 　ti³¹ 　mɯŋ⁵³ 　nɯ³¹ 　ə³¹na⁵³ 　pɹɑ⁵³ 　wa⁵⁵ 　e⁵⁵ 　wɑ³¹
HRS 　鬼怪 　一 　CL 　　TOP 　耳朵 　　簸箕 　做 　是 　样
有一种鬼怪耳朵簸箕般大，

ip⁵⁵ 　bəi³¹ 　ti³¹ 　ə³¹na⁵³ 　dən⁵⁵ 　dʑin³¹ 　ti³¹ 　ə³¹na⁵³ 　mi³¹ 　kɔp⁵⁵ 　ɕɯ³¹
ip⁵⁵ 　bəi³¹ 　ti³¹ 　ə³¹na⁵³ 　dən⁵⁵ 　dʑin³¹ 　ti³¹ 　ə³¹na⁵³ 　mi³¹ 　kɔp⁵⁵ 　ɕɯ³¹
睡 　CONJ 　一 　耳朵 　　垫 　着 　　一 　耳朵 　　INSTR 盖 　RFLX
睡觉的时候一只耳朵垫着，用一只耳朵盖着（自己），

wɑ³¹. 　"ti⁵³ 　pək³¹sam⁵⁵ 　ɹɑː˞⁵⁵ 　　waŋ⁵³ 　pək³¹sam⁵⁵ 　ɹɑː˞⁵⁵"
wɑ³¹ 　ti⁵³ 　pək³¹sam⁵⁵ 　ɹɑ˞⁵⁵ 　-3p 　waŋ⁵³ 　pək³¹sam⁵⁵ 　ɹɑ˞⁵⁵ 　-3p
HRS 　水 　渗入处 　　堵塞 　-3pe 　水 　渗入处 　　堵塞 　-3pe

gɯ˞⁵⁵ 　dʑin³¹ 　ə³¹bla˞⁵⁵ 　luŋ³¹ 　　wɑ³¹. 　ci³¹dzun⁵³ 　dzun⁵³
gɯ˞⁵⁵ 　dʑin³¹ 　ə³¹bla˞⁵⁵ 　luŋ³¹ 　　wɑ³¹ 　ci³¹dzun⁵³ 　dzun⁵³
说 　　着 　　到达 　　PFV-DIR HRS 　洪水 　　　发
说："水渗入处被堵塞了，水渗入处被堵塞了。"跑了上来。

pəŋ³¹wa˞⁵⁵ 　mə³¹nəŋ⁵⁵ 　nɯ³¹ 　də³¹gɯ⁵³ 　ni⁵⁵ 　də³¹gɯ⁵³ 　ɟɑ˞⁵⁵
pəŋ³¹wa˞⁵⁵ 　mə³¹nəŋ⁵⁵ 　nɯ³¹ 　də³¹gɯ⁵³ 　ni⁵⁵ 　də³¹gɯ⁵³ 　ɟɑ˞⁵⁵
PROS 　　时候 　　　TOP 　九 　　　天 　九 　　　夜

nəm³¹dɯŋ⁵⁵ 　wa⁵⁵ 　wɑ³¹. 　nəm³¹dɯŋ⁵⁵ 　tɯːm⁵⁵ 　　　nɯ³¹ 　lə³¹ka⁵⁵

nəm³¹duɯŋ⁵⁵ wa⁵⁵ wa³¹ nəm³¹duɯŋ⁵⁵ tɯm⁵⁵ -ins nɯ³¹ lə³¹ka⁵⁵
暴雨　　　　　做　　HRS　暴雨　　　　　后面　-INSTR TOP　山

发洪水之前，下了九天九夜的暴雨，

xɹa:p⁵⁵ ta⁷³¹ mə³¹dʑeʔ⁵⁵ kɔʔ⁵⁵ wa³¹, ə³¹tsəŋ⁵³ sə³¹na⁷⁵⁵
xɹɑp⁵⁵ -3p ta⁷³¹ mə³¹dʑeʔ⁵⁵ kɔʔ⁵⁵ wa³¹ ə³¹tsəŋ⁵³ sə³¹na⁷⁵⁵
满　　-3pe COMP 木耳　　　长　　HRS　人　　　都

暴雨后木耳长满了山，

sə³¹na⁷⁵⁵ xɹa⁵⁵ ɹi⁵⁵ dʑin³¹ mə³¹dʑeʔ⁵⁵ kɔʔ⁵⁵ le³¹ di⁵⁵ wa³¹. me⁵⁵
sə³¹na⁷⁵⁵ xɹa⁵⁵ ɹi⁵⁵ dʑin³¹ mə³¹dʑeʔ⁵⁵ kɔʔ⁵⁵ le³¹ di⁵⁵ wa³¹ me⁵⁵
都　　　篮子　背　着　　木耳　　　　采　ALL 去　HRS 别的

人们纷纷背着篮子去采木耳。

me⁵⁵ ə³¹tsəŋ⁵³ mi³¹ nɯ³¹ lai⁷⁵⁵wa³¹ lai⁷⁵⁵wa³¹ da:m⁵³ wa³¹,
me⁵⁵ ə³¹tsəŋ⁵³ mi³¹ nɯ³¹ lai⁷⁵⁵wa³¹ lai⁷⁵⁵wa³¹ dəm⁵³ -3p wa³¹
别的　人　　　AGT TOP 很快　　　　很快　　　　满　　-3pe HRS

别的人很快（采）满了（篮子），陆续回去了，

lɔ⁷⁵⁵ mə³¹bət⁵⁵ wa⁵⁵ wa³¹, əŋ³¹ne⁵⁵ nɯ⁵⁵ mi³¹ tɕe³¹ xɹa⁵⁵
lɔ⁷⁵⁵ mə³¹bət⁵⁵ wa⁵⁵ wa³¹ əŋ³¹ne⁵⁵ nɯ⁵⁵ mi³¹ tɕe³¹ xɹa⁵⁵
回　陆续　　　做　　HRS　3DL　兄妹　AGT 仅　　篮子

kəm⁵⁵ mə³¹ da:m⁵³ wa³¹. ŋɔ⁵³ le³¹ ŋɔ⁵³ le³¹ ŋaŋ⁵⁵, təi⁵⁵
kəm⁵⁵ mə³¹ dəm⁵³ -3p wa³¹ ŋɔ⁵³ le³¹ ŋɔ⁵³ le³¹ ŋaŋ⁵⁵ təi⁵⁵
怎么也 NEG 满　　-3pe HRS　上面 ALL 上面 ALL 上　　怎么

只有他兄妹俩怎么也（采）不满（篮子），一直往上爬，

kɔ:⁷⁵⁵ bəi³¹ ɕɯ³¹ xɹa⁵⁵ mə³¹ da:m⁵³ wa³¹, ə³¹jaʔ⁵⁵
kɔʔ⁵⁵ -3p bəi³¹ ɕɯ³¹ xɹa⁵⁵ mə³¹ dəm⁵³ -3p wa³¹ ə³¹jaʔ⁵⁵
采　-3pe CONJ 也　篮子　NEG 满　-3pe HRS　那

怎么采也采不满篮子，

ə³¹laŋ⁵³ ŋaŋ⁵⁵ da:m⁵³ luŋ³¹ wa³¹.tɕi³¹dʑɯɯ⁵³waŋ⁵³ dəm⁵³
ə³¹laŋ⁵³ ŋaŋ⁵⁵ dəm⁵³ -3p luŋ³¹ wa³¹ tɕi³¹dʑɯɯ⁵³waŋ⁵³ dəm⁵³
时　　　水　　满　-3pe PFV-NV HRS 泛洪水　　　　　　　漫

此时，水漫了上来。

wɑ²³¹ mə³¹nəŋ⁵⁵ nɯ³¹ ə³¹tsəŋ⁵³ sə³¹nɑ²⁵⁵ sə³¹nɑ²⁵⁵ ŋɔ⁵³ lə³¹kɑ⁵⁵
wɑ²³¹ mə³¹nəŋ⁵⁵ nɯ³¹ ə³¹tsəŋ⁵³ sə³¹nɑ²⁵⁵ sə³¹nɑ²⁵⁵ ŋɔ⁵³ lə³¹kɑ⁵⁵
HRS 时候 TOP 人 都 都 上面 山

le³¹ at⁵⁵ wɑ³¹, ŋaŋ⁵⁵ ŋɔ⁵³ le³¹ dəm⁵³ ŋɔ⁵³ le³¹ at⁵⁵ wɑ³¹.
le³¹ at⁵⁵ wɑ³¹ ŋaŋ⁵⁵ ŋɔ⁵³ le³¹ dəm⁵³ ŋɔ⁵³ le³¹ at⁵⁵ wɑ³¹
ALL 逃跑 HRS 水 上面 ALL 漫 上面 ALL 逃跑 HRS
洪水漫上来的时候，人们都往山上跑，洪水往上漫一步就往上逃跑一步，

ək³¹tɕəl⁵³ tə³¹kɯ²⁵⁵ dʑin³¹ nɑ³¹gɔ²⁵⁵ ɹi⁵⁵ dʑin³¹ ɟɔ³¹məi⁵⁵ɹɑ⁵³
ək³¹tɕəl⁵³ tə³¹kɯ²⁵⁵ dʑin³¹ nɑ³¹gɔ²⁵⁵ ɹi⁵⁵ dʑin³¹ ɟɔ³¹məi⁵⁵ɹɑ⁵³
孩子 拉 着 孩子 背 着 老人

ə³¹gəŋ⁵⁵ dʑin³¹ at⁵⁵ wɑ³¹, sɔt⁵⁵ ŋɔ⁵³ le³¹ e⁵⁵ bəi³¹ sɔt⁵⁵ ŋaŋ⁵⁵
ə³¹gəŋ⁵⁵ dʑin³¹ at⁵⁵ wɑ³¹ sɔt⁵⁵ ŋɔ⁵³ le³¹ e⁵⁵ bəi³¹ sɔt⁵⁵ ŋaŋ⁵⁵
扶 着 逃跑 HRS 越 上面 ALL 是 CONJ 越 上
拉着孩子，背着婴儿搀扶着老人逃难，

mə³¹ gəm⁵⁵ wɑ³¹. me⁵⁵ ə³¹tsəŋ⁵³ nɯ³¹ luŋ⁵⁵ le³¹ tet⁵⁵ ɕɯ³¹
mə³¹ gəm⁵⁵ wɑ³¹ me⁵⁵ ə³¹tsəŋ⁵³ nɯ³¹ luŋ⁵⁵ le³¹ tet⁵⁵ ɕɯ³¹
NEG 好 HRS 别的 人 TOP 石头 ALL 抓 RFLX
（山）越往上（坡越陡）越不好爬，别的人抓住岩石，

bəi³¹ luŋ⁵⁵ ə³¹pɔl⁵⁵ wɑ³¹, ɕiŋ⁵⁵ le³¹ tet⁵⁵ ɕɯ³¹ bəi³¹ ɕiŋ³¹ɹɯ⁵⁵
bəi³¹ luŋ⁵⁵ ə³¹pɔl⁵⁵ wɑ³¹ ɕiŋ⁵⁵ le³¹ tet⁵⁵ ɕɯ³¹ bəi³¹ ɕiŋ³¹ɹɯ⁵⁵
CONJ 石头 拔出 HRS 树 ALL 抓 RFLX CONJ 树根
岩石就掀拔出来，抓住树根，

ə³¹pɔl⁵⁵ wɑ³¹, ɕəp³¹tɑ²⁵⁵ ɹi²⁵⁵ ɕɯ³¹ bəi³¹ ɕəp³¹tɑ²⁵⁵
ə³¹pɔl⁵⁵ wɑ³¹ ɕəp³¹tɑ²⁵⁵ ɹi²⁵⁵ ɕɯ³¹ bəi³¹ ɕəp³¹tɑ²⁵⁵
拔出 HRS 铁锅 背 RFLX CONJ 铁锅
树根就连根拔出来，背着铁锅的，

tə³¹kɹiŋ⁵⁵tə³¹kɹɑl⁵⁵ ə³¹təl⁵⁵ bɯ³¹ wɑ³¹. tɕɑ³¹ɟet⁵⁵ ɹi²⁵⁵ ɕɯ³¹ bəi³¹
tə³¹kɹiŋ⁵⁵tə³¹kɹɑl⁵⁵ ə³¹təl⁵⁵ bɯ³¹ wɑ³¹ tɕɑ³¹ɟet⁵⁵ ɹi²⁵⁵ ɕɯ³¹ bəi³¹
IDPH 滚 DIR HRS 铁三角 背 RFLX CONJ

tɕɑ³¹ɟet⁵⁵ tə³¹kɹiŋ⁵⁵tə³¹kɹɑl⁵⁵ ə³¹təl⁵⁵ buɯ³¹ wɑ³¹. puŋ⁵⁵
tɕɑ³¹ɟet⁵⁵ tə³¹kɹiŋ⁵⁵tə³¹kɹɑl⁵⁵ ə³¹təl⁵⁵ buɯ³¹ wɑ³¹ puŋ⁵⁵
铁三角　　IDPH　　　　　　滚　　DIR　HRS　普

就连同铁锅叮叮当当滚落下去，背着铁三角的，就连同铁三角叮叮当当滚落下去……

də³¹guɑn⁵⁵ nəŋ⁵⁵ əŋ³¹ne⁵⁵ nuɯ⁵⁵ mi³¹ tɕe³¹ kə³¹wɑ⁵⁵kɑɹ⁵⁵pu⁵⁵
də³¹guɑn⁵⁵ nəŋ⁵⁵ əŋ³¹ne⁵⁵ nuɯ⁵⁵ mi³¹ tɕe³¹ kə³¹wɑ⁵⁵kɑɹ⁵⁵pu⁵⁵
俩　　　　阿娜　3DL　兄妹　AGT　仅　卡瓦卡普

le³¹ ə³¹xɹɑ:n⁵⁵ wɑ³¹. ək³¹tɕəl⁵³ ɹi⁷⁵⁵ ɕɯ³¹ buɯ⁵³ ti³¹ guɯ⁵⁵
le³¹ ə³¹xɹən⁵⁵ -3p wɑ³¹ ək³¹tɕəl⁵³ ɹi⁷⁵⁵ ɕɯ³¹ buɯ⁵³ ti³¹ guɯ⁵⁵
ALL　爬上　　-3pe HRS 孩子　　背　RFLX 蛇　一　CL

只有阿普和阿娜他兄妹俩登上了（神峰）嘎瓦嘎普。

mi³¹ ɕɯ³¹ kə³¹wɑ⁵⁵kɑɹ⁵⁵pu⁵⁵ le³¹ ə³¹xɹɑ:n⁵⁵ luŋ³¹ wɑ³¹.
mi³¹ ɕɯ³¹ kə³¹wɑ⁵⁵kɑɹ⁵⁵pu⁵⁵ le³¹ ə³¹xɹən⁵⁵ -3p luŋ³¹ wɑ³¹
AGT　也　嘎瓦嘎普　　　　　　ALL　爬上　　-3pe PFV-DIR HRS

一条怀孕的蛇也爬上了嘎瓦嘎普。

"ɟɑ⁷⁵⁵ buɯ⁵³ ŋɑŋ⁵⁵ le³¹ tɕɑt⁵⁵ ɕɯ³¹ nuɯ³¹" əŋ³¹ne⁵⁵ nuɯ⁵⁵ ə³¹
ɟɑ⁷⁵⁵ buɯ⁵³ ŋɑŋ⁵⁵ le³¹ tɕɑt⁵⁵ ɕɯ³¹ nuɯ³¹ əŋ³¹ne⁵⁵ nuɯ⁵⁵ ə³¹
这　蛇　水　ALL　扔　dl　TOP　3DL　兄妹　RECP

guɯ⁷⁵⁵ wɑ³¹. "ŋɑ⁵³ nə³¹ tɕɑt⁵⁵ ɕɯ³¹ bəi³¹ nə³¹ne⁵⁵ kuɯ⁷³¹
guɯ⁷⁵⁵ wɑ³¹ ŋɑ⁵³ nə³¹ tɕɑt⁵⁵ ɕɯ³¹ bəi³¹ nə³¹ne⁵⁵ kuɯ⁷³¹
说　HRS　1SG　2p　扔　dl　CONJ 2DL　也

mit³¹tɕɔ⁷⁵⁵ mi³¹ kui⁵⁵ ɕɯ³¹ nuɯ³¹" buɯ⁵³ kɑ⁵⁵ guɯ⁷⁵⁵ wɑ³¹. e⁵⁵
mit³¹tɕɔ⁷⁵⁵ mi³¹ kui⁵⁵ ɕɯ³¹ nuɯ³¹ buɯ⁵³ kɑ⁵⁵ guɯ⁷⁵⁵ wɑ³¹ e⁵⁵
尾巴　　INSTR 勾　dl　MOOD 蛇　话　说　HRS　是

"咱俩把这条蛇扔到水里去吧。"兄妹俩说。"如果你俩把我扔下去，我要用尾巴把你俩也勾下去"蛇说。

mi³¹ tɕɑt⁵⁵ mə³¹ dʑɑ:⁷⁵⁵ wɑ³¹, məi⁵⁵ nuɯ³¹ mə³¹li⁵³
mi³¹ tɕɑt⁵⁵ mə³¹ dʑɑ⁷⁵⁵ -3p wɑ³¹ məi⁵⁵ nuɯ³¹ mə³¹li⁵³
BEC　扔　NEG　敢　　-3pe HRS HPT　TOP　世界

mə³¹dəm⁵³　bɯ⁵³　mɑl⁵⁵　sa³¹　e⁵⁵　wa³¹,　ə³¹ja⁷⁵⁵　bɯ⁵³　nɯ³¹　bɯ⁵³
mə³¹dəm⁵³　bɯ⁵³　mɑl⁵⁵　sa³¹　e⁵⁵　wa³¹　ə³¹ja⁷⁵⁵　bɯ⁵³　nɯ³¹　bɯ⁵³
上面　　　蛇　　没有　NOM　是　HRS　那　　　蛇　　TOP　蛇
所以没敢把它扔到水里去，否则，世上就没有蛇了，

əŋ³¹ɟɯ⁵³　ləŋ³¹　e⁵⁵　mɯ³¹　wa³¹.　əŋ³¹ne⁵⁵　nɯ⁵⁵　kə³¹wɑ⁵⁵kaɹ⁵⁵pu⁵⁵
əŋ³¹ɟɯ⁵³　ləŋ³¹　e⁵⁵　mɯ³¹　wa³¹　əŋ³¹ne⁵⁵　nɯ⁵⁵　kə³¹wɑ⁵⁵kaɹ⁵⁵pu⁵⁵
种子　　CONTR　是　DISC　HRS　3DL　　兄妹　嘎瓦噶普
原来，那条蛇是蛇类的种子。

le³¹　ə³¹xɹen⁵⁵　wa⁷³¹　bəi³¹　nɯ³¹　ə³¹ɹɑ⁵⁵du⁵⁵du⁵⁵　　ŋaŋ⁵⁵　tɕe³¹　e⁵⁵
le³¹　ə³¹xɹen⁵⁵　wa⁷³¹　bəi³¹　nɯ³¹　ə³¹ɹɑ⁵⁵du⁵⁵du⁵⁵　ŋaŋ⁵⁵　tɕə³¹　e⁵⁵
ALL　爬上　　HRS　CONJ　TOP　IDPH　　　　　水　　尽　　是
他兄妹俩登上嘎瓦噶普，（四周）到处是水，

wa³¹,　tɕi³¹dʑɹɯ⁵³waŋ⁵³　tɕə³¹klɔ⁷⁵⁵　mi³¹　mu⁷⁵⁵　le³¹　dɑː⁷⁵⁵
wa³¹　tɕi³¹dʑɹɯ⁵³waŋ⁵³　tɕə³¹klɔ⁷⁵⁵　mi³¹　mu⁷⁵⁵　le³¹　dɑ⁷⁵⁵　-3p
HRS　泛洪水　　　　波浪　　　INSTR　天　ALL　触到　-3pe
洪浪滔天。

wa³¹.　ɕaɹ⁵⁵　tɕə³¹klɔ⁷⁵⁵　də³¹glɔ⁷⁵⁵　ɕɯ³¹　wa⁷³¹　bəi³¹　əŋ³¹ne⁵⁵　nɯ⁵⁵
wa³¹　ɕaɹ⁵⁵　tɕə³¹klɔ⁷⁵⁵　də³¹glɔ⁷⁵⁵　ɕɯ³¹　wa⁷³¹　bəi³¹　əŋ³¹ne⁵⁵　nɯ⁵⁵
HRS　东　波浪　　　推　　　RFLX　HRS　CONJ　3DL　　兄妹

ə³¹xɹen⁵⁵　kə³¹wɑ⁵⁵kaɹ⁵⁵pu⁵⁵　plɔŋ⁵³　le³¹　pəŋ³¹dɑ⁷⁵⁵　ti³¹
ə³¹xɹen⁵⁵　kə³¹wɑ⁵⁵kaɹ⁵⁵pu⁵⁵　plɔŋ⁵³　le³¹　pəŋ³¹dɑ⁷⁵⁵　ti³¹
爬上　　嘎瓦噶普　　　　　顶峰　　ALL　无毒箭

tɔːt⁵⁵　　　tɕe³¹　mə³¹　dɑː⁷⁵⁵　　wa³¹.　nɯp⁵⁵　tɕə³¹klɔ⁷⁵⁵
tɔt⁵⁵　-ins　tɕe³¹　mə³¹　dɑ⁷⁵⁵　-3p　wa³¹　nɯp⁵⁵　tɕə³¹klɔ⁷⁵⁵
截　　-INSTR　只　NEG　触到　-3pe　HRS　西　　波浪
东方的洪浪推过来，仅差半只无毒箭（的高度）够不着兄妹俩登上的嘎瓦噶普雪峰，

də³¹glɔ⁷⁵⁵　ɕɯ³¹　wa⁷³¹　bəi³¹　pel³¹ma⁵³　ti³¹　pu⁷⁵⁵　tɕe³¹　mə³¹
də³¹glɔ⁷⁵⁵　ɕɯ³¹　wa⁷³¹　bəi³¹　pel³¹ma⁵³　ti³¹　pu⁷⁵⁵　tɕe³¹　mə³¹
推　　RFLX　HRS　CONJ　织布的竹片　一　幅　　仅　NEG

ŋaːŋ⁵⁵　　　wa³¹.　ɕaɹ⁵⁵　tɕə³¹klɔʔ⁵⁵　kɹaʔ⁵⁵　wa³¹,　e⁵⁵　mi³¹　tən⁵⁵
ŋaŋ⁵⁵　-3p　wa³¹　ɕaɹ⁵⁵　tɕə³¹klɔʔ⁵⁵　kɹaʔ⁵⁵　wa³¹　e⁵⁵　mi³¹　tən⁵⁵
够着　-3pe　HRS　东　波浪　　厉害　HRS　是　BEC　现在
西边的波浪推过来，仅差一幅（织布用的）竹片的长度够不着（雪峰）。东边的浪头强，

mə³¹li⁵³　mə³¹dəm⁵³　nɯp⁵⁵　lap⁵⁵　le³¹　lə³¹ka⁵⁵　bɯm⁵³,　ɕaɹ⁵⁵
mə³¹li⁵³　mə³¹dəm⁵³　nɯp⁵⁵　lap⁵⁵　le³¹　lə³¹ka⁵⁵　bɯm⁵³　ɕaɹ⁵⁵
世界　　上面　　　西　　方向　ALL　山　　多　　东
所以今天（大地上）西边多山，

lap⁵⁵　le³¹　dəm⁵⁵　tɕe³¹　e⁵⁵　wa³¹.　dʑɔɹ³¹dʑit⁵⁵　nɯ³¹　də³¹gɯ⁵³　ni⁵⁵
lap⁵⁵　le³¹　dəm⁵⁵　tɕe³¹　e⁵⁵　wa³¹　dʑɔɹ³¹dʑit⁵⁵　nɯ³¹　də³¹gɯ⁵³　ni⁵⁵
方向　ALL　漂　　尽　　是　HRS　太阳鸟　　　TOP　九　　　天
东部尽是平地（平原）。

də³¹gɯ⁵³　ʝaʔ⁵⁵　dəŋ⁵⁵　ɕɯ³¹　wa³¹,　mu ʔ⁵⁵　ɔːŋ³¹　də³¹gɔŋ⁵³　mi³¹
də³¹gɯ⁵³　ʝaʔ⁵⁵　dəŋ⁵⁵　ɕɯ³¹　wa³¹　mu ʔ⁵⁵　ɔːŋ³¹　də³¹gɔŋ⁵³　mi³¹
九　　　这　停留　也　HRS　天　ABL　喙　　　INSTR
（洪水期间）太阳鸟在天上停留了九天九夜，

kə³¹tal⁵⁵　ɕɯ³¹　wa³¹,　e⁵⁵　mi³¹　də³¹gɔŋ⁵³　mɹeŋ⁵³　e³¹　wa³¹,　ə³¹ʝa⁵⁵
kə³¹tal⁵⁵　ɕɯ³¹　wa³¹　e⁵⁵　mi³¹　də³¹gɔŋ⁵³　mɹeŋ⁵³　e³¹　wa³¹　ə³¹ʝa⁵⁵
吊　　　RFLX　HRS　是　BEC　喙　　　长　　是　HRS　那个
用喙在天上吊着，所以（今天）它的喙很长，

nɯ³¹　pə³¹tɕiʔ⁵⁵　əŋ³¹ʝɯ⁵³　e⁵⁵　wa³¹.　sə³¹ɹi⁵³　nɯ³¹　də³¹gɯ⁵³　ni⁵⁵
nɯ³¹　pə³¹tɕiʔ⁵⁵　əŋ³¹ʝɯ⁵³　e⁵⁵　wa³¹　sə³¹ɹi⁵³　nɯ³¹　də³¹gɯ⁵³　ni⁵⁵
TOP　鸟　　　种子　　是　HRS　麂子　　TOP　九　　　天
它是鸟类的种子。

də³¹gɯ⁵³　ʝaʔ⁵⁵　tɕi³¹dʑɯɹ⁵³waŋ⁵³　dɔ³¹　laŋ⁵³　wa³¹,　mit³¹tɕɔʔ⁵⁵
də³¹gɯ⁵³　ʝaʔ⁵⁵　tɕi³¹dʑɯɹ⁵³waŋ⁵³　dɔ³¹　laŋ⁵³　wa³¹　mit³¹tɕɔʔ⁵⁵
九　　　这　泛洪水　　　　　LOC　游　　HRS　尾巴
麂子在洪水里游了九天九夜，

muɯn⁵⁵ wa³¹, e⁵⁵ mi³¹ mit³¹tɕɔ⁷⁵⁵ tui⁵³ wa³¹, ə³¹ja⁵⁵ nɯ³¹ ɕa⁵⁵
muɯn⁵⁵ wa³¹ e⁵⁵ mi³¹ mit³¹tɕɔ⁷⁵⁵ tui⁵³ wa³¹ ə³¹ja⁵⁵ nɯ³¹ ɕa⁵⁵
腐烂 HRS 是 BEC 尾巴 短 HRS 那个 TOP 兽
尾巴腐烂掉了，所以（今天）它的尾巴短，

əŋ³¹ɟɯ⁵³ e⁵⁵ wa³¹. tɕi³¹dʑɯɯ⁵³waŋ⁵³ dɔ³¹ nɯ³¹ lə³¹tɕi⁵³lə³¹kui⁵³
əŋ³¹ɟɯ⁵³ e⁵⁵ wa³¹ tɕi³¹dʑɯɯ⁵³waŋ⁵³ dɔ³¹ nɯ³¹ lə³¹tɕi⁵³lə³¹kui⁵³
种子 是 HRS 泛洪水 LOC TOP IDPH
那是兽类的种子。

ɕi³¹gɯ⁵⁵ da:m⁵⁵ wa³¹, ə³¹tsəŋ⁵³ ɕi³¹gɯ⁵⁵ da:m⁵⁵, ɕa⁵⁵
ɕi³¹gɯ⁵⁵ dəm⁵⁵ -3p wa³¹ ə³¹tsəŋ⁵³ ɕi³¹gɯ⁵⁵ dəm⁵⁵ -3p ɕa⁵⁵
尸体 漂 -3pe HRS 人 尸体 漂 -3pe 兽

ɕi³¹gɯ⁵⁵ da:m⁵⁵ pə³¹tɕi⁷⁵⁵ pə³¹xɹɔ⁷⁵⁵ da:m⁵⁵ wa³¹.
ɕi³¹gɯ⁵⁵ dəm⁵⁵ -3p pə³¹tɕi⁷⁵⁵ pə³¹xɹɔ⁷⁵⁵ dəm⁵⁵ -3p wa³¹
尸体 漂 -3pe 鸟 禽类 漂 -3pe HRS
洪水里漂满了各种各样的尸体，漂着人的尸体，野兽的尸体，鸟类的尸体。

ə³¹tsəŋ⁵³ ə³¹tsəŋ⁵³ ɕi³¹gɯ⁵⁵ nɯ³¹ kɔ⁵³ le³¹ də³¹glɔ⁷⁵⁵ wa³¹,
ə³¹tsəŋ⁵³ ə³¹tsəŋ⁵³ ɕi³¹gɯ⁵⁵ nɯ³¹ kɔ⁵³ le³¹ də³¹glɔ⁷⁵⁵ -3p wa³¹
人 人 尸体 TOP 那 ALL 推 -3pe HRS
（兄妹俩）把人的尸体推走，

ɕa⁵⁵ ɕi³¹gɯ⁵⁵ ɕa⁵⁵ ɕi³¹gɯ⁵⁵ nɯ³¹ ɟa⁵³ le³¹ tə³¹kɯ:⁷⁵⁵ wa³¹.
ɕa⁵⁵ ɕi³¹gɯ⁵⁵ ɕa⁵⁵ ɕi³¹gɯ⁵⁵ nɯ³¹ ɟa⁵³ le³¹ tə³¹kɯ⁷⁵⁵ -3p wa³¹
兽 尸体 兽 尸体 TOP 这 ALL 拉 -3pe HRS
野兽的尸体就拉过来，

ləŋ³¹la⁵³ pəi⁵³ ɟɔ⁷⁵⁵ nɯ³¹ ɕɯi⁵⁵ɟe⁷⁵⁵ɟe⁷⁵⁵ ə³¹ja⁵⁵kɯ⁷³¹ ək³¹tɯŋ⁵⁵
ləŋ³¹la⁵³ pəi⁵³ ɟɔ⁷⁵⁵ nɯ³¹ ɕɯi⁵⁵ɟe⁷⁵⁵ɟe⁷⁵⁵ ə³¹ja⁵⁵kɯ⁷³¹ ək³¹tɯŋ⁵⁵
男子 SPM CL TOP IDPH 直接 生的

kəi⁵⁵ wa³¹, pə³¹ma⁵⁵ pəi⁵³ ɟɔ⁷⁵⁵ nɯ³¹ nəm³¹gaŋ⁵⁵ dɔ³¹ sə³¹
kəi⁵⁵ wa³¹ pə³¹ma⁵⁵ pəi⁵³ ɟɔ⁷⁵⁵ nɯ³¹ nəm³¹gaŋ⁵⁵ dɔ³¹ sə³¹
吃 HRS 女人 SPM CL TOP 阳光 LOC CAUS

kəm⁵⁵　səꜟ³¹　kəm⁵⁵　dʑin³¹　kəi⁵⁵　wɑ³¹.　ə³¹jaʔ⁵⁵　ɹɑp⁵⁵　dɔ³¹　mɯ³¹
kəm⁵⁵　səꜟ³¹　kəm⁵⁵　dʑin³¹　kəi⁵⁵　wɑ³¹　ə³¹jaʔ⁵⁵　ɹɑp⁵⁵　dɔ³¹　mɯ³¹
干　　CAUS干　　着　　吃　　HRS　那　　　时代　LOC　TOP
男的那个血淋淋地直接生吃，女的那个在阳光下烤干了吃。

tə³¹mi⁵⁵　mal⁵³.　tə³¹mi⁵⁵　wɑ⁵⁵　sɑ³¹　mɯ³¹　kɔʔ⁵⁵　bɹɐŋ³¹naʔ⁵⁵　ɔ:ŋ³¹
tə³¹mi⁵⁵　mal⁵³　tə³¹mi⁵⁵　wɑ⁵⁵　sɑ³¹　mɯ³¹　kɔʔ⁵⁵　bɹɐŋ³¹naʔ⁵⁵　ɔ:ŋ³¹
火　　没有　　火　　做　　NOM　TOP　那　苍蝇　　　ABL
那个年代没有火。

sə³¹ləp⁵⁵ɕɯ³¹　e⁵⁵　tɕi³¹　wɑ³¹　bɹɐŋ³¹naʔ⁵⁵　təi⁵⁵wɑ³¹　ɯ⁵⁵　ə³¹sɔi⁵⁵
sə³¹ləp⁵⁵ɕɯ³¹　e⁵⁵　tɕi³¹　wɑ³¹　bɹɐŋ³¹naʔ⁵⁵　təi⁵⁵wɑ³¹　ɯ⁵⁵　ə³¹sɔi⁵⁵
学　　　　　　是　EXP　HRS　苍蝇　　　那样　　手　搓

ɕɯ³¹　luk³¹　e³¹,　bɹɐŋ³¹naʔ⁵⁵　ɯ⁵⁵　ə³¹sɔi⁵⁵　ɕɯ³¹　bəi³¹　tə³¹mi⁵⁵
ɕɯ³¹　luk³¹　e³¹　bɹɐŋ³¹naʔ⁵⁵　ɯ⁵⁵　ə³¹sɔi⁵⁵　ɕɯ³¹　bəi³¹　tə³¹mi⁵⁵
RFLX　PFV-DIR是　苍蝇　　　手　搓　　RFLX　CONJ　火

mə³¹ɕiŋ⁵⁵　ə³¹lai⁵⁵　ɟɑ:ŋ⁵³.　　ə³¹ja⁵⁵　ɟɑ:ŋ⁵³　　ɔ:ŋ³¹　tɕɐ³¹maʔ⁵⁵
mə³¹ɕiŋ⁵⁵　ə³¹lai⁵⁵　ɟɐŋ⁵³　-3p　ə³¹ja⁵⁵　ɟɐŋ⁵³　-3p　ɔ:ŋ³¹　tɕɐ³¹maʔ⁵⁵
火星　　　出现　　看见　-3pe　那个　　看　-3pe　ABL　火镰
（兄妹）学会取火是从那苍蝇学来的，那苍蝇不是那样搓手吗，苍蝇搓手时看见冒火星，

wɑ⁵⁵　sɔ:⁵⁵　　e⁵⁵　tɕi³¹　wɑ³¹.　tɕi³¹dʐɯɹ⁵³wɑŋ⁵³　ɟu⁵³　le³¹　ɟu⁵³
wɑ⁵⁵　sɑ⁵⁵　-3p　e⁵⁵　tɕi³¹　wɑ³¹　tɕi³¹dʐɯɹ⁵³wɑŋ⁵³　ɟu⁵³　le³¹　ɟu⁵³
做　　会　-3pe　是　EXP　HRS　泛洪水　　　　　下面　ALL　下面
从那儿（受启发）学会了使用火镰。

le³¹　bət⁵⁵　wɑʔ³¹　tɯ:m⁵⁵　　　　mɯ³¹　əŋ³¹ne⁵⁵　mɯ⁵⁵　ta³¹　lɑp⁵⁵
le³¹　bət⁵⁵　wɑʔ³¹　tɯm⁵⁵　-ins　mɯ³¹　əŋ³¹ne⁵⁵　mɯ⁵⁵　ta³¹　lɑp⁵⁵
ALL　干　　HRS　后面　-INSTR TOP　3DL　　兄妹　各　方向

le³¹　ə³¹tsəŋ⁵³　lɑ⁵⁵　le³¹　ə³¹bɹɑŋ⁵³　wɑ³¹.　təi⁵⁵　lɔ:⁵⁵　　bəi³¹　ɕɯ³¹
le³¹　ə³¹tsəŋ⁵³　lɑ⁵⁵　le³¹　ə³¹bɹɑŋ⁵³　wɑ³¹　təi⁵⁵　lɑ⁵⁵　-3p　bəi³¹　ɕɯ³¹
ALL　人　　　找　　ALL　分开　　HRS　怎么　找　-3pe　CONJ　也
洪水往下下降后，兄妹俩就分手各自一个方向去找人。

ə³¹tsəŋ⁵³   mə³¹   lɔ:n⁵⁵   wɑ³¹,   əŋ³¹ne⁵⁵   nɯ⁵⁵   əŋ³¹ne⁵⁵   nɯ⁵⁵
ə³¹tsəŋ⁵³   mə³¹   lɔn⁵⁵   -3p   wɑ³¹   əŋ³¹ne⁵⁵   nɯ⁵⁵   əŋ³¹ne⁵⁵   nɯ⁵⁵
人   NEG   找到   -3pe   HRS   3DL   兄妹   3DL   兄妹

tɕe³¹   tɑ³¹xɹɯm⁵⁵   wɑ³¹.   də³¹gɯ⁵³   lə³¹kɑ⁵⁵   lɑ:i⁵⁵
tɕe³¹   tə³¹xɹɯm⁵⁵   -recp   wɑ³¹   də³¹gɯ⁵³   lə³¹kɑ⁵⁵   ləi⁵⁵   -3p
只   遇见   -RECP   HRS   九   山   翻   -3pe
怎么找也找不到人，总是兄妹俩碰在一起，

də³¹gɯ⁵³   ɹə³¹mei⁵³   kɑ:m⁵⁵   ɕəm⁵³   tə³¹ŋɔl⁵⁵   tɯm⁵⁵   bəi³¹   ɕɯ³¹
də³¹gɯ⁵³   ɹə³¹mei⁵³   kɑm⁵⁵   -3p   ɕəm⁵³   tə³¹ŋɔl⁵⁵   tɯm⁵⁵   bəi³¹   ɕɯ³¹
九   江   过   -3pe   铁   杖   后面   CONJ   也

ə³¹tsəŋ⁵³   ti³¹   ɹɔ⁷⁵⁵   mɑ³¹   tə³¹xɹɯ:m⁵⁵   wɑ³¹,   mə³¹li⁵³
ə³¹tsəŋ⁵³   ti³¹   ɹɔ⁷⁵⁵   mɑ³¹   tə³¹xɹɯm⁵⁵   -3p   wɑ³¹   mə³¹li⁵³
人   一   CL   NEG   遇见   -3pe   HRS   世界
翻过九座山，过了九条江，铁拐杖磨尽了也遇不见一个人，

mə³¹dəm⁵³   ə³¹tsəŋ⁵³   sə³¹nɑ⁷⁵⁵   de⁷⁵⁵   bɯ³¹   wɑ³¹.   əŋ³¹ne⁵⁵   nɯ⁵⁵
mə³¹dəm⁵³   ə³¹tsəŋ⁵³   sə³¹nɑ⁷⁵⁵   de⁷⁵⁵   bɯ³¹   wɑ³¹   əŋ³¹ne⁵⁵   nɯ⁵⁵
上面   人   都   灭绝   DIR   HRS   3DL   兄妹
世上的人都灭绝了。

ti³¹kɑ:t⁵⁵   ɹɔŋ⁵⁵   wɑ⁷³¹   bəi³¹   nɯ³¹   lə³¹tɕi⁵³lə³¹kui⁵³   cɑ⁵⁵   wɑ³¹,
ti³¹kɑ:t⁵⁵   ɹɔŋ⁵⁵   wɑ⁷³¹   bəi³¹   nɯ³¹   lə³¹tɕi⁵³lə³¹kui⁵³   cɑ⁵⁵   wɑ³¹
一起   生活   HRS   CONJ   TOP   IDPH   发生   HRS
兄妹俩生活在一起，出现了各种各样奇怪的事情，

ɟɑ³¹dɯŋ⁵³   ip⁵⁵   bəi³¹   tɑ³¹   tək³¹sɑ⁵⁵   dɔ³¹   ip⁵⁵   wɑ⁷³¹   lɔk³¹
ɟɑ³¹dɯŋ⁵³   ip⁵⁵   bəi³¹   tɑ³¹   tək³¹sɑ⁵⁵   dɔ³¹   ip⁵⁵   wɑ⁷³¹   lɔk³¹
夜里   睡   CONJ   各   床铺   LOC   睡   HRS   LOC

sə³¹ɹɑŋ⁵⁵   sə³¹ɹɑŋ⁵⁵   cɑ⁵⁵   mə³¹nəŋ⁵⁵   ti³¹   tək³¹sɑ⁵⁵   le³¹
sə³¹ɹɑŋ⁵⁵   sə³¹ɹɑŋ⁵⁵   cɑ⁵⁵   mə³¹nəŋ⁵⁵   ti³¹   tək³¹sɑ⁵⁵   le³¹
早上   早上   成   时候   一   床铺   ALL

ta³¹xɹɯm⁵⁵		taʔ³¹	ca⁵⁵	wa³¹.	ta³¹təm⁵⁵	lɔk³¹
tə³¹xɹɯm⁵⁵	-recp	taʔ³¹	ca⁵⁵	wa³¹	ta³¹təm⁵⁵	lɔk³¹
集中	-RECP	COMP	发生	HRS	各自	LOC

夜里睡觉时（本来）是各睡各的床铺的，早上的时候总是（发现）睡在了一个床铺上，

də³¹bɯːm⁵⁵		ɕiŋ⁵⁵	ɕɯ³¹	ti³¹	təm⁵⁵	ti³¹	təm⁵⁵	le³¹	tə³¹xɹɯm⁵⁵
də³¹bɯm⁵⁵	-3p	ɕiŋ⁵⁵	ɕɯ³¹	ti³¹	təm⁵⁵	ti³¹	təm⁵⁵	le³¹	tə³¹xɹɯm⁵⁵
堆	-3pe	木头	也	一	处	一	处	ALL	集中

ɕɯ³¹	taʔ³¹	ca⁵⁵	wa³¹.	ək³¹kət⁵⁵	ək³¹kət⁵⁵	e³¹wa⁵⁵	ca⁵⁵	waʔ³¹
ɕɯ³¹	taʔ³¹	ca⁵⁵	wa³¹	ək³¹kət⁵⁵	ək³¹kət⁵⁵	e³¹wa⁵⁵	ca⁵⁵	waʔ³¹
RFLX	COMP	成	HRS	次	次	那样	发生	HRS

本来各自堆放的柴禾也总是集中到一处。

mə³¹nəŋ⁵⁵	nɯ³¹	"gə³¹mɯ⁵⁵	nəm³¹la⁵⁵	mi³¹	ə³¹tsəŋ⁵³	əŋ³¹ɟɯ⁵³
mə³¹nəŋ⁵⁵	nɯ³¹	gə³¹mɯ⁵⁵	nəm³¹la⁵⁵	mi³¹	ə³¹tsəŋ⁵³	əŋ³¹ɟɯ⁵³
时候	TOP	天神	命运	AGT	人	种子

na³¹	sə³¹ɹɯŋ⁵⁵	ɕɯ³¹	ɹɑ³¹"	ə³¹	gɯʔ⁵⁵	wa³¹.	ti³¹	ɟɑʔ⁵⁵	nɯ³¹
na³¹	sə³¹ɹɯŋ⁵⁵	ɕɯ³¹	ɹɑ³¹	ə³¹	gɯʔ⁵⁵	wa³¹	ti³¹	ɟɑʔ⁵⁵	nɯ³¹
2p	安排	dl	DISC	RECP	说	HRS	一	这	TOP

这样的事情出现很多次后，（兄妹俩）就说："看来是天神天意安排我俩做人的种子
（繁衍人类）的。"

ə³¹dzən⁵³	lɔk³¹	ŋɑŋ⁵⁵	ti³¹	sə³¹kəm⁵⁵	sə³¹ɹɔːŋ⁵⁵ɹɔːŋ⁵⁵		mɯʔ⁵⁵
ə³¹dzən⁵³	lɔk³¹	ŋɑŋ⁵⁵	ti³¹	sə³¹kəm⁵⁵	sə³¹ɹɔŋ⁵⁵	-3p	-red	mɯʔ⁵⁵
中间	LOC	水	一	盖子	放	-3pe	-RED	天

le³¹	sə³¹mɔːt⁵⁵		wa³¹,	"gə³¹mɯ⁵⁵	nəm³¹la⁵⁵	mi³¹	ləŋ³¹
le³¹	sə³¹mɔt⁵⁵	-3p	wa³¹	gə³¹mɯ⁵⁵	nəm³¹la⁵⁵	mi³¹	ləŋ³¹
ALL	祷告	-3pe	HRS	天神	命运	AGT	CONTR

一天夜里在中间放了一盖子水，对着天祷告：

ə³¹tsəŋ⁵³	əŋ³¹ɟɯ⁵³	na³¹	sə³¹ɹɔŋ⁵⁵	ɕɯ³¹	bəi³¹	də³¹gɯ⁵³	ɹə³¹məi⁵³
ə³¹tsəŋ⁵³	əŋ³¹ɟɯ⁵³	na³¹	sə³¹ɹɔŋ⁵⁵	ɕɯ³¹	bəi³¹	də³¹gɯ⁵³	ɹə³¹məi⁵³
人	种子	2p	安排	dl	CONJ	九	江

laʔ⁵⁵　ə³¹ɟɯ⁵³　ɹi³¹"　　gɯʔ⁵⁵　dʑin³¹　sə³¹mɔːt⁵⁵　　　wa³¹.　tɯp⁵⁵
laʔ⁵⁵　ə³¹ɟɯ⁵³　ɹi³¹　　gɯʔ⁵⁵　dʑin³¹　sə³¹mɔt⁵⁵　-3p　wa³¹　tɯp⁵⁵
JUSS　流淌　　PFV-NV　　说　　着　　祷告　　　　-3pe　HRS　　后面
"如果是天意安排我俩做人的种子，就流淌九条江吧。"

sə³¹ɹaŋ⁵⁵　ɟaːŋ⁵³　　　bəi³¹　gəi³¹səŋ⁵⁵səŋ⁵⁵　　də³¹gɯ⁵³　ɹə³¹məi⁵³
sə³¹ɹaŋ⁵⁵　ɟəŋ⁵³　-3p　bəi³¹　gəi³¹səŋ⁵⁵　　-red　də³¹gɯ⁵³　ɹə³¹məi⁵³
早上　　　看　　-3pe　CONJ　真的　　　-RED　九　　　江

ə³¹ɟɯː⁵⁵　　　ɹi³¹　　　wa³¹.　ə³¹ja⁵⁵　tɯːm⁵⁵　　　nɯ³¹　əŋ³¹ne⁵⁵
ə³¹ɟɯ⁵³　-3p　ɹi³¹　　　wa³¹　ə³¹ja⁵⁵　tɯm⁵⁵　-ins　nɯ³¹　əŋ³¹ne⁵⁵
流淌　　-3pe　PFV-NV　HRS　那　　后面　　-INSTR　TOP　3DL
次日早上一看（那盖子水）果然变成了九条江。

nɯ⁵⁵　nɯ³¹　mə³¹waʔ⁵⁵　wa⁵⁵　wa³¹,　ək³¹tɕəl⁵³　də³¹gɯ⁵³　dzɯm⁵⁵
nɯ⁵⁵　nɯ³¹　mə³¹waʔ⁵⁵　wa⁵⁵　wa³¹　ək³¹tɕəl⁵³　də³¹gɯ⁵³　dzɯm⁵⁵
兄妹　TOP　夫妻　　　做　　HRS　孩子　　　九　　　　CL
那以后兄妹俩就结成了夫妻，

pə³¹ma⁵⁵　də³¹gɯ⁵³　ɟɔʔ⁵⁵　ləŋ³¹la⁵³　də³¹gɯ⁵³　ɔː⁵³　　　wa³¹.
pə³¹ma⁵⁵　də³¹gɯ⁵³　ɟɔʔ⁵⁵　ləŋ³¹la⁵³　də³¹gɯ⁵³　wa⁵³　-3p　wa³¹
女人　　九　　　CL　男子　　九　　　做　　-3pe　HRS
生育了九对孩子，女子九个，男子九个。

əŋ³¹tɕəl⁵³ɹa⁵⁵　təi⁵⁵　waʔ³¹　mə³¹nəŋ⁵⁵　nɯ³¹　də³¹gɯ⁵³　mə³¹waʔ⁵⁵
əŋ³¹tɕəl⁵³ɹa⁵⁵　təi⁵⁵　waʔ³¹　mə³¹nəŋ⁵⁵　nɯ³¹　də³¹gɯ⁵³　mə³¹waʔ⁵⁵
他孩子们　　　长大　HRS　时候　　　TOP　九　　　　夫妻

ca⁵⁵　wa³¹,　tən⁵⁵　taʔ³¹　ŋɔ⁵³　kə³¹wa⁵⁵kaɹ⁵⁵pu⁵⁵　　tiŋ⁵⁵　dɔ³¹
ca⁵⁵　wa³¹　tən⁵⁵　taʔ³¹　ŋɔ⁵³　kə³¹wa⁵⁵kaɹ⁵⁵pu⁵⁵　　tiŋ⁵⁵　dɔ³¹
成为　HRS　现在　COMP上面　嘎瓦噶普　　　　　山脚　LOC

də³¹gɯ⁵³　mə³¹ɹəp⁵⁵　əl⁵⁵　waʔ³¹　tɕi³¹.　tɕəm³¹mɹa⁵³　mə³¹waʔ⁵⁵　təi⁵⁵
də³¹gɯ⁵³　mə³¹ɹəp⁵⁵　əl⁵⁵　waʔ³¹　tɕi³¹　tɕəm³¹mɹa⁵³　mə³¹waʔ⁵⁵　təi⁵⁵
九　　　火塘　　　有　　HRS　EXP　孩子　　　夫妻　　　长大
孩子们长大后就成了九对夫妻，直到现在，在上面嘎瓦噶普山脚下还有九个火塘。

wa⁷³¹ mə³¹nəŋ⁵⁵ nɯ³¹ ma³¹ ə³¹ɹɑ⁵⁵ wa³¹, tə³¹lɯi⁵⁵ mi³¹ ɕəm⁵³
wa⁷³¹ mə³¹nəŋ⁵⁵ nɯ³¹ ma³¹ ə³¹ɹɑ⁵⁵ wa³¹ tə³¹lɯi⁵⁵ mi³¹ ɕəm⁵³
HRS 时候 TOP NEG 和睦 HRS 弓 INSTR 铁

laŋ³¹ga⁵⁵ əp⁵⁵ da³¹dəm⁵³ wa⁷³¹ bəi³¹ nək⁵⁵ mə³¹wa⁷⁵⁵
laŋ³¹ga⁵⁵ əp⁵⁵ də³¹dəm⁵³ -recp wa⁷³¹ bəi³¹ nək⁵⁵ mə³¹wa⁷⁵⁵
靶子 射击 比赛 -RECP HRS CONJ 阿娜 夫妻
孩子夫妇们长大后不和睦，（就）用弓比赛射铁靶子，

mi³¹ tɕe³¹ da:i⁵⁵ wa³¹, me⁵⁵ mə³¹wa⁷⁵⁵ mi³¹ mə³¹ da:i⁵⁵
mi³¹ tɕe³¹ dəi⁵⁵ -3p wa³¹ me⁵⁵ mə³¹wa⁷⁵⁵ mi³¹ mə³¹ dəi⁵⁵ -3p
AGT 只 射穿 -3pe HRS 别的 夫妻 AGT NEG 射穿 -3pe
结果只有阿娜夫妇（老大）射穿了铁靶子，别的夫妇都射不穿。

wa³¹. nək⁵⁵ mə³¹wa⁷⁵⁵ mi³¹ əŋ³¹nik⁵⁵ɹa⁵⁵ ma⁷⁵⁵ sət⁵⁵ le³¹
wa³¹ nək⁵⁵ mə³¹wa⁷⁵⁵ mi³¹ əŋ³¹nik⁵⁵ɹa⁵⁵ ma⁷⁵⁵ sət⁵⁵ le³¹
HRS 阿娜 夫妻 AGT 兄弟姐妹们 们 杀 ALL

ɔ:⁵³ wa⁷³¹ mə³¹nəŋ⁵⁵ ək³¹pəi⁵³ əŋ³¹məi⁵³ mi³¹ kɑ:ɹ⁵⁵
wa⁵³ -3p wa⁷³¹ mə³¹nəŋ⁵⁵ ək³¹pəi⁵³ əŋ³¹məi⁵³ mi³¹ kɑɹ⁵⁵ -3p
做 -3pe HRS 时候 爸爸 母亲 AGT 劝解 -3pe
（于是）阿娜夫妇要杀掉弟弟妹妹们，（此时）父母来劝解说：

wa³¹, "nə³¹nik⁵⁵ɹa⁵⁵ ləŋ³¹ e⁵⁵, mən³¹ sət⁵⁵ ɕin³¹, ə³¹nəm⁵⁵
wa³¹ nə³¹nik⁵⁵ɹa⁵⁵ ləŋ³¹ e⁵⁵ mən³¹ sət⁵⁵ ɕin³¹ ə³¹nəm⁵⁵
HRS 你们的兄弟姐妹 CONTR 是 NEG2 杀 dl-MOOD 以后
"是你们的弟弟妹妹呀，别杀他们，

la³¹na⁵⁵ la⁷⁵⁵ nə³¹ cəŋ⁵⁵ ɕɯ³¹" gɯ:⁷⁵⁵ wa³¹. tɕa⁵⁵ ɹap⁵⁵
la³¹na⁵⁵ la⁷⁵⁵ nə³¹ cəŋ⁵⁵ ɕɯ⁷⁵⁵ gɯ⁷⁵⁵ -3p wa³¹ tɕa⁵⁵ ɹap⁵⁵
贡品 JUSS 2p 上 dl 说 -3pe HRS 过去 时代
以后让他们给你俩上赋税吧。"

dɔ³¹ pɔn⁵⁵ le³¹ kɹi⁵⁵ dʑəl⁵⁵ sa³¹ ə³¹ja⁵⁵ pɑ:ŋ³¹ e³¹ wa³¹.
dɔ³¹ pɔn⁵⁵ le³¹ kɹi⁵⁵ dʑəl⁵⁵ sa³¹ ə³¹ja⁵⁵ pɑ:ŋ³¹ e³¹ wa³¹
LOC 官员 ALL 税 缴纳 NOM 那个 ABL 是 HRS
过去要给官家上税，就是因为这个原因。

əŋ³¹ne⁵⁵ nɯ⁵⁵ tɕəm³¹mɹɑ⁵³ɹɑ⁵⁵ ɕɯl⁵⁵ dʑin³¹ kə³¹wɑ⁵⁵kaɹ⁵⁵pu⁵⁵
əŋ³¹ne⁵⁵ nɯ⁵⁵ tɕəm³¹mɹɑ⁵³ɹɑ⁵⁵ ɕɯl⁵⁵ dʑin³¹ kə³¹wɑ⁵⁵kaɹ⁵⁵pu⁵⁵
3DL 兄妹 孩子们 领 着 嘎瓦噶普

pɑ:ŋ³¹ nɯ³¹ mə³¹kɯm⁵³dəm⁵⁵ le³¹ ə³¹pap⁵⁵ wɑ³¹, ə³¹jɑ⁵⁵ pɑ:ŋ³¹
pɑ:ŋ³¹ nɯ³¹ mə³¹kɯm⁵³dəm⁵⁵ le³¹ ə³¹pap⁵⁵ wɑ³¹ ə³¹jɑ⁵⁵ pɑ:ŋ³¹
ABL TOP 木肯当 ALL 下 HRS 那个 ABL
他兄妹俩领着孩子们，从嘎瓦噶普下到了木肯当，

də³¹gɯ⁵³ mə³¹wɑˀ⁵⁵ də³¹gɯ⁵³ wɑŋ³¹lɔŋ⁵⁵ le³¹ sə³¹ bɹɑ:ŋ⁵³
də³¹gɯ⁵³ mə³¹wɑˀ⁵⁵ də³¹gɯ⁵³ wɑŋ³¹lɔŋ⁵⁵ le³¹ sə³¹ bɹɑŋ⁵³ -3p
九 夫妻 九 河谷 ALL CAUS分散 -3pe
从那里把九对夫妻分散到了九个河谷。

wɑ³¹. nək⁵⁵ mə³¹wɑˀ⁵⁵ nɯ³¹ ɕɹɑ⁵⁵ lap⁵⁵ le³¹ lɔˀ⁵⁵ bɯ³¹ wɑ³¹,
wɑ³¹ nək⁵⁵ mə³¹wɑˀ⁵⁵ nɯ³¹ ɕɹɑ⁵⁵ lap⁵⁵ le³¹ lɔˀ⁵⁵ bɯ³¹ wɑ³¹
HRS 阿娜 夫妻 TOP 东 方向 ALL 回 DIR HRS
阿娜（老大）夫妇回到（迁移）东边，

jɑ⁵⁵ pɔˀ⁵⁵ ɕɯ³¹ wɑ³¹, net⁵⁵ mə³¹wɑˀ⁵⁵ nɯ³¹ ŋɔ⁵³ mək³¹pəi⁵³
jɑ⁵⁵ pɔˀ⁵⁵ ɕɯ³¹ wɑ³¹ net⁵⁵ mə³¹wɑˀ⁵⁵ nɯ³¹ ŋɔ⁵³ mək³¹pəi⁵³
汉族 变 RFLX HRS 贴近 夫妻 TOP 上面 藏族

mə³¹li⁵³ le³¹ lɔˀ⁵⁵ bɯ³¹ wɑ³¹. tək⁵⁵ mə³¹wɑˀ⁵⁵ nɯ³¹ tək³¹tsaɹ⁵³
mə³¹li⁵³ le³¹ lɔˀ⁵⁵ bɯ³¹ wɑ³¹ tək⁵⁵ mə³¹wɑˀ⁵⁵ nɯ³¹ tək³¹tsaɹ⁵³
地方 ALL 回 DIR HRS 丹 夫妻 TOP 丹采
变成了汉族，阿妮（老二）夫妇回到了上面藏族地方，

le³¹ lɔˀ⁵⁵ bɯ³¹ wɑ³¹, nɯt⁵⁵ ɱə³¹wɑˀ⁵⁵ nɯ³¹
le³¹ lɔˀ⁵⁵ bɯ³¹ wɑ³¹ nɯt⁵⁵ mə³¹wɑˀ⁵⁵ nɯ³¹
ALL 回 DIR HRS 烟 夫妻 TOP
丹（老六）夫妇回到（迁移）了丹采，

məŋ³¹nɯn⁵⁵məŋ³¹gɔŋ⁵³ le³¹ lɔˀ⁵⁵ bɯ³¹ wɑ³¹..... tə³¹ɹɯŋ⁵³ mə³¹li⁵³
məŋ³¹nɯn⁵⁵məŋ³¹gɔŋ⁵³ le³¹ lɔˀ⁵⁵ bɯ³¹ wɑ³¹ tə³¹ɹɯŋ⁵³ mə³¹li⁵³
芒嬺芒贡 ALL 回 DIR HRS 独龙 地方

嫲（老四）夫妇回到了芒嫲芒贡。

ɹɔŋ⁵⁵	wa⁷³¹	nɯ³¹	cək⁵⁵	mə³¹wa⁷⁵⁵	e³¹	wa³¹,	e⁵⁵	mi³¹	tɕa⁵⁵bəi³¹
ɹɔŋ⁵⁵	wa⁷³¹	nɯ³¹	cək⁵⁵	mə³¹wa⁷⁵⁵	e³¹	wa³¹	e⁵⁵	mi³¹	tɕa⁵⁵bəi³¹
住	HRS	TOP	嫲	夫妻	是	HRS	是	BEC	过去

生活（留）在独龙江的是嫲（老三）夫妇，

tə³¹ɹɯŋ⁵³	waŋ³¹lɔŋ⁵⁵	nɯ³¹	cəŋ⁵⁵bə³¹jɯ⁷⁵⁵lɔŋ⁵⁵	ɕɯ³¹	la:n⁵⁵	
tə³¹ɹɯŋ⁵³	waŋ³¹lɔŋ⁵⁵	nɯ³¹	cəŋ⁵⁵bə³¹jɯ⁷⁵⁵lɔŋ⁵⁵	ɕɯ³¹	lən⁵⁵	-3p
独龙	河谷	TOP	嫲不尤洛	也	叫作	-3pe

所以过去独龙江河谷也叫作"嫲不尤洛"。

e³¹.	tən⁵⁵	mə³¹li⁵³	mə³¹dəm⁵³	də³¹gɯ⁵³	waŋ³¹lɔŋ⁵⁵	dɔ³¹
e³¹	tən⁵⁵	mə³¹li⁵³	mə³¹dəm⁵³	də³¹gɯ⁵³	waŋ³¹lɔŋ⁵⁵	dɔ³¹
是	现在	世界	上面	九	河谷	LOC

əŋ⁵⁵ɲə³¹mɯ⁷⁵⁵ɹɯ⁷⁵⁵	ə³¹tsəŋ⁵³	nɯ³¹	əŋ³¹ne⁵⁵	nɯ⁵⁵	ək³¹tɕəl⁵³	pa:ŋ³¹
əŋ⁵⁵ɲə³¹mɯ⁷⁵⁵ɹɯ⁷⁵⁵	ə³¹tsəŋ⁵³	nɯ³¹	əŋ³¹ne⁵⁵	nɯ⁵⁵	ək³¹tɕəl⁵³	pa:ŋ³¹
各种民族	人	TOP	3DL	兄妹	孩子	ABL

bɹɔŋ⁵³	e⁵⁵	tɕi³¹	wa³¹.
bɹɔŋ⁵³	e⁵⁵	tɕi³¹	wa³¹
发展	是	EXP	HRS

现在大地上（居住在）九条河谷的各种民族的人们，是从他兄妹俩的孩子那儿发展出来的。

    传说在没发洪水之前很久远的时代，人和鬼是混合居住的。鬼吃人，要把人类灭绝了，所以天神发洪水，把人和鬼分开。

    要发洪水的时候，（世上）出现了一个叫米下木的鬼怪，尾巴长长的，所以叫米下木。（米下木）筑巢在高高的悬崖上。（经常）抢夺人的饭，刚做好的饭正要吃，（往往）被他抢走，煮肉就抢走肉。

    米下木最坏的是抢女人，把漂亮的女子抢到悬崖上，弄死后从悬崖上滚（扔）下来。这样一来，人们准备杀死米下木，用酒把他引诱到家里，九个男子躲在屋檐下说："米下木舅舅啊把你的尾巴往这里伸下来吧。"米下木果真把尾巴伸下来了，此时，九男子就拉住（米下木）的尾巴，用矛刺（死）他。

    米下木死后不好埋葬，今天埋葬了它，明天（尸体破土）又出来，明天埋葬次日又出来，埋在山坡上山坡就发生滑坡，埋在哪儿，哪儿就滑坡，恶臭难闻，最后把它扔到了（江）水里。把米下木扔到水里后，每漂一个河段，尸体就增大一倍，膨胀，漂一个河段就增大一倍，一直漂了下去。

（据说）发洪水（的原因）是在下面（游）江水渗入的地方，（江水）往大地里面土下面渗入的渗入处被米下木的尸体堵塞，所以发的洪水。米下木死后过了很久洪水才漫了上来，过了九年，种下的水冬瓜树变成大树时洪水才漫了上来。

要发洪水的时候，从下面江尾跑（到达）上来各种各样的鬼、鸟类，纷纷往上面（游）跑去，几久鸟边飞边叫"吉久久，吉久久（发洪水）"，所以得名几久鸟。有一种鬼怪耳朵簸箕般大，睡觉的时候一只耳朵垫着，用一只耳朵盖着（自己），说："水渗入处被堵塞了，水渗入处被堵塞了。"跑了上来。

发洪水之前，下了九天九夜的暴雨，暴雨后木耳长满了山，人们纷纷背着篮子去采木耳。别的人很快（采）满了（篮子），陆续回去了，只有他兄妹俩怎么也（采）不满（篮子），一直往上爬，怎么采也采不满篮子，此时，水漫了上来。

洪水漫上来的时候，人们都往山上跑，洪水往上漫一步就往上逃跑一步，拉着孩子，背着婴儿搀扶着老人逃难，（山）越往上（坡越陡）越不好爬，别的人抓住岩石，岩石就掀拔出来，抓住树根，树根就连根拔出来，背着铁锅的，就连同铁锅叮叮当当滚落下去，背着铁三角的，就连同铁三角叮叮当当滚落下去……

只有阿普和阿娜他兄妹俩登上了（神峰）嘎瓦嘎普。一条怀孕的蛇也爬上了嘎瓦嘎普。"咱俩把这条蛇扔到水里去吧。"兄妹俩说。"如果你俩把我扔下去，我要用尾巴把你俩也勾下去。"蛇说，所以没敢把它扔到水里去，否则，世上就没有蛇了，原来，那条蛇是蛇类的种子。

兄妹俩登上嘎瓦嘎普，（四周）到处是水，洪浪滔天。东方的洪浪推过来，仅差半只无毒箭（的高度）够不着他兄妹俩登上的嘎瓦嘎普雪峰，西边的波浪推过来，仅差一幅（织布用的）竹片的长度够不着（雪峰）。东边的浪头强，所以今天（大地上）西边多山，东部仅是平地（平原）。

（洪水期间）太阳鸟在天上停留了九天九夜，用喙在天上吊着，所以（今天）它的喙很长，它是鸟类的种子。麂子在洪水里游了九天九夜，尾巴腐烂掉了，所以（今天）它的尾巴短，那是兽类的种子。

洪水里漂满了各种各样的尸体，漂着人的尸体，野兽的尸体，鸟类的尸体。（兄妹俩）把人的尸体推走，野兽的尸体就拉过来，男的那个血淋淋地直接生吃，女的那个在阳光下烤干了吃。那个年代没有火。（兄妹）学会取火是从那苍蝇学来的，那苍蝇不是那样搓手吗，苍蝇搓手时看见冒火星，从那儿（受启发）学会了使用火镰。

洪水下降后，兄妹俩就分手各自一个方向去找人。怎么找也找不到人，总是兄妹俩碰在一起，翻过九座山，过了九条江，铁拐杖磨尽了也遇不见一个人，世上的人都灭绝了。

兄妹俩生活在一起，出现了各种各样奇怪的事情，夜里睡觉时（本来）是各睡各的床铺的，早上的时候总是（发现）睡在了一个床铺上，本来各自堆放的柴禾也总是集中到一处。这样的事情出现很多次后，（兄妹俩）就说："看来是天神天意安排我俩做人的种子（繁衍人类）的。"

一天夜里在中间放了一盖子水，对着天祷告："如果是天意安排我俩做人的种子，就流淌九条江吧。"次日早上一看（那盖子水）果然变成了九条江。那以后兄妹俩就结成了夫妻，生育了九对孩子，女子九个，男子九个。孩子们长大后就成了九对夫妻，直到现在，在上面嘎瓦噶普山脚下还有九个火塘。

孩子夫妇们长大后不和睦，（就）用弓比赛射铁靶子，结果只有阿娜夫妇（老大）射穿了铁靶子，别的夫妇都射不穿。（于是）阿娜夫妇要杀掉弟弟妹妹们，（此时）父母来劝解说："是你们的弟弟妹妹呀，别杀他们，以后让他们给你俩上赋税吧。"过去要给官家上税，就是因为这个原因。

他兄妹俩领着孩子们，从嘎瓦噶普下到了木肯当，从那里把九对夫妻分散到了九个河谷。阿娜（老大）夫妇回到（迁移）东边，变成了汉族，阿妮（老二）夫妇回到了上面藏族地方，丹（老六）夫妇回到（迁移）了丹采，嬬（老四）夫妇回到了芒嬬芒贡……

生活（留）在独龙江的是嬬（老三）夫妇，所以过去独龙江河谷也叫作"嬬不尤洛"。

现在大地上（居住在）九条河谷的各种民族的人们，是从他兄妹俩的孩子那儿发展出来的。

3 对照词汇

ɔ³¹xɔ⁵⁵	阿哈	ə³¹kɔ:n⁵⁵	搬移-3pe
ə³¹məi⁵³	阿妈	pa³¹dʑi⁵⁵	办法
nəŋ⁵⁵	阿娜	ŋai⁵⁵	半
nək⁵⁵	阿娜	mə³¹kaʔ⁵⁵	半
ə³¹pla⁵⁵luŋ³¹gaŋ⁵³	阿帕龙岗	tɔt⁵⁵	半
a⁵³jɯ⁵⁵	阿呦	tɔt⁵⁵tɔt⁵⁵	半-RED
a³¹	啊	tan⁵⁵	半截
ə³¹jɔ⁵⁵	啊哟	sə³¹nəŋ⁵⁵	帮助
ə³¹ɲa⁵⁵ɕɯ³¹	哀求	kuʔ⁵⁵	包围
ɲi⁵⁵ɕi⁵³	爱	ku:ʔ⁵⁵	包围-3pe
ə³¹nɤɯ⁵⁵	爱抚	sa³¹pɯ⁵⁵	包着
sə³¹ɹɔɯ⁵⁵	安排	ba⁵³	薄
tə³¹tsuʔ⁵⁵	安装	ə³¹gɹa⁵³	饱
ta³¹tsuʔ⁵⁵	安装上	ə³¹gɹɔ:⁵³	饱-3pe
xɹeɯ⁵⁵	昂首	tə³¹ɯʔ⁵⁵	饱嗝
çət⁵⁵	八	ə³¹na:ɹ⁵⁵	保护-3pe
bək³¹pɔt⁵⁵	巴坡	da³¹la⁵⁵	报酬
pa³¹ɹaʔ⁵⁵	巴让	pɔp⁵⁵	抱
çə³¹lɔʔ⁵⁵	疤	pɔ:m⁵⁵	抱-3pe
ə³¹pɔl⁵⁵	拔出	kuŋ⁵⁵	豹子
bɹa³¹dɔʔ⁵⁵	魆朵	kaŋ³¹dʑi⁵³	豹子
laŋ³¹ga⁵⁵	靶子	nəm³¹dɯŋ⁵⁵	暴雨
ə³¹pəi⁵³	爸爸	ə³¹pu:ʔ⁵⁵	爆发-3pe
ək³¹pəi⁵³	爸爸	pɯl⁵⁵	贝
mɔŋ⁵⁵	白	ɹiʔ⁵⁵	背
kəɹ³¹kɹeɯ⁵⁵	白白的	ɹi⁵⁵	背
mɔŋ³¹mɔŋ⁵⁵	白白的	gɔŋ⁵³	背
ka³¹plu⁵⁵	白鸡	ɹi:⁵⁵	背-3pe
nəm⁵⁵mə³¹ɬaŋ⁵⁵	白天	ɹiʔ⁵⁵ɹiʔ⁵⁵	背-RED
me³¹ɬeŋ⁵⁵	白鱼	ɹiŋ⁵⁵ɹiŋ⁵⁵	背-RED-1sg
ə³¹ɕen⁵⁵	摆开	tal⁵⁵	背后
ə³¹kwəŋ⁵⁵	斑点	xu⁵⁵	倍
ə³¹kɔn⁵⁵	搬移	tɔɹ⁵⁵ɕɯ³¹	奔跑

tɕə³¹kɹɔŋ⁵⁵	蹦跳	ə³¹dʐɑːl⁵⁵	踩-3pe
sə³¹na⁵⁵	鼻子	tsaŋ⁵⁵kuɑŋ⁵³	餐馆
mə³¹dəm⁵³	比	ək³¹tɔt⁵⁵	残块
tɕɔm⁵⁵	比较	bɹən³¹na²⁵⁵	苍蝇
dɑ³¹dəm⁵³	比赛-RECP	xɹɔl⁵⁵	藏
pi⁵⁵	闭	xɹɔːl⁵⁵	藏-3pe
pɑːt⁵⁵	闭-3pe	mək³¹pəi⁵³	藏族
pi⁵⁵pi⁵⁵	闭-RED	ɕin³¹ɹɯ⁵⁵	草根
mjəŋ⁵³	边	sɔ³¹ma⁵⁵	草叶
tɕem⁵⁵	边	ɕin³¹ləp⁵⁵	草叶
tuŋ⁵⁵	边	ɕin³¹dɯ⁵⁵	厕所
nəp⁵⁵pə³¹wəŋ⁵⁵	蝙蝠	pə³¹lam⁵³	层
ə³¹pəŋ⁵⁵	扁	sə³¹klɯp⁵⁵	层
ək³¹tɕə³¹ben⁵⁵	扁的	ta³¹tɕa²⁵⁵	插
pɔ²⁵⁵	变	tə³¹tɕɑː²⁵⁵	插-3pe
ə³¹pɔ²⁵⁵	变成	cep⁵⁵cep⁵⁵	插-RED
kɑ³¹pɔː²⁵⁵	变成-3pe	dɯːm⁵⁵	察觉-3pe
sə³¹ləi⁵⁵	变化	də³¹lu⁵⁵tɕe³¹	差点
sə³¹ləi⁵⁵ləi⁵⁵	变化-RED	də³¹lu⁵⁵	差点
ə³¹la⁵³pəi³¹	表兄	ɹɑːt⁵⁵	拆-3pe
ə³¹la⁵³	表兄弟	ɕik³¹tsɔŋ⁵⁵	柴堆
pjɔ³¹jeŋ⁵³	表演	xɹa⁵³	馋
pai²⁵⁵	别	lɯm⁵³	产
me⁵⁵	别的	lɯːm⁵³	产-3pe
kɑ³¹kɑ⁵⁵	别的	tɔː²⁵⁵	抄路-3pe
tɕə³¹klɔ²⁵⁵	波浪	ɹə³¹si²⁵⁵	吵闹
pə³¹ɟɕl⁵³	脖子	ɹə³¹siː²⁵⁵	吵闹-3pe
kə³¹cəŋ⁵⁵	跛脚	san²⁵⁵	吵醒-1se
pɹɑ⁵³	簸箕	san²⁵⁵	吵醒-1sg
me⁵⁵	不是	plɑːŋ⁵³plɑːŋ⁵³	炒-3pe-RED
me³¹	不是	pə³¹sɯ⁵⁵	炒面
mə³¹bət⁵⁵	不停	ca²⁵⁵	成
gan⁵⁵	步	ca⁵⁵	成
tɕe³¹	才	caŋ⁵⁵	成-1sg
kɔː²⁵⁵	采-3pe	ən³¹mə³¹kwəŋ⁵⁵	成团的
sə³¹bɹa⁵⁵	采集物	tsiŋ³¹sɯ⁵⁵	城市
ə³¹blɔ²⁵⁵	踩	kəi⁵³	吃

kəi⁵⁵	吃	tɯp⁵⁵ni⁵⁵	次日
kəiʔ⁵⁵	吃	ə³¹ɹɔːʔ⁵⁵	刺-3pe
kɑːi⁵⁵	吃-2se	ə³¹lɯːt⁵⁵lɯːt⁵⁵	刺-3pe-RED
kɑːi⁵⁵	吃-3pe	lɑːʔ⁵⁵	刺眼-3pe
ŋɔːm⁵³ŋɔːm⁵³	吃-3pe-RED	gɔt⁵⁵	聪明
kəi⁵⁵kəi⁵⁵	吃-RED	tɕɑ⁵⁵bəi³¹	从前
mə³¹lɯm⁵⁵	吃得下	də³¹gəŋ⁵⁵	催促
kəi⁵⁵sɑ³¹	吃的	kɹɔŋ⁵⁵	村子
tɕə³¹kuʔ⁵⁵	池塘	ə³¹sɔi⁵⁵	搓
pə³¹dəm⁵⁵	尺寸	ə³¹lɑːi⁵⁵	错过-3pe
ceɹ⁵⁵	翅膀	ə³¹ŋɑn⁵⁵	打
mə³¹dzɹɔ⁵⁵	冲	sət⁵⁵	打
mə³¹nɯp⁵⁵	冲	sə³¹ləm⁵⁵	打
mə³¹dzɔːɹ⁵⁵	冲-3pe	sɑːt⁵⁵	打-3pe
mə³¹dzɹɔ⁵⁵dzɹɔ⁵⁵	冲-RED	puŋ⁵⁵	打开
duɹ⁵⁵	春	puːŋ⁵⁵	打开-2sg
siʔ⁵⁵	臭	puːŋ⁵⁵	打开-3pe
wen⁵⁵ɕɯ³¹	出	puʔ⁵⁵	打通
ə³¹lai⁵³	出现	təi⁵³	大
ə³¹lɑi⁵⁵	出现	kɹɑʔ⁵⁵	大
təm⁵⁵	处	dək³¹təiʔ⁵⁵	大
dɑːʔ⁵⁵	触到-3pe	dək³¹təi⁵³	大
guɑ⁵⁵	穿	tɑːi⁵³	大-3pe
guɑŋ⁵⁵	穿-1se	lɑ³¹bu⁵⁵	大公牛
guɑŋ⁵⁵	穿-1sg	lɑ³¹məi⁵³	大锅
ə³¹tɕəŋ⁵⁵	穿上	ə³¹bəp⁵⁵	大口吃
tə³¹xɹɔːŋ⁵⁵xɹɔːŋ⁵⁵	串-3pe-RED	pə³¹tɕiʔ⁵⁵dɯŋ⁵³	大鸟
laŋ³¹meʔ⁵⁵	窗户	ɕik³¹pəi⁵³	大树
tək³¹sɑ⁵⁵	床铺	ə³¹xɑ⁵⁵	大笑
mɯ⁵⁵	吹	tɕɑʔ⁵⁵	呆得仕
mɯːt⁵⁵	吹-3pe	dɑ⁵³	呆看
ə³¹wəi⁵⁵	吹口哨	ləŋ⁵⁵	带
ɟɑ³¹dɑɹ⁵³	此岸	lək⁵⁵	带-1sg
dɔːɹ⁵⁵	次	ɹi ː⁵⁵	带-3pe
kət⁵⁵	次	mə³¹nɔ⁵⁵	袋
ək³¹kət⁵⁵	次	ɟɯŋ⁵⁵	袋子
dɔɹ⁵⁵	次	gui⁵⁵	戴

mɔʔ⁵⁵	戴	də³¹wat⁵⁵	地弩
tək⁵⁵	丹	dən⁵⁵	垫
tək³¹ɹtsaɹ⁵³	丹采	ce ʔ⁵⁵	吊
taŋ³¹dəm⁵⁵lə³¹kɑ⁵⁵	担当力卡山脉	ə³¹cɔŋ⁵⁵	吊
guɯt⁵⁵	担负	kə³¹tal⁵⁵	吊
me³¹ceŋ⁵⁵	单眼	ce⁵⁵ce ⁵⁵	吊-RED
əŋ³¹luɯm⁵³	蛋	kə³¹tal⁵³tal⁵³	吊-RED
nəm⁵⁵	当然	glɑ ʔ⁵⁵	掉
ɕəm⁵³	刀	glaŋ⁵⁵	掉-1se
ɕəm³¹mɹɑ⁵³	刀耕地	glɔ:⁵⁵	掉-3pe
bja:ʔ⁵⁵	倒-3pe	ə³¹təŋ⁵⁵təŋ⁵⁵	掉头-RED
ŋaʔ⁵⁵ŋaʔ⁵⁵	倒-RED	tin⁵⁵	丁
ə³¹ŋɑ ʔ⁵⁵	倒下	ti:n⁵⁵	丁-AGT
sə³¹mɔːt⁵⁵	祷告-2se	kə³¹da⁵⁵	叮嘱
sə³¹mɔːt⁵⁵	祷告-3pe	duŋ⁵⁵	顶
du⁵⁵	到	du:ŋ⁵⁵	顶-3pe
du:⁵⁵	到-3pe	plɔŋ⁵³	顶峰
ə³¹blɑ ʔ⁵⁵	到达	ə³¹məŋ⁵⁵	丢失
blɑ ʔ⁵⁵	到达	ə³¹mɑ:ŋ⁵⁵	丢失-3pe
ə³¹blɑ:ʔ⁵⁵	到达-2sg	nɔːŋ⁵⁵	丢下-3pe
ŋuɯm⁵³	到齐	ɕaɹ⁵⁵	东
ək³¹tɕi ʔ⁵⁵	道理	ɕaɹ⁵⁵daɹ⁵³	东岸
əm³¹bɯ⁵⁵	稻米	tuŋ³¹wɑ⁵³sət⁵⁵	东汪撒
ɹɑ ʔ⁵⁵	得到	tə³¹tɕa⁵⁵	东西
ə³¹ban⁵⁵	得到	ɹək³¹tɔŋ⁵⁵	冬季
ɹɑ:ʔ⁵⁵	得到-1pl	ə³¹ləi⁵⁵	董棕
gɯ³¹	的	ŋet⁵⁵	动
tɕa⁵⁵	等	ŋa:t⁵⁵	动-3pe
tɕɔ:⁵⁵	等-2se	duŋ⁵⁵	洞
ə³¹təŋ⁵⁵	等	əŋ³¹duŋ⁵⁵	洞
tɔ ʔ⁵⁵	滴	əŋ³¹dɔŋ⁵³	洞
di⁵⁵di⁵⁵	滴滴	pəŋ³¹dɔŋ⁵³	洞
ə³¹kəm⁵⁵ɕɯ³¹	抵抗	sə³¹na ʔ⁵⁵	都
ə³¹dɹɯ⁵⁵	地	ma³¹gɹɑ ʔ⁵⁵	都
ə³¹sɑ⁵⁵	地	kɔŋ³¹daŋ⁵⁵	陡坡
sə³¹ɹal⁵⁵	地板	ə³¹nɔ ʔ⁵⁵	豆子
mə³¹li⁵³	地方	pə³¹la⁵⁵	毒

tə³¹ɹɯŋ⁵³	独龙	gəm³¹ʝɑʔ⁵⁵	发怒
tə³¹ɹɯŋ⁵³lɔŋ⁵⁵	独龙河谷	cɑ⁵³	发生
sɯːm⁵⁵	堵-3pe	cɑ⁵⁵	发生
ɹɑːʔ⁵⁵	堵塞-3pe	tsu⁵³	发芽
tək³¹kɔm⁵³	杜鹃树	bɹɔŋ⁵³	发展
pɑ⁵⁵	肚子	dzɑːm⁵⁵	发作-3pe
pə³¹ɹɑi⁵⁵	肚子	lə³¹ɹɑɹ⁵⁵	幡
tɯi⁵³	短	ə³¹ləi⁵⁵	翻
tɔt⁵⁵	断	ləi⁵⁵	翻
ə³¹tɔt⁵⁵	断	ə³¹lɑːi⁵⁵	翻-3pe
tɔːt⁵⁵	断-2se	sɑːl⁵⁵	翻-3pe
də³¹bɯːm⁵⁵	堆-3pe	tən⁵⁵e³¹tən⁵⁵	反复
kɔ³¹ɹɑɹ⁵³	对岸	mə³¹dɯm⁵³	返回
den⁵⁵	兑现	mə³¹dɯm⁵³dɯm⁵³	返回-RED
də³¹dɯ⁵³	炖	pɔʔ⁵⁵	犯
də³¹dɯː⁵³	炖-3pe	fan³¹tsɔ⁵³	饭桌
dzɑ⁵³	顿	tɕi³¹dʑɯɹ⁵³wɑŋ⁵³	泛洪水
dzɑ⁵⁵	顿	lap⁵⁵	方向
lɑi⁵⁵	顿	lɑi⁵⁵	方向
bɯm⁵³	多	u⁵⁵	纺
dəŋ³¹bɯm⁵⁵	多	xuɑːŋ⁵⁵	放
bɯm⁵⁵	多	ɹɑʔ⁵⁵	放
bɯːm⁵³	多-3pe	ə³¹pət⁵⁵	放
dəŋ³¹mɹɯŋ⁵⁵	多远	lɑŋ⁵³	放
tɔm³¹du⁵³du⁵³	朵度度	ɹɑ⁵⁵	放
mɑ⁵⁵mɑ⁵⁵	躲藏-RED	lɑːŋ⁵³	放-3pe
li⁷⁵⁵	恶作剧	ɹɔː⁵⁵	放-3pe
ɕi⁵³	饿	sə³¹ɹɔːŋ⁵⁵ɹɔːŋ⁵⁵	放-3pe-RED
ə³¹ŋɔŋ⁵⁵	饿死	tə³¹tɕen⁵³	放倒
ɯ⁵³	嗯	mə³¹sɯm⁵³	放心
ə³¹nɑ⁵³	耳朵	tə³¹tɕeːn⁵³	放置-3pe
dzɯn⁵³	发	bjeɹ⁵³	飞
dzɯn⁵⁵	发	bjeɹ⁵⁵	飞
dʑɯɹ⁵³	发（洪水）	bjeɹ⁵³bjeɹ⁵³	飞-RED
də³¹gɹɑ⁵³	发出动静	blun⁵³	飞散
xəŋ⁵³	发呆	bɯɹ⁵³	肥
dɑ⁵³	发呆	su⁵³	肥

buɯ³¹buɯ⁵³	肥胖的	ə³¹gəm⁵⁵	高兴
gɹu⁵⁵	吠	ə³¹lɯp⁵⁵	高兴
tɔn⁵³	分	ləi⁵³	搞
tɔ:n⁵³	分-3pe	ləi⁵³ləi⁵³	搞-RED
ə³¹bɹaŋ⁵³	分开	pɯ:t⁵⁵	告诉-3pe
ɹə³¹wel⁵³	分开	sə³¹pɯnʔ⁵⁵	告知-2se
bɹaŋ⁵³	分散	ceŋ⁵⁵	咯
bɹa:ŋ⁵³	分散-3pe	ɹə³¹la⁵⁵	歌
nəm³¹pɯŋ⁵³	风	mən³¹dʐu⁵⁵	歌谣
mə³¹waʔ⁵⁵	夫妻	ta³¹	各
ə³¹gəŋ⁵⁵	扶	mə³¹nəŋ⁵³	各处
mə³¹naʔ⁵⁵ɕɯ³¹	服气	kə³¹dzəl⁵³tsɯt⁵⁵	各杂斯坡
puʔ⁵⁵	幅	pɔn⁵⁵	
tɔʔ⁵⁵	俯冲	lə³¹tɕi⁵³lə³¹kui⁵³	各种各样
tɔʔ⁵⁵tɔʔ⁵⁵	俯冲-RED	ək³¹tɕiʔ⁵⁵ək³¹luk⁵⁵	各种各样
mɯn⁵⁵	腐烂	əŋ⁵⁵ɲəʔ.ɹɯʔ⁵⁵.ɹɯʔ⁵⁵	各种民族
mə³¹gam⁵³	富裕	ta³¹təm⁵⁵	各自
kɔp⁵⁵	盖	waŋ⁵⁵	给
kɔ:p⁵⁵	盖-3pe	ɔʔ³¹	给
kəm³¹bɯʔ⁵⁵	盖筒	waʔ³¹	给
sə³¹kəm⁵⁵	盖子	bi⁵⁵	给
ə³¹bɹa⁵⁵bɹa³¹	赶快	ɔʔ⁵⁵	给
dʑi:⁵⁵	赶上-1pl	biŋ⁵⁵	给-1se
dʑi:⁵⁵	赶上-3pe	biŋ⁵⁵	给-1sg
dʑaʔ⁵⁵	敢	bi:⁵⁵	给-3pe
dʑa:ʔ⁵⁵	敢-3pe	ə³¹dʑɔ:n⁵³	给嫁妆-3pe
mə³¹da⁵³	感觉	kɔk³¹tuʔ⁵⁵	跟斗
bət⁵⁵	干	tɕa:n⁵³	跟踪-3pe
tsəŋ³¹ma⁵⁵	干净	mɹa⁵³	耕
gaŋ⁵⁵waŋ⁵³	冈汪	mə³¹dʑɯ⁵⁵	更
tən⁵⁵	刚	tɕəm⁵⁵	更
tɔi⁵⁵	刚才	na³¹ce⁵⁵ce⁵⁵	更加
tən⁵⁵tɕe³¹	刚刚	sɔt⁵⁵sɔt⁵⁵	更加
dəŋ³¹mɹəŋ⁵⁵mɹəŋ⁵⁵	高-RED	na³¹ce⁵⁵	更是
mɹəŋ⁵⁵mɹəŋ⁵⁵	高处	tə³¹lɯi⁵⁵	弓
mɹəŋ³¹mɹəŋ⁵⁵	高高	tə³¹lɯ:i⁵⁵	弓-INSTR
ə³¹lɯp⁵⁵ɕɯ³¹	高兴	əŋ³¹gu⁵⁵	公

dəŋ³¹gu⁵⁵	公鸡	kɑ:m⁵⁵	过-3pe
ɕə³¹pɑ⁵³	公兽	tɕɑ⁵⁵	过去
lɑ³¹nɑ⁵⁵	贡品	tɕɑ⁵⁵bɪe³¹	过去
kuŋ⁵³	喷	xɑ⁵⁵	哈
kui⁵⁵	勾	tsəm⁷⁵⁵	还债-1se
də³¹guɪ⁵⁵	狗	tɕəl⁵³	孩子
də³¹gɯ:i⁵⁵	狗-AGT	ə³¹k⁻tɕəl⁵³	孩子
də³¹guɪ⁵⁵ɹɑ⁵⁵	狗群	nɑ³¹gɔ⁷⁵⁵	孩子
tɕɔ⁷⁵⁵	够	tɕəm³¹mɹɑ⁵³	孩子
ŋɑ:ŋ⁵³	够着-3pe	ən³¹gu⁵³	孩子
tə³¹tɕɯ⁵⁵tɕəl⁵³	孤儿	tɕəm³¹mɹɑ⁵³ɹɑ⁵⁵	孩子们
cɯm³¹cʈʂ⁷⁵⁵ɹɑ⁵⁵	姑娘	xai⁵⁵məi⁵⁵liŋ⁵³	海梅琳
mə³¹dʐəl⁵³	姑娘	pə³¹ɹe⁷⁵⁵	害怕
ən³¹mɹ⁵⁵	骨头	pɑ³¹ɹe⁷⁵⁵	害怕
ɕɑ³¹mɹ⁵⁵	骨头	pə³¹ɹek⁵⁵	害怕-1se
mə³¹sul⁵⁵	故事	pə³¹ɹek⁵⁵	害怕-1sg
lə³¹ɟit⁵⁵	故事	pə³¹ɹe:⁷⁵⁵	害怕-3pe
wɑŋ⁵⁵	刮	pɑ³¹ɹe⁷⁵⁵ɹe⁷⁵⁵	害怕-RED
nəm³¹dɑ⁷⁵⁵	寡妇	sə³¹ɹ⁵⁵	害羞
sə³¹pɑ:⁷⁵⁵	挂-3pe	sə³¹ɹɑ⁷⁵⁵ɕɯ³¹	害羞
xɹɑ:p⁵⁵	挂-3pe	dzɯŋ⁵³	寒冷
kə³¹ɟɔ:l⁵³ɟɔ:l⁵³	挂-RED-3pe	xɹɑŋ⁵⁵	喊
ə³¹bəl⁵⁵	关	kɑ:n⁵⁵	喊-3pe
ə³¹bɑ:l⁵³	关-3pe	tɕə³¹kɔ⁷⁵⁵	旱龟
pɔn⁵⁵	官员	ɲi⁵³	行
tə³¹lɯ⁷⁵⁵	鬼	ɲi⁵⁵	行
plɑŋ⁵⁵	鬼神	cɑ⁵³	行
ə³¹təl⁵³	滚	xɔ:i⁵³	嗬
ə³¹təl⁵⁵	滚	gəm⁵³	好
təl⁵⁵	滚	gəp⁵⁵	好
tɑ:l⁵⁵	滚-3pe	gəm⁵⁵	好
tɑ⁷⁵⁵sə³¹mɑ⁷⁵⁵ti⁵³	锅灰汁	gəp⁵⁵tɕe³¹	好好
gəi³¹səŋ⁵⁵	果然	nəŋ³¹gəm⁵³	好好
gəi³¹səŋ⁵⁵səŋ⁵⁵	果然-RED	ɕɑ³¹sət⁵⁵pəi⁵³	好猎手
ɹi⁵³	过	mlən⁵⁵gəm⁵⁵	好梦
ɹi³¹	过	en³¹dʑɯ⁵⁵	好笑
cɑ⁵³	过	ə³¹xu:⁵³	哈气-3pe

ŋaʔ⁵⁵	喝	ə³¹ŋan⁵³	呼出
ŋaː⁵⁵	喝-2se	ŋat⁵⁵	呼吸
ŋaː⁵⁵	喝-3pe	pə³¹gui⁵³	狐狸
ə³¹daŋ⁵⁵	何时	kaŋ⁵³	虎
niŋ³¹	和	kak³¹tɯŋ⁵⁵	虎
də³¹guan⁵⁵	和	kak³¹səm⁵³	虎皮
tɕəŋ⁵⁵	河段	kaŋ³¹ɕa⁵⁵	虎肉
waŋ³¹dəm⁵⁵	河谷	tsuŋ⁵⁵	户
waŋ³¹lɔŋ⁵⁵	河谷	dzəp⁵⁵	花椒
də³¹nai⁵³	河谷地带	ɹeɹʔ⁵⁵	划-1se
naʔ⁵⁵	黑	lap⁵⁵	划破
dɯ⁵⁵	黑	taːɹ⁵⁵	划破-3pe
naː⁵⁵	黑-3pe	ə³¹dul⁵³	滑坡
na³¹naʔ⁵⁵	黑黑的	ka⁵⁵	话
naʔ⁵⁵naː⁵⁵	黑黑的-INSTR	mə³¹gəp⁵⁵	坏
le⁵³la⁵⁵	很	kan⁵⁵	唤
gə³¹məi⁵³	很	məɹ⁵³	黄
təi⁵⁵	很	duŋ³¹gua⁵³	黄瓜
tə³¹təi⁵⁵	很大	seɹ⁵⁵	黄金
bɯm³¹bɯm⁵⁵	很多	pa³¹bɔʔ⁵⁵	灰尘
mə³¹nɯ⁵⁵nɯ³¹	很久	lɔʔ⁵⁵	回
tɕa⁵⁵	很久	ə³¹təŋ⁵⁵	回
mə³¹lan⁵⁵	很快	lɔk⁵⁵	回-1sg
laiʔ⁵⁵wa³¹	很快	lɔŋ⁵⁵	回-1sg
də³¹ɹɯŋ⁵³	轰响	lɔː⁵⁵	回-3pe
səi⁵⁵	红	ə³¹taːŋ⁵⁵	回-3pe
pə³¹sai⁵⁵sai⁵³	红红的	li⁵⁵	回头
ɕik³¹sai⁵³	红树	sɔː⁵⁵	会-3pe
tɕi³¹dzɯɯ⁵³	洪水	tsəŋ³¹ləi⁵⁵	会变化的人
ci³¹dzɯn⁵³	洪水	də³¹gɔŋ⁵³	喙
kɔ³¹ɹɯŋ⁵³	喉咙	pə³¹la⁵³	魂
ə³¹gɔi⁵³	猴子	blɔn⁵⁵	活
bu⁵³	吼	tɕɯi⁵³tɕɯ⁵⁵	活该
ə³¹nəm⁵⁵	后来	tə³¹mi⁵⁵	火
tɯm⁵⁵	后面	mə³¹dɯm⁵³	火把
tɯp⁵⁵	后面	tɕa³¹maʔ⁵⁵	火镰
tɯːm⁵⁵	后面-INSTR	mə³¹ɹəp⁵⁵	火塘

mə³¹kuŋ⁵⁵	火塘	tə³¹kɹuːŋ⁵³	坚挺-3pe
ə³¹pla⁵⁵	火塘灰	ɹɑʔ⁵⁵	肩膀
xɹəp³¹tɕi⁵⁵	火塘架子	tɔŋ⁵⁵	监狱
mə³¹ɕiŋ⁵⁵	火星	cen⁵⁵	柬
mə³¹ɯ⁵⁵	火烟	cen⁵⁵ɕi⁵³	柬
ək³¹cəŋ⁵⁵	伙伴	tuː⁵⁵	捡-3pe
ka ʔ⁵⁵	鸡	tuː⁵⁵tuː⁵⁵	捡-3pe-RED
ka³¹lɯi⁵³	鸡蛋	tɔt⁵⁵	剪
ka³¹ceɹ⁵⁵	鸡毛	sə³¹ɹɔːŋ⁵⁵	建-3pe
ka³¹ɹuŋ⁵⁵	鸡圈	bluŋ⁵⁵	溅起
ka³¹ɕa⁵⁵	鸡肉	tə³¹mɑ⁵⁵	箭
ka³¹ni⁵⁵	鸡屎	ɹeɹ³¹mei⁵³	江
dʑi³¹li⁵³	吉利	wak³¹tɕəŋ⁵⁵	江
tat⁵⁵	极美	wak³¹tɕəŋ⁵⁵	江边
nan⁵³	急	tɕəŋ³¹nai⁵³	江乃
ə³¹gɯm⁵⁵	集中	ɹeɹ³¹mei⁵³ŋɑŋ⁵⁵	江水
tə³¹xɹɯm⁵⁵	集中	ɹeɹ³¹mei⁵³u⁵⁵	江头
sə³¹dɯ⁵⁵	集中	waŋ³¹mi⁵⁵	江尾
tɕi³¹dʑɯɹ⁵³	几久鸟	dzɔːn⁵⁵	交给-3pe
sə³¹ɹi⁵³	麂子	let⁵⁵leːt⁵⁵	浇-3pe-RED
sə³¹ɲɯʔ⁵⁵	觊觎	kəɹ³¹tɔp⁵⁵	骄傲
tɕɔːt⁵⁵	祭-3pe	tɕə³¹mɹɯ⁵⁵	角
sa⁵³	祭祀	tuŋ⁵⁵	角落
tɕɔt⁵⁵	祭祀	xɹəi⁵⁵	脚
cɯm⁵³	家	ək³¹ɹerx⁵⁵	脚
cɯm³¹dɯt⁵⁵	家鼠	mal⁵⁵	脚印
tə³¹kɑʔ⁵⁵	家族	xɹerx³¹mal⁵⁵	脚印
gam³¹lei⁵³	戛木雷	bək³¹kəp⁵⁵	脚镯
pal⁵³	假人	dʑəl⁵⁵	缴纳
xɹə³¹mei⁵³	架子	lən⁵⁵	叫
bi⁵⁵	嫁给	lɑːn⁵⁵	叫-3pe
biː⁵⁵	嫁给-3pe	lən⁵⁵	叫作
dzɹəɹ³¹dzəɹ⁵³	尖尖的	lət⁵⁵ɕɯ³¹	叫作
mə³¹dai⁵³	尖叫	lɑːn⁵⁵	叫作-3pe
ə³¹ɕiʔ⁵⁵	尖叫	sə³¹dəp⁵⁵	教
pə³¹dʑul⁵³	尖嘴鼹鼠	sə³¹lɑːp⁵⁵	教-3pe
tə³¹kɹuŋ⁵³	坚挺	tɑʔ⁵⁵	接

tɑːʔ⁵⁵	接-3pe	də³¹ɹu⁷⁵⁵	聚会
kaŋ⁵⁵	揭	tə³¹lɔŋ⁵³	卷
kaːŋ⁵⁵kaːŋ⁵⁵	揭-3pe-RED	ma³¹duŋ⁵⁵	军号
gət⁵⁵	街	kə³¹wa⁵⁵kaɹ⁵⁵pu⁵⁵	卡瓦卡普
bɹaːn⁵³	结束-3pe	taːn⁵³	开-3pe
tɔt⁵⁵	截	ti³¹sa⁵⁵	开头
tɔːt⁵⁵	截-INSTR	tuŋ⁵⁵	砍
kəi⁵⁵	解放	tuːŋ⁵³	砍-3pe
kək⁵⁵	解开-1sg	ɹumɹ⁵⁵	砍伐
kaːʔ⁵⁵	解开-3pe	ɹuːmɹ⁵⁵	砍伐-3pe
tən³¹ni⁵³	今天	ə³¹kɹaːp⁵⁵	砍卸-3pe
tən⁵⁵ɟaʔ⁵⁵	今夜	ɟəŋ⁵³	看
seɹ³¹lumɹ⁵³	金蛋	ɟəŋ⁵⁵	看
seɹ³¹tɕu⁵⁵ti⁵³	金汤水	ɟaːŋ⁵³	看-1se
seɹ⁵⁵kɹi⁵⁵	金子税	ɟəŋ⁵⁵	看-1sg
tɕe³¹	仅	ɟaːŋ⁵³	看-2se
tɕət⁵⁵	紧	ɟaːŋ⁵³	看-3pe
ə³¹dzən⁵⁵	紧合	ə³¹ɟəŋ⁵⁵ɕɯ³¹	看得见
ə³¹ɕiŋ⁵³	尽	ə³¹xɹiʔ⁵⁵ɕɯ³¹	看得清
tɕe³¹	尽	ɟəŋ⁵³	看见
tumɹ⁵⁵	尽	ɟaːŋ⁵³	看见-2sg
deːʔ⁵⁵	尽-3pe	ɟaːŋ⁵³	看见-3pe
dzəŋ⁵⁵	进	ə³¹gɹaːŋ⁵³	扛-3pe
dzəŋ⁵⁵dzəŋ⁵⁵	进-RED	ə³¹taːm⁵³	扛-3pe
sa³¹waɹ⁵⁵	进入	ə³¹gɹaːŋ⁵³gɹaːŋ⁵³	扛-3pe-RED
ma³¹laŋ⁵⁵laŋ⁵⁵	经常	kəɹ³¹tɔʔ⁵⁵	柯尔朵
ə³¹daŋ⁵⁵ma³¹daŋ⁵⁵	经常	dzumɹ⁵⁵	棵
ə³¹kɹaʔ⁵⁵	惊吓	kɔʔ⁵⁵	棵
də³¹gɯ⁵³	九	ti³¹mu⁷⁵⁵	磕头
ɟum³¹dumɹ⁵³lə³¹	久登山	im³¹ɟɯ⁵⁵	瞌睡
ka⁵⁵		im³¹ɟɯːi⁵⁵	瞌睡-INSTR
nɯ⁵³	酒	ək³¹kɔp⁵⁵	壳
nɯ³¹pɯp⁵⁵pə³¹la⁵⁵	酒药	pə³¹ɹe⁷⁵⁵ɕɯ³¹	可怕
əŋ³¹li⁵⁵	旧时	bal⁵⁵	渴
ə³¹kɯ⁵³	舅舅	kɯn³¹diŋ⁵³	肯丁
əl⁵³	居住	ə³¹meɯ⁵⁵	空
dumɹ⁵³	巨大	kɹɔŋ³¹dəm⁵⁵	孔当

$kɹɔŋ^{31}məl^{53}$	孔美	$ɹe^{ʔ55}$	勒
$kɹɔŋ^{31}mu^{53}tsɯn^{55}$	孔目兹	$ɹe{:}^{ʔ55}$	勒-3pe
$ɕi^{53}$		$ɟɔŋ^{55}$	累
$sa^{ʔ55}$	口	$dzɯŋ^{53}$	冷
$tɕai^{31}ma^{55}$	口水	$tə^{31}sɯ^{53}$	冷杉
$ɟɯ^{55}$	扣子	lan^{53}	里
$tɕeɹ^{55}$	扣子	$ə^{31}duŋ^{55}$	里面
$ŋɯ^{53}$	哭	$ə^{31}tsu^{ʔ55}$	理
$ŋɯ^{55}$	哭	$dɔp^{55}$	力
$ŋɯŋ^{55}$	哭-1sg	$dɔp^{55}$	力气
$tə^{31}ɕa^{53}$	苦恼	$kɹɑ^{ʔ55}$	厉害
$kə^{31}sət^{55}$	夸	$kɹɑ{:}^{ʔ55}$	厉害-3pe
$ba^{ʔ55}$	跨	$ɟɔ^{31}gua^{55}$	例假
$kɹɑ^{ʔ55}$	快	$məɹ^{55}$	脸
$ə^{31}bɹɑ^{55}$	快	$ə^{31}dɯm^{53}$	粮仓
$kɹɑ{:}^{ʔ55}$	快-3pe	$əŋ^{31}dza^{55}$	粮食
$tsə^{31}ɹɑ^{55}$	窥视	$ə^{31}ni^{55}$	两
$ə^{31}xɹɑ{:}^{ʔ55}ɒɹɑ{:}^{ʔ55}$	捆-3pe-RED	$ə^{31}ni^{55}ni^{55}$	两-RED
$ə^{31}ga{:}m^{53}$	困-3pe	$də^{31}guan^{55}$	俩
$tə^{31}ɕa^{53}$	困难	$ə^{31}səŋ^{53}$	亮
$tə^{31}ɕaŋ^{55}$	困难-1sg	ga^{55}	亮
$tə^{31}kɯ^{ʔ55}$	拉	$də^{31}gɔŋ^{53}$	獠
$tə^{31}kɯ{:}^{ʔ55}$	拉-3pe	$le^{31}na^{53}$	列那
$ɕa{:}l^{53}$	拉-3pe	$pə^{31}gui^{53}le^{55}na^{53}$	列那狐
$lə^{31}ka^{55}ta^{ʔ55}$	拉卡达	$ɕa^{55}$	猎物
$la^{31}pet^{55}$	拉培	$ɕa^{31}mal^{55}$	猎物脚印
$gə^{31}ɹɑ^{53}$	来	$gɹɑp^{55}$	裂开
$tɔp^{55}$	来得及	$ə^{31}dzɯl^{53}$	临近
$ə^{31}ba{:}n^{55}$	来得及-3pe	$mə^{31}tɕɔ^{ʔ55}$	临近
$ɹɑ{:}^{ʔ55}$	拦住-3pe	den^{55}	灵验
$əŋ^{31}xɹɑ^{55}xɹɑ^{55}$	蓝-RED	$ɕɯl^{55}$	领
$xɹɑ^{55}$	篮子	$ɕɯ{:}l^{55}$	领-3pe
$ɟɔ^{31}məi^{55}$	老	$liŋ^{31}gɯi^{53}$	领子
$puŋ^{55}$	老大	me^{55}	另
$kaŋ^{53}$	老虎	$ɹɑ^{55}$	留
$ɟɔ^{31}məi^{55}ɹɑ^{53}$	老人	$ə^{31}blən^{53}$	留有足迹
$dɯt^{55}$	老鼠	$ə^{31}ɟɔ{:}l^{53}$	流出-3pe

dam⁵³də³¹guɯi⁵⁵	流浪狗	ə³¹li⁵⁵	猫
ə³¹ɟɯ⁵³	流淌	pu⁵⁵	猫头鹰
ə³¹ɟɯ:⁵⁵	流淌-3pe	mɯl⁵⁵	毛
kɹu⁷⁵⁵	六	əŋ³¹mɯl⁵⁵	毛发
luk³¹kɔp⁵⁵	龙果	ku³¹ɹɯ⁵³	毛驴
luŋ³¹ɹɑ⁷⁵⁵	龙拉	mə³¹gɹɯŋ⁵⁵	矛
luŋ³¹wen⁵³	龙元	ə³¹dʑi⁵³	茅草
blu⁷⁵⁵	漏	tɕɹɛ⁵³	冒
tuŋ⁵³	卤水场	mal⁵³	没有
mə³¹bət⁵⁵	陆续	mal⁵⁵	没有
mə³¹lɔŋ⁵³	路	mɑ:l⁵³	没有-3pe
ə³¹na⁵⁵	落	də³¹gɹɑŋ⁵³	美丽
ə³¹mɑ:i⁵³	妈妈-AGT	gal⁵⁵	美味
i⁵³	麻	nəp³¹tɕiŋ⁵⁵	门
i³¹dzɯŋ⁵⁵	麻树	niŋ³¹	们
i⁵³	麻线	ma⁷⁵⁵	们
məŋ³¹bli⁵³	马必力	mɑ:⁷⁵⁵	们-AGT
məŋ³¹bli⁵³lɔŋ⁵⁵	马必力河谷	muŋ⁵³mə³¹diŋ⁵³	蒙木顶
ma³¹tse⁵⁵	马车	ku³¹dza⁵⁵	猛兽
sə³¹ɹɛ⁷⁵⁵	蚂蚁	mləŋ⁵⁵	梦
sə³¹ɹɛ⁷⁵⁵kaŋ⁵³	蚂蚁王	mlɑ:ŋ⁵⁵	梦-2se
lɯp⁵⁵	埋	dɑ:m⁵³	迷路-3pe
lɯ:p⁵⁵	埋-3pe	ə³¹mɑ:l⁵³	迷失-3pe
nəm⁵⁵	卖	mi³¹ɕam⁵³	米下木
mə³¹dəm⁵³	满	blaŋ⁵⁵	觅食
dəm⁵³	满	kua⁵⁵	蜜蜂
dɑ:m⁵³	满-3pe	kua:i⁵⁵	蜜蜂-AGT
xɹɑ:p⁵⁵	满-3pe	kua³¹ti⁵³	蜜汁
dəm⁵³dəm⁵⁵	满满地	lə³¹gɑ⁵⁵	绵羊
mɑŋ⁵⁵di³¹mɑŋ⁵⁵	曼的曼	tɑ⁷⁵⁵wa³¹	勉强
dəm⁵³	漫	men³¹tjeŋ⁵⁵	缅甸
nɑ³¹tsəi⁵⁵	慢慢	ɹə³¹mu⁵⁵	描绘
nɑ³¹tsəi⁵⁵wa³¹	慢慢地	ɹɑ³¹mu⁵⁵	描绘-RECP
məŋ³¹nɯn⁵⁵məŋ³¹	芒娪芒贡	de⁷⁵⁵	灭绝
gɔŋ⁵³		bɹɛt⁵⁵	灭绝
kə³¹dɯt⁵⁵	忙乎	min³¹dzuŋ⁵³	闵总
nɑ³¹me⁵⁵	猫	ə³¹səŋ⁵⁵ni⁵³	明天

nəm³¹la⁵⁵	命运	kɔ⁷⁵⁵	那
ə³¹sɔp⁵⁵	摸	kɔ³¹daɹ⁵³	那岸
xɹɑl⁵⁵	磨	kɔ⁵⁵	那边
kɔ:ɹ⁵⁵	磨-3pe	kɔ³¹lai⁵⁵	那边
ka³¹məi⁵³	母鸡	ə³¹ja⁵⁵	那个
ka³¹ma⁵³	母鸡	ə³¹ja:i⁵⁵	那个-INSTR
əŋ³¹məi⁵³	母亲	ə³¹ja⁵⁵	那么
mu³¹dziŋ⁵³	木曾	e⁷⁵⁵ja⁵⁵	那些
mə³¹dʑe⁷⁵⁵	木耳	e³¹wa⁵⁵	那样
sɯ⁵³	木筏	təŋ⁵⁵wa³¹	那样
mə³¹ga⁷⁵⁵lɔŋ⁵⁵	木嘎洛河谷	təi⁵⁵wa³¹	那样
mə³¹dʑi⁵⁵li⁵³tin⁵⁵	木吉利丁	nəŋ⁵⁵də³¹gəm⁵⁵	耐心地
mu³¹tɕa⁵⁵	木佳	ləŋ³¹la⁵³	男子
mə³¹kɯm⁵³dəm⁵⁵	木肯当	u³¹nu⁷⁵⁵	脑子
mə³¹kɯm⁵³gaŋ⁵³	木肯嘎	kɔɹ³¹sa⁷⁵⁵la⁷⁵⁵	内膜
mə³¹ɹəŋ⁵⁵dəm⁵³	木朗当	ga⁷⁵⁵	能
mə³¹li⁵³mɯɹ⁵³	木立默	ɲi⁵³	能
mə³¹pəi⁵³puŋ⁵⁵	木佩普	ca⁵³	能
mu⁷⁵⁵puŋ⁵⁵	木普	ca⁵⁵	能
mu⁷⁵⁵puŋ⁵⁵gɹɯŋ⁵³	木普耿	caŋ⁵⁵	能-1sg
mə³¹tɕəl⁵³waŋ⁵³	木千汪	tɔ:n⁵⁵	能-3pe
mə³¹tɕəl⁵³waŋ⁵³	木千汪普	be:ŋ⁵⁵	能-3pe
puŋ⁵⁵		tə³¹di⁵⁵	能去
mə³¹tɕəl⁵³tu⁷⁵⁵	木切图	nə³¹nəm⁵⁵	你表兄
mə³¹ɹei⁵⁵	木壤	nə³¹pəi⁵³	你父亲
mə³¹sɔ⁷⁵⁵	木索	nə³¹tɕəl⁵³	你孩子
ɕiŋ⁵⁵	木头	nə³¹ni⁵³	你舅妈
ək³¹kləp⁵⁵kləp⁵⁵	木屑-RED	nə³¹nik⁵⁵	你们的
lu⁵³	拿	nə³¹nik⁵⁵ɹa⁵⁵	你们的兄弟姐妹
lu⁵⁵	拿	na³¹pə³¹ma⁵⁵məi⁵³	你妻子
luŋ⁵³	拿-1se	nə³¹kaŋ⁵³	你爷爷
lu:⁵³	拿-3pe	nə³¹kɯ⁵³pəi⁵³	你岳父
ə³¹ɹa⁵⁵	哪儿	niŋ⁵⁵	年
kɔ⁵³	那	lu⁵⁵	年龄
ə³¹ja⁷⁵⁵	那	kɯɹ³¹caŋ⁵³ɹa⁵⁵	年轻
kai⁷⁵⁵	那	pɔ:l⁵⁵	捧出-3pe
ə³¹ja⁵⁵	那	ɲa⁵³	唸

pə³¹tɕi⁷⁵⁵	鸟	da⁵⁵	膨胀
pə³¹tɕi⁷⁵⁵pə³¹xɹɔ⁷⁵⁵	鸟禽类	ə³¹nɑ:n⁵⁵	碰-3pe
nuŋ³¹ŋuɑ⁵³	牛	mɯ⁷⁵⁵mɯ⁷⁵⁵	披-RED
nuŋ³¹ŋuɑ⁵³nuŋ⁵⁵	牛奶	əŋ³¹səm⁵³	皮
ɹət⁵⁵	弄断	ək³¹pɯm⁵⁵	皮
mɯ:⁷⁵⁵	弄睡-3pe	kɔp⁵⁵	皮
tə³¹ɕi:⁵⁵tə³¹ɕi:⁵⁵	弄死-3pe-RED	sə³¹nɑ⁵⁵	脾气坏
tɑ³¹nɑ⁵⁵	弩	nə³¹ɹcr⁵⁵	屁股
sə³¹nɑ⁵⁵səi⁵⁵	怒火	bɯ⁵⁵	漂
ə³¹nuŋ⁵³	怒江	dəm⁵⁵	漂
ə³¹nuŋ⁵³	怒江流域	sə³¹cʃɔ⁷⁵⁵	漂
ək³¹tɕəl⁵³məi⁵³	女儿	dɑ:m⁵⁵	漂-3pe
pə³¹mɑ⁵⁵	女人	də³¹gɹɑŋ⁵⁵	漂亮
ɔ³¹	哦	də³¹gɹɑŋ⁵³	漂亮
ɔm⁵⁵	爬	dʑɯŋ⁵⁵	飘
blɔŋ⁵⁵	爬	pin³¹te⁵³	品特
ə³¹xɹɑ:n⁵⁵	爬得上-3pe	daŋ⁵⁵	坡
ə³¹ɯexɹe⁵⁵	爬上	lə³¹guŋ⁵⁵	坡上
ə³¹xɹɑ:n⁵⁵	爬上-3pe	lə³¹ɯ⁷⁵⁵	坡下
plak³¹u⁵⁵dəm⁵⁵	帕拉乌当	puŋ⁵⁵	普
ə³¹be⁷⁵⁵	拍	puŋ³¹gɹiŋ⁵³puŋ⁵⁵	普耿普
ə³¹bek⁵⁵	拍-1se	pɹɯm⁵³	普日木
ə³¹be:⁷⁵⁵	拍-3pe	puk³¹ɕɑɹ⁵³suŋ⁵⁵ɕi⁵³	普夏尔松
sə³¹laŋ⁵³	派	pə³¹ɟu⁵⁵	普禹
sə³¹lɑ:ŋ⁵³	派-3pe	sə³¹ɲit⁵⁵	七
təm⁵⁵ɕɯ³¹	盘旋	pə³¹mɑ⁵⁵	妻子
laŋ³¹ban⁵⁵	盘子	klɯp⁵⁵	欺骗
sep⁵⁵	旁	tɕi³¹liŋ⁵⁵dəm⁵⁵	齐林当
pəm⁵⁵	泡	la³¹mɑ⁵⁵	其实
ə³¹pɑ:m⁵⁵	泡-3pe	dʑɔt⁵⁵	骑
sə³¹mɔm⁵⁵	泡沫	dʑɔt⁵⁵dʑɔt⁵⁵	骑-RED
tsəp⁵⁵	赔偿	ti³¹sɑ⁵⁵	起初
pɯi³¹dəm⁵⁵	裴当	sɑ⁷⁵⁵	气
sɔ³¹ŋɑ⁷⁵⁵	喷水	sə³¹nɑ⁵⁵	气
lam³¹cɹɑ⁷⁵⁵pəi⁵³	朋友	ə³¹kɔt⁵⁵ɕɯ³¹	迁徙
lam³¹bɹɑ⁷⁵⁵	朋友	ɟəŋ³¹bən⁵³	迁移
bəŋ³¹nem⁵⁵	朋友	u³¹dzu⁵³	前

tɕə³¹ɟɑ⁵⁵	前不久	ə³¹tsəŋ⁵³	人
sə³¹mu⁷⁵⁵	前方	tɕəl⁵³	人
u³¹dzu⁵³	前面	ə³¹tsɑ:ŋ⁵³	人-AGT
cək⁵⁵	嫱	ə³¹tsəŋ⁵³	人家
cəŋ⁵⁵bə³¹jɯ⁷⁵⁵lɔŋ⁵⁵	嫱不尤洛	tə³¹paŋ⁵⁵	人物
tul⁵³	抢	nɯ⁵⁵	忍受
tul⁵⁵	抢	dʑan⁵⁵	忍受
tə³¹cɯɹ⁵⁵	抢运	nuŋ⁵⁵	忍受-1se
tə³¹cɯ:ɹ⁵³	抢运-3pe	dʑa:n⁵⁵	忍受-3pe
cuŋ⁵⁵wa³¹	悄悄	kɹɯ:n⁵⁵	忍受-3pe
ə³¹tɑ⁷⁵⁵	敲	tsi⁷⁵⁵	认
ə³¹tɑ:⁷⁵⁵	敲-3pe	mə³¹səl⁵⁵	认出
ə³¹klɑ:⁷⁵⁵	敲打-3pe	mə³¹sɑ:l⁵⁵	认出-3pe
·ək³¹ɯ⁵⁵	亲戚	lɑ:n⁵⁵	认为-3pe
pə³¹xɹɔ⁷⁵⁵	禽类	tɕat⁵⁵	扔
mə³¹tɕin⁵⁵	青苔	tɕɑ:t⁵⁵	扔-2se
də³¹ɹi⁵³	青蛙	tɕɑ:t⁵⁵	扔-3pe
ə³¹ɲaŋ⁵³	轻	tɕɑ:t⁵⁵tɕɑ:t⁵⁵	扔-3pe-RED
seŋ⁵⁵seŋ⁵⁵	清-RED	ə³¹ɕai⁵³	扔着
tə³¹ɕɑ⁵⁵	穷	ɹə³¹ŋaŋ⁵³	日昂
se³¹ɹɑ⁷⁵⁵	穷人	ɕɑ⁵⁵	肉
tə³¹pɔ:i⁵³	驱赶-3pe	ɕɑ³¹ɟɯŋ⁵⁵	肉袋
klɔ:t⁵⁵	取出-3pe	nuŋ⁵⁵	乳房
lɑ:i⁵³lɑ:i⁵³	取出-3pe-RED	tə³¹tul⁵⁵	撒
di⁵⁵	去	pɯ:p⁵⁵	撒-3pe
di⁵³	去	pɹɔ:t⁵⁵	撒-3pe
di:⁵³	去-1pl	klɯp⁵⁵	撒谎
ə³¹gɯ:i⁵⁵	去-1pl	tsul⁵³tsul⁵³	塞-RED
diŋ⁵⁵	去-1sg	ə³¹sɯm⁵³	三
pa³¹ɹuŋ⁵⁵	圈	sam³¹da⁷⁵⁵luŋ³¹	三达龙得
sə³¹nɑ⁷⁵⁵nɑ⁷⁵⁵	全都	dɯ⁵³	
kɑ:ɹ⁵⁵	劝解-3pe	saŋ³¹ɕaŋ⁵⁵	三乡
ək³¹ɹɑ⁵⁵	群	si:⁷⁵⁵	散发-3pe
ɹɑ⁵⁵	群	kɑ³¹sɑ⁷⁵⁵	嗓音
ə³¹jɑ⁷⁵⁵e³¹	然后	xɹɔ⁵³	嗓子
ɹe³¹tan⁵⁵	冉坦	ɕiŋ³¹bləŋ⁵⁵	森林
ɹɑ⁵³	嚷	sət⁵⁵	杀

sɑ:t⁵⁵	杀-3pe	ɕɑ:m⁵³	伸-2se
tsə³¹wa⁷⁵⁵	沙坝	əŋ³¹gɯ⁵⁵	身体
də³¹bəŋ⁵⁵	傻瓜	ɟa³¹dɯŋ⁵³	深夜
lɯm⁵⁵	晒	təŋ⁵⁵	什么
lə³¹ka⁵⁵	山	təŋ³¹məi⁵⁵	什么
lə³¹ka⁵⁵u⁵⁵	山巅	plaŋ⁵⁵	神
ɹiŋ⁵³	山脊	sam⁵⁵	渗
tiŋ⁵⁵	山脚	sam⁵³	渗入
ə³¹dzu⁷⁵⁵	山鹿	pək³¹sam⁵⁵	渗入处
gɔŋ⁵⁵	山坡	pə³¹ɟu⁵⁵	生
dʑɯm³¹da⁷⁵⁵	山神	səi⁵⁵	生
dʑɯm³¹dɑ:⁷⁵⁵	山神-AGT	pə³¹ɟu:⁵³	生-3pe
ɹəŋ³¹dɯŋ⁵³	山药	ək³¹tɯm⁵⁵	生的
ə³¹xuap⁵⁵	扇	ɹɯr⁵⁵	生活
kəŋ³¹dʑɑ⁵⁵	伤残	kɔk³¹sa⁷⁵⁵	生命
blu⁵⁵	商议	səi⁵⁵	生气
ŋaŋ⁵⁵	上	sa:i⁵⁵	生气-INSTR
cəŋ⁵⁵	上	ɹɯr⁵³	生长
ŋa:ŋ⁵⁵	上-3pe	əŋ³¹sa⁷⁵⁵	声音
mə³¹dəm⁵³	上面	bə³¹na⁵⁵	牲畜
ŋua⁵⁵	上面	i³¹ɟɯ⁷⁵⁵	绳索
ŋɔ⁵⁵	上面	ə³¹kləi⁵³	剩余
ŋɔ⁵³	上面	ɕi³¹gɯ⁵⁵	尸体
ŋɔ⁷⁵⁵	上面	ɕi⁷⁵⁵	虱子
ŋɔ³¹lai⁵⁵	上面	tsəl⁵⁵	十
mə³¹dɑ:m⁵³	上面-INSTR	tə³¹təi⁵⁵	十分
ə³¹xɹɑɹ⁵⁵	上升	luŋ³¹dɔŋ⁵³	石洞
wəɹ⁵⁵	烧	ɕəm³¹pəŋ⁵³	石臼
wa:ɹ⁵⁵	烧-2sg	luŋ⁵⁵	石头
pə³¹lai⁵³	舌头	ə³¹laŋ⁵³e	时
bɯ⁵³	蛇	ɹap⁵⁵	时代
plɑ:⁷⁵⁵	舍得-3pe	pɑ:ɹ⁵⁵	时段
da:i⁵⁵	射穿-3pe	mə³¹nəŋ⁵⁵	时候
ap⁵⁵	射击	ə³¹laŋ⁵³e	时候
əp⁵⁵	射击	tse⁵⁵	时候
ɑ:p⁵⁵	射击-3pe	tsɔt⁵⁵	时间
ɹu:⁵⁵	射杀-3pe	əŋ³¹dʑi⁵⁵	时间

pɔ⁷⁵⁵	时刻	ə³¹mi⁵⁵	谁
ə³¹nɯl⁵⁵	使唤	ə³¹mi⁷⁵⁵	谁的
ɲə³¹ɾɯ⁷⁵⁵	氏族	ŋaŋ⁵⁵	水
mə³¹li⁵³	世界	ti⁵³	水
mə³¹li⁵³mə³¹dəm⁵³	世上	waŋ⁵³	水
mə³¹li⁵³	世上	ŋak³¹tɕem⁵⁵	水边
lai³¹ka⁵⁵	事情	sə³¹mɯ⁵⁵	水冬瓜树
e³¹	是	kɹi⁵⁵	税
e⁵⁵	是	ip⁵⁵	睡
ne⁵⁵	是	im⁷⁵⁵	睡
iŋ⁵⁵	是-1sg	ə³¹ɟɔːŋ⁵⁵	睡着-3pe
in⁵⁵	是-2pl	ə³¹gəm⁵⁵	顺眼
ə³¹du⁵³	适合	lai⁷⁵⁵wa³¹	瞬间
ɯ⁵⁵	手	gɯ⁷⁵⁵	说
əŋ³¹ɹɯ⁵⁵	手	gɯŋ⁷⁵⁵	说-1se
tjen³¹tu⁵³	手电筒	gɯk⁵⁵	说-1sg
tɕɑ⁵⁵	守候	gɯː⁷⁵⁵	说-3pe
ə³¹sɯn⁵⁵	守护	gɯː⁷⁵⁵gɯː⁷⁵⁵	说-3pe-RED
ə³¹sɯːn⁵⁵	守护-3pe	gɯ⁷⁵⁵gɯ⁷⁵⁵	说-RED
tse³¹gɹɯp⁵⁵	寿命	mit⁵⁵	思想
ɕɑ⁵⁵	兽	ɕi⁵³	死
ɕɑ³¹sem⁵³	兽皮	ɕi⁵⁵	死
ɕə³¹ɹɑ⁵⁵	兽群	ɕiː⁵³	死-3pe
ɕiŋ³¹dzɯŋ⁵⁵	树	ɕi⁵⁵ɕi⁵⁵	死-RED
ɕiŋ⁵⁵	树	ə³¹bli⁵³	四
ɕiːŋ⁵⁵	树-INSTR	su⁷⁵⁵	饲养
ɕiŋ³¹dɔŋ⁵³	树洞	suk³¹səɹ⁵⁵	松色
ɕik³¹xɹɔŋ⁵⁵	树洞	saŋ⁵⁵	送-1sg
ɕiŋ³¹ɹɯ⁵⁵	树根	sɔː⁵⁵	送-2se
ɕik³¹u⁵⁵	树梢	sɔː⁵⁵	送-3pe
ɕiŋ³¹ləp⁵⁵	树叶	su⁵³	嗖
ɕaɹ³¹nɑː⁷⁵⁵	树枝-INSTR	ə³¹sɔ⁷⁵⁵	算
ə³¹dəp⁵⁵	摔	sɔ⁷⁵⁵	算
ə³¹tɕɑt⁵⁵	摔	mə³¹tɕɯ⁵³	随意
ə³¹dɯn⁵⁵	拴	ɕi⁵⁵	碎末
ə³¹dɯːn⁵⁵	拴-3pe	pɔ³¹li⁵⁵	孙孙
me³¹ɹəm⁵⁵	双眼	sə³¹lɔːn⁵⁵	唆使-3pe

dʑəl⁵⁵	缩小	aŋ⁵⁵	套住-1sg
ə³¹ɹa⁵⁵	所有	tə³¹pɯ⁵⁵luŋ³¹gaŋ⁵³	特本岩石片
kə³¹ɹa⁵⁵e⁵⁵	所有的	dɔːp⁵⁵	特别
ə³¹ɹa⁵⁵e⁵⁵	所有的	sak⁵⁵saŋ⁵⁵	特意
sɔ³¹la⁵⁵	索拉	dza⁵⁵	疼
əŋ³¹nəm⁵⁵	他表兄弟	ti³¹pəi⁵³	梯培
əŋ³¹tɕəl⁵³	他孩子	laŋ³¹dɔn⁵⁵	梯子
əŋ³¹tɕəl⁵³ɹa⁵⁵	他孩子们	ləŋ⁵⁵	提
əŋ³¹ni⁵³	他舅妈	laːŋ⁵⁵	提-2se
əŋ³¹ni⁵³məi⁵³	他舅妈	laːŋ⁵⁵laːŋ⁵⁵	提-3pe-RED
əŋ³¹məi⁵³	他妈妈	dzɔˀ⁵⁵	提前
əŋ³¹nik⁵⁵	他们的	gɯi⁵³	啼
əŋ³¹mə³¹pa⁵⁵pəi⁵³	他女婿	gɯi⁵⁵	啼
əŋ³¹lam³¹bɹɔˀ⁵⁵	他朋友	mɯ⁵³	天
əŋ³¹bəŋ³¹nəm⁵⁵	他朋友	ni⁵⁵	天
əŋ³¹pə³¹ma⁵⁵məi⁵³	他妻子	nəm⁵³	天
ək³¹pə³¹ma⁵⁵	他妻子	mɯˀ⁵⁵	天
ək³¹kaŋ⁵³pəi⁵³	他爷爷	mə³¹dai⁵³waŋ⁵³	天河
ək³¹kɯ⁵³pəi⁵³	他岳父	mə³¹dai⁵³tɕə³¹kɔŋ⁵³	天湖
ək³¹pəi⁵³	她爸爸	mɯˀ⁵⁵	天空
əŋ³¹məi⁵³	她妈妈	gə³¹mɯ⁵⁵	天神
əŋ³¹jɔˀ⁵⁵tɕ⁵³pəi⁵³	她丈夫	nəm³¹ɹɯm⁵⁵	天瘟
dəm⁵⁵	台地	gə³¹mɯ⁵⁵nəm³¹la⁵⁵	天意
xɹaːŋ⁵³	抬-2se	tə³¹xɹəl⁵³	调皮
də³¹baŋ⁵⁵	太	ə³¹tɕat⁵⁵	跳
nəm⁵³	太阳	də³¹bluŋ⁵⁵	跳
dzɹɔɹ³¹dʑit⁵⁵	太阳鸟	ə³¹gləi⁵⁵	跳
waŋ³¹lu⁵⁵	坛	klɯŋ⁵⁵	跳
kua⁵⁵	糖	tɕat⁵⁵tɕat⁵⁵	跳-RED
gə³¹ɹɔl⁵⁵ ɕɯ³¹	躺	ə³¹gləi⁵⁵gləi⁵⁵	跳-RED
dʑen⁵³dʑen⁵³	躺-RED	ə³¹tɕat⁵⁵tɕat⁵⁵	跳-RED
ə³¹xɹɔːŋ⁵³	掏空-3pe	ləm⁵⁵	跳舞
at⁵⁵at⁵⁵	逃-RED	ləm⁵³	跳舞
at⁵⁵	逃跑	laˀ⁵⁵	跳下
aːt⁵⁵	逃跑-3pe	kɹɔːŋ⁵⁵	跳跃-3pe
anˀ⁵⁵anˀ⁵⁵	逃跑-3pe-RED	tə³¹peˀ⁵⁵	贴近
a⁵⁵	套住	net⁵⁵	贴近

çəm⁵³	铁	be:ŋ⁵⁵	完-3pe
çəp³¹ta⁷⁵⁵	铁锅	tɔ:n⁵⁵	完成-3pe
tça³¹ɟet⁵⁵	铁三角	ə³¹gəl⁵³	玩
çəm³¹doŋ⁵³	铁镞箭	ə³¹gəl⁵³	玩耍
ta⁵⁵	听	sə³¹bɹei⁵⁵	玩笑
taŋ⁵⁵	听-1se	ə³¹xɹɯi⁵⁵	晚上
ta⁵⁵	听见	ə³¹çi⁵³	亡魂
tɔ:⁵⁵	听见-3pe	ə³¹mlɔ:⁵⁵	忘-3pe
dəm³¹bɔɕ³	庭院	ɟəŋ⁵³	望
laŋ⁵³	停	ɟa:ŋ⁵³	望-2se
laŋ⁵⁵	停-1se	tɯl⁵⁵	为难
dəŋ⁵⁵	停留	tək³¹ca⁷⁵⁵	为什么
ə³¹xɛɹt⁵⁵	停留	mit³¹tçɔ⁷⁵⁵	尾巴
sə³¹naŋ⁵⁵naŋ⁵⁵	停下-1sg-RED	mit³¹tçɔ:⁷⁵⁵	尾巴-INSTR
ɹə³¹ɲɑ⁵³	停止	wəi⁵³	喂
kɯ⁵⁵	偷	we:⁷⁵⁵	喂
sem⁵⁵	偷窥	na:i⁵⁵	喂-3pe
u⁵⁵	头	pə³¹nəm⁵⁵	闻
ək³¹u⁵⁵	头	pə³¹nɑ:m⁵⁵	闻-3pe
u³¹nəi⁵⁵	头发	pə³¹nɑ:m⁵⁵nɑ:m⁵⁵	闻-3pe-RED
ə³¹tɔ:ɹ⁵⁵	投掷-3pe	ə³¹dʑɯl⁵³	蚊子
pɔn³¹dʑuŋ⁵³	突兀	ɹə³¹dɯ⁷⁵⁵	稳住
ə³¹sɑ⁵⁵	土	kɹi⁵³	问
ə³¹sɑ⁵⁵dɔŋ⁵³	土洞	kɹi⁵⁵	问
ku⁵⁵	团	kɹi:⁵³	问-3pe
mə³¹kwəŋ⁵⁵	团	wuŋ⁵⁵	嗡
də³¹glɔ⁷⁵⁵	推	əŋ³¹dəŋ⁵³	窝
də³¹glɔ:⁷⁵⁵	推-3pe	ə³¹nəm⁵⁵pəi⁵³	我的表兄弟
mlɑ⁷⁵⁵	吞-3pe	ə³¹tçəl⁵³	我的孩子
gə³¹lɔ:ŋ⁵³	拖-3pe	ə³¹pəi⁵³	我父亲
çəl⁵⁵	拖曳	ə³¹ni⁵³	我舅妈
le⁷⁵⁵	脱	ik⁵⁵	我们的
ka:l⁵⁵	驼-3pe	ə³¹kaŋ⁵³	我们主人
wa⁵³	哇	ə³¹wəŋ⁵³	我叔伯
kɔ³¹waŋ⁵³	外地	ə³¹kaŋ⁵³	我爷爷
ə³¹ɲəŋ⁵³	弯下	ŋəŋ³¹plaŋ⁵³dəm⁵⁵	沃帕郎当
bəi⁵⁵	完	bɯm⁵⁵	卧

ten⁵⁵	握
te:n⁵⁵	握-3pe
tək³¹ka⁵⁵	乌鸦
nəp³¹sa⁵³	巫师
tɕa³¹liŋ⁵⁵	屋底
tɕə³¹kuŋ⁵³	屋顶
pəŋ³¹daʔ⁵⁵	无毒箭
pə³¹ŋa⁵³	五
ə³¹ban⁵⁵	误伤
nɯp⁵⁵	西
nɯp⁵⁵daɹ⁵³	西岸
ŋaʔ⁵⁵	吸
ŋa:ʔ⁵⁵	吸-2sg
tə³¹tɕɯ⁵⁵tɕɯ⁵⁵	奚落-RED
ɕu⁵⁵	习俗
mə³¹lɯ:m⁵⁵	喜欢-3pe
ɕu:ŋ⁵³	喜欢-3pe
ɕɔm⁵³	下
pap⁵⁵	下
lɯm⁵³	下
ə³¹pap⁵⁵	下
ɕɔm⁵⁵	下
ɕɔm⁵⁵	下-1sg
ɕɔm⁵³ɕɔm⁵³	下-RED
ɟɔ³¹lap⁵⁵	下边
ə³¹bɯʔ⁵⁵	下面
ɟɔ⁵³	下面
ɟɔ⁵⁵	下面
pəŋ⁵⁵	下面
ɟu⁵³	下面
pəŋ⁵³	下面
ɟə³¹waʔ⁵⁵	下面
ɟuʔ⁵⁵	下面
lu⁵⁵	吓
luʔ⁵⁵	吓唬
gə³¹nɯ:n⁵⁵	吓唬-3pe
u³¹dzu⁵³	先

kaŋ⁵⁵	掀开
pəɹ⁵³	衔
pɑ:ɹ⁵³pɑ:ɹ⁵³	衔-3pe-RED
tə³¹lu⁵⁵	现成
tən⁵⁵	现在
tən⁵⁵bəi³¹	现在
glɯ:p⁵⁵	陷-3pe
da³¹glɯp⁵⁵	陷入
sə³¹ɟiŋ⁵⁵	相信
sə³¹ɟi:ŋ⁵⁵	相信-3pe
ŋəm⁵⁵	香
pə³¹ɟɯ⁵⁵tsəŋ⁵⁵	香肠
ŋəm⁵⁵	香味
ɕan³¹tsɯ⁵⁵	箱子
gəm⁵⁵	箱子
tɯŋ⁵⁵	响
tə³¹tɯŋ⁵³	响
tə³¹xɹeʔ⁵⁵	响
tə³¹xɹɔk⁵⁵	响
tə³¹xɹeŋ⁵³	响
gləp⁵⁵	响
mit⁵⁵	想
də³¹gɯŋ⁵⁵	想-1sg
ɕa³¹teʔ⁵⁵gə³¹lei⁵³	项特格雷
ca⁵³	像
caʔ⁵⁵	像
ɟa³¹wa⁵⁵	像这样
tɕiŋ⁵³	小
dək³¹tɕiŋ⁵³	小
tɕiŋ⁵⁵	小-1sg
ɟɯk³¹tɕəl⁵³	小袋子
dək³¹ɕi⁵⁵	小刀
dək³¹tɕiŋ⁵³	小的
ka³¹ti⁵⁵	小鸡
pə³¹tɕiʔ⁵⁵tɕəl⁵³	小鸟
ɕik³¹tɔʔ⁵⁵	小树
təŋ³¹gɔŋ⁵⁵	小藤包

əˁ³¹nɑɹ⁵⁵ɕin³¹	小心	pə³¹dəŋ⁵³	雪鸡
əˁ³¹nɑɹ⁵⁵ɕɯ³¹	小心	ɕimi⁵⁵	血
et⁵⁵	笑	ɹə³¹da⁵³	寻问
et⁵⁵ɕɯ³¹	笑-RFLX	sa⁵³	牙
et⁵⁵et⁵⁵	笑-RED	ja⁵³	呀
sə³¹tɯi⁷⁵⁵ɕɯ³¹	泄气	ə³¹mlɑːʔ⁵⁵	咽-3pe
ɹeʔ⁵⁵ɕi⁵⁵	谢谢	nɯt⁵⁵	烟
pə³¹ɕin⁵⁵	心	nɯt³¹taʔ⁵⁵	烟锅
ɕiŋ³¹meʔ⁵⁵gaʔ⁵⁵	辛葳嘎普	bɹeɹŋ⁵⁵ɹi⁵⁵bɹəŋ⁵⁵	烟火
pυŋ⁵⁵		daʔ⁵⁵	
ɕik³¹tan⁵⁵gaʔ⁵⁵	辛坦嘎普	ɕɑːʔ⁵⁵	延长-3pe
pυŋ⁵⁵		luŋ³¹buʔ⁵⁵	岩石
ək³¹sɐɹ⁵⁵	新	luŋ³¹gaŋ⁵³	岩石
əŋ³¹dza⁵⁵sɐɹ⁵⁵	新谷物	meʔ⁵⁵	眼睛
lɔ³¹sɐɹ⁵⁵	新年	meːʔ⁵⁵	眼睛-INSTR
əŋ³¹ɕɯ⁵⁵	新鲜	me³¹luŋ⁵⁵	眼珠
ɕiŋ³¹nəm⁵⁵plaŋ⁵⁵	薪南卜郎	tɕai³¹bjɯ⁵⁵	燕子
gυɹ³¹met⁵⁵	星星	lu⁵⁵	羊
ə³¹sat⁵⁵	醒	ə³¹tɕit⁵⁵	羊
bɹan⁵⁵	醒酒	nəm³¹gaŋ⁵⁵	阳光
si⁵³	兴趣	ɟəŋ³¹mi⁵³	杨米
pə³¹luŋ⁵³	凶恶	su⁵⁵	养
də³¹gυi⁵⁵ci³¹	凶狗	suː⁵⁵	养-3pe
dzɯn⁵⁵		wa³¹	样
əŋ³¹nik⁵⁵ɹɑ⁵⁵	兄弟姐妹们	sə³¹ɹət⁵⁵dəm⁵⁵	腰部
nɯ⁵⁵	兄妹	ə³¹sɯː⁵³	邀请-3pe
ɕɯi⁵⁵	熊	də³¹liŋ⁵⁵	摇
ɕɯːi⁵⁵	熊-AGT	kəi⁵³	咬
ɹə³¹nɑ⁵³	休息	ŋəp⁵⁵	咬
ɹə³¹nɔː⁵³	休息-3pe	kɑːi⁵³	咬-3pe
kə³¹təŋ⁵⁵	修理	dəi⁵⁵	咬得动
gɔl⁵⁵	需要	dɑːi⁵⁵	咬得动-3pe
sɯn⁵³	叙述	ə³¹tɯːp⁵⁵	咬开-3pe
ə³¹pɹɑʔ⁵⁵	悬崖	tə³¹ɕi⁵⁵	药
sə³¹ləp⁵⁵ɕɯ³¹	学	len⁵⁵	要
tə³¹wən⁵³	雪	gɯŋ⁵⁵	要-1sg
lə³¹ka⁵⁵plɔŋ⁵³	雪峰	ək³¹kaŋ⁵³	爷爷

ə³¹kaŋ⁵³ɕi⁵³	爷爷	lən⁵⁵	以为
ɕɯ³¹	也	lɑ:n⁵⁵	以为-3pe
kɯ³¹	也	sa³¹ɹɑ⁵⁵	椅子
ɕiŋ³¹	也-1sg	ka⁵⁵	意思
pə³¹wəm⁵³	野鹌鹑	mɯ³⁵⁵	阴
ə³¹bɔɹ⁵⁵	野百合	le:n⁵³	引诱-3pe
pə³¹ɹi⁵⁵	野葛	le:n⁵³le:n⁵³	引诱-3pe-RED
ɕiŋ³¹ɕi⁵⁵	野果	tə³¹mɯ⁵³	鹰
laŋ³¹gəɹ⁵³	野猫	kɹa³⁵⁵	赢
ku³¹dzɑ⁵⁵	野兽	gɔŋ⁵³	赢-1se
ɹə³¹da³⁵⁵	野兽	kɹɑ:⁵⁵	赢-3pe
mə³¹li⁵³dɯt⁵⁵	野鼠	gɹeŋ⁵⁵	硬
məŋ⁵⁵	野薯	gɹeŋ³¹gɹeŋ⁵⁵	硬硬的
mə³¹li⁵³	野外	juk³¹təŋ⁵³	永砀
mə³¹li⁵³li⁵³	野外-RED	ə³¹pu³⁵⁵	涌出
pə³¹nəm⁵⁵	野猪	tə³¹ɕa⁵³	忧伤
ləp⁵⁵	叶	tə³¹ɹem⁵³	油
əŋ³¹ɟa³⁵⁵	夜	laŋ⁵⁵	游
ɟa³⁵⁵	夜	laŋ⁵³	游
ɟa:³⁵⁵	夜-INSTR	ə³¹dzɹa⁵³	游荡
ɟa³¹dɯŋ⁵³	夜里	ə³¹gun⁵⁵ɕɯ³¹	游荡
ti³¹	一	əl⁵³	有
ta³⁵⁵	一	ə³¹ɕɑi⁵³	有
ti³¹wa:l⁵⁵	一部分-INSTR	ca⁵³	有
ti³¹kət⁵⁵	一次	ə³¹da⁵⁵	有
tɕu³⁵⁵	一点	da⁵⁵	有
ti³¹tɕu³⁵⁵	一点	sɔn⁵³	有
ə³¹dɔi⁵⁵	一会儿	dzəŋ⁵³	有
ti³¹ka:t⁵⁵	一起	ə³¹daŋ⁵⁵	有-1sg
ti³¹ni⁵⁵	一天	əl⁵³ ə³¹dɔi⁵⁵	有一会儿
ti³¹mit⁵⁵	一心	də³¹gɹa⁵³	有动静
ti³¹tɕi⁵⁵	一样	gɔl⁵⁵	有关系
ə³¹ɹa⁵⁵	一致	ɹiŋ⁵⁵	有味
ɟɔ³⁵⁵	衣服	si³⁵⁵	有味
ə³¹ɕai⁵³	遗留	ba³¹li⁵⁵	又
dɯ⁵³	疑惑	kɔɹ⁵⁵	迂回
ə³¹nəm⁵⁵	以后	ə³¹kləi⁵⁵	余

ŋəp³¹plaʔ⁵⁵	鱼	kəm⁵⁵	怎么也
ŋəp³¹plaʔ⁵⁵ɯ⁵⁵	鱼骨头	bɔt⁵⁵	增大
ə³¹ja⁵⁵mu³¹ku⁵⁵	与其这样	ə³¹dzɑːn⁵⁵	轧-3pe
ta³¹bɔŋ⁵⁵	玉米	də³¹dʑɯm⁵³	眨
tə³¹xɹɯːm⁵⁵	遇见-3pe	nə³¹ɹam⁵³	栅栏
tɑ³¹xɹɯm⁵⁵	遇见-RECP	dzək³¹kɔʔ⁵⁵	蚱蜢
u³¹dzu⁵³	原先	əŋ³¹tsəp⁵⁵	债
dʑi⁵⁵	原因	la³¹ɕi⁵⁵	毡帽
nəm⁵⁵	原由	ə³¹pen⁵³	粘
ku³¹tɕi⁵⁵	圆盒	wət⁵⁵	占
mɹeɯ⁵³	远	mɔn⁵⁵	占卜
mɹeŋ⁵⁵mɹeŋ⁵⁵	远处	ɹar⁵⁵	站
ə³¹eɯ⁵⁵	远处	ɹep⁵⁵ɹar⁵⁵	站-RED
tɕɑ⁵⁵tɕɑ⁵⁵	远古	ləi⁵⁵	张
də³¹gɯŋ⁵³	愿意	kɔʔ⁵⁵	长
mə³¹ɕeŋ⁵⁵	月经	mɹeɯ⁵³	长
sə³¹la⁵⁵	月亮	kɔːʔ⁵⁵	长-3pe
sɔt⁵⁵	越	təi⁵⁵	长大
sɔt⁵⁵e³¹sɔt⁵⁵	越来越	mɹeŋ⁵⁵mɹeɯ⁵⁵	长长
kə³¹laŋ⁵³	晕	nɯi³¹pɹɔ⁵⁵	长嘴
kəɹ⁵⁵dʑi⁵⁵	运气	tə³¹ŋɔl⁵⁵	杖
də³¹beʔ⁵⁵	砸	deɹ³¹mu⁵⁵	爪子
dɑ³¹beʔ⁵⁵	砸	ɟəŋ⁵⁵	找
də³¹beːʔ⁵⁵	砸-2se	la⁵⁵	找
ɹeʔ⁵⁵	宰	lɔː⁵⁵	找-3pe
ɹeʔ⁵⁵ɹeʔ⁵⁵	宰-3pe	lɔn⁵⁵	找到
əl⁵³	在	ə³¹lɔn⁵⁵	找到
kə³¹sɑːn⁵⁵	赞美-3pe	lɔːn⁵⁵	找到-3pe
tɔi⁵³	早	wan⁵⁵	照
tɕɑ⁵³	早	kəp³¹ʟe⁵⁵	照旧
tɔi⁵³	早就	kəp³¹ʟe⁵⁵kəp³¹ʟe⁵⁵	照旧-RED
sə³¹ɹaŋ⁵⁵	早上	kə³¹tɯt⁵⁵	折腾
təi⁵⁵	怎么	ɟaʔ⁵⁵	这
təi⁵⁵təi⁵⁵	怎么	kai⁵³	这
təŋ⁵⁵wɑ³¹	怎么	kai⁵⁵	这
təi⁵⁵wɑ³¹	怎么	ɟɑ⁵³	这
təi⁵⁵wɑ³¹	怎么样	ɟɑ⁵⁵	这

eʔ⁵⁵	这	lɑ⁵⁵	
ɟɑ³¹dɑɹ⁵³	这岸	pɯ⁵⁵	值
ɟɑ³¹lap⁵⁵	这边	ə³¹pɯ⁵⁵	值
ɟɑ³¹lap⁵⁵lap⁵⁵	这边-RED	ɕiŋ³¹ɕi⁵⁵luk³¹ɕi⁵⁵	植物种子
tən⁵⁵dɔɹ⁵⁵	这次	tɔl⁵⁵	止
ɟə³¹kəi⁵³	这儿	tɕuŋ⁵⁵	指
ɟɑ⁵⁵	这儿	tɕu:ŋ⁵⁵	指-3pe
eʔ⁵⁵	这么	sə³¹nɯ:t⁵⁵	指点-3pe
eʔ⁵⁵eʔ⁵⁵	这么-RED	dɯʔ⁵⁵	滞留
eʔ⁵⁵dək³¹təi⁵³	这么大	ə³¹tɑʔ⁵⁵	滞留
eʔ⁵⁵jaʔ⁵⁵	这样	ə³¹duŋ⁵⁵	中间
eʔ⁵⁵wɑ³¹	这样	ə³¹dzən⁵³	中间
e³¹wɑ⁵⁵	这样	kət⁵⁵	种
ɟɑ⁵⁵wɑ⁵⁵	这样的	ka:t⁵⁵	种-3pe
dʑin³¹	着	mɯŋ⁵³	种类
tɑ³¹mɑ⁵⁵	真	lɑ:i⁵⁵	种植-3pe
gəi³¹səŋ⁵⁵	真的	əŋ³¹mɯŋ⁵³mɯŋ⁵³	种种
gəi³¹səŋ⁵⁵səŋ⁵⁵	真的-RED	əŋ³¹ɟɯ⁵³	种子
dɯ⁵⁵ɕɯ³¹	震撼	ɟɯ⁵³	种子
gɑi⁵⁵	睁开	ɲə³¹ɹɯʔ⁵⁵	种族
ɟɑ³¹dɯŋ⁵³ɟɑ³¹lɑ⁵⁵	整夜	tə³¹kɑʔ⁵⁵	种族
kə³¹təŋ⁵⁵kə³¹təŋ⁵⁵	整治-RED	ə³¹li⁵³	重
dzu⁵⁵	正确	ŋə³¹ɹu⁵⁵	珠子
e³¹kəi⁵³	正要	pɑʔ⁵⁵	猪
tə³¹pət⁵⁵	挣扎	wɑʔ⁵⁵	猪
tə³¹pət⁵⁵pət⁵⁵	挣扎-RED	wɑ³¹ɕɑ⁵⁵	猪肉
ə³¹pɹɑŋ⁵⁵	之间	wɑ³¹kɔŋ⁵⁵	猪食槽
dɯ:n⁵⁵dɯ:n⁵⁵	支-3pe-RED	wɑ³¹ni⁵⁵	猪屎
tɕe³¹	只	tə³¹lɔm⁵⁵	竹杯
sɑ⁵⁵	知道	pə³¹ɹɯ⁵³	竹鼠
sɑŋ⁵⁵	知道-1se	dɔk³¹kɑŋ⁵⁵	竹筒
sɔ:⁵⁵	知道-2se	kɑm⁵⁵	竹子
sɔ:⁵⁵	知道-3pe	ək³¹kɑŋ⁵³	主人
pel³¹mɑ⁵³	织布的竹片	pɑ³¹dʑi⁵⁵	主意
dʑɑn⁵³	蜘蛛	ɹɔŋ⁵⁵	住
ə³¹jɑ⁵⁵kɯʔ³¹	直接	mit⁵⁵	注意
əŋ³¹mə³¹lɑ⁵⁵mə³¹	直通的-RED	un⁵⁵	筑巢

ɹɯp⁵⁵	抓	ək³¹ɹsəɹ⁵⁵	最近
tet⁵⁵	抓	ɲe³¹kɑ⁵⁵	罪行
ɹɯm⁷⁵⁵	抓-1se	lɑ⁷⁵⁵	作
mə³¹gɹɑ:⁷⁵⁵	抓-3pe	ɹuː⁵³	作祟-3pe
ɹɯ:p⁵⁵	抓-3pe	ɹɔŋ⁵³	坐
mə³¹gɹɑ:t⁵⁵gɹɑ:t⁵⁵	抓-3pe-RED	ɹɔk⁵⁵	坐
ɹɯ:p⁵⁵ɹɯ:p⁵⁵	抓-3pe-RED	ɹɔŋ⁵⁵	坐
ten⁵⁵ten⁵⁵	抓-RED	ɹɔŋ⁵⁵	坐-2sg
dzɯ:n⁵⁵	抓到-3pe	ɹɔ:ŋ⁵³	坐-3pe
bɹɑi⁵⁵	抓挠	ɹɔ:ŋ⁵³ɹɔ:ŋ⁵³	坐-3pe-RED
kə³¹ɹi⁵⁵	转	ɹɔŋ⁵⁵ɹɔŋ⁵⁵	坐-RED
kə³¹ɹi⁵⁵ɹi⁵⁵	转-RED	wa⁵³	做
dzɑ:ŋ⁵⁵	装-3pe	wɑ⁷⁵⁵	做
sə³¹ɹɯ:m⁵³	装-3pe	ku⁷⁵⁵	做
ə³¹dzɑp⁵⁵	装扮	dzu⁵⁵	做
dzəŋ⁵³	装有	wəi⁵³	做-1pl
ə³¹duŋ⁵⁵	撞	wɑŋ⁵³	做-1se
ə³¹du:ŋ⁵⁵	撞-3pe	wɑŋ⁵⁵	做-1sg
ə³¹du⁵⁵	撞见	ɔ:⁵³	做-3pe
ə³¹du:⁵⁵	撞见-3pe	wɑ⁷³¹wɑ⁷³¹	做-RED
kuɑn⁵⁵	追	ə³¹ne⁵⁵	1DL
ə³¹kɯi⁵⁵	追	iŋ⁵⁵	1PL
kuɑ:n⁵⁵	追-3pe	ŋɑ⁵³	1SG
tə³¹tɕɔn⁵³	准备	ŋəi⁵³	1SG-AGT
tə³¹tɕɔ:n⁵³	准备-3pe	nə³¹ne⁵⁵	2DL
tə³¹tɕɔ:n⁵³tɕɔ:n⁵³	准备-3pe-RED	nɑ³¹	2P
ə³¹dɯ⁵³	自己	nə³¹	2P
ə³¹dɯ:i⁵³	自己-AGT	ɲə³¹	2P
di⁵³	走	nə³¹niŋ⁵⁵	2PL
di⁷⁵⁵	走	nɑ⁵³	2SG
ə³¹gɯi⁵⁵	走	nəi⁵³	2SG-AGT
diŋ⁵⁵	走-1sg	əŋ³¹ne⁵⁵	3DL
di⁵⁵di⁵⁵	走-RED	əŋ³¹niŋ⁵⁵	3PL
təŋ⁵³	阻挡	əŋ⁵³	3SG
sə³¹lɯt⁵⁵lɯt⁵⁵	钻-RED	ə:ŋ⁵³	3SG-AGT
nɯi⁵⁵	嘴巴	pɑ:ŋ³¹	ABL
nɯi³¹gɔŋ⁵³	嘴巴	ɔ:ŋ³¹	ABL

mi³¹	AGT	ɹɑŋ³¹	DIR-1sg
le³¹	ALL	bɯŋ³¹	DIR-1sg
dəŋ³¹	ALL	ɹɑn³¹	DIR-2pl
mi³¹	BEC	ɹɑ:i³¹	DIR-3pe
sə³¹	CAUS	mɯ³¹	DISC
sə³¹dʑɯɹ⁵⁵	CAUS	ɹɑ³¹	DISC
tə³¹	CAUS	ɹɑ²³¹	DISC
dʑɯ:ɹ⁵⁵	CAUS-3pe	mɯŋ³¹	DISC-1sg
dʑɯɹ⁵⁵dʑɯ:ɹ⁵⁵	CAUS-RED	ɹɑŋ³¹	DISC-1sg
luŋ⁵⁵	CL	ɕɯ³¹	dl
məi⁵⁵	CL	ɕin³¹	dl-MOOD
mɯŋ⁵³	CL	əi⁵³	EXCL
xɹəŋ⁵⁵	CL	ɑ⁵³	EXCL
jɔ²⁵⁵	CL	nɑ⁵³	EXCL
gɯ⁵⁵	CL	tɕi³¹	EXP
kɔ²⁵⁵	CL	məi³¹	HPT
tɕi²⁵⁵	CL	wɑ²³¹	HRS
lɑŋ⁵³	CL	wɑ³¹	HRS
dzɯm⁵⁵	CL	tɑ³¹bɹɑ⁵³tɑ³¹ɕeŋ⁵⁵	IDPH
ɹɯi⁵⁵	CL	tɔŋ⁵³nɔŋ⁵⁵	IDPH
dɔŋ⁵³	CL	tɯŋ⁵³lə³¹tɯŋ⁵³	IDPH
dəŋ³¹ɹɔŋ⁵⁵	CL	buk⁵⁵lə³¹buk⁵⁵	IDPH
ceɹ⁵⁵	CL	net⁵⁵net⁵⁵	IDPH
pɔŋ⁵³	CL	plai⁵³plai⁵⁵	IDPH
kləŋ⁵³	CL	wɑt⁵⁵lə³¹wɑt⁵⁵	IDPH
tɑ²³¹	COMP	xuŋ⁵³xuŋ⁵³	IDPH
tɯ²³¹	COMP	gut⁵⁵ləi⁵⁵	IDPH
bəi³¹	CONJ	ɲet⁵⁵sə³¹ɲet⁵⁵	IDPH
niŋ³¹	CONJ	pluŋ⁵³wɑ³¹	IDPH
ləŋ³¹	CONTR	plɔk⁵⁵wɑ³¹	IDPH
bɯ³¹	DIR	pəŋ⁵³pəŋ⁵⁵	IDPH
dzɑ²³¹	DIR	tɕət⁵⁵tɕət⁵⁵	IDPH
luŋ³¹	DIR	ɑ⁵⁵pə³¹ɑ⁵⁵	IDPH
ɹɑ³¹	DIR	pi⁵⁵ə³¹pi⁵⁵	IDPH
ɹət³¹	DIR	pɑt⁵⁵kə³¹tɯ⁵⁵	IDPH
ɹɑ²³¹	DIR	pɑŋ⁵⁵gɑ⁵⁵sə³¹lɑ⁵⁵	IDPH
ɹɑ:t³¹	DIR-1pl	sɯp⁵⁵lə³¹sɯp⁵⁵	IDPH

ti⁵⁵ə³¹ti⁵⁵	IDPH
ɲɯp⁵⁵ɲɯp⁵⁵	IDPH
sɑ³¹sɑ⁵⁵	IDPH
kut⁵⁵kə³¹ɹi⁵⁵	IDPH
plək⁵⁵lə³¹plək⁵⁵	IDPH
xuɑi⁵³tɔm⁵⁵	IDPH
mə³¹cɑ⁵⁵mə³¹nɑ⁵⁵	IDPH
lə³¹tɕi⁵³lə³¹kui⁵³	IDPH
pɯʔ⁵⁵dət⁵⁵	IDPH
ə³¹ɹɑ⁵⁵du⁵⁵du⁵⁵	IDPH
ɲi³¹kuɑ⁵³ɲi³¹ɕi⁵⁵	IDPH
lɑ³¹sɑ⁵⁵lɑ³¹mɑ⁵⁵	IDPH
ŋɔŋ⁵⁵wɑ³¹	IDPH
gɯp³¹kɔp⁵⁵	IDPH
xɹɯp⁵⁵pet⁵⁵	IDPH
pət³¹tɔt⁵⁵	IDPH
ɟɯ⁵³ɟɯ⁵⁵	IDPH
pɯt⁵⁵pɔl⁵⁵	IDPH
tə³¹kɹiŋ⁵⁵tə³¹kɹɑl⁵⁵	IDPH
ɕɯi⁵⁵ɟeʔ⁵⁵ɟeʔ⁵⁵	IDPH
ə³¹ɹuʔ⁵⁵ə³¹ɹɑ⁵⁵	IDPH
dʑɔm⁵³let⁵⁵	IDPH
nə³¹xɹul⁵⁵xɹul⁵³	IDPH
dɯŋ⁵³wɑ³¹	IDPH
dʑi⁵³dʑi⁵⁵	IDPH
kwəŋ⁵⁵ə³¹kwəŋ⁵⁵	IDPH
kɹek⁵⁵wɑ³¹	IDPH
meŋ⁵³wɑ³¹	IDPH
tek⁵⁵wɑ³¹	IDPH
xɹeŋ⁵³lə³¹xɹeŋ⁵³	IDPH
gɹu⁵⁵gɹuʔ⁵⁵	IDPH
gɹɯŋ⁵⁵gɹɯŋ⁵⁵	IDPH
ɹɔt⁵⁵ɕəl⁵⁵	IDPH
bɹuŋ⁵³wɑ³¹	IDPH
kəŋ⁵³gəŋ⁵⁵	IDPH
su⁵³lə³¹su⁵³	IDPH
gɹəŋ⁵³gɹəŋ⁵⁵	IDPH
kə³¹tsuŋ⁵⁵gə³¹nuŋ⁵⁵	IDPH
kə³¹tɕɑi⁵⁵kə³¹nɑi⁵⁵	IDPH
təŋ⁵³təŋ⁵³	IDPH
gɑl⁵⁵gɑl⁵³	IDPH
dzel⁵³lə³¹dzel⁵³	IDPH
dʑeʔ⁵⁵mə³¹dʑeʔ⁵⁵	IDPH
lɑŋ⁵³lə³¹lɑŋ⁵³	IDPH
ɕɔŋ⁵⁵mə³¹ɕɔŋ⁵³	IDPH
pə³¹	IMP
pɑ³¹	IMP
me³¹əl³¹	INFER
meʔ³¹əl³¹	INFER
tɯʔ³¹e³¹	INFER
mi³¹	INSTR
dɑi³¹	INTR
e³¹	INTR
e⁵³	INTR
i⁵³	INTR
gɯ⁵⁵	INTR
mɑ⁵⁵	INTR
e⁵³?	INTR
lɑ³¹	JUS
lɑʔ⁵⁵	JUS
dɔ³¹	LOC
lɔk³¹	LOC
dɑi⁵³	MOOD
ɕin³¹	MOOD
nɯ³¹	MOOD
niŋ³¹	MOOD
dɔ⁵³	MOOD
me⁵⁵	MOOD
mɑ³¹	NEG
mə³¹	NEG
mən³¹	NEG2
dɑ³¹	NEG-MOOD
sɑ³¹	NOM
dʑin³¹	PFV

luk³¹	PFV-DIR	pəŋ³¹waŋ⁵⁵	PROS-1sg
ip³¹	PFV-NV	pəŋ³¹ɔ:⁵³	PROS-3pe
luk³¹	PFV-NV	ə³¹	RECP
luŋ³¹	PFV-NV	ɕi³¹	RFLX
ɹi³¹	PFV-NV	ɕɯ³¹	RFLX
lu:ŋ³¹	PFV-NV-3pe	ɕiŋ³¹	RFLX-1sg
di³¹	PFV-V	pəi⁵³	SPM
pəŋ³¹wɑ⁵³	PROS	nɯ³¹	TOP
pəŋ³¹wɑˀ⁵⁵	PROS	ɕɔŋ³¹	TRST
pəŋ³¹wɑ⁵⁵	PROS	pə³¹ɹɑ:i⁵⁵	TRST
pəŋ³¹wɑŋ⁵³	PROS-1se		

后　记

　　本书是中国社会科学院重大课题"中国民族语言语法标注文本丛书"（项目编号：YZDA2011-12）和国家社科基金重大招标项目"中国民族语言语法标注文本及软件平台"（项目编号：10&ZD124）资助的子项目——独龙语语法标注文本。

　　我一直从事独龙语调查研究，但对独龙语一些语法现象的标注仍感有些不满意，总觉得标注得不是那么准确，这主要是由于自己对独龙语的认识还不够深入，以及类型学知识的欠缺。书稿完成了，请前辈学者和同行们批评指正，以便于今后研究过程中修正。

　　十分感谢江荻老师一直关心和鼓励我。感谢黄成龙研究员对缩写符号提出了很多修改意见。在此特别感谢燕海雄博士，他对文本从Toolbox导出、章节版面的排版以及文稿的最后成稿做了大量的工作。在此也感谢木切汪普、李汉良、曾国良等许多同胞，多年以来对我调查研究的热心支持和帮助，提供了大量长篇故事材料，没有他们，这本书也不可能完成。

杨将领

2019年12月20日

图书在版编目（CIP）数据

独龙语语法标注文本 / 杨将领著. -- 北京：社会
科学文献出版社，2020.5
　（中国民族语言语法标注文本丛书）
　ISBN 978 - 7 - 5201 - 6479 - 5

　Ⅰ. ①独…　Ⅱ. ①杨…　Ⅲ. ①独龙语 - 语法 - 研究
Ⅳ. ①H265.4

　中国版本图书馆 CIP 数据核字（2020）第 054631 号

中国民族语言语法标注文本丛书
独龙语语法标注文本

著　　者／杨将领

出 版 人／谢寿光
组稿编辑／宋月华　周志静
责任编辑／范　迎

出　　版／社会科学文献出版社·人文分社（010）59367215
　　　　　地址：北京市北三环中路甲29号院华龙大厦　邮编：100029
　　　　　网址：www. ssap. com. cn
发　　行／市场营销中心（010）59367081　59367083
印　　装／三河市尚艺印装有限公司

规　　格／开　本：787mm×1092mm　1/16
　　　　　印　张：19.25　字　数：428千字
版　　次／2020年5月第1版　2020年5月第1次印刷
书　　号／ISBN 978 - 7 - 5201 - 6479 - 5
定　　价／198.00元